Rudolf Zinnhobler (Herausgeber)
Das Bistum Linz im Dritten Reich

Das Bistum Linz im Dritten Reich

Herausgeber:
Rudolf Zinnhobler

OLV - Buchverlag

Oberösterreichischer Landesverlag

Linzer Philosophisch-theologische Reihe
Band 11
Herausgegeben von Rudolf Zinnhobler
in Zusammenarbeit mit den Professoren der
Katholisch-theologischen Hochschule Linz

Abbildungen auf dem Einband:

Vorderseite:
Entwurf eines nationalsozialistischen Stiftswappens
Für das Stift St. Florian (Original im Stiftsarchiv)

Rückseite:
Entwurf für einen hektographierten liturgischen Text
von G. Scharmüller (Wels)

CIP-Kurztitelaufnahme der Deutschen Bibliothek

Das Bistum Linz im Dritten Reich
Hrsg.: Rudolf Zinnhobler. – Linz: OLV-Buchverlag, 1979
(Linzer Philosophisch-theologische Reihe; Bd. 11)
ISBN 3-85214-215-6

NE: Zinnhobler, Rudolf [Hrsg.]

Umschlaggestaltung: Herbert Friedl
Gesamtherstellung:
Oberösterreichischer Landesverlag Linz
Linz, Landstraße 41

Inhalt

Vorwort

Im Jahre 1985 wird die Diözese Linz die Feier ihres 200jährigen Bestandes begehen. Dieser Anlaß fordert geradezu die wissenschaftliche Aufarbeitung und Dokumentation der Bistumsgeschichte. 1977 konnte ein Band „Beiträge zur Geschichte des Bistums Linz" (Linzer Phil.-theol. Reihe Bd. 8) vorgelegt werden, der inzwischen bereits in 2. Auflage erschienen ist. Nunmehr übergebe ich ein Buch der Öffentlichkeit, das jene sieben Jahre behandelt, in denen unser Bundesland Bestandteil des sog. Großdeutschen Reiches war (1938 bis 1945). Damit ist ein Wunsch realisiert, den Diözesanbischof *DDr. Franz Zauner* schon 1973 an mich herangetragen hat. Sechs Jahre intensiver Sammelarbeit haben zu dem hier ausgebreiteten vorläufigen Ergebnis geführt. Dank gebührt auch Herrn Weihbischof *Dr. Alois Wagner,* der die (zwar noch nicht abgeschlossene) Neuordnung des Ordinariatsarchivs mit der ihm eigenen Energie in die Wege geleitet hat.

Ich möchte es nicht versäumen, den Verfassern der Beiträge, die in selbstloser Weise ihre Mitarbeit zur Verfügung gestellt haben, herzlich zu danken.

Besonders gut war die Zusammenarbeit mit der Diözesanbildstelle *(Dr. E. Widder* und *R. Mair),* der ich ebenso wie Herrn *OStR. Dr. J. Hörmandinger* für zahlreiche Bildreproduktionen danken möchte. *Prof. Widder* hat auch ein wesentliches Verdienst an der Anordnung des Bildteils.

Wenn der Bildteil vielleicht etwas einseitig ausgefallen ist, so hängt das damit zusammen, daß durchwegs Originalfotos verwendet wurden. Damit ist von vornherein eine gewisse Zufälligkeit der Auswahl bedingt. Trotzdem darf gesagt werden, daß die entscheidenden Kapitel des Themas „Kirche und Nationalsozialismus" auch ihren bildlichen Niederschlag gefunden haben.

Abschließend sei noch allen denen gedankt, die mit Rat und Tat zur Seite gestanden sind, um das Projekt der Realisierung zuzuführen. Erwähnt seien nur noch die Schreibkräfte, der Verlag und Herr *E. Krejci,* der auf die Gestaltung des Bandes viel Mühe verwendet hat.

Linz, am 18. Februar 1979 — Rudolf Zinnhobler

Einleitung des Herausgebers

In einer Art NS-Rituale, das den Titel „Lebensfeiern“ trägt und 1941 im NS-Gauverlag Linz (Landstraße 41) erschien[1] finden sich u. a. folgende Sätze:

Es ist die einmalige geschichtliche Aufgabe der nationalsozialistischen Bewegung, nach Erringung der politischen Macht, nach dem Bau des Großdeutschen Reiches, den *Kampf um die restlose Durchsetzung unserer Idee, unserer Weltanschauung gegenüber allen Gegnern der Vergangenheit* fortzusetzen und zu vollenden. Dieser Kampf ist hart und schwer, denn er bringt nur schrittweise Erfolge. Er muß aber durchgefochten werden, denn nur dann ist der vollständige Sieg unser[2].

Und an anderer Stelle heißt es:

An Stelle der kirchlichen Betreuung, die sich überlebt hat, muß die politische, weltanschauliche Führung des deutschen Volkes, *die Nationalsozialistische Deutsche Arbeiterpartei*, treten[3].

Der Nationalsozialismus war also als *Weltanschauung* konzipiert und hatte den *Kampf* auf seine Fahnen geschrieben. Daher war von vorneherein mit Auseinandersetzungen zwischen Regime und Kirche zu rechnen.

Daß sich die Bischöfe zum „Anschluß“ bekannt hatten, sollte der Kirche nur wenig nützen. Dennoch ist es eine allzugroße Vereinfachung einer sehr komplexen Situation[4], wenn vor kurzem ein gewisser *H. Fremd* den Linzer Bischof *Johannes M. Gföllner* († 1941) wegen seines „Ja zum Anschluß“ mit heftigen Vorwürfen bedacht hat. Gföllner hatte 1933 einen Hirtenbrief gegen den Nationalsozialismus verfaßt, 1938 aber ebenfalls für Hitler gestimmt. H. Fremd meinte: „Trotz dieser Worte [im Hirtenbrief von 1933] hatte dann der ansonsten überhebliche Bischof 1938 nicht den Mut, seine Unterschrift zu verweigern. Viel Glaubwürdigkeit wurde damals zerstört, arge Verbitterung ausgelöst[5]!“

Die „Reichskristallnacht“ vom 9. auf den 10. November 1938, bei der die Linzer Synagoge ein Raub der Flammen wurde[6], mußte auch die Kirche

---

1 Der Untertitel lautet: „Richtlinien und Anleitungen für die Gestaltung lebenszeitlicher Feiern.“ Die „Vorbemerkung“ ist vom Gauschulungsleiter *Dr. Franz Mayrhofer* gezeichnet, der als Bearbeiter des Buches zu gelten hat. Auf dem Titelblatt findet sich der Hinweis: „Nur für den Dienstgebrauch der Politischen Leiter und Führer der Gliederungen.“

2 Ebd., S. 12.

3 Ebd., S. 10. Hervorhebungen vom Herausgeber.

4 Vgl. hierzu unten S. ??.

5 Die Furche, 35. Jg., Nr. 3, vom 17. Jänner 1979, S. 2.

6 Vgl. Abb. 41–42.

nachdenklich stimmen, war doch wieder einmal deutlich geworden, daß der Nationalsozialismus vor dem Konflikt mit dem Gegner nicht zurückschreckte.

Auch der Kirche Oberösterreichs blieb die Auseinandersetzung nicht erspart. Der vorliegende Band bringt hierfür zahlreiche Belege. Sie seien durch einige zusätzliche Hinweise ergänzt.

Als in Losenstein die kinderreichen Mütter durch Verleihung des „Mutterkreuzes" gewürdigt wurden, erhielt Frau Kronsteiner das goldene Ehrenzeichen. Dabei sprach sie der Ortsgruppenleiter mit folgenden Worten an: „Und Sie, Frau Kronsteiner, bekommen das ‚Goldene' für ihre *sieben* Kinder." Als die Aufgerufene, Mutter von elf Kindern, darunter vier Klerikern, erwiderte, daß sie ja *elf* Kinder habe, wurde ihr geantwortet: „Die vier Pfaffen zählen nicht[7]!"

„Auf Grund des Antrages der Gebietsführung der Hitlerjugend vom 20. August 1942" wurde ein gewisser F. K. durch den Reichsstatthalter von Oberdonau mit Erlaß vom 8. September 1942 von der Lehrerbildungsanstalt verwiesen. Seinen Eltern wurde hierfür folgende Begründung mitgeteilt:

F. K. ist durch die Erziehung an der Lehrerbildungsanstalt genugsam davon unterrichtet, daß für die Aufnahme in den Lehrberuf keineswegs der wissensmäßige Erfolg genügt, daß im Gegenteil als oberste Forderung gestellt wird, daß jeder Angehörige einer Lehrerbildungsanstalt sein weltanschauliches Bekenntnis zum Nationalsozialismus durch aktive und vorbildliche Mitarbeit in der Hitlerjugend unter einwandfreien Beweis zu stellen hat. Wenn demgegenüber ein Angehöriger der Lehrerbildungsanstalt sich seinen Verpflichtungen entzieht, um sich im bewußt gegnerischen Lager in aktive Tätigkeit zu stellen, so hat er damit bewußt sein Anrecht auf den Lehrberuf verwirkt[8].

Auch noch 1945 standen die Fahnen auf Sturm. Pfarrer Hermann Leichtenmüller (Wartberg ob der Aist) berichtete Herrn Generalsekretär Franz Vieböck am 26. März 1945 von einem Vorkommnis, das dieser wie folgt zu Protokoll brachte:

Am 22. März 1945 vormittag war der hochwürdige Herr Josef Hackl SM aus Greisinghof (Tragwein), der zur Beichtaushilfe in Wartberg ob der Aist weilt, auf einem Versehgang. Er trug das Allerheiligste öffentlich, war mit Talar und Chorrock bekleidet, ein Ministrant ging ihm mit brennender Laterne voraus. Als er am Landdienstlager Reitling vorbeikam, rissen die Buben die Fenster auf und sangen das Lied: „Kameraden, Kameraden, hängt die Juden, stellt die Pfaffen an die Wand[9]."

---

7 *H. Kronsteiner*, Eine Mutter und 11 Kinder, Linz [1978], S. 66.
8 OAL, Past A, Fasz.: Nationalsozialismus als Weltanschauung.
9 OAL, Past A, Fasz.: Diverse Schwierigkeiten.

Und Oberbannführer *Gottfried Griesmayer* meinte im Jänner 1945 anläßlich einer ,,weltanschaulichen Veranstaltung der HJ''[10] u. a., ,,daß jetzt mit der Kirche [nur] ein taktischer Friede geschlossen'' sei. ,,Nach dem Krieg gebe es nur noch ein Ziel, die Vernichtung der Kirche und die Ausrottung alles dessen, was noch im Volke steckt von der jüdischen Unbefleckten Empfängnis und vom Wüstenvolk usw. Die Führer der HJ müßten aber jetzt schon die konfessionellen Bindungen lösen[11].''

Das waren Einzelbeispiele. Generell muß auf die Klosteraufhebungen[12], die vielfältigen Beschränkungen der Seelsorge und das Vorgehen gegen die Geistlichkeit verwiesen werden.

Der Pressekampf gegen den Klerus ist in diesem Band durch einige Karikaturen dokumentiert. Kooperator *Otto Jelinek* von Attnang-Puchheim wurde z. B. als ,,Leichenschänder'' angeprangert, weil er beim Begräbnis eines Arbeiters, der am Sonntag gearbeitet hatte und dann gestorben war, von einem Strafgericht Gottes sprach; Kanonikus *Großmann* nahm man aufs Korn, weil er im Beichtstuhl abfällige Äußerungen gegen die bloße Zivilehe gemacht hatte[13]. Ein harmloses Primizmahl in Sarleinsbach verstieß nach Ansicht des österreichischen Beobachters ,,gegen die allgemeine Moral der Volksgemeinschaft[14]'', und Pfarrer *Michael Grabner* († 1960) von Engelhartszell wurde zur Zielscheibe des Spottes, weil er bei seiner Amtsübernahme von den katholischen Frauen eine Torte erhalten hatte[15].

Zahlreiche Priester wurden eingesperrt[16], andere erhielten Schulverbot, manche wurden sogar hingerichtet, so z. B. *P. Paulus Wörndl*[17] und Pfarrer *Matthias Spanlang*[18]. Sie starben für ihre Überzeugung[19].

Die nationalsozialistische Ära war aber auch eine *Zeit der echten Bewährung und des positiven Aufbaus.*

---

10 ein Hinweis auf die Veranstaltung in: Oberdonau-Zeitung vom 27., Jänner 1945.

11 OAL, Past A, Fasz.: Nationalsozialismus als Weltanschauung; Notiz von Generalsekretär F. Vieböck.

12 Vgl. unten S. 224–294.

13 Vgl. Abb. 37 mit Quellenangabe.

14 Vgl. Abb. 38 mit Quellenangabe.

15 Vgl. Abb. 39 mit Quellenangabe.

16 Vgl. die Arbeit von *J. Mittendorfer,* Literaturverzeichnis.

17 Vgl. unten S. 295–324 und Abb. 17, 24, 25, 26.

18 Vgl. Abb. 14.

19 Vgl. meinen Aufsatz: ,,Sie starben für ihre Überzeugung. Oberösterreichische Priester als Opfer des Nationalsozialismus'', Jahrbuch der Diözese Linz 1980; in Vorbereitung.

Die vollen Kirchen, das bereitwillige Zahlen der damals eingeführten Kirchenbeiträge, die Teilnahme an kirchlichen Prozessionen und Wallfahrten[20] etc. sind auch als Protest gegen das Regime zu werten. Es zählen ja nicht nur die Märtyrer, sondern auch die vielen Namenlosen, die treu durchgehalten haben!

Erwähnung verdienen die zahlreichen aufrechten Laien, die bereit waren, sich im Dienst der Kirche zu exponieren. Es sei z. B. auf die Rechtsanwälte *Dr. Josef Stampfl* († 1962)[21] und *Dr. Alois Bruneder* († 1977) verwiesen, die katholische Institutionen und katholische Priester vor der NS-Justiz oftmals mutig vertraten.

Mancher Sieg der Kirche und manche Weichenstellung für die Zukunft sind dem Mut und Geschick Bischof *Fließers* († 1960) zu danken[22]. Einsatzfreudige Kapläne[23] und tatenlustige Jugendliche erkannten damals, worauf es ankam[24]. So lernte die Kirche auf eigenen Füßen zu stehen und sich wieder zu konzentrieren auf ihr ureigentliches Anliegen: die Seelsorge. Wie intensiv die Bemühungen um das Wesentliche waren, geht vielleicht am anschaulichsten hervor aus dem sogenannten *inneren Programm* der Katholischen Jugend, das damals in Bildchenform massenhaft verbreitet wurde. Eine klare Zielsetzung, ein ausgeprägter Altruismus und eine glühende Begeisterung für Gott und die Kirche sind die hervorstechendsten Züge dieses Programms[25].

Die Früchte einer außerordentlich agilen *Jugendarbeit* zeigen sich noch heute bei der Generation zwischen 50 und 60, die sich, auf verantwortungsvolle Posten gestellt, durch die Beachtung christlicher Grundsätze bewährt.

Die Aktivität der Jugendseelsorger wird etwa durch einen Bericht des Landrates des Kreises Kirchdorf a. d. Kr. vom 3. Jänner 1941[26] eindringlich bestätigt, in dem es u. a. heißt:

Die katholische Kirche ist in den Orten, in welchen sie junge Geistliche sitzen hat, und zwar in Vorderstoder, Steyrling, Heiligenkreuz, Schlierbach, Nußbach, Wartberg und Kremsmünster, besonders agil und bemüht sich vor allem, Einfluß auf die Jugend zu gewinnen. Es dürfte sich in allen voraufgeführten Fällen um Führer der sogenannten „jungen Kirche"

---

20 Vgl. Abb. 53, 55, 56.
21 Vgl. unten S. 361, 363 ff. und Abb. 29.
22 Vgl. unten S. 74–137 und Abb. 8, 9, 10, 18.
23 Vgl. Abb. 13, 16, 44, 46 u. a.
24 Vgl. bes. die Beiträge von *F. Klostermann* und *E. Widder* in diesem Band.
25 Vgl. Abb. auf S. XVIII.
26 OÖLA, Pol. Akten Sch. Nr. 15.

handeln, die wiederum von Pater Willibrod [sic!], Kremsmünster, dem Jugendbeauftragten des Bischofs für den Gau Oberdonau, geführt werden dürften. P. Willibrord [sic!] und ein Teil seiner Mitarbeiter tragen aus Tarnungsgründen mit Vorliebe schwarze Stiefelhosen und schwarze Stiefel und wollen damit offenbar den Eindruck erwecken, daß sie Angehörige der SS sind[27].

Als Zentren katholischer Jugendarbeit dürfen sicherlich Wels/Vorstadtpfarre (mit den Kaplänen *Josef Zauner* und *Erich Nürnberger)*[28], Linz/Neuer Dom (mit Domvikar *Dr. Engelbert Schwarzbauer*, † 1972), Linz/ Alter Dom (mit den PP. Jesuiten) und Linz/Stadtpfarre Urfahr (mit Kaplan *Franz Mayr*) angesprochen werden.

Eine wesentliche Rolle bei der kirchlichen Aufbauarbeit spielten *Lied und Liturgie*[29]. Das von *J. Kronsteiner* komponierte Lied „Weit sind die Wege"[30] wurde als Kampf- und Bekenntnislied viel gesungen und diente in Wels/Vorstadtpfarre sogar als eine Art „Schibboleth", als ein Erkennungszeichen für die aktive Zugehörigkeit zur Katholischen Jugend. Begegnete man einem, dessen man sich nicht sicher war, pfiff man ein Stück des Liedes; setzte es dieser fort, so wußte man, mit wem man es zu tun hatte[31]. Auch als Kirchenlied, ja selbst bei Totenfeiern für Gefallene fand das Lied Verwendung.

Daß sogar ein vom Gau veranstalteter Orgelwettbewerb[32] zum Erfolg für die Kirche werden konnte, ist Fügung. Die geistlichen Brüder *Hermann* und *Josef Kronsteiner* erzielten Preise; die Organisatoren, deren Anliegen die „Entkonfessionalisierung des Orgelspieles" gewesen war, waren frustriert und ließen keinen zweiten Bewerb mehr folgen. Wir besitzen einen aufschlußreichen SD-Bericht vom 1. Oktober 1941, gerichtet an Gaupropagandaleiter Irkowsky[33]. Er hat folgenden Wortlaut:

Propagandistische Auswertung der Auszeichnungen zweier Geistlicher beim Orgelwettbewerb in St. Florian.

In Kreisen des katholischen Klerus wird die Auszeichnung der beiden geistlichen Brüder Kronsteiner beim Orgelwettbewerb in St. Florian als sensationeller Erfolg gebucht. Schon zwei Tage nach dieser Veranstaltung hatte ein beträchtlicher Teil des Diözesanklerus von diesem Ereignis Kenntnis. Im besonderen wurde erörtert, daß zwei Geistliche bei diesem Wettbewerb, der unter dem Zeichen der Entkonfessionalisierung des Orgelspieles stand, die ersten Plätze belegten.

---

27 Vgl. dazu Abb. 16.
28 Dazu der Beitrag von *E. Widder*.
29 Vgl. den Beitrag von *H. Hollerweger* sowie Abb. 43, 44, 49–52, 61–63, 69.
30 Vgl. Abb. auf S. XIV.
31 Dankenswerte Mitteilung von Prof. *Dr. E. Widder* (Linz).
32 Vgl. *H. Kronsteiner*, Literaturverzeichnis; unten Abb. 34–36.
33 OÖLA, Pol. Akten Sch. 69, SD-Berichte Linz 1940–1943.

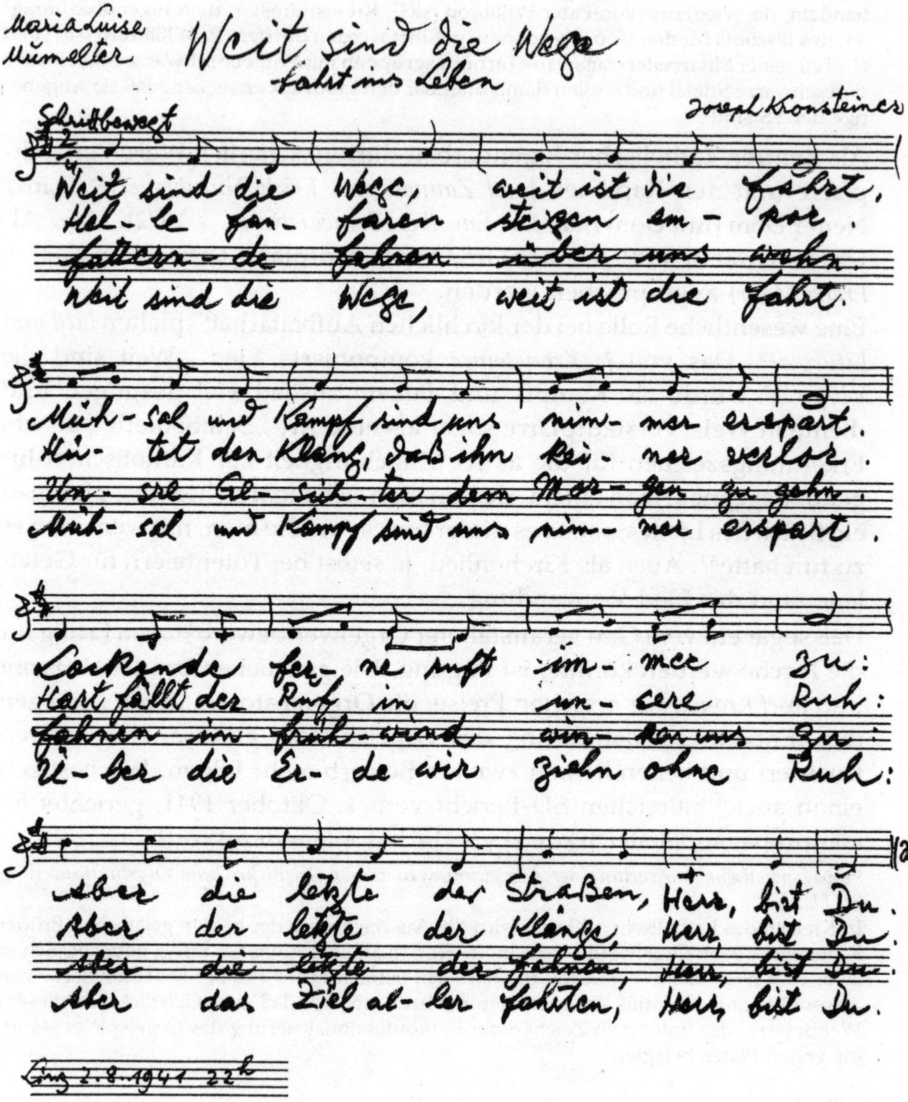

Das Kronsteiner-Lied, das zum Lied der katholischen Jugendbewegung in der NS-Zeit wurde.

Die Zeichen standen aber nicht immer auf Sturm. Daß auch Gauleiter *Eigruber* († 1946)[34] in manchen Fällen zur Entspannung beigetragen hat, geht aus einem Brief von Bischof J. C. Fließer vom 8. November 1946 hervor, den er an Prälat Jakob Fried, der damals an seinem Buch „Nationalismus und katholische Kirche in Österreich"[35] arbeitete, gerichtet hat[36]. Darin heißt es u. a.:

Was den verstorbenen Diözesanbischof Johannes Maria Gföllner und mich betrifft, so ist im allgemeinen zu sagen, daß es bei uns zu keinen Attacken auf unsere Person gekommen ist wie etwa in Wien, Salzburg und Graz. Wir sind nie behandelt worden wie etwa Bischof Rusch von Gauleiter Hofer. Gauleiter Eigruber, so brutal er gegen seine eigenen Leute und politischen Gegner sein konnte, vermied eher Gehässigkeiten gegen die Kirche und legte böswilligen Parteigenossen diesbezüglich manchen Hemmschuh an. Punkto Klosteraufhebungen und über Geistliche, die in den Verdacht kamen, Schwarzhörer zu sein oder an politischen Widerstandsbewegungen teilzuhaben, ließ sich mit ihm nicht reden; aber in religiös-kirchlichen Belangen ließ er mit sich reden und wünschte Besprechungen zwischen Sicherheitsdienst und Seelsorgeamt, die doch manchesmal Erfolg hatten . . . Eigruber hatte gegenüber [Bischof] Johannes Maria bei aller Abneigung doch eine gewisse Scheu und Hochachtung; er schonte die Person des Bischofs und ließ, was ihm an Johannes Maria nicht paßte, vielfach anderen entgelten, namentlich Dr. Ohnmacht und Dir. Weinberger. Er machte namentlich ersteren für sehr viel verantwortlich, was Johannes Maria tat und schrieb. Das sagte Eigruber wiederholt zu mir selber und ließ sich davon nicht abbringen. Mir persönlich kam Eigruber eher entgegen, schützte mehrmals das Priesterseminar gegen Übergriffe eines Dr. Lenk vom Schulamt und eines Peterseil von der Umsiedlerstelle, wies mir wiederholt Benzin für meine Firmungsreisen zu und schloß mit dem Ordinariat einen günstigen Bestandsvertrag über die ehemalig den Stiften inkorporierten Pfarreien. Ich war von 1941–45 als Kapitelvikar etwa sechsmal persönlich bei ihm und wurde immer anständig und taktvoll behandelt, auch wenn ich mit Beschwerden kam. Wiederholt entschied er zu Gunsten der Geistlichen Schwestern in den Spitälern und Lazaretten gegen die Ärztekammer und die Braunen Schwestern. In Erinnerung daran, daß er einst als Schüler in Steyr kirchliche Horte und Vereine besuchte, kam er P. Mühlleitner S. J. und den Schwestern in Steyr entgegen. Da er auf die Gestapo und auf Himmler wegen ihrer Eigenmächtigkeiten nicht gut zu sprechen war und er als Gauleiter möglichst selbständig sein wollte, konne ich manches verhindern bzw. durchsetzen. Eigruber ist nie aus der Kirche ausgetreten und bezahlte den Kirchenbeitrag; er war jedenfalls unter allen Gauleitern noch der anständigste gegenüber der Kirche. Ich kann daher von persönlichen Belästigungen und speziellen Behinderungen nicht berichten. Die Behinderungen auf dem Gebiete der Seelsorge, der Jugend, der Schule, der Ministranten usw. gingen von der Gestapo, vom Schulamt, von der HJ usw. aus und betrafen allgemein alle Priester, nicht aber den Bischof im besonderen . . .

Wenn Rom die Besetzung des Bischofstuhles von Linz versucht hätte, so wären die Schwierigkeiten beim Kirchenministerium in Berlin erwachsen, kaum bei Eigruber. Rom wollte selber lieber an der Frage nicht rühren.

---

34 Zu ihm vgl. S. 15, 22f., 27 und Abb. 33, 35.

35 Wien 1947.

36 OAL, Past A.

Die hohe Zahl der verhafteten Priester in unserer Diözese erklärt sich zum Teil dadurch, daß sich bei uns Regularen aufhielten, die von anders woher schon verfolgt wurden. So muß im allgemeinen gerechterweise gesagt werden, daß es in der Diözese Linz – von den Klosteraufhebungen abgesehen – nicht am schlimmsten war. Daran hat Eigruber ein gewisses Verdienst und sein Gaukämmerer Danzer . . .

Ich habe dieses Dokument bewußt hierher gesetzt, weil es eine Seite jener Epoche anspricht, die in den in diesem Band enthaltenen Aufsätzen sonst zu kurz käme.

Die Kapitel des vorliegenden Buches wollen nicht Teile eines Heldenepos für die Kirche sein. Genau so wenig wollen sie die Nationalsozialisten auf die Anklagebank versetzen. Es geht einfach darum, darzustellen, wie es gewesen ist, in ehrlicher, keine Seite beschönigender Art und Weise.

Das Konzept, das hinter diesem Sammelband steht, sei kurz umschrieben. Die vielen Facetten des Nebeneinanders und Gegeneinanders von Kirche und Nationalsozialismus in Oberösterreich sollen *jeweils in wenigstens einem Beitrag* zur Darstellung kommen. Den Autoren ist dafür zu danken, daß sie sich in diesen Plan eingefügt haben. Als unerläßliche Ergänzung wurden – meist in überarbeiteter Form – mehrere schon andernorts erschienene Abhandlungen beigegeben. Auf diese Weise kann, wie wir hoffen, das Buch ein in den Umrissen einigermaßen klares Bild der Kirchengeschichte unseres Bistums in den Jahren von 1938 bis 1945 vermitteln. Das heißt natürlich nicht, daß nicht noch viele eingehende Studien zu leisten und viele wichtige Details zu erbringen sind, bevor eine zusammenfassende Darstellung jener Epoche geschrieben werden kann.

Die Ausführungen von *H. Slapnicka* stellen gewissermaßen das Band dar, das die übrigen Aufsätze zusammenhält. Die Gebietserweiterung, die die Diözese durch Einbeziehung des Generalvikariates Hohenfurth erfahren hat, hat *H. Rödhammer* behandelt. Mehrere Beiträge gehen der Haltung der Bischöfe (Gföllner und Fließer) gegenüber dem Nationalsozialismus nach *(R. Zinnhobler, A. Naderer)*, wobei sich Fließer, wenn wir nur die Jahre 1938 bis 1945 berücksichtigen, jedenfalls viel eindeutiger profiliert hat. Der Kampf gegen den Klerus sollte stellvertretend in Paulus Wörndl, dem Martyrerpriester aus dem Karmelitenorden, zur Darstellung kommen *(R. Bruderhofer)*. Die Geistlichen, die als echte Sympathisanten des Nationalsozialismus zu bezeichnen sind – ihre Zahl läßt sich wohl an den Fingern zweier Hände abzählen – werden in Pfarrer Gregor Weeser-Krell repräsentiert *(F. Loidl)*. Der Mut eines Laien, der

sich durch Wehrdienstverweigerung dem Krieg entzog und dafür die Hinrichtung auf sich nahm, wird an der Gestalt Franz Jägerstätters aufgezeigt *(V. Conzemius)*. Aus der Schar der Priester, die damals an der vordersten Seelsorgefront standen, wird ein Geistlicher aus der Nachbardiözese ausgewählt: Dr. Hermann Gantenberg *(R. Zinnhobler)*. In anderen Aufsätzen wird aber wiederholt auch auf oberösterreichische Jugendseelsorger verwiesen (z. B. in den Beiträgen von *E. Widder* und *F. Klostermann*). Dem wichtigen Kapitel „Jugendarbeit" sind gleicherweise die Ausführungen *F. Klostermanns* und *E. Widders* gewidmet. Während das Schicksal der Stifte durch *K. Rehberger* eindringlich geschildert wird, behandelt *F. Nothegger* – stellvertretend für alle anderen Ordensgemeinschaften – die Franziskanerklöster unserer Diözese. Dem ergiebigen Thema „Aufhebungen kirchlicher Institutionen", das schon bei *Rehberger* zur Sprache kommt, ist auch der Aufsatz von *J. Honeder* über die Schicksale des Kollegium Petrinum gewidmet; im Beitrag von *F. Loidl* ist u. a. auch von der Enteignung des Ebenseer Kindergartens ausführlich die Rede. Der positiven Aufbauarbeit auf dem Gebiet der liturgischen Bewegung geht *H. Hollerweger* nach.
Für die einzelnen Abhandlungen sind die Verfasser verantwortlich; selbstverständlich blieb ihnen auch die Wertung der behandelten Ereignisse überlassen. Es war aber das Bemühen am Werk, keiner falschen Romantik oder Apologetik Raum zu geben.
Wenn sich insgesamt dennoch ein vorwiegend positives Bild der damaligen Kirche ergibt, wenn sich abzeichnet, daß die Kirche zwar manchmal versagt, aber noch viel öfter gesiegt hat, daß sie sich also dieser Epoche keineswegs zu schämen braucht, dann handelt es sich um ein Ergebnis, das an der Unbestechlichkeit der Quellen seine Bestätigung findet.

Den Tag beginne ich froh
mit Gott. † Immer neu
und groß ist mir Christi
Opfer. † Ich bin täglich in
besinnlicher Lesung mit Gott
allein. † Am Abend trage
ich mein Werk vor den
Herrn.

Wir wissen, daß wir vom
Tode zum Leben gelangt
sind, wenn wir die Brüder
lieben. 1 Jo 3 14

Feuer kam ich zu werfen
auf die Erde. Und wie
wünsche ich, es flammte
schon empor. Lk 12 49

,,Inneres Programm'' der ,,Jugend der Kirche'' in der Diözese Linz.

Harry Slapnicka

Die Kirche Oberösterreichs zur Zeit des Nationalsozialismus[1]

Versucht man den Zeitraum der sieben Jahre zwischen 1938 und 1945 zu gliedern, so bietet sich naturgemäß die Teilung nach der Amtszeit von Diözesanbischof Dr. Gföllner[2] (bis Juni 1941) und die von Kapitelvikar und Weihbischof Dr. Fließer[3] an. Das ist nicht nur ziemlich genau die Halbierung dieses Zeitraumes. Wenige Tage nach der Amtsübernahme Fließers beginnt Hitlers Rußlandfeldzug. Und damit zwar weitere Zwangsmaßnahmen, aber auch freiere Wirkungsmöglichkeiten als bis-

---

1 Die Quellenlage muß gerade für den Bereich „Kirche" in diesem Zeitabschnitt als zufriedenstellend bezeichnet werden. Offizielle Verlautbarungen, die nur selten über eine Aussagekraft verfügen, finden sich in der „Amtlichen Linzer Zeitung" (hier insbesondere in den Mitteilungen des Landesschulrates) und im „Linzer Diözesanblatt". Nur dürftig erhalten geblieben sind – für den Bereich der NSDAP – die „Gauleiterbefehle" mit eher seltenen Hinweisen auf Kirchenprobleme. Dafür sind weitgehend die Weisungen der Geheimen Staatspolizei an die untergeordneten Gendarmerie- und Polizeistellen erhalten. All diese Unterlagen gestatten zweifellos kein lückenloses Bild, zeigen aber in aller Deutlichkeit die mehrschichtige Behandlung der Kirchenfragen auf. Dazu kommen noch Stimmungsberichte der Bürgermeister, Gendarmerieposten, Landräte, der Geheimen Staatspolizei und des SD sowie des Oberstaatsanwaltes und Oberlandesgerichtspräsidenten an den Justizminister, die bestenfalls zu 10 Prozent erhalten geblieben sind, in ihrer Gesamtheit aber doch ein neues und ungewohntes Bild der Stimmung in Oberösterreich geben. Kirchliche Ereignisse werden in diesen Stimmungsberichten außerordentlich ausführlich behandelt.
Einen starken Auftrieb zur Durchforschung der Situation der katholischen Kirche in den Jahren 1938–1945 hat ein zweisemestriges Seminar von Univ.-Prof. Dr. Rudolf *Zinnhobler* in den Jahren 1975 und 1976 gegeben. Die daraus hervorgegangenen Diplomarbeiten werden in der Folge zitiert; an weiteren einschlägigen Schriften zitiere ich: Rudolf *Zinnhobler,* Die Religiöse Woche in der Vorstadtpfarre Wels im Jahre 1942, in: *Zinnhobler,* Beiträge zur Geschichte des Bistums Linz, Linz 1977. Hermann *Kronsteiner,* Bericht über den Orgelwettbewerb 1941 in St. Florian, in: 74. Jahresbericht des Bischöflichen Gymnasiums und Diözesanseminars am Kollegium Petrinum, Schuljahr 1977/78, 3–54. Schließlich verweise ich auf die einschlägigen Kapitel meines Buches „Oberösterreich – als es ‚Oberdonau' hieß (1938–1945)", Linz 1978.

2 Dr. theol. et phil. Johannes Maria *Gföllner* (1867–1941), 1915–1941 Diözesanbischof von Linz.

3 Dr. jur. can. Josephus Calasantius *Fließer* (1896–1960), 1941 Kapitelvikar und Titularbischof von Gangara, 1942 Vollmachten eines residierenden Bischofs, 1946 Diözesanbischof von Linz.

her. Mag sich die nationalsozialistische Führung an antikirchlichen Maßnahmen auch viel für die Zeit nach Kriegsende aufgehoben haben, so pendelt sich so etwas wie ein ungeschriebenes Stillhalteabkommen mit der Kirche ein.

Aber zurück zum 12. März 1938. Diözesanbischof Dr. Gföllner steht zur Zeit des „Anschlusses" im 72. Lebensjahr. Er hat schon mehrere „Umbrüche" miterlebt. Vor allem den für ihn als Monarchisten besonders schmerzlichen des Jahres 1918, doch war Gföllner damals erst 51 Jahre alt und drei Jahre Bischof. Dann den des Jahres 1934, den Gföllner eher mit Sympathien betrachtet hatte. Und nun die nationalsozialistische Machtergreifung und die Eingliederung der „Ostmark" ins Reich. Gföllner war ja einer der wenigen Bischöfe, der sich in einem Hirtenbrief mit dem Nationalsozialismus auseinandergesetzt hat[4]. In der jetzigen Phase kann man Gföllner, der bisher jede Anpassungspolitik gegenüber dem Nationalsozialismus mißtrauisch betrachtet und kritisiert hatte, als apathischen, ja schon fast gebrochenen Mann bezeichnen[5]. Er begrüßte Hitler nicht, als sich dieser den neuen Dom ansieht und entsendet Prälat Schöfecker[6] zur Begrüßung. Gföllner unterfertigt gleichermaßen wie alle anderen österreichischen Bischöfe am 18. März 1938 den Aufruf, anläßlich der Volksabstimmung vom 10. April 1938 mit „Ja" zu stimmen, veröffentlicht dieses Bischofswort zwar nicht im Diözesanverordnungsblatt im Wortlaut. In einer von Gföllner gezeichneten „Weisung an den hochwürdigen Klerus" heißt es allerdings im „Linzer Diözesanblatt" u. a.: „Der gesamte Säkular- und Regularklerus gehe am 10. April zur Wahl im Sinne der Verlautbarung der Bischöfe vom 27. März und ermahne auch sämtliche Klosterfrauen hiezu." Die weiteren Hinweise entsprechen ganz den Intentionen des Diözesanbischofs: „Der Klerus betätige seine Aufgabe ganz besonders eifrig auf dem kirchlichen und religiösen Gebiete, vertiefe die Seelsorge in ihren verschiedenen Formen . . . In Predigt, Katechese, Beichtstuhl, im seelsorglichen Verkehr sowie in Privatbriefen vermeide man jedwede Äußerung und Stellungnahme, die als politisch oder staatsfeindlich gedeutet werden könnte . . . Man versuche das Volk zu beruhigen . . . trete böswilligen Gerüchten und Verdächtigun-

---

4 Über wahren und falschen Nationalismus, 22. 1. 1933.

5 Richard *Kutschera*, Johannes Maria Gföllner, Bischof dreier Zeitenwenden. Linz 1972; Hans *Jablonka*, Waitz, Bischof unter Kaiser und Hitler (Wien 1971), 80ff.; Viktor *Reimann*, Innitzer, Kardinal zwischen Hitler und Rom (Wien 1967), 88ff., 114.

6 Karl *Schöfecker* (1873–1953), Domkapitular.

gen klug und entschieden entgegen . . ." Noch getraut sich der Bischof zu schreiben, daß etwaige Verhaftungen sofort selber oder durch andere zu melden sind. Dann aber lesen wir weiter: ,,Der Klerus befleiße sich ganz besonders einer persönlich vollkommen einwandfreien und kirchlich korrekten Lebensführung . . . Der Klerus wahre geschlossen Disziplin unter sich und dem Bischof gegenüber, der seine Anordnungen den Zeitverhältnissen anpassen wird . . . Zurückhaltung ist ein Gebot der Klugheit . . . Passive Tugenden sind in der Regel schwerer zu üben als aktive[7]."

Nun, diese von Gföllner beschworene Einheit scheint auch in Oberösterreich gefährdet, als der Florianer Chorherr, Prof. Dr. Nikolussi[8] in der ,,Amtlichen Linzer Zeitung" einen Aufruf erließ, den die Redaktion unter den Titel ,,Priester helfen im Wahlkampf" stellte[9]. Nikolussi erklärte in diesem Aufruf, der Nationalsozialismus sei gegen einen Mißbrauch der Religion, ,,was ja auch in unserem Interesse ist". Aber immerhin schreibt Nikolussi in diesem kurzen Aufruf auch (von der Redaktion fett gedruckt): ,,Es ergeht an die Priester die Einladung, an der großen deutschen Bewegung aktiv mitzuarbeiten" und dies ihm, Nikolussi, bekanntzugeben. Ungewöhnlich genug schreibt dazu Gauleiter und Landeshauptmann Eigruber[10] ein kurzes Nachwort: ,,In vielen Fällen haben sich bereits katholische Priester an uns gewendet, um mit all ihrer Kraft auch ihr Teil beizutragen, unserem Volk das große Geschehen unserer Zeit verständlich zu machen . . . Ich begrüße diesen Beweis echter Volksverbundenheit aus dem für Volk und Heimat und alle positiven Kräfte, die diesen dienen wollen, nur Gutes ersprießen kann."

Nun versickert dieser gewiß nicht nur für die Volksabstimmung gedachte Aufruf rasch – insbesondere wohl angesichts der massiven antikirchlichen Maßnahmen, die nach dem 10. April 1938 einsetzen. Insgesamt dürfte die Zahl der Geistlichen, die eine gewisse Sympathie dem Nationalsozialismus gelegentlich bis Kriegsende, entgegenbrachten, die Zahl von acht nicht überschritten haben, das entspricht einem Anteil von 0,7 Prozent[11].

---

7 Linzer Diözesanblatt 4/1. 4. 1938, 27.

8 Dr. theol. Alois *Nikolussi* (1890–1965), Chorherr von St. Florian.

9 ,,Amtliche Linzer Zeitung" 15/5. 4. 1938, 228. Nicht gleichlautend ist der Text von Nikolussis Aufruf in der Wiener ,,Reichspost" vom 26. 3. 1938.

10 August *Eigruber* (1907–1946), Gauleiter der NSDAP (1936–1945), Landeshauptmann (1938–1940), Reichsstatthalter (1940–1945), Reichsverteidigungskommissar.

Nun hätte die Strenge Gföllners in dieser Phase wohl kaum jene Haltung des Klerus gewährleisten können, hätte dieser nicht auch von seiten der katholischen Laien in sehr vielen Fällen eine klare Rückendeckung erhalten, gelegentlich sogar den Vorwurf, in dieser Stunde versagt zu haben. So etwa erklärte das bisherige Mitglied der oberösterreichischen Landesregierung und Spitzenexponent der christlichen Arbeiterbewegung Karl Loidl[12] dem damaligen Kooperator in Bad Ischl, Klostermann[13]: ,,Das hättet Ihr uns schon früher sagen sollen, daß Ihr Euch auf diesen Gauner (Hitler) schon tausend Jahre gefreut habt, dann hätten wir nicht unsere Familie und uns selbst gefährdet[14]."

Obwohl man vor der Volksabstimmung über den ,,Anschluß" vom 10. April 1938 möglichst alle unpopulären Maßnahmen zurückdrängt und propagandistisch wirkungsvolle Aktionen vorzieht, werden in Oberösterreich in diesen ersten dreieinhalb Wochen zwischen ,,Anschluß" und Volksabstimmung trotz der in Wien stattfindenden Verhandlungen zwischen Parteidienststellen und der Bischofskonferenz bzw. Kardinal Innitzer die wichtigsten, dem neuen Regime unaufschiebbaren Maßnahmen realisiert: die sofortige Besetzung aller Zeitungen und Betriebe des Katholischen Preßvereins in Linz, Wels, Ried, Rohrbach, Perg und Grieskirchen bereits in der Nacht vom 12. zum 13. März 1938, der dann das Verbot des Preßvereins und die Beschlagnahme des nicht unbeträchtlichen Vermögens folgt. Auch noch im März erfolgt die Besetzung und Beschlagnahme der meisten katholischen Vereine. Nach der Volksabstimmung werden die anfänglich improvisierten Maßnahmen systematisch fortgesetzt: so die Erpressung eines Kaufvertrages für alle Preßvereinsbetriebe mit der bescheidenen Kaufsumme von RM 700.000.–, ein Betrag, der übrigens nie ausbezahlt wird[15] und schließlich

---

11 Information Univ.-Prof. Rudolf *Zinnhobler*, 1978. Es gibt auch keine Hinweise für eine Existenz der Priestergruppe ,,Arbeitsgemeinschaft für den religiösen Frieden" in der Diözese Linz, wie es auch vor 1938 in Oberösterreich die Gruppe der ,,betont nationalen (Katholiken)" nicht gegeben hat.

12 Karl *Loidl* (1893–1965), Sparkassenbeamter, letzter Landesobmann der katholischen Arbeiterstandsbewegung Oberösterreich 1935–1938 Mitglied der oö. Landesregierung.

13 Dr. Ferdinand *Klostermann* (1907), katholischer Priester, Diözesanjugendseelsorger, Gauverweis, Universitätsprofessor.

14 Erika *Weinzierl*, Christen und Juden nach der NS-Machtergreifung in Österreich. Referat bei der Tagung ,,Anschluß 1938" der Wissensch. Kommission zur Erforschung der österreichischen Geschichte der Jahre 1918–1938. Wien 1978, Manuskript S. 23.

15 Felix *Kern*, Oberösterreichischer Landesverlag (Ried/Innkreis, 1951), 359–381.

am 11. Mai 1940 die behördliche Auflösung des Vereins, nachdem die gewünschte Selbstauflösung nicht erfolgt war. Der bezeichnende Schlußsatz dieses Auflösungsbescheides lautet: „Eine Begründung entfällt gemäß § 3 des angeführten Gesetzes (über die Überleitung und Eingliederung von Vereinen). Dieser Bescheid ist unanfechtbar[16]."
Bei den katholischen Vereinen wird im Mai 1938 die befohlene Selbstauflösung bzw. offiziell durchgeführte Liquidierung fortgesetzt, wobei nach der anfänglichen Auflösung von 16 meist größeren und wichtigen Organisationen 28 kleinere vorerst bestehen bleiben können. Zur „freiwilligen Auflösung" werden praktisch alle wichtigen katholischen Organisationen wie „Volksverein", „Reichsbund", „Katholische Frauenorganisation", „Katholischer Arbeiter- und Arbeiterinnenverein" gezwungen[17]. Kleinere karitative Organisationen können im Caritasverband vereinigt und sogar bis Kriegsende eine gewiß sehr bescheidene Funktion erfüllen. Bei nachträglichen Aktionen Bürckels[18], etwa der „Sonderaktion gegen Caritasverband und Kolpingfamilie", die ohne Aufsehen hätte durchgeführt werden sollen, wird meist mitgeteilt, daß die zu beschlagnahmenden Vermögen „bereits anläßlich der Machtübernahme" sichergestellt worden seien, wobei unterschiedlichste Dienststellen an dieser Sicherstellung beteiligt waren, NSDAP, SA, SS, Polizei u. a.[19].
Insgesamt dürften von 6000 in ganz Österreich verbotenen katholischen Vereinen und Stiftungen 1500 auf Oberösterreich entfallen sein, im Durchschnitt also drei je Pfarre[20].
Der Wahlaufruf der österreichischen Bischöfe wird zwar in der Diözese Linz, ähnlich wie in Salzburg[21] nicht im Diözesanblatt veröffentlicht, aber auf Grund eines ausgesandten vervielfältigten Textes in den meisten Kirchen der Diözese verlesen[11]. Er wird übrigens auch in der „Amt-

16 Bescheid des Reichsstatthalters in Oberdonau, Ia/Pol. 1-784-1 vom 11. 5. 1940.

17 OÖLA, Pol. Akten, Sch. 12 (Kirchdorf). Geheime Staatspolizei, Staatspolizeileitstelle Linz, B.Nr. 2838/38 vom 14. Mai 1938; LDBl. 1938 Nr. 6, 50 und 72; ALZ 1938 Nr. 14.

18 Josef *Bürckel* (1895–1944), 1938–1940 Reichsstatthalter der Ostmark, Selbstmord.

19 OÖLA, Pol. Akten, Sch. 12. Weitergabe einer tel. Durchgabe der Geheimen Staatspolizei durch die Bezirkshauptmannschaft Linz, Zl. 256/18/38 vom 23. Mai 1938; Aktenvermerk über die Besprechung in der Arbeiterkrankenkasse Linz vom 21. Mai 1938; Schreiben der Bezirkshauptmannschaft wegen Pasching an die Geheime Staatspolizei Linz, Zl. 256/18/38 vom 9. Juni 1938; LDBl . 1938 Nr. 5; ALZ 1938 Nr. 23.

20 Jakob *Fried*, Nationalsozialismus und katholische Kirche in Österreich (Wien 1947) 58 f.

21 Erika *Weinzierl*, Referat „Christen und Juden nach der Machtergreifung in Österreich" (Wien, 14. 3. 1938), Manuskript S. 11.

lichen Linzer Zeitung" veröffentlicht, bezeichnenderweise nach dem „Wahlhilfeaufruf" der österreichischen Kraftfahrverbände und der Oberösterreichischen Feuerwehren und vor dem der deutsch-österreichischen Industrie[22].

Insgesamt berühren die Verhandlungen zwischen Bürckel und Innitzer[23] und später die Auseinandersetzungen zwischen beiden Oberösterreich nur sehr am Rande. Über die Bürckel-Rede liegt neben groß aufgemachten Presseberichten lediglich ein Hinweis aus dem Stimmungsbericht des Bezirkshauptmannes von Kirchdorf vom Oktober 1938 vor; sie sei ein „harter Schlag für die Kreise des politischen Katholizismus" gewesen. Die Kirchenaustritte im Bezirk seien „in diesem Zusammenhang" von 7 (September) auf 28 (Oktober) angestiegen[24].

Noch 1938 kommt es zur Entfernung kirchlicher Vertreter aus dem Landesschulrat und den Bezirksschulräten und ihren Ersatz durch Vertreter der Hitler-Jugend und des NS-Lehrerstandes[25], zur Auflösung der katholischen Studentenverbindungen[26], zur Verstaatlichung der Matrikenführung[27], zur Einziehung aller kirchlichen Stiftungen und Fonds[28], zur Einführung der obligatorischen Zivilehe, zur Einschränkung des Religionsunterrichtes an den Hauptschulen und zur Auflassung des Religionsunterrichtes an Handelsakademien und kaufmännischen Wirtschaftsschulen[29]. Im Juli wird den katholischen Schulen das Öffentlichkeitsrecht genommen[30]. Die gerade unter den Lehrern und Professoren herrschende hohe Arbeitslosigkeit erleichtert im Herbst 1938 die anschließende Übernahme dieser Schulen durch den Staat. Im September 1938 werden schließlich die katholischen Kindergärten von der NSV (Nationalsozialistische Volkswohlfahrt) übernommen[31].

Unter den Schulen, die ihre Pforten schließen müssen, befindet sich die

---

22 ALZ 1938 Nr. 16, S. 48.

23 Theodor *Innitzer* (1875–1955), Erzbischof von Wien, Kardinal.

24 OÖLA, Pol. Akten, Sch. 12 (Kirchdorf), Oktoberbericht der Bezirkshauptmannschaft Kirchdorf 1938.

25 ALZ 1938 Nr. 26, Verordnung des Landesschulrates vom 10. Mai 1938.

26 ALZ 1938 Nr. 36. Kundmachung der Geheimen Staatspolizei Wien II B1-1896/38 vom 7. Juni 1938.

27 ALZ 1938 Nr. 38, oö. Landeshauptmannschaft D/8, Z. 2996/3 vom 17. Juni 1938.

28 Erlaß des Landesschulrates vom 18. Juli 1938 Z. 3463/2.

29 ALZ 1938 Nr. 40, 534; LDBl. 1938 Nr. 11, 143, 48 607.

30 ALZ 1938 Nr. 56. Erlaß des Landesschulrates Z. 3510/3 vom 19. August 1938.

31 ALZ 1938 Nr. 64. Erlaß des Landesschulrates Z. 4197/1 vom 16. September 1938.

Bischöfliche Mittelschule Collegium Petrinum und das Bischöfliche Lehrerseminar, dazu alle Stiftsgymnasien und Studentenkonvikte der Ordensgenossenschaften, die katholischen Schülerheime, nicht aber das Salesianum und die theologische Diözesanlehranstalt, die lediglich zweimal ihre Unterkunft wechseln muß[32].
Insgesamt werden in Oberösterreich 15 Mittelschulen, zwei Lehrer- und Lehrerinnenbildungsanstalten, drei Bildungsanstalten für Kindergärtnerinnen und Handarbeitslehrerinnen, 95 Fach- und Arbeitsschulen, 20 Haupt- und 30 Volksschulen, 120 Kindergärten und Kinderbewahranstalten, vier Waisenhäuser – insgesamt 291 von zusammen 1417 in Österreich aufgelösten Schulen übernommen[33].
Den nunmehr durchwegs staatlichen Schulen wird ein neues Schulgebet verordnet:

„Uns're Schule Arbeit leite,
segne deutsches Volk und Land!
Über uns'ren Führer breite
deine starke Gnadenhand.
Hilf empor aus aller Not
und sei ewig unser Gott!"[34]

Hier rafft sich das Diözesanverordnungsblatt zu einer der wenigen Stellungnahmen der ersten Monate auf und erklärt: „Um nun wenigstens in der Religionsstunde den katholischen Charakter des Schulgebets für die katholischen Schüler und Schülerinnen zu wahren, wird hiemit verordnet, daß das bisher übliche Schulgebet bzw. auch andere konfessionelle Gebete zum Beginn und am Schluß des Religionsunterrichtes beibehalten und verrichtet werden[35]." Weitere – zum Teil „reichseinheitliche" – Maßnahmen begleiten sozusagen diese Großaktionen des ersten „Anschluß"-Jahres: Vorschriften über kirchliche Veröffentlichungen in der Presse[36]; die Teilnahme von Schülern am Religionsunterricht und an re-

32 Franz *Zauner*, Die Kirche Oberösterreichs in der Zeit des Nationalsozialismus, in: Jahrbuch der Diözese Linz 1979, 59–65; Josef *Honeder*, Die Schicksale des Kollegium Petrinum während der Zeit des Nationalsozialismus (1938–1945), in: 71. Jahresbericht des Bischöflichen Gymnasiums und Diözesanseminars am Kollegium Petrinum, Schuljahr 1974/75; vgl. auch diesen Bd., S. 348–370.

33 *Fried*, Nationalsozialismus (1947) 46 f.

34 ALZ, Nr. 61, Erlaß des Landesschulrates Z. 4177/1-1938 vom 7. September 1938.

35 LDBl 1938 Folge 12, Nr. 167.

36 OÖLA, Pol. Akten, Sch. 20. Geheime Staatspolizei, Staatspolizeileitstelle Linz, B.Nr. II/P 2954/38 vom 11. Mai 1938.

ligiösen Schulveranstaltungen[37]; oder den Besuch von Privatschulen durch Kinder öffentlicher Angestellter[38] bzw. die Betätigung von solchen Angestellten in Kuratorien von Privatschulen[39] u. a. m.
1938 sind bereits 17 Priester der Diözese in Haft, doch ziehen sich diese Inhaftierungen in erstaunlicher Gleichmäßigkeit durch all die Jahre bis 1945 hin[40], während das Verbot, Religionsunterricht zu erteilen, vor allem in den Jahren 1938 und 1939 ausgesprochen wird.
1938 wird das Land Oberösterreich, inzwischen ,,Gau Oberdonau", durch das steirische Ausseer Land, niederösterreichische Gebiete im Bereich von Steyr und südböhmische Landesteile vergrößert. Die Diözese nimmt dies unterschiedlich zur Kenntnis: beim Ausseerland überhaupt nicht; dieses bleibt im Bereich der Diözese Seckau[41]. Bei den niederösterreichischen Gebieten der Gemeinde Behamberg werden nur Teile einer niederösterreichischen Pfarre betroffen; die Überstellung zur Diözese Linz wird nach 1945 über Rom geregelt[42]. Für die von Deutschen bewohnten südböhmischen Gebiete der Diözese Budweis hatte der Budweiser Bischof Šimon Bárta[43] eher widerstrebend den Abt des Zisterzienserstiftes Hohenfurth, Jaksch[44] zum ,,Bischöflichen Kommissar" ernannt, eine Funktion, die nach dessen Verhaftung unmittelbar nach dem Anschluß der sudetendeutschen Gebiete auf Abt-Koadjutor Dr. Kaindl übergeht[45]. Dieser schlägt nun in einem Schreiben an das bischöfliche Konsistorium Budweis vor, das Gebiet der Jurisdiktion der Nachbar-

---

37 ALZ 1938 Nr. 66. Erlaß des Landesschulrates Z. 4558/2 vom 24. September 1938; ALZ 1938 Nr. 72. Erlaß des Landesschulrates Z 4558/2 vom 17. Oktober 1938.

38 ALZ 1938, Folge 68. Erlaß des Landesschulrates Z 4721/1 vom 4. Oktober 1938.

39 ALZ 1938 Folge 82. Erlaß des Landesschulrates Z. 6066/1 u. 2 vom 19. November 1938.

40 Johann *Mittendorfer,* Oberösterreichische Priester in Gefängnissen und Konzentrationslagern zur Zeit des Nationalsozialismus (1938–45), in: 72. und 73. Jahresbericht des Bischöflichen Gymnasiums und Diözesanseminars Kollegium Petrinum, Schuljahr 1975/76 und 1976/77, 77–102 und 39–104.

41 Der Diözesanschematismus 1944 erwähnt keine der Pfarren des Ausseer Landes.

42 Information Msgr. Heinrich *Berger,* 1978.

43 Šimon *Bárta* (1864–1940), tschechischer Bischof der südböhmischen Diözese Budweis.

44 Tecelin *Jaksch,* seit 1925 Abt des Stiftes Hohenfurth, zwischen 1938 und 1945 und ab 1948 amtsbehindert. 1949–1954 Apostolischer Administrator von Rein (Steiermark).

45 Dominik *Kaindl* (1881–1973), 1938–1945 Abt-Koadjutor von Stift Hohenfurth, ab 1941 amtsbehindert, ab 1938 Leiter des ,,Generalvikariates Hohenfurth" (deutscher Anteil der Diözese Budweis), ab 1940 Generalvikar des ,,Generalvikariates Hohenfurth" für den Bereich der Diözese Linz (Dekanat Gratzen, Hohenfurth, Kaplitz, Krumau), zuletzt Professor in Heiligenkreuz, Niederösterreich.

bischöfe von Regensburg, Passau, Linz und St. Pölten zu unterstellen. Nach einem Rom-Besuch wird in der Böhmerwald-Angelegenheit vor allem der Passauer Bischof Landerdorfer[46] federführend, auch der päpstliche Nuntius in Berlin drängt, während der Budweiser Bischof eher einer Verzögerungstaktik zuneigt. Die beiden österreichischen Bischöfe Gföllner und Memelauer[47] sind über diesen Neuerwerb in ihrer eigenen Notsituation nicht allzusehr begeistert, während Gauleiter Eigruber an einer raschen (auch kirchlichen) Integrierung dieser Gebiete interessiert ist. Das Provisorium zieht sich allerdings durch rund 19 Monate hin und erst mit Wirkung vom 1. Jänner 1940 übernimmt Bischof Gföllner im Auftrag des Heiligen Stuhles die Verwaltung der Dekanate Hohenfurth, Kaplitz und Krumau (und ab 1942 auch von Gratzen) mit 45 (später mit 50) Pfarreien und 87.568 Katholiken. Die Diözese Linz war damit das zweitgrößte Bistum der ,,Ostmark" geworden[32]. Während die Diözesen Regensburg, Passau und St. Pölten die übernommenen Dekanate und Pfarreien ohne Zwischeninstanz integrieren, gibt es für die 45 bzw. 50 Oberösterreich zugewiesenen Pfarreien die Zwischeninstanz des ,,Generalvikariats Hohenfurth" und wird mit dessen Leitung der Abt-Koadjutor Kaindl des damals noch nicht aufgelassenen Stiftes Hohenfurth betraut[48]. Priester dieses Gebietes dürfen nicht um andere Pfarreien der Diözese Linz ansuchen, sondern müssen im Generalvikariat Hohenfurth verbleiben und umgekehrt; noch im Schematismus 1944 der Diözese Linz ist der Klerus Südböhmens vom sonstigen oberösterreichischen völlig getrennt. Bei der endgültigen Übernahme begrüßt Diözesanbischof Gföllner die übernommenen südböhmischen Katholiken herzlich, den Klerus eher distanziert: ,,Im Gehorsam gegen den Heiligen Vater übernehme ich . . . das bischöfliche Hirtenamt über diese Eure Pfarreien und Seelsorgsgebiete . . .[49]"

46 Dr. Simon *Landerdorfer,* O.S.B. (1880–1971), Bischof von Passau von 1936 bis 1968.

47 Michael *Memelauer* (1874–1961), 1927–1961 Bischof von St. Pölten.

48 Joseph *Hüttl,* Die sudetendeutsche Administratur Passau 1939–1946, in: Archiv für Kirchengeschichte von Böhmen-Mähren-Schlesien IV, Königstein/Taunus 1976; Joseph *Hüttl,* Bischof Michael Buchberger und der neue Administraturbezirk in Westböhmen 1939–1946, in: Regensburg und Böhmen (Beiträge zur Geschichte des Bistums Regensburg 6, Regensburg 1972); Joseph *Hüttl,* Das Generalvikariat Hohenfurth als Verwaltungsbereich der Diözese Linz, in: 73. Jahresbericht des Bischöflichen Gymnasiums und Diözesanseminars am Kollegium Petrinum, Linz 1976/77; H. *Rödhammer,* Das Generalvikariat Hohenfurth 1940–1945, in: Oberösterreichische Heimatblätter Linz 28 (1974); vgl. auch diesen Bd., S. 29–60.

49 LDBl. 1940 Nr. 1, 9.

Ende 1938, rund 300 Tage nach dem ,,Anschluß", sind alle wesentlichen äußeren Einflußmöglichkeiten beseitigt: die in Oberösterreich verhältnismäßig stark ausgebaute katholische Presse, das vielleicht zu reich ausgebaute Vereinswesen, die Kindergärten und die Schulen, die Schülerheime und Bibliotheken. Radikal eingeschränkt ist der Religionsunterricht, nicht ganz beseitigt ist das karitative Wirken.

Versucht man diesen ersten Abschnitt zu charakterisieren, so erkennt man auch zahlreiche Unterschiede zum sogenannten ,,Altreich": Einmal ist es die Fülle der Gesetze und Verordnungen, die in Deutschland im Verlauf von Jahren erlassen werden und mit denen die nunmehrige ,,Ostmark" innerhalb weniger Wochen beglückt wird. Das berührt allerdings nicht nur den kirchlichen Bereich. Während aber in Deutschland die Bischöflichen Ordinariate alle wichtigen Probleme mit den Kulturministerien der Länder besprechen können, zeigt sich in Österreich vom ersten Tag an eine All-Zuständigkeit der Geheimen Staatspolizei. Hier, bei der Staatspolizeileitstelle Linz wirken im Referat ,,Kirche und Juden" die Deutschen Lübbering, Andreas Müller sowie die Österreicher Stangl, Hurnaus und Grömer – zum Teil nebeneinander. Die Partei, insbesondere auch die Gauleitung, tritt eher in den Hintergrund. Lediglich im ,,Gaubefehl Nr. 7" ist der Versuch sichtbar, den Schriftverkehr mit kirchlichen Stellen zu kanalisieren: ,,Sowohl den Kreisleitern als auch den Ortsgruppenleitern und auch anderen Parteigenossen ist es in Zukunft verboten, parteiamtliche Schreiben an katholische Pfarrämter, Dechanten und an den Bischof oder an andere katholische Stellen zu richten. Dieser Schriftverkehr ist nunmehr über den Verbindungsstab des Gauleiters zu richten. Dieser streng einzuhaltende Befehl hat den Zweck, endlich Klarheit in dieser sehr heiklen Frage herbeizuführen"[50]. Die Geheime Staatspolizei aber ist bei der karteimäßigen Erfassung der katholischen Presse mit ihrer Weisung vom 21. März 1938 um vier Monate rascher als die Reichsschrifttumkammer[51]; sie tritt kontrollierend bei der Weisung des Propagandaministeriums über ,,konfessionelle Anzeigen" in Erscheinung[52]. Sie ist trotz eines ,,Stillhaltekommissars" bei

---

50 OÖLA, Pol. Akten, Sch. 69, Gaubefehl Nr. 7 vom 12. Juli 1938.

51 OÖLA, Pol. Akten, Sch. 20, Geheime Staatspolizei, Staatspolizeileitstelle Linz II/P vom 21. 3. 1938; LDBl. 1938 Nr. 10, 128. Weisung der Reichspressekammer Nr. 3480 vom 1. Juli 1938.

52 OÖLA, Pol. Akten, Sch. 20, Geheime Staatspolizei, Staatspolizeileitstelle Linz B Nr. II/P 2954/38 vom 11. Mai 1938.

der Vereinsauflösung federführend – hier tritt sogar ein Vertreter der Geheimen Staatspolizei Berlin in Erscheinung. An die Geheime Staatspolizei müssen die Meldungen über Abmeldungen vom Religionsunterricht gehen [53]; sie erläßt das Verbot an Priester, Religionsunterricht zu halten und veranlaßt Priesterverhaftungen. Sie beauftragt die Gendarmerieposten, das Verbot von Sammlungen durch die Barmherzigen Brüder zu überprüfen[54]. Sie kontrolliert im weiteren Verlauf die Kirchenaustritte; zugunsten der Geheimen Staatspolizei werden ursprünglich die Stifte beschlagnahmt. Die Geheime Staatspolizei bzw. der SD (Sicherheitsdienst) erstellt aber auch die Stimmungsberichte und an ihn werden die von den Bezirkshauptmannschaften und später von den Landratsämtern, die von den Gendarmeriekommandanten übermittelten Stimmungsberichte weitergeleitet. Aus diesen Berichten ersieht man die genaue Kontrolle und Überwachung der Kirche unmittelbar nach dem „Anschluß" und noch vor der Volksabstimmung. So heißt es in einer Anweisung des Stellvertretenden Chefs der Geheimen Staatspolizei Linz vom 22. April 1938, „die für den Abstimmungskampf angeordnete Berichterstattung hat wertvolle Nachrichten und Stimmungsberichte gebracht. Ich ersuche auch weiterhin solche Stimmungsberichte . . . bei Gliederung der Berichte nach den bekannten Punkten . . . monatlich . . . vorzulegen"[55]. Eine Weisung der Bezirkshauptmannschaft Kirchdorf vom 12. Juli 1938 stellt diesbezüglich vier Fragen, in denen die Kirchen als solche nicht genannt sind[56]; aber schon drei Tage später, in der Weisung vom 15. Juli 1938 werden folgende sieben Fragen für die „Lageberichterstattung" gestellt: 1) Marxistische Bewegung (KP, SP und dergl). 2) Katholische und Evangelische Glaubensbewegungen, Sekten. 3) Juden. 4) Nationale Opposition (V. F., Legitimisten, frühere Selbstschutzverbände und dergl.). 5) Wirtschaftliche Fragen. 6) Partei und Gliederung. 7) Sonstiges. Zu welch letzterem auch zu zählen wäre: Etwaige Gerüchte, Einstellung der Bauernschaft und der

---

53 OÖLA, Pol. Akten, Sch. 41. Geheime Staatspolizei, Staatspolizeileitstelle Linz B.Nr. 9389/38 II B 1 vom 3. November 1938.

54 OÖLA, Pol. Akten 68, Weisung der Staatspolizeileitstelle Linz II B1-8784/38 vom 10. Oktober 1938.

55 OÖLA, Pol. Akten, Sch. 12. Geheime Staatspolizei, Staatspolizeileitstelle Linz B.Nr. 40/38 I A vom 22. 4. 1938.

56 OÖLA, Pol. Akten, Sch. 12.

Arbeiter, Landflucht, Arbeitsbeschaffung, Fremdenverkehr[57]. In einer Weisung vom 27. Jänner 1939[58] wird bei der Fragestellung lediglich Frage vier korrigiert, die künftig nur noch „Opposition" zu lauten hat. Ansonsten wird ersucht, den Lageberichten „erhöhte Aufmerksamkeit" zuzuwenden. Die Berichte sollten „nur die ungeschminkte Wahrheit und keine Schönfärberei" enthalten, bei Frage 7 „wolle auf umlaufende Gerüchte besonders achtgegeben werden, da anhand der ortsweise auftauchenden Gerüchte leicht auf die Urheber rückgeschlossen werden kann". In der Praxis berichten die Gendarmerieposten laufend den Landratsämtern zur Weitergabe an die Geheime Staatspolizei über Priester, kirchliche Angelegenheiten und die Haltung der Bevölkerung zu verschiedenen Fragen, wie Auflassung von Feiertagen, zum Besuch des Religionsunterrichtes, über Predigten, die Gestaltung der Fronleichnamsprozession u. a.

Am 12. Juli 1938 hatte Hitler auf Drängen des deutschen Botschafters beim Vatikan das österreichische Konkordat als von selbst erloschen und das Reichskonkordat von 1933 als in Österreich nicht anwendbar erklärt. Die „Ostmark" liegt nun für alle Staat und Kirche gemeinsam berührenden Fragen (also im wesentlichen Ehe, Jugend, Jugenderziehung, Schule) im „Niemandsland". Der nationalsozialistische Staat kann hier, in der „Ostmark", freier und rücksichtsloser vorgehen. Er braucht nicht auf den Vatikan Rücksicht zu nehmen – auf die Weltmeinung Rücksicht zu nehmen, hat er längst verlernt. Die einzige Rücksicht, die er nehmen muß, ist die auf das eigene Volk, dessen Wollen und dessen Meinung. Er setzt sich gewiß auch hier oft darüber hinweg, kann dies aber, je länger der Krieg dauert, nicht immer, nicht bei jeder Gelegenheit. So ist auch im kirchlichen Bereich die Haltung der katholischen Bevölkerung eine letzte Barriere.

So schreibt etwa am 1. August 1938 der Bezirkshauptmann von Kirchdorf an die Geheime Staatspolizei: „In Steinbach am Ziehberg hat die allgemeine Begeisterung zur Zeit des Umbruches durch die Verhaftung des dortigen Pfarrers Einbuße erlitten." Seitens des Kreisleiters liegt eine Äußerung vom 27. Juli 1938 wie folgt vor: „Was die Nichteinstellung eines Pfarrers in Steinbach am Ziehberg betrifft, so liegt hier offensichtlich die Absicht des Abtes von Schlierbach vor, dadurch Unruhe in die Bevölkerung zu bringen, denn seine Angabe, daß Priestermangel herr-

57 OÖLA, Pol. Akten, Sch. 12. Bezirkshauptmannschaft Kirchdorf a. d. Krems. Zl. 85/1-38 vom 15. Juli 1938.

sche, ist nicht stichhältig, wo erst letzten Sonntag eine Primiz stattgefunden hatte und folgedessen ein neuerlicher Zuwachs festzustellen ist. Der Abt von Schlierbach hat am 30. Juli 1938 der Bezirkshauptmannschaft fernmündlich mitgeteilt, daß er am 23. Juli 1938 mündlich der Geheimen Staatspolizei in Linz die Schwierigkeiten der definitiven Besetzung der Pfarrstelle in Steinbach am Ziehberg dargelegt habe.''
Allgemein bemerkt der Kreisleiter in derselben Äußerung, daß sich bereits von mehreren Orten Berichte häufen über die unterwühlende Tätigkeit von Geistlichen, ,,die gern einen Glaubenskampf herbeiführen wollen''.

Naturgemäß sind für das Jahr 1938 Berichte über einen Rückgang des Kirchenbesuches vorherrschend, um so auffallender etwa der Bericht des Postenkommandos Micheldorf, daß die Gottesdienste ,,sowohl in der Pfarrkirche in Heiligenkreuz als auch in der Pfarrexpositur in Micheldorf allsonntäglich auffallend stark besucht werden. Über diese auffallenden Ursachen konnte bis jetzt Sachliches nicht in Erfahrung gebracht werden''.
Bezeichnend für die deutlich sichtbare Zurückhaltung des Klerus ist der August-Bericht aus Spital am Pyhrn: ,,Der hw. Pfarrer Otto Stögmüller pflegt außerhalb seiner Wohnung mit niemandem einen Verkehr, weshalb über seine Einstellung nichts erfahren werden konnte.''
Im September-Bericht erwähnt der Bezirkshauptmann nebenbei: ,,Die Sonntagspredigten werden laufend und unauffällig überwacht.'' Ähnlich der Bericht aus Spital am Pyhrn: ,,Die Sonntagspredigten werden von Mitgliedern der NSDAP überwacht.'' Molln berichtet: ,,Die Katholiken arbeiten (nach außen sichtbar) im Rahmen des Erlaubten.''
Bei manchen Gendarmeriepostenkommandanten scheint Sympathie für die Kirche vorhanden zu sein. Grünburg: ,,. . . bei einem Teil der katholischen Elternschaft hat die Weisung der Schulbehörde einiges Mißtrauen erregt, daß der Besuch der Religionsstunden in den Schulen nicht mehr Zwang ist'' – nur eine geringe Schülerzahl habe die diesbezügliche elterliche Unterschrift erbracht, nicht mehr den Religionsunterricht zu besuchen. Im November-Bericht erklärt der Bezirkshauptmann angesichts der bescheidenen Anzahl von Abmeldungen vom Religionsunterricht: ,,Eine weitere systematische Aufklärungsarbeit wird in kürzester Frist auch in jenen Gemeinden Erfolg zeitigen, die bis nun vollkommen versagt haben.'' Dazu Grünburg: ,,Aus den Kreisen überzeugter Katholiken hört man ab und zu die Befürchtung laut werden, daß die Seelsor-

getätigkeit eingeschränkt werden wird. Man befürchtet, daß der Religionsunterricht in der Schule überhaupt aufhören und ganz Privatangelegenheit werden wird." Die Gendarmerie Hinterstoder berichtet, daß 28 Prozent der Kinder vom Religionsunterricht abgemeldet sind. Gleichzeitig berichtet Windischgarsten: „Bei gewissen Elternkreisen taucht nun die Frage wegen der religiösen Kindererziehung auf. Diese stehen nach den Wahrnehmungen auf dem Standpunkt, daß man das Kind ohne die katholische Religion nicht aufwachsen lassen kann, da gerade diese Halt für das Kind ist". Etwas verschwommen berichtet Ried im Traunkreis: „Was die Religionsfrage betrifft, sind die hiesigen Landwirte sehr feinfühlend." Die Gendarmerie Wartberg: „In streng katholischen Kreisen besteht vielfach die Ansicht, daß die Bevölkerung in ihren religiösen Rechten behindert oder eingeengt wird[58]."

War das Gros der antikirchlichen Aktionen im Verlauf des Jahres 1938 erfolgt, so erkennt man für das Jahr 1939 vor allem zwei Schwerpunkte: ein weiteres Zurückdrängen des Religionsunterrichtes und das Bemühen, Eltern und Schüler zur vollständigen Abmeldung zu bewegen. Dazu ist das Bestreben sichtbar, eine Kirchenaustrittsbewegung zu entfachen. Daneben wird auch der bisher sichtbare Kleinkrieg fortgesetzt: die weitere Einschränkung kirchlicher Feiertage (Mariä Himmelfahrt)[59], die Anmeldepflicht für katholische Stiftungen und Fonds[60], die listenmäßige Erfassung aller Geistlichen und Ordensgeistlichen[61] insbesondere auch die der seit 1938 aus dem Altreich zugezogenen Priester[62], das Erlöschen von Patronaten[63], die besondere Überwachung der Missionen und Missionare[64] u. a.

Ins Jahr 1938 fällt auch der Tiefpunkt der Beziehungen zwischen Bischof

---

58 OÖLA, Pol. Akten, Sch. 12, Der Landrat in Kirchdorf a. d. Krems, Z. 85/1-38 vom 27. 1. 1939.

59 Anordnung des Reichskommissars für die Wiedervereinigung Österreichs mit dem Deutschen Reich über die rechtliche Behandlung des 15. August 1938. Ges. Bl. f. d. Land Österreich, St. 201, Nr. 840.

60 Verordnung der Landeshauptmannschaft Oberdonau vom 31. Jänner 1939, D/8 – Z. 1108/1.

61 OÖLA, Pol. Akten, Sch. 41, Geheime Staatspolizei, Staatspolizeileitstelle Linz B.Nr. 3391/39 II B 1 vom 22. 4. 1939.

62 OÖLA, Pol. Akten, Sch. 41. Der Landrat Schärding am Inn, Zl. 601/8 vom 15. 9. 1939 an alle Gemeindeämter.

63 LDBl. 2/1939, 20. Information der Finanzprokuratur Wien Z. 105.673/38 II vom 19. Dezember 1938.

64 OÖLA, Pol. Akten, Sch. 68, Weisung des Landrates des Landkreises Gmunden, Zl. IV-Pol-418/1939 vom 7. April 1939 an alle Gendarmeriestationen des Landkreises.

Gföllner und Landeshauptmann und Gauleiter Eigruber. Auf ein Schreiben Gföllners an den Landesschulrat wegen antireligiöser Beeinflussung der Kinder in Steyr durch die NS-Frauenschaft, antwortet Eigruber auf Kopfpapier der NSDAP und als Gauleiter, wobei er den Brief zweifellos selbst diktiert hatte: „. . . Wollen Sie ein für alle Mal zur Kenntnis nehmen, daß Sie in Schreiben an Behörden des Landes weder etwas verlangen oder gar fordern können . . . Ich würde an Ihrer Stelle der Zeit Rechnung tragen und eine andere Schreibart gegenüber staatlichen Einrichtungen anwenden . . .[65]" Ein einzigesmal kommt es übrigens zwischen 1938 und dem Tod Gföllners im Jahre 1941 auf Initiative des einstigen Religionslehrers Eigrubers und früheren Landesrates Hirsch zu einem Gespräch Gföllner-Eigruber, das angeblich „vollständig befriedigend" verläuft[66].
1939 wird das Gesetz über die religiöse Jugenderziehung auch im „Lande Österreich" wirksam. Der nunmehrige „Konfessionsunterricht" wird als unverbindlicher Lehrgegenstand geführt, der nicht mehr benotet wird und als Gegenstand nicht mehr auf den Zeugnissen aufscheint. Auch ist keine Abmeldung, sondern eine ausdrückliche Anmeldung nötig, die vom Vater oder nach Erreichung des 14. Lebensjahres vom Schüler selbst in der ersten Schulwoche einzubringen ist[67]. Bei den von der Geheimen Staatspolizei verlangten anfänglichen Berichten über die Abmeldung vom Religionsunterricht finden sich nur allzuoft die Hinweise, daß in der ganzen Schule kein einziges Kind – gelegentlich nur das des Bürgermeisters – abgemeldet wird.
Vereinfacht werden die Vorschriften über einen Kirchenaustritt[68]. Im April 1939 wird dann das Gesetz über die Einhebung von Kirchenbeiträgen im Lande Österreich eingeführt[69].Aber gerade die damit notwendige Pfarrorganisation wie Pfarrkirchenräte als offizielle Vertreter der Pfarren bringt eine Aktivierung des kirchlichen Lebens mit sich. Schon die ursprünglich nur für den Welser Raum geplante Jugendwallfahrt

---

65 *Fried,* Nationalsozialismus, 1937, 37 f.
66 *Kutschera,* Gföllner, 1972, 113.
67 Erlaß des Ministeriums für innere und kulturelle Angelegenheiten, abgedruckt: LDBl. 1938 Nr. 18, 219.
Gesetz über die religiöse Kindererziehung vom 15. Juli 1921, RGBl. I, S. 939, durch Verordnung vom 1. März 1939 mit Wirkung vom 1. März 1939 im Lande Österreich eingeführt (GBl. für das Land Österreich Nr. 377/1939).
68 ALZ 63/8. 8. 1939.
69 GBl. für das Land Österreich vom 28. April 1939, St. 111, Nr. 543.

nach Maria Scharten vom 14. Mai 1939 hat durch die Teilnahme von 700 bis 800 Burschen und Mädchen nicht nur die Geheime Staatspolizei und die Veranstalter selbst überrascht, sondern auch sozusagen die Schock-Phase der Kirche in Oberösterreich abgeschlossen[70]. Die Aktivierung der Standesseelsorge durch das neugeschaffene Seelsorgeamt, das bei gleicher personeller Besetzung von der Katholischen Aktion zum Bischöflichen Ordinariat umgruppiert wird, setzt ebenfalls 1939 ein, die volksliturgische Bewegung ist dabei wesentliche Hilfe[71]. Trotz dieser neu einsetzenden seelsorglichen Aktivität bleibt dieses Jahr 1939 das „Jahr der Kirchenaustritte"; in dieses Jahr fallen 16.026 Kirchenaustritte – mögen diese Zahlen auch bescheidener als in den meisten anderen österreichischen Ländern sein. Ab 1940 gehen dann die Kirchenaustritte in der Diözese Linz bereits radikal auf 5472 zurück und 1943 stehen bereits 1636 Kirchenaustritten 972 Kircheneintritte gegenüber[72]. Alles in allem sinkt der Anteil der Katholiken an der Gesamtbevölkerung leicht, jedoch nicht unter 95 Prozent. Im Zusammenhang mit der Volkszählung 1939 und dem hier verwendeten Begriff „gottgläubig" schlägt das Bischöfliche Ordinariat folgende vorsichtige Kanzelverlautbarung vor: „Im Hinblick auf die Volkszählung vom 17. Mai [1939] werden die Katholiken daran erinnert, daß sie sich als römisch-katholisch (abgekürzt rk) eintragen mögen; die Bezeichnung „gottgläubig würde bedeuten, daß sich jemand von der katholischen Kirche getrennt hat und darum nicht als katholisch gelten wolle"[73]. Einer Übersicht der Zahl der Gottgläubigen in den 41 Gauen des Großdeutschen Reiches ist zu entnehmen, daß der Parteigau Oberdonau (der fast dem Bistum Linz entspricht) mit 14.773 Menschen, die sich als „gottgläubig" bezeichneten, an 32. Stelle steht. Unter den Ostmark-Gauen steht noch Tirol (an 33. Stelle) und Niederdonau (an 37. Stelle) in katholischer Sicht günstiger. Andererseits steht etwa Kärnten mit einem Anteil von 2,6 Prozent Gottgläubigen an 20. Stelle, Salzburg mit einem Anteil von 3,6 Prozent sogar an 12. Stelle, die Steiermark mit 4,9 Prozent Gottgläubigen an 8. Stelle, wäh-

---

70 *Weinzierl,* Christen und Juden, 1978, 24. Rudolf *Zinnhobler,* Die Jugendwallfahrt nach Maria Scharten am 14. Mai 1939, in: *Zinnhobler,* Beiträge zur Geschichte des Bistums Linz (Linz 1977) 157–166.

71 *Zauner,* Kirche Oberösterreichs, 1978, 63 f.

72 Statistische Übersichten für den Reichsgau Oberdonau, Wien 1941 (S. 41, 42); 1942 (S. 3, 57, 58); 1942 (S. 5, 6, 80, 71); 1944 (S. 53) (Geheim).

73 LDBl. 1939 Nr. 9, 105.

rend Wien mit einem Anteil von 6,4 Prozent Gottgläubigen die dritte Stelle und damit eine Spitzenposition innerhalb des Großdeutschen Reiches einnimmt. Bemerkenswert hoch ist auch der Anteil der Gottgläubigen in der Stadt Graz, wo er mit 12 Prozent ebenfalls einen der vorderen Plätze einnimmt[74].
Das Jahr 1939 ist aber auch das Jahr des Ausbruches des Zweiten Weltkriegs. Durch die Einbeziehung zur Deutschen Wehrmacht wird die Seelsorge eher bescheiden, der Priesternachwuchs stark behindert. Ein Lichtpunkt auch hier: der organisierte und ständige Briefverkehr mit den bisherigen Alumnen des Priesterseminars zeigt seine Früchte – wenn auch meist erst nach Ende des Zweiten Weltkrieges. Bemerkenswert ist allerdings die Tatsache, daß in der Diözese Linz mehr Priester zur Deutschen Wehrmacht eingezogen werden als in den meisten anderen österreichischen Diözesen. In der Diözese Linz werden insgesamt 365 Priester und Theologen eingezogen. In der Diözese St. Pölten sind es 60 Priester, in Tirol 30, in der Diözese Seckau (Graz) 181. Als Soldaten fallen während des Zweiten Weltkrieges 15 Priester, 50 Theologen und 20 Laienpriester; bei Bombenangriffen werden zwei Priester der Diözese Linz getötet[75]. 1940 sind etwa von den 142 Alumnen des Linzer Priesterseminars 112 Soldaten, 1943 etwa sind 152 Soldaten und nur zehn ,,anwesend". 1944, im vorletzten Kriegsjahr, sind schließlich von 146 Hörern 137 im Wehrdienst[76].
Trostloser Abschluß des ersten Kriegsjahres ist die im Dezember 1939 erfolgte Beschlagnahme des Trappistenklosters Engelszell durch den Gau Oberdonau und die Zerstreuung der 73 Ordensangehörigen[77].

Die Jahre 1938 und 1939 bringen die interessantesten Stimmungsberichte; eindeutig liegt dabei der Schwerpunkt bei der Frage ,,Kirche", anschließend überdecken Krieg und Wirtschaftssorgen viele andere Probleme, Kirche und Klerus stehen nicht mehr so wie bisher im Scheinwerferlicht.
Im Jänner-Bericht 1939 meldet die Bezirkshauptmannschaft Kirchdorf der Geheimen Staatspolizei, daß der Pfarrer von Spital am Pyhrn in seiner Predigt die 22 aus der Kirche ausgetretenen erwähnt hat und ,,es für

74 Radomir *Luža,* Österreich und die großdeutsche Idee in der NS-Zeit, 1977, 177.
75 *Fried,* Nationalsozialismus, 1948, 52.
76 LDBl. 1943, Nr. 9, 73; 1944, Nr. 9, 57.
77 H. *Hofmann,* Die Schicksale des Trappistenklosters Engelszell während der Zeit des Nationalsozialismus 1938–1945. Ungedr. kirchengesch. Diplomarbeit, Linz 1975.

nötig empfunden hat, zu betonen, daß auch diese in sein Gebet eingeschlossen werden"[78]. Im selben Bericht wird darauf verwiesen, daß in Schlierbach ein „politisierender Religionslehrer" außer Dienst gestellt werden mußte, worauf Linz sofort einen neuen Religionslehrer abstellte. „In Molln verschleppte das Bischöfliche Ordinariat die Abstellung von neuen Lehrkräften für den Religionsunterricht und versuchten die dortigen geistlichen Würdenträger diesen Umstand im religionsfeindlichen Sinn auszulegen. Auch in diesem Falle wurde aufklärend vorgegangen." Steyrling berichtet, daß „nennenswerte Kirchenaustritte wegen Einhebung der Kirchenbeiträge nicht erfolgt sind". Über die Bildung der „Kirchenräte" berichtet der Landrat von Kirchdorf u. a., er habe angeordnet, deren Tätigkeit in entsprechender Form zu beobachten, „da besonders in den Gemeinden zwischen Kremsmünster und Schlierbach diese Kirchenbeiräte von klerikalen Kreisen zweifellos als willkommener Deckmantel angesehen werden, sich unter diesem Deckmantel zu Besprechungen zu treffen, die mit rein kirchlichen Angelegenheiten nichts zu tun haben". Dann ein weiterer Hinweis: „Die Geistlichen enthalten sich auch weiterhin in der Kirche jedweder Stellungnahmen zu politischen Tagesfragen, besuchen jedoch häufiger als früher – angeblich aus seelsorglichen Gründen – die einzelnen Bauern in ihren Höfen." Ried im Traunkreis berichtet über „ungünstige Stimmung" wegen Maßregelung des Pfarrers, der Schülern, die nach Kremsmünster fahren, im Pfarrhof Religionsunterricht erteilt habe. Kirchdorf berichtet: „Der Kirchenbeitrag wird vom Großteil der Bevölkerung ohne Widerspruch geleistet." Der Pfarrer von Steyrling wird als „eifriger, wenn auch sehr schlauer Jünger der streitbaren Kirche" bezeichnet. Über die Stimmung in Wartberg an der Krems schreibt der Gendarmeriebericht, daß die Bevölkerung „mit der völligen Ausschaltung der kirchlichen Behörden aus dem öffentlichen Leben nicht einverstanden ist". Informiert wird über Kirchenaustritte, zu- und abnehmenden Kirchenbesuch, so etwa auch im August 1939 über „gesteigerten Kirchenbesuch der Sommergäste", über die auffallende Teilnahme von Studenten bei Exerzitien in Subiaco u. a. Im März 1939 berichtet Spital am Pyhrn, daß erstmals in der Gemeinde ein neugeborenes Kind nicht kirchlich getauft wurde, im selben Monat aber auch, daß wieder mehr Kinder am Religionsunterricht teilnehmen; dazu den Zusatz: „Der Beweggrund . . . konnte bis nun nicht ermittelt

78 OÖLA, Pol. Akten, Sch. 13, 14, 15.

werden." Und der Kirchdorfer Landrat: „Die Teilnahme an den österlichen kirchlichen Übungen ist ortsweise wieder ziemlich angestiegen"; ein Parteiredner möge den Unterschied zwischen politischem Katholizismus und dem „reinen Gottesglauben" für die Bevölkerung herausarbeiten. Aus Spital am Pyhrn berichtete die Gendarmerie, daß die Handarbeitslehrerin Karoline Tausch trotz des Verbots die Leitung der Mädchen bei der Prozession innehatte.

Die Gendarmen melden vielfach einzelne bekannte Teilnehmer der Fronleichnamsprozession. Als Ordensschwestern die Kinderbewahranstalt Windischgarsten verlassen müssen, berichtet der Gendarm, daß sie „von katholisch eingestellten Kreisen bemitleidet werden". Der Wortgruß „Heil Hitler" komme nicht über die Lippen der Schwestern. Ganz allgemein wird auch auf die Haltung der Bevölkerung eingegangen. So informiert Kirchdorf: „Die Landbevölkerung, speziell die älteren Leute, sehen im heutigen Staate einen Gegner der Religion und sind mit der Jugenderziehung nicht einverstanden. Die Priester gelten als verfolgt und ist die so eingestellte Bevölkerung schwer zu überzeugen, daß nur gegen jene Priester etwas unternommen wird, die gegen bestehende Gesetze verstoßen." Ried im Traunkreis: „Ein Teil der älteren katholischen Bauern sieht im heutigen Staate einen Gegner der Religion und ist daher insbesondere mit der Jugenderziehung vielfach nicht einverstanden." Wartberg an der Krems: „Ansonsten werden von den Bauern diejenigen Maßnahmen stark bekrittelt, die nach ihrem Dafürhalten die Kirche in ihrer Freiheit einengen." Besonders umfangreich sind die Berichte über die Fronleichnamsprozession 1939, über die Auflösung von Musikvereinen, die Beschlagnahme von Instrumenten, die Verhaftung von Personen wegen damit im Zusammenhang stehender „staatsfeindlicher Äußerungen". Vorderstoder berichtet, daß die Kinder bei der Prozession von der Tochter eines „ehemals illegalen Bauern" geführt wurden, Steinbach am Ziehberg, daß Sommerfrischler die Kinder bei der Prozession geführt hätten. Andere Gendarmerieposten berichten über die Teilnahme von Ortsgruppenleitern, SA-Männern, HJ und BdM in Zivil. Insgesamt stellt der Landrat fest, daß gegenüber 1938 die Teilnahme an der Fronleichnamsprozession „beträchtlich" zugenommen habe.

Besonders sorgsam wird die Stimmung unmittelbar vor und nach Ausbruch des Krieges im September 1939 beobachtet. Die Gendarmerie Kremsmünster meldet wenige Tage nach Kriegsausbruch: „Die Geistlichen verhalten sich gegenwärtig ruhig und anscheinend abwartend."

Der Bürgermeister von Molln informiert: „die Klerusanhänger erklären, die Nazis sollen jetzt in Polen den Kopf hinhalten, die haben es so gewollt". Immer wieder finden wir solche oder ähnliche Formulierungen: „Über die Tätigkeit der Geistlichen ist hier nichts Nachteiliges bekannt"; „Die Tätigkeit der Geistlichen ist nicht nennenswert"; „Die Tätigkeit der Geistlichen ist sehr zurückhaltend". Übereinstimmend wird von den Bürgermeistern und Gendarmerieposten berichtet, daß der Klerus in seinen Predigten weder den Krieg noch politische Fragen berührt. Steyrling berichtet dann: „Allgemein ist bekannt, daß die Geistlichen seit dem Abschluß des Nichtangriffspaktes mit Rußland ihre Politik sehr geschwächt" sehen. Der Bericht aus Klaus: „Die Geistlichkeit . . . hat vom Krieg bis nun überhaupt nichts erwähnt, während sie früher bei allen möglichen Anlässen für idiotische Kaiser betete, haben sie des [Hitler-] Attentats mit keinem Wort gedacht, womit ihre Einstellung zur Genüge gekennzeichnet wird." Der Bürgermeister von Nußbach schreibt: „Ich habe das Gefühl, daß der Herr Pfarrer fleißig weiter hetzt." Der Gendarmerieposten Pettenbach: „Über die Tätigkeit der h.o. Geistlichkeit ist zwar nichts Abträgliches bekannt, doch macht es mir den Eindruck, daß bei dieser die bisher gepflogene Zurückhaltung mehr im Schwinden ist[78]."

Waren Ende 1938 17 Priester in Haft, so waren es Ende 1939 bereits 36 und 1940 sind es 46[40]. Trotzdem gewinnt man den Eindruck, daß sich der Klerus schrittweise an die Methoden des neuen Regimes gewöhnt, nicht nur bei den Verhören, sondern auch beim Nützen auch der bescheidensten Freiräume für seelsorgliches Wirken. Die Standesseelsorge konzentriert sich auf Kinder, Jugendliche und Frauen[79]. Sie ist erfolgreich, trotz der Schikanen von seiten der Hitler-Jugend, die permanent Terminkollisionen herbeiführt. Nach einem ersten Versuch einer Fremdarbeiterseelsorge im Jahre 1939[80], die bis 1945 nicht abreißt, allerdings durch eine Unzahl von Weisungen unterschiedlichster zuständiger Kompetenzen immer schwerer wird, beginnt eine Seelsorge an den „Rückwanderern"[81]. Das ist nicht unverständlich – wenn wir auch nur über entsprechende Informationen aus den Stimmungsberichten für die Geheime

79 LDBl. 1939 Nr. 20, 238.

80 OÖLA, Pol. Akten, Sch. 41. Schreiben des Polizeipräsidenten von Linz, P 50-39, vom 14. 11. 1939 („Röm.-kath. Gottesdienst für die slawischen Arbeiter der Arbeitslager in Oberdonau").

81 LDBl. 1939 Nr. 14, 155.

Staatspolizei verfügen. So berichtete etwa die Gendarmerie St. Pankraz folgendermaßen: „Die von Südtirol anher gekommenen Familien gehören zu den ständigen Kirchenbesuchern." Und der Landrat von Kirchdorf: „Die im Oktober im Schloß Klaus und im Stift Schlierbach eingetroffenen Bessarabiendeutschen sind durchwegs eifrige Kirchenbesucher[78]." Dazu kommt eine Aktivierung der Wehrmachtsseelsorge durch die Ernennung von neun „Standortpfarrern im Nebenamt"[82]; vor allem aber ist die Haltung vieler Soldaten für die Pfarren beispielhaft, die in Uniform im Urlaub die Messe besuchen. Hier ist auch eine Schikane örtlicher Parteifunktionäre wirkungslos. Auch die Einführung des neuen Diözesangebetbuches „Vater unser" Ende 1939 und Anfang 1949 verstärkt das seelsorgliche Wirken. Trotzdem ist das Jahr 1940 noch das Jahr der Blitzkriege mit der stark schwankenden Stimmung der Bevölkerung; es ist auch noch die Zeit weiterlaufender antikirchlicher Maßnahmen, wenn auch nur noch Teil- und Randgebiete übriggeblieben sind wie Aktionen gegen Einkehrtage, vor allem gegen die Teilnahme von Jugendlichen[83], Einschränkung des Glockenläutens – bis zur Ablieferung der meisten Glocken[84]. Es kommt zur Aufhebung weiterer Feiertage (Dreikönig, Peter und Paul, Mariä Himmelfahrt, Allerheiligen, Mariä Empfängnis)[85]. Tiefpunkt ist nach einer Verhaftungswelle unter den Klerikern des Stiftes die Beschlagnahme von Wilhering, nach Engelszell des zweiten Stiftes im Gau.

Im Feber-Bericht 1940 des Landrats von Kirchdorf heißt es etwa zur Kirchenaustrittsagitation: „ Die in manchen Gegenden etwas ungeschickte Agitation auf diesem Gebiet erzeugt eher eine gegenteilige Stimmung." Neuerdings informiert der Landrat über eine große Jugendwallfahrt vom 15. Mai 1940 mit 500 Burschen und Mädchen nach Adlwang; auch werden Gemeinderäte und Parteifunktionäre genannt, die an Bittprozessionen und an der Fronleichnamsprozession teilnehmen. Die Gemeinde Steyrling informiert über ein Krippenspiel, das der Pfarrer mit acht Schulkindern „ohne Einvernehmen mit dem Lehrkörper" aufge-

82 LDBl. 1940 Nr. 4, 79.

83 OÖLA, Pol. Akten, Sch. 68. Weisung des Landrats des Kreises Gmunden IV-POL.-980/2-1940 vom 21. Oktober 1940 an alle Polizeidienststellen.

84 LDBl. 1940 Nr. 8, Weisung des Luftgaukommandos XVII; LDBl. 1940 Nr. 9, 148; LDBl. 1940 Nr. 18, 208; LDBl. 1940 Nr. 7, 127; Nr. 9, 142; 1942 Nr. 9, 85 (Kosten des Ausbaues der Glocken).

85 V. u. A. Bl. f. d. Reichsgau Oberdonau, Folge 36.

führt habe. Nun solle das Spiel von der Untergauführerin des BdM. überwacht werden. Wenn auch die Lageberichte der Gendarmen und Landräte über kirchliche Dinge immer einsilbiger werden, kommt Ende 1940 der Landrat von Kirchdorf nochmals ausführlich auf dieses Problem zu sprechen: „Die katholische Kirche ist in den Orten, in welchen sie junge Geistliche sitzen hat, und zwar in Vorderstoder, Steyrling, Heiligenkreuz, Schlierbach, Nußbach, Wartberg und Kremsmünster besonders agil und bemüht sich vor allem Einfluß auf die Jugend zu gewinnen . . .[78]."

Das Jahr 1941 ist in kirchlicher Sicht vor allem durch zwei Dinge bedeutsam: durch den Wechsel in der Leitung der Diözese und unmittelbar darauf durch den Beginn des Rußlandfeldzuges. Der nunmehr beginnende graue Kriegsalltag hebt sich stark von der Blitzkriegsserie der Jahre 1939 und 1940 ab – insbesondere auch durch die stets zunehmende Zahl der Kriegstoten.

Die Ablöse in der Diözesanführung erfolgt unerwartet rasch innerhalb von zwei Monaten: am 12. April 1941 wird Dr. Fließer, der eben erst für den verhafteten Kanzleidirektor Weinberger dessen Aufgabenbereich übernommen hatte, zum Weihbischof ernannt und am 12. Mai wird er zum Bischof geweiht. Am 1. Juni wird er anstelle des zurückgetretenen 77jährigen Generalvikars Kolda auch Generalvikar der Diözese. Drei Tage später stirbt Diözesanbischof Gföllner im 74. Lebensjahr und zwei Tage später wählt das Domkapitel Fließer zum Kapitelvikar und damit zum Verweser der Diözese[86].

Man kann sich keine schwierigere „Machtübernahme" als diese vorstellen, denn unmittelbar vorher war es zur Beschlagnahme der weiteren oberösterreichischen Stifte, von St. Florian und Kremsmünster, des südböhmischen Stiftes Hohenfurth, ferner von Schlägl gekommen. Nach der Übernahme der Geschäfte eines Kapitelvikars durch Bischof Fließer kommt es noch zur Besetzung und Beschlagnahme von Lambach. Lediglich das Stift Reichersberg hatte durch eine Verpachtung an die Wehrmacht eine deutlich günstigere Position, während Schlierbach, vermutlich wegen seiner Verschuldung, überhaupt nicht beschlagnahmt, aber in seinem Wirken immer mehr eingeengt wurde[87].

Die Beziehungen des Weihbischofs zu Gauleiter Eigruber sind besser als

86 LDBl. 1941 Nr. 8, 47 f.; Nr. 11, 65 f.; Nr. 12, 73; Nr. 13, 74 ff.; Nr. 14, 79 f.

die Gföllners. Bei den fünf bis sechs Besuchen beim Gauleiter wird der Kapitelvikar und Weihbischof „anständig und taktvoll" behandelt. Trotz allem entwickelt der 45jährige Kapitelvikar sichtbare neue Initiativen – wobei die zunehmenden Schwierigkeiten des Staates für ihn teilweise von Vorteil sind. Vorerst ist dies am „Linzer Diözesanblatt" erkenntlich, das stärker als bisher kirchliches Weisungsorgan wird, während es bis dahin überwiegend staatliche Verordnungen mit kurzen kirchlichen Hinweisen brachte. Trotz allem findet man weiterhin kein Wort über Priesterverhaftungen, Unterrichtsverbote, Kloster- und Gebäudebeschlagnahmen.

Dann werden die schon seit 1939 sichtbaren seelsorglichen Bemühungen fortgesetzt, wobei naturgemäß kirchliche Muttertagsfeiern, kirchliche Totenfeiern für gefallene Soldaten von der Partei und ihren örtlichen Funktionären besonders mißtrauisch beobachtet, aber nicht verhindert werden können. Wie oft aus der Not eine Tugend wird, erkennt man an den schon während des Krieges aus vielerlei Gründen immer beliebter werdenden Abendmessen[88].

Vor allem bemüht sich Fließer, wozu sich der zögernde Gföllner nicht entschließen konnte, organisatorisch durch die Errichtung neuer Pfarrexposituren, Kooperatorexposituren, Kaplaneien und Kirchenrektorate neue Wege zu gehen[89]. Ursache war allerdings nicht allein das Bemühen, auch durch organisatorische Maßnahmen die Seelsorge zu intensivieren, sondern Seelsorger vom Wehrdienst freizustellen, waren doch Inhaber selbständiger Seelsorgeposten vom Militärdienst befreit[90].

Diese Bemühungen stießen in einem Fall auf Schwierigkeiten, wobei es zu Auseinandersetzungen zwischen Wehrmacht, Partei und staatlicher

---

87 Wilhelm (Gregor) *Schauber,* Das Chorherrenstift Reichersberg in der Zeit des Nationalsozialismus. Ungedr. kirchengesch. Diplomarbeit Linz 1975; Richard *Rankl,* Stift und Gymnasium (Kremsmünster) in den Jahren 1938–1945, in: 89. Jahresbericht des Obergymnasiums der Benediktiner zu Kremsmünster, Schuljahr 1946. Kremsmünster 1946, 51–79; Rudolf *Hundstorfer,* Das Stift (Kremsmünster) unterm Hakenkreuz, in: 104. Jahresbericht, Schuljahr 1961, Öffentliches Gymnasium der Benediktiner zu Kremsmünster; Severin *Gottsmich,* Hohenfurth. Zur Geschichte seines Stiftes und seiner Pfarreien, in: Cistercienser-Chronik, Jg. 1969, 27–39; Paulus *Nimmervoll,* Das Zisterzienserstift Wilhering zur Zeit des Nationalsozialismus, in: 60. Jahresbericht Schuljahr 1969/1970 – 75 Jahre Stiftsgymnasium Wilhering. Wilhering o. J., 18–62.

88 LDBl. 1941 Nr. 21, 138.

89 LDBl. 1941 Nr. 17, 104 ff.

90 Vgl. diese Arbeit, S. 127–137.

Verwaltung kam. Es handelt sich um die Pfarrexpositur Kleinraming, um die Kooperatorexposituren Sierninghofen und Kleinreifling, die Kaplaneien Dambach und Mühlbach bei Garsten sowie Trattenbach bei Ternberg. Die Wehrersatz-Inspektion Linz teilte dem Landrat von Kirchdorf mit: „Wenn die Landräte von Kirchdorf und Steyr glauben, daß die Notwendigkeit der Besetzung der gemeldeten Seelsorgestellen nicht vorliegt, so ist es ihre Aufgabe, auf dem Verwaltungsdienstweg eine Klärung beim Reichsminister für kirchliche Angelegenheiten, der ebenfalls mit der oben angeführten OKW-Verfügung beteilt wurde, herbeizuführen. Keineswegs ist die Frage der Notwendigkeit kirchlicher Einrichtungen und ihre Besetzung eine Angelegenheit der Wehrmacht[91]." Im allgemeinen konnte die Kirche jedoch ihre Pläne bei Errichtung neuer Seelsorgestellen realisieren.

Natürlich nehmen auch die Schwierigkeiten zu, etwa bei der Frage gemeinsamer Gottesdienste von Einheimischen, Fremdarbeitern und Kriegsgefangenen[92], in der Feiertagsfrage (Verlegung des Himmelfahrtstages und des Fronleichnamsfestes auf den kommenden Sonntag). Die Fronleichnamsprozession muß „insbesondere aus verkehrstechnischen Gründen auf den kircheneigenen Grund" beschränkt werden – was von der Gendarmerie zu überwachen sei[93]. Verschärft wird die Kontrolle der Missionare und „Wanderprediger", die „im Vergleich zu den gewöhnlichen Landpfarrern eine bedeutend bessere Rednergabe besitzen" und die es meist „sehr gut verstehen, in verschleierter, aber immerhin allgemein verständlicher Form der feindseligen Haltung der r.k. Kirche gegenüber Staat und Partei Ausdruck zu verleihen". In diesem Erlaß des Reichsstatthalters von 1941 heißt es weiter: „Mit der in letzter Zeit zu beobachtenden Versteifung der Haltung der Kirche ge-

91 OÖLA, Pol. Akten, Sch. 54. Schreiben des Wehrbezirkskommandos Steyr, Aktz. 12 i 12.26, Abt. IIc, Nr. 2290/42 geh. vom 29. September 1942 an die Landräte von Steyr und Kirchdorf.

92 Kriegsgefangene: LDBl. 1940 Nr. 4, 78 (OKW vom 13. Dezember 1939, Az 2 11 24 11 a Kgf I f.), Nr. 10, 152; Nr. 12, 166 (OKW, Zl. 31 v. 42 AHA/Ag/S (II) 2291/40 vom 12. Juni 1940); 1941 Nr. 1 (Seelsorgliche Betreuung von Kriegsgefangenen und polnischen Zivilarbeitern und -arbeiterinnen); Nr. 11, 82 (Neuordnung der Kriegsgefangenenseelsorge); Nr. 16, 114 (Seelsorge der Kriegsgefangenen und Polen). LDBl. 1942 Nr. 4, 25 und 33; Nr. 7 64; Nr. 12 106 f.; 1943 Nr. 6, 46; Nr. 7, 52 f.; Nr. 9, 62; Nr. 10, 78 f.

93 OÖLA, Pol. Akten, Sch. 55. Weisung der Geheimen Staatspolizei, Staatspolizeileitstelle Linz B.Nr. 2387/2/41 II 1/Sta vom 7. Juni 1941.

genüber der Staatsführung ist auch der Ton der Wanderprediger (Missionare, Kapuziner, Jesuiten etc.) aggressiver geworden[94]."
Insbesondere aber greift Eigruber persönlich in der Frage der Bauernfeiertage und der zu guten Behandlung der Kriegsgefangenen und Fremdarbeiter ein. In dem vermutlich von ihm persönlich formulierten Rundschreiben[95] finden sich folgende Formulierungen: ,,Trotz des Arbeitskraftmangels konnte ich feststellen, daß der abgeschaffte Feiertag Christi Himmelfahrt gefeiert wurde. Für den kommenden Fronleichnamstag am 12. Juni 1941, der ebenfalls als Feiertag abgeschafft und auf den nachfolgenden Sonntag verlegt ist, wird von seiten der katholischen Geistlichkeit bereits rege Propaganda betrieben, den Tag am Lande ebenfalls zu feiern. Ebenso wird immer wieder von denselben Kreisen an das Landvolk herangetreten, sämtliche örtlichen Bitt- und Bußtage sowie kleine Heiligenfeste durch Arbeitsruhe zu feiern. Der Mangel an Arbeitskräften in der Landwirtschaft ist bekanntlich sehr groß. Wenn nun weiter durch diese selbstgewählten Feiertage die Arbeit ausfällt, wird der Rückstand noch größer . . . Die ganzen Prozessionen und Bittage können ruhig auf die Sonntage verlegt werden. Sollten sich gegen diese Anordnung Widerstände ergeben, so bin ich gezwungen, die Kriegsgefangenen und Erntehelfer aus jenen Bauernhöfen abzuziehen, die trotz meiner Aufforderung diese Feiertage einhalten. Diese Gattung von Leute (sic!) sollen dann beim Pfarrer die Arbeitskräfte anfordern . . ."
Für die späteren Kriegsjahre liegen nicht mehr die Unterlagen für die Stimmungsberichte der Geheimen Staatspolizei, aber immerhin die zusammenfassenden Berichte des Sicherheitsdienstes des Reichsführers SS (SD) für den SD-Abschnitt Linz (Oberdonau) vor. Der vom 7. März 1941 schreibt etwas lakonisch: ,,Das Hauptkontingent der gegnerischen Wühlarbeit trug nach wie vor die katholische Kirche[96]." Dann am 31. März 1941: ,,Für die feindselige Haltung der katholischen Kirche ist der 31. Fastenhirtenbrief des hiesigen Bischofs bezeichnend. Dieser hebt

94 OÖLA, Pol. Akten, Sch. 69. Verordnung des Reichsstatthalters in Oberdonau Ia/K 320/120-1941 vom 16. Dezember 1941.

95 OÖLA, Pol. Akten, Sch. 55. Rundschreiben Nr. 20/41 des Gauleiters und Reichsstatthalters Oberdonau vom 29. Mai 1941.

96 OÖLA, Pol. Akten, Sch. 15. Im Band ,,Berichte des SD und der Gestapo über Kirche und Kirchenvolk in Deutschland 1934–1944", bearbeitet von Heinz *Boberach* (Mainz 1971), wird ,,Oberdonau", das Bistum Linz und Bischof Gföllner öfters, wenn auch nur knapp, erwähnt.

das Fastengebot zu einem Zeitpunkt auf, in welchem der Staat den Verbrauch dieser Ware von sich aus rationalisieren und einschränken muß."
Über die Beschlagnahme der Stifte wird in dem Informationsabschnitt „Politische Gegner" erklärt, daß die Beschlagnahme angesichts der anderen Ereignisse, nämlich des beginnenden Balkanfeldzugs, großteils noch unbekannt geblieben sei. Im Zusammenhang mit dem Ableben Gföllners und den Nachrufen der Pfarrer wird darauf verwiesen, daß „staatsabträgliche Äußerungen nicht bekannt geworden seien". Nach Beginn des Rußlandfeldzuges wird über die schlechte Stimmung berichtet, auch „der klerikale Einfluß hat sich in letzter Zeit stimmungsmäßig schlecht bemerkbar gemacht". Aber auch folgende Charakterisierung ist zu finden: „Stimmen aus dem Klerus weisen darauf hin, daß es gleich sei, wer den Krieg zwischen der UdSSR und Deutschland gewinne. Der Kommunismus tötet die Religion sofort, der Nationalsozialismus langsam." Dann im September 1941: „Der Klerus hält eine siegreiche Beendigung des gegenwärtigen Ringens durch das Reich für unmöglich, wünscht sie zum Teil auch nicht." Und dann eine sehr interessante Charakterisierung: „Ein Großteil des Klerus nimmt die staatlichen Maßnahmen bagatellisierend hin und verspreche ihnen nur kurze Lebensdauer. Die Rückkehr des Ordensklerus zur Seelsorge sei eine Rückkehr zu den wesentlichen Aufgaben der Kirche. Bei fortschreitender Barbarei sei es sowieso unzeitgemäß, Kultur zu betreiben. Die Ordensgemeinschaften könnten sich auch über eine Dauer von 20 Jahren in ähnlicher Bedrängnis halten[96]."
Die Jahre zwischen 1941 und 1945 zeigen das gewohnte Auf und Ab, gewisse Lockerungen und dann wieder Verschärfungen: eine Erfassung aller Ordensgeistlichen, wie dies bisher nur bei Juden der Fall war[97], das Verbot der Marianischen Kongregation; dann wieder die Möglichkeit, den in einem deutschen Gefängnis verstorbenen Abt von Wilhering, Burgstaller, in der Wilheringer Äbtegruft zu begraben[98] und im darauffolgenden Jahr 1942 einen neuen Wilheringer Abt, Wiesmayr, wenn auch nicht in Wilhering, sondern in Linz, zu wählen[98]. 1944 folgen die ersten Bombenschäden an Kirchen und kirchlichen Gebäuden. Es kommt aber auch zur Erfassung und teilweise zum Abtransport der letzten, bisher geschonten Juden – durchwegs Juden, die längst, vielfach seit

97 OÖLA, Pol. Akten Sch. 56.
98 *Nimmervoll*, Wilhering, 46, 47.

der Kindheit getauft waren, die christliche Ehegatten und Kinder hatten. Zahlen über diese Gruppe, die ja auch mit der israelitischen Kultusgemeinde nie in Kontakt gestanden war, sind nie erhoben worden, für sie ist nie etwas geschehen.
Das Jahr 1944 bringt die Höchstzahl der inhaftierten Priester, nämlich 52. Insgesamt sind in der nationalsozialistischen Zeit 94 Priester (54 Welt- und 40 Ordenspriester), dazu zwei Laienbrüder länger als einen Monat in Haft. Neben einer Inhaftierung in 20 Gefängnissen sind oberösterreichische Priester in den Konzentrationslagern Buchenwald, Dachau, Gusen, Mauthausen und Sachsenhausen untergebracht. Somit war jeder zehnte Priester der Diözese vorübergehend oder durch mehrere Jahre in Haft. Ein Teil auf Grund einer Verurteilung, andere ohne jeglichen Urteilsspruch. 146 Priester, also 15 von 100, erhielten ein Verbot, Religions- bzw. Konfessionsunterricht zu halten, 16 hatten den Gau Oberdonau zu verlassen.
Von den inhaftierten Priestern wurden zwei zum Tod verurteilt und hingerichtet, insgesamt 16 starben in Gefängnissen und Konzentrationslagern – oft eines überaus grausamen Todes[40].
Versucht man noch die Haltung von Gauleiter Eigruber zur katholischen Kirche klarzustellen, so ist dies nicht einfach. Er war als uneheliches Kind katholisch getauft worden und hatte in seiner Jugend mehrfach positive Eindrücke gläubiger und hilfsbereiter Katholiken empfangen. Er hat dies nie geleugnet und Priestern und Ordensfrauen seiner Heimatstadt Steyr gegenüber war er fast ausnahmslos entgegenkommend. Er ist auch nie aus der Kirche ausgetreten und hat bis zuletzt die Kirchenbeiträge bezahlt. Trotzdem sind in der Diözese Linz mehr Priester verhaftet und getötet worden als in den meisten anderen Ostmark-Diözesen, auch sind mehr Priester zur Wehrmacht einberufen worden. Andererseits war naturgemäß trotz des Führerprinzips Eigruber nicht für alles zuständig und für alles verantwortlich. Seine Beziehungen zum Linzer Polizeipräsidenten und zur Geheimen Staatspolizei, auch zum Oberstaatsanwalt und Oberlandesgerichtspräsidenten waren zumindest gespannt, sein Einfluß in diesen sehr einflußreichen Bereichen zweifellos beschränkt. Das Wirken der Kirche, ihrer Führung und ihrer Mitglieder – und hier pflichte ich Univ.-Prof. Dr. Klostermann bei – war kein Heldenepos, es war aber auch kein Versagen. Der Nationalsozialismus und seine Organisationen sahen im oberösterreichischen Bereich in der Kirche zweifellos und zurecht den gewichtigsten Gegner. Der auch im Bereich der Di-

özese Linz sichtbare ,,Aufbau im Widerstand" war imposant und doch einseitig. Aus gewiß verständlichen Gründen ging man den Weg eines geringeren Widerstandes, kümmerte sich um katholische italienische, polnische und französische Kriegsgefangene, nicht andeutungsweise aber um oft tiefreligiöse, längst getaufte Juden[99].

Die Haltung eines kleinen Teiles der Katholiken und der Jugend war imponierend, wobei man schwer sagen kann, wie die Entwicklung bei einer längeren Herrschaft des Nationalsozialismus verlaufen wäre. Ein Teil dieser Laien, wie etwa Franz Jägerstätter[100], wurde in seiner Haltung aber keineswegs ermuntert, sondern eher gewarnt und gebremst. Gewiß begann auch eine Tuchfühlung mit den anderen christlichen Konfessionen, die mehr eine ,,Gemeinschaft der Verfolgten" war und andere gewichtige Gründe einer Gemeinsamkeit kaum erkennen ließ.

---

99 OÖLA, Olga *Mühlbacher,* 1941–1945. Im Zeitalter der Gestapo. Handschriftliche Erinnerungen.

100 Aus der inzwischen angewachsenen Literatur sei nur Gordon C. *Zahn,* Er folgte seinem Gewissen (Graz 1967), erwähnt; vgl. auch diesen Bd., S. 336–347.

Hans Rödhammer

Das Generalvikariat Hohenfurth 1940–1946

Durch das bekannte und heute noch sehr umstrittene Abkommen zwischen Deutschland, dem Vereinigten Königreich (England), Frankreich und Italien am 29. September 1938 in München – deswegen auch „Münchner Abkommen" genannt – mußte die Tschechoslowakei die sudetendeutschen Gebiete an Deutschland abtreten[1]. Dazu gehörten auch die südböhmischen Bezirke Kaplitz und Krummau[2] mit den Gerichtsbezirken Hohenfurth, Kaplitz, Gratzen, Oberplan, Kalsching und Krummau. Dieses Gebiet wurde gemäß dem Abkommen als Zone I am 1. und 2. Oktober 1938 unter Verwendung der noch vorhandenen und gültigen österreichischen Mob.-Pläne (sogenannte „Orange"-Pläne) von Einheiten der 45. Infanterie-Division militärisch besetzt[3]. Mit 20. November 1938 wurden die nunmehrigen Kreise Kaplitz und Krummau der zivilen Verwaltung des Gaues Oberdonau unterstellt[4]. Der Gerichtsbezirk Gratzen wurde dem Gau Niederdonau zugeteilt[5]. Zur neuen Staatsgrenze zwischen Deutschland und der ČSSR kam dem Abkommen entsprechend die Sprachgrenze zur Geltung, die durch Gemeinden und Pfarren verlief und diese trennte.

Der frühere Bezirk Krummau hatte 75 Gemeinden mit 1056,78 qkm, 45.161 deutsche und 15.729 tschechische Einwohner[6], der neue Kreis Krummau nur mehr 62 Gemeinden mit 843,80 qkm, 48.869 Einwohner[7], fast lauter Deutsche. Der frühere Bezirk Kaplitz zählte 78 Gemeinden mit 905,77 qkm und 50.840 Deutschen und 2848 Tschechen[8], der Kreis Kaplitz umfaßte nunmehr 84 Gemeinden auf 909,92 qkm mit 46.415 meist deutschen Bewohnern[9]. Das an Oberdonau angeschlossene südböhmische, deutschsprachige Gebiet hatte somit 148 Gemeinden, war 1756 qkm groß mit 95.284 Bewohnern, von denen nur 988 Tschechen[10]

1 (Deutsches) Reichsgesetzblatt, Teil II, Nr. 49, vom 30. 11. 1938, S. 853–855.
2 Ostmark-Jahrbuch 1939 (Karl-Ueberreuter-Verlag, Wien 1938), S. 108.
3 Rudolf Gschöpf: Mein Weg mit der 45. Inf.-Div. (Linz 1956), S. 33–35.
4 Die deutschen Vertreibungsverluste (Hg. Statistisches Bundesamt Wiesbaden, 1958), Karte nach S. 364.
5 Ostmark-Jahrbuch 1939, S. 108.
6 Ernst Pohl: Orientierungs-Lexikon der Tschechoslowakischen Republik, Reichenberg 1931, S. 297.
7 Josef Ensthaler: Verzeichnis der Ortschaften und Gemeinden des Reichsgaues Oberdonau, Linz 1940, S. 16.
8 Pohl, S. 246.
9 Ensthaler, S. 12.
10 Vertreibungsverluste, S. 363.

waren. Mit dem „Gesetz über die Gliederung der sudetendeutschen Gebiete"[11] vom 25. März 1939 wurden „in das ehemalige Land Oberösterreich" (!) diese Gebietsteile mit Wirkung vom 15. 4. 1939 eingegliedert. Mit Zustimmung des Reichsministers des Inneren wurde auch der Gerichtsbezirk Gratzen an Oberdonau angegliedert[12] und ist in den obigen Zahlen bereits inbegriffen.

Kirchlich gehörte das Böhmerwaldgebiet zur Diözese Budweis, welche bis 15. März 1939 ein Teil der tschechoslowakischen Republik und ab 16. März 1939 ein Teil des „Protektorates Böhmen und Mähren" war. Damit hatte ein ausländischer, ein tschechischer Bischof Einfluß auf deutsches Hoheits- und Sprachgebiet. Daß dieser Zustand der deutschen Reichsregierung und der Gauleitung in Oberdonau nicht recht war, ist erklärlich. Die Situation der kirchlichen Einrichtungen verschlechterte sich, und aus dieser Sachlage zog der Bischof von Budweis die Konsequenzen. Im Mai 1939 wurden Verhandlungen mit dem Apostolischen Nuntius in Berlin aufgenommen[13], die dahin führten, daß die deutschsprachigen Gebiete der Diözese Budweis mit 1. Jänner 1940 abgetrennt und den Diözesen Regensburg, Passau, Linz und St. Pölten unterstellt wurden[14].

Im Auftrag des Heiligen Apostolischen Stuhles übernahm der Bischof von Linz, Dr. Johannes Maria Gföllner, mit 1. Jänner 1940 die provisorische kirchliche Verwaltung der Dekanate Hohenfurth, Oberplan, Kaplitz und Krummau mit 45 Pfarreien und 87.568 Katholiken[15]. Von den 45 Pfarren waren 29 Weltpriester-Pfarren, 14 waren dem Zisterzienserstift Hohenfurth und 2 dem Prämonstratenserstift Schlägl inkorporiert[16]. Bis zum 31. Dezember 1939 hatte das Archipresbyterat Böhm.-Krummau mit den Vikariaten Hohenfurth, Kaplitz, Oberplan und Krummau bestanden, dessen Archipresbyter (Erzpriester) Kons.-Rat P. Felix (Karl) *Dick* vom Stift Hohenfurth war[17].

Das Dekanat Gratzen mit fünf auf Oberdonauer Gebiet liegenden Pfarren wurde der Diözese St. Pölten angeschlossen. Damit stimmten im Nordosten die Gaugrenzen mit den Diözesangrenzen nicht überein.

---

11 DRGBl. Teil I, Nr. 70, vom 14. 4. 1939, S. 745.

12 Verordnungsblatt für den Amtsbereich des Landeshauptmannes für den Gau Oberdonau, Jg. 1939, 19. Stück, vom 25. 7. 1939, S. 50.

13 Bischöfliches Konsistorium Budweis, Zl. 1239 vom 8. 2. 1940.

14 Linzer Diözesanblatt (abgek. LDiözBl.), 86. Jg. (1940), Nr. 1, S. 9.

15 LDiözBl. 1940, Nr. 1, S. 7.

16 LDiözBl. 1940, Nr. 1, S. 7.

17 Catalogus Saecularis et Regularis Cleri Dioeceseos Bohemo-Budvicensis (abgek.: Catalogus Boh.Budv.) pro anno Domini 1939, Budweis 1939, S. 16d.

Nachdem das Gebiet der vier Dekanate vorläufig de jure noch zur Diözese Budweis gehörte, war diese Angliederung eine De-facto-Anerkennung der neuen politischen Situation. Alle Priester, die am 1. Jänner 1940 der Diözese Budweis inkardiniert und im aktiven Seelsorgedienst dieses Verwaltungsbezirkes tätig waren, durften sich nur innerhalb des Administraturbereiches verwenden lassen. Bewerbungen auf einen Seelsorgeposten in einem anderen Bereich (der Diözese) bedurften der Genehmigung des Bischofs von Linz[18]. Diese 45 Pfarreien wurden in das ,,Generalvikariat Hohenfurth" zusammengefaßt und zur amtlichen Verwaltung desselben Dr. theol. P. Dominik (Franz) Kaindl, Abt-Koadjutor des Stiftes Hohenfurth, bestellt[19].

Die Bezeichnung ,,*Generalvikariat*" hat man einerseits deswegen gewählt, weil man in der Diözese Budweis die Dekanate ,,Vikariate"[20] nannte und der geistliche Verwalter dieses Gebietes besondere Rechte und Vollmachten besaß, außerdem deswegen, weil dieses Gebiet nach dem kanonischen Recht von der einen Diözese noch nicht losgelöst, der anderen aber nicht eingegliedert, sondern lediglich verwaltungsmäßig unterstellt war. Die Bestellung von Dr. Dominik Kaindl zum Generalvikar war eine rein praktische Sache, weil der Genannte bereits bis zum 31. Dezember 1939 ,,Bischöflicher Kommissar für die deutschen Gebiete der Diözese Budweis" gewesen ist[21] und daher die ganze Situation am besten kannte.

Die Übernahme der Pfarreien war nicht so einfach, weil das Bischöfliche Ordinariat Budweis weder die betreffenden Pfarrakten[22] noch die notwendigen Personalakten[23] der Geistlichen übergab. Wegen der schwebenden Zustände schon vor und nach dem 1. Oktober 1938 waren mehrere Pfarren wegen Todesfall (Andreasberg, Salnau, Thurm-Plandles)[24] und Abwanderung der tschechischen Priester nicht mehr besetzt worden. So mußten die Pfarren Andreasberg, Buchers, Deutsch-Reichenau b. Fr., Glöckelberg, Kriebaum, Oberplan, Pflanzen, Thurm-Plandles

18 LDiözBl. 1940, Nr. 1, S. 8.

19 LDiözBl. 1940, Nr. 1, S. 8.

20 Catalogus Boh.Budv. 1939, S. 16d. – Amtskalender für den Gau Oberdonau 1940, S. 344–345.

21 Catalogus Boh.Budv. 1939, S. 150.

22 Im Bischöflichen Ordinariat Linz, Diözesan-Archiv, Akte Hohenfurth (abgek.: Diöz.A.), sind nur die Pfarrakten von 1940 bis 1945 vorhanden.

23 Persönliche Auskunft von Msgre. Heinrich Berger vom 13. 2. 1973.

24 Catalogus Boh.Budv. 1939, S. 178.

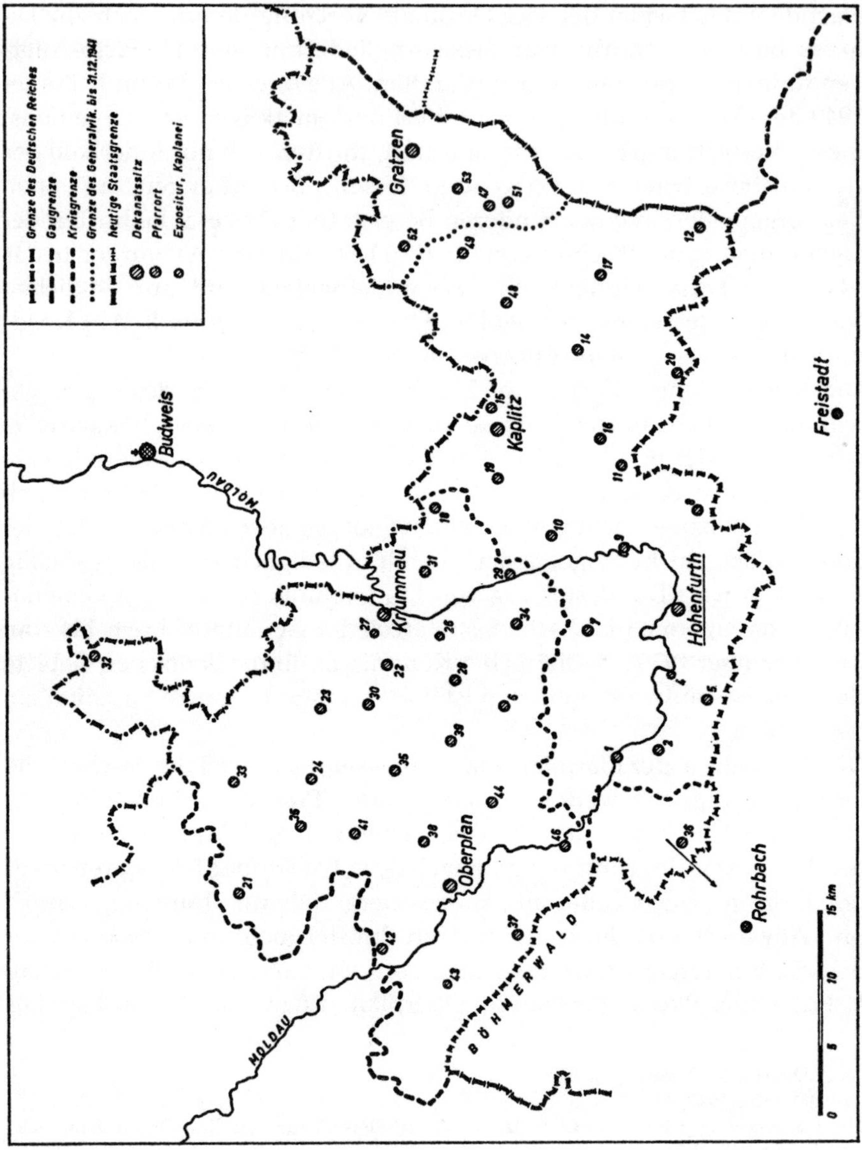

Das 1940 von der Diözese Budweis abgetrennte Generalvikariat Hohenfurth. Die Zahlen neben den Ortssignaturen beziehen sich auf die jeweilige Nummer der Pfarre bzw. Expositur im Text.

HOHENFURTH

1 Friedberg	*1 Frymburk*
2 Heuraffl	*2 Přední Výtoň*
3 Hohenfurth	*3 Vyšší Brod*
4 Kienberg Exp.	*4 Loučovice*
5 Kapellen	*5 Kapličky*
6 Kirchschlag	*6 Světlík*
7 Malsching	*7 Malšín*
8 Oberhaid	*8 Horní Dvořiště*
9 Rosenberg	*9 Rožmberk n. V.*
10 Rosenthal	*10 Rošmital p. T.*
11 Unterhaid	*11 Dolní Dvoršiště*

KAPLITZ

12 Buchers	*12 Pohoří n. Š.*
13 Kaplitz	*13 Kaplice*
14 Meinetschlag	*14 Malonty*
15 Pflanzen	*15 Blansko*
16 Reichenau	*16 Rychnov n. M.*
17 Theresiendorf	*17 Pohorská Ves*
18 Thurm-Plandles	*18 Věžovatá Pláně*
19 Umlowitz	*19 Omlenička*
20 Zettwing	*20 Cetviny*

KRUMMAU

21 Christianberg	*21 Křistanov*
22 Gojau	*22 Kájov*
23 Kalsching	*23 Chalšiny*
24 Kriebaum	*24 Vitěšovice*
25 Krummau	*25 Čes. Krumlov*
26 Wettern Exp.	*26 Větřni*
27 Weichseln Kapl.	*27 Vyšný*
28 Lagau	*28 Slavkov*
29 Ottau	*29 Zátoň*
30 Polletitz	*30 Boletice*
31 Priethal	*31 Přídolí*
32 Stritschitz	*32 Stryčice*
33 Tisch	*33 Ktiš*
34 Tweras	*34 Svéraz*

OBERPLAN

35 Andreasberg	*35 Ondřejov*
36 D.-Reichenau b. Friedburg	*36 Rychnuvek*
37 Glöckelberg	*37 Zvonková*
38 Honetschlag	*38 Hodňov*
39 Höritz	*39 Hořice*
40 Oberplan	*40 Horní Plana*
41 Ogfolderhaid	*41 Jablonec*
42 Salnau	*42 Želnava*
43 Neuofen Kapl.	*43 Nova Pec*
44 Schwarzbach	*44 Černá*
45 Stein	*45 Polná n. S.*
46 Untermoldau	*46 Dolní Vltavíce*

GRATZEN

47 Brünnl	*47 Dobrá Voda*
48 D.-Beneschau	*48 Benešov n. C.*
49 D.-Reichenau b. Gratzen	*49 Rychnov*
50 Gratzen	*50 Nové Hrady*
51 Heilbrunn	*51 Hojná Voda*
52 Sonnberg	*52 Žumberk*
53 Strobnitz	*53 Stropnice*

und Zettwing am 26. Februar 1940[25] zur Bewerbung bis 8. April 1940, dann am 15. April 1940[26] und schließlich wieder am 15. Juni 1940[27] ausgeschrieben werden. Doch die betreffenden Seelsorgeposten konnten fast nicht besetzt werden. Deswegen kamen diese Pfarreien außer Oberplan mit 10. August[28] und neuerlich mit 30. September 1940[29] wieder zur Ausschreibung; die Pfarren Andreasberg, Deutsch-Reichenau b. Fr., Glöckelberg, Kriebaum, Pflanzen und Thurm-Plandles nochmals am

25 LDiözBl. 1940, Nr. 4, S. 89.
26 LDiözBl. 1940, Nr. 6, S. 125.
27 LDiözBl. 1940, Nr. 9, S. 148.
28 LDiözBl. 1940, Nr. 12, S. 169.
29 LDiözBl. 1940, Nr. 16, S. 197.

15. November 1940[30] für die Bewerbung bis zum 27. Dezember 1940. Es konnten jedoch nur einige besetzt werden, weil überall Priestermangel herrschte und den jungen Geistlichen die vorgeschriebenen Pfarrkonkurs-Prüfungen fehlten. Mancher Kaplan und Kooperator war zugleich Pfarrvikar in einer Nachbarpfarre.

Das Prämonstratenserstift Schlägl, das Benediktinerstift Kremsmünster und das Zisterzienserstift Hohenfurth, die Missionare von Mariannhill in Riedegg (Gallneukirchen), die Oblaten in Gojau, die Redemptoristen in Maria Schnee und die Serviten in Gratzen halfen mit Priestern aus, wo es nur ging. Ohne diese Hilfe wären viele Pfarren oft für lange Zeit ohne Priester gewesen. Viele aus dem Weltpriesterstand und dem Regularklerus mußten zur Deutschen Wehrmacht als Sanitätssoldaten einrücken. Einige Priester lehnten sich gegen die Diktatur auf, wurden oft widerlich beschuldigt und kamen in Polizeigefängnisse oder gar in ein Konzentrationslager. Der drückende Priestermangel in diesem Gebiet war eine schwere Last für den Generalvikar, aber auch für den Bischof von Linz.

Am 2. Mai 1940 starb in Budweis Bischof Dr. Simon Barta im 76. Lebensjahr und im 20. Regierungsjahr als Diözesanbischof. Auf dem städtischen Friedhof zur hl. Ottilie in Budweis wurde der Oberhirte zur letzten Ruhe bestattet[31]. Nach etwas mehr als einem Jahr verschied auch der Diözesanbischof von Linz, Dr. Johannes Maria Gföllner, am 3. Juni 1941 im Alter von 74 Jahren und nach 26jähriger Regierung. In der Gruft des Linzer Mariendomes erfolgte am 9. Juni 1941 die Beisetzung[32].

Der am 1. Juni 1941 von Bischof Dr. Gföllner zum Generalvikar bestellte Weihbischof Dr. Joseph Cal. Fließer wurde am 5. Juni 1941 vom Linzer Domkapitel zum Kapitelvikar der Diözese Linz gewählt[33].

Gauleiter und Reichsstatthalter August Eigruber regte mit Schreiben vom 25. Oktober 1941 an, die fünf im Gau Oberdonau gelegenen Pfarren Brünnl, Gratzen, Heilbrunn, Sonnberg und Strobnitz, die zur Diözese Budweis gehörten, aber seit 1. Jänner 1940 unter der Jurisdiktion des Bischofs von St. Pölten standen, der Diözese Linz anzugliedern[34], damit die Gau- und Diözesangrenzen endlich übereinstimmen und die

30 LDiözBl. 1940, Nr. 19, S. 216–217.

31 LDiözBl. 1940, Nr. 8, S. 139.

32 LDiözBl., 87. Jg. (1941), Nr. 13, S. 74. – Richard Kutschera: Johannes Maria Gföllner, Bischof dreier Zeitenwenden, Linz 1972.

33 LDiözBl. 1941, Nr. 13, S. 78.

34 LDiözBl., 88. Jg. (1942), Nr. 1, S. 4.

Schwierigkeiten wegen dieser getrennten Verwaltung aufhören. Weihbischof Dr. Fließer nahm mit Bischof Michael Memelauer von St. Pölten Verbindung auf[35] und machte den Vorschlag, daß auf der Bischofskonferenz in Wien am 27. November 1941 die Sache besprochen und ein Schreiben an den Apostolischen Nuntius in Berlin wegen Genehmigung abgesendet werde. Der Reichsstatthalter verständigte Dr. Fließer am 1. Dezember 1941 und teilte mit, daß einer Angliederung dieser fünf Pfarreien nichts im Wege stehe, wenn die Genehmigung von Berlin vorliege[36]. Tags darauf schrieb Dr. Fließer an den Generalvikar Dr. Kaindl, daß die Angliederung der genannten fünf Pfarren bevorstehe[37]. Der Apostolische Nuntius in Berlin gab am 4. Dezember 1941 die Abtretungsgenehmigung[38], die beiden Ordinarien St. Pölten und Linz trafen am 7. Dezember 1941 daraufhin eine Vereinbarung, zu der der Kapitelvikar von Budweis, Msgr. Johann Cais, am 10. Dezember 1941 seine Zustimmung gab[39]. Der Generalvikar von Hohenfurth stimmte zwei Tage später zu[40], und so wurden mit Wirksamkeit vom 1. Jänner 1942 diese Pfarreien an das Generalvikariat Hohenfurth bzw. an die Diözese Linz angeschlossen und der Jurisdiktion des Kapitalvikars mit den Rechten eines regierenden Bischofs von Linz unterstellt. Damit kamen alle Seelsorgestellen der Diözese Budweis, die im Gau Oberdonau gelegen waren, in die kirchliche Verwaltung der Diözese Linz, und damit stimmten die Gau- und Diözesangrenzen bis auf ganz kleine Ausnahmen überein. Die beiden Pfarren Deutsch-Beneschau und Deutsch-Reichenau bei Gratzen, bisher beim Dekanat Kaplitz, wurden von diesem gelöst und bildeten mit den neu hinzugekommenen Pfarren Brünnl, Gratzen, Heilbrunn, Sonnberg und Strobnitz mit Zustimmung des Generalvikars von Hohenfurth ab 1. Jänner 1942 das Dekanat Gratzen, welches 14.281 Katholiken zählte[41]. Das Generalvikariat Hohenfurth hatte damit insgesamt 97.244 Katholiken[42]. Die Pfarren Brünnl und Strobnitz waren Stiftspfarren von Hohenfurth, Sonnberg und Heilbrunn Weltpriester-

35 Diöz.A., Schr. v. 17. 11. 1941, o. Zl.
36 Diöz.A., Zl. 7683.
37 Diöz.A., Zl. 7683.
38 LDiözBl. 1942, Nr. 1, S. 4.
39 Diöz.A., Zl. 8456.
40 Diöz.A., Zl. 1156.
41 Diöz.A., Zl. 8456.
42 LDiözBl. 1942, Nr. 1, S. 5.

pfarren, und Gratzen wurde von den Serviten pastoriert[43]. Auch die Priester dieser fünf Pfarren durften sich nur im Generalvikariat Hohenfurth verwenden lassen[44]; allen Welt- und Ordenspriestern, die dauernd in der Seelsorge dieses Gebietes angestellt waren, war der Bezug des „Linzer Diözesanblattes" vorgeschrieben[45] wie dem anderen Klerus des Generalvikariates.
Durch die Übernahme der Verwaltung des Generalvikariates Hohenfurth ist die Diözese Linz zur zweitgrößten Diözese der Ostmark geworden, da sie 943.666 Katholiken zählte[46].
In der folgenden Zusammenstellung der Seelsorgeposten und des Personalstandes der fünf Dekanate, 49 Pfarren und vier Expposituren sind auch die Filialkirchen und Kapellen angeführt, ebenso die in den Jahren 1940 bis 1944 stattgefundenen Firmungen und Glockenweihen, die vermutlich die letzten in diesem Gebiet waren.
Nicht bei allen Priestern hat sich das Ende der Seelsorgetätigkeit feststellen lassen. In diesen Fällen ist das Auflösungsdatum des Generalvikariates in Klammern gesetzt.

Generalvikariat Hohenfurth

Generalvikar: P. Dr. Dominik Kaindl, Abt-Koadjutor des Stiftes Hohenfurth. *Sekretär:* P. Pius (Josef) Aschauer[47], Olivetaner von Tanzenberg, Ordinariatsrat.

Kreisdekanat Hohenfurth

Kreisdechant: P. Dr. Dominik Kaindl[48], 1. 6. 1942 bis 31. 1. 1946. *Kreiskämmerer:* P. Dr. Dominik Kaindl, 1. 3. 1942 bis 31. 1. 1946.

43 Schematismus der Geistlichkeit der Diözese Linz (abgek.: Schem.Diöz.Linz) für das Jahr 1942, Linz 1942, S. 317–319.
44 LDiözBl. 1942, Nr. 1, S. 5.
45 LDiözBl. 1942, Nr. 1, S. 5.
46 LDiözBl. 1942, Nr. 1, S. 5.
47 LDiözBl. 1940, Nr. 18, S. 212 – LDiözBl. 1941, Nr. 11, S. 71 – LDiözBl. 1941, Nr. 19, S. 128 – LDiözBl., 90. Jg. (1944), Beilage Personalangaben Stand 1. 3. 1944 (abgek.: Beil.Pers.), S. 62 – Diöz.A., Zl. 5758.
48 LDiözBl. 1940, Nr. 1, S. 8 – LDiözBl. 1941, Nr. 16, S. 98 – LDiözBl. 1942, Nr. 4, S. 29 – LDiözBl. 1942, Nr. 8, S. 79 – LDiözBl. 1946, Nr. 1, S. 2.

Dekanat Hohenfurth

Dechant: P. Stanislaus Ploner, S.O.Cist.[49], 1. 1. 1940 bis 1. 3. 1944, resignierte. P. Benedikt Kastner, S.O.Cist.[50], 1. 3. 1944 bis 31. 1. 1946. *Dekanatssekretär:* P. Benedikt Kastner, 1. 1. 1940 bis 28. 2. 1942. *Dekanatskämmerer:* P. Benedikt Kastner, 1. 3. 1942 bis 31. 1. 1946.

1. Friedberg: Alte Pfarre zum hl. Bartholomäus, dem Stift Schlägl inkorporiert. Pfarrvikar: P. Petrus (Alois) Dolzer[51], 1. 1. 1940 bis 9. 10. 1943, wegen Krankheit beurlaubt. P. Hermann (Franz) Krieg[52], 9. 10. 1943 bis 9. 4. 1944. P. Petrus (Alois) Dolzer, 9. 4. 1944 bis 31. 7. 1944. P. Hermann (Franz) Krieg, 1. 8. 1944 bis 30. 6. 1945. P. Petrus (Alois) Dolzer, 1. 7. 1945 bis 31. 1. 1946. Kooperatoren: P. Theodor (Franz) Griedl[53], 1. 1. 1940 bis 4. 12. 1940, eingerückt zur Sanität. Alfred Schott[54], Chorherr von Tepl, 1. 1. 1940 bis 31. 12. 1940, 2. Kaplan. P. Wolfgang (Alois) Siegl[55], 1. Koop. vom 1. 9. 1940 bis 15. 7. 1941. P. Florian (Josef) Pröll[56], 15. 12. 1940 bis 15. 11. 1941, eingerückt zur Sanität. P. Hermann (Franz) Krieg, 15. 7. 1941 bis 9. 10. 1943, 1. Koop., 9. 4. 1944 bis 31. 7. 1944, Koop. P. Theodor (Franz) Griedl, 1. 8. 1945 bis 31. 1. 1946. P. Evermod (Friedrich) Groß[57], 1. 9. 1945 bis 31. 1. 1946, 2. Koop.
Vom Bischöflichen Ordinariat Linz wurde im Mai 1940 die Erlaubnis zur Weihe von Dorfglocken aus Stahl für die Kapellen von 17 Dörfern erteilt[58]. Weihbischof Dr. Fließer hielt am 9. August 1943 Visitation und Firmung, zu der 183 Knaben und 228 Mädchen gekommen waren[59]. In Friedberg bestand die Mater-dolorosa-Kapelle („Hohe Marter")[60].

---

49 Schem.Diöz.Linz 1940, S. 284 – LDiözBl. 1944, Nr. 1, S. 10 – Schem.Diöz.Linz 1940, S. 286.

50 Schem.Diöz.Linz 1940, S. 285 – LDiözBl. 1944, Nr. 1, S. 10.

51 Schem.Diöz.Linz 1940, S. 284 – Diöz.A., Zl. 5266 und Zl. 1526.

52 LDiözBl. 1941, Nr. 16, S. 98 – Diöz.A., Zl. 5266 und Zl. 1526 – LDiözBl., 91. Jg. (1945), Beilage Nr. 11, S. 7 – Schem.Diöz.Linz 1942, S. 319.

53 Schem.Diöz.Linz 1940, S. 284 – LDiözBl. 1940, Nr. 21/22, S. 233 – LDiözBl. 1945, Beilage Nr. 11, S. 7.

54 Schem.Diöz.Linz 1940, S. 284.

55 LDiözBl. 1940, Nr. 16, S. 197 – LDiözBl. 1941, Nr. 16, S. 98.

56 LDiözBl. 1940, Nr. 21/22, S. 234 – LDiözBl. 1941, Nr. 21, S. 144.

57 LDiözBl. 1945, Beilage Nr. 13, S. 6.

58 Diöz.A., Zl. 2260.

59 LDiözBl. 1943, Nr. 3, S. 18 – LDiözBl. 1943, Nr. 13, S. 108.

60 Catalogus Boh.Budv. 1939, S. 100.

2. *Heuraffl:* Alte Pfarre zu den hl. Aposteln Philipp und Jakob, dem Stift Hohenfurth inkorporiert. Pfarrvikar: P. Odilo (Wenzel) Petermichl[61], 1. 1. 1940 bis 30. 9. 1940. P. Georg Watzkarsch[62], 1. 10. 1940 bis (31. 1. 1946). Von 1942 bis 1943 wohnhaft: P. Viktorin Panhölzl[63].

3. *Hohenfurth:* Alte Pfarre zum hl. Apostel Bartholomäus, dem Stift Hohenfurth inkorporiert. Pfarrvikar: P. Nikolaus Lonsing[64], 1. 1. 1940 bis (31. 1. 1946). Kooperatoren: P. Raphael (Johannes) Staudinger[65], 1. 1. 1940 bis 1. 10. 1940. P. Nivard (Wilhelm) Sulzer[66], 1. 10. 1940 bis 4. 12. 1940, eingerückt zur Sanität. P. Ildefons Pinter[67], 1. 1. 1941 bis 21. 4. 1941, eingerückt als Sanitätssoldat, vermißt in Stalingrad. P. Alois (Johann) Martetschläger[68], 15. 5. 1941 bis (31. 1. 1946). Katechet: P. Nivard (Wilhelm) Sulzer, 1. 1. 1940 bis 30. 9. 1940. Kirchenrektoren: P. Alois Martetschläger, 15. 7. 1941 bis (31. 1. 1946) Kirchenrektor der Stiftskirche. P. Vinzenz Pils[69], Kirchenrektor der St.-Josefs-Kirche vom 1. 10. 1943 bis (31. 1. 1946).
Bischof Dr. Gföllner spendete am 14. 7. 1940 912 Kindern das hl. Sakrament der Firmung[70].
In der Pfarre Hohenfurth bestanden die Stiftskirche zum hl. Prokop, die Kapellen St. Anna, St. Joseph, „Maria Rast" der Bürgerschaft und St. Salvator in Kaltenbrunn[71].

4. *Kienberg:* Kooperator-Expositur seit 1. 1. 1940. Expositurkirche zum hl. Ulrich. Expositus: P. Vitus Früchtl[72], 1. 1. 1940 bis 16. 4. 1940. P. Ildefons

---

61 Schem.Diöz.Linz 1940, S. 284 – LDiözBl. 1940, Nr. 18, S. 212 – Schem.Diöz.Linz 1941, S. 289.
62 Schem.Diöz.Linz 1940, S. 285 – LDiözBl. 1940, Nr. 18, S. 212 – LDiözBl. 1944, Beil.Pers., S. 62.
63 Schem.Diöz.Linz 1942, S. 320.
64 Schem.Diöz.Linz 1940, S. 285.
65 Schem.Diöz.Linz 1940, S. 285 – LDiözBl. 1940, Nr. 18, S. 212 – LDiözBl. 1941, Nr. 1, S. 8.
66 Catalogus Boh.Budv. 1939, S. 100 – LDiözBl. 1941, Nr. 1, S. 8.
67 LDiözBl. 1941, Nr. 1, S. 8 – LDiözBl. 1941, Nr. 10, S. 63.
68 LDiözBl. 1941, Nr. 1, S. 8 – LDiözBl. 1941, Nr. 16, S. 98 – LDiözBl. 1944, Beil.Pers., S. 62.
69 LDiözBl. 1943, Nr. 9, S. 73 – LDiözBl. 1944, Beil.Pers., S. 62.
70 LDiözBl. 1940, Nr. 6, S. 121 – LDiözBl. 1940, Nr. 12, S. 165.
71 Catalogus Boh.Budv. 1939, S. 101.
72 Schem.Diöz.Linz 1940, S. 285 – LDiözBl. 1940, Nr. 9, S. 148 – LDiözBl. 1941, Nr. 1, S. 8.

Pinter, 16. 4. 1940 bis 31. 12. 1940. P. Alois Martetschläger, 1. 1. 1941 bis 15. 7. 1941. Abt-Koadjutor P. Dr. Dominik Kaindl, 15. 7. 1941 bis (31. 1. 1946)[73].

5. *Kapellen:* Alte Pfarre zu den hll. Johann und Paul, inkorporiert dem Stift Hohenfurth. Pfarrvikar: P. Robert (Josef) Filzbauer[74], 1. 1. 1940 bis 6. 2. 1945 † in Kapellen. P. Alois Martetschläger, 10. 2. 1945 bis (31. 1. 1946) Provisor excurrendo. Johann Rosenberger[75], volksdeutscher Weltpriester der Diözese Neusohl, seit Februar 1945 in Kapellen, vom 1. 4. 1945 bis (31. 1. 1946) Vikar subst.

6. *Kirchschlag i. B.:* Alte Pfarre zum hl. Jakob d. Ä., inkorporiert dem Stift Schlägl. Pfarrvikar: Sigismund (Josef) Auer[76], 1. 1. 1940 bis (31. 1. 1946). Kaplan: Johannes (Rudolf) Felhofer[77], 1. 1. 1940 bis 15. 5. 1941. Wohnhaft: Abt P. Benedikt (Leopold) Sobotka[78], zwangsweiser Aufenthalt wegen Verweisung aus dem Kreis Rohrbach, bis 15. 8. 1945. In der Pfarre bestand noch die Kirche Maria Schmerzen in Trojas[79].

7. *Malsching:* Alte Pfarre zur hl. Margareth, dem Stift Hohenfurth inkorporiert. Pfarrvikar: P. Benedikt (Alois) Kastner, 1. 1. 1940 bis (31. 1. 1946). Kooperatoren: P. Georg (Otto) Watzkarsch, 1. 1. 1940 bis 1. 10. 1940. P. Raphael (Johann) Staudinger, 1. 10. 1940 bis 4. 12. 1940, eingerückt zur Sanität. P. Pius (Matthias) Pangerl[80], Subprior, 15. 6. 1941 bis 1. 11. 1943. Am 9. Mai 1944 wurde vom Bischöflichen Ordinariat Linz die Erlaubnis zur Weihe von Eisenglocken (!) für mehrere Ortschaften erteilt[81]. In der Pfarre bestand auch die Kapelle Maria Hilf in Thurmberg[82].

8. *Oberhaid:* Alte Pfarre zum hl. Erzengel Michael, dem Stift Hohenfurth inkorporiert. Pfarrvikar: P. Quirin (Ludwig) Pinner[83], 1. 1. 1940 bis 30. 4.

73 LDiözBl. 1941, Nr. 16, S. 98.
74 Schem.Diöz.Linz 1940, S. 285 – LDiözBl. 1945, Nr. 2, S. 10.
75 Diöz.A., Zl. 870.
76 Schem.Diöz.Linz 1940, S. 285 – LDiözBl. 1944, Beil.Pers., S. 63.
77 Schem.Diöz.Linz 1940, S. 285 – LDiözBl. 1941, Nr. 11, S. 70.
78 Schem.Diöz.Linz 1942, S. 321 – LDiözBl. 1945, Beilage Nr. 11, S. 7.
79 Catalogus Boh.Budv. 1939, S. 101.
80 LDiözBl. 1941, Nr. 15, S. 92 – LDiözBl. 1943, Nr. 10, S. 86.
81 Diöz.A., Zl. 2229.
82 Catalogus Boh.Budv. 1939, S. 102 – Schem.Diöz.Linz 1940, S. 285.
83 Schem.Diöz.Linz 1940, S. 285 – LDiözBl. 1940, Nr. 8, S. 139 – LDiözBl. 1944, Beil.Pers., S. 64.

1940. P. Wolfgang Pöschko[84], 1. 5. 1940 bis (31. 1. 1946). Kooperator: P. Maurus (Johann) Sonnberger[85], 1. 1. 1940 bis 4. 10. 1940, eingerückt zur Sanität bis 10. 5. 1945, wieder Kooperator bis (31. 1. 1946). Am 26. April 1944 wurde vom Bischöflichen Ordinariat Linz die Erlaubnis zur Weihe von Glocken in einem Dorf erteilt[86].

9. Rosenberg a. d. Moldau: Alte Pfarre zum hl. Nikolaus, dem Stift Hohenfurth inkorporiert. Pfarrvikar: P. Stanislaus (Johann) Plonner[87], 1. 1. 1940 bis (31. 1. 1946). Kaplan: P. Kassian (Johann) Perwolfinger[88], 1. 1. 1940 bis 9. 2. 1942, eingerückt zur Sanität, ab September 1945 bis (31. 1. 1946) wieder Kaplan. Das Bischöfliche Ordinariat Linz erteilte am 15. 5. 1944 die Erlaubnis zur Weihe von Glocken für einige Ortschaften[89]. In der Pfarre bestanden noch die Kapelle arc.B.M.V. in Rosenberg und die Kapelle Maria Schmerzen in Herrnlesbrunn[90].

10. Rosenthal: Alte Pfarre zu den hll. Aposteln Simon und Juda, dem Stift Hohenfurth inkorporiert. Pfarrvikar: P. Laurenz (Rudolf) Walter[91], 1. 1. 1940 bis 15. 4. 1940. P. Severin (Ignaz) Gottsmich[92], 15. 4. 1940. Kaplan: P. Bruno Schramek[93], 1. 1. 1940 bis 15. 4. 1940. Kooperator: P. Vitus Früchtl, 16. 4. 1940 bis 10. 12. 1940, eingerückt zur Sanität. Die bronzenen Dorfglocken mußten abgeliefert werden. Das Bischöfliche Ordinariat Linz gab am 25.4. 1944 die Erlaubnis zur Weihe von Ersatzglocken[94]. In der Pfarre bestand noch die Maria-Hilf-Kirche bei Rosenthal[95].

11. Unterhaid: Alte Pfarre zum hl. Ägidius, inkorporiert dem Stift Hohenfurth. Pfarrvikar: P. Werner (Johann) Jaschka[96], 1. 1. 1940 bis (31. 1.

84 LDiözBl. 1940, Nr. 8, S. 139 – LDiözBl. 1942, Nr. 8, S. 79 – LDiözBl. 1944, Beil.Pers., S. 63.
85 Schem.Diöz.Linz 1940, S. 285 – LDiözBl. 1941, Nr. 1, S. 8 – Diöz.A., Zl. 2905.
86 Diöz.A., Zl. 1993.
87 Schem.Diöz.Linz 1940, S. 286 – LDiözBl. 1944, Beil.Pers., S. 63.
88 Schem.Diöz.Linz 1940, S. 286 – LDiözBl. 1942, Nr. 2/3, S. 22.
89 Diöz.A., Zl. 2319.
90 Catalogus Boh.Budv. 1939, S. 102.
91 Schem.Diöz.Linz 1940, S. 286 – Diöz.A., Zl. 2349.
92 LDiözBl. 1940, Nr. 8, S. 139 – LDiözBl. 1944, Beil.Pers., S. 63.
93 Schem.Diöz.Linz 1940, S. 286.
94 Diöz.A., Zl. 1962.
95 Schem.Diöz.Linz 1940, S. 286.
96 Schem.Diöz.Linz 1940, S. 286 – LDiözBl. 1944, Beil.Pers., S. 63.

1946). Kooperatoren: P. Severin (Ignaz) Gottsmich, 1. 1. 1940 bis 15. 4. 1940. P. Wisintho Schirl[97], O.S.B. Kremsmünster, 1. 5. 1940 bis 1. 9. 1941. P. Pius (Josef) Aschauer, Olivetaner, 1. 9. 1941 bis 12. 12. 1944. Wohnhaft: P. Laurenz (Rudolf) Walter, 12. 5. 1944 bis (31. 1. 1946) Weihbischof Dr. Fließer hielt am 12. 7. 1942 Firmung[98].

Dekanat Kaplitz

Dechant: Franz Schützner[99], Pfarrer in Kaplitz, 1. 1. 1940 bis (31. 1. 1946). *Dekanatssekretär:* Pius Gockner, 1. 1. 1940 bis 28. 2. 1942. *Dekanatskämmerer:* Pius Gockner[100], Pfarrer in Reichenau a. d. Maltsch, 1. 3. 1942 bis (31. 1. 1946).

12. Buchers: Neue Pfarre zur Mutter vom Guten Rat. Pfarradministrator: Franz Czotscher[101], 1. 1. 1940 bis 13. 2. 1941, Pfarrer vom 14. 2. 1941 bis (31. 1. 1946).

13. Kaplitz: Alte Pfarre zu den hll. Aposteln Petrus und Paulus. Stadtpfarrer: Franz Schützner, bischöflicher Notar, 1. 1. 1940 bis (31. 1. 1946). Zur Dienstleistung zugewiesen: P. Wisintho (Josef) Schirl, O.S.B. Kremsmünster, 1. 9. 1941 bis 15. 9. 1945. Hauptschulkatechet: Johann Reindl[102], 1. 1. 1940 bis 6. 2. 1941, eingerückt zur Sanität. Kirchenrektor der Florianikirche: Rudolf Wastl[103], Pfarrer i. R., resignierter Dechant, 1. 5. 1944 bis (31. 1. 1946).
Weihbischof Dr. Fließer spendete am 17. September 1944 an 201 Knaben und 240 Mädchen das hl. Sakrament der Firmung[104]. Innerhalb der Stadtpfarre gab es noch die Kirche St. Florian und die Kapelle der hll. Joseph und Barbara auf dem Friedhof[105].

---

97 LDiözBl. 1940, Nr. 8, S. 139 – LDiözBl. 1941, Nr. 19, S. 128 – LDiözBl. 1945, Nr. 3, S. 17.
98 LDiözBl. 1942, Nr. 4, S. 25 – Diöz.A., Zl. 3669.
99 Schem.Diöz.Linz 1940, S. 286 und S. 287 – LDiözBl. 1944, Beil.Pers., S. 63.
100 Schem.Diöz.Linz 1940, S. 288 – LDiözBl. 1942, Nr. 4, S. 30 – LDiözBl. 1944, Beil.Pers., S. 63.
101 Schem.Diöz.Linz 1940, S. 286 – LDiözBl. 1941, Nr. 4, S. 27 – LDiözBl. 1944, Beil.Pers., S. 63.
102 Schem.Diöz.Linz 1940, S. 287 – LDiözBl. 1941, Nr. 4, S. 27.
103 Schem.Diöz.Linz 1940, S. 286 – LDiözBl. 1942, Nr. 3, S. 22 – Diöz.A., Causa Wastl – LDiözBl. 1944, Nr. 5, S. 28 – Diöz.A., Zl. 4476.
104 LDiözBl. 1944, Nr. 11, S. 71.
105 Catalogus Boh.Budv. 1939, S. 118.

14. Meinetschlag: Alte Pfarre zum hl. Apostel Bartholomäus. Pfarrer: Josef Singer[106], 1. 1. 1940 bis (31. 1. 1946). An Stelle des erkrankten Diözesanbischofs Dr. Gföllner firmte am 25. Mai 1941 Weihbischof Dr. Fließer. Es waren 500 Firmlinge erschienen, davon ca. 200 aus Deutsch-Beneschau mit P. Schuh[107]. Am 21. 6. 1943 erteilte das Bischöfliche Ordinariat Linz die Meßlizenz für die Kapelle zum hl. Philipp Benitius in Zirnetschlag[108].

15. Pflanzen: Alte Pfarre zum hl. Georg. Pfarrvikare: Johann Reindl, 1. 1. 1940 bis 6. 2. 1941, eingerückt zur Sanität. Franz Nigisch[109], Pfarrer i. R., 6. 2. 1941 bis 14. 5. 1941. P. Pius (Josef) Aschauer, Olivetaner, 15. 5. 1941 bis 31. 8. 1941. P. Wisintho (Josef) Schirl, O.S.B. Kremsmünster, 1. 9. 1941 bis 14. 9. 1945.

16. Reichenau a. d. Maltsch: Alte Pfarre zum hl. Andreas. Pfarrer: Pius Gockner, 1. 1. 1940 bis (31. 1. 1946). Kapläne (Kooperatoren): P. Franz Nagl[110], Redemptorist, 1. 1. 1940 bis 31. 1. 1946. P. Johann Maurer[111], Redemptorist, 1. 1. 1940 bis 31. 1. 1946. Kirchenrektoren in Maria Schnee: P. Alois Homma[112], Redemptorist, 1. 1. 1942 bis 15. 6. 1942. P. Johann Maurer, Redemptorist, 15. 6. 1942 bis 31. 1. 1946. Am 25. 2. 1942 wurden von der Wallfahrtskirche in Maria Schnee mit Ausnahme der kleinen Sanctusglocke (15 kg) alle Glocken abgeführt. Diese kleine Glocke wurde am 6. 3. 1942 abgenommen[113]. Außer der Wallfahrtskirche gab es in Maria Schnee noch die Kapelle St. Klara[114]. Anfang April 1945 wurde der Pfarrhof von kroatischen Soldaten besetzt, die drei Wochen blieben. Dann waren einen Tag ungarische Soldaten im Quartier, es folgten deutsche Soldaten auf ihrem Rückzug, und am 10. und 11. Mai 1945 besetzten russische Soldaten für drei Wochen den Pfarrhof. Immer mußte der Pfarrhof mit seinem geräumigen Hof herhalten, dreimal waren auch Feldküchen aufgestellt. Im August und September war etwas Ruhe, bis

106 Schem.Diöz.Linz 1940, S. 287 – LDiözBl. 1944, Beil.Pers., S. 63.
107 LDiözBl. 1941, Nr. 3, S. 16 – Diöz.A., Zl. 296 des Pfarramtes – Diöz.A., Zl. 2418.
108 Diöz.A., Zl. 3279.
109 Diöz.A., Zl. 964.
110 Schem.Diöz.Linz 1940, S. 288 – LDiözBl. 1944, Beil.Pers., S. 63.
111 Schem.Diöz.Linz 1940, S. 288 – LDiözBl. 1944, Beil.Pers., S. 63 – Diöz.A., Zl. 124.
112 Diöz.A., Zl. 3216.
113 Diöz.A., Zl. 1536.
114 Catalogus Boh.Budv. 1939, S. 120.

am 20. September 1945 tschechische Soldaten einzogen und wieder alles Verfügbare im Pfarrhof mit Beschlag belegten. Die Aussiedlung war beschlossene Sache[115].

17. Theresiendorf: Alte Pfarre zum hl. Leonhard. Pfarrer: Anton Mayer[116], 1. 1. 1940 bis (31. 1. 1946). Kaplan: Josef Liedl[117], 1. 1. 1940 bis 14. 2. 1941. Für die Kapelle in Luschnitz erteilte das Bischöfliche Ordinariat Linz eine Meßlizenz auf die Dauer von sechs Jahren[118]. Diese Kapelle war dem hl. Leopold geweiht. In Schwarzthal stand eine Kapelle der hll. Maria und Hubert[119].

18. Thurm-Plandles: Alte Pfarre zur hl. Anna. Pfarrvikare: P. Herbert (Rudolf) Pröll[120], S.O.Cist., exkurrender Pfarradministrator 1. 1. 1940 bis 31. 8. 1940. P. Karl Hofbauer[121], Missionsoblate von Gojau, Pfarrprovisor 1. 9. 1940 bis 10. 12. 1940, eingerückt zur Sanität. P. Herbert (Rudolf) Pröll, S.O.Cist., exkurrender Pfarrvikar 1. 1. 1941 bis 31. 1. 1941. P. Karl Hofbauer, Missionsoblate, Pfarrvikar 1. 2. 1941 bis 24. 4. 1941. P. Herbert (Rudolf) Pröll, S.O.Cist., Provisor 24. 4. 1941 bis 31. 10. 1941. P. Augustin (Franz) Rieder[122], O.S.B. Kremsmünster, exkurrender Pfarrvikar, 1. 11. 1941 bis 15. 10. 1942. P. Beda Winter[123], O.S.B. Kremsmünster, Pfarrvikar 15. 10. 1942 bis 1. 5. 1943. P. Franz Barth[124], Marianist, Pfarrvikar 1. 5. 1941 bis 1. 10. 1943. P. Remigius Ehwallner[125], Franziskaner, Pfarrvikar 1. 10. 1943 bis 31. 8. 1945. Rudolf Wastl[126], Pfarrer i. R., Administrator 1. 9. 1945 bis (31. 1. 1946).

---

115 Diöz.A., Zl. 5348.

116 Schem.Diöz.Linz 1940, S. 288 – LDiözBl. 1944, Beil.Pers., S. 63.

117 Schem.Diöz.Linz 1940, S. 288 – LDiözBl. 1944, Beil.Pers., S. 64 – LDiözBl. 1941, Nr. 4, S. 27.

118 Diöz.A., Zl. 4038.

119 Catalogus Boh.Budv. 1939, S. 120.

120 Schem.Diöz.Linz 1940, S. 287 – LDiözBl. 1940, Nr. 14, S. 186 – LDiözBl. 1941, Nr. 2, S. 10 – LDiözBl. 1942, Nr. 13, S. 125 – Schem.Diöz.Linz 1942, S. 328.

121 Schem.Diöz.Linz 1940, S. 289 – LDiözBl. 1940, Nr. 14, S. 186 – LDiözBl. 1940, Nr. 16, S. 197 – Diöz.A., Zl. 794 und Zl. 6070.

122 LDiözBl. 1941, Nr. 19, S. 128 – LDiözBl. 1941, Nr. 21, S. 143 – LDiözBl. 1942, Nr. 13, S. 125.

123 LDiözBl. 1942, Nr. 13, S. 125 – LDiözBl. 1943, Nr. 5, S. 42.

124 LDiözBl. 1943, Nr. 5, S. 42 – LDiözBl. 1943, Nr. 9, S. 72 – Diöz.A., Zl. 2256 und Zl. 5145.

125 LDiözBl. 1943, Nr. 9, S. 73 – LDiözBl. 1945, Beilage Nr. 13, S. 7 – LDiözBl. 1944, Beil.Pers., S. 63.

126 Diöz.A., Zl. 2897.

Schon nach dem Zusammenbruch im Mai 1945 verlangten die Tschechen über das Gemeindeamt einen Gottesdienst für die Tschechen allein. Durch Verhandlung gelang es, einen Gottesdienst für die Tschechen und einen für die Deutschen zu halten. Das ging bis Juli 1945, dann wurde mündlich der Gottesdienst für die Deutschen verboten. Gendarmen überprüften das Verbot. Vom Ordinariat in Budweis kam ein Schreiben mit dem Inhalt, daß das Verbleiben des Pfarrers nicht von Dauer sei, weil er nicht der tschechischen Sprache mächtig sei. Die Pfarre gehörte zur amerikanischen Zone, es kamen aber fast täglich Russen in das Pfarrgebiet, um bei den Bauern Lebensmittel zu requirieren, aber nicht gewalttätigerweise. Ausgewiesen wurde der Pfarrvikar nicht[127].

19. Umlowitz: Neue Pfarre zur schmerzhaften Mutter Gottes und zum hl. Johannes Nep., inkorporiert dem Stift Hohenfurth. Pfarrvikare: P. Martin (Johannes) Maxa[128], 1. 1. 1940 bis 30. 4. 1940. P. Quirin Pinner, 1. 5. 1940 bis (31. 1. 1946). Das Bischöfliche Ordinariat Linz gab am 21. 3. 1944 die Erlaubnis zur Weihe einer Stahlglocke für das Dorf Hodenitz[129]. Wohnhaft: P. Martin (Johannes) Maxa, Pfarrvikar i. R., vom 1. 5. 1940 bis zu seinem Tode am 22. 9. 1943.

20. Zettwing: Alte Pfarre zu Maria Geburt. Josef Liedl[130], 1. 1. 1940 bis 13. 2. 1941 Administrator, 14. 2. 1941 bis 31. 1. 1946 Pfarrer. In der Pfarre bestanden noch die Kapelle Maria Hilf in Johannesdorf und die Marienkapelle in Sinnetschlag[131].

Dekanat Krummau

Dechant: P. Mauritz (Johann) Pöschl[132], S.O.Cist., 1. 1. 1940 bis 2. 8. 1940 (†). *Dekanatsadministrator:* Dr. Wenzel Houschka[133], 15. 8. 1940 bis (31. 1.

127 Schreiben P. Ehwallner vom 8. 2. 1973.

128 Schem.Diöz.Linz 1940, S. 288 – LDiözBl. 1940, Nr. 8, S. 139 – LDiözBl. 1943, Nr. 10, S. 84.

129 Diöz.A., Zl. 1383.

130 Schem.Diöz.Linz 1940, S. 288 – LDiözBl. 1941, Nr. 4, S. 27.

131 Catalogus Boh.Budv. 1939, S. 121.

132 Schem.Diöz.Linz 1940, S. 289 – LDiözBl. 1940, Nr. 14, S. 186.

133 Schem.Diöz.Linz 1940, S. 289 – LDiözBl. 1940, Nr. 16, S. 197 (dort irrtümlich Pöschl) – LDiözBl. 1944, Beil.Pers., S. 64 und 65.

1946). *Dekanatssekretär:* Dr. Wenzel Houschka, 1. 1. 1940 bis 15. 8. 1940. *Dekanatskämmerer:* P. Odilo (Wenzel) Petermichl[134], S.O.Cist., 1. 1. 1942 bis (31. 1. 1946).

21. *Christianberg:* Neue Pfarre zum heiligsten Namen Jesu. Gehörte bis 31. 12. 1939 zum Dekanat Prachatitz. Pfarrer: Heinrich Neuwirth[135], bischöflicher Notar, 1. 1. 1940 bis (31. 1. 1946).

22. *Gojau:* Alte Pfarre zu Maria Himmelfahrt, betreut von Oblaten d. U.E. in Gojau. Pfarrvikare: P. Josef Windrich[136], 1. 1. 1940 bis 1. 2. 1941. P. Gregor Peter[137], 1. 2. 1941 bis 31. 1. 1946. Kooperatoren: P. Karl Hofbauer, 1. 1. 1940 bis 1. 8. 1940. P. Franz Schröpfer[138], 1. 8. 1940 bis 1. 1. 1942. P. Gerhard Schwarz[139], 1. 1. 1942 bis 9. 2. 1942, eingerückt zur Sanität. Ab 11. 4. 1945 hielten sich in Gojau der Flüchtlingspriester P. Clemens Stroick, Oblate, bisher Schloßkaplan in Eichensee/Schlesien, und der Flüchtlingspriester P. Romanus Misch, Oblate, zuletzt Krankenhausseelsorger in Orlau/O.S., auf[140].
Weihbischof Dr. Fließer spendete am 6. Juli 1941 das hl. Sakrament der Firmung[141]. In der Pfarre Gojau gab es noch die Kapelle hl. Theresia vom Kinde Jesu und die Kapelle hl. Johann Nepomuk[142].
Der Krieg ging 10 km von Gojau entfernt zu Ende. Auf der einen Seite standen die Russen, auf der anderen die Amerikaner, die dann Gojau besetzten. Ein Gefangenenlager für die aufgefangenen deutschen Kriegsteilnehmer bestand in der Pfarre. Einem Priester persönlich geschah kaum etwas; sie brauchten keine weißen Armbinden „Nemec" zu tragen. Ein tschechischer Priester des Ordinariates Budweis besorgte Bestätigungen beim Narodni Vybor (Gemeindeausschuß) für die deutschen Geistlichen, daß sie nicht im NS-Sinne gearbeitet hatten. Die vielen Fremdarbeiter (Polen, Ukrainer usw.) hatten es so gut bei den Böh-

134 Schem.Diöz.Linz 1940, S. 284 – LDiözBl. 1942, Nr. 4, S. 30 – Schem.Diöz.Linz 1942, S. 327 – LDiözBl. 1940, Nr. 18, S. 212.
135 Schem.Diöz.Linz 1940, S. 289 – LDiözBl. 1944, Beil.Pers., S. 64.
136 Schem.Diöz.Linz 1940, S. 289 – LDiözBl. 1941, Nr. 2, S. 12.
137 LDiözBl. 1941, Nr. 2, S. 12 – LDiözBl. 1944, Beil.Pers., S. 64 – Diöz.A., Zl. 1549.
138 LDiözBl. 1940, Nr. 14, S. 186 – LDiözBl. 1942, Nr. 1, S. 14.
139 LDiözBl. 1942, Nr. 1, S. 14 – LDiözBl. 1942, Nr. 3, S. 22 – Diöz.A., Zl. 778.
140 Diöz.A., Zl. 1392.
141 LDiözBl. 1941, Nr. 14, S. 86.
142 Catalogus Boh.Budv. 1939, S. 107.

merwaldbauern, daß sie weinten, als sie weg mußten. Bei Hausdurchsuchungen durch die tschechische Gendarmerie oder durch Militär mußten Waffen, Fahrräder, Motorräder und Radios abgegeben werden. Das kirchliche und religiöse Leben war nicht behindert. Eine große feierliche Fronleichnamsprozession (31. 5. 1945) wurde von den Polen und auch von etwa 200 Ungarnflüchtlingen mitgestaltet. Einige amerikanische Soldaten besuchten regelmäßig die Gottesdienste, die Tschechen weniger. Allmählich wurde alles zur Aussiedlung bereitgemacht[143].

23. *Kalsching:* Alte Pfarre zur hl. Maria Magdalena. Pfarrer: Othmar Rausch[144] vom 1. 1. 1940 bis (31. 1. 1946), wegen Krankheit mehrmals beurlaubt. P. Placidus Windhager[145], S.O.Cist., Pfarrvikar 22. 2. 1943 bis 15. 7. 1943. P. Josef Mayer[146], Salesianer, Pfarrvikar 1. 5. 1944 bis 31. 1. 1946. P. Franz Deutz[147], Oblate von Gojau, Vikar subst. 12. 12. 1942 bis 12. 1. 1943. P. Robert Schäfer[148], Oblate, Vikar subst. 12. 1. 1943 bis 22. 2. 1943. P. Josef Mayer, Salesianer, Vikar subst. 1. 10. 1943 bis 30. 4. 1944. Kaplan: Johann Wagner[149], 1. 1. 1940 bis 4. 12. 1940. Vom 7. 5. 1945 bis 21. 5. 1945 (Pfingsten) war Pfarrer Wessely aus Riemertsheide/Schlesien als Flüchtling in Kalsching[150]. Am 17. 11. 1943 erteilte das Bischöfliche Ordinariat Linz die Erlaubnis zur Weihe von drei Dorfglocken[151]. In der Pfarre Kalsching bestand noch die Kapelle Ss. Rosarii B.M.V.[152].

24. *Kriebaum:* Alte Pfarre zum hl. Johannes Nepomuk. Johann Wagner, Pfarradministrator vom 1. 1. 1940 bis 4. 12. 1940, eingerückt zur Sanität. Othmar Rausch, Provisor 7. 12. 1940 bis 31. 12. 1940. P. Anton Weber[153],

---

143 Lt. Mitt. von P. Gregor Peter.
144 Schem.Diöz.Linz 1940, S. 289 – Diöz.A., Zl. 3524 – LDiözBl. 1944, Beil.Pers., S. 64.
145 LDiözBl. 1943, Nr. 3, S. 28 – LDiözBl. 1943, Nr. 13, S. 110 – LDiözBl. 1944, Beil.Pers., S. 64.
146 Diöz.A., Zl. 5403 und Zl. 1988 – LDiözBl. 1944, Nr. 5, S. 28 – LDiözBl. 1944, Beil.Pers., S. 64.
147 Diöz.A., Zl. 113.
148 Diöz.A., Zl. 113.
149 Schem.Diöz.Linz 1940, S. 289 – LDiözBl. 1940, Nr. 21/22, S. 234.
150 Diöz.A., Zl. 3640.
151 Diöz.A., Zl. 6392.
152 Catalogus Boh.Budv. 1939, S. 108.
153 LDiözBl. 1941, Nr. 1, S. 7 – LDiözBl. 1944, Beil.Pers., S. 64.

Oblate, Pfarrvikar 1. 1. 1941 bis 31. 1. 1946. P. Gregor Peter, Oblate, Vikar subst. 22. 3. 1943 bis 30. 4. 1943. Engelbert Schwarzbauer, Pfarrer i. R., Vikar subst. 29. 6. 1943 bis 1. 8. 1943.
Kirchlich haben die Leute treu ausgehalten bis zum Schluß. Kriebaum war eine sehr gute Gemeinde in jeder Hinsicht. Die Religion war die einzige Kraft der Menschen. Die Amerikaner haben die Leute nicht belästigt, Russen waren keine hier. Nachdem den Deutschen alles weggenommen war, mußten sie aussiedeln[154].

25. *Krummau a. d. Moldau:* Alte Pfarre zum hl. Veit. Josef Schürrer[155], vom 1. 1. 1940 bis 15. 5. 1940 Administrator, vom 15. 5. 1940 bis 28. 12. 1945 Provisor der Stadtpfarre. Im Oktober 1945 von den Tschechen abgesetzt, ein tschechischer Kaplan wurde Administrator[156]. Kooperatoren: P. Bernardin Mras[157], Minorit, 1. 1. 1940 bis 15. 2. 1943. P. Augustin Rieder, O.S.B. Kremsmünster, 15. 9. 1941 bis 15. 10. 1942. P. Beda Winter, O.S.B. Kremsmünster, 15. 10. 1942 bis 1. 5. 1943. P. Titus Jung[158], Minorit, 15. 2. 1943 bis (31. 1. 1946). P. Franz Barth, Marianist, 1. 5. 1943 bis 31. 8. 1945. Residential-Kaplan an der Kirche St. Martin: Prof. Dr. theol. Theodor Mischka[159] vom 1. 1. 1940 bis 14. 8. 1945. Katechet: Franz Fuchs[160], 1. 1. 1940 bis 1. 8. 1941, eingerückt zur Sanität, in Stalingrad vermißt. – Wohnhaft: Josef Rodlberger[161], Kons.-Rat, bischöfl. Notar, Katechet i. R., 1. 1. 1940 bis 28. 12. 1945. – Josef Wittmann[162], Kons.-Rat, bischöfl. Notar, Katechet i. R., 1. 1. 1940 bis 20. 9. 1945. – Msgr. Franz Dichtl[163], päpstlicher Geheimkämmerer, Kons.-Rat, Rel.-Prof. i. R., 1. 1. 1940 bis 16. 11. 1943. – Josef Wagner[164], Kons.-Rat, bischöfl. Notar, Katechet i. R., 1. 1. 1940 bis (31. 1. 1946). – Kirchenrektor der Minoritenkirche: P. Titus (Gustav) Jung, Minorit, 4. 2. 1943 bis 31. 1. 1946. Dechant

154 Lt. Mitt. von P. Anton Weber.
155 Schem.Diöz.Linz 1940, S. 290 – LDiözBl. 1940, Nr. 9, S. 148 – LDiözBl. 1940, Nr. 16, S. 198 – Lt. Mitt. von G. R. Josef Schürrer – LDiözBl. 1946, Nr. 1, S. 9.
156 Lt. Mitt. von G. R Josef Schürrer.
157 Schem.Diöz.Linz 1940, S. 290 – LDiözBl. 1943, Nr. 3, S. 28.
158 LDiözBl. 1943, Nr. 3, S. 28 – LDiözBl. 1944, Beil.Pers., S. 64.
159 Schem.Diöz.Linz 1940, S. 290 – LDiözBl. 1945, Beilage Nr. 13, S. 6.
160 Schem.Diöz.Linz 1940, S. 290 – LDiözBl. 1941, Nr. 17, S. 116 – Diöz.A., Zl. 1802.
161 Schem.Diöz.Linz 1940, S. 290 – LDiözBl. 1944, Beil.Pers., S. 64.
162 Schem.Diöz.Linz 1940, S. 290 – Diöz.A., Zl. 4694.
163 Schem.Diöz.Linz 1940, S. 290 – LDiözBl. 1943, Nr. 10, S. 85.
164 Schem.Diöz.Linz 1940, S. 290 – LDiözBl. 1944, Beil.Pers., S. 64.

Josef Kacerovsky war vom 1. 1. 1940 bis 8. 2. 1940 Verwalter der Prälatur Krummau[165]. Bischof Dr. Gföllner ernannte am 26. 4. 1940 den Dechanten und bischöfl. Kons.-Rat Karl Rudy zum Stadtpfarrer der Prälatur Krummau. Die Investitur wurde wegen Besetzung des Pfarrhofes durch Militär auf unbestimmte Zeit verschoben. Rudy hat nicht resigniert, auch nicht, als er vom Sondergericht Eger aus politischen Gründen im Jänner 1943 zu einer empfindlichen Zuchthausstrafe verurteilt wurde[166]. Am 9. Juni 1944 starb in Krummau Dechant Adalbert Zaruba, Pfarrer von Eisenstraß, nach zweijähriger Lähmung, 65 Jahre alt[167]. Weihbischof Dr. Joseph Cal. Fließer hielt am 7. 8. 1943 kanonische Visitation und am Sonntag, dem 8. 8. 1943, Firmung, zu der 423 Knaben und 392 Mädchen erschienen waren[168]. In der Stadtpfarre Krummau bestanden die Minoritenkirche Maria Himmelfahrt und Corpus Christi, die Kapelle zur Mutter Gottes und zum hl. Wolfgang, die Kirche zum hl. Martin auf dem Friedhof, die Marienkapelle im neuen Gemeindefriedhof (um 1900 durch Prälat Grill erbaut und Eigentum der Stadtgemeinde), die Kirche zur schmerzhaften Mutter Gottes und zur Kreuzauffindung auf dem Kreuzberg, die Schloßkapelle zum hl. Georg, die Kapelle zum hl. Josef im Gymnasium (wurde im Juli 1940 aufgehoben), die Kapelle zum hl. Kreuz und zur hl. Elisabeth im Krankenhaus und die Kapelle zum hl. Karl Borromäus im Waisenhaus[169].

26. Wettern: Kooperator-Expositur. P. Justinus M. Lüke[170], Minorit, 1. 1. 1940 bis 15. 4. 1940 Aushilfskatechet. Josef Schürrer, Kirchenrektor 15. 4. 1940 bis 7. 9. 1940. Der bisher provisorische Seelsorgebezirk Wettern mit der Kirche zum hl. Johannes Nep. wurde mit 1. 10. 1940 zur selbständigen Kooperator-Expositur erhoben[171]. Leopold Wallner[172], Dechant i. R., Expositus 7. 9. 1940 bis 8. 10. 1940, Kooperator-Expositus 9. 10. 1940 bis (31. 1. 1946). Am 8. 8. 1943 hielt Weihbischof Dr. Fließer kanonische Visitation[173]. Die Kirche in Wettern, über Initiative von Dechant

165 Diöz.A., Zl. 1458.
166 Diöz.A., Zl. 3517, Zl. 4766 und Zl. 583.
167 Diöz.A., Zl. 2186 und Zl. 2809 – LDiözBl. 1944, Nr. 7, S. 40.
168 LDiözBl. 1943, Nr. 3, S. 18 – LDiözBl. 1943, Nr. 13, S. 108.
169 Schem.Diöz.Linz 1940, S. 290 – Diöz.A., Zl. 2637 – Diöz.A., Zl. 5676.
170 Schem.Diöz.Linz 1940, S. 290.
171 Diöz.A., ohne Zl., Schr. v. 27. 9. 1940.
172 LDiözBl. 1940, Nr. 16, S. 197 – LDiözBl. 1944, Beil.Pers., S. 64.
173 Diöz.A., Schr. v. 13. 8. 1943.

i. R. Leopold Wallner nach Plänen von Reg.-Oberbaurat Dipl.-Ing. Hans Foschum errichtet, war das letzte im südböhmischen Raum erbaute Gotteshaus.

27. *Weichseln:* Lokalkaplanei, errichtet mit Urkunde vom 29. 9. 1943 mit Wirksamkeit vom 1. 10. 1943[174]. P. Franz Barth, Marianist, exponierter Lokalkaplan 1. 10. 1943 bis 31. 5. 1945.

28. *Lagau:* Neue Pfarre zum hl. Apostel Bartholomäus. Pfarrvikar: P. Franz (Josef) Aigner[175], O.Präm. Schlägl, Kons.-Rat, 1. 1. 1940 bis (31. 1. 1946). Das Bischöfliche Ordinariat Linz erteilte am 2. 2. 1944 die Erlaubnis zur Weihe von Glocken für die Dorfkapelle in Hafnern[176].

29. *Ottau:* Alte Pfarre Johannes' Enthauptung. P. Mauriz Pöschl, S.O.Cist., Pfarrvikar 1. 1. 1940 bis 2. 8. 1940, gestorben in Ottau. P. Herbert Pröll, S.O.Cist., Pfarrprovisor 2. 8. 1940 bis 1. 10. 1940. P. Odilo Petermichl, S.O.Cist., Pfarrvikar 1. 10. 1940 bis (31. 1. 1946). Kooperator: P. Walter (Anton) Sailer[177], S.O.Cist., 1. 1. 1940 bis 10. 12. 1940, eingerückt zur Sanität. Wohnhaft: P. Laurenz (Rudolf) Walter, S.O.Cist., 16. 4. 1940 bis 11. 5. 1944. In der Pfarre bestand noch die Kapelle Maria Hilf in Kropfsdorf mit Meßlizenz[178].

30. *Polletitz:* Alte Pfarre zum hl. Nikolaus. Pfarrer: Thomas Geist[179], Kons.-Rat, bischöfl. Notar, vom 1. 1. 1940 bis (31. 1. 1946). Wohnhaft: Engelbert Schwarzbauer, Kons.-Rat, bischöfl. Notar, Pfarrer i. R., vom 16. 4. 1940 bis (31. 1. 1946).

31. *Priethal:* Alte Pfarre zum hl. Laurentius, dem Stift Hohenfurth inkorporiert. P. Engelbert (Franz) Blöchl[180], Pfarrvikar 1. 1. 1940 bis 19. 8. 1940, wurde von der Gestapo verhaftet, starb am 1. 11. 1942 im KZ Dachau.

---

174 Diöz.A., Urkunde Zl. DFK-2684/9–43 – LDiözBl. 1943, Nr. 9, S. 73.
175 Schem.Diöz.Linz 1940, S. 290 – LDiözBl. 1944, Beil.Pers., S. 64.
176 Diöz.A., Zl. 519.
177 Schem.Diöz.Linz 1940, S. 291 – LDiözBl. 1941, Nr. 1, S. 8 – LDiözBl. 1941, Nr. 20, S. 1.
178 Schem.Diöz.Linz 1940, S. 291.
179 Schem.Diöz.Linz 1940, S. 291 – LDiözBl. 1944, Beil.Pers., S. 64.
180 Schem.Diöz.Linz 1940, S. 291 – Diöz.A., Zl. 1133 – LDiözBl. 1942, Nr. 13, S. 134.

P. Anton (Walter) von Socha-Borzestowski[181], Trappist von Engelszell, Administrator 20. 8. 1940 bis 1. 10. 1940. P. Herbert (Rudolf) Pröll, Administrator 1. 10. 1940 bis 1. 11. 1942, Pfarrvikar 1. 11. 1942 bis (31. 1. 1946). Kooperator: P. Herbert (Rudolf) Pröll, 1. 1. 1940 bis 2. 8. 1940. Am 12. Juni 1944 erteilte das Bischöfliche Ordinariat Linz die Erlaubnis zur Weihe von Glocken[182].

32. *Stritschitz:* Alte Pfarre zu den hll. Aposteln Petrus und Paulus, dem Stift Hohenfurth inkorporiert. Pfarrvikar: P. Eberhard (Johannes) Winter[183], 1. 1. 1940 bis 31. 12. 1940, beurlaubt. P. Canisius Noschitzka[184], Vikar subst. 1. 1. 1941 bis (31. 1. 1946). P. Ferdinand (Karl) Schramek[185], 1. 1. 1940 bis 10. 12. 1940, eingerückt zur Sanität.
In der Pfarre waren noch die Kapellen zum hl. Johannes und hl. Paul mit Meßlizenz in Linden, zur hl. Maria mit Meßlizenz in Roschowitz (Radoschowitz), zum hl. Kreuz mit Meßlizenz in Saborsch (Zabor) und zur hl. Maria mit Meßlizenz in Kollowitz[186].

33. *Tisch:* Alte Pfarre zum hl. Apostel Bartholomäus. Pfarrer: Johann Weiß[187], 1. 1. 1940 bis (31. 1. 1946). Kooperator: P. Alois (Alois) Kainberger[188], 15. 8. 1940 bis 9. 12. 1940. Wohnhaft: Matthias Kyzour[189], Kons.-Rat, bischöfl. Notar, Pfarrer i. R., 1. 1. 1940 bis 1941.
In der Pfarre bestanden die Maria-Hilf-Kapelle in Tisch, die Gutwasserkapelle bei Tisch, die Marienkapelle in Althütten und in Zodl sowie Kapellen in Jaronin und beim Baurhansl in Tisch[190], alle mit Meßlizenz. Zur Weihe von je einer Stahlglocke für die Ortschaften Groß-Zmietsch und Klein-Zmietsch gab das Bischöfliche Ordinariat Linz am 28. 8. 1943 die Erlaubnis[191]. Am Dreifaltigkeitssonntag (27. Mai) 1945 wurde auf einer

---

181 LDiözBl. 1940, Nr. 14, S. 186 – LDiözBl. 1940, Nr. 18, S. 212.
182 Diöz.A., Zl. 2792.
183 Schem.Diöz.Linz 1940, S. 291 – LDiözBl. 1944, Beil.Pers., S. 65.
184 LDiözBl. 1941, Nr. 1, S. 8 – LDiözBl. 1944, Beil.Pers., S. 65.
185 Schem.Diöz.Linz 1940, S. 291 – LDiözBl. 1941, Nr. 1, S. 8.
186 Schem.Diöz.Linz 1940, S. 291 – Catalogus Boh.Budv. 1939, S. 110.
187 Schem.Diöz.Linz 1940, S. 291 – LDiözBl. 1944, Beil.Pers., S. 65.
188 LDiözBl. 1940, Nr. 14, S. 186 – LDiözBl. 1940, Nr. 21/22, S. 234 – LDiözBl. 1944, Beil.Pers., S. 65.
189 Schem.Diöz.Linz 1940, S. 291 – Schem.Diöz.Linz 1941, S. 290.
190 Schem.Diöz.Linz 1942, S. 328 – Diöz.A., Zl. 5195 – Catalogus Boh.Budv. 1939, S. 110.
191 Diöz.A., Zl. 4719.

Wiese in der Nähe von Tisch für ein Militärsammellager mit ca. 6000 Mann ein eigener Feldgottesdienst mit Predigt, Kommunion und allgemeiner Absolution gehalten; 130 Heimkehrer empfingen die Kommunion[192].

34. Tweras: Alte Pfarre zu den hll. Aposteln Petrus und Paulus. Pfarrer: Dr. Wenzel Houschka, bischöfl. Notar, 1. 1. 1940 bis (31. 1. 1946). Vikar subst.: P. Gottfried (Josef) Klings[193], Mariannhiller, 1. 5. 1942 bis 31. 7. 1942. Wohnhaft: Johann Zimmerbauer[194], Pfarrer i. R. der Diözese St. Pölten, 1. 1. 1940 bis (31. 1. 1946).
In der Pfarre Tweras gab es die Kapellen „Maria Hilfe der Christen" in Ober-Zwiedlern und in Zahor sowie die „Kleine Kirche" der Bruderschaft zu Ehren der Heiligen Familie in Tweras[195].

Dekanat Oberplan

Dechant: Johann Höfferl, Pfarrer in Oberplan, 1. 1. 1940 bis 24. 11. 1940. – P. Paulus (Joseph) Heinrich[196], S.O.Cist. Hohenfurth, Kons.-Rat, Pfarrer in Höritz, Dekanats-Administrator 1. 1. 1940 bis 24. 11. 1940, Dechant vom 24. 11. 1940 bis (31. 1. 1946). *Dekanatskämmerer:* Alois Kuschel[197], Pfarrer in Salnau, 1. 1. 1942 bis 31. 1. 1946.

35. Andreasberg: Alte Pfarre zu Maria Heimsuchung und zum hl. Andreas. Georg Fröhlich[198], Pfarrvikar 1. 1. 1940 bis 10. 12. 1940, zur Sanität eingerückt. – P. Alois (Alois) Kainberger, Mariannhiller Missionar, Pfarrprovisor 9. 12. 1940 bis 31. 1. 1946. – Vikar subst.: P. Totnan (Alfred) Bayer[199], Mariannhiller Missionar, 17. 6. 1943 bis 13. 7. 1943. – Kooperator: P. Totnan (Alfred) Bayer, Mariannhiller Missionar, 15. 5. 1941 bis 31. 1. 1946.

---

192 Diöz.A., Zl. 5249.
193 LDiözBl. 1942, Nr. 7, S. 68 – LDiözBl. 1942, Nr. 10, S. 93 – LDiözBl. 1944, Beil.Pers., S. 66 – LDiözBl. 1945, Beilage Nr. 11, S. 6.
194 Schem.Diöz.Linz 1940, S. 292 – LDiözBl. 1944, Beil.Pers., S. 65.
195 Catalogus Boh.Budv. 1939, S. 111 – Diöz.A., Zl. 294.
196 Schem.Diöz.Linz 1940, S. 292 und 293 – LDiözBl. 1944, Beil.Pers., S. 65.
197 Schem.Diöz.Linz 1940, S. 293 – LDiözBl. 1942, Nr. 4, S. 30 – LDiözBl. 1944, Beil.Pers., S. 65.
198 Schem.Diöz.Linz 1940, S. 292 – LDiözBl. 1940, Nr. 21/22, S. 234.
199 LDiözBl. 1941, Nr. 11, S. 71 – Diöz.A., Zl. 3182 – LDiözBl. 1944, Beil.Pers., S. 65.

P. Kainberger schreibt: „Unter den Deutschen war ich gern dort. Ich habe dort viel erlebt. Ich mußte viel arbeiten auf Wiesen und Feldern, auch im Walde mußte ich Bäume fällen. P. Totnan erhielt kein Gehalt, deswegen mußte ich arbeiten"[200].

36. *Deutsch-Reichenau bei Friedberg:* Alte Pfarre zum hl. Wenzel. Pfarrvikar: P. Alois (Josef) Püchler[201], S.O.Cist. Wilhering, vom 1. 1. 1940 bis 15. 1. 1946. – Kaplan: P. Adrian (Josef) Raab[202], O.Präm., 1. 1. 1940 bis 30. 9. 1940. – Kooperator: P. Pius (Josef) Aschauer, Olivetaner, vom 1. 10. 1940 bis 9. 12. 1940. – Kirchenrektor in St. Thomas: P. Robert Schäfer, Oblate von Gojau, 1. 4. 1944 bis 1. 7. 1945, war zugleich Kooperator.
Zur Weihe von zwei Stahlglocken erteilte das Bischöfliche Ordinariat Linz am 19. 12. 1944 die Erlaubnis[203]. Die Filialkirche in St. Thomas war dem Leibe Christi geweiht[204].
Anfang Mai 1945 hißte D.-Reichenau weiße Fahnen, die Amerikaner zogen weiter, brachten deutsche Gefangene zurück. Anfang Juni 1945 zogen die Amerikaner ab, es kamen dafür tschechische Gendarmen, die alles übernahmen; der Pfarrhof wurde geschont, die Priester wurden zuvorkommend behandelt. Die deutschen Schulen in der Pfarre wurden gesperrt, auf dem Getreideboden des Pfarrhofes wurden die deutschen Kinder jedoch heimlich unterrichtet. Deutsche erhielten keine Karten für Fleisch und andere Lebensmittel. Anfang 1946 begann die Aussiedlung, dann die Zerstörung aller Häuser; die Kirche wurde gesprengt[205].

37. *Glöckelberg:* Neue Pfarre zum hl. Johannes Nepomuk. Georg Metzner[206], Administrator 1. 1. 1940 bis 15. 1. 1940. Emil Cramer[207], Priester der Erzdiözese Belgrad, Pfarrprovisor 15. 1. 1940 bis 1. 10. 1940. P. En-

200 Lt. Mitt. von P. Alois Kainberger.
201 Schem.Diöz.Linz 1940, S. 292 – LDiözBl. 1944, Beil.Pers., S. 65 – LDiözBl. 1946, Nr. 1, S. 9.
202 Schem.Diöz.Linz 1940, S. 292 – LDiözBl. 1940, Nr. 8, S. 139 – LDiözBl. 1944, Beil.Pers., S. 66.
203 Diöz.A., Zl. 5654.
204 Diöz.A., Zl. 1317.
205 Lt. Mitt. von P. Alois Püchler.
206 Catalogus Boh.Budv. 1939, S. 126.
207 Schem.Diöz.Linz 1940, S. 292 – LDiözBl. 1940, Nr. 2, S. 34 – LDiözBl. 1940, Nr. 17, S. 203.

gelmar (Hubert) Unzeitig[208], Mariannhiller, Pfarrprovisor 1. 10. 1940 bis 25. 4. 1941. P. Ansbert (Karl) Bieberle[209], Mariannhiller, Pfarrvikar, 26. 4. 1941 bis 31. 1. 1946.

P. Engelmar Unzeitig wurde am 25. 4. 1941 von der Gestapo verhaftet und in das Polizeigefängnis nach Linz gebracht, am 3. Juni 1941 kam er in das KZ Dachau. Dort meldete er sich im Herbst 1944 freiwillig in die Typhusbaracken zur Pflege der Kranken und Sterbenden. Im Lager lernte er noch Russisch, um auch den Gefangenen aus den Ostgebieten helfen zu können. Eines Tages wurde er selbst vom Typhus erfaßt und starb am 2. März 1945 im Rufe der Heiligkeit als „Engel von Dachau"[210].

Die amerikanische Besatzung verschonte den Pfarrhof. Es konnte die Maiandacht gehalten werden, und bei den Flurprozessionen durfte man auch die Straßen benützen. Die katholischen Amerikaner nahmen am Gottesdienst teil. Nach dem Einmarsch der Tschechen wurden viele Ortschaften dem Erdboden gleichgemacht, nur die Kirche blieb stehen[211]. In Glöckelberg war vom 10. 8. 1942 bis 31. 8. 1942 Josef Jiranek[212] und vom 20. 7. 1944 bis 3. 8. 1944 Rudolf Jahn[213] Vikar subst. Das Bischöfliche Ordinariat Linz gab am 11. 1. 1942 die Erlaubnis zur Weihe von zwei Stahlglocken[214].

38. *Honetschlag:* Neue Pfarre zur Heiligsten Dreifaltigkeit. Pfarrer: Franz Paukner[215], bischöfl. Notar, 1. 1. 1940 bis (31. 1. 1946). In der Pfarre war noch die Kapelle zur hl. Maria in Althütten vorhanden[216].

39. *Höritz:* Alte Pfarre zur hl. Katharina, dem Stift Hohenfurth inkorporiert. Pfarrvikar: P. Paulus (Josef) Heinrich, 1. 1. 1940 bis (31. 1. 1946). Kooperatoren: P. Thomas Rauscher[217], 1. 1. 1940 bis 15. 9. 1940. P. Desiderius (Simon) Weichselbaumer[218], Mariannhiller Missionar, 15. 9. 1940 bis 4. 12. 1940, eingerückt zur Sanität. Weihbischof Dr. Fließer firmte am 6. Juli 1941[219].

---

208 LDiözBl. 1940, Nr. 18, S. 212 – LDiözBl. 1945, Beilage Nr. 9, S. 5.
209 LDiözBl. 1941, Nr. 10, S. 63 – LDiözBl. 1944, Beil.Pers., S. 65.
210 Lt. Mitt. von P. Ansbert Bieberle.
211 Lt. Mitt. von P. Ansbert Bieberle.
212 Diöz.A., Zl. 4282.
213 Diöz.A., Zl. 3556.
214 Diöz.A., Zl. 6751.
215 Schem.Diöz.Linz 1940, S. 293 – LDiözBl. 1944, Beil.Pers., S. 65.
216 Catalogus Boh.Budv. 1939, S. 127.
217 Schem.Diöz.Linz 1940, S. 293 – LDiözBl. 1940, Nr. 16, S. 198.
218 LDiözBl. 1940, Nr. 16, S. 197 – LDiözBl. 1940, Nr. 21/22, S. 234.
219 LDiözBl. 1941, Nr. 3, S. 16.

In der Pfarre Höritz gab es noch die Maria-Lourdes-Kapelle in Tattern und die Dreifaltigkeitskapelle in Mugrau[220]. Höritz war weit bekannt als Passionsspielort.

40. *Oberplan:* Alte Pfarre zur hl. Margaretha. Pfarrer: Johann Höfferl[221], 1. 1. 1940 bis 21. 11. 1940. Von der Gestapo unter widerlicher Beschuldigung verhaftet[222], vom Landesgericht verurteilt und in das KZ Sachsenhausen (bei Berlin) überstellt, am 29. 8. 1940 in das KZ Dachau gebracht, wo er am 21. November 1940 unter unsäglichen Qualen verstarb. Adolf Fink[223], Vikar subst. 1. 1. 1940 bis 10. 12. 1940. P. Pius (Josef) Aschauer, Olivetaner, Pfarrprovisor 9. 12. 1940 bis 15. 5. 1941. P. Cajetan (Josef) Lang[224], O.Präm. Schlägl, Prior, Pfarrvikar 15. 5. 1941 bis 17. 5. 1945. P. Robert Schäfer, Oblate von Gojau, Pfarrprovisor 15. 7. 1945 bis 31. 1. 1946. Kooperator: P. Evermod (Friedrich) Groß, O.Präm. Schlägl, 15. 3. 1942 bis 15. 7. 1945, zugleich Kirchenrektor der Kirche zur schmerzhaften Muttergottes auf dem Guttwasserberg vom 15. 3. 1942 bis 1. 7. 1945. Außer der Kirche auf dem Guttwasserberg gab es in der Pfarre Oberplan noch die Kapelle in Stuben, in der 60 Personen Platz hatten und für die am 26. 2. 1944 vom Bischöflichen Ordinariat Linz die Meßlizenz erteilt wurde[225]. Weihbischof Dr. Fließer war am 19. Juli 1942 zur Firmung nach Oberplan gekommen[226].

41. *Ogfolderhaid:* Neue Pfarre zur Kreuzauffindung. Pfarrer: Franz Urban[227], bischöfl. Notar, 1. 1. 1940 bis (31. 1. 1946). Wohnhaft: Albert Schuster[228], Kons.-Rat, Pfarrer i. R.

42. *Salnau:* Alte Pfarre zum hl. Apostel Jakobus d. Ä. Pfarradministrator: Alois Kuschel, ab 1. 1. 1940, am 24. 4. 1940 als Pfarrer investiert, am

---

220 Catalogus Boh.Budv. 1939, S. 127.
221 Schem.Diöz.Linz 1940, S. 293 – LDiözBl. 1940, Nr. 21/22, S. 234 – Internat. Suchdienst Arolsen/BRD, Zl. 209 v. 27. 10. 1972.
222 Österr. Beobachter, 4. Jg., 2. Augustfolge 1939, S. 17.
223 Schem.Diöz.Linz 1940, S. 293 – LDiözBl. 1940, Nr. 21/22, S. 234.
224 LDiözBl. 1941, Nr. 11, S. 71 – LDiözBl. 1944, Beil.Pers., S. 65 – LDiözBl. 1945, Beilage Nr. 11, S. 7.
225 Catalogus Boh.Budv. 1939, S. 127 – Diöz.A., Zl. 675.
226 LDiözBl. 1942, Nr. 4, S. 25.
227 Schem.Diöz.Linz 1940, S. 293 – LDiözBl. 1944, Beil.Pers., S. 65.
228 Schem.Diöz.Linz 1940, S. 293 – LDiözBl. 1944, Beil.Pers., S. 65.

28. 7. 1940 Installation, war bis 31. 1. 1946 Pfarrer. Exkurrender Kooperator: Alois Hanusch[229], 1. 1. 1940 bis 7. 5. 1942.
In der Pfarre gab es noch die Kapelle des hl. Johannes d. T. in Perneck, für die am 17. 5. 1940 vom Bischöflichen Ordinariat Linz die Meßlizenz erneuert wurde[230].
Am 5. Mai 1945 kamen die Amerikaner, Salnau wurde beschossen, der Pfarrhof bekam einen Treffer im Hof, alle Fenster waren eingeschlagen. Am 6. Mai brannten einige Häuser in Salnau. Bald darauf kam tschechisches Militär, doch durfte es während der Anwesenheit der US-Truppen bis 1. August 1945 weder Gewalt noch Verwaltung ausüben[231].

43. *Neuofen:* Mit bischöflicher Urkunde vom 27. 7. 1942 mit Wirksamkeit 1. 8. 1942 wurde die Lokalkaplanei Neuofen errichtet[232]. Exponierter Lokalkaplan: Josef Klings, Lic.jur.can., 1. 8. 1942 bis 30. 6. 1945.

44. *Schwarzbach:* Neue Pfarre zur Unbefleckten Empfängnis. Pfarrer: Georg Neubauer[233], Tit. Kons.-Rat, bischöfl. Notar, 1. 1. 1940 bis zum Tode am 8. 5. 1942. Alois Hanusch 1. 11. 1941 bis 7. 5. 1942 Vikar subst., 8. 5. 1942 bis 1. 3. 1944 Pfarrvikar und 2. 3. 1944 bis 31. 1. 1946 Pfarrer. Die Pfarre Schwarzbach wurde in der Nacht vom 6. zum 7. Mai 1945 von den Amerikanern besetzt. Vorher gab es noch Schießereien, durch die die Kirche einen Treffer bekam. Nach den Amerikanern kam tschechische Besatzung, deren Verhalten zu den Priestern und zur Kirche sehr verschieden war. Die kirchlichen Gebäude wurden von tschechischen Priestern übernommen, Kelche usw. von tschechischen Priestern eingesammelt. Die Deutschen besuchten noch die Gottesdienste[234].

45. *Stein:* Alte Pfarre zum hl. Martin. Franz Kitzhofer[235], 1. 1. 1940 bis 24. 4. 1940 Pfarradministrator, 24. 4. 1940 bis (31. 1. 1946) Pfarrer. P. Franz Deutz, Oblate, Vikar subst. 18. 6. 1943 bis 15. 9. 1943. Die

229 Schem.Diöz.Linz 1940, S. 293 – LDiözBl. 1944, Beil.Pers., S. 66.
230 Catalogus Boh.Budv. 1939, S. 128 – Diöz.A., Zl. 4063.
231 Lt. Mitt. vom 12. 2. 1973.
232 Diöz.A., Zl. 4315.
233 Schem.Diöz.Linz 1940, S. 294. – LDiözBl. 1942, Nr. 7, S. 68.
234 Lt. Mitt. von KR. Alois Hanusch.
235 Schem.Diöz.Linz 1940, S. 294 – LDiözBl. 1940, Nr. 8, S. 139 – LDiözBl. 1944, Beil.Pers., S. 66.

Weihe des Dorfglöckleins wurde mit Erlaubnis des Bischöflichen Ordinariates Linz vom 28. 10. 1943 vollzogen[236].

46. Untermoldau: Alte Pfarre zum hl. Leonhard. Pfarrer: Engelbert Schwarzbauer 1. 1. 1940 bis 15. 4. 1940, resignierte auf die Pfarre, da sich der Gesundheitszustand während einer neunmonatigen Kerkerhaft äußerst verschlechtert hatte. Adrian (Josef) Raab, O.Präm. Schlägl, 1. 1. 1940 bis 30. 4. 1940 Pfarradministrator, 1. 5. 1940 bis (31. 1. 1946) Pfarrprovisor. Georg Metzner, Kaplan 1. 1. 1940 bis 15. 1. 1940. In der Pfarre bestand noch die Friedhofkapelle zum hl. Kreuz[237].
Am 6. Mai 1945 Kampf zwischen US-Truppen und deutschen Soldaten, fünf Häuser in Brand geschossen, auch der Pfarrhof, der vollkommen zerstört wurde. Die Moldaubrücke wurde gesprengt, acht Fenster der Pfarrkirche gingen zugrunde. Beim Brand des Pfarrhofes gingen sämtliche Matriken in Verlust, die Einrichtung wurde vernichtet[238].

Dekanat Gratzen

Dechant: P. Sigmund Bredl[239], S.O.Cist., Pfarrvikar in Brünnl, Kons.-Rat, 1. 1. 1942 bis (31. 1. 1946). *Dekanatskämmerer:* P. Hermann Leitgeb[240], S.O.Cist., Pfarrvikar in Strobnitz, 1. 3. 1942 bis (31. 1. 1946).

47. Brünnl: Alte Pfarre Maria Himmelfahrt, inkorporiert dem Stift Hohenfurth. P. Sigmund Bredl, Pfarrvikar 1. 1. 1942 bis 15. 9. 1942, beurlaubt. P. Placidus Windhager, exkurrender Pfarrvikar mit den Rechten eines Vik. subst. 15. 9. 1942 bis (31. 1. 1946). Am 15. Mai 1942 wurden die drei Glocken mit einem Gewicht von 495, 229 und 30 kg abgenommen[241].

48. Deutsch-Beneschau: Alte Pfarre zum hl. Jakobus d. Ä. Die Pfarre gehörte vom 1. 1. 1940 bis 31. 12. 1941 zum Dekanat Kaplitz. Rudolf Wastl, Stadtpfarrer 1. 1. 1940 bis 26. 4. 1940, wurde von der Gestapo verhaftet.

---

236 Diöz.A., Zl. 6054.
237 Catalogus Boh.Budv. 1939, S. 129.
238 Diöz.A., Zl. 2171.
239 Schem.Diöz.Linz 1942, S. 317 – LDiözBl. 1944, Beil.Pers., S. 62.
240 Schem.Diöz.Linz 1942, S. 318 – LDiözBl. 1944, Beil.Pers., S. 62.
241 Diöz.A., Zl. 1413/1947.

P. Norbert M. Adametz[242], Servit, Administrator 26. 4. 1940 bis 20. 5. 1940. P. Wilhelm Schuh[243], Mariannhiller, 20. 5. 1940 bis 31. 1. 1942 Pfarradministrator, 1. 2. 1942 bis 1. 10. 1945 Pfarrprovisor. P. Sturmius (Karl) Kraut[244], Mariannhiller, 1. 10. 1945 bis (31. 1. 1946) Pfarrprovisor. Kaplan: Ferdinand Thonabauer, 1. 1. 1940 bis 14. 6. 1940. Kooperatoren: P. Cölestin Felber[245], Mariannhiller Missionar, 1. Kooperator 15. 6. 1940 bis 1. 9. 1942. P. Ansbert (Karl) Bieberle, Mariannhiller, 2. Kooperator 1. 9. 1940 bis 26. 4. 1941. P. Sturmius (Karl) Kraut, Mariannhiller, 1. Kooperator 1. 9. 1942 bis 30. 9. 1945. Kirchenrektoren von Gollnetschlag: P. Cölestin Felber, 15. 6. 1940 bis 1. 9. 1942. P. Sturmius (Karl) Kraut, 1. 9. 1942 bis 30. 9. 1942. Wohnhaft: Rudolf Wastl, Pfarrer und Dechant i. R., 25. 9. 1941 bis (31. 1. 1946). Erhielt vom Bischöflichen Ordinariat Budweis den Auftrag, für die Tschechen Messen zu lesen und Religionsunterricht zu erteilen.
Das Bischöfliche Ordinariat Linz erteilte am 10. 7. 1942 für die Dorfkapelle zum hl. Leonhard in Waldetschlag, die 20 Personen faßte, auf drei Jahre die Meßlizenz. Die Kapelle mußte vor der ersten Messe benediziert werden[246]. In der Pfarre gab es noch die Kirche St. Laurenz mit Friedhof in Gollnetschlag, die Kirche zur Hl. Familie mit Friedhof in Martetschlag und die Kapelle zum Kinde Jesu mit Friedhof in Hermannschlag, für die beiden letzten wurde vom Bischöflichen Ordinariat Linz am 25. 3. 1942 die Meßlizenz erneuert[247].

49. Deutsch-Reichenau bei Gratzen: Alte Pfarre zum hl. Ägidius, dem Stift Hohenfurth inkorporiert. P. Ernst (Andreas) Kinzl[248], Pfarrvikar 1. 1. 1940 bis zum Tode am 18. 7. 1942. P. Gotthard (Gottfried) Ortner[249], Administrator 27. 6. 1942 bis 18. 7. 1942, Pfarrvikar 18. 7. 1942 bis (31. 1. 1946). Kooperator: P. Gotthard Ortner, 1. 1. 1940 bis 26. 6. 1942. Am 7. Juli 1940 feierte P. Anton Keplinger, S.J., sein erstes hl. Meßopfer

242 Diöz.A., Zl. 3687.
243 LDiözBl. 1940, Nr. 8, S. 139 – Diöz.A., Zl. 4152 – LDiözBl. 1942, Nr. 3, S. 22 – LDiözBl. 1944, Beil.Pers., S. 62 – Diöz.A., Zl. 4476.
244 LDiözBl. 1944, Beil.Pers., S. 62 – LDiözBl. 1945, Beilage Nr. 14, S. 4.
245 LDiözBl. 1940, Nr. 9, S. 148 – LDiözBl. 1942, Nr. 12, S. 109.
246 Diöz.A., Zl. 3962.
247 Catalogus Boh.Budv. 1939, S. 118 – Schem.Diöz.Linz 1942, S. 318 – Diöz.A., Zl. 1711.
248 Schem.Diöz.Linz 1940, S. 288 – LDiözBl. 1942, Nr. 10, S. 93.
249 Schem.Diöz.Linz 1940, S. 288 – LDiözBl. 1942, Nr. 10, S. 9 – LDiözBl. 1944, Beil.Pers., S. 62.

(Primiz) und war dann wegen Urlaubs des Pfarrvikars vier Wochen Vik. subst.[250]. Für die Dorfkapelle zur Heiligsten Dreifaltigkeit in Neudorf wurde mit Wirkung vom 8. 8. 1941 vom Bischöflichen Ordinariat Linz die Meßlizenz erneuert[251].

50. Gratzen: Alte Pfarre zu den Apostelfürsten Petrus und Paulus, dem Servitenkloster Gratzen inkorporiert. Pfarrvikar: P. Richard (Hugo) von Riccabona[252], 1. 1. 1942 bis 1. 11. 1945. Pfarrverweser: P. Raimund (Josef Cal.) Chalupa[253], 1. 11. 1945 bis 31. 1. 1946. Kooperatoren: P. Lambert (Jakob) Vetter[254], 1. 1. 1942 bis 1. 11. 1945. P. Raimund (Josef Cal.) Chalupa, 1. 1. 1942 bis 1. 11. 1945. P. Kasimir (Johann) Jindra[255], 1. 11. 1945 bis 31. 1. 1946. Kirchenrektor von Julienhain: P. Lambert Vetter vom 1. 10. 1943 bis 1. 11. 1945.
Weihbischof Dr. Fließer spendete am 20. September 1942 das hl. Sakrament der Firmung[256] und wieder am 17. 9. 1944 an 65 Knaben und 93 Mädchen die hl. Firmung; dabei visitierte er am 18. 9. 1944 die Schloßkapelle in Gratzen, die Filialkirche B.M.Virg. Ros. in Naglitz, die Kapelle in Tiergarten, die Kirche zum hl. Anton in Julienhain und die Kapelle zum hl. Kreuz in Böhmdorf[257]. Außer diesen genannten Kirchen gab es in der Pfarre Gratzen noch die Friedhofkapelle der hl. Maria, die Marienkapelle in Niederthal und die Kapelle zum hl. Johannes d. T. in Weißenbach[258]. Die Ortskapelle in Naglitz (mit Meßlizenz) wurde am 28. 4. 1942 zur Filialkirche erhoben und P. Raimund (Josef Cal.) Chalupa, Servit, zum Kirchenrektor bestellt (bis 30. 9. 1943)[259]. Am 25. 7. 1942 wurde Kasimir (Johann) Jindra, Servit in Gratzen, in der bischöflichen Hauskapelle in Linz von Weihbischof Dr. Josef Cal. Fließer zum Priester geweiht[260].

---

250 Diöz.A., Zl. 5292.
251 Diöz.A., Zl. 5592.
252 Schem.Diöz.Linz 1942, S. 318 – Diöz.A., Zl. 5581.
253 Schem.Diöz.Linz 1942, S. 318 – Diöz.A., Zl. 5581.
254 Schem.Diöz.Linz 1942, S. 318 – Diöz.A., Zl. 5581 – LDiözBl. 1943, Nr. 9, S. 73.
255 Diöz.A., Zl. 5581.
256 LDiözBl. 1942, Nr. 4, S. 25.
257 LDiözBl. 1944, Nr. 11, S. 71.
258 Catalogus Boh.Budv. 1939, S. 122.
259 Diöz.A., Zl. 2385.
260 LDiözBl. 1942, Nr. 15, S. 142.

51. *Heilbrunn:* Alte Pfarre zur hl. Anna. Ferdinand Thonabauer vom 1. 1. 1942 bis 30. 4. 1942 Pfarrvikar, ab 1. 5. 1942 Pfarrer, resignierte am 1. 1. 1944 freiwillig auf die Pfarre. P. Placidus Windhager, O.Cist. Hohenfurth, Pfarrprovisor 1. 1. 1944 bis (31. 1. 1946).

52. *Sonnberg:* Alte Pfarre hl. Johannes' Enthauptung. Franz Reichenauer[261], ab 1. 1. 1942 Pfarrvikar, ab 1. 5. 1942 Pfarrer, resignierte 1945 freiwillig auf die Pfarre. Mit 21. 6. 1943 wurde vom Bischöflichen Ordinariat Linz für die Wallfahrtskapelle „Maria zum Hasenbrunn" eine Meßlizenz erteilt[262]. Außerdem gab es in der Pfarre noch die Kapelle in Trautmanns, in der nur selten Messe gelesen wurde[263].
In das Gebiet der Pfarre kamen die ersten Russen am 10. Mai 1945, kurze Zeit war auch der Pfarrhof besetzt. Kurz darauf kamen die ersten tschechischen Truppen, und damit begann schon die Aussiedlung. Im Auftrag des Bischöflichen Ordinariates Budweis kam der tschechische Dechant Jan Unger, Pfarrer von Sevetin, um die deutschen Pfarren wieder in den Verband der Diözese Budweis zu übernehmen. Den Priestern gegenüber war man zurückhaltend, ansonsten wurde mit einem Federstrich alles enteignet, Kirchen, Siedlungen und Kulturen vernichtet[264].

53. *Strobnitz:* Alte Pfarre zum hl. Nikolaus, dem Stift Hohenfurth inkorporiert. Pfarrvikar: P. Hermann Leitgeb, 1. 1. 1942 bis (31. 1. 1946). Kooperator: P. Placidus Windhager, 1. 1. 1942 bis 15. 9. 1942. Für die Dauer des Krieges erteilte das Bischöfliche Ordinariat Linz für die Dorfkapellen in Langstrobnitz, Scheiben, Höllnitz und Kropfschlag am 13. 10. 1942 die Meßlizenzen[265].

★

Schon bald nach dem Kriegsende versuchte das Bischöfliche Konsistorium in Budweis durch Aussendung von tschechischen Geistlichen die deutschen Pfarreien in den Diözesanverband zurückzuführen. Doch die deutschen Geistlichen wandten sich bis Ende des Jahres 1945 in allen Angelegenheiten nach wie vor an das Bischöfliche Ordinariat Linz und

261 Schem.Diöz.Linz 1942, S. 319 – LDiözBl. 1942, Nr. 7, S. 68 – LDiözBl. 1944, Beil.Pers., S. 62 – Diöz.A., Schr. v. 4. 11. 1945 – LDiözBl. 1945, Beilage Nr. 14, S. 3.
262 Diöz.A., Zl. 3283.
263 Diöz.A., Zl. 376.
264 Lt. Mitt. vom 21. 2. 1973.
265 Diöz.A., Zl. 6236.

mit Bitten an Weihbischof Dr. Fließer, der die Lage der Seelsorger und der Bevölkerung sehr gut kannte. So schreibt er am Fest des hl. Leopold 1945 unter „Priester in Not":

„. . . Uns stehen unter allen besonders die Weltpriester des deutschen Anteiles der Diözese Budweis nahe, der noch immer unter der Administration des Linzer Ordinarius steht. Ich mußte deshalb den deutschen Weltpriestern des von mir verwalteten Generalvikariates Hohenfurth Hilfe zusagen. Ich habe es getan, indem ich ihnen mitteilte, daß ich sie – einstweilen ohne Zusage einer Inkardination – in den Dienst der Diözese übernehme, wenn sie dazu die Erlaubnis des Ordinarius von Budweis mitbringen und sich bereit erklären, den Posten anzunehmen, den ich ihnen zuweisen werde. . . . Immerhin müssen auch diese armen Mitbrüder, wenn sie in ihrer Heimat ausgewiesen oder praktisch unmöglich gemacht werden, irgendwo eine Unterkunft finden. Es handelt sich im Höchstfalle um etwa 25 deutsche Weltpriester aus dem Generalvikariat Hohenfurth, denen wir Unterkunft bieten müssen. . . . Ich bitte um größtmöglichstes Entgegenkommen für diese Mitbrüder in bitterer Not[266]."

Der Bischof half, wo es ihm nur möglich war. Bereits am 14. August 1945 hatte Dr. Fließer einen Bericht an das Staatssekretariat Sr. Heiligkeit über die Lage im politisch abgetrennten Generalvikariat und in der Diözese Budweis erstattet. Mit Datum vom 30. November 1945 hat das Staatssekretariat geantwortet, daß die erwähnten Pfarreien wieder unter die Verwaltung des eigenen Diözesanordinarius zurückkehren.

In Ausführung der Apostolischen Weisung legte Dr. Fließer, Kapitelvikar mit den Rechten eines residierenden Bischofs von Linz, mit 31. Jänner 1946 die Administration und jede Jurisdiktion über den bisher von Linz verwalteten Anteil der Diözese Budweis in die Hände des Ortsordinarius zurück und enthob den Hw. Herrn Generalvikar Dr. Dominik Kaindl in jeder Hinsicht seines Amtes. Der Ordinarius von Budweis wurde mit Schreiben vom 3. Jänner 1946 von der Niederlegung der Administration des Generalvikariates Hohenfurth verständigt[267].

Jede Diözese hat einen Patron. Für die Diözese Linz war es damals der hl. Maximilian. Das Generalvikariat Hohenfurth hatte jedoch den hl. Wenzel, den Patron Böhmens, als Schutzheiligen[268].

Die neuere Geschichte der Diözese Linz hat in der Beschreibung des Generalvikariates Hohenfurth, welches in einer sehr bewegten Zeit bestand, ein eigenes, kaum übersehbares Kapitel.

Ergänzend vergleiche man jetzt: *J. Hüttl*, das Generalvikariat Hohenfurth als Verwaltungsbereich der Diözese Linz (1940–1946), in: Jb. Kollegium Petrinum 73 (1976/77) 3–38.

266 LDiözBl. 1945, Nr. 3, S. 18–19.
267 LDiözBl. 1946, Nr. 1, S. 2.
268 Diöz.A., Zl. 4582.

Rudolf Zinnhobler

Die Haltung Bischof Gföllners gegenüber dem Nationalsozialismus

Johannes Maria Gföllner, geboren am 17. Dezember 1867 in Waizenkirchen, wurde 1915 zum Bischof von Linz ernannt[1]. Innerhalb des österreichischen Episkopats gehörte er zu den entschiedensten Gegnern des Nationalsozialismus[2]. Er hatte die der Kirche drohenden Gefahren schon vor dem Anschluß klar erkannt und sie in seinem weltberühmt gewordenen „Hirtenbrief über wahren und falschen Nationalismus" vom 21. Jänner 1933 angeprangert[3]. Dieses Bischofswort darf sogar in mancher Hinsicht als Schrittmacher für die 1937 erlassene päpstliche Enzyklika „Mit brennender Sorge" angesehen werden. Der Hirtenbrief erlebte innerhalb weniger Monate acht Auflagen (insgesamt 35.000 Stück)[4] und fand auch im Ausland (bis England und Amerika) große Beachtung[5]. Der Kernsatz lautet:
„Der Nationalsozialismus krankt innerlich an materialistischem Rassenwahn – an unchristlichem Nationalismus – an nationalistischer Auffassung der Religion – an bloßem Schein-Christentum; sein religiöses Programm weisen wir darum zurück." Gföllner zog daraus die Schlußfolgerung, daß es unmöglich sei, „gleichzeitig guter Katholik und wirklicher Nationalsozialist zu sein".
Der Hirtenbrief fand nicht nur Zustimmung, sondern stieß auch auf heftige Ablehnung. Das veranlaßte Gföllner, seine Feststellungen im „Diözesanblatt" vom 22. 3. 1933 erneut zu bekräftigen[6]. Er sagte u. a.: „Es bleibt denn auch der Hirtenbrief trotz aller Kritik und Anfeindung

1 Zu ihm vgl. *R. Kutschera*, Johannes Maria Gföllner, Bischof dreier Zeitenwenden, Linz 1972. Das Buch ist hauptsächlich anhand der Linzer Diözesanblätter gearbeitet. Das Bild des Bischofs ist daher etwas blaß geraten und bedürfte dringend einiger Ergänzungen.

2 *E. Weinzierl*, Vom Liberalismus zu Adolf Hitler. Kirche und Staat in Österreich 1867–1945, in: Wegbereitung der Gegenwart (Linzer Phil.-theol. Reihe Bd. 11), hg. v. *G. Rombold* und *R. Zinnhobler*, Linz 1977, S. 44–67, vgl. S. 63.

3 Erschienen im Kath. Preßverein, Linz 1933.

4 LDB 79 (1933) 42.

5 *Kutschera*, a.a.O., 99.

6 LDB 79 (1933) 39–41.

vollinhaltlich aufrecht; nicht ein einziger Satz und Gedanke wird zurückgenommen oder abgeschwächt, nicht ein Strichlein und nicht ein Pünktlein wird geändert". Seine Stellungnahme war am 26. März von allen Kanzeln der Diözese zu verlesen.

Die Wut der Illegalen auf diese wiederholten Angriffe des Bischofs war groß. Einmal warf man dem Bischof Papierböller unter die Fenster seines Arbeitszimmers, auf seinen Firmreisen wurde er öfter durch Streu- und Schmieraktionen geärgert[6a].

Am massivsten äußerte sich der Zorn der NSDAP in einer in Linz erfolgten Aktion.

An das Preßvereinsgebäude, in dem der Hirtenbrief erschienen war, heftete man ein Plakat, das Christus als einen am Hakenkreuz hängenden Verbrecher zeigte. Darunter befand sich die blasphemische Aufschrift:

Einmal ist er aus jüdischen Horden
von arischen Römern gekreuzigt worden.
Jetzo, der Heiland Hitler gebeuts,
hängen wir Christus ans Hakenkreuz.
Heil Hitler! Juda-Christus verrecke!

Gegen dieses Ereignis protestierte Gföllner energisch in seinem „Diözesanblatt" und rief alle Gläubigen zur Sühne auf[8].

Nach der Machtergreifung im Altreich gab Hitler am 23. März 1933 seine Regierungserklärung ab und flocht Sätze ein, in denen er u. a. die beiden christlichen Konfessionen als „wichtigste Faktoren" der Erhaltung deutschen Volkstums hinstellte[9a]. Daraufhin glaubten die deutschen Bischöfe, ihre Einstellung gegenüber dem Nationalsozialismus revidieren zu sollen; am 28. März nahmen sie ihre bisherigen „Verbote und Warnungen" teilweise zurück[9b]. Diese Stellungnahme war Gföllner offenbar noch nicht bekannt, als er in einem Brief vom 29. März d. J. an den Münchner Kardinal Michael Faulhaber seine schwerwiegenden Beden-

---

6a *J. Fried,* Nationalsozialismus und katholische Kirche in Österreich, Wien 1947, S. 38.

7 Vgl. hierzu: Linzer Volksblatt 65 (1933, Nr. 89 vom 15. April), S. 1.

8 LDB 79 (1933) 58–61.

9a Vgl. z. B. *K. Scholder,* in: Ökumenische Kirchengeschichte Bd. 3, hg. v. *R. Kottje* und *B. Moeller,* Mainz-München 1974, S. 271.

9b Vgl. z. B. *W. Adolph,* Die katholische Kirche im Deutschland Adolf Hitlers, Berlin [1974], S. 22f.

ken gegenüber dem Einlenken des deutschen Episkopats, von dem er gerüchteweise gehört hatte, geltend machte. Im Hinblick auf seinen eigenen Hirtenbrief sah er sich geradezu im Stich gelassen und wollte der Sache keinen rechten Glauben schenken. Sein Schreiben[9c] hat folgenden Wortlaut:

Ew. Eminenz!

Hochwürdigster Herr Kardinal!

Angesichts der Kanzlerrede Hitlers taucht immer wieder in unseren katholischen Kreisen und teilweise auch in der katholischen Presse das Gerücht auf, der deutsche Episkopat werde demnächst in einer Erklärung seine bisherige Verurteilung des Nationalsozialismus, wenn nicht ganz zurücknehmen, so doch in versöhnlicher Weise abschwächen und angeblich im Sinne Roms eine Art Rückzug antreten.

So unhaltbar das Gerücht ist, so droht es doch, teilweise Verwirrung zu schaffen und die Autorität der Kirche zu schwächen. Selbstverständlich richtet sich das Gerücht auch gegen meinen bewußten Hirtenbrief. In österreichischen Regierungskreisen ist sogar verbreitet, in Rom halte man die Gefahr des Nationalsozialismus für überschätzt seitens der Bischöfe. Ich wäre darum Ew. Eminenz sowohl für meine Person als auch im Interesse einer einheitlichen Linie innerhalb des deutschen und österreichischen Episkopates sehr dankbar, wenn ich in streng vertraulicher Weise die diesbezügliche Anschauung und Intention Ew. Eminenz und des deutschen Episkopates erfahren könnte, um ein taktisch richtiges und kluges Verhalten einnehmen zu können.

In ganz besonderer Verehrung geharre ich

Ew. Eminenz
sehr ergebener
+ Johannes Maria Gföllner,
Bischof von Linz.

Faulhaber antwortete dem Linzer Bischof am 3. April 1933[9d] eigentlich recht differenziert. Der Brief offenbart, daß der Kardinal den Versprechungen Hitlers keineswegs blind vertraute, aber doch die Auffassung vertrat, man solle es auf einen Versuch mit dem neuen Regime ankommen lassen. Hier der Text des Schreibens:

Euere Exzellenz!

Das gütige Schreiben erreichte mich gerade vor der Abreise. Eine teilweise Antwort auf die Frage ist inzwischen durch die öffentliche Kundgebung der deutschen Bischöfe erfolgt, die aber nicht nur eine Kundgebung der Fuldaer Konferenz, sondern auch der Freisinger Konferenz sein sollte. Sie mußte freilich, da einige kirchliche Stellen überaus drängten, in wenigen Tagen mit Eilbriefen und Telegrammen zusammengestellt werden. Die deutschen Bischöfe nennen natürlich heute noch den Irrtum Irrtum. In der Beurteilung der politischen Ziele des Nationalsozialismus aber sind sie nachsichtiger geworden, besonders aus zwei

---

9c *B. Stasiewski* (Hg.), Akten deutscher Bischöfe über die Lage der Kirche 1933–1945, Bd. I: 1933–1934 (Veröffentlichungen der Kommission für Zeitgeschichte Reihe A: Quellen Bd. 5), Mainz 1968, S. 39.

9d Ebd., 48 f.

Gründen. Erstens hat Reichskanzler Hitler in seiner Programmrede am 23. März Erklärungen abgegeben, die in kirchlich politischer Hinsicht zum erstenmal den Schleier lüfteten und besonders die Anerkennung der Konkordate und Nuntiaturen zusagten. Außerdem liegen ebenfalls von höchsten politischen Stellen Erklärungen vor, die auch für weitere wesentliche Fragen des öffentlichen Lebens Bürgschaften geben. Leider darf ich diese Erklärungen nicht aus der Hand geben. Wie weit all diese Bürgschaften von den Unterbehörden durchbrochen werden, wie weit die obersten Behörden selber sich folgerichtig daran halten werden, darüber kann man privat in Sorge sein. Der Episkopat im ganzen durfte jenes unerwartete Friedensangebot nicht zurückstoßen. Auch über den zweiten Grund zur Kundgebung der Bischöfe kann ich mich leider nicht äußern; ich bitte aber, folgendes zu bedenken: Der H[ei]l[ige] Vater hat in seiner Rede im Konsistorium am 13. März 1933 unter den wenigen Punkten seiner Weltbetrachtung den Satz gesprochen: „Bis in die jüngsten Zeiten sei die Stimme des römischen Papstes die einzige gewesen, um die schweren Gefahren aufzuzeigen", die der christlichen Kultur durch den Bolschewismus drohen, und der H[ei]l[ige] Vater hat damit öffentlich dem Reichskanzler Hitler das Lob gespendet, er sei der einzige Staatsmann, der den Aufruf des H[ei]l[igen] Vaters aufgegriffen hätte. Wir erleben also jetzt die Tragik, daß die Bischöfe im Aufblick zu höheren Lebensfragen des Reiches Gottes den Verdacht einer Umschwenkung auf sich nehmen und dem kritischen Klerus gegenüber von den tieferen Anlässen der Kundgebung schweigen müssen . . .

Am 6. April 1933 wendete sich der Regensburger Bischof Michael Buchberger an Kardinal Faulhaber[9e]. Er nimmt zunächst Bezug auf geplante Pastoralanweisungen für den Klerus, in denen der deutsche Episkopat Richtlinien über das Verhalten gegenüber den Parteigenossen aufstellen wollte. Buchberger bittet, mit diesen Anweisungen noch bis zur nächsten Bischofskonferenz zuzuwarten. Er fährt dann fort:

Ich fürchte, es kommt sonst in der Praxis zu größten Schwierigkeiten und Verschiedenheiten. Es ist peinlich, daß der Herr Bischof von Linz in Nr. 3 des Linzer Diözesanamtsblattes betr. Behandlung der Nationalsozialisten ganz andere Anweisungen gibt als die deutschen Bischöfe. Wenn auch noch die norddeutschen und bayerischen Bischöfe ein verschiedenes Verhalten vorschreiben, dann kommt eine Verwirrung, die dem Ansehen des Episkopates einen schweren Stoß versetzt. Es werden jetzt schon so bittere Vorwürfe laut, daß mir wirklich ganz schwer ums Herz ist und daß ich daher immer wieder die Bitte zu erneuern mir gestatte, lieber noch zuzuwarten, als Weisungen herauszugeben, die nicht haltbar sind, und lieber über weniger wichtige Dinge gar nichts zu sagen, um die ganze Kraft der Autorität für das Wesentliche und Lebensnotwendige einsetzen zu können.

Faulhaber antwortete am 10. April[9f] und führte u. a. aus:

Da die pastoralen Anweisungen in Bamberg und Speyer bereits ergangen sind und einige Bischöfe, besonders Augsburg und Würzburg, auf Veröffentlichung der Anweisungen dringen, glaube ich nicht mehr länger warten zu dürfen und werde noch diese Woche mein Amtsblatt mit der Beilage hinausgehen lassen.

9e *L. Volk* (Hg.), Akten Kardinal Michael von Faulhabers 1917–1945, Bd. I: 1917–1934 (Veröffentlichungen der Kommission für Zeitgeschichte Reihe A: Quellen Bd. 17), Mainz 1975, S. 702f.

9f Ebd., S. 708.

Im wesentlichen besteht kein Widerspruch zwischen den bereits veröffentlichten Anweisungen, wenigstens nicht zu den in Deuschland veröffentlichten. Linz wird eine Ausnahme bleiben, auch in Österreich selber, wo der Nationalsozialismus nicht Regierung ist.

Unter gleichem Datum schrieb Faulhaber an Kardinalstaatssekretär Pacelli[9g]. Er führte Klage über den Linzer Bischof und meinte:

Ein großer Schaden für die kirchliche Autorität ist die Tatsache, daß die deutschen Bischöfe dem Nationalsozialismus ihr Vertrauen ausgesprochen haben, während der Herr Bischof von Linz gleichzeitig alle Verbote gegen die Nationalsozialisten neu verkündet. Gewiß ist in Österreich die Situation anders, da dort die Nationalsozialisten nicht die Regierung in der Hand haben, sondern nur Partei sind. Trotzdem versteht das Volk nicht die verschiedene Stellungnahme der Bischöfe gegenüber dem Nationalsozialismus.

Abgesehen davon, ob der Unmut gegen Gföllner objektiv gerechtfertigt war, wird in diesen Stellungnahmen eines übersehen: Das Linzer Diözesanblatt 1933 Nr. 3, in dem Gföllner auf seinen früheren Hirtenbrief Bezug nimmt und diesen bekräftigt – wir haben oben daraus zitiert –, trägt das Datum vom 26. März (!) 1933, ist also noch vor dem Briefverkehr Gföllners mit Faulhaber und auch vor der deutschen Bischofserklärung verfaßt[9h]. Gföllner ist also nicht, wie dies Buchberger und Faulhaber anzunehmen scheinen, dem deutschen Episkopat in den Rücken gefallen. Er hatte aus seiner Gesinnung keine Mördergrube gemacht, allerdings zu einem Zeitpunkt, wo er die Kurskorrektur seiner deutschen Amtskollegen noch nicht absehen konnte.
Der bald folgende Kirchenkampf in Deutschland rechtfertigte Gföllners Einstellung gegenüber dem Nationalsozialismus. Als 1936 das gut gemeinte, aber naive Buch von Bischof Alois Hudal, damals Rektor der „Anima" in Rom, über die „Grundlagen des Nationalsozialismus"[9i] erschien, das die Vereinbarkeit von Christentum und Nationalsozialismus vertrat, reagierte Gföllner mit einer scharf ablehnenden Kanzelverkündigung[10], in der es u. a. heißt:

9g *L. Volk,* Der bayerische Episkopat und der Nationalsozialismus 1930–1934 (Veröffentlichungen der Kommission für Zeitgeschichte Reihe B: Forschungen Bd. 1), Mainz ²1966, S. 72.

9h Das beachtet auch *L. Volk* (wie Anm. 9g, S. 72) nicht; seine Darstellung ist daher entsprechend zu berichtigen. Übrigens macht Volk auch eine falsche Seitenangabe des betreffenden Linzer Diözesanblattes Nr. 3, 1933. Auch *G. Binder,* Irrtum und Widerstand. Die deutschen Katholiken in der Auseinandersetzung mit dem Nationalsozialismus, München 1968, S. 129, stellt den Sachverhalt irrig dar.

9i Wien, 1936; vgl. hierzu *A. C. Hudal,* Römische Tagebücher. Lebensbeichte eines alten Mannes, Graz 1976, S. 107–151.

10 LDB 82 (1936) 163.

Im Interesse der religiösen Klarheit sehe ich mich zu nachfolgender Verlautbarung an alle treuen Katholiken meiner Diözese veranlaßt. In letzter Zeit sind an der Öffentlichkeit wiederholt Anschauungen und Stimmen laut geworden, durch die der Anschein erweckt werden konnte, als ob nunmehr in Österreich kirchlicherseits eine neue Stellungnahme zum Nationalsozialismus erfolgt sei oder erfolgen müsse. Diese irrige Auffassung wird entschieden zurückgewiesen. Was die österreichischen Bischöfe vor drei Jahren in ihrem gemeinsamen Hirtenbrief vom 21. Dezember 1933 über die kirchlich-religiöse Seite des Nationalsozialismus erklärt haben, bleibt vollinhaltlich aufrecht, und es besteht kein Anlaß, von dieser damaligen lehramtlichen Kundgebung etwas wegzunehmen, abzuändern oder hinzuzufügen. Deshalb bitte ich alle treuen Katholiken, diese damalige oberhirtliche Mahnung auch jetzt noch gelehrig aufzunehmen und gewissenhaft zu befolgen . . .

Mit der schon erwähnten Papstenzyklika von 1937 identifizierte sich Gföllner vollständig. Er ordnete die Verlesung von den Kanzeln an und erließ hierzu ein Hirtenwort[11], in dem er folgendes ausführte:

Das Schicksal unserer Kirche in Deutschland kann uns ja durchaus nicht gleichgiltig sein. Bildet doch die Kirche zusammen den einen großen mystischen Leib Christi; wenn daher ,,ein Glied leidet, leiden alle Glieder mit", sagt der hl. Paulus (1. Kor 12,26); sodann steht uns die Kirche in Deutschland nicht nur räumlich und geschichtlich näher, sondern angesichts unseres deutschen Volkscharakters fühlen auch wir uns ganz besonders mitbetroffen; endlich sind die Gefahren, denen die Kirche in Deutschland ausgesetzt ist, auch unsere eigenen Gefahren, denen wir ganz gewiß ebenfalls ausgesetzt wären, wenn die vom Papste verurteilte Gedankenwelt des deutschen Nationalsozialismus auch bei uns noch weitere Verbreitung fände oder gar infolge politischer Verhältnisse zur Herrschaft gelänge. Das alles ist Grund genug, die warnende Stimme des obersten Hirten auch an unser Ohr dringen zu lassen und seine Mahnungen in kirchlichem Gehorsam zu befolgen.

Daß der Bischof nicht zu düster gesehen hatte, bewiesen die Folgen des Anschlusses für die christlichen Kirchen in Österreich.

Nach dem Einmarsch Hitlers besichtigte dieser auch die Linzer Kathedrale, für die er eine besondere Wertschätzung hatte. Er hegte sogar einmal den Gedanken, sich hier sein Mausoleum errichten zu lassen[12]. Gföllner vermied bei Gelegenheit des Dombesuches durch den Führer eine Begegnung; er ließ sich durch Prälat Karl Schöfecker vertreten[13]. Den bekannten Aufruf der österreichischen Bischöfe, daß die Katholiken Österreichs bei der für den 10. April vorgesehenen Volksabstimmung sich mit ihrem ,,Ja" zum Anschluß bekennen sollten, hat jedoch auch

---

11 LDB 83 (1937) 49f.

12 *A. Speer*, Spandauer Tagebücher, Frankfurt a. M.-Berlin-Wien, 258 f.; vgl. auch Hitlers Skizze zu einem neuen Domturm (höher als der Stephansturm, wie uns *Speer*, a.a.O., mitteilt), bei: *H. Picker*, Hitlers Tischgespräche im Führerhauptquartier, Stuttgart ³1976, Bild nach S. 32. In seinem Testament vom 2. Mai 1938 verfügt Hitler jedoch seine Beisetzung ,,im rechten Tempel der Ewigen Wache" in München. Vgl. *G. Sudholt* (Hg.), Adolf Hitlers drei Testamente, Leoni a. Starnberger See o. J., S. 27.

13 *Kutschera*, a.a.O., 104.

Gföllner unterzeichnet. Der Text ist bekannt, weshalb es an dieser Stelle genügt, den Schlußsatz zu zitieren: „Am Tage der Volksabstimmung ist es für uns Bischöfe selbstverständliche nationale Pflicht, uns als Deutsche zum Deutschen Reich zu bekennen, und wir erwarten auch von allen Gläubigen, daß sie wissen, was sie ihrem Volke schuldig sind."[14] Die Geschichte dieser Bischofserklärung ist sehr komplex und kann hier nicht abgehandelt werden. Jedenfalls kann man heute auf Grund neuer Erkenntnisse[15] sagen, daß sie keine wirkliche spontane Äußerung der Bischöfe darstellt, sondern weitgehend vom Wiener Gauleiter Josef Bürckel inspiriert war. Eine wesentlich vorsichtigere Formulierung des Salzburger Erzbischofs S. Waitz, die vermutlich auch von Bischof Gföllner unterstützt wurde, ging nicht durch. Der Linzer Bischof berichtete später unter Tränen davon, daß er sich nicht durchsetzen habe können[16]. Die entscheidende Konferenz fand am 18. März 1938 in Wien statt[17]. Die einberufenen Bischöfe hatten, mit Ausnahme von Waitz und Gföllner, keine Ahnung, weshalb sie Kardinal Innitzer zu sich geladen hatte. Wenn sich Gföllner in dieser Situation mit den Worten „Da muß man nachgeben"[18] äußerte, so bezieht sich das m. E. nur auf die Sache (Ja zum Anschluß), nicht auf die Textierung der beabsichtigten Erklärung. Als man sich mehrheitlich für den Entwurf Bürckels entschieden hatte, unterschrieb auch Gföllner. Erzbischof Waitz wunderte sich darüber, was beweist, daß er den Linzer Bischof immer noch als profilierten NS-Gegner einschätzte. Waitz notierte in seinem Tagebuch: „Dann wurde ohne viel Besprechung unterschrieben. Merkwürdigerweise hat keiner der Bischöfe protestiert, auch nicht der Bischof von Linz"[19]. Wie unwohl dem Linzer Bischof dabei war, läßt der Umstand erkennen, daß er sich nach dem Mittagessen beim Kardinal mit der Bemerkung, „er halte es nicht aus", sofort empfahl und an den nachmittägigen Beratungen nicht mehr teilnahm[19]. Gföllner hat auch davon Abstand genommen, den

---

14 Zit. n. *G. Botz,* Wien vom „Anschluß" zum Krieg, Wien-München 1978, S. 123.

15 *H. Jablonka,* Waitz – Bischof unter Kaiser und Hitler, Wien 1971. Die in dem Buch veröffentlichten Tagebuchaufzeichnungen des Salzburger Erzbischofs S. Waitz und der ebenfalls hier publizierte Bericht des Dr. J. Himmelreich, des Vermittlers zwischen den Bischöfen und Gauleiter Bürckel von Wien, werfen neues Licht auf die ganze Angelegenheit.

16 Mitt. von OStR Prof. Dr. H. Ehrengruber (Linz).

17 *Jablonka,* a.a.O., 82.

18 Ebd., 82 f.

19 Ebd., 121.

Aufruf des Episkopates in seinem Diözesanblatt zu publizieren[20]. Die Verkündigung von der Kanzel hat jedoch auch er angeordnet. R. Kutschera, der das Gegenteil behauptet[21], ist in diesem Punkt zu korrigieren[22]. Im Pfarrarchiv Enns-St. Laurenz existiert noch die an die Pfarreien ergangene Verlautbarung, die am 27. März zu verlesen war, desgleichen eine von Gföllner unterzeichnete und für die Verkündigung am 3. April bestimmte Mitteilung, in der der Episkopat seinen Aufruf etwas einschränkte. Dieser Text lautet:

Am letzten Sonntag, 27. März, wurde eine Verlautbarung der österreichischen Bischöfe von den Kanzeln der Diözese verlesen. Damit die Verlautbarung nicht mißverstanden und mißdeutet werde, fügen die österreichischen Bischöfe nachträglich die Erklärung bei: *„Unter voller Wahrung der Rechte Gottes und der Kirche"*. Dies wird hiemit allen Gläubigen zur Kenntnis gebracht.
Linz, am 31. März 1938 + Johannes Maria, e. h., Bischof.

In Weisungen vom 1. April 1938 hat Gföllner den Klerus ermahnt, „im Sinne der Verlautbarung der Bischöfe" am 10. April zur Wahl zu gehen und auch die Klosterfrauen hierzu zu ermuntern[23].

Als F. Klostermann, später Sekretär bei Gföllner, diesem gegenüber einmal seine Enttäuschung über die Erklärung des österreichischen Episkopates äußerte, entgegnete der Bischof: „Wenn Sie wüßten, was damals vor sich ging, würden Sie vielleicht auch milder urteilen."[24]

Seit dem Anschluß agierte Gföllner bewußt vorsichtig[25]. Er erzählte in seiner Diözese nichts über die Verhandlungen in Wien und kennzeichnete seinen Standpunkt gegenüber Kanonikus F. Simmerstätter (Salzburg) mit den Worten: „Schweigen, dulden, beten, hoffen."[26] Zu Prof. M. Hollnsteiner sagte er damals: „Jetzt heißt es warten."[24] Und in Richtlinien an den Klerus mahnte er zur Zurückhaltung und meinte: „Passive Tugenden sind in der Regel schwerer zu üben als aktive."[27]

---

20 *E. Weinzierl*, Der Episkopat, in: Kirche in Österreich 1918–1965, hg. v. *F. Klostermann* u. a., Bd. 1, Wien-München 1966, S. 21–77, vgl. S. 53.

21 *Kutschera*, a.a.O., 100, 106.

22 Auch von mehreren damals in der Seelsorge stehenden Linzer Diözesangeistlichen wurde mir das Faktum Kanzelverkündigung bestätigt, wie z. B. von F. Klostermann (damals Bad Ischl). Entsprechend zu berichtigen ist daher auch *F. Zauner*, Die Kirche Oberösterreichs in der Zeit des Nationalsozialismus. Erinnerungen, in: Jahrbuch der Diözese Linz 1979, S. 59.

23 LDB 84 (1938) 28.

24 Pers. Mitteilung.

25 *Kutschera*, a.a.O., 104.

26 *Jablonka*, a.a.O., 127.

27 LDB 84 (1938) 27.

Am ehesten wird man Gföllner m. E. gerecht, wenn man seine Einstellung nach dem Anschluß als Resignation charakterisiert. Den alten Bischof hatte ein lähmender Schock erfaßt.
H. Slapnicka hat beobachtet, daß das Diözesanblatt von 1938 bis zum Tode Gföllners fast einer verkürzten Ausgabe der Amtlichen Linzer Zeitung glich. Erst Fließer hat wieder in stärkerem Maße den pastoralen und zeitbedingten Anliegen Rechnung getragen[28].
Landesrat a. D. Ernst Hirsch brachte eine Begegnung zwischen Bischof und Gauleiter zustande, über die sich beide Gesprächspartner positiv äußerten. Gföllner sagte, „man habe sich recht gut gesprochen"[29] und Gauleiter August Eigruber[30] bemerkte in einer Rede in St. Marien, über die die „Volksstimme" vom 17. Oktober 1938 auf S. 7 berichtete, folgendes: „Ich hatte mit dem Linzer Bischof vor einigen Tagen eine Aussprache, die vollkommen befriedigend verlaufen ist."
Trotz seiner offensichtlichen Zurückhaltung war Gföllner nicht bereit, einfach zuzusehen, wenn er die Belange der Kirche gefährdet sah. Als die NS-Frauenschaft Steyr versuchte, auf die Kindererziehung im antireligiösen Sinne Einfluß zu nehmen, setzte sich der Bischof in einer an den Landesschulrat gerichteten Eingabe vom 7. März 1939 energisch zur Wehr. Wir können das aus der erhaltenen Stellungnahme des Gauleiters August Eigruber vom 15. März 1939 erschließen[31], in der er dem Bischof schreibt:

Vorerst möchte ich feststellen, daß die NS-Frauenschaft nicht dem Landesschulrat untersteht, daher dieser gar keinen Einfluß auf sie ausüben kann und daher auch keine amtliche Untersuchung einzuleiten imstande ist. Weiters wollen Sie daher zur Kenntnis nehmen, daß Beschwerden über Parteidienststellen ausschließlich an mich zu richten sind.
Ich kann auf Ihr Schreiben deshalb nicht eingehen, weil Sie im letzten Absatz einen Ton anschlagen, als seien Sie der Vorgesetzte des Landesschulrates von Oberdonau. Wollen Sie ein für allemal zur Kenntnis nehmen, daß Sie in Schreiben an Behörden des Landes weder etwas verlangen noch gar fordern können.
Da es sich im vorstehenden Fall um eine Parteigliederung handelt, können Sie von mir nicht erwarten, daß ich auf Ihr Schreiben und auf Ihre Forderungen eingehen werde. Ich würde an Ihrer Stelle der Zeit Rechnung tragen und eine andere Schreibart gegenüber staatlichen Einrichtungen anwenden.
Ich bin bemüht, mit Ihnen, als dem Bischof von Linz, alle Fragen kirchlicher Natur im Einvernehmen zu regeln und Ihren berechtigten Wünschen auf religiösem und kirchlichem Gebiet nachzukommen. Sie wissen ganz genau, daß im Gau Oberdonau seitens der Partei

28 *H. Slapnicka,* Oberösterreich – als es „Oberdonau" hieß (1938–1945), Linz 1978, S. 223.
29 *Kutschera,* a.a.O., 113.
30 Geb. 16. 4. 1907, hingerichtet 28. 5. 1946 in Landsberg a. Lech. Vgl. *H. Slapnicka,* Oberösterreich – Die politische Führungsschicht (1918–1938), Linz 1976, S. 72f.
31 Druck bei *Kutschera,* a.a.O., 112f.

keine antireligiöse Propaganda getrieben wird, daß weder eine Kirchenaustrittsbewegung noch sonst eine Behinderung des religiösen Lebens vorkommt. Ich habe im Gegenteil zu manchen Entgleisungen katholischer Priester bei Predigten und anderen Anlässen geschwiegen.
Ich kann jedoch nicht zulassen, daß Sie in befehlendem Ton dem Staat Vorschriften geben. Ich werde auch in Zukunft jedes Schreiben, das höflich an Partei oder Staat gerichtet ist, beantworten und Vorfälle untersuchen oder einstellen.
Heil Hitler! Eigruber, e.h., Gauleiter und Landeshauptmann.

Als das Priesterseminar 1939 nach Wilhering verlegt werden sollte, sah sich Eigruber einer „ganz ablehnende(n) Haltung des Bischofs" gegenüber[32]. Auch dem beantragten Verkauf des Petrinums für die Zwecke einer zu errichtenden technischen Hochschule stimmte Gföllner nicht zu. In einer Sitzung des Domkapitels und der drei Beiräte des Knabenseminars vom 24. März 1939 äußerte er sich dahin, daß er den freiwilligen Verkauf „mit der Ehre und dem Ansehen des Bischofs vor der ganzen Diözese" nicht vereinbar halte und es lieber auf eine Enteignung ankommen lasse[33].
Der geänderten politischen Situation trug Gföllner insofern Rechnung, als er die liturgische Bewegung, die er früher sehr skeptisch angesehen hatte, in einer Kundgebung von 1940 viel positiver wertete[34] und z. B. im persönlichen Gespräch dem Klerus erlaubte, im Bedarfsfall auch in Zivil zu gehen[35]. Bei der an sich eher starren Einstellung des Bischofs wiegen solche Fakten umso schwerer.
Im Oktober 1940 wollte Gföllner sein Silbernes Bischofsjubiläum festlich begehen. Im letzten Augenblick wurden ihm jedoch von den Behörden die Musiker verweigert, so daß von der Aufführung einer großen Messe Abstand genommen werden mußte[35a].
Als problematisch wird die Haltung Gföllners gegenüber dem Deutschen Wehrgesetz angesehen, das die Möglichkeit geboten hätte, zahlreiche Geistliche der Seelsorge zu erhalten. Bis 1939 hatte noch das Gesetz von 1935 bzw. 1936 gegolten. Danach waren Theologiestudenten sowie Kleriker ab dem Subdiakonat vom Wehrdienst befreit[36]. Aller-

32 Brief Eigrubers vom 5. Juni 1939 an das Amt des Reichsstatthalters in Wien. Druck bei *J. Honeder,* Die Schicksale des Kollegium Petrinum während der Zeit des Nationalsozialismus (1938–1945), Jb. Kollegium Petrinum 71 (1974/75) 3–90, vgl. S. 81.

33 Ebd., 83f.

34 LDB 86 (1940) 223–225.

35 Mitt. von Pfarrer Johann N. Hauser (Nußdorf a. A.).

35[a] *J. Fried,* a.a.O., 38.

36 LDB 84 (1938) 146 n. 152.

dings war das Oberkommando der Wehrmacht nicht bereit, das Gesetz auch auf die *Theologiestudenten in Österreich* anzuwenden, so wurden z. B. schon am 20. Juli 1939 fünfzig Linzer Theologen zur Fliegerausbildung einberufen[37]. Eine Verschärfung erfolgte durch eine Geheimverfügung vom 14. Oktober 1939, die nicht nur die Studierenden der Theologie, sondern auch alle Priester mit unselbständigen Agenden (z. B. Kooperatoren, Religionslehrer, Präfekten etc.) für den Militär- und Sanitätsdienst freigab[38]. Der Ausweg, der sich anbot, war die Beförderung möglichst vieler Geistlicher auf selbständige Posten in der außerordentlichen (Ordinariatsräte, Seminarvorstehung, Theologieprofessoren) oder ordentlichen Seelsorge (Pfarrer, Pfarrvikare, Lokalkapläne, Expositi, Kirchenrektoren), wobei in vielen Fällen die entsprechende Seelsorgestelle vorerst in ihrem Rang erhöht werden mußte. Gföllner hat von dieser Möglichkeit nur sehr zögernd Gebrauch gemacht. So bestellte er zwischen 17. und 22. April 1940 in Linz Kirchenrektoren für die Friedenskirche, die Ursulinenkirche, die Karmelitinnenkirche, die Minoritenkirche und die Severinskirche[39]. Auch die Klosterkirche Engelszell wurde unter Gföllner ein Kirchenrektorat[40]. Weiters erhob er zwischen 1940 und 1941 Lengau, Sattledt, Schneegattern und Stadl-Paura zu Kooperatorexposituren[41].

Bischof Fließer hat die gegebene Chance zweifelsohne viel intensiver genützt[42]. In dieser Angelegenheit schneidet Gföllner im Vergleich mit seinem Nachfolger ungünstiger ab. A. Naderer bietet folgende Erklärung für die Haltung des Bischofs: „. . . Gföllner, einem sein ganzes Leben lang geraden und willensstarken Mann, war es aus innerster Überzeugung zuwider, krumme Wege zu gehen und jemandem eine Funktion zu geben, die er nur auf dem Papier innehaben sollte"[43]. Zu bedenken ist auch, daß der Bogen sehr leicht überspannt hätte werden können, wie ein Beispiel im Wehrbezirkskommando Steyr beweist. Als Bischof Fließer dort „geschützte" Seelsorgeposten errichtete, erhob der zuständige

---

37 Vgl. *A. Naderer,* Bischof Fließer und der Nationalsozialismus, dieser Bd. S. 95.

38 Ebd., S. 95, 98.

39 LDB 86 (1940) 130f. n. 98.

40 Vgl. Schematismus 1941 mit Stand vom 1. Jänner 1941.

41 *M. Lengauer,* in: *R. Zinnhobler-M. Lengauer,* Beiträge zur Geschichte der kirchlichen Organisation in Oberösterreich (Veröffentlichungen zum Atlas von Oberösterreich Bd. 8), Linz 1970, S. 73, 76f.; LDB 87 (1941) 35.

42 Vgl. diesen Bd. S. 127–137.

43 *Naderer,* a.a.O., S. 99.

Landrat dagegen Einspruch. Das Wehrbezirkskommando beantragte daraufhin die Einberufung von vier wehrpflichtigen Priestern, verwies den Landrat im übrigen aber an das Reichskirchenministerium[44].

Knapp vor seinem Tod mußte Gföllner noch erleben, daß sein mit 14. Februar 1941 datierter Fastenhirtenbrief[45], der die Pflichten der Katholiken und die ihnen in der damaligen Zeit drohenden Gefahren behandelte, beschlagnahmt wurde. Er hatte darin zur Einigkeit, Kirchentreue und katholischen Kindererziehung gemahnt, vor Menschenfurcht, Verzagtheit und Gleichgültigkeit gewarnt und ein Wort des Trostes und der Aufmunterung an die Gläubigen gerichtet. Im Abstand der Jahre lesen sich die Ausführungen des Bischofs recht „harmlos". Wie sie gemeint waren, wird durch die Vorgangsweise der NS-Behörden deutlich, die sehr wohl zwischen den Zeilen zu lesen verstanden. Das Bischöfliche Ordinariat Linz mußte schon am 14. Februar 1941 folgende Mitteilung[46] „an alle Bezieher des Linzer Diözesanblattes" richten:

Die Geheime Staatspolizei hat das Bischöfliche Ordinariat beauftragt, mittels abgezogener Schreiben alle Bezieher des Linzer Diözesanblattes sofort durch die Post zu verständigen, daß die Nummer 3 des laufenden Jahrganges aus staatspolizeilichen Gründen bis auf weiteres beschlagnahmt ist. Der darin enthaltene *Fastenhirtenbrief* des Diözesanbischofs *darf* daher *nicht verlesen werden:* Die Bezieher dieser Nummer werden verhalten, jedes Exemplar, das in ihrem Besitze ist, sofort bei dem nächsten Gendarmerieposten (Polizeistelle) abzugeben.

Bischöfliches Ordinariat Linz

Als „Ersatz" für das beschlagnahmte Hirtenwort erließ der Bischof ein Schreiben über die kriegsbedingten Erleichterungen vom kirchlichen Fastengebot[47].

Wir haben einiges Material vorgelegt, das die Haltung Gföllners gegenüber dem Nationalsozialismus illustriert. Unabhängig davon, wie man den Bischof sonst beurteilt, wird man zusammenfassend sagen dürfen, daß er ein überzeugter Gegner des damaligen Regimes war. E. Weinzierl hat sogar gemeint, daß die antinationalsozialistische Einstellung Gföllners mit ein Grund war, daß sich in Oberösterreich die Kirchenverfol-

---

44 *Slapnicka* (wie Anm. 28), S. 220f.

45 Ein Exemplar befindet sich in Verwahrung von Prälat F. Vieböck (Linz), dem ich für die gewährte Einsichtnahme herzlich danke. Das Hirtenwort war erschienen als LDB 87 (1941, Nr. 3) 13–17. Diese Nummer wurde also eingezogen und durch eine andere mit gleicher Numerierung und Seitenzählung ersetzt.

46 Ein Exemplar in Verwahrung von Prälat F. Vieböck (Linz).

47 Vgl. LDB 87 (1941, Nr. 4) 21f.

gung stärker als in anderen Gauen ausgewirkt hat[48]. Für eine gerechte Beurteilung der relativen Zurückhaltung Gföllners seit den Märztagen des Jahres 1938 wird man auch sein vorgerücktes Alter und seine nahende Todeskrankheit berücksichtigen müssen. Am 17. Februar 1940 war dem Bischof – als Folge eines Tumors – das linke Auge entfernt worden. Am Pfingstdienstag des Jahres 1941, am 3. Juni, starb er im Alter von 74 Jahren und wurde am 9. Juni in der Domgruft beigesetzt[49]. Die energische Protestnote der österreichischen Bischöfe gegen den nationalsozialistischen Kirchenkampf, die das Datum 1. Juli 1941 trägt[50], hat Gföllner nicht mehr erlebt.

48 *Weinzierl* (wie Anm. 2), 63; *Fried*, a.a.O., 38.
49 Wie Anm. 1.
50 *Weinzierl* (wie Anm. 15), 38f.

Anton Naderer

Bischof Fließer und der Nationalsozialismus

I. Weihbischof Dr. Josephus Calasanctius Fließer

Dr. Johannes Maria Gföllner hatte nach dem Tode von Diözesanbischof Dr. Hittmair im Jahre 1915 die Leitung der Diözese Linz übernommen[1]. Seine Regierungszeit hatte in der schweren Zeit des Ersten Weltkrieges begonnen. Die Nachkriegszeit brachte für die Diözese und speziell für die Stadt Linz nicht immer friedvolle Tage[2]. Die Macht des Nationalsozialismus wurde immer deutlicher spürbar, bis Adolf Hitler am 12. März 1938 um 8 Uhr abends mit jubelnder Begeisterung in Linz empfangen wurde[3]. Bischof Gföllner hatte wohl 1933 einen weit über die Diözesangrenzen hinaus beachteten[4] Hirtenbrief über den Nationalismus veröffentlicht[5], aber dann doch auch die Feierliche Erklärung unterschrieben[6], mit der die österreichischen Bischöfe die Katholiken aufriefen, für Hitler zu stimmen. Rückblickend ist es oft leicht, ein Faktum zu beurteilen oder zu verurteilen. Wie schwierig es aber in der konkreten Situation des Jahres 1938 gewesen sein mag, das richtige Urteil zu finden, kann aus der Tatsache ersehen werden, daß die Meinung über den Nationalsozialismus in jenen Märztagen keinesfalls einhellig ablehnend war[7]. Hitler selbst besuchte in Linz den Dom[8], und beim 10. Reichsparteitag Anfang September 1938 in Nürnberg läuteten die Glocken aller Kirchen Nürnbergs, und es sang der Regensburger Domchor[9].

---

1 Linzer Diözesanblatt (= LDbl), 61. Jg., Nr. 19, vom 19. 10. 1915, S. 119f.

2 Der Bürgerkrieg des Jahres 1934, dessen zündender Funke in Linz aufflackerte, forderte auch in Oberösterreich Tote. Vgl. Goldinger, Walter, Geschichte der Republik Österreich, Verlag für Geschichte und Politik, Wien 1962, S. 193ff.

3 Goldinger, Geschichte, a. a. O., S. 251.

4 Er erlebte bis Mitte März 1938 acht Auflagen und wurde sogar ins Flämische übersetzt.

5 LDbl, 79. Jg., Nr. 1, vom 21. 1. 1933, S. 1ff.; 1936 hat er seine Haltung erneut bekräftigt (vgl. LDbl, 82. Jg., Nr. 12, vom 3. 12. 1936, S. 136).

6 Erzbischof Waitz, Salzburg, notierte in seinem Tagebuch am 18. März 1938: „. . . Dann wurde ohne viel Besprechung unterschrieben. Merkwürdigerweise hat keiner der Bischöfe protestiert, auch nicht der Bischof von Linz . . ." Zitiert nach Jablonka, Hans, Waitz – Bischof unter Kaiser und Hitler, Wiener Dom-Verlag, Wien 1971, S. 121; vgl. auch Reimann, Viktor, Innitzer, Kardinal zwischen Hitler und Rom, Verlag Fritz Molden, Wien-München 1967, S. 114.

Die Kirche in Österreich kannte auf der einen Seite wohl die negativen Auswirkungen des Nationalsozialismus in Deutschland[10], hörte aber auf der anderen Seite von der nationalsozialistischen Führung in Österreich immer wieder Versprechungen, die auf eine positive Lösung (vielleicht sogar im Altreich) hoffen ließen[11]. Die Bischöfe wollten nichts unversucht lassen, einen Modus vivendi zu finden[12]. Daß sie dadurch ein Opfer der Absichten Hitlers und seiner Vertreter wurden, den am 12. März 1938 erfolgten Anschluß Österreichs an das Deutsche Reich durch das Plebiszit vom 10. April 1938 im nachhinein legalisieren zu lassen, hat sich erst später gezeigt. Aber nicht nur die katholischen Bischöfe, sondern auch der Evangelische Oberkirchenrat A. und H. B. erließ eine Erklärung für die Volksabstimmung am 10. April[13]. Kann man den Kirchenbehörden Gutgläubigkeit als mildernden Umstand anrechnen, so hätten sich doch in der Politik erfahrene Menschen, wie der Staatskanzler der Ersten Republik und nachmalige Bundespräsident der Zweiten Republik, Dr. Karl Renner, nicht täuschen lassen dürfen. Er erklärte öffentlich[14], daß er als Sozialdemokrat mit Ja stimmen werde.
Die Abstimmung brachte das gewünschte Ergebnis. Damit hatte die Kirche ihren Dienst getan und man brauchte sie nicht mehr. Eine Interven-

---

7 Der Verleger und vormalige Herausgeber der katholischen Wochenschrift „Schönere Zukunft", Dr. Joseph Eberle, schildert die Stimmung wie folgt: „Der Nationalsozialismus verdankt die Massenverbreitung, die er erlangte, dem Umstand, daß er ursprünglich eine Reihe berechtigter, gesunder Forderungen erhob oder doch vorgab. Förderung der Familie, Bekämpfung des Geburtenrückganges, Schutz von Mutter und Kind . . . Steigerung der Rechte der Schwachen und der sozialen Fürsorge für die Bedürftigen . . . Rückführung gewisser großstädtischer Massen aufs Land unter Erweiterung von Bauerntum und Handwerk bei innerer Kolonisations- und Siedlungstätigkeit. Sicherung des Mittelstandes gegenüber dem Druck der Großbetriebe und des internationalen Handels . . . Das Unglück war bzw. wurde, daß diese Forderungen mit der Zeit übersteigert oder durch Verbindung mit falschen Ideologien . . . verdorben, mitunter ins gerade Gegenteil verkehrt wurden." Aus: Das Los der christlichen Presse im Dritten Reich, Verlag Eugen Ruß, Bregenz 1945, S. 1f.

8 Kalendereintragung Dr. Fließers am 8. April 1938, Persönlicher Nachlaß (= PN).

9 Volksstimme, 1. Jg., Nr. 57, vom 6. 9. 1938, S. 1.

10 Akten zur deutschen Auswärtigen Politik 1919–1945, Serie D, Band I, Baden-Baden 1950, S. 845 und 769.

11 Vgl. Reimann, Innitzer, a. a. O., S. 105ff.

12 Auch Professor Meßner, der die Bischöfe damals beriet, war sehr für eine Zusammenarbeit mit der neuen politischen Führungsschichte. (Vgl. Tagebuch von Erzbischof Waitz, zitiert in Jablonka, Waitz, a. a. O., S. 120–133.)

13 Reimann, Innitzer, a. a. O., S. 129f.

14 Illustrierte Kronen-Zeitung, Nr. 13.724, vom 2. 4. 1938, S. 6.

tion des Nuntius in Berlin in Fragen der bisherigen Nuntiatur in Wien blieb daher ergebnislos[15]. Österreich hatte somit zum Vatikan nur mehr über den Nuntius in Berlin Verbindung. Und Berlin war weit entfernt. Unmittelbar nach der Machtübernahme der Nationalsozialisten war es zu Aktionen gegen die Kirche in Österreich gekommen. Besonders hart waren die Maßnahmen gegen die katholischen Schulen[16], gegen die Priester[17] und gegen die Jugendseelsorge[18]. 1939 begann der zweite Weltkrieg mit seinem großen Leid.

Mit 1. Jänner 1940 war das Generalvikariat Hohenfurth der Diözese Linz angegliedert worden und mußte mitverwaltet werden[19]. Die Diözese Linz wurde dadurch mit über 955.000 Katholiken zur zweitgrößten Diözese der damaligen Ostmark[20]. Am 17. November 1940 mußte sich Bischof Gföllner einer notwendigen Operation des rechten Auges unterziehen. Die Operation verlief gut, aber im linken Auge hatte sich unmittelbar danach eine Geschwulst gebildet, die eine Woche später die operative Entfernung des linken Auges notwendig machte[21]. Die Ärzte waren nun in Sorge, daß sich der bösartige Prozeß vom linken Auge anderswo wiederholen könnte[22]. Dies alles drückte schwer auf die Schultern des schon 74 Jahre alten Bischofs Dr. Gföllner. Bereits im Jahre 1931 hatte er an den Apostolischen Stuhl die Bitte um Ernennung eines Weihbischofs gerichtet. Die Bitte wurde damals nicht gewährt[23]. Die neuen Gegebenheiten und die Tatsache, daß wesentlich kleinere Diözesen einen Weihbischof hatten, ließen es Bischof Gföllner neuerdings wagen, an Papst Pius XII. die Bitte um einen Weihbischof zu richten[24]. Am 10. April 1941 langte die Mitteilung von der vollzogenen Ernennung[25] des neuen Episcopus auxiliaris in der Person des Hochwürdigsten Herrn Dr. Josephus

---

15 Akten zur deutschen Auswärtigen Politik 1919–1945, a. a. O., Band I, S. 846.
16 Vgl. unten.
17 Vgl. unten.
18 Vgl. unten.
19 LDbl, 86. Jg., Nr. 1, vom 1. 1. 1940, S. 7f.
20 Vgl. LDbl, 86. Jg., Nr. 1, vom 1. 1. 1940, S. 7.
21 LDbl, 86. Jg., Nr. 20, vom 30. 11. 1940, S. 219.
22 Einige Tage nach der Konsekration des Weihbischofs Dr. Fließer stellte der gerufene Arzt eine bereits sehr weit fortgeschrittene Lebererkrankung fest (LDbl, 87. Jg., Nr. 13, vom 5. 6. 1941, S. 76).
23 LDbl, 87. Jg., Nr. 8, vom 12. 4. 1941, S. 48.
24 LDbl, 87. Jg., Nr. 8, vom 12. 4. 1941, S. 48.
25 Pius XII. ernannte Dr. Fließer am 19. März 1941 zum Titularbischof von Gargara.

Calasanctius Fließer ein[26] und am 12. April 1941 brachte der Osservatore Romano die offzielle Verlautbarung[27]. Dr. Fließer war zum Titularbischof von Gargara (ein ehemaliges Suffraganbistum von Ephesus in Kleinasien) und zum Weihbischof von Linz ernannt worden[28]. Er war der erste Weihbischof in der Geschichte der Diözese Linz. Im Marienmonat Mai empfing er im Mariendom zu Linz die Bischofsweihe. Konsekrator war Diözesanbischof Dr. Johannes Maria Gföllner, Mitkonsekratoren waren Diözesanbischof Michael Memelauer, St. Pölten, und Weihbischof Dr. Ernst Seydl, Wien[29]. Sein Programmwort entnahm Dr. Fließer dem Römerbrief des Apostels Paulus (12, 21): Vince in bono malum – Überwinde das Böse durch das Gute[30]. Zahlreiche Glückwunschschreiben waren ihm zugegangen, darunter auffallend viele von eingerückten Priestern und Theologen. Auch die katholische Bevölkerung von Perg war sehr stolz, daß einer von den 89 Täuflingen des Jahres 1896 zum Bischof geweiht worden war[31]. Perg hat im Andenken an seinen großen Sohn eine Straße nach Dr. Fließer benannt.
In seinem offiziellen Dankschreiben an den Papst bittet der neue Weihbischof Gott um den besonderen Segen für die Kirche und die marianische Diözese Linz, für „unser geliebtes Vaterland und unser Heimatland samt seinem Volk und allen, die es führen und sein Bestes wollen[32]". Mit Rechtswirksamkeit vom 1. Juni 1941 ernannte Diözesanbischof Dr. Gföllner seinen Weihbischof Dr. Fließer zum Generalvikar der Diözese

26 Aus dem Kalender Fließers 1941: 10. April: „Nuntius an Bischof, wartet bis Freitag, 2 Uhr"; 11. April: „2 Uhr, Bischof teilt mir mit abends Brief Nuntius: Episcopus Gargarenus, ernannt 19. III. 1941"; 12. April: „abends im Osservatore Rom." (PN).

27 LDbl, 87. Jg., Nr. 8, vom 12. 4. 1941, S. 48. Eine Originalausgabe des Osservatore Romano vom 12. 4. 1941 findet sich zusammen mit anderen persönlichen Habseligkeiten von Bischof Fließer im Winkel einer Dachkammer des Bischofhofes von Linz, PN.

28 LDbl, 87. Jg., Nr. 8, vom 12. 4. 1941, S. 47.

29 LDbl, 87. Jg., Nr. 8, vom 12. 4. 1941, S. 47.

30 LDbl, 87. Jg., Nr. 8, vom 12. 4. 1941, S. 47.

31 Joseph Fließer war als zweites und letztes Kind des Ehepaares Friedrich und Rosalia Fließer am 28. Juli 1896 in Perg geboren worden. Man spürt den Stolz, mit dem der Pfarrer von Perg im Namen der ganzen Pfarrgemeinde Fließer zur Inthronisation im Jahre 1946 gratuliert: „. . . Eure Exzellenz . . . haben das Wappen von Perg Ihrem bischöflichen Wappen einverleibt. Noch lebt die Hebamme Ditlbacher, eine tägliche Messebesucherin, noch erinnern sich manche Leute Ihrer Eltern, ja manche erinnern sich, Eure Exzellenz und Ihre Schwester als Kinder auf dem Arme getragen zu haben." (Aus dem Brief von Pfarrer Mayr an Bischof Fließer vom 30. 9. 1946, Diözesanarchiv Linz [= DAL]).

32 LDbl, 87. Jg., Nr. 11, vom 15. 5. 1941, S. 65.

Linz[33]. Doch Dr. Fließer konnte sich dieser Würde nicht lange erfreuen und hatte diese Bürde nicht lange zu tragen, denn zwei Tage später, am 3. Juni 1941, starb Diözesanbischof Dr. Johannes Maria Gföllner, und somit erlosch auch das Amt seines Generalvikars[34].

II. Verantwortlich für die Diözese Linz

Nach dem Tode von Diözesanbischof Gföllner ging die Leitung der Diözese Linz nach Can 431, § 1, CIC auf das Kathedralkapitel über, das am 5. Juni 1941 als Kapitelvikar den Hochwürdigsten Herrn Weihbischof und letzten Generalvikar, Exzellenz Josephus Calasanctius Fließer, rechtskräftig bestellte[35]. Damit ruhte und lastete die Leitung und Verantwortung für die Diözese Linz auf den Schultern von Dr. Fließer. Er war zwar nur Kapitelvikar, aber trotzdem für die Diözese voll verantwortlich. Nach seiner Wahl zum Kapitelvikar hatte Weihbischof Dr. Fließer sofort die örtlichen Behörden[36], den Reichskirchenminister[37] und auch seine kirchlichen Vorgesetzten[38] von seiner Wahl benachrichtigt. Nach Ablauf von zwei Monaten ließ Gauleiter Eigruber von Linz bei der Diözese anfragen[39], wie lange die Sedisvakanz dauern werde. Kapitelvikar Fließer leitete die Anfrage an den Apostolischen Nuntius in Berlin weiter, änderte sie aber dahingehend ab, was nach Ablauf eines Jahres Sedisvakanz dem Reichsstatthalter zu antworten sei hinsichtlich Weiterführung der Verwaltung der Diözese. Nuntius Orsenigo antwortete, daß für diese Fragen die kirchlichen Stellen in Linz nicht zuständig seien. Vielmehr möge der Herr Gauleiter und Reichsstatthalter diesbezüglich

33 Schreiben von Diözesanbischof Gföllner an Weihbischof Fließer vom 30. 5. 1941, DAL Z 3444.

34 LDbl, 87. Jg., Nr. 13, vom 5. 6. 1941, S. 78.

35 LDbl, 87. Jg., Nr. 13, vom 5. 6. 1941, S. 78.

36 „Die Mitteilung an die lokalen Behörden war ein sehr guter Gedanke." (Aus dem Brief des Apostolischen Nuntius in Deutschland an Weihbischof Josef Fließer vom 9. Juni 1941, Nr. 40.264, DAL.)

37 Schreiben an den Reichsminister für die kirchlichen Angelegenheiten vom 11. Juni 1941, DAL Z 4122.

38 „Ich bestätige Ihnen den Empfang Ihres verehrten Schreibens vom 5. d. M. mit der Nachricht über die Ernennung des Kapitelvikars. Ich habe davon sofort den Hl. Stuhl benachrichtigt, . . ." (Aus dem Brief des Apostolischen Nuntius vom 9. Juni 1941, Nr. 40.264, DAL.)

39 Schreiben des Reichsstatthalters vom 11. 8. 1941, Zl. 1c/E 4367/1941, DAL.

Verhandlungen über das Auswärtige Amt in Berlin oder direkt mit der Apostolischen Nuntiatur führen[40].

Da sich in der Zeit des nationalsozialistischen Regimes die Verhandlungen zwischen dem Heiligen Stuhl und den staatlichen Regierungsstellen im Deutschen Reich im allgemeinen und besonders bei Besetzung eines freigewordenen Bischofssitzes äußerst schwierig gestalteten[41], traf der Heilige Stuhl eine weitere Vorkehrung für die Übergangszeit. Am 11. Februar 1942 verlieh der Heilige Vater dem Kapitelvikar Dr. Fließer die Rechte eines residierenden Bischofs[42]. Rom hat damit wohl alles getan, was in dieser Situation zu tun möglich war, aber damit auch einen Status fixiert, der Dr. Fließer übermäßig lang – nämlich bis 1946 – auf die Ernennung zum Diözesanbischof warten ließ.

Aus diplomatischen Erwägungen wurde dem Kapitelvikar auch nahegelegt, die Mitteilung von der Verleihung der Fakultäten eines residierenden Bischofs vertraulich zu behandeln und sie nicht im bischöflichen Amtsblatt zu veröffentlichen[43].

Der Nuntiatur (und damit dem Heiligen Stuhl) ging es um eine offizielle Kontaktnahme von seiten des Staates. Gerade dies aber tat Eigruber nicht. Er schrieb nämlich am 3. August 1942 wieder an Weihbischof Fließer, wiederholte seine Anfrage und bestätigte zugleich, daß Seine Exzellenz politisch unbedenklich sei. Damit hat Eigruber bestätigt, daß er gegen eine Ernennung Dr. Fließers zum Diözesanbischof nichts einzuwenden habe, was Weihbischof Fließer auch dem Nuntius mitteilte[44]. Doch äußerte Dr. Fließer früher schon, daß seiner Meinung nach die Sedisvakanz mehrere Jahre dauern werde[45].

Der Heilige Stuhl schien aus diplomatischen Erwägungen abzuwarten, bis sich die Regierung an den Nuntius in Berlin wende. Daher mußte Fließer der politischen Umstände wegen so lange auf seine Ernennung zum Diözesanbischof warten.

Worauf führte Bischof Fließer selbst die lange Wartezeit zurück? In seiner Inthronisationsrede erklärte Bischof Fließer, daß es belanglos sei, daß er,

---

40 Schreiben des Linzer Domkapitels an Reichsstatthalter Eigruber vom 25. 3. 1942, DAL Z 5667/1941.

41 Akten zur deutschen Auswärtigen Politik 1919–1945, a. a. O., Band IV, S. 520.

42 Eingetroffen in Linz am 7. März und übernommen am 9. März 1942, DAL Z 1365; Schreiben der Apostolischen Nuntiatur in Deutschland vom 11. 2. 1942, Nr. 45.336.

43 Schreiben des Apostolischen Nuntius vom 11. 2. 1942, Nr. 45.336, DAL.

44 Protokoll der Konsistorialsitzung vom 15. 8. 1942, DAL.

45 Protokoll der Konsistorialsitzung vom 6. 3. 1942, DAL.

Josephus Calasanctius, Bischof wurde, ,,viel wichtiger ist, daß die Reihe der Bischöfe von Linz wieder ihre vollrechtliche Fortsetzung finden konnte. Haben doch in der vergangenen Zeit der Unterdrückung unserer Kirche nicht wenige Kirchenfeinde es gewünscht, daß mit Johannes Maria der letzte Linzer Bischof in der Gruft versunken sei und daß die Thronbesteigung des zehnten Diözesanbischofs noch lange, hoffentlich für immer, unmöglich sein werde[46]". Damit scheint Bischof Fließer selbst der politischen Situation den ausschlaggebenden Grund zuzuschreiben[47].

Genau fünf Jahre nach seiner Konsekration zum Weihbischof und fast fünf Jahre nach seiner Wahl zum Kapitelvikar wurde Dr. Fließer zum Diözesanbischof ernannt[48]. Damit war die lange Zeit der Sedisvakanz beendet und Linz hatte seinen 10. Diözesanbischof. ,,Ich stelle als 10. Diözesanbischof von Linz meinen Regierungsantritt unter den Schutz des dreieinigen Gottes . . . Ich vertraue auf die Fürbitte der allerseligsten Jungfrau und Gottesmutter Maria, deren Unbeflecktem Herzen ich als Weihbischof und Kapitelvikar die Diözese bereits vor drei Jahren am Rosenkranzfest geweiht habe. Ich rufe zu den heiligen Diözesanpatronen Maximilian und Severin und zu den heiligen Landespatronen Leopold und Florian, daß sie Hirten und Herde ihres Patronates segnen mögen[49]."

Dem Klerus schrieb der neue Diözesanbischof: ,,An meinem Programm und meinem Kurs gedenke ich nichts zu ändern. Sie werden sich immer orientieren nach den beiden Leitsternen: Christus und Maria . . . Liturgie und Priesternachwuchs, Jugend und Caritas sind und bleiben meine Herzenssorgen und ich bete, daß der gesamte Klerus in diesen Bestrebungen mit mir eins sei[50]."

---

46 LDbl, 92. Jg., Nr. 14, vom 1. 11. 1946, S. 100.

47 Vgl. auch Linzer Kirchenblatt (= LKbl), 7. Jg., Nr. 18, vom 6. 5. 1951, S. 1; Fried, Jakob, Nationalsozialismus und katholische Kirche in Österreich, Wiener Dom-Verlag, Wien 1947, S. 39.

48 ,,Sanctissimus Dominus Noster Pius divina Providentia Papa XII, successivis decretis Sacrae Congregationis Consistorialis, singulas quae sequuntur Ecclesias de novo Pastore dignatus est providere, nimirum: die 11 Maii. – Cathedrali Ecclesiae Linciensi Exc. P D Josephum Calasanctium Fliesser, hactenus Episcopum tit. Gargarenum." (Acta Apostolicae Sedis, An. et vol. XXXVIII 7, Maii - 1 Junii 1946 (Ser. II, v. XIII) - Num. 6–7, S. 208 f.), PN.

49 LDbl, 92. Jg., Nr. 10, vom 1. 9. 1946, S. 72.

50 LDbl, 92. Jg., Nr. 11, vom 15. 9. 1946, S. 79.

Am Rosenkranzsonntag, dem 6. Oktober 1946, nahm Dr. Fließer als 10. Bischof von Linz auch nach außen hin von der Diözese Besitz[51]. Zugleich wurde die Wiedereröffnung des Domes gefeiert. Bischof Fließer begrüßte seine Diözese und erklärte: „Heute wollte ich vor allem Volke und dem Klerus, vor den Vertretern der beiden Regierungen Oberösterreichs und vor den Vertretern der Landeshauptstadt feierlich den Bischofstuhl der Kathedrale von Linz in Besitz nehmen . . . Und heute will ich . . . die Weihe an das Unbefleckte Herz Mariens erneuern, die ich heute vor drei Jahren für die ganze Diözese öffentlich vorgenommen habe; damals für die Zeit der Kriegsnot – heute für die Zeiten des Friedens, die lange, lange, ja immer dauern mögen[52]!"
Wohl kein Bischof hat jemals die Verantwortung für die Diözese Linz in einer solchen Situation und unter solchen Belastungen übernommen wie Dr. Fließer im Juni 1941[53]. Dabei waren dank der klugen und diplomatischen Verhandlungsfähigkeit von Dr. Fließer die Beziehungen zwischen Bischof und Gauleiter nicht schlecht. Selbstverständlich gab es absolut keine Zusammenarbeit. Doch der Gauleiter respektierte die Klugheit und das diplomatische Geschick des kleinen Bischofs. Es mag vielleicht übertrieben sein, wenn behauptet wird, der ehemalige Arbeiter aus den Steyr-Werken hätte Hemmungen oder Minderwertigkeitskomplexe ge-

---

51 Zur Feier waren auch Oberst Hanna von der amerikanischen Militärregierung und Landeshauptmann Dr. Gleißner erschienen.

52 LDbl, 92. Jg., Nr. 14, vom 1. 11. 1946, S. 100f.

53 Als Weihbischof Dr. Fließer am 5. Juni 1941 als Kapitelvikar die Leitung der Diözese Linz übernahm, waren 17 konfessionelle Schulen und höhere Lehranstalten aufgehoben; z. T. wurden sie als staatliche Schulen und Konvikte weitergeführt; 13 zum Großteil von Schwestern geleitete Berufsschulen waren aufgelöst; 34 konfessionelle Haupt- und Volksschulen waren der Kirche bzw. den Orden weggenommen; 130 von Schwesternorden geführte Kindergärten waren im Herbst 1939 beschlagnahmt worden; beschlagnahmt und angefordert waren aus dem Diözesanbesitz die Gebäude des Priesterseminars, des Petrinums, des Lehrerseminars, des Konviktes Salesianum, der Katholischen Frauenorganisation; sämtliche katholische Pfarrbüchereien wurden enteignet, die Lokale angefordert; aus dem Besitz der männlichen Orden waren 16 Klöster und Stifte, aus dem Besitz der weiblichen Orden 20 Gebäude ganz oder doch zum überwiegenden Teil für die verschiedensten Zwecke von Partei und Militär oder zur Unterbringung von Schulen angefordert worden; aus dem Pfründenbesitz waren vier Pfarrhöfe angefordert, fast überall wurden die Pfarrheime angefordert, ebenso die Sportplätze usw.; acht Stifte und Orden waren enteignet; ebenso der Volks- und Gesellenverein; neun karitative Anstalten wurden enteignet und der NSV zugewiesen; drei katholische Vereine in Linz wurden aufgelöst und ihr Eigentum der Stadtgemeinde Linz einverleibt. Der Religionsfonds ging in den Besitz der Reichsforste über. (Statistische Zusammenstellung der Diözese Linz zum 1. 7. 1941, DAL).

genüber dem akademisch gebildeten Bischof gehabt, aber es muß doch festgestellt werden, daß zwischen beiden Persönlichkeiten ein Klima menschlicher Achtung und Verständigung herrschte[54]. Reichsstatthalter und Gauleiter Eigruber war bemüht, alles für die Partei zu tun, wollte aber auf der anderen Seite nicht ganz mit der katholischen Kirche brechen[55].

Kaum war Dr. Fließer zum Kapitelvikar gewählt worden, warf ihm Eigruber ablehnende oder gar feindselige Haltung gegenüber Partei und Staat vor[56]. Dr. Fließer hätte es auch versäumt, den Gauleiter von der Erledigung des Bischofstuhles von Linz und seiner Wahl zum Kapitelvikar zu benachrichtigen[57]. Auch unrichtig wiedergegebene Äußerungen über den Staat im Rahmen einer Predigt wurden dem Kapitelvikar vorgehalten[58].

Dr. Fließer war in den Jahren 1941 bis 1945 etwa sechsmal beim Gauleiter und wurde immer anständig und taktvoll behandelt[59]. Bischof Fließer war bemüht, die ärgsten Konflikte im Wege der mündlichen Verhandlungen zu bereinigen und in der Öffentlichkeit Ruhe zu bewahren. Mit dieser Strategie hat er auch einiges beim Gauleiter erreicht[60].

---

54 Nach einer Mitteilung von Frau Kammerlander, der Schwester des Bischofs, soll Gauleiter Eigruber zu Bischof Fließer gesagt haben: „Ich habe Hitzköpfe unter meinen Leuten, und auch Sie, Herr Bischof, haben Hitzköpfe. Die Hauptsache ist, *wir* verstehen uns!"

55 „Eigruber ist . . . nie aus der Kirche ausgetreten und bezahlte den Kirchenbeitrag" (Fried, Nationalsozialismus, a. a. O., S. 39).

56 „Es ist nun zum zweiten Male, daß Sie, Herr Gauleiter, mir als Kapitelvikar Vorwürfe einer ablehnenden oder feindseligen Haltung zu Partei und Staat machen, offensichtlich irregeführt durch falsche Informationen." (Am 2. November 1941 richtete Bischof Fließer ein Schreiben an Gauleiter Eigruber wegen der Jugenderlässe. Im Konzept für diesen Brief sind zusätzlich persönliche Differenzen angeführt, wie z. B. das obige Zitat, die im Brief nicht mehr aufscheinen, DAL.)

57 „Das erste Mal warfen Sie mir in dem Briefe vom 16. 8. d. J. vor, daß das Domkapitel, bezw. ich als dessen Vikar, bei der Freiwerdung des Bischofstuhles von Linz weder dem Reichskirchenministerium noch dem Reichsstatthalter von der Erledigung des Bistums und von meiner Wahl zum Kapitelvikar die gesetzlich vorgeschriebene Meldung gemacht hätte und so die dem Staat zukommende Hörung vernachlässigt, wenn nicht verweigert hätte . . . Bischof Wiencken wurde beauftragt, mich zu bevollmächtigen, dem Herrn Reichsstatthalter in Linz zu erklären, daß das Reichsministerium für die kirchlichen Angelegenheiten die gesetzlichen Meldungen empfangen habe und dort keinerlei Anlaß zu einer Beanstandung vorliegt. Bischof Wiencken hat mich von dieser Bevollmächtigung bereits am 29. 8. d. J. in Kenntnis gesetzt. Ich wollte die Sache auf sich beruhen lassen, glaube aber, nun eine Veranlassung zu haben, diese Erklärung des Reichskirchenministeriums zur Kenntnis zu bringen, weil sich daraus ganz klar ergibt, daß mir mit der damaligen Beanstandung in allem unrecht geschehen ist." (Konzept zum Brief vom 2. 11. 1941, DAL.)

Es wurde festgestellt, daß die Kirche in der Ostmark vielfach mehr zu dulden und zu leiden hatte als die Kirche im Altreich[61]. Ob dies seinen Grund in der engen Verquickung kirchlicher Persönlichkeiten und Interessen mit der Staatsführung von 1933 bis 1938 hatte[62] oder einfach dem Bemühen der eingesetzten Gauleiter entsprang, sich besonders hervorzutun und sich im übertragenen Amte auszuzeichnen, mag inzwischen unbeantwortet bleiben. Jedenfalls spricht Stadler von einer Ironie, wenn er nationalsozialistische Dokumente fand, die „das Kirchenkämpfertum der Machthaber in Wien oder Linz etwas dämpfen müssen[63]".

Das katholische Volk führte oftmals einen unerschrockenen Kampf gegen die neuen Machthaber und ließ sich trotz der vielen angedrohten Strafen nicht abhalten, zur Kirche und zu seinen Geistlichen zu stehen[64].

58 „. . . ich hätte in meiner Predigt am 5. Oktober in Fallsbach bei Gunskirchen erklärt, daß man die Beförderung von Beamten abhängig mache vom Kirchenaustritt; ich hätte hiemit eine Lüge gesagt und den Kampf in einer Art eröffnet, wie sie bisher nicht üblich gewesen sei, die aber entsprechend erwidert werden könnte . . . Ich sagte dann wörtlich: ‚In manchen Schulen und Lagern – ich wiederhole: nicht in allen, aber in so manchen Schulen und Lagern und Betrieben wird diese Auffassung in Schriften und Büchern und Vorträgen an euch herangebracht; es wird zum Austritt aus der Kirche offen geworben, und die Erreichung von so manchen Posten oder die Beförderung wird davon abhängig gemacht, daß der Betreffende sich als gottgläubig erklärt. Das sind gewaltige Gefahren für die Treue zur Kirche.'
Herr Gauleiter sehen aus dieser authentischen Fassung auf den ersten Blick, daß ich sorgfältig den Eindruck vermieden habe, als ob die offizielle Behörde für diese Dinge verantwortlich zu machen sei. Ich habe darum absichtlich den Ausdruck Beamter vermieden, weil das die Meinung erwecken könnte, als behauptete ich, daß bei der Vergebung der öffentlichen Beamtenstellen Abfallpropaganda betrieben werde. Das zu behaupten verbietet mir schon die Kenntnis des Geheimerlasses, von dem der verstorbene Bischof Kenntnis bekam und worin es ja ausdrücklich verboten ist, Beamte wegen ihrer konfessionellen Einstellung zu benachteiligen." (Konzept zum Brief vom 2. 11. 1941, DAL.)

59 Fried, Nationalsozialismus, a. a. O., S. 38.

60 Fried, Nationalsozialismus, a. a. O., S. 38f.; vgl. auch unten.

61 Stadler, Karl, Österreich 1938–1945 im Spiegel der NS-Akten, Verlag Herold, Wien 1966, S. 90.

62 Stadler, Österreich, a. a. O., S. 90.

63 Stadler, Österreich, a. a. O., S. 90.

64 „Ein Bauer in Weilbach, Kreis Ried, lehnte das Angebot einer Parteitotenfeier ab, weil sein Sohn das nicht gewollt hätte; statt dessen aber wurden ein Gebetsgang zur Kirche, ein Requiem und eine Totenzehrung mit 60 Personen veranstaltet." (Stadler, Österreich, a. a. O., S. 296.) „Am 30. Juni 1943 gibt es einen langen Bericht über die Fronleichnamsfeier, der . . . von einem ‚Riesenaufgebot' in Linz spricht, von ‚demonstrativ trutzigem Verhalten' der Teilnehmer und auch, daß mehr Parteigenossen teilnahmen als im Vorjahr . . . Mit Schadenfreude und gehässigen Blicken wurden die am Umzug nicht beteiligten Volksgenossen bzw. uniformierte Angehörige der Partei und Gliederungen gemustert (Linz)." (Stadler, Österreich, a. a. O., S. 388.)

Die bei Stadler angeführten Zeugnisse[65] lassen klar erkennen, wie zielstrebig einerseits der nationalsozialistische Staat daran arbeitete, die alten Glaubensinhalte mehr oder minder unbewußt zu verdrängen[66] und durch die neuen Ideen von Rasse, Volk, Reich, Natur, deutscher Haltung und vom germanischen Schicksalsglauben zu ersetzen; sie zeigen aber auch, daß das Christentum zu tiefe Wurzeln geschlagen hatte, die nun wie durch eine Egge, die tief in den Ackerboden eindringt und ihn aufreißt, an die Oberfläche gebracht wurden. Eines dieser heldenhaften Zeugnisse, die an die Oberfläche kamen, gab der Innviertler Bauer Franz Jägerstätter[67].

In der katholischen Kirche muß es immer wieder Zeugen geben, die sie als Zeichen der Armut (z. B. Franz von Assisi), des Gehorsams (z. B. Ignatius von Loyola) und der Liebe wahrzumachen haben. In ihrer charismatischen Berufung erfüllen sie die Funktion eines einsamen Rufers[68]. In ihrer persönlichen und individuellen Berufung sind diese Zeugen herausgehoben von ihren Zeitgenossen, und die manchmal überbetonte Bezeugung eines Ideals bringt die Zeugen an die Grenze des Unverstandenseins, des Belächeltwerdens, ja sogar der Verspottung. Ihr Lebensweg ist ein Weg der Heiligkeit, und in dem Grad der Erfüllung kann ihn wahrscheinlich nur der charismatisch Gerufene gehen. Es scheint immer mehr die Meinung vorherrschend zu werden, daß Jägerstätter diesen Weg der persönlichen Berufung ging[69].

Bischof Fließer sagte Jägerstätter in einer Unterredung, daß er diesen Weg nur gehen dürfe, ,,wenn er sich durch eine außerordentliche Einsprechung von oben, nicht aus sich selbst, dazu berufen wisse[70]''. Mehr

---

65 Vgl. Stadler, Österreich, a. a. O., S. 90ff.; 239ff.; 248ff.; 295ff.; 383ff.; 387ff.

66 Vgl. Leitsätze für Deutsche Lebens- und Gesinnungslehre, ausgearbeitet von Gauschulungsleiter Dr. Franz Mayrhofer, DAL.

67 Zahn, Gordon C., Er folgte seinem Gewissen – Das einsame Zeugnis des Franz Jägerstätter, Verlag Styria, Graz 1967. Zahns oberste Maxime bei der Abfassung des Buches war, ,,die Geschichte des Franz Jägerstätter packend darzustellen'' (S. 13f.). Dabei interessierten ihn als Soziologen vor allem soziologische Tatsachen.

68 Zahn schreibt, daß Jägerstätter ein ,,einsamer Zeuge'' war, von dem Bischof Fließer meinte, daß er ,,nach dem Martyrium und nach dem Sühneleiden dürstet''. (Zahn, Gewissen, a. a. O., S. 188f.)

69 Daim, Wilfried, Analyse einer Illusion, das österreichische Bundesheer, Verlag hinder + deelmann, bellnhausen über gladenbach, 1969, S. 53ff.; vgl. dazu auch das Fernsehspiel von Hellmuth Andics, das im Deutschen und im Österreichischen Fernsehen ausgestrahlt wurde.

70 Zahn, Gewissen, a. a. O., S. 191.

konnte der Bischof dem persönlich Gerufenen und zum charismatischen Zeugen erwählten Bauern nicht sagen. Aus diesen Äußerungen insgeheim schließen zu wollen, Fließer sei ein Anhänger des nationalsozialistischen Gedankengutes gewesen, scheint den Tatsachen absolut nicht gerecht zu werden und verrät zudem einen leichtfertigen Standpunkt oder Unkenntnis der zeitlichen und örtlichen Sachlage. Selbstverständlich zeigten sich 16 Jahre nach Kriegsende viele Aspekte wesentlich klarer. Wer wird denn bestreiten, daß die Erkenntnis der Wahrheit im Laufe der Zeit immer tiefer werden kann? So ergeben sich rückblickend manchmal eindeutige Lösungen, die vom Entscheidungsträger in der Vergangenheit bei ehrlichem Suchen nach der Wahrheit nicht auffindbar waren. Dabei muß aber dem Entscheidungsträger subjektive Integrität zugestanden werden. Manchmal unterliegen sogar Historiker der Gefahr, Persönlichkeiten der Vergangenheit vom Lichte und Zeitgeist der Gegenwart aus zu beurteilen und zu verurteilen.

1. Kampf um die Güter der Kirche und der Orden

Nach der Auflösung des Religionsfonds[71] teilte Reichsstatthalter Eigruber mit, daß bis 1. Oktober 1940 die Vermögensbestandteile des Religionsfonds der staatlichen Verwaltung zu übergeben sind und verwies auf die Möglichkeit, Bestandsverträge abzuschließen sowie die unentgeltliche Überlassung von Kirchen zu beantragen[72]. Durch die Enteignung der Klöster gingen auch 43 Kirchen, die ihnen grundbücherlich zugeschrieben waren, in das Eigentum des Reichsgaues Oberdonau über[73]. Die beiden Klosterkirchen der Barmherzigen Brüder wurden geschlossen und für andere Zwecke verwendet[74]. Bei allen übrigen Kirchen bemühte sich der Bischof, sie für die Seelsorge zu erhalten. Nach monatelangen mündlichen und schriftlichen Verhandlungen erklärten sich die neuen grundbücherlichen Eigentümer bereit, Bestandsverträge abzu-

71 Vgl. Gesetzblatt für das Land Österreich, 24. Stück, Nr. 45, vom 30. 3. 1940; Erlaß des Reichsministers für die kirchlichen Angelegenheiten vom 30. 7. 1940, II 3701/40.

72 Schreiben von Reichsstatthalter Eigruber an das Bischöfliche Ordinariat Linz vom 16. 8. 1940, Ia/K-2193/3-40, DAL.

73 Bericht über die Heranziehung von Klöstern und kirchlichen Gebäuden vom 27. 7. 1942, DAL Z 3947.

74 So diente die Kirche in Linz z. B. als Lagerraum für die Kulissen des Linzer Landestheaters.

schließen[75]. Bei den Verhandlungen tauchten rechtliche und praktische Schwierigkeiten auf[76]. Aber ohne sich lange um die Rechtsauffassungen des Bischofs zu kümmern[77], schlug der Reichsstatthalter vor, für die Gotteshäuser, Pfarrhöfe und Liegenschaften, die im grundbücherlichen Eigentum des Reichsgaues stehen, Mietverträge abzuschließen[78]. Es wurde dem Bischof empfohlen, die Kirchenräte[79] der betroffenen Pfarren zu beauftragen, Pachtverträge zu schließen[80]. Da es sich um Stiftspfarreien handelte, lud Bischof Fließer die Stiftsvorstehungen zu einer Besprechung aller gemeinsamen Fragen[81]. Dabei wurde vereinbart, daß

---

75 Schreiben Bischof Fließers vom 18. 7. 1942 DFK/R-2774/1-1942 an Nuntius Orsenigo, DAL.

76 Vgl. Fließer, Zur Frage der inkorporierten Stiftspfarren in dieser Diözese, DFK/R-3/7-1942. Darin vertrat Fließer die Ansicht, daß die Trennung der fortbestehenden familia religiosa vom Stiftsvermögen nach dem Inkorporationsrecht ein Unding darstelle, weil einerseits die familia religiosa immer noch verpflichtet bleibt, die Patronatspflichten zu erfüllen und für die Seelsorger aufzukommen, andererseits die auf dem Stiftsvermögen liegende Patronatslast auf den Besitznachfolger, d. h. den Reichsgau, übergegangen sei. Eine zweite Frage betraf die finanziellen Lasten. Die losgelösten finanziellen Verpflichtungen können weder der beraubten familia religiosa noch der Diözese in Form eines erhöhten Kirchenbeitrages zugemutet werden (DAL).

77 „Ihre Rechtsauffassung . . . kann an der Tatsache, daß alle diese Liegenschaften nunmehr grundbücherliches und uneingeschränktes Eigentum des Reichsgaues Oberdonau sind, nichts ändern." (Brief vom 27. 1. 1942, GK/V 910/900-5904, DAL.)

78 Schreiben an das Bischöfliche Ordinariat, Zl. GK/V 910/900-5904 vom 27. 1. 1942, DAL.

79 Im oben zitierten Brief bemerkte der Reichsstatthalter, daß er „Bestandsverträge jeweils nur mit den zuständigen Pfarrkirchenräten abzuschließen gedenke, ohne Rücksicht darauf, ob es sich früher um ein Pfarrkirchenvermögen oder ein Pfarrpfründenvermögen gehandelt hat".

80 „Ich muß daher empfehlen, daß Sie den Pfarrkirchenräten den Auftrag erteilen, die nötigen Bestandsverträge abzuschließen und die im einzelnen ganz geringfügigen Pacht- und Mietverträge zu bezahlen." (Brief vom 27. 1. 1942, DAL.)

81 Ob z. B. überhaupt Bestandsverträge über die eingezogenen Liegenschaften abgeschlossen werden sollen. (Die Bischofskonferenz hat diesbezüglich keine offizielle Entscheidung getroffen, doch äußerten die Bischöfe untereinander, nicht zu pachten, denn es sei Anerkennung des Unrechtes.) In den einzelnen Diözesen wurden diese Fragen auch unterschiedlich behandelt: Innsbruck wollte Pachtverträge schließen, St. Pölten hat alle Pachtungen von Gemeindekirchen abgelehnt. Ferner sollten die Argumente pro (minus malum) und contra (prinzipielle Bedenken) abgewogen werden. Von wem und unter welchen Bedingungen sollten Bestandsverträge über Pfründen (oder auch über Kirchen) abgeschlossen werden? Sollten gleichzeitig gegen die Einziehung von kirchlichen Liegenschaften Rekurse gemacht werden? Ferner wurde die Frage einer Verwaltungsgerichts-Klage besprochen. (Vorbereitende Notizen Bischof Fließers für die Besprechung mit den Stiftsvorstehungen am 4. Februar 1942, DAL.)

Bestandsverträge erarbeitet und abgeschlossen werden sollten. Bei den weiteren Besprechungen konnte erreicht werden, daß die Verträge für Kirche und Pfründe gesondert[82] geschlossen wurden. Der Vertrag wurde aber nach wie vor unter Ausschaltung der Stifte nur mit den Pfarrkirchenräten abgeschlossen. Da die Pächter für die Instandhaltung der Gebäude verantwortlich gemacht wurden, konnte man erreichen, daß nur 60 Prozent des örtlichen Mietzinses und auch nur 50 Prozent der Pachtrichtpreise für landwirtschaftliche Grundstücke verlangt wurden[83]. Der Gauleiter kam also den Wünschen des Bischofs weit entgegen[84]. Kaum war man um die Mitte des Jahres 1942 zu einer für beide Teile annehmbaren Lösung dieser Fragen gekommen, war der nächste Schlag gegen die Orden geplant. SS-Standartenführer Peterseil ließ am 2. Juli Bischof Fließer mitteilen, daß er „im Zuge der Unterbringung von 60.000 Rückgeführten aus luftgefährdeten Gebieten und von Umsiedlern" beabsichtige, „sämtliche klösterlichen Gebäude und Anstalten des Gaues, die noch Priester oder Schwestern beherbergen, zu beschlagnahmen und die dadurch obdachlos Gewordenen nach Schlierbach, Dachsberg oder Hamberg einzuweisen[85]".
Bischof Fließer informierte sofort die Klöster und Ordensniederlassungen im Bereiche seiner Diözese[86]. Sowohl dem Einsatzführer als auch dem Reichsstatthalter legte er klar, daß er als Bischof zwar keine Befehlsgewalt über die Ordensgemeinschaften habe, aber doch versichern könne, daß alle kirchlichen Stellen für wirkliche Kriegsnotwendigkeiten Verständnis haben und die größten Opfer bringen werden[87]. Er bat aber, daß man die Klosterinsassen Vorschläge machen lasse. Am 9. Juli wurden die ersten sieben Objekte ohne Verhandlungen beschlagnahmt. Überall wurde der Beschlagnahmungsbescheid angekündigt und mitgeteilt, daß die Schwestern innerhalb von 14 Tagen nach Schlierbach abtransportiert würden. Es kursierten aber Gerüchte, wonach in den freigemachten Klöstern nicht Bombengeschädigte untergebracht, sondern

82 Für die Pfründen konnten nur einjährige Verträge erreicht werden, für die Kirchen längere.
83 Gedenkprotokoll des Finanzdirektors Binder über seine Unterredung mit dem Gaukämmerer Danzer am 13. 2. 1942, DAL.
84 Vgl. Fried, Nationalsozialismus, a. a. O., S. 38.
85 Schreiben Bischof Fließers an Einsatzführer Peterseil vom 3. Juli 1942, DAL.
86 Hektographiertes Rundschreiben des Kapitelvikars an die Vorstehungen der Klöster und Ordensniederlassungen in der Diözese Linz vom 3. Juli 1942, DAL.
87 Schreiben an Peterseil vom 3. Juli 1942, DAL.

Schülerheime errichtet werden sollten[88]. Peterseil hörte nicht nur die Schwestern nicht an, sondern bemerkte auch noch in zwei Klöstern, daß er ,,vorgehabt hätte, die Häuser nur teilweise zu beanspruchen, aber der Mangel an Verständnis und Entgegenkommen von seiten des Bischofs zwinge ihn, alles zu beschlagnahmen[89]''. So aber ließ Bischof Fließer seine Worte nicht verdrehen. Er schrieb an Reichsstatthalter Eigruber: ,,Im Interesse des inneren Friedens erhebe ich noch einmal ernste Vorstellungen gegen die Art des Vorgehens, wie sie in Linz bis jetzt angewendet wurde . . . Außerdem erscheint es nicht billig, daß notwendige Lasten einer einzigen bestimmten Gruppe, den Ordensleuten, auferlegt werden[90].'' Er weist auch auf den Eindruck hin, den diese Maßnahme auf die Bevölkerung machen wird, die die Schwestern achtet und schätzt[91]. Eigruber wollte anscheinend nicht entscheiden. Bischof Fließer ließ daher telefonisch am 14. Juli beim Gauleiter anfragen, ob er zu vermitteln gedenke, sonst müsse er sich an andere Stellen wenden. Am 15. Juli ließ der Gauleiter antworten, daß er es zur Kenntnis nehme, wenn der Bischof weitere Schritte tue[92]. So richtete der Kapitelvikar noch am 15. Juli ein Schreiben an das Oberkommando der Wehrmacht, das aber zuständigkeitshalber den Brief an den Reichsminister des Innern weiterleitete[93]. Das OKW aber bestätigte: ,,Ein Antrag auf Aufhebung der Beschänkungen des § 5 RLG für die genannten Anstalten ist hier weder genehmigt noch eingegangen.'' Die Herren in Linz hatten also keinen legalen Standpunkt und dürften zudem nicht mit diesem Widerstand gerechnet haben, denn die angekündigte Frist von 14 Tagen verstrich, und es geschah nichts. Weder wurden die angekündigten schriftlichen Beschlagnahmungsverfügungen zugestellt noch wurde der Termin der Umsiedlung bekanntgegeben. ,,Das Unangenehme der Lage ist, daß wir immer noch nicht wissen, worauf sich die Aktion stützt, daß wir

---

88 Schreiben Bischof Fließers an Bischof Wiencken, Fuldaer Bischofskonferenz, Berlin, vom 10. Juli 1942, DAL.

89 Schreiben Bischof Fließers an Gauleiter Eigruber vom 10. Juli 1942, DAL.

90 Schreiben an Eigruber vom 10. Juli 1942, DAL.

91 ,,Vom Provinzialat der Kapuziner wurde mir mitgeteilt, daß die Nachricht über die Beschlagnahmung der Klöster Braunau und Ried gerade eintraf, als Urlauber von der Ost- und Eismeerfront zurückkamen; der Eindruck war niederschmetternd, während die draußen alle Opfer für die Heimat bringen, verlieren sie ihre Heimat.'' (Brief Bischof Fließers an den Reichsminister des Innern vom 28. Juli 1942, DAL.)

92 Vgl. Schreiben Bischof Fließers an Oberbürgermeister Dr. Sturma, Linz, vom 16. 7. 1942, DAL Z 4119.

93 Antwortschreiben des OKW vom 20. 7. 1942, 63a WFSt/Qu/St (c) 2964/42, DAL.

keinen schriftlichen Bescheid in Händen haben und deshalb auch beim Innenministerium noch nicht gut protestieren können, obwohl allgemein das Vorgehen als eine Aktion zur Beseitigung aller Ordensleute zunächst in den größeren Städten aufgefaßt wird[94]." Man nahm auch allgemein an, daß die Beseitigung der Ordensleute in der Diözese Linz „vorexerziert" werden sollte, damit andere Gaue es nachmachen könnten[95]. Es wurde über 12 weitere Objekte die Beschlagnahmung ausgesprochen. Bischof Fließer teilte dies dem Reichsminister des Innern mit und bat ihn, dafür zu sorgen, daß den Ordensleuten der in § 5 RLG zugesicherte unentbehrliche Raum für Wohn-, Wirtschafts-, Berufs- und Gewerbebetriebsbedürfnisse nicht entzogen werde[96]. Inzwischen verdichtete sich immer mehr die Meinung, daß „in dieser . . . Beanspruchung aller klösterlichen Gebäude . . . eine Maßnahme zur Beseitigung der Ordensleute, vor allem in den Städten", zu erblicken sei. „In mehreren Fällen hat ja auch der Herr Einsatzführer ausdrücklich gesagt, daß die Schwestern aus dem Bild der Stadt verschwinden müssen[97]." Am 29. Juli zog Peterseil auch das in Wilhering untergebrachte Priesterseminar in die Beschlagnahmungsaktion ein (siehe unten). Aber durch den jetzt verschärften heftigen Protest des Bischofs begann sich die ganze Aktion gegen Peterseil zu wenden, denn der Gauleiter hatte den Bischof angewiesen, „in Zukunft Weisungen über das in Wilhering eingewiesene Seminar nur über ihn entgegenzunehmen[98]". Im nächsten Bericht heißt es schon: „Im Ganzen ist zu sagen, daß von den tatsächlich erfolgten Räumungen einige etwas übereilt geschehen sind, ohne daß die zwingenden Unterlagen dafür vorhanden gewesen wären. Bezüglich der übrigen scheint eine Stockung eingetreten zu sein, weil die Behörden, durch die die Beschlagnahmung schriftlich auszusprechen ist, doch Hemmungen zu haben scheinen wegen des Fehlens der zur Beschlagnahmung nötigen Voraussetzungen[99]."

---

94 Schreiben Bischof Fließers an Bischof Wiencken vom 24. 7. 1942, DAL.

95 Schreiben an Bischof Wiencken vom 24. 7. 1942. Da einige Schreiben in dieser Angelegenheit keine Ordnungszahl des DAL tragen, darf angenommen werden, daß sie wegen ihres Inhaltes vorerst nicht für das Archiv bestimmt waren.

96 Schreiben Bischof Fließers vom 28. Juli 1942, DAL.

97 Brief Bischof Fließers an Reichsminister des Innern vom 28. Juli 1942, DAL.

98 Schreiben Bischof Fließers an Einsatzführer Peterseil vom 17. August 1942, DAL.

99 Schreiben von Generalsekretär Vieböck an Bischof Wiencken vom 21. 9. 1942, S 944, DAL.

Ende Oktober 1942 war die Beschlagnahmungsaktion fast abgeschlossen[100]. ,,Gestern wurde mir von zuständiger Seite eröffnet, daß Peterseil, der die Beschlagnahmungen durchführte, nicht mehr Einsatzführer sei. Es wurde mir zugegeben, daß sein Vorgehen nicht richtig war. Grundsätzlich soll nichts beschlagnahmt werden, weil eine Begründung dafür nicht vorliegt. Man erwarte aber von kirchlicher Seite Entgegenkommen in jenen Fällen, wo Räume dringendst benötigt werden, und wünscht, daß in diesen Fällen ordnungsgemäße Verträge geschlossen werden[101]."

Am heftigen und mutigen Widerstand des kleinen Kapitelvikars Dr. Fließer war der Versuchsballon gescheitert, denn man hatte ,,das Kirchenkämpfertum der Machthaber in . . . Linz etwas dämpfen müssen[102]". Die Ostmark, die schon einmal zum Vorbild für das Altreich in kirchlichen Belangen geworden war[103], hätte auch diesmal wieder beispielgebend werden sollen.

Nicht uninteressant ist, daß sich auch in Linz die Disharmonie zwischen SS und Partei abzuzeichnen schien[104].

Nachdem dieser Versuch, die Orden aus dem Gau Oberdonau endgültig loszuwerden, mißglückt war, ist es nicht verwunderlich, wenn man dem Bischöflichen Ordinariat in Linz manche schikanösen Schwierigkeiten bereitete[105].

---

100 Insgesamt wurden drei kirchliche Objekte geräumt. Bei zwei weiteren ist eine teilweise Rückkehr noch nicht abgeschlossen. ,,In allen anderen Fällen bleibt die Lage im wesentlichen unverändert, wie sie vor der ‚Beschlagnahmungsaktion Peterseil' gewesen ist." (Schreiben von Generalsekretär Vieböck an Bischof Wiencken vom 29. 10. 1942, S 1025, DAL.)

101 Schreiben von Generalsekretär Vieböck an Bischof Wiencken vom 29. 10. 1942, S 1025, DAL.

102 Stadler, Österreich, a. a. O., S. 90.

103 Vgl. Scholder, Klaus, Die Kirchen im Dritten Reich, in: aus politik und zeitgeschichte, beilage zur wochenzeitung das parlament, bonn, B 15/71, vom 10. April 1971.

104 Während der SS-Standartenführer in dieser Aktion gegen die Kirche sich besonders hervortat, schien der Reichsstatthalter eine eher abwartende Rolle einzunehmen. Wie Professor Scholder klar nachweisen kann (siehe Anmerkung 103), war dies auch die Situation der obersten Führung, in der Bormann und Himmler für die große Endabrechnung mit den Kirchen eintraten. Der von Bormann ausgearbeitete und von Himmler befürwortete Plan war gegen Ende 1941 so weit gediehen, daß auf einer Arbeitstagung aller Kirchensachbearbeiter festgelegt werden konnte, ,,daß für die Zukunft eine geschlossene Bekämpfung des gefährlichsten aller gefährlichen Gegner durch die staatspolizeilichen Stellen erfolgen muß". Allerdings hatte Hitler im April 1940 beschlossen, ,,daß er zur Zeit gegen die Kirchen gerichtete Maßnahmen grundsätzlich nicht wünsche".

2. *Sorge um den Priesternachwuchs und die Priester*

A) Das Priesterseminar

Mit der Machtübernahme durch die Nationalsozialisten war alles Katholische über Nacht vom Geförderten zum Geduldeten, vielfach sogar zum Bekämpften – wenn es oftmals auch ein heimlicher, versteckter, aber umso gefährlicherer Kampf war – geworden. So wurde das Linzer Priesterseminar bereits am 14. Juni 1938 angefordert und man teilte die Ansprüche des RAD, der NSV und der SA-Gruppe Alpenland mit[106]. Der Neubau des Priesterseminares mußte für die SA bereitgestellt werden, und am 29. Juni 1938 sprach Gauleiter Eigruber Bischof Gföllner für die (Zwangs-)Überlassung schriftlich den verbindlichsten Dank aus und versicherte, ,,daß auf den verbleibenden Teil des Seminargebäudes und die eventuell anderwärtig beschafften Räume kein Anspruch erhoben wird[107]".

Am 5. September 1938 zog die NSV, Kreisamt Linz-Stadt, und am Ende desselben Monats übersiedelte das 1. Polizeirevier in das Priesterseminar. Auf Grund des Gesetzes über die Unterbringung von öffentlichen Dienststellen[108] wurden vom Reichsstatthalter in Österreich das Seminargebäude in Linz zur Unterbringung militärischer Dienststellen (Wehrbezirkskommando, Wehrersatzinspektion und Wehrmeldeamt) herangezogen[109] und gleichzeitig das Stiftsgebäude Wilhering zur Weiterführung des Lehrbetriebes zugewiesen.

Nach dem oben zitierten Gesetz war eine Zuweisung von Räumen nur möglich, ,,soweit der zur Benützung Berechtigte sie für seinen eigenen

---

105 Am 7. Jänner 1943 wurde Kanzleidirektor Kanonikus Lugstein zur Gestapo gerufen, wo ihm eröffnet wurde, daß die Bezeichnung der Ordensleute nach den vom Gau eingezogenen Stiften unstatthaft sei und als Sabotage aufgefaßt werde, die eigentlich bestraft werden müßte; man wolle aber noch einmal davon absehen. Bischof Fließer konnte aber nachweisen, daß auch staatliche Stellen – sogar jene in Berlin – genau die gleichen Bezeichnungen verwenden und verlangte daher, daß die Beschuldigung oder Verdächtigung der Sabotage weder ihm noch den Beamten des Bischöflichen Ordinariates gemacht werde. (Brief Fließers an die Gestapo vom 8. 1. 1943, DAL Z 115.)

106 LKbl, 2. Jg., Nr. 26, vom 30. 6. 1946, S. 3f.

107 Brief Eigrubers an Bischof Gföllner, zitiert im Schreiben Bischof Fließers an Gauleiter Eigruber vom 31. 7. 1942, DAL.

108 Gesetzblatt für das Land Österreich Nr. 278/38, 84. Stück, vom 27. 7. 1938 (vgl. LDbl, 84. Jg., Nr. 11, vom 29. 8. 1938, S. 144).

109 Zuweisungsbescheid des Reichsstatthalters in Österreich vom 23. 6. 1939, RSt. III 78.004/39, DAL.

Bedarf nicht benötigt oder seinen Bedarf anderweitig decken kann". Das Priesterseminar mußte zwangsvermietet werden[110]. Die Diözese hinwiederum mußte ihrerseits mit dem Stift Wilhering für die Unterbringung des Seminars einen Mietvertrag abschließen[111]. Am 21. August 1939 übersiedelte das Seminar in das Stift Wilhering[112], und am 16. September hielten die Professoren ihre letzte Konferenz in der Harrachstraße ab. Dann übersiedelte auch Regens Grosam zusammen mit der Vorstehung nach Wilhering. Für die Seminarkirche wurde Stadtpfarrer Ludwig Aspöck als rector ecclesiae bestellt[113].

Es wurde wiederholt zugesichert, daß das Seminar in Wilhering seine Ruhe haben werde. Aber es mußte noch einmal den Platz mit den Umsiedlern teilen. Das 2. Studienjahr konnte im September 1940 mit 37 Theologen nur mehr im 2. Stockwerk des Stiftes begonnen werden. Das Seminar war auch noch bereit, umzuziehen in den alten Konvent, wenn eine Neuordnung im Stift dies notwendig macht[114]. Im November 1940 wurden Regens[115] und Professoren[116] von der Gestapo überfallsartig verhört. Schließlich wurde das Stiftsvermögen für beschlagnahmt erklärt[117]. Jetzt behaupteten natürlich viele Parteigenossen, es sei nicht angebracht, in einem Haus, das nun dem Reichsgau gehörte, eine kirch-

---

110 Am 15. 3. 1939 wurde ein Mietvertrag zwischen Bischof Gföllner und dem Deutschen Reich (Staatliche Polizeiverwaltung Linz) geschlossen; nach dem Mietvertrag zwischen dem Reichsfiskus (Heer) und dem Klerikalseminar vom 2. 10. 1939 mußte mit Wirkung vom 1. 9. 1939 für vorerst einmal zwei Jahre der Altbau des Priesterseminars für 6 RM pro Quadratmeter Wohnraum und pro Jahr vermietet werden.

111 Mietvertrag vom 30. 11. 1939 (rückwirkend mit 1. 9. 1939), zitiert in einer Niederschrift über die Verhandlung zwischen dem Rektor der Technischen Hochschule Linz, Professor Jost, Oberregierungsrat Dr. Walk und Subregens Dr. Häupl, aufgenommen am 28. 9. 1944 in Wilhering, DAL.

112 In den über 100 Fuhren wurde das Mobiliar nach Wilhering gebracht; während für den Seminarbetrieb in der Harrachstraße ca. 6000 Quadratmeter zur Verfügung standen, waren es in Wilhering anfangs 2000 und später nur mehr 1376 Quadratmeter (Niederschrift vom 28. 9. 1944, DAL).

113 Schreiben an die Hochwürdigste Vorstehung des Priesterseminares vom 28. 9. 1939, DAL Z 14.822.

114 ,,All diese Einschränkungen bezeugen wohl zur Genüge, daß es dem Seminar nicht an grundsätzlicher Bereitschaft fehlt, kriegsbedingte Opfer auf sich zu nehmen." (Schreiben Bischof Fließers an Gauleiter Eigruber vom 31. 7. 1942, DAL.)

115 Am 13. November 1940 wurde Dr. Grosam zusammen mit Pater Prior von Wilhering zur Gestapo nach Linz geholt, ging aber wieder frei (Kalender Fließers, PN).

116 Am 16. November 1940 kamen 30 bis 40 Mann der Gestapo in Überfallautos nach Wilhering, visitierten die Professoren Hochaschböck und Weilbold und hielten auch Doktor Fließer bis 1/2 2 Uhr fest (Kalender Fließers, PN).

117 Kalender Fließers aus dem Jahre 1940, PN.

liche Anstalt unterzubringen. Demgegenüber betonte Bischof Fließer, „daß es sich um einen kriegsbedingten Notstand handelt. So wenig das Priesterseminar seine ursprünglichen Räume jetzt während des Krieges dem Militär kündigen kann, obwohl die zwei Jahre, für die der Mietvertrag geschlossen worden ist, längst vorbei wären, ebensowenig kann es auf die ihm zugewiesenen Ersatzräume verzichten[118]".

Am 2. Juli 1942 startete Einsatzführer Peterseil seine Beschlagnahmungsaktion (siehe oben), in die er später auch das Priesterseminar einbezog. Dagegen protestierte Bischof Fließer und legte Standartenführer Peterseil klar, wie oft das Priesterseminar schon habe wandern müssen[119].

Während Regens Grosam im Sterben lag[120], teilte Einsatzführer Peterseil mündlich mit, daß das Priesterseminar Wilhering bis 5. August zu verlassen habe und nach Dachsberg übersiedeln könne[121]. Bischof Fließer protestierte dagegen schärfstens und teilte Einsatzführer Peterseil mit, daß das Seminar durch den Zuweisungsbescheid mit einem öffentlichen Rechtsverhältnis und durch den Mietvertrag mit einem privatrechtlichen Verhältnis gebunden ist. Er richtete zugleich auch ein Schreiben an Gauleiter Eigruber, wiederholte seine früheren[122] Argumente und seine Bitte, daß es für das Seminar unmöglich sei, in ein von Linz ganz abgelegenes Haus zu übersiedeln. Er bot auch seine Bereitschaft an, „zu einer klärenden Aussprache über die Seminarfrage zur Verfügung zu stehen".

„Das Seminar wird wieder bis auf weiteres bleiben können; das konnte ich am 17. d. M. durch eine persönliche Vorsprache beim Herrn Reichsstatthalter wieder erreichen, dem ich dafür dankbar sein muß. Aber Regens Grosam kommt nicht wieder[123]."

Nach dem Tode von Regens Grosam übernahm Bischof Fließer selbst die

---

118 Schreiben Bischof Fließers an Gauleiter Eigruber vom 31. 7. 1942, DAL.

119 „Das Seminar hat sich jedesmal trotz den vielen Mühen und neuen Einschränkungen, die mit dem Wechsel verbunden waren, darein gefügt. Nunmehr aber muß ich nachdrücklichst bitten, das Seminar einmal in den neu zugewiesenen Räumen zur Ruhe kommen zu lassen." (Schreiben Bischof Fließers an Einsatzführer Peterseil vom 3. 7. 1942, DAL.)

120 Aus dem Kalender von Dr. Fließer. 29. Juli: Regens Grosam 19 Uhr 20 † in Bach. 30. Juli: Vieböck um 9 Uhr hier: Seminar soll nach Dachsberg; mittags Telegramm erhalten: Regens † (PN).

121 Schreiben Bischof Fließers vom 31. 7. 1942 an Einsatzführer Peterseil, DAL.

122 Schreiben Bischof Fließers an Gauleiter Eigruber vom 10. 12. 1941, DAL.

123 Hektographiertes Rundschreiben von Weihbischof Dr. Fließer vom 27. 8. 1942, DAL.

Leitung des Seminares, um in diesen gefährlichen Zeiten niemanden mit diesem Posten zu belasten.

Gauleiter Eigruber hat am 7. Mai 1943 das Stift Wilhering an das Deutsche Reich, Unterrichtsverwaltung, vermietet und dem neuen Mieter das Recht eingeräumt, den Mietvertrag mit der Diözese zu kündigen[124]. Bischof Fließer hat gegen die am gleichen Tag erfolgte Kündigung Einspruch erhoben und es wurde später mitgeteilt, daß wegen der Einwände Feststellungen getroffen werden müssen. Dann würde eine Entscheidung ergehen[125]. Wilhering sollte Filmstadt werden oder ein Museum erhalten. Im Herbst 1943 aber wurde in Wilhering eine Technische Hochschule eröffnet. Im August 1944 wurde Bischof Fließer in dringender Seminarangelegenheit zum Gauleiter gerufen, der mitteilte, daß er auf Drängen Berlins das Seminar nicht weiter im Stift Wilhering belassen könne[126]. Als Ausweichraum bot der Gauleiter die Räume an, die das Oberversicherungsamt des Reichsstatthalters bei den Oblatinnen in Urfahr als Büroräume verwendete. Schwierigkeiten ergaben sich bei den folgenden Verhandlungen nur wegen des Mobiliars, das in den nur 264 m² großen Räumlichkeiten in Urfahr keinesfalls untergebracht werden konnte[127]. Erst die in der Niederschrift vom 28. September 1944 enthaltene rechtsverbindliche Vereinbarung sicherte dem Seminar die Belassung des Mobiliars und der Bibliothek in entsprechenden Räumen der Technischen Hochschule[128].

Am 5. Oktober 1944 übersiedelte das Seminar nach Urfahr und am 21. Oktober wurde das Studienjahr in der Kapellenstraße 8 eröffnet. Es sollte ein sehr bewegtes und verkürztes Schuljahr werden[129].

Der ganze Kampf um das Seminargebäude, die Ausweisungen, Umsied-

---

124 Mitteilung von Professor DDr. Häupl, Linz.

125 Erlaß des Reichsministers für Wissenschaft, Erziehung und Volksbildung vom 24. 7. 1943, WR 938, DAL.

126 An der Besprechung am 22. 8. 1944 nahm auch Subregens Dr. Häupl teil, der die weiteren Verhandlungen als Vertreter des Bischofs führte. Er faßte die Besprechungen und Verhandlungen bis 26. 9. 1944 in einem Pro Memoria zusammen. Die Verhandlungen führten zu jenem Ergebnis, das in der Niederschrift vom 28. 9. 1944 vorliegt, DAL.

127 Bei diesen Verhandlungen zeigte sich Gauleiter Eigruber bzw. sein Vertreter sehr zuvorkommend, ganz im Gegensatz zum Vertreter der Technischen Hochschule, der sich bis zuletzt geweigert hatte, das Mobiliar in Wilhering unterbringen zu lassen.

128 Darüber wurde ein Mietvertrag abgeschlossen.

129 Die Osterferien mußten infolge der turbulenten Zeiten verlängert werden und dauerten bis in den Juni hinein.

lungen und Platzbeschränkungen waren schikanös und ärgerlich gewesen. Sie waren aber mit guten Nerven zu überstehen. Lebensbedrohend aber wurde die Lage, als man systematisch daranging, die Theologen aus den Priesterseminaren zu holen[130]. Erst war das Oberste Heereskommando nicht bereit, die Theologen der Ostmark gleich denen im Altreich vom Militärdienst zurückzustellen[131]. Die österreichischen Bischöfe richteten dann ein Gesuch an das Oberkommando des Heeres, es mögen für die erste Zeit Übergangsbestimmungen getroffen werden[132].
Manche Bischöfe versuchten inzwischen, ihre Theologen vom Militärdienst dadurch freizuhalten, daß sie ihnen die Subdiakonatsweihe zu einem früheren Termin erteilten[133]. Da die österreichischen Bischöfe noch auf Erfolg ihres Ansuchens hofften, enthält ein Pro Memoria zu diesem Ansuchen die Empfehlung, ,,den bisher gewohnten Termin der Subdiakonatsweihe nicht vorzuverlegen''.
Trotz aller Bemühungen der Bischöfe wurden am 20. Juli 1939 50 Theologen des Linzer Priesterseminares zur Fliegerausbildung einberufen[134]. Am 14. Oktober 1939 erging dann die geheime Verfügung vom Oberkommando der Wehrmacht, die die Theologiestudenten vollkommen dem Zugriff des Heeres preisgab[135].

---

130 Vorläufig galt das Deutsche Wehrgesetz vom 21. 5. 1935 in der Fassung vom 26. 6. 1936 (vgl. LDbl, 84. Jg., Nr. 11, vom 29. 8. 1938, S. 146).

131 ,,Die Begünstigung des Zurückstellens bis zur Subdiakonatsweihe soll darum nicht gegeben werden, weil man nicht geneigt ist, die theologischen Fakultäten und Diözesanlehranstalten sowie Ordenslehranstalten Österreichs in die Liste der ,privilegierten' theologischen Anstalten aufzunehmen'' (vgl. Schreiben des erzbischöflichen Ordinariates Wien an Fürsterzbischof Dr. Waitz, Salzburg, vom 9. März 1939, Z. 1705/1939, und Konzept des gemeinsamen Schreibens an den Reichskriegsminister mit der Bitte um Angleichung, ohne Datum, DAL).

132 Die vorläufig für ein Jahr zurückgestellten Theologen sollten nicht alle zum gleichen Zeitpunkt einberufen werden, denn sonst würde ein gänzlicher Ausfall des Priesternachwuchses eintreten. (Schreiben an das Oberkommando des Heeres vom 1. April 1939, DAL.)

133 Diese Praxis wurde von militärischer Seite als ein Sich-entziehen-Wollen vom Militärdienst ernstlich beanstandet.

134 Kalender 1939 von Dr. Fließer, PN.

135 Aus der geheimen Verfügung vom 14. 10. 1939: ,,1.) c) Die Diakone, Subdiakone und die Ordensleute, die *noch nicht* die Priesterweihe empfangen haben (siehe Anlage, Abschnitt C), stehen gleichfalls für Heranziehung zum Sanitätsdienst zur Verfügung. d) Die in den kirchlichen Anstalten befindlichen *Studierenden* der römisch-katholischen Theologie und Philosophie, welche sich auf das Priestertum vorbereiten (Priesteramtskandidaten), sind, soweit sie noch nicht die Subdiakonatsweihe empfangen haben, zum Dienst mit der Waffe heranzuziehen, wenn sie nicht im Sanitätsdienst verwendet werden können.'' (DAL.)

Es kann daher nicht verwundern, wenn der Hörerstand des Linzer Priesterseminares folgende Entwicklung aufweist[136]:

Studienjahr	Gesamtzahl der Hörer	am Studium gehindert	im Studium
1937/38	180	–	180
1938/39	185	19	166
1939/40	178	79	99
1940/41	142	117	25
1941/42	152	136	16
1943/44	162	152	10
1944/45	161	149	12

Zum 1. Oktober 1943 waren von den insgesamt 153 inskribierten Theologiestudenten der Diözese Linz (die Ordenstheologen nicht mitgerechnet!) 146 zum Heeresdienst eingezogen. Diese Zahl lag weit über der der anderen österreichischen Diözesen[137]. Vergleicht man aber die Prozentsätze der in jeder Diözese eingezogenen Theologen[138], so muß festgestellt werden, daß in jeder österreichischen Diözese – im Gegensatz zu einigen Diözesen des Altreiches[139] – grundsätzlich mehr als 90 Prozent der Theologen einberufen waren[140]. Linz lag mit 95,43 Prozent ungefähr in der Mitte.

Von den 146 zum Heeresdienst eingezogenen Linzer Theologen und Alumnatspriestern dienten 20 bei der Sanität und 126 waren zum Dienst mit der Waffe herangezogen worden. Sobald sich nach dem Zusammenbruch 1945 die Lage beruhigt hatte, machte man Bilanz. Sie sah erschütternd aus[141]:

136 Die Angaben stützen sich auf das LDbl, 83. Jg., Nr. 12, vom 6. 12. 1937, S. 190; 86. Jg., Nr. 18, vom 31. 10. 1940, S. 209f.; 89. Jg., Nr. 9, vom 15. 10. 1943, S. 73; 90. Jg., Nr. 9, vom 15. 10. 1944, S. 57; und auf Hörerkataloge der Diözesanlehranstalt Linz mit Stand vom 15. 10. 1938, 15. 10. 1939 und 15. 9. 1941.

137 Die Diözese Graz-Seckau nahm mit 68 eingezogenen Theologen die zweite Stelle ein, hatte aber nicht einmal halb so viele Theologen im Feld wie die Diözese Linz.

138 Zitiert nach: Beteiligung der Theologiestudenten, Kleriker und Priester am Kriege (Stichtag: 1. Oktober 1943), Weltklerus, herausgegeben von der Zentralstelle für kirchliche Statistik, Köln, DAL.

139 Im Altreich gab es einige Diözesen, in denen weniger als 90 % der Theologen einberufen waren; aber auch dort waren es überall mehr als 80 %.

140 Graz-Seckau hatte mit 90,67 % die wenigsten, Wien mit 100 % die meisten Theologen im Feld.

141 Die folgenden Zahlen sind zitiert nach LKbl, 2. Jg, Nr. 12, vom 24. 3. 1946, S. 7.

190 Theologen und Theologieanwärter waren im Laufe von sieben Jahren in den Wehrdienst gegangen;
31 davon sind gefallen;
3 sind noch vermißt;
42 haben sich während dieser Zeit abgemeldet.

Am Ende des Wintersemesters 1945/46 zählte das Seminar 96 anwesende Theologen und Theologieanwärter, 44 noch zu erwartende Heimkehrer-Theologen, 140 insgesamt, aber verteilt auf 11 (!) Inskriptionsjahre.

Es erhebt sich die Frage, ob Bischof Fließer wirklich alles getan habe, um seine Theologen vor der Einberufung zu schützen? Dazu muß klargestellt werden, daß die Theologen, die noch nicht die Subdiakonatsweihe erhalten hatten, auf Grund des oben zitierten geheimen Erlasses zum Dienst mit der Waffe einberufen werden konnten. Als Bischof Dr. Fließer zum Kapitelvikar der Diözese Linz gewählt wurde, waren nur 16 Theologen noch nicht zum Militär geholt worden[142]. Da es gegen den geheimen Erlaß keine Berufungsinstanz gab und auch alle Bemühungen der österreichischen Bischöfe für ihre Theologen[143] erfolglos blieben, waren die Bischöfe Dr. Gföllner und später Dr. Fließer einfach gezwungen, die Einberufungen der Theologen – zum Großteil zur Fliegerausbildung[144] – hinzunehmen, ja sie konnten nicht einmal wirkungsvoll dagegen protestieren.

B) Priester

Bis zum 1. Oktober 1943 wurden aus der Diözese St. Pölten 16 schon in der Seelsorge arbeitende Priester zum Wehrdienst eingezogen (d. s. 4,17 Prozent der Priester), während aus der Diözese Linz 85 (d. s. 14,66 Prozent) Priester einberufen wurden[145]. Auch hier gilt die Frage: Hat Bischof

142 Der Hörerkatalog des Priesterseminares weist zum 15. September 1941 insgesamt 16 Hörer als anwesend aus.

143 Am 27. 3. 1939 sprach der Wiener Domkapitular Dr. Taubert in dieser Angelegenheit beim Oberkommando der Wehrmacht vor, und die österreichischen Bischöfe richteten ein gemeinsames Schreiben am 1. April 1939 an das Oberkommando.

144 Vgl. LKbl, Jg. 1960, Nr. 26, vom 26. 6. 1960, S. 9.

145 Davon wurden fünf zur Heeresseelsorge, 67 zum Sanitätsdienst und 13 zum Dienst mit der Waffe eingezogen. (Zitiert nach Beteiligung der Theologiestudenten, Kleriker und Priester am Kriege / Stichtag 1. Oktober 1943 / Weltpriester, hrsg. von der Zentralstelle für kirchliche Statistik, Köln.)

Fließer alles getan, um die schon in der Seelsorge arbeitenden Priester vor der Einberufung zu schützen?
Bis 1939 galt das Wehrgesetz vom 21. Mai 1935 in der Fassung vom 26. Juni 1936, das alle Kleriker ab dem Subdiakonat vom Wehrdienst befreite[146]. Durch den oben erwähnten Erlaß waren die Postenbezeichnungen der Geistlichen genau festgelegt, die eingezogen werden konnten[147] bzw. die von der Ableistung des Wehrdienstes befreit waren. Befreit waren grundsätzlich alle Priester in leitender Stellung[148], während alle Geistlichen mit nichtselbständigen Agenden[149] zum Sanitätsdienst eingezogen werden konnten.
Die oben erwähnten 85 eingezogenen Priester aus der Diözese Linz waren tatsächlich durchwegs Kooperatoren in untergeordneten Stellungen gewesen[150]. In verschiedenen Diözesen wurden auf diesen Erlaß hin sofort untergeordnete Kirchen zu Pfarrkirchen erhoben bzw. selbständige Seelsorgebereiche geschaffen. Das Kultusministerium verweigerte zwar den so geschaffenen neuen Seelsorgestellen die Zuerkennung der staatlichen Rechtswirksamkeit, betonte aber, daß es entsprechend den nationalsozialistischen Grundsätzen über das Verhältnis von Staat und Kirche nicht die Absicht habe, in irgendeiner Form Einfluß auf die innerkirchlichen Verfügungen zu nehmen[151].
Da in der geheimen Verfügung vom Oktober 1939 zum Teil in Österreich nicht gebräuchliche Bezeichnungen verwendet wurden, fragte Bischof Gföllner beim Commissariat der Fuldaer Bischofskonferenz an, wie die einzelnen Bezeichnungen genau zu verstehen seien[152]. Nach Rücksprache mit dem Reichskirchenministerium teilte das Commissariat der Fuldaer Bischofskonferenz mit, daß infolge der Eile, mit der jene Verordnung erstellt worden sei, die österreichischen Bezeichnungen nicht

146 Vgl. LDbl, 84. Jg., Nr. 11, vom 29. 8. 1938, S. 146.
147 Der erste Hinweis über Einziehung von Priestern zum aktiven Militärdienst findet sich im LDbl, 86. Jg., Nr. 4, vom 26. 2. 1940, S. 87.
148 Z. B. Ordinarien, Mitglieder des Ordinariates, Seminarvorstehung und Professoren, selbständige Seelsorger (einschl. Pfarrvikare und exponierte Lokalkapläne) und Kirchenrektoren.
149 Z. B. Kapläne, Religionslehrer, Präfekten etc.
150 Daneben waren auch Religionslehrer vertreten sowie Benefiziaten und Alumnatspriester.
151 Erlaß des Ministeriums für innere und kulturelle Angelegenheiten vom 26. 2. 1940 IV-K/a-2773/1940.
152 Schreiben Bischof Gföllners vom 22. 12. 1940.

angeführt werden konnten. Alle im Ordinariat mit selbständigen Agenden betrauten Geistlichen könnten als Ordinariatsräte – um diese Bezeichnung ging es vornehmlich – ausgewiesen werden[153]. In einer Notiz zu diesem Schreiben meinte Dr. Fließer, „daß es ganz darauf ankommt, welche Herren der Bischof dem Militär gegenüber durch die im Dokument eingetragene Bezeichnung ‚Ordinariatsrat' als Inhaber ‚selbständiger Referate und Agenden' ausweist. Es ist also nicht notwendig, im innerkirchlichen Bereiche auch alle diese Herren mit dem Titel ‚Ordinariatsrat' zu bezeichnen[154]".

Es war also Fließers eindeutige Absicht, möglichst viele Geistliche als Ordinariatsräte bezeichnen zu lassen und sie so der Einberufung zu entziehen. Aber Bischof Gföllner, einem sein ganzes Leben lang geraden und willensstarken Mann[155], war es aus innerster Überzeugung zuwider, krumme Wege zu gehen und jemandem eine Funktion zu geben, die er nur auf dem Papier innehaben sollte. Er verlieh diese neuen Funktionen und Titel schließlich doch; so wurden z. B. zwischen 17. und 22. April 1940 vier Kirchenrektoren[156] und ab Dezember 1940 viele Kooperatoren zu Pfarrvikaren mit dem Rechte eines Provisors ernannt[157]. Mit 1. Jänner 1941 wurden auch zwei Kooperator-Exposituren errichtet[158]. Soweit hatte sich Bischof Gföllner für seine Priester eingesetzt.

Ab Juni 1941 oblag Kapitelvikar Fließer diese Sorge. Bis zu diesem Zeitpunkt waren bereits 79 Welt- und 41 Ordenspriester aus der Diözese Linz eingezogen worden[159]. Als im Juli 1941 drei Kooperatoren in Steyr mitgeteilt wurde, daß sie ehestens mit der Bereitstellung zu rechnen hätten, beantragte das Bischöfliche Ordinriat sofort, es mögen für jede der bei-

---

153 Schreiben des Commissariates der Fuldaer Bischofskonferenz vom 7. 1. 1941, DAL.

154 Schriftliche Notizen Dr. Fließers zum Schreiben des Commissariates der Fuldaer Bischofskonferenz (ohne Datum), DAL.

155 Weinzierl, Erika, Die Bischöfe, in: Kirche in Österreich 1918–1965, Band I, Verlag Herold, Wien 1966, S. 24; LDbl, 87. Jg., Nr. 13, vom 5. 6. 1941, S. 75 ff.

156 Vgl. LDbl, 86. Jg., Nr. 7, vom 4. 5. 1940, S. 130.

157 Vgl. LDbl, 87. Jg., vom Jahr 1941.

158 LDbl, 87. Jg., Nr. 5, vom 1. 3. 1941, S. 35.

159 „. . . mit Stand vom 15. Juli 1941 sind folgende Weltpriester der Diözese Linz im Wehrdienst: 1 als Kriegspfarrer, 9 als Standortpfarrer im Nebenamt, 57 als Sanitätssoldaten, 12 zum Waffendienst. – Von den Ordenspriestern, die auch zum größten Teil in der Seelsorge tätig waren, sind aus unserer Diözese 40 als Sanitätssoldaten, 1 zum Waffendienst eingerückt." (Schreiben von Bischof Fließer an die Geheime Staatspolizei Linz vom 19. 7. 1941, DAL.)

den Steyrer Pfarren je zwei Kooperatoren als unabkömmlich erklärt werden, denn der Pfarrer könne alleine unmöglich die vielen Arbeiten erledigen[160].

Der Kapitelvikar konnte neue Kirchenrektoratsstellen und neue Lokalkaplaneien errichten[161] und tat dies auch[162]. Dr. Fließer übernahm zwar anfangs noch den Modus der Versetzungen seines Vorgängers, d. h. er versetzte Kapläne von einem ungeschützten auf einen anderen ebenso ungeschützten Kaplansposten. Erst allmählich erhielten die Kapläne zugleich mit ihrer Versetzung jene Titel und Stellungsbezeichnungen, die sie vom Wehrdienst befreiten. Die häufigsten dabei verwendeten Titel waren: Exponierter Lokalkaplan, Expositus, Kirchenrektor etc.[163]. Leider wurden auch unter Weihbischof Fließer noch Priester eingezogen. Aber von den zwischen Juni 1941 und August 1942 eingezogenen 39 Priestern waren 36 noch von Bischof Gföllner in jene ungeschützte Position versetzt worden, von der sie eingezogen wurden[164].

Bischof Fließer wollte aber auch die Priester im Wehrdienst in jene Positionen bringen, wo sie noch am geschütztesten waren. Er legte daher 15 Priestersoldaten, die die Vorbedingungen erfüllten, nahe, an den katholischen Feldbischof ein Gesuch um Verwendung als Kriegspfarrer zu richten[165].

Am 1. November 1941 mußte dem Reichsstatthalter zugleich mit dem Diözesan-Haushaltsplan auch der offizielle Stellenplan der Diözese vorgelegt werden. Diese Gelegenheit benutzte Bischof Fließer und erklärte viele Kaplaneien zu selbständigen Seelsorgestellen bzw. errichtete an Kapellen selbständige Kaplaneien oder an einsamen Gotteshäusern oder Klosterkirchen Kirchenrektorate. Das mutige Experiment hätte den Bogen allerdings auch überspannen können, doch es wurde in der ganzen Diözese toleriert. Einzig dem Wehrbezirkskommando Steyr mußten Erklärungen und nähere Details zu diesen vielen neuen selbständigen

160 Schreiben des Bischöflichen Ordinariates Linz vom 18. 7. 1941, DAL Z 5049, an das Wehrbezirkskommando Steyr.

161 Protokoll der Konsistorialsitzung vom 10. Jänner 1942, DAL.

162 Anfang 1942 wurden neue Kaplaneien errichtet in Reichenstein, Pfarre Pregarten, und Reindlmühle, Pfarre Altmünster, sowie ein Kirchenrektorat in Andorf.

163 Vgl. LDbl, Jgg. 1941–1945; zur kirchenrechtlichen Stellung und den offiziellen Titeln dieser Posten vgl. LDbl, 87. Jg., Nr. 17, vom 1. 9. 1941, S. 104ff.

164 Vgl. LDbl, Jgg. 1941 und 1942.

165 Schreiben des Bischöflichen Ordinariates Linz vom 17. 1. 1942, DAL Z 258, an 15 Priester-Soldaten.

Seelsorgestellen übermittelt werden[166]. Bischof Fließer hatte damit einer größeren Anzahl von Geistlichen jene selbständigen Positionen verschafft, die sie vor der Einberufung schützten.
Dr. Fließer hatte sich schon vor seiner Ernennung zum Weihbischof sehr dafür eingesetzt, daß ein Diakon, den man von den Weiheexerzitien weg zurück zum Militär geholt hatte, doch die Priesterweihe empfangen konnte[167].
Dr. Fließer hat also sowohl vor als auch nach seiner Bischofsweihe alles getan, um möglichst wenig Priester im Kriege opfern zu müssen. Hätte er sie nicht vielmehr zur Wehrdienstverweigerung verpflichten müssen? Sowohl Zahn[168] als auch Daim[169] werfen Bischof Fließer vor, nie die Soldaten zum Widerstand gegen den Krieg aufgefordert zu haben.
Die Kritik trifft einen wahren Sachverhalt. Bischof Fließer hat von keinem Soldaten – auch nicht von seinen Theologen und Priestern – offiziell verlangt, den Wehrdienst zu verweigern. Aber wäre es den Militärgerichten von Berlin, Wien oder anderswo auf 231 Todesurteile mehr angekommen? Bischof Fließer brauchte seine 85 Priester und 146 Theologen für die Seelsorge nach dem Kriege jedoch dringend.
Nun könnte vielleicht einer sagen, Bischof Fließer hätte zur Wehrdienstverweigerung wenigstens aufmuntern oder anregen sollen. Wenn aber etwas klar als Unrecht erkannt wurde, kann man da noch aufmuntern oder anregen oder muß man da nicht vielmehr strikte verlangen, es nicht zu tun? Jedes Ermutigen oder Aufmuntern wäre in diesem Falle nur Halbheit und Lauheit gewesen!
Es wird in diesem Zusammenhang Bischof Fließer vorgeworfen, daß er sich nicht für die während der Zeit des Nationalsozialismus verfolgten Priester eingesetzt hätte. Dieser Vorwurf stimmt nicht, soweit es sich um

---

166 Antwortschreiben des Bischöflichen Ordinariates Linz vom 16. 3. 1942, DAL Z 1338, an das Wehrbezirkskommando Steyr auf dessen Brief Az. 12 i 10. 22 Abt. IIc.

167 Der Diakon Josef Putz, der am 2. März 1941 die Priesterweihe empfangen sollte, wurde am 28. 2. 1941 zum Militär zurückgerufen. Am 2. März ließ Dr. Fließer einen Brief an den Feldbischof übermitteln und sprach bei diesem am 4. März persönlich vor, als er durch Linz fuhr. Als Dr. Fließer am 15. März wegen seiner Ernennung zum Weihbischof beim Nuntius in Berlin war, brachte er die Angelegenheit Putz nochmals beim Feldbischof vor und konnte schließlich erreichen, daß Josef Putz am 2. April 1941 in Wilhering die Weihe erteilt wurde. (Aus dem Kalender Fließers vom Jahre 1941, PN.)

168 Zahn, Er folgte seinem Gewissen, a. a. O.

169 Daim, Analyse einer Illusion, a. a. O., S. 53ff.

Priester handelt, die infolge ihres Eifers oder ihrer Position, aber ohne persönliches Verschulden verfolgt wurden[170].
Soweit es sich aber um Priester handelte, die durch unüberlegte Äußerungen oder durch Verstöße gegen Gesetze (Hören von Auslandsendern etc.) verurteilt wurden, war der Bischof der Meinung, daß diese Priester dafür selbst verantwortlich seien[171].
Die Bilanz nach dem Ende des Krieges sah traurig aus[172]: In der Diözese Linz waren während der nationalsozialistischen Ära insgesamt 141 Priester in Haft (u. a. waren 32 im KZ, 48 in Kerkern oder Gefängnissen und 41 in Schutzhaft). Davon sind 15 nicht mehr zurückgekommen; 9 waren gauverwiesen und 146 hatten Rede- und Schulverbot[173]. Zum Tode wurden zwei Priester verurteilt, 16 hatten Landesverweisung[174]. „Zum Sanitätsdienst der Wehrmacht wurden 168 Priester (90 Weltpriester und 78 Ordenspriester) einberufen; davon sind 7 Weltpriester und 4 Ordenspriester gefallen, 13 Weltpriester sind vermißt (Stalingrad) oder gefangen. Bis jetzt sind erst 25 unserer Priestersoldaten in der Diözese eingetroffen[175]." In ganz Österreich waren insgesamt 723 Priester in Kerkerhaft, 38 davon starben[176].

3. Seelsorger der Jugend

Seine größte Aufgabe im Bereich der Seelsorge sah Bischof Fließer darin, der Kirche zu erhalten, was erhalten werden konnte[177]. Ist dies aber nicht gerade jene Haltung, die wenig Wagemut verrät und die man Opportunismus nennt? Leichtfertige Tapferkeit, die mehr Nachteile für die

---

170 Für Dr. Ohnmacht war Dr. Fließer einige Male bei der Gestapo (Kalender Fließers 1938, PN). Im persönlichen Nachlaß Fließers findet sich ein Brief des nachmaligen Generalvikars Ferdinand Weinberger aus dem Gefängnis in Wien: „Daß Ew. Exzellenz meines Namenstages mit einer so schönen Karte (erhalten am 12. VI.) gedacht haben, ehrt und freut mich gar sehr! Ganz besonderen Dank aber für das hl. Meßopfer . . . Auch den anderen, die am 30. V. in der Hauskapelle meiner gedachten, wie Exzellenz schrieben, vom ganzen Herzen Dank dafür!" (Brief vom 18. 6. 1944, PN.)

171 Mitteilung von Prof. DDr. Häupl, Linz.

172 Vgl. auch Die Furche, Kulturpolitische Wochenschrift, 2. Jg., Nr. 9, vom 2. 3. 1946, S. 5.

173 Zitiert nach LKbl, 2. Jg., Nr. 7, vom 17. 2. 1946, S. 7.

174 Fried, Nationalsozialismus, a. a. O., S. 86.

175 Bericht über die Lage in der Diözese Linz in Oberösterreich, S. 10. (Dieser Bericht wurde als Beilage an die Bischöfe von Chur, Lugano und Solothurn am 8. Juli 1945 geschickt, DAL.)

176 Klerus-Blatt, 79. Jg., Nr. 2, vom 16. 10. 1946, S. 4.

Seelsorge bringt als Vorteile, und feiger Opportunismus, der jeder Zustimmung zu a- oder antikatholischen Standpunkten den Deckmantel der Klugheit umhängt, sind zwei extreme Positionen, deren Ablehnung wohl niemand anfechten wird. Fließers Standpunkt war ihm durch reale Vernunft und verantwortliches Gewissen geboten. Er wollte die gesetzlich gegebenen Möglichkeiten bis zur letzten Grenze ausschöpfen. Ist diese Haltung Opportunismus[178]?

Daß Weihbischof Fließer nicht feig war, bewies er im Kampf um die Jugend. Bis 1938 war die Jugendbewegung vereinsmäßig organisiert gewesen. Der Priester hatte dabei meist die Vereinsfunktion des Präses. Von den Vereinen wurden fast alle Lebensbereiche betreut. Sogleich nach der Machtübernahme wurden die Jugendvereine[179] aufgelöst[180], und die Arbeit der Priester wurde auf die ausschließlich religiöse Betreuung der Jugend eingeschränkt[181]. Gauleiter Eigruber verkündete diese Maßnahme sehr plastisch: ,,Und nun zur Frage der Jugend . . . Die Aufgaben des Pfarrers und des Ortsgruppenleiters liegen auf völlig verschiedenen Gebieten. Der eine sorgt für die Seele und dafür, daß es den Menschen im Jenseits wohl ergehe, der Hoheitsträger sorgt dafür, daß es den Menschen wohl ergehe auf der Erde. Hier wollen wir scharf trennen . . . Einige, die die beiden Gebiete nicht auseinanderhalten konnten, sind schon in Dachau . . . Katholisch turnen und katholisch wandern, das tun wir nimmer! Turnen, wandern und spielen wird unsere Jugend ausschließlich in der HJ! Unsere Jugend erzieht die NSDAP[182]!" Kaum einen Monat später erklärte er: ,,Sie (sc. die Jugend) wird nationalsozialistisch erzogen. Wir kennen in dieser Frage kein Nachgeben und keinen Kom-

---

177 ,,Ich werde eine Erklärung abgeben, nach den bestehenden Gesetzen sich zu verhalten, nichts gegen die Regierung zu unternehmen, Ruhe und Frieden zu halten. Kirche macht nie Revolution, sie hat die Pflicht, Seelsorge zu üben, und zwar nach den Verhältnissen, die sie vorfindet." (Erzbischof Waitz in seinem Tagebuch am 14. 3. 1938, zitiert nach Jablonka, Waitz, a. a. O., S. 120.)

178 Mit seiner Haltung, die auch der Haltung des Wiener Erzbischofs Kardinal Innitzer entsprach, befand er sich jedenfalls in bester Gesellschaft. (Vgl. Rudolf, Dr. Karl, Aufbau im Widerstand, Otto-Müller-Verlag, Salzburg 1947, S. 65f.)

179 Nach Fried, Nationalsozialismus, a. a. O., S. 55, waren es in der Diözese Linz über 500 Vereine.

180 Vgl. LDbl, 84. Jg., Nr. 5, vom 27. 4. 1938, S. 48f., und Nr. 6 vom 1. 6. 1938, S. 60f.

181 Vgl. Rudolf, Aufbau, a. a. O., S. 239; dazu vgl. auch Reimann, Innitzer, a. a. O., S. 217ff.

182 Volksstimme, 1. Jg., Nr. 9, vom 11. 7. 1938, S. 2.

promiß. Die Jugend gehört dem Staat und der Staat der nationalsozialistischen Partei[183]!"
Vom Ordinariat Linz wurden den Seelsorgern die ergangenen Weisungen immer zur Kenntnis gebracht und eingeschärft[184]. Soweit man den Religionsunterricht in der Schule nicht mit gesetzlichen Bestimmungen verhinderte[185], verordnete man doch, daß kein Lehrer und Schüler zum Religionsunterricht bzw. zu religiösen Übungen gezwungen werden durfte[186], oder man versuchte, ihn mit Schulverboten, Redeverbot, Gauverweisungen udgl. zu behindern[187]. Am 1. März 1939 war das Gesetz über die religiöse Kindererziehung im Lande Österreich in Kraft gesetzt worden[188]. Die Kirche suchte einen Ersatz für den teilweise entzogenen Unterricht in den pfarrlichen Seelsorgestunden. Aber der Staat griff auch dort ein. Nachdem Dr. Fließer als Weihbischof ernannt worden war, stattete er Gauleiter Eigruber einen Antrittsbesuch ab[189]. Dabei stellte der Gauleiter eine Regelung der konfessionellen Jugendveranstaltungen in Aussicht[190]. Statt einer Besprechung und Regelung aber kamen weitere Einschränkungen. So wurde wiederholt, daß jede Art nichtkonfessioneller Betätigung verboten ist. Kinder unter zehn Jahren dürfen nur auf den Erstempfang der Sakramente vorbereitet werden; Veranstaltungen wurden auf Kirchen und Kapellen beschränkt und mußten 48 Stunden vor Beginn kundgemacht werden. Die Betreuung

183 Volksstimme, 1. Jg., Nr. 33, vom 8. 8. 1938, S. 2. (Zur Jugend rechnete Eigruber auch die Schulkinder.)

184 Vgl. LDbl, 84. Jg., Nr. 12, vom 1. 10. 1938, S. 169, und 89. Jg., Nr. 2, vom 15. 2. 1943, S. 13.

185 An den Handelsakademien bzw. kaufmännischen Wirtschaftsschulen wurde der Religionsunterricht aufgelassen (LDbl, 84. Jg., Nr. 11, vom 29. 8. 1938, S. 143), in den Pflichtschulen reduziert (ebenda S. 143). Über die Stellung des Konfessionsunterrichtes in der Schule vgl. LDbl, 85. Jg., Nr. 18, vom 10. 10. 1939, S. 219.

186 Erlaß des Ministeriums für innere und kulturelle Angelegenheiten, Abt. IV, vom 17. 9. 1938, Z. IV-2a 33.316-a, zitiert nach LDbl, 84. Jg., Nr. 12, vom 1. 10. 1938, S. 169.

187 Der Landesschulrat verfügte am 24. 9. 1938, daß konfessionelle Übungen (z. B. Schulbeichte etc.) nur an schulfreien Tagen gehalten werden dürfen (vgl. LDbl, 91. Jg., Nr. 14, vom 1. 12. 1938, S. 200ff.). Eine Eingabe um Freigabe von Schulstunden für diesen Zweck wurde nicht genehmigt (vgl. LDbl, 85. Jg., Nr. 2, vom 6. 2. 1939, S. 19f.).

188 Vgl. LDbl, 85. Jg., Nr. 7, vom 12. 4. 1939, S. 69ff., und Nr. 16 vom 14. 9. 1939, S. 179ff.

189 Eintragung im Kalender Dr. Fließers vom 25. 4. 1941, PN.

190 Vgl. Schreiben des Kapitelvikars an Gauleiter Eigruber vom 2. November 1941 (ohne Aktenzahl, DAL).

war nur den ortsansässigen Priestern gestattet. Bei allen diesen Beschränkungen war selbstverständlich bei Strafe auf den Dienst der HJ Rücksicht zu nehmen[191]. Diese Einschränkungen wurden offiziell am 17. Juli 1941 mitgeteilt, nachdem sie geheim schon am 2. Juli vom Gauleiter den Landräten bekanntgegeben worden waren. Einige dieser Verfügungen waren erstmalig in ihrer Art (besonders gegen die Kinder) und sollten wahrscheinlich im Gau Oberdonau vorexerziert werden. Der Bischof wies auf die unverständlichen Verschärfungen hin[192] und erklärte, daß er die Priester nicht auf die gegen die Aufgaben der Seelsorger und gegen die Rechte der Eltern verstoßenden Bestimmungen[193] verpflichten könne. Er hoffe, diese Bestimmungen würden nicht veröffentlicht, sonst müsse er „bis an die obersten Reichsstellen gegen diese . . . Gauverfügung . . . appellieren[194]". Bis Mitte September erfolgte von der Gestapo keine Antwort. In der Zwischenzeit erfuhr der Kapitelvikar von der Veröffentlichung durch den Gauleiter am 2. Juli. Im September erklärte die Gestapo, daß sie auf die Einwände des Bischofs nicht eingehe, vielmehr die Veröffentlichung der Bestimmungen im Diözesanblatt verlange. Es wurden wohl mündlich kleine Zugeständnisse gemacht, doch im Prinzipiellen nichts geändert. Da als neueste Schikane die Neuansuchen um Zulassung zur Erteilung des Konfessionsunterrichtes abschlägig beantwortet wurden, bedeutete dies praktisch zugleich die Unversetzbarkeit von Priestern[195]. Dagegen wehrte sich der Bischof und verweigerte die Veröffentlichung der Bestimmungen. Bischof Fließer kann daher in diesem Zusammenhang schwerlich Feigheit nachgewiesen werden. Da der Bischof aber auch nicht leichtsinnig war, wies er die Seelsorger an, sich gegebenenfalls der Gewalt zu fügen, bis von den obersten Reichsstellen eine Entscheidung getroffen sei[196]. Am 20. September richtete er gleichlautende Schreiben an den Reichserziehungsminister und den Reichsminister für die kirchlichen Angelegenheiten und wies dabei auf die Versprechungen von höchster Stelle bei der Machtübernahme hin, daß Frei-

191 Mitteilung der Geheimen Staatspolizeistelle Linz an Generalsekretär Vieböck am 17. 7. 1941, zitiert im Schreiben von Kapitelvikar Fließer an die Geheime Staatspolizeistelle vom 19. 7. 1941, DAL; vgl. LDbl, 87. Jg., Nr. 21, vom 15. 11. 1941, S. 141.

192 Z. B. Einschränkungen auf unheizbare Kirchen und Kapellen.

193 Ausschluß der Kinder unter 10 Jahren.

194 Schreiben an die Geheime Staatspolizeistelle vom 19. 7. 1941, DAL.

195 Hektographiertes Rundschreiben des Kapitelvikars an alle hochw. Pfarrämter vom 15. 9. 1941, DAL Z 6374.

196 Rundschreiben vom 15. 9. 1941, DAL Z 6374.

heit und Religion gewährleistet werden. Er erachte es daher als sein Recht und seine Pflicht, gegen die neueste Drosselung der religiösen Jugenderziehung Einspruch zu erheben. Als im Oktober 1941 ein Erlaß des Landesschulrates veröffentlicht wurde, der bei geschickter Auslegung die seelsorgliche Betreuung der Kinder vollends aufheben konnte[197], und da die Schulbehörde schon seit Wochen die Neuansuchen um Schulerlaubnis unerledigt liegen ließ und ungefähr zur gleichen Zeit der „Ministrantenerlaß" erschien, der es dem Lehrer, Bürgermeister und Ortsgruppenleiter anheimstelle, welche und wie viele Buben als Ministranten für die Pfarre ausgewählt wurden, war es mit der Geduld von Bischof Fließer am Ende. Er legte in einem energischen Schreiben scharfe Verwahrung ein gegen die Übergriffe in die rein kirchliche Sphäre[198].

Bei aller Einengung und bei aller ungerechten Beschränkung auch der rein religiösen Jugendarbeit dürfen doch gerechterweise die sich daraus ergebenden Vorteile nicht übersehen werden. Aus der allgemeinen Jugendarbeit vor 1938 war eine Jugendseelsorge der Kirche geworden. Von der Betreuung der ehemaligen Massenbewegung ausgehend – im Vergleich mit den Jugendgruppen während des Krieges ist diese Bezeichnung berechtigt –, wurde nun eine intensive Arbeit an der kleinen Schar geleistet, in der verantwortliche Christen gebildet wurden[199].

So enthält auch die Predigt, die Bischof Fließer am Christkönigsfest 1943 vor der versammelten Jugend hielt, keinen Aufruf zur äußeren Aktivität, zu Widerstand, Aufmärschen oder sonst einer Tätigkeit nach außen hin, sondern der Bischof wandte sich ganz und gar der inneren, intensiven Arbeit zu: „Seid Christi des Königs heilige Jugend[200]!" Wiederholt rief er die Jugend zur Heiligung und Heiligkeit auf. Er erklärte, was mit Heiligkeit gemeint sei. Er verstehe unter „heilig" etwas wesentlich anderes, als man es in diesen Zeiten so oft zu hören bekomme. Weiter legte der Bischof der Jugend dar, daß sie zur Seinsheiligkeit, die durch die Gnade Gottes grundgelegt wird, unbedingt die Werkheiligkeit beitragen müsse, die manchmal Opfer und Verzicht verlange.

Die ganze Predigt bringt sehr klar und deutlich zum Ausdruck, in welche Richtung sich die gesamte Jugendarbeit bewegte: hin zur Besinnung, Verinnerlichung und Stärkung des religiösen Lebens.

---

197 Erlaß des Landesschulrates für Oberdonau vom 15. 10. 1941, IIa/A-8/271-1941, DAL.
198 Schreiben von Bischof Fließer an Gauleiter Eigruber vom 2. 11. 1941, DAL.
199 Vgl. Rudolf, Aufbau, a. a. O., S. 236ff.
200 Zitiert nach Fried, Nationalsozialismus, a. a. O., 221ff.

Seine Arbeit für die Jugend lohnte diese ihrem Bischof mit einer Treue bis über den Tod hinaus[201].

III. Schlußwort

,,Vince in bono malum" hatte sich Dr. Fließer als Wappenspruch ausgewählt. Das Gute macht selten Schlagzeilen. So sind auch aus dem bischöflichen Wirken Fließers keine revolutionären Umwälzungen zu berichten. Das Gute wächst in der Stille.
In seiner Gedenkrede bei der Totenfeier hob Erzbischof Dr. Rohracher von Salzburg besonders das Wirken Bischof Fließers während des Krieges hervor und sagte u. a.: ,,Der Verstorbene war auf dem besten Weg, ein Volkspriester im vollsten Sinne des Wortes zu werden", und: ,,Dr. Fließer war Schöpfer des milden politischen Klimas in Oberösterreich nach dem Zweiten Weltkrieg[202]."

---

201 Die Musikkapelle der Linzer Kolpingfamilie, die alljährlich nach der Fronleichnamsprozession dem kranken Bischof ein Ständchen brachte, entbot dem toten Bischof Fließer ihre Trauerweisen (LKbl, Jg. 1960, Nr. 26, vom 26. 6. 1960, S. 9).

202 Zitiert nach OÖ. Nachrichten, 96. Jg., Nr. 140, vom 18. 6. 1960, S. 5.

Rudolf Zinnhobler (Herausgeber)

Zwei Predigten des Linzer Bischofs J. C. Fließer aus dem Jahre 1943

Mitten in der für die Kirche so verhängnisvollen nationalsozialistischen Ära hat Bischof Fließer auch auf der Kanzel zu den Gefahren, die damals dem Glauben drohten, Stellung genommen. Seinem diplomatischen Geschick entsprach es, Worte zu wählen, die zwar für die Zuhörer eindeutig waren, den Machthabern jedoch kaum eine Handhabe boten, um mit Strafen gegen ihn vorgehen zu können. Das Ganze war dennoch ein gewagtes Spiel, weil es ja im konkreten Fall schwer abzuschätzen war, ob der Bogen nicht schon überspannt wurde.
Der gebotene Text folgt dem Druck bei *J. Fried,* Nationalsozialismus und katholische Kirche in Österreich, Wien 1947, S. 221–231. Zugunsten der besseren Übersichtlichkeit wurden Zwischenüberschriften eingeführt. Dem gleichen Zweck dienen die gelegentlich eingeführten Anführungszeichen und Hervorhebungen, die nicht immer in der Vorlage eine Entsprechung haben.
Für die jungen Leser, denen – weil sie die Jahre von 1938 bis 1945 noch nicht selbst erlebt haben – der historische Kontext fehlt, wurden knappe Anmerkungen beigegeben, durch die die verschiedenen Anspielungen und Bezüge kurz erläutert werden sollen.

I. Predigt am Jugendsonntag (Christkönig) 1943

Liebe katholische Jugend! – Christkönigsfest ist heute. In der ganzen weiten Diözese tritt heute die Jugend, die für Christus und seine Lehre und seine Kirche Interesse und Freude hat, freiwillig und in großen Scharen[1] an die Altäre, um sich zu erneuern in Glaube und Treue, in Liebe und Hingabe an Christus, den König.

1 Man könnte schon hier eine zeitkritische Anspielung sehen. Vielleicht wollte der Bischof zum Ausdruck bringen, daß die katholische Jugend auch auf freiwilliger Basis zusammenkommt, obwohl ihr durch entsprechende Verbote der Organisationsrahmen genommen war. Nur im rein kirchlichen Rahmen war noch eine Betätigung möglich, die gern und mit Eifer benützt wurde. Die nationalsozialistische Jugendbewegung (Hitlerjugend) kam hingegen trotz der öffentlichen Forderung nicht immer ohne (moralischen) Zwang aus.

Ihr sollt heilig sein!

Und überall rufen der Jugend die Priester heute dasselbe Losungswort zu: ,,Seid Christi des Königs *heiliges* Volk! Seid Christi des Königs *heilige* Jugend!" Ein solcher Ruf ist tatsächlich einzigartig. Ihr hört heutzutage viele Appelle, zu vielen Aufgaben werdet ihr gerufen, viele Ziele werden euch gesteckt, viele Forderungen an euch gestellt[2] – aber daß ihr heilig sein sollt, das sagt euch niemand sonst als die Kirche.
Schreckt ihr euch über diesen einzigartigen Appell? Schämt ihr euch dieser einzigartigen Forderung, die euch die Kirche da zumutet? *Heilig* sollt ihr sein, sagen wir es deutlicher, Heilige sollt ihr sein. Wenn sich nur im deutschen Sprachschatz ein unabgegriffenes, ganz unverzerrt und eindeutig hohes, hinreißendes Wort für das fände, was hiemit gesagt sein soll. *Heilig* – mein Gott, das Wort ist so ausgehöhlt und verkrüppelt, daß viele Menschen und gerade die Jugend sich dabei genau das Gegenteil von dem vorstellen, was es eigentlich besagt. *Heilig* – das bedeutet für so viele ,,schwächlich, süßlich, fad"; das bedeutet für sie weder ,,richtig männlich" noch ,,richtig weiblich"; *heilig,* das bedeutet für so viele ,,absonderlich" und ,,für einen gesunden, lebensbejahenden Menschen untragbar" und gar ,,für einen jungen und deutschen Menschen völlig unmöglich"[3].

Und doch ist *heilig* eine Eigenschaft *Gottes,* des Großen, Erhabenen. ,,*Heilig*" ist jene Eigenschaft Gottes, die am allertiefsten seinem Wesen zugeeignet ist und eigentlich die Summe von vielen anderen Eigenschaften Gottes darstellt: Gott ist überaus gütig und barmherzig, höchst wahrhaft und getreu, gerecht, schön, rein, erhaben, vollkommen und darum *heilig.* Wenn die Engel ihn, den Vollkommensten, hochpreisen wollen droben im Himmel und wir mit ihnen auf den Altären ihn ganz feierlich loben wollen, dann erschallt das *Sanctus, Sanctus, Sanctus!* Und wenn die Kirche ihn in besonderer Ehrfurcht und Demut rufen will, dann sinkt sie auf die Knie und fleht: *Heiliger* Gott, *heiliger* starker Gott,

---

2 Hinweis auf die vielen damaligen Aufrufe: bei der Hitlerjugend mitzutun; sich zu ertüchtigen zum späteren Dienst in der Partei; für die Ziele der nationalsozialistischen Bewegung zu wirken; zu sammeln für die Kriegsindustrie (z. B. Altmetall und Altpapier), die Soldaten an der Front (z. B. Wäsche und Kräutertee) und das sogenannte ,,Winterhilfswerk" etc. Fließer setzt im folgenden den Aufruf der Kirche zur Heiligkeit deutlich von diesen nationalsozialistischen Appellen ab.

3 Man kam der kirchentreuen Jugend damals häufig mit dem Schlagwort, daß die Ziele des Glaubens und der Kirche dem ,,deutsche Menschen" nicht artgemäß wären.

heiliger unsterblicher Gott, erbarme dich unser (Karfreitagliturgie). Und der Mensch kann an dieser Heiligkeit Gottes teilhaben! Ist das nicht etwas ganz Großes?

Heilig nach dem Vorbild Gottes

Der Mensch ist in dem Maße *heilig,* als er Gott verähnlicht wird, vergöttlicht wird. Ja – vergöttlicht wird! Das müssen wir allerdings recht verstehen.
Wir sind und bleiben Menschen und werden niemals Gott oder ein Teil des Gottes, können aber göttliches Leben empfangen.
Diesen Irrtum, daß der Mensch selbst Gott ist oder ein Teil des Gottes ist, überlassen wir jenen, die in Gott keine Persönlichkeit erkennen, sondern das All[4]. Ja, wenn Gott das All ist und das All Gott ist, dann ist der Mensch Gott und ein Teil des Allgottes. Aber wenn das All Gott ist, alles, was existiert, ein Teil Gottes ist, dann ist nicht nur jeder Mensch Gott, sondern auch das Tier und die Pflanze und der Stein. Vielen ist das Christentum zuwenig artgemäß und artwürdig, weil es alle Menschen im Himmelreich auf Grund derselben Schöpfung und Erlösung für gleichberechtigt hält. Ist es nun nicht tragisch, daß diese stolzen Menschen sich dann in den Begriff des Allgottes flüchten und darin sich erst recht auf die gleiche Stufe stellen müssen mit allem, was im All lebt und existiert. Das läßt sich nun ja gewiß recht poetisch vorstellen: wie da ein Erbhofbauer sich auf seinem Grund in die Heimaterde senken läßt und der Sohn, in dem der Ahne fortlebt, darüber eine deutsche Tanne setzt,

---

4 Hier und im folgenden wird deutlich Stellung genommen gegen die damals propagierte „Gottgläubigkeit", wie sie in zahlreichen Schriften und populärwissenschaftlichen Vorträgen, gehalten von Lehrern und sogenannten „Gaurednern", verbreitet wurde und auch viele Anhänger fand. Dabei wurde „Gott" mit dem sogenannten „Welträtsel" oder auch mit dem „deutschen Volk" identifiziert. Ich verweise z. B. auf die Bücher von *Karl Leopold Schubert* „Warum gottgläubig?" und „Wegweiser für gottgläubige Eltern und Erzieher", die in Massenauflagen verbreitet wurden und den Glauben an einen persönlichen Gott auszuhöhlen versuchten. Hier einige Zitate:
„Das ist (des Führers) Frohbotschaft: *Unser* Volk. Das ist denn auch unser neuer deutscher Gottesbegriff. Wir haben ihn herabgeholt aus dem theologischen Wolkenkuckucksheim und philosophischen Wahnnebelmeer und gestellt auf feste deutsche Erde . . ."
„Diesen neuen, lebendigen, wirklicheren und nicht minder erhabenen Gottesbegriff haben wir eingetauscht für den veralteten, mumienhaften und längst verlorenen des absterbenden Kirchenglaubens. Der *lebendige Gott: Wir selbst.*"
„Die Seele und mit ihr ‚Gott' als ihr ewiges Rätsel steckt in allem."

in der der Ahne noch einmal zum Licht emporsteigt und mit diesem Erbgut nochmals verwurzelt; bis diese Tanne wieder in einem anderen Stoff aufgeht und wieder anders den späteren Generationen dient, noch immer in sich irgendwie den alten Ahnen fortpflanzend und weitertragend[5].

Das ist ja ein ganz schönes, friedvolles Bild in einem besonders günstig gelagerten Falle. Was ist aber mit den Tausenden und Abertausenden deutschen Kriegsleichen in *rassenfremder* afrikanischer, kaukasischer und russischer Erde und auf dem *rassenlosen* Meeresgrund, die nicht in deutschen Bäumen und Saaten allgöttlich weiterkreisen dürfen, sondern von einem Teil des Allgottes verschlungen werden, der unserem *stolzen deutschen Vorstellungskreis* aber schon völlig fremd ist. Was ist es mit den Tausenden und Abertausenden jungen Kriegern, die in keinem Sohn und in keiner Tochter *blutsmäßig* fortleben können, weil sie in einem Alter dahinsterben mußten, in dem sie auf ehrenhafte Weise überhaupt noch keine Nachkommenschaft haben konnten[6]!

Nein – mit einem Gott und einer Unsterblichkeit, die für viele Millionen wertvollster Persönlichkeiten gerade im entscheidenden Augenblicke so jämmerlich versagen, finden wir uns nicht ab.

Wir verlangen mit der Urgewalt des Naturrechtes und Naturempfindens *nach einem besseren Gott* und einer *besseren Unsterblichkeit* und rufen darnach in unserem eigenen Namen und im Namen der Gefallenen und ihrer Angehörigen, die sich einmal *persönlich* wiedersehen wollen.

Wir verzichten darauf, Teil eines Gottes zu sein, der selber blind und selber einem blinden Schicksal verhaftet ist, der sich nur im Menschen und da nur schleierhaft seiner selbst bewußt wird, der in Zeit und Maß vergänglich und veränderlich ist, der moralisch eigentlich indifferent ist und jedenfalls nicht besser ist als wir selbst. Da sind wir schon viel lieber Geschöpfe und Diener des dreipersönlichen Christengottes, der da ist ewig und unveränderlich, unendlich und allmächtig, allgegenwärtig und allwissend, alliebend und allgütig, der da ist – *heilig* und uns Menschen zur

---

5 Deutliche Anspielung auf die Phraseologie der Zeit!

6 Hier setzt sich Fließer ab vom Rassenwahn und „Blut-und-Boden-Kult" des Nationalsozialismus, der seit Hitlers „Mein Kampf" und Alfred Rosenbergs „Der Mythos des 20. Jahrhunderts" in zahllosen Broschüren und Büchern verbreitet wurde und auch den Anm. 4 genannten Publikationen zugrunde liegt. Die Unsterblichkeit sah man einzig und allein in der Weitergabe menschlichen Lebens verwirklicht. Auf diesem Hintergrund ist auch die nationalsozialistische Hochschätzung der „Mutter" zu sehen.

Heiligkeit und Herrlichkeit berufen und begnadet hat. Er hat uns den Geist der Kindschaft gegeben (Röm. 8, 15), in dem wir zum ewigen Vater mit jedem Atemzug beten: ,,Näher, mein Gott, zu dir, näher zu dir!" Näher aber kommen wir ihm nur, wenn wir seine Heiligkeit immer mehr annehmen und darin ihm angeglichen werden, denn nichts Unreines, d. h. nichts Unheiliges, darf zu ihm eingehen.
So entscheiden wir uns denn, liebe Jugend, wieder ganz klar und grundsätzlich dafür; wir wollen einem *heiligen* Gott anhangen in Glaube und Liebe und Heiligkeit. Damit ist die Grundlage für alles weitere gelegt: ist unser Gott *heilig,* dann müssen auch wir *heilig* sein. So hat es unser Herr Jesus gemeint, da er sprach: ,,Seid vollkommen, wie euer Vater im Himmel vollkommen ist" (Matth. 5, 48).

Seinsheiligkeit und Werkheiligkeit

Ja, wir wollen unserem heiligen Gott immer näher kommen und ihm in seiner Heiligkeit immer ähnlicher werden. Dieses Gott-ähnlich-Werden besteht in einem *Sein* und in einem *Tun,* in einer *Seins*-Heiligkeit und in einer *Werk*-Heiligkeit. Die erstere ist ein freies Geschenk Gottes, von uns völlig unverdient, vom Erlöser aber uns durch sein Blut erkauft; die andere muß von *uns* geschafft werden. Denn der uns erlöst hat ohne uns, will uns nicht seligmachen ohne uns, lehrt uns Augustinus, der diese Wahrheit selber mächtig an sich erfahren mußte.

a) Seinsheiligkeit

Diese *Seinsheiligkeit* ist das übernatürliche, aus Gott fließende Leben der Gnade, die wir richtig, aber mit einem leider sehr abgebrauchten Wort ,,heiligmachende" Gnade nennen, die uns in der Taufe zum ersten Male verliehen wurde, die uns Gott so ähnlich macht und so nahebringt, daß wir uns Kinder Gottes, sagen wir es stärker und klarer mit dem heiligen Paulus, daß wir uns Söhne Gottes nennen dürfen. Ohne diese Gnade, ohne dieses übernatürliche Leben sind wir nicht Kinder, Söhne Gottes, mögen wir sonst anständige und tüchtige Menschen sein. Erst in der Gnade Gottes sind wir vom übernatürlichen, göttlichen Leben so ergriffen und durchströmt, daß wir mit Paulus sagen können: ,,Nicht ich lebe, sondern Christus lebt in mir!" (Galat. 2, 20), und mit dem Christus-Königs-Liede singen können: ,,Nur du allein lebst nun in mir!" Unsere Seele mit ihren Fähigkeiten des Geistes und Gemütes, unser Leib mit seinen Kräften und Sinnen kann aus eigenem natürlichen Antrieb des Willens gewiß viel schaffen, aber was wir da auch zusammenzappeln, ist doch nur ein einseitiges unvollkommenes Menschenwerk, das über den Kreis der Natur nicht hinausreicht. Erst wenn die göttliche Lebenskraft unseren *Motor*, unsere Seele, unter Strom stellt, dann arbeiten Leib und Seele vollwertig und allseitig für Himmel und Erde, für Zeit und Ewigkeit, für Natur und Übernatur. All das will der Herr uns sagen mit seinen Worten: „Ohne mich könnt ihr nichts tun" (Joh. 15, 5) und in seinem Bildnis von der Rebe und dem Weinstock (Joh. 15, 5) und im Gleichnis seines Apostels Paulus vom Leib und seinen Gliedern. Dieser Zustand des Hinaufgehobenseins in das Sein der Göttlichkeit, diese Aufnahmefähigkeit und Leistungsfähigkeit für die Übernatur hört aber in dem Momente auf, da wir das Gott-näher-Kommen umkehren in eine bewußte Abkehr von Gott in der schweren Schuld. Die schwere Sünde reißt den Kontakt mit der göttlichen Kraftzentrale ab – und wir stehen stille für den Himmel – wir gehören innerlich nicht mehr zum heiligen Volk Gottes – es fehlt uns die innere, lebendige Verbundenheit mit dem Heiligsein Gottes, mag auch durch geistliche Betriebsamkeit der Schein nach außen noch aufrechterhalten werden.

Darum ist nicht einfach Keuschheit schon Heiligkeit. Immer wieder lesen wir es im Brevier der Jungfrauenfeste (Commune I. 7): alle zehn waren Jungfrauen und doch gingen nur fünf zur Hochzeit ein, weil nur fünf das Öl bewahrt hatten und nur diese fünf mit *brennender* Lampe den Bräutigam empfingen.

Darum ist selbst ein Übermaß von Gebetsstunden und Bußwerken noch nicht an sich schon Heiligkeit, wie uns das Brevier im Commune der Äbte (Com. I. 7) und der Jungfrauen (Com. I. 9) mahnt: denn es gibt Menschen, die solches um der Menschen willen tun, ohne innerlich mit Gott verbunden zu sein. Das ist eben dann nicht Seins-Heiligkeit, sondern bloß Schein-Heiligkeit.

b) Werkheiligkeit

Wir sehen also: Von der Seinsheiligkeit hängt tatsächlich alles ab. Und doch genügt sie nur für das unmündige Kind, aber nicht für den selbstverantwortlichen Christen. So wesentlich dieses innere Verbundensein mit dem Leben und der Heiligkeit Gottes in der heiligmachenden Gnade auch ist, so dürfen wir doch nicht einem falschen Quietismus verfallen, als wäre nun das auch schon genug und hätten wir nun sonst nichts zu tun, als uns bloß passiv diesem göttlichen Lebensstrom zu überlassen und ihn durch – beinahe hätte ich gesagt: mechanisches Kommunizieren zu speisen. Diese *Quietisten* – wie soll ich das deutsch wiedergeben –, diese *Ruheständler im geistlichen Leben* wiegen sich in einer falschen Sicherheit, als seien sie als Gotteskinder zu einer schweren Sünde kaum mehr fähig. Darum enthebt man sich aller Wachsamkeit und Vorsicht, macht sich ein möglichst weites Gewissen, hält Selbstbeherrschung und Selbstbekämpfung durch Werke des Verzichtens und des Fastens für überflüssig und glaubt, Selbstbetrachtung und Selbsterkenntnis in Beichte und Gewissenserforschung entbehren zu können. Der Heilige Vater, Pius XII., warnt in seiner neuesten herrlichen Enzyklika vom Mystischen Leibe Christi die Glieder dieses mystischen Leibes, sich damit zufriedenzugeben, daß sie durch den Glauben und die Taufgnade dem Leibe Christi ohnedies eingepflanzt sind. Sie müssen sich auch selber regen, sich selber schützen, selbst Verantwortung tragen, daß sie nicht krank und schwach werden, sondern wachsen und erstarken, damit sie ihre Pflichten gegen sich selbst, gegen die anderen Glieder und gegen den ganzen Leib erfüllen können.

Hüte dich, heitere Jugend, vor dieser ganz falschen Auffassung einer allzu sorglosen, spielerischen Fröhlichkeit des Gotteskindes. Mit dieser unmündigen Fröhlichkeit ist es bald zu Ende. Dafür ist die Wirklichkeit zu rauh und zu roh. Wir haben erst dann die richtige Fröhlichkeit des Gotteskindes erreicht, wenn wir sie auch zu bewahren wissen in der Plage der Versuchungen und in der Last der Erprobungen und im Depressiv der Enttäuschungen. Warum habt ihr, junge Christen, nach der Taufe noch das Sakrament der Firmung empfangen? Doch, damit ihr Streiter, Frontkämpfer, nicht aber Pensionisten der Wehrmacht Christi werdet[7]. Es geht nicht ohne eigene Mühe und persönlichen Kampf. Das Himmelreich leidet Gewalt.

Zur Seinsheiligkeit der Gnade muß die *Werkheiligkeit* unserer eigenen, bewußten, oft mühevollen Mitwirkung kommen.

Es ist ja mit unserem Motor – das ist unsere Seele– und mit unserem Apparat – das ist unser Leib – nicht so wie vielfach mit Feinapparaten und Feininstrumenten, daß sie abgeriegelt wären gegen jeden unvernünftigen oder böswilligen Zugriff; daß sie isoliert wären gegen alle anderen störenden Wellen und ableitenden Ströme; daß sie abgedichtet wären

7 Termini der Zeit wie „Frontkämpfer" und „Wehrmacht" sind hier mit großem oratorischem Geschick verwendet.

gegen schädigende Wärme und Kälte, Winde und Erschütterungen der Umgebung. Nein, unsere Seele und unser Leib ist tausenderlei Gefahren von innen und von außen ausgesetzt; die eigenen Konstruktionsfehler von der Erbsünde her und die Einflüsse von anderen finsteren Mächten her bringen die göttliche Seinsgnade immer wieder in Gefahr verheerender Kurzschlüsse und Brüche, Lockerungen und Stockungen. Darum sind unentbehrlich Wachsamkeit und Gewissenhaftigkeit, Selbstbeherrschung und freiwillige Verzichte, um für den Ernstfall einexerziert zu sein. Unentbehrlich ist Selbstkontrolle in der täglichen Gewissenserforschung und Selbstanklage in der öfteren Beichte. Unentbehrlich sind persönliche Frömmigkeit und private Andacht. Der Gemeinschaftsgedanke in deinem liturgischen Leben, liebe katholische Jugend, ist etwas ganz Wunderbares! Was ist das für ein herrlicher Anblick für Himmel und Erde, wenn ,,geballte Jugend''[8], um mit der Zeit zu sprechen, vor den Altären steht und wie *ein* Mund singt und wie *ein* Herz opfert. Was schenkt ihr euch gegenseitig in euren schönen Gemeinschaftsfeiern selber an Mut und Begeisterung! Ich bitte euch, haltet diesen Gemeinschaftsgeist hoch. Aber – vergeßt nicht darauf: Christus richtet einmal nicht die Gemeinschaft als solche, sondern den Einzelchristen, nicht eure Gemeinschaft als solche kommt geschlossen in den Himmel, sondern jeder einzelne von euch muß ihn sich verdienen. Wir dürfen auf dem liturgischen Gebiete nicht einem Kollektivismus verfallen, den wir sonst auf allen anderen Gebieten verurteilen und bekämpfen. Darum muß ein jeder von euch bei euren Gemeinschaftsfeiern sich bemühen um tiefpersönliche Andacht, eigenpersönliche Reue und selbstpersönliche Hingabe. Nur so ist die *persönliche Heiligkeit* – und um die geht es – zu bewahren und zu vermehren; nur so halten wir stand, wenn wir aus der Gemeinschaft herausgerissen und von ihr nicht mehr getragen, einsam inmitten einer ganz anders gearteten Umwelt *Heilige vor Gott* bleiben sollen.

Schluß

Warum sage ich das *heute* der Jugend? Ich sage es ihr, weil gerade die Jugend es so gerne hätte, daß das Heiligsein so von selber ginge oder doch mit weniger Kampf, mit weniger Selbstverdemütigung, mit weniger Hilfsmitteln zur Bewahrung der Gnade.

---

8 Man sprach damals gern von der ,,geballten Kraft'', durch deren Einsatz man als Sieger über alle Feinde des deutschen Volkes hervorgehen werde.

Ich sage es ihr, weil leider der Großteil der Jugend glaubt, es müsse überhaupt ohne Heiligsein gehen, es müsse die sogenannte weltliche Anständigkeit völlig genügen.
Ich sage es ihr aber auch deshalb, weil gerade die Jugend das Ideal der Heiligkeit zur allerschönsten Blüte und Gestaltung bringen kann. Wie die Welt sich über Seitensprünge und Versager der Jugend weniger wundert, so staunt sie umso mehr, wenn die Jugend heilig ist. Und darum ist das Beispiel heiliger Jugend so hinreißend, so erfreulich und herzstärkend für alle, die das Reich Gottes lieben, und so aufregend und aufreizend für alle, die dem Reiche Christi den Untergang geschworen haben und hoffen, daß mit der jetzigen Generation das Kirchenvolk ausstirbt.
Jugend! Dein Geist hat noch die ganze ungebrochene Schwungkraft zum Wagnis des Glaubens; dein Wille hat noch den Fanatismus für das Gute und Edle; dein Gemüt besitzt noch die ganze keusche Erregbarkeit für Begeisterung und Hingabe; dein Leib ist voll Spannung und steht straff in Erwartung großer Erlebnisse – wenn *da* der Geist Gottes dareinfährt, wenn *du*, Jugend, unter den Kraftstrom des göttlichen Lebens gestellt wirst, ja, dann rührt sich was; dann geschehen Dinge, die Himmel und Erde ansprechen, dann *wenden sich die Zeiten*[9], wie du sie bestimmst – denn die Zeit der Jugend ist weniger die Gegenwart als die Zukunft; dann horchen Christi Freunde und Feinde auf; dann jauchzt die heilige Mutter Kirche auf, die selbst immer wieder an ihrer heiligen Jugend sich verjüngt und zur ,,jungen Kirche" wird; dann freut sich Christus der König und läßt seinen *Führerblick*[10] über die junge kraftvolle heilige Schar gleiten, die zu seinen Reisigen stoßen will, um mit ihm und durch ihn und in ihm sich durchzuschlagen bis in die Glorie des ewigen Vaters, auf daß die Heiligen bei ihm, dem Allheiligen, seien und bleiben.
Katholische Jugend, es wäre nicht wahr, daß ihr Christus zum König erwählt habt, wenn nicht eure Seele tatsächlich erfüllt wäre von der Gnade Gottes, die euch zu seinen heiligen Söhnen macht.
Es wäre nicht wahr, daß ihr Christus zu eurem König gemacht habt, wenn ihr nicht bereit wäret, mit eigenen Opfern und Verzichten, mit eif-

---

9 Der Wunsch nach einer Zeitenwende (= Ende der nationalsozialistischen Ära) muß damals erregend geklungen haben.

10 Hier wird Christus als ,,Führer" charakterisiert, womit eine vorsichtige Distanzierung vom damaligen ,,Führer" (Hitler) ausgedrückt ist, ohne daß man den Bischof dafür hätte belangen können.

rigen Werken des Gebetes und der Frömmigkeit, vorbeugend und aufbauend durchzusetzen, daß die Gnade der Gotteskindschaft trotz aller Schwierigkeiten bewahrt in euch bleibe und mit euch wachse bis zum Vollalter des Mannes Christus.
So stelle dich denn, katholische Jugend, deinem Herrn und König, der in wenigen Augenblicken im Sakrament persönlich vor deine Reihen tritt. Als euer Kommandant möchte ich die Meldung machen können: „Mein König! Sieh hier deine *heilige* Jugend!" Das kann ich nur, wenn sein allwissendes Auge tatsächlich in jedem von euch sein Abbild in eurer Gotteskindschaft wiedererkennt und den unbedingten Willen zur bleibenden Heiligkeit in euch sieht.
Nur wenn dieser Wille zum Heiligsein euch im Herzen lodert, könnt ihr jetzt ehrlich und wahrhaft vor der Monstranze singen und schwören: „Du nur allein lebst nun in mir, brennst mir in Herz und Händen. Laß mich entflammen alle Welt mit deinen Feuerbränden! Christus, mein König, dir allein schwör ich die *Liebe,* stark und rein, und bis zum Tod die *Treue!* Amen[11]!"

† Josephus Calas. Fließer
Bischof

II. Silvesterpredigt 1943 im Dom zu Linz[12]

Geliebte im Herrn! – Was wir heute in dieser Jahresschlußandacht beten und singen, ist ein wahrer Sturm des Jubels und Lobes, des Dankes und der Freude.
Das mag manche sehr verwundern. Ist denn der Krieg schon aus? Ach Gott – pausenlos wird namentlich an der Ostfront der neuentbrannte grausame Kampf aus dem Kriegsjahr 1943 ins Kriegsjahr 1944 hinübertoben! Ist der letzte aus den Reihen unserer Lieben schon gefallen? – Ach, wir wissen, wenn wir am Schluß dieser Andacht für die vielen Gefallenen dieses Jahres in Dankbarkeit und Ehrfurcht beten werden: in wenigen Stunden wird für Tausende anderer Krieger das Todesjahr anheben.

---

11 Auch dieses Lied löste damals andere Assoziationen als heute aus, wurde doch die Jugend von den Machthabern unausgesetzt zur Liebe und Treue gegenüber dem Führer Adolf Hitler aufgerufen.

12 Gehörte schon zur oben abgedruckten Christkönigspredigt Mut, so noch mehr zu der viel schärferen und deutlicheren Silvesterpredigt. Die stetige Verschärfung der Kriegslage und die allmählich um sich greifende Hoffnungslosigkeit der „Nazis" begünstigte freilich die kühnere Sprache.

Oder ist das Ende des Mordens wenigstens irgendwie für 1944 zu errechnen? Wer hat noch im Ernste Lust, Termine für das Kriegsende anzugeben? Haben doch bisher alle verbotenen Prophezeiungen[13] und alle erlaubten Terminansagen versagt und enttäuscht. Und die führenden Staatsmänner sagen uns doch in letzter Zeit nur noch in echt deutscher Kürze und Würde: ,,*Wann* Deutschland siegen wird, ist Nebensache. *Daß* es siegt, ist die Hauptsache, und es wird siegen. Mag der Weg dahin kurz oder lang sein – am Ende steht der Sieg!'' So sagen uns jene, die von der Sache wirklich etwas verstehen und letzte Verantwortung tragen[14]. Ob nun 1944 bloß ein Stück dieses Weges ist oder wirklich ans Ende des Krieges führt – wer weiß es! Auf alle Fälle stehen uns Opfer schwerster Art bevor. Auf alle Fälle müssen wir uns auf vieles und Hartes gefaßt machen. So steht es tatsächlich zu Silvester 1943.

Und da können und mögen wir loben und jubeln und danken? Ja, das können wir, eben deswegen können wir es, weil wir mit innerer Ruhe den Tatsachen in die Augen sehen und auf alles gefaßt sind[14]; weil wir den Mut nicht verloren haben und nicht verlieren werden – eben deswegen loben und danken wir. Ja, wir haben Mut, wir gläubigen Menschen, freilich nicht den blinden Mut der Verzweiflung, nicht den sturen Mut des Fatalismus, sondern den sehenden, frohen Mut des gläubig-kindlichen Vertrauens in die Vorsehung unseres Vater-Gottes.

Der persönliche Gott

Uns *offenbarungsgläubigen Menschen*[15] ist Gott eben schlechthin *der* Allwissende und Allweise, *der* Allmächtige und in Raum und Zeit Unendliche, dabei *der* Allgütige und Allbarmherzige, freilich auch *der* Allheilige und Allgerechte und deswegen glauben wir an eine wirklich wahre, wache, wissende, voraussehende und voraussorgende göttliche Vorsehung.

Ob dieses Glaubens jubeln wir, für diesen Glauben danken wir und sind innerlichst überzeugt, daß wir mit diesem Glauben an den einen, per-

---

13 Voraussagen der Zukunft (Sibylle, Wahrsagerei und ,,Privat''-Offenbarungen) spielten damals eine große Rolle.

14 Mit geschickten Worten bringt hier der Bischof seine Skepsis an dem vielbemühten ,,Endsieg'' zum Ausdruck.

15 Deutliche Gegenüberstellung des ,,offenbarungsgläubigen'' und des ,,gottgläubigen'' Menschen. In seinen weiteren Ausführungen wendet sich Fließer noch viel schärfer als bei der Christkönigspredigt gegen die ,,Weltanschauung'' der Zeit. Zum Folgenden vgl. Anm. 4.

sönlichen Gott gerade in diesen trüben Zeiten besser fahren *als jene,* denen Gott das All und das All Gott ist.

Der unpersönliche Allgott ist blind, so blind wie das All selbst und kann darum weder verstandesmäßig noch willensmäßig etwas vor-sehen und vor-sorgen. Es ist durchaus richtig, wenn der Allgott nicht *der* Gott, sondern *das* Gott genannt wird. Alles Persönlichkeitslose ist aber auch vernunftlos und kann darum nicht einmal soviel „Vorsehung" spielen wie der arme kleine Mensch. *Das* Gott ist höchstens blindes Schicksal, nur *der* Gott ist wirkliche, wache, sehende, sorgende *Vorsehung im unverbogenen Sinn des deutschen Wortes*[16]. Warum sage ich das? Weil man sich in *gewissen Kreisen,* besonders vor unserer Jugend, soviel Mühe gibt, den Begriff des persönlichen Gottes und seiner Vorsehung auszuhöhlen, als undeutsch und artfremd abzutun und durch den Allgott – freilich in einer nationalen Aufmachung – zu ersetzen. Mit kühnen Wendungen und großangelegten Behauptungen wird da von Referenten mit dem eingeschmuggelten orientalischen Gottesbegriff des Christentums und der Kirche „abgerechnet"[4]. Kürzlich hat sich ein solcher Referent gar den Ausspruch geleistet: es sei eine Gotteslästerung, den Begriff Gott in die Zwangsjacke einer Persönlichkeit hineinpressen zu wollen, da sei doch der Allgott, wie ihn der Germane einst gefühlt und erlebt hat, etwas viel Erhabeneres und Größeres. Ein solch armseliger Irrtum kann nur einem Sprecher passieren, der vom philosophischen Begriff der Person herzlich wenig Ahnung hat, der „Persönlichkeit" mit „Mensch" verwechselt, der so naiv ist, zu glauben, daß wir Christen uns das Wesen Gottes nicht größer vorstellen als eine allegorische Gestalt, wie sie uns die Kunst mit menschlichen Maßstäben darzustellen versucht.

Und dann sollten diese neuen Theologen des neuen Gottesglaubens doch auch einmal beweisen, daß für den Germanen wirklich die Allgott-Idee der artgemäße Gottesglaube sei oder gewesen sei[17]. Wäre diese Behauptung richtig, nun, so müßte sich eben der germanische Mensch über den Gottbegriff eines besseren belehren lassen, wie er ja auch sonst objektiv richtige Erkenntnisse, Entdeckungen und Erfindungen von anderen Völkern und Rassen vernünftigerweise annimmt. Aber ist denn die

---

16 Hitler, der nicht an einen persönlichen Gott glaubte, ersetzte den Gottesbegriff häufig durch das Wort „Vorsehung". Die Wendung vom „unverbogenen Sinne dieses deutschen Wortes" ist besonders kühn, weil sie sich ja nicht zuletzt gegen den Sprachgebrauch Hitlers wendet.

Behauptung, daß dem nordischen Menschen die Persönlichkeit des göttlichen Wesens artfremd sei, überhaupt richtig? Waren nicht die germanischen Gottheiten und Helden alle höchst persönliche Einzelwesen, eigentlich im Guten wie im Bösen potenzierte Menschen? Sahen unsere Vorfahren nicht in jedem Hain und in jeder Quelle wieder eine eigene persönliche Gottheit, die nützen oder schaden kann, die man sich durch Zauberformeln, Kulthandlungen und auch Opfer geneigt zu machen suchte? Aus der Religions- und Geistesgeschichte steht ganz eindeutig fest: der eigentliche Allgottglaube, auch in der verfeinerten Form und im nationalen Gewande, ist im Grunde das Geistesprodukt nicht eines nordischen Menschen, sondern des portugiesischen Juden Baruch Spinoza[18]. Die germanische Religion war Naturreligion, ja, aber nicht Pantheismus, keine Religion des unpersönlichen Allgottes. Im Gegenteil, daß eine Gottheit eine Persönlichkeit sein müsse, war den Germanen instinktiv klar. Und wenn verschiedene Wahrheiten der göttlichen Offenbarung tatsächlich dem nordischen Geiste manche Schwierigkeiten boten – die Lehre von der Persönlichkeit Gottes stieß auf keine Schwierigkeit, es brauchte bloß der Polytheismus in den Monotheismus bekehrt zu werden. Und mit der Gnade Gottes, der gerade dem deutschen Volke eine besonders hohe christliche Sendung zugeteilt hatte, bekannten sich unsere Ahnen[19] alsbald freudig zum Glauben an den einen Gott in drei Personen.

Der dreipersönliche Gott

Christen, es ist Zeit, daß wir uns der Wahrheit, Größe und Schönheit der geoffenbarten *Lehre von einem Gott in drei Personen* und von seiner wachen *wirklichen Vorsehung*[16] bewußt werden und sie mit allen Kräften festhalten, ehe sie uns und namentlich unserer Jugend mit List oder Gewalt

17 Karl Leopold Schubert schrieb in seinem Buch „Warum gottgläubig?", 1. Auflage, Wien 1939, S. 133: „Die Vielheit der *Götter und Namen* ist bei den Germanen von untergeordneter (exoterischer) Bedeutung; worauf sie Gewicht legen, das ist ‚jenes Geheimnis' (secretum illud), jene *unerforschliche Macht*, welche sich allein im Gebet erschließt und welche sie meinen, wenn sie Götter mit Namen anrufen. Dieses *secretum*, dieses *Geheimnis*, ist somit die *wahre* (esoterische) *Religion* unserer germanischen Altvordern. Der Gott Namenlos. Der unbekannte Gott. Und ihr Gebet zuletzt und zutiefst – das *Schweigen* . . ." Für solche und ähnliche Phrasen fordert Fließer Beweise.

18 Eine gekonnte „Ohrfeige" Bischof Fließers für die Nationalsozialisten, die sich sonst so scharf von allem Jüdischen distanzierten.

19 Der „Glaube der Ahnen", auf den man sich so häufig berief, wird hier von Fließer in den tatsächlichen historischen Kontext gestellt.

entwunden werden kann. Ich betone: *ehe* uns diese Lehre entwunden werden kann. Es ist doch tragisch, daß wir kostbaren Besitz geistiger wie materieller Art vielfach erst dann schätzen, wenn er uns in Gefahr und Verlust gerät. Manchem geht die Erhabenheit und Kultweihe und Kulturbedeutung unserer Dome erst auf, wenn Feindbomben sie in Schutt und Asche legen. Manchem kommt die überragende, ehrfurchtsgebietende Stellung des Papstes und des Papsttums erst zum Bewußtsein, wenn Kriegsverbrecher die Vatikanstadt bombardieren und sogar das Leben der geheiligten Person des Papstes als des Oberhauptes von mehr als 300 Millionen Katholiken in Gefahr bringen.
Und erleben wir angestammten Linzer nicht Ähnliches mit unserer herrlichen Dreifaltigkeitssäule? Solange die güldenen Gestalten der Dreifaltigkeit in der Strahlensonne über dem Wolkenthrone erglänzten, solange die verzückte Gestalt der Immakulata und die fröhlichen Putti an der Wolkensäule emporschwebten, da hatten wir kaum Zeit und Interesse, flüchtig emporzusehen und sie zu grüßen. Jetzt aber, da sie von ihrem Platz gehoben werden müssen, um in sicherer Geborgenheit die gefährlichen Bombenzeiten zu überdauern, jetzt gehen sie uns groß ab, jetzt haben wir das unheimliche Gefühl, ein großes Heiltum und unersetzliches Kunstwerk sei von uns gegangen. Und wir sehnen uns nach dem friedlichen Tage, da das Bildnis des dreipersönlichen Gottes wieder über dem pulsenden Leben des Platzes schwebt und uns den Glauben an die allzeit wache, ebenso liebende wie gerechte Vorsehung Gottes eindrucksvoll in der Erinnerung erhält.
Ich bin von hohen staatlichen Stellen ermächtigt und direkt ersucht worden, den Gläubigen von Linz zu sagen und sagen zu lassen, daß die Wegnahme des Schmuckes von der Dreifaltigkeitssäule und der Abtransport vieler anderer Kunstwerke aus Linzer Kirchen lediglich aus luftschutzmäßigen Rücksichten erfolgt sei; ebenso bestehe allerhöchster Auftrag, daß nach Beendigung des Krieges ausnahmslos sämtliche kirchlichen Kunstgegenstände an derselben Stelle und in der gleichen Weise wieder zur Aufstellung gelangen müssen; das gelte auch von der Dreifaltigkeitssäule.
Ich teile diese amtliche Erklärung bei dieser Gelegenheit, da mehrere tausend Linzer vor meiner Kanzel stehen, mit aufrichtiger Freude aus mehreren Gründen mit:
Erstens, um den staatlichen Behörde im Namen der kirchlichen Behörde und im Namen der Katholiken der Stadt Linz, ja ich darf sagen des gan-

zen Landes, aufrichtig dafür zu danken, daß rechtzeitig und vorsorglich die kirchlichen und religiösen Kunstschätze, die uns Katholiken zudem auch als Heiltümer und Heiligtümer überaus kostbar sind, in Schutz genommen worden sind.
Ich mache die Mitteilung aber auch aus dem Grunde, um das unedle und unrichtige Verhalten jener Volksgenossen zu kennzeichnen, die anläßlich der Abmontierung der Dreifaltigkeitsgruppe höhnten und spotteten, nun werde mit der Dreifaltigkeitsgruppe auch der Dreifaltigkeitsglaube abgebaut; es sei ja höchste Zeit, daß mit derlei Aberglauben aufgeräumt werde[20].
Ich mache die amtliche Mitteilung drittens auch aus dem Grunde, um euch, treugläubige Katholiken, völlig zu beruhigen und euch Sicherheit zu geben, daß unsere Kunstschätze und Heiltümer bestens geschützt sind und uns erhalten bleiben.

Die antikirchliche Propaganda

Und nun bitte ich euch, meine Teuren, allen anderen gegenteiligen Gerüchten, Miesmachereien und Zwietrachtstiftungen sich zu verschließen. Ich bedauere es, wenn dies dort und da nicht geschehen ist. Ich bedauere es, aber ich finde es nicht unbegreiflich, daß feindseligen Deutungen schließlich geglaubt wurde. Gibt es doch Volksgenossen, die bei jeder passenden und unpassenden Gelegenheit die religiösen Gefühle und Überzeugungen der Katholiken beleidigen und immer wieder den Untergang der Kirche androhen[20]. Dringt es doch auch immer deutlicher in die Öffentlichkeit, was in mehr oder minder geschlossenen Vorträgen und Kursen[4] unter dem Titel: „Weltanschauung" von Referenten, die offenbar ihre Befugnisse weit überschreiten[20], über Christentum und Kirche vorgebracht wird. Man beginnt zwar zunächst die Ausführungen regelmäßig mit der Beteuerung, daß gewisse Kulturleistungen der Kirche für Europa und auch für Deutschland nicht geleugnet würden, versichert auch, daß den geistesarmen und willensschwachen Volksgenossen, die die Krücken der Dogmen und Sakramente und das Gängelband der Pfaffen nicht entbehren können, all das gelassen werde. Der Schluß der Vorträge ist aber mehr oder minder offen – je nach dem Publikum –

20 Geschickt nützt hier der Bischof den offiziell bestehenden Rechtsschutz für die Kirchen aus, um gegen die in ihrem Verhalten sich ganz anders gebärdenden „Volksgenossen" (Fließer meint offensichtlich „Parteigenossen") Stellung zu nehmen.

die Forderung und Drohung: „Jetzt kommt der Bolschewismus dran, dann die Kirche!" Und was zwischen diesem dünnen Anfang und dem dicken Ende der Vorträge ist, das ist nicht etwa eine wissenschaftliche Auseinandersetzung zwischen den verschiedenen Gottesauffassungen und Weltanschauungen, sondern ist nur eine ständige Herabsetzung und Verächtlichmachung unserer heiligen geoffenbarten Wahrheiten von der Dreifaltigkeit und Vorsehung, von Himmel und Hölle, von der Menschwerdung Christi und seiner jungfräulichen Geburt aus Maria, von der Erbsünde und der Erlösung, von Offenbarung und Sakramenten, von Kirche, Papsttum und Priestertum.

Gott sei Dank sind es im deutschen Volke, in unserem Gau und auch in unserer Stadt noch viele, noch sehr viele, die tief und treu trotz aller Zurücksetzung und Schmähung an den dreieinigen und dreifaltigen Gott und an seine Lehre und seine Werke glauben. Gott sei Dank sind es in diesem Jahre wieder besonders viele gewesen, die *wieder heimgefunden haben zum Glauben*[21] an den dreieinigen Gott und an die Kirche Christi – reumütig und sehnsüchtig! Gott sei Dank haben heuer sehr viele junge Paare, von denen manche bereits vor Jahren standesamtlich geheiratet haben, zum Traualtar der Kirche gefunden, damit ihr ehelicher Bund gesegnet werde im Namen des dreifaltigen Gottes, und haben ihre Kinder dem Priester gebracht, daß er sie im katholischen Glauben taufe im Namen des Vaters und des Sohnes und des Heiligen Geistes. Allen diesen vielen und sehr vielen treugläubigen Katholiken kann es nun, eben weil sie es mit ihrer Glaubensüberzeugung ernst nehmen, nicht gleichgültig sein, ob ihr Gott und ihr Glaube gelobt oder gelästert oder doch halbwegs in Ruhe gelassen wird.

Wir offenbarungsgläubigen Christen sehen konsequenterweise in der Lästerung des Christengottes eben wirklich eine tatsächliche Beleidigung jenes Wesens, dem unsere ganze Ehrfurcht und Anbetung, Hingabe und Liebe gehört. Wir sehen konsequenterweise in derartigen Beleidigungen Gottes, der ein lebendiger Gott ist und seiner nicht spotten läßt, eine tatsächliche Gefahr, daß Gott der Herr schließlich in gerechter Strafe uns seinen Schutz und Segen entziehen könnte. Wir fühlen uns konsequenterweise darum aufgerufen, durch Sühne und Buße Gottes

---

21 In dem Maße, in dem die Hoffnung auf den „Endsieg" schwand, wurde die Abfallsbewegung, die nach dem „Anschluß" eingesetzt hatte, gestoppt bzw. machte einer Rückkehrbewegung in die Kirche Platz.

beleidigte Majestät zu versöhnen und um die Bekehrung der verirrten Brüder zu beten[22]. Wir müssen in den Schmähungen Gottes und seiner Offenbarung schließlich auch eine ganz ernste Gefahr für Volk und Staat erblicken, die durch die religiöse Uneinigkeit und Zwietracht der Bürger die beste Garantie für die innere Festigkeit und Sicherheit verlieren. Ebenso sollte es uns niemand verübeln, wenn Priester und katholische Eltern sich konsequenterweise durch die leider nur zu begründete Sorge tief beunruhigt fühlen, daß die Kinder und Jugendlichen außerhalb der Familie und des Gotteshauses immer mehr versteckt und offen zunächst mit Zweifeln und schließlich mit Mißachtung gegen das Christentum und die Kirche erfüllt und zum Abfall reif gemacht werden[23].

Den katholischen Glauben bewahren

Solchen Absichten und Versuchen mit allen erlaubten Mitteln vorzubeugen, ist unser Recht und unsere Pflicht, die uns schwer auf dem Gewissen lastet.

Von all diesen verschiedenen Sorgen und Gefühlen sind wir gläubigen Katholiken in unseren Tagen zutiefst bewegt, weil wir für uns und für die kommenden Generationen den katholischen Glauben für das größte Glück und für das kostbarste Gut halten, für dessen Besitz wir nie genug danken und um den wir uns nie genug sorgen können. Darüber wollen wir niemanden in Zweifel lassen.

Wir halten unseren heiligen Glauben für das größte Glück und das kostbarste Gut, weil er die volle, von Gott selbst geoffenbarte Wahrheit ist, die Jesus Christus uns verkündet hat, und durch seine Kirche uns rein und unverfälscht erhält. Dafür danken wir heute wieder und allezeit mit Lob und Jubel ohne Ende.

Wir halten unseren heiligen Glauben für ein so großes Glück, weil er in den großen und kleinen Sorgen des Privatlebens und in den schweren und schwersten Gefahren für das Allgemeinwohl unsere beste Stütze

---

22 Also um die Bekehrung der Nationalsozialisten!

23 Die nationalsozialistische Jugendbewegung zielte ganz bewußt darauf ab, die Kinder und Jugendlichen der Kirche zu entfremden.
Mir liegt ein Themenkatalog für ein Osterlager ehemals illegaler HJ-Mitglieder vom Jahre 1938 vor. Daraus ein paar Punkte: 6. Kirche arbeitet immer mit Gewalt und Terror. 9. Christentum ist dem deutschen Volk und seiner Einigung immer fremd und feindlich gewesen. 17. Das Christentum ist immer unerwünscht, muß sich überall hineinzwängen.

und unversiegbare Kraft ist und bleibt. In ihm sind wir zu jedem Opfer bereit und stark, das seine Vorsehung uns zuteilt.
Wir könnten unseren heiligen Glauben jetzt in dieser sorgenvollen Lage schon gar nicht entbehren, weil er allein uns die großen Rätsel des Leidens und der Mühsale dieser Welt löst, allem Irdischen den rechten Sinn und wahren Wert zuteilt, im Lichte und in der Weite der Ewigkeit den letzten gerechten Ausgleich uns sichert und in der Geborgenheit bei Gott uns im Innern eine absolute Ruhe und Sicherheit verleiht, *wenn auch außen alles schwankt und stürzt*[24].
Und wir halten den Glauben unserer Kirche an den dreieinigen Gott und sein Werk für das größte Glück, weil nur dieser Glaube uns den Frieden des Herzens wieder geben kann, wenn wir uns in Schuld verstrickt haben aus Schwachheit, aus Leidenschaftlichkeit oder gar aus bewußt verkehrtem Sinne. Nur ein *göttlicher* Erlöser[25], der der beleidigten unendlichen Majestät Gottes vollkommene Sühne geleistet hat, nur ein gütiger Erlöser, der durch die Sakramente seiner Kirche uns immer wieder seine Gnaden zuwendet und unsere Unzulänglichkeit mit seinen Verdiensten ergänzt, kann uns die friedvolle Sicherheit geben, daß wir armen Sünder doch Gottes Kinder und Erben *seines Reiches* sind[26].

Schluß

Geliebte im Herrn! – Erfüllt von Jubel und Dank für unseren heiligen Glauben und unsere Gotteskindschaft wollen wir nun in unserer Jahresschlußandacht zuerst einen frohen, gläubigen Aufblick zum Vater im Himmel tun und ihm für Vergangenheit, Gegenwart und Zukunft unser ganzes kindliches Vertrauen schenken. Dann lasset uns das flammende Bekenntnis zu Christus sprechen, dem wir mit Leib und Seele gehören wollen, weil er ist und bleibt der Weg, die Wahrheit und das Leben. Wenn wir also singen und beten im Heiligen Geiste zum Vater und zum Sohne, dann schließen und heiligen wir am besten das *alte Jahr*, beginnen und heiligen wir am besten das *neue*.
Meine Teuren! Wir beenden unsere Jahresschlußandacht nach dem Lob an den dreieinigen Gott mit einem Lied und Gebet zu unserer lieben

---

24 Anspielung auf die Kriegsereignisse.
25 Man stellte damals häufig den „Führer" als den eigentlichen „Erlöser" hin.
26 Auch der biblische Ausdruck „Reich" löste damals ganz bestimmte Assoziationen aus, wurde doch der Machtbereich Hitlers stets als „Reich" angesprochen.

Mutter Maria. Ihrem Unbefleckten Herzen haben wir uns heuer im Oktober feierlich und voll Vertrauen geweiht[27]. Anders wollen wir darum dieses Jahr nicht beschließen, als daß wir uns in Mariens Mutterliebe nochmals innig empfohlen haben. Und morgen ist Samstag. An einem Muttergottestag beginnen wir also das neue Jahr. Wir sehen darin ein gutes Zeichen und stellen vertrauensvoll das neue Jahr unter Mariens Schutzmantel. Gott, der Dreieinige, hat uns die Mutter des Sohnes zur Fürsprecherin und zur Mittlerin aller Gnaden gegeben. Der katholische Christ fühlt sich darum im Leben und Sterben sicher und glücklich wie ein Kind, das nicht nur einen guten Vater, sondern auch eine liebevolle Mutter hat. Brüder und Schwestern, fassen wir ihre Hand mit kindlichem Vertrauen, Maria führt uns zu Jesus und durch Jesus zum Vater in der Gnade des Heiligen Geistes.

Sie, die große Sängerin des Magnifikats, versteht Gottes Lob zu singen. Sie sang es in Leid und Freud, weil sie mit hellen Augen in allem die Vorsehung ihres Herrn und Gottes erkannte, der mit der gleichen Weisheit und Liebe gibt und nimmt, prüft und lohnt. Wir verständen Maria gar schlecht, wären wir nur in sorglosen und hellen Tagen zum Lobe Gottes aufgelegt. Das ist kein echtes Christentum, das in sorgenvollen und dunklen Tagen Gott nicht mehr liebt und lobt. Das falsche Christentum, das in Gebet und Messen, in Kirchengehen, Sakramentenempfang und Segnungen so eine Art zauberhafte Versicherung gegen leibliches Leid und irdischen Schaden erblickt, mit der man gleichsam um den Willen Gottes herumkommt, ja, dieses jammernde, selbstsüchtige, eigensinnige Christentum, das versagt in Zeiten, wie es die jetzigen sind, das bricht zusammen in Enttäuschungen und Verzweiflungen und es ist nicht schade um dieses Zerrbild des Christenglaubens!

Aber der heroische, sich selbst vergessende, sich selbst in restloser Pflichterfüllung und Kraftausnützung hinopfernde, aber alles der Leitung Gottes anvertrauende Glaube, wie das Unbefleckte Herz Mariens ihn erlebt und uns vorgelebt hat, der hält stand, der macht stark, der macht froh, der versteht es schon auf Erden, ja selbst in bitteren, leidumdunkelten Tagen jenes „Te Deum laudamus" zu singen, das einst im Himmel durch alle Ewigkeit erklingen soll. Amen.

† Josephus Cal. Fließer
Bischof

---

27 Fließer hatte in der Not des Krieges die Weihe der Diözese an das Unbefleckte Herz Mariens durchgeführt.

Rudolf Zinnhobler

Die Errichtung „geschützter Seelsorgeposten" im Bistum Linz (Mit 1 Faltkarte)

Die Rechtslage

Das deutsche Wehrgesetz vom 21. Mai 1935, durch das die allgemeine Wehrpflicht eingeführt wurde, nahm in der Fassung vom 26. Juni 1936[1] römisch-katholische Geistliche ab dem Subdiakonat vom Militärdienst aus. Eine ergänzende Verordnung über die „Musterung und Aushebung" vom 13. Februar 1937[1] schränkte diese Ausnahme auf die Zeit des Friedens ein, sah aber gleichzeitig die Freistellung der Theologiestudenten für die Dauer ihres Studiums vor; zum Reichsarbeitsdienst konnten diese allerdings eingezogen werden. Nach dem Anschluß Österreichs an Deutschland hätten diese Bestimmungen auch auf unsere Heimat Anwendung finden müssen[2]. Das Oberste Heereskommando war aber nicht bereit, diese Begünstigungen auch auf die *österreichischen Theologiestudenten* auszudehnen. Die Bischöfe bemühten sich mit einem Schreiben an das Oberkommando des Heeres vom 1. April 1939, Übergangsbestimmungen zu erreichen, um einen völligen Ausfall des Priesternachwuchses zu verhindern. Dennoch wurden am 20. Juli 1939 fünfzig Linzer Theologen zur Fliegerausbildung einberufen. Nach Kriegsausbruch erließ das Oberkommando der Wehrmacht mit Datum vom 14. Oktober 1939 eine geheime Verfügung, die Diakone, Subdiakone und Ordensleute, die die Priesterweihe noch nicht erlangt hatten, für den Sanitätsdienst und Theologiestudenten für den „Dienst mit der Waffe" oder den Sanitätsdienst bestimmte. Wie sich diese Maßnahmen auf den Hörerstand auswirkten, hat A. Naderer bereits dargestellt[2]. 1943/44 waren z. B. von 162 inskribierten Theologiestudenten 152 eingezogen, nur zehn konnten tatsächlich dem Studium nachkommen.

Was die Priester betrifft, wurde auf Grund der Geheimverfügung zwischen solchen in leitender und solchen in abhängiger Stellung unterschieden. Während jene vom Wehrdienst befreit waren, konnten diese

1 Vgl. LDB 84 (1938) 146.

2 Die folgenden Nachrichten – soweit nichts anderes vermerkt – bei *A. Naderer*, Bischof Fließer und der Nationalsozialismus, dieser Bd. S. 95, 98.

zum Sanitätsdienst einberufen werden. Die Hintertür, die die geheime Verfügung offen ließ, war die Schaffung neuer selbständiger Seelsorgeposten. Zu diesen zählten u. a. ,,Ordinariatsräte" mit selbständigen Agenden, Vorstehungsmitglieder von Seminaren, Theologieprofessoren und schließlich alle Inhaber selbständiger Seelsorgestellen (Pfarreien, Expposituren, Kaplaneien, Kirchenrektorate). Einrücken mußten hingegen Kooperatoren, Präfekten, Religionslehrer etc.

Die Vorgangsweise in der Diözese Linz

Der im Ordinariatsdienst tätige Kirchenrechtler und spätere Bischof Dr. J. C. Fließer suchte seinen Einfluß in Richtung auf möglichste Ausnützung des Geheimerlasses geltend zu machen, konnte sich aber offenbar nur in geringem Maße durchsetzen. Während man in anderen Diözesen sofort daranging, untergeordnete Seelsorgestellen in selbständige umzuwandeln, um so möglichst viele Geistliche der Seelsorge zu erhalten, war Bischof Gföllner seiner ganzen Veranlagung nach zu einer solchen ,,Gesetzesumgehung" nicht recht bereit. So kam es, daß bis zum 1. Oktober 1943 aus der Diözese Linz bereits 85 Seelsorgepriester beim Militär waren, während es im Nachbarbistum St. Pölten nur 16 waren. Von den zwischen dem Tod Gföllners (3. 6. 1941) und August 1942 eingezogenen 39 Priestern waren 36 noch unter Gföllner auf ungeschützte Seelsorgeposten gekommen, von denen sie zum Militär einberufen wurden.

Einige Ausnahmen hat Gföllner jedoch gemacht. Folgende Kooperatorexposituren wurden in seiner Amtszeit errichtet[3]: Lengau (1. 1. 1940), Sattledt (1. 1. 1941), Schneegattern (1. 1. 1940), Stadl-Paura (1. 3. 1941). Linz-Don Bosco wurde Pfarrexpositur (1. 9. 1939), und zwar schon vor Inkrafttreten der Geheimverfügung vom Oktober d. J. Laut Diözesanblatt hat Gföllner außerdem in Linz für folgende Kirchen Rektoren bestellt[4]: Friedenskirche, Minoritenkirche, Karmelitinnenkirche, Severinuskirche und Ursulinenkirche.

Dazu kommt die Klosterkirche Engelszell, die ebenfalls ein Kirchenrektorat wurde[5]. Das ergibt insgesamt zehn geschützte Posten, die Gföllner

---

3 LDB 87 (1941) 35; vgl. *M. Lengauer,* in: *R. Zinnhobler/M. Lengauer,* Beiträge zur Geschichte der kirchlichen Organisation in Oberösterreich (Veröffentlichungen zum Atlas von Oberösterreich Bd. 4), Linz 1970, S. 73, 76 f.

4 LDB 86 (1940) 130 f. n. 98.

– wahrscheinlich unter dem Einfluß von Fließer – geschaffen hat. Linz-Don Bosco kann in die Zahl ja nicht eingerechnet werden, da die Pfarrexpositur schon vor dem Geheimerlaß errichtet wurde.

Als Fließer nach Gföllners Tod die Leitung der Diözese als Kapitelvikar übernahm, ging er alsbald daran, die Chancen der Freistellung von Priestern möglichst zu nützen. Als Kirchenrechtler legte er zunächst einmal die Aufgabenbereiche der neuen Seelsorgeposten fest[6]. Er unterschied zwischen Kaplaneien, Kooperatorexposituren, Pfarrexposituren und Kirchenrektoraten. Auf Grund der damaligen Bestimmungen hat M. Lengauer diese Seelsorgestellen wie folgt beschrieben[7]:

„Eine *Kaplanei* ist ein territorialer oder personeller Seelsorgebezirk, den der Ordinarius näher abgrenzt und zur Kaplanei erhebt. Mutterpfarre ist die Pfarre, in deren Gebiet die Kaplaneikirche gelegen ist, oder, falls eine solche nicht besteht, in deren Gebiet der größere Teil des Kaplaneibereiches liegt. Die Seelsorgevollmachten des Lokalkaplans werden für alle Teile seines Seelsorgebezirkes nach Anhörung des Pfarrers der Mutterpfarre vom Ordinarius bestimmt.

Die *Kooperatorexpositur* ist ein Seelsorgebezirk, der zwar im Pfarrverbande verbleibt, den aber der Ordinarius gegenüber der Mutterpfarre und anderen Seelsorgebezirken abgegrenzt hat und in dem der Expositus sein Amt in eigener Verantwortung ausübt, jedoch der allgemeinen Aufsicht des Pfarrers der Mutterpfarre untersteht. Inwieweit der Expositus dem Pfarrer zustehende Rechte ausüben darf, bestimmt der Ordinarius, ebenso jene kirchlichen Handlungen, welche der Expositus neben den gewöhnlichen Gottesdiensten abhalten darf.

Die *Pfarrexpositur* ist ein aus dem Verband der Mutterpfarre durch kanonische Teilung ausgeschiedener und verselbständigter Sprengel mit eigener Kirche und eigenem Seelsorger, der als Stellvertreter des Bischofs dem neugebildeten Sprengel mit delegierter Pfarrgewalt vorsteht".

Das *Kirchenrektorat* schließlich war ein Seelsorgeposten an einer Nebenkirche mit regelmäßigem Gottesdienst und selbständiger Vermögensverwaltung.

Da für den 1. November 1941 dem Reichsstatthalter neben dem Diözesanhaushaltsplan auch ein offizieller Stellenplan vorgelegt werden mußte, setzte Fließer alles auf eine Karte. Mit Datum vom 31. Oktober, dem

---

5 Vgl. Schematismus 1941 mit Stand vom Jänner 1941.

6 LDB 87 (1941) 104–108.

7 *M. Lengauer* (wie Anm. 3), S. 45f.

Fest des hl. Wolfgang, und mit Wirkung vom 1. November erhob er schlagartig 54 Seelsorgestellen zu Kaplaneien und weitere 14 zu Kooperator- bzw. Pfarrexposituren, wodurch 68 neue „geschützte Posten" entstanden[8]. Die vier unter Gföllner errichteten Kaplaneien wurden außerdem unter gleichem Datum zu Pfarrexposituren erhoben. Das war ein gefährliches Spiel, und fast hätte Fließer den Bogen überspannt. Es wurde schon an anderer Stelle darauf hingewiesen[9], daß der Landrat Steyr für seinen Bereich Einspruch erhob. Daraufhin sah sich das Wehrbezirkskommando Steyr veranlaßt, für vier wehrpflichtige Priester die Einberufung zu beantragen. Im übrigen aber wurde der Landrat an das Reichskirchenministerium verwiesen. Im gesamten übrigen Gau ging die Rechnung Fließers auf. Natürlich nahm er von einer Publikation der Neuerrichtungen im Diözesanblatt Abstand, um nicht schlafende Hunde zu wecken.

In den Folgejahren kamen noch sechs Kaplaneien und eine Kooperatorexpositur hinzu. Linz-Christkönig und Linz-St. Severin, bisher schon „geschützte Posten", wurden am 1. Jänner 1945 in Pfarrexposituren verwandelt.

Wie kühn Fließer vorging, erhellt zum Beispiel auch daraus, daß er Ortschaften, die nicht einmal ein Gotteshaus hatten, zu Kaplaneien erhob (z. B. Heilham, Innerbreitenau, Trattenbach, Wels-Pernau u. a.) und an der Stiftskirche Kremsmünster, obwohl diese ohnedies Pfarrkirche war, noch zusätzlich einen Kirchenrektor bestellte.

Auch die Kirchenrektorate waren ja „geschützte Posten". Gföllner hatte deren sechs errichtet, Fließer dagegen mindestens 54.

Auf Grund des Gesagten ergibt sich für die Jahre 1941 bis 1945, daß Fließer nicht weniger als 129 geschützte Seelsorgeposten (54+14+6+1+54) geschaffen hat, wobei die Kirchenrektorate in unserer Bestandsaufnahme möglicherweise nicht vollständig erfaßt sind.

Erwähnung verdienen auch die Bemühungen Fließers, die Priester im Wehrdienst nach Möglichkeit der Seelsorge zu erhalten. Der Kapitelvikar legte, wie A. Naderer nachgewiesen hat, 15 eingerückten Geistlichen nahe, sich um Posten als Kriegspfarrer zu bewerben. Zusammenfassend wird man also sagen dürfen, daß Fließer die gegebenen Chancen optimal genützt hat.

---

8 Vgl. hierzu die Tabellen unten S. 131 ff.

9 Vgl. diesen Bd. S. 24.

Übersicht über die 1938 bis 1945 errichteten Seelsorgestellen

Die Erstellung der nachfolgenden Tabelle stieß, obwohl es sich um ein Kapitel der jüngsten Geschichte handelt, auf beachtliche Schwierigkeiten. Die damaligen Errichtungen von „geschützten Seelsorgestellen" sind, wie schon erwähnt, im Diözesanblatt nicht publiziert worden, da man die NS-Behörden auf den beschrittenen Ausweg zur Freistellung von Priestern nicht zu deutlich hinweisen wollte. Ich bin daher zunächst von den im „Diözesanblatt" eingetragenen Versetzungen der Geistlichen ausgegangen, da in diesem Zusammenhang jeweils auch die Art der Anstellung verzeichnet ist. Diese Liste konnte aus einer Arbeit von Margit Lengauer[10] ergänzt werden. Für die Kaplaneien hat mich Frau Dr. Lengauer dadurch unterstützt, daß sie sich der mühevollen Suche nach den Errichtungsurkunden im Archiv der Diözesanfinanzkammer unterzog. Auch das Verzeichnis der Kirchenrektorate geht weithin auf ihre Vorarbeiten zurück. Hierfür dienten die Personalschematismen als Grundlage. Für diese tatkräftige Hilfe möchte ich aufrichtig danken. Die beigegebene Karte verdanke ich Herrn Franz Pfaffermayr (Linz). Die Kirchenrektorate wurden in der Karte teils aus Platzgründen nicht verzeichnet, teils auch, weil in dieser Kategorie keine vollständige Erfassung garantiert werden kann.
Die Errichtung „geschützter Seelsorgestellen" in dem 1940 bis 1946 zur Diözese Linz gehörenden Generalvikariat Hohenfurth ist in dieser Arbeit – und somit auch in dem nachfolgenden Überblick – nicht berücksichtigt.

Kaplaneien

a) Ohne spätere Rangerhöhung:

(In runden Klammern wird die heutige Pfarre, in deren Gebiet der Ort liegt, angegeben.)

Brunnbach (Großraming)	1. 4. 1943
Dambach (Garsten)	1. 11. 1941
Einsiedling (Vorchdorf)	1. 11. 1941
Hackstock (Unterweißenbach)	1. 11. 1941
Hamberg (Schardenberg)	1. 11. 1941
Heilham (Linz-Christkönig)	1. 11. 1941
Hilkering (Hartkirchen)	1. 11. 1941
Hollerberg (St. Peter am Wimberg)	1. 11. 1941
Innerbreitenau (Molln)	1. 1. 1942
Inzersdorf (Kirchdorf a. d. Kr.)	1. 11. 1941
Kematen b. Wels (Steinerkirchen a. Innbach)	1. 11. 1941
Kimpling (Kallham)	1. 11. 1941
Kirchberg (Kremsmünster)	1. 11. 1941
Langwies (Koop.-Exp. Roith, Pf. Ebensee)	1. 11. 1941
Mistelbach (Buchkirchen b. Wels)	1. 11. 1941
(Mitter-)Weißenbach (Bad Ischl)	1. 9. 1943

10 *M. Lengauer* (wie Anm. 3).

Mitterweng (Windischgarsten)[11]	1. 11. 1941
Mühlbach (Garsten)	1. 11. 1941
Mühllacken (Feldkirchen a. d. D.)	1. 11. 1941
Niederzirking (Ried i. d. Riedmark)	1. 11. 1941
Pupping (Hartkirchen)	1. 11. 1941
Reichenstein (Pregarten)	15. 2. 1942
Reindlmühl (Altmünster)	1. 3. 1942
Ried-St. Anna (Ried i. I.)	1. 11. 1941
Roßleithen (Windischgarsten)	1. 11. 1941
St. Lorenz (Mondsee)	1. 11. 1941
St. Martin/Römerberg (Linz-St. Matthias)	1. 11. 1941
St. Maximilian/Freinberg (Linz-St. Konrad)[12]	1. 11. 1941
St. Veit (Roßbach)	1. 11. 1941
Sarmingstein (St. Nikola)	1. 11. 1941
Schauersberg (Thalheim b. Wels)	1. 11. 1941
Schiefer (Schlierbach)[13]	1. 11. 1941
Schöndorf (Vöcklabruck)	1. 11. 1941
Schöneben (Liebenau)	1. 11. 1941
Thomasroith (Ottnang)	1. 11. 1941
Trattenbach (Ternberg)	1. 11. 1941
Wildenau (Aspach)	1. 11. 1941

b) Mit späterer Rangerhöhung:

(In runden Klammern wird der Name der heutigen Pfarre bzw. Pfarr- oder Kooperatorexpositur angegeben, soweit dieser vom Namen der damaligen Kaplanei abweicht.)

Auberg (Linz-St. Leopold)	1. 11. 1941
Bad Schallerbach	1. 11. 1941
Gründberg (Linz-Gründberg/St. Markus)	1. 11. 1941
Katzbach (Linz-Hl. Geist)	1. 11. 1941
Klaffer	1. 11. 1941
Lorch (Enns-St. Laurenz)	1. 11. 1941
Maria Puchheim	1. 11. 1941
Pfandl	1. 11. 1941
Pichling (Linz-St. Paul zu Pichling)	1. 11. 1941
Roith (Roith, Koop.-Exp. der Pf. Ebensee)	1. 11. 1941

11 Ab 1. 2. 1954 wurde die Kaplanei nach Rosenau verlegt.
12 Als Kaplanei aufgelöst am 28. 2. 1949.
13 Als Kaplanei aufgelöst am 1. 10. 1949.

St. Konrad (Linz-St. Konrad)	1. 11. 1941
St. Martin b. Traun (Traun-St. Martin)	1. 11. 1941
St. Michael (Linz-St. Michael)	1. 11. 1941
Schalchen	1. 11. 1941
Scharnstein	1. 11. 1941
Spallerhof (Linz-St. Peter)[14]	1. 10. 1943
Steyr-Ennsleite	1. 11. 1941
Steyrermühl	1. 11. 1941
Timelkam[15]	1. 11. 1941
Wegscheid (Linz-Guter Hirte)[16]	1. 11. 1941
Wels-Hl. Familie	1. 11. 1941
Wels-Lichtenegg	1. 11. 1941
Wels-Pernau (Wels-St. Josef)	1. 11. 1941

Kooperatorexposituren

(Errichtungen unter Bischof Gföllner sind durch Kursivschrift hervorgehoben; Rangerhöhungen bereits „geschützter Posten" sind in eckige Klammern gesetzt.)

Agerzell/Lenzing	1. 11. 1941
Bach b. Schwanenstadt	1. 11. 1941
Braunau-Haselbach	1. 11. 1941
Eidenberg	1. 11. 1941
Kirchschlag	1. 11. 1941
Kleinreifling	1. 11. 1941
Lacken (Pf. Feldkirchen a. d. D.)	1. 11. 1941
Lengau	*1. 1. 1940*
[Linz-Christkönig[17]	1. 11. 1941]

14 Die alte Pfarre St. Peter i. d. Zizlau wurde mit 1. 1. 1960 unter Beibehaltung des Namens „Linz-St. Peter" auf die Kaplanei Spallerhof übertragen. Vgl. *M. Lengauer* (wie Anm. 3), S. 75.

15 Rangerhöhung durch Übertragung der Pfarre von Oberthalheim nach Timelkam im Jahre 1951. Vgl. *M. Lengauer* (wie Anm. 3), S. 77.

16 Die Kaplanei Wegscheid wurde ursprünglich beim Bahnhof Wegscheid im Gebiet der heutigen Pfarre Linz-St. Franziskus (damals Pfarre Kleinmünchen) errichtet. Sie wurde mit Rechtswirksamkeit vom 1. Juli 1950 an die Stelle der heutigen Seelsorgsanlage Linz-Guter Hirte übertragen und 1951 zur Kooperatorexpositur, 1953 zur Pfarrexpositur Linz-Guter Hirte erhoben. (Errichtungsurkunde der Kooperatorexpositur vom Feste Christkönig 1951; der Pfarrexpositur vom Osterfest 1953.) Mit Wirkung vom 1. Jänner 1979 erfolgte die Pfarrerhebung (LDB 125 [1979] 7 f.). Dankenswerte Mitteilung von F. Pfaffermayr (Linz).

17 Die Kooperatorexpositur wurde an der unter Gföllner zum Kirchenrektorat erhobenen Friedenskirche (Linz-Urfahr) errichtet.

Linz-St. Antonius	1. 11. 1941
Linz-St. Margarethen	1. 11. 1941
[Linz-St. Severin[18]	1. 11. 1941]
Linz-St. Theresia	1. 11. 1941
Sattledt	*1. 1. 1941*
Schneegattern	*1. 1. 1940*[19]
St. Berthold-Sierninghofen-Neuzeug	1. 11. 1941
Stadl-Paura	*1. 3. 1941*
Steyr-Münichholz	1. 1. 1942
Steyr-St. Anna	1. 11. 1941

Pfarrexposituren

(Errichtung unter Bischof Gföllner durch Kursive hervorgehoben; Namen der Seelsorgestellen, die im Berichtszeitraum von bereits „geschützten Posten" nur im Rang erhöht wurden, sind in eckige Klammern gesetzt.)

Arnreit	1. 11. 1941
[Lengau	1. 11. 1941]
[Linz-Christkönig[20]	1. 1. 1945]
Linz-Don Bosco	*1. 9. 1939*
Linz-St. Josef	1. 11. 1941
[Linz-St. Severin[21]	1. 1. 1945]
[Sattledt	1. 11. 1941]
[Schneegattern	1. 11. 1941]
[Stadl-Paura	1. 11. 1941]

Kirchenrektorate

(Errichtungen unter Bischof Gföllner sind durch Kursive hervorgehoben.)

Astätt b. Lochen
Auleiten b. Frankenmarkt
Aurachkirchen b. Ohlsdorf
Bad Leonfelden, Bründlkirche
Braunau:
  Kapuzinerkirche
  Spitalskirche
Dachsberg b. Prambachkirchen
Eferding, Spitalskirche
Engelszell, Stiftskirche[22]

18 An der Severinuskirche hatte bereits Bischof Gföllner ein Kirchenrektorat errichtet.

19 Mit Wirkung vom 1. 8. 1933 war hier bereits eine „Seelsorgestelle" (ohne genauere Bezeichnung) errichtet worden (BO V. 13. 7. 1933, Zl. 6545; dankenswerte Mitteilung von Frau Dr. M. Lengauer, Linz).

20 Vgl. Anm. 17.

21 Vgl. Anm. 18.

Enns:
- Franziskanerkirche[23]
- Spitalskirche[24]

Freistadt, Liebfrauenkirche

Gmunden:
- Karmelitinnenkirche
- Krankenhauskapelle
- Spitalskirche St. Jakob

Heiligenleithen b. Pettenbach

Kremsmünster:
- St.-Johannis-Kirche
- Stiftskirche[25]

Lest b. Neumarkt

Linz:
- Elisabethinenkirche
- Kirche d. Barmh. Brüder
- Kirche d. Barmh. Schwestern
- *Friedenskirche*[26]
- *Karmelitinnenkirche*[27]
- Kirche d. Kreuzschwestern
- *Minoritenkirche*[27]
- Kirche d. Priesterseminars
- *Severinuskirche*[27]
- Kirche d. Tertiarschwestern
- *Ursulinenkirche*[27]
- Versorgungshauskapelle (Städt. Altersheim, Muldenstraße)

Mistelberg b. Tragwein

Mitterberg b. Rüstorf[28]

Mösendorf b. Vöcklamarkt

Niedernhart

Neuhaus:
- Schloßkapelle bei St. Martin i. Mkr.

Obertraun

Oberwödling b. Grieskirchen

Puchberg b. Wels

Pyrawang b. Esternberg

Reiterndorf b. Bad Ischl

Ried i. I., Kapuzinerkirche

Riedegg b. Gallneukirchen

St. Agatha b. Bad Goisern

St. Florian b. Linz, Spitalskirche

St. Konrad b. Oberwang

St. Leonhard b. Pucking

St. Peter b. Freistadt

St. Sixt b. Neukirchen a. Wald

Schenkenfelden, Kalvarienbergkirche

Schlägl, Stiftskirche

Steinbruch b. St. Peter am Wimberg

Steyr, Marienkirche

Uttendorf, Marktkirche

Vormoss b. Feldkirchen i. I.

Waizenkirchen, Spitalskirche[29]

Waldhausen, ehem. Stiftskirche

Weyer, Marktkirche

Wim b. Bad Wimsbach

---

22 Vgl. Schematismus 1941 mit Stand vom 1. Jänner 1941.

23 Abgekommen.

24 Jetzt evangelische Pfarrkirche.

25 Obwohl die Stiftskirche auch als Pfarrkirche fungiert, errichtete Bischof Fließer an ihr ein Kirchenrektorat, so daß Pfarrer und Kooperator „geschützt" waren.

26 Heutige Pfarrkirche Linz-Christkönig, vgl. Anm. 17. Das Kirchenrektorat unter Bischof Gföllner ist bezeugt durch LDB 86 (1940) 130f. n. 98.

27 Vgl. LDB 86 (1940) 130f. n. 98.

28 1946 abgekommen.

29 Abgekommen.

Anhang

1. Errichtungsurkunde der Kaplanei Dambach

DFK/R – 2867/2 – 1941.

Errichtungs-Urkunde
der Kaplanei Dambach der Pfarre Garsten.

Nach Anhörung aller zur Sache Berechtigten wird folgendes verordnet:
1. In der Pfarre Garsten, Dekanat Steyr, wird mit Rechtswirksamkeit vom 1. November 1941 an der Filialkirche zu Ehren der sel. Jungfrau Maria in Unterdambach eine Kaplanei errichtet.
2. Der neuen Kaplanei werden als Seelsorgebereich aus der Mutterpfarre Garsten die Ortschaften des Schulsprengels Dambach zugewiesen.
3. Die Seelenzahl der Kaplanei beträgt gegenwärtig etwa 565.
4. Als Kaplaneikirche wird der Kaplanei die Filialkirche zu Ehren der sel. Jungfrau Maria in Unterdambach zugewiesen.
5. Als Seelsorger der Kaplanei wird ein Lokalkaplan bestimmt, der im Pfarrhofe Garsten seinen Wohnsitz zu nehmen hat.
6. Die rechtlichen Verhältnisse der Kaplanei und des exponierten Lokalkaplanes bestimmen sich gemäß Abschnitt C der Bischöflichen Verordnung über die kirchenrechtliche Stellung der Pfarr-Expositur, Kooperator-Expositur, Kaplanei und des Kirchenrektorates vom 1. September 1941 („L. D." 1941, Seite 104). Im Sinne dieser Verordnung wird noch festgesetzt:
a) Die seelsorglichen Rechte für den exponierten Lokalkaplan bestimmt jeweils der Pfarrer der Mutterpfarre;
b) Der Kaplan ist zur Leistung der vollen Kooperatordienste im ganzen Bereiche der Mutterpfarre verpflichtet.
c) An der Kaplaneikirche ist gemäß can. 1521 CJC eine Kirchenvermögensverwaltung einzurichten.

Gegeben zu Linz (Donau), am Feste des hl. Wolfgang, 31. Oktober 1941.

+ Josephus Calas. Fliesser
Kapitelvikar

2. *Mitteilung an das Pfarramt Garsten über die Errichtung der Kaplanei Dambach*

DFK/R – 2867/2 – 1941. Linz, 31. Oktober 1941.
Betrifft: Kaplanei-Errichtung.

An das
hochwürdige Pfarramt *Garsten.*

In der Anlage übermittelt das Bischöfliche Ordinariat die Errichtungsurkunde für die in Ihrer Pfarre gelegene Kaplanei Dambach.
Das hochw. Pfarramt wird angewiesen, im Sinne der Bischöflichen Verordnung vom 1. September 1941 („L. D." 1941, Seite 104), Abschnitt C, Punkt 1C, an einem der nächsten Sonntage den neuernannten hochw. Herrn Kaplan beim Hauptgottesdienst der Kaplaneikirche den Gläubigen vorzustellen. Hiebei ist die Errichtungsurkunde auszugsweise (sinngemäß) zu verlesen. Eine weitere Feier, insbesondere eine weltliche, hat unter allen Umständen zu entfallen. Über diese Diensteinführung ist anher ein Bericht zu erstatten.
Die Errichtung der Kaplanei wolle in der Pfarrchronik entsprechend vermerkt werden.
Das Bischöfliche Ordinariat erwartet eine recht ersprießliche und gesegnete Wirksamkeit der neuen Kaplanei zur Ehre Gottes und zum Heile der ihr anvertrauten Seelen.

Bischöfliches Ordinariat Linz.

+ Josephus Cal. Fliesser e.h.
Kapitelvikar.

Nachtrag

Nach erfolgtem Umbruch dieses Beitrags fand sich im OAL eine undatierte Liste der „geschützten Seelsorgeposten". Darin zusätzlich angeführte Seelsorgestellen seien hier – ohne Gewähr – nachträglich verzeichnet.
Kaplaneien: Attnang-Puchheim, St. Berthold (Linz-St. Magdalena), Götzendorf (Rohrbach).
Kooperatorexposituren: Altenhof i. Mkr. (1914 errichtet), Berg a. d. Krems (ca. 1901/02 errichtet), Obermühl (1933 errichtet), Stadl-Kicking (1924 errichtet).
Pfarrexposituren: Arnreit (1926 errichtet), Kleinraming (1921 errichtet), Micheldorf (1926 errichtet).
Kirchenrektorate: Aigen (Stiftskirche Schlägl), Attnang-Puchheim (Kirche Altattnang), Altheim (Marktkirche), Bad Ischl (Krankenhauskirche), Gmunden (Kapuzinerkirche), Linz-Alter Dom; Mettmach (Schulkirche Arnberg), Mondsee (Hilfkirche), Tragwein (Greisinghof), Wels (Kalvarienbergkirche).

Ferdinand Klostermann

Katholische Jugend im Untergrund

Ich bin kein Historiker und habe es nicht als meine Aufgabe erachtet, eine umfassende Darstellung der katholischen Jugendarbeit im Dritten Reich zu bieten. Ich bin hier als Zeuge eingeladen; darum stützt sich der folgende Bericht weithin nur auf meine eigenen Erinnerungen und betrifft für die Zeit von 1938 bis 1942 fast ausschließlich die katholische Jugend der Diözese Linz, von 1943 bis 1945 zufolge meiner Verbannung auch die von Berlin. Dennoch kann man sich von diesen Beispielen her ein gewisses Bild von der Situation in anderen Diözesen der damaligen Ostmark, ja ganz Deutschlands machen, da sowohl die äußeren Möglichkeiten bzw. Beschränkungen wie auch die ihnen angepaßten Arbeitsweisen ähnlich waren. Welche Unterschiede trotz Ähnlichkeit in einzelnen Diözesen und Ländern herrschen konnten, wird übrigens auch der Vergleich der Jugendarbeit in Linz und in Berlin zeigen.
Von Nachteil ist freilich, daß zwischen Erlebnis und Bericht schon eine Zeit von 33 bis 40 Jahren liegt. Ich habe darum, mehr zur Auffrischung

meiner Erinnerungen und zur Vermeidung von nachträglichen Fehlinterpretationen, einiges aus der schon vorhandenen Literatur eingesehen. Einige Hinweise und Dokumente verdanke ich Herrn Kollegen Zinnhobler, der ja auch selbst schon einige Ereignisse aus der Kirchengeschichte der Diözese Linz zur Zeit des Nationalsozialismus (NS) bearbeitet hat, und den wenigen sonstigen Arbeiten über jene Zeit. Ich habe mich zur Mitarbeit an dieser Ringvorlesung bereit erklärt, weil der Zeugen ohnedies schon immer weniger werden und bald nur mehr der Historiker das Wort haben wird.
Ich muß zum Verständnis des eigenen Berichtes zunächst wenigstens kurz die Situation der organisierten katholischen Jugend vor der Zeit des NS skizzieren und einige Informationen über meine Situation und Funktion in der Diözese Linz zur Zeit des NS geben. Dann soll der offizielle Rahmen der katholischen Jugendarbeit in der Diözese Linz von 1938 bis 1945 dargestellt werden, schließlich die tatsächliche Jugendarbeit in der Diözese Linz von 1938 bis 1942 und in der Pfarrkuratie St. Agnes in Berlin von 1942 bis 1945*.

1. Die organisierte katholische Jugend vor der Machtergreifung des NS

1.1. *Die katholische Jugend im Vereinszeitalter*

In der Diözese Linz bzw. im Land Oberösterreich herrschte wie in ganz Österreich und auch in Deutschland ein reges katholisches Vereins- und Verbandswesen. Der Untergang der Monarchie im Jahre 1918 hatte diesbezüglich wenig geändert, sondern eher noch die Vielfalt, aber auch schon die gewiß sehr schwierigen Bemühungen um eine gewisse Koordinierung verstärkt. So wurde der „Reichsbund der katholischen deutschen Jugend Österreichs" schon 1917 bzw. am 26. Mai 1918, immerhin noch während des Ersten Weltkrieges, gegründet; 1917 entstand auch der „Reichsverband der christlichen Hausgehilfinnen", 1923 der „Reichsverband der katholischen Mädchenvereine Österreichs". Zu diesen Dachorganisationen und ihren Landes- bzw. Diözesanstellen und Pfarrgruppen kam noch eine Fülle anderer christlicher, katholischer und unmittelbar kirchlicher Vereinigungen und Kindergruppen von den

* Für die Redefassung mußten die Punkte 1, 2 und 4.5 sowie die Dokumentation zu Punkt 3 ausgelassen werden.

Marianischen Kongregationen bis zu den Pfadfindern und den Mittelschulverbindungen. Verzeichnisse aus den Jahren 1932 bzw. 1934, die freilich nur Organisationen berücksichtigen, die ihre Tätigkeit wenigstens der Intention nach auf ganz Österreich ausdehnten oder wenigstens in der Bundeshauptstadt ihren Sitz hatten, weisen, abgesehen von Jugendgruppen Dritter Orden und Bruderschaften und den schon genannten 2 großen Dachorganisationen für Burschen und Mädchen, für die Jugend noch 7 naturständische Organisationen, 6 Mittelschülerorganisationen, 36 Hochschülerorganisationen, 3 auf dem Jungarbeiter- bzw. Lehrlings-, Gesellen- und Hausgehilfinnensektor auf; dazu Jugendgruppen von 6 katholischen Turn-, Sport- und Wandervereinen. Die Kinder waren in Kindergruppen verschiedener Jugend-, Sport- und Turnorganisationen, in Marianischen Kinderkongregationen, vor allem aber in Elternvereinen, die zum Reichsverband der christlich-deutschen Elternvereine Österreichs „Frohe Kindheit" (1919 gegründet) zusammengefaßt waren.
Nimmt man die Vereinigungen für Erwachsene dazu, ergibt sich ein überaus buntes und kaum mehr übersehbares Bild. Es ist kein Wunder, daß dann in Wien manche Pfarren zwischen 9 und 49 pfarrliche Vereine angaben. Die Pfarre mit 49 Vereinen gab 15 Marianische Kongregationen (10 naturständische und 5 berufsständische), 1 Dritten Orden, 2 Bruderschaften, 8 naturständische Vereinigungen, 8 berufsständische Vereinigungen, 4 karitative, 6 bildende Vereinigungen und noch 5 andere an. Soweit hat es wohl keine oberösterreichische Pfarre gebracht. Man versteht aber bei dieser Fülle auch, daß manche Pfarrer das nationalsozialistische (ns) Verbot der katholischen Vereine zunächst als eine gewisse Erleichterung, ja als pastorale Hilfe empfanden, wie mir noch 1943 Berliner Pfarrer versicherten.
Für die Diözese Linz ergeben sich nach dem Generalschematismus 1930, der nur Vereine mit pfarrlichen Gruppen und natürlich nur auf Grund der mit sehr verschiedener Gewissenhaftigkeit gemachten pfarrlichen Angaben berücksichtigt, für die damals 421 Pfarren der Diözese katholische Vereinigungen aus 65 verschiedenen Gruppen. Ausdrücklich für Kinder und Jugendliche sind damals ausgewiesen: 16 Marianische Kongregationen für Kinder, 6 für Burschen, 202 für Mädchen, 21 für Mittelschüler; 136 Reichsbundgruppen bzw. Burschenvereine und 7 andere „Jugendbundgruppen"; 6 Pfadfindergruppen; 67 Mädchengruppen außer den Kongregationen; 23 Gesellenvereine; 12 Hausgehilfinnenver-

eine; 34 Kindergruppen aus 6 verschiedenen Kindervereinigungen. Das ist im Vergleich zu Wien sicher bescheiden, aber immer noch bunt genug. Zu bewältigen war diese Fülle nur dadurch, daß manche Vereine nicht sehr viele Ansprüche stellten, andere überhaupt kaum Lebensäußerungen von sich gaben. Zum Trost für den kompetierenden Pfarrer führt der Generalschematismus bei manchen Vereinen gleich an: nur 4 oder: nur 2 Versammlungen im Jahr.

Nicht oder kaum zum Zug kam in der Diözese Linz die katholische Jugendbewegung, der Bund Neuland, der wie auch die liturgische Bewegung in Bischof Gföllner einen konsequenten Gegner hatte; er konnte freilich nicht verhindern, daß einzelne Oberösterreicher zum Bund stießen und an Singwochen und anderen Veranstaltungen des Bundes teilnahmen; noch weniger, daß Formen der Jugendbewegung und die biblisch-liturgische Bewegung die Jugendarbeit nach 1938 befruchteten.

1.2. *Die katholische Jugend unter den Versuchen einer Realisierung der Katholischen Aktion*

Am 23. Dezember 1922 hatte Papst Pius XI. die ganze Welt zur Katholischen Aktion aufgerufen. Sie hatte sich zunächst und allmählich aus dem italienischen Organisationsleben heraus entwickelt und war eine Zusammenfassung verschiedener natur- und berufsständischer Organisationen, darunter auch einer Vereinigung für Kinder, für weibliche und männliche Jugend und für Hochschüler, auf pfarrlicher, diözesaner und nationaler Ebene unter der obersten Leitung der Bischöfe. Damit sollte eine Koordinierung des Laienapostolates und eine stärkere Einbindung in das Apostolat der Kirche selbst erreicht werden.

Im November 1926 befaßte sich die „Reichskonferenz" der Arbeitsgemeinschaft der Diözesan-(Landes-)Katholikenorganisationen Österreichs unter dem Vorsitz von Bischof Sigismund Waitz zum erstenmal mit der Katholischen Aktion Pius' XI. Die pastorale Ausrichtung der Vereine und die Verchristlichung der Gesellschaft sollte forciert und dazu in jeder Diözese eine Zentralstelle und in jeder Pfarre ein Pfarrausschuß errichtet werden. Tatsächlich ging der erste Realisierungsversuch einer Katholischen Aktion in Österreich von der Apostolischen Administratur Innsbruck-Feldkirch aus, deren Administrator damals Bischof Waitz war. Am 2. September 1929 wurde auch in Linz ein Katholikensekretariat als Organ der Katholischen Aktion geschaffen, das die verschiedenen

Organisationen und ihre Arbeit koordinieren und auch darüber hinaus gemeinsame Anliegen und Aufgaben wahrnehmen sollte. In den Pfarren sollten das die Pfarrausschüsse tun. Dieser Beschluß scheint in der Diözese Linz kaum praktische Folgen gehabt zu haben, da in den Amtsblättern der Diözese weder 1929 noch später irgend etwas in dieser Richtung aufscheint. Auch aus meiner Kaplanspraxis in Grein 1930 bis 1933 kann ich mich an keinerlei Beeinflussung in dieser Richtung erinnern. Die üblichen Organisationen agierten wie eh und je.

Diesem ersten Versuch einer Katholischen Aktion, die sich mit mehr oder weniger Erfolg um die Koordinierung der bestehenden Vereine bemühte und sonst nur eine Katholische Aktion der Ausschüsse war, folgte nach dem Wiener Katholikentag im Herbst 1933, bereits zur Zeit des autoritären „christlichen Ständestaates", unter Kardinal Innitzer, von Wien ausgehend, ein zweiter Versuch, der ein eher gestörtes Verhältnis zu den traditionellen Organisationen hatte und sich selbst in Wien eher wieder in die Richtung zu einem Dachverband zurückentwikkeln mußte. Die anderen österreichischen Diözesen folgten dem Wiener Beispiel nur sehr zögernd und in sehr verschiedenem Grad. In der Diözese Linz wurde erst 1934 das Katholikensekretariat formell aufgelöst und dessen geistlicher Leiter Karl Ohnmacht, der ja an dieser Hochschule auch Professor für Philosophie war, zum Generaldirektor der Katholischen Aktion ernannt. 1935 wurde ein „Statut der Katholischen Aktion der Diözese Linz" veröffentlicht, das vier Hauptstellen für die großen Naturstände mit je einem Laien- und Priesterführer, also auch für die männliche und weibliche Jugend, vorsah. Die beiden letzteren Hauptstellen sollten sich durch ein Referat „Elternschaft" auch um die Kinder kümmern. Die Organisationen und Vereine sollten diesen Hauptstellen unterstehen. Die hierarchische Führung bis zum Pfarrer, dem ein Pfarrbeirat zur Seite stehen sollte, wurde stark betont. Auch um die nicht in Vereinen organisierten Pfarrangehörigen sollte man sich kümmern. Während man aber in Wien, Innsbruck, Gurk, Seckau, Salzburg und Feldkirch wenigstens zunächst vom Dachverbandsprinzip mehr oder minder abrückte und in Richtung auf eigene, der Katholischen Aktion zugehörige Organisationen marschierte, stützte man sich in den Diözesen St. Pölten, Eisenstadt (damals noch unter Apostolischer Administration) und auch Linz weithin noch auf die alten Organisationen, wenn auch unter stärkerer Betonung des apostolischen und kirchlich-hierarchischen Elementes, so besonders auf dem Jugendsektor. Zufolge der inneren Schwierigkeiten während des autoritären österreichischen Kurses, was zum Beispiel schon damals zu Konflikten zwischen kirchlichen und staatlichen Jugendorganisationen führte[1], und der immer mehr der Katastrophe zustrebenden äußeren Entwicklung kam diese Katholische Aktion freilich nirgends mehr zur vollen Entfaltung[2]. Die Ansätze sollten aber, wenn auch unter gänzlich veränderten Verhältnissen, fruchtbar werden und zur Entfaltung kommen.

2. Zur persönlichen Legitimierung des Verfassers

Ich bin am 21. März 1907 als Sohn eines Arbeiters der k. k. Staatsbahn in Steindorf, Salzburg, geboren, habe am 13. Juni 1925 im Kollegium Petrinum maturiert, bin am 29. Juni 1929 zum Presbyter der Diözese Linz ordiniert worden und nach dreijähriger Kooperatorstätigkeit in Grein an der Donau am 1. Juli 1933 Kooperator in Bad Ischl geworden.

Wie in Grein war ich auch in Bad Ischl Dietwart des blühenden christlich-deutschen Turnvereines und kümmerte mich u. a. in den Ferien besonders auch um die Mittelschüler, die in den verschiedenen Schulen des Landes studierten, da Ischl damals noch keine Mittelschule hatte. Selbst der eher bürgerliche und katholisch kaum aktivistische christlich-deutsche Turnverein war von den Jungturnern bis zu den alten Herren fast durchgehend antinationalsozialistisch. Ich selbst sollte am Abend vor der Schuschnigg-Volksabstimmung vor der Turnerschaft eine entsprechend ermutigende Rede halten, die ich schon vorbereitet hatte. Den Einmarsch der deutschen (bayrischen) Truppen feierte das „nationale" Ischl unter hysterischen Freudenkundgebungen zum Erstaunen der Soldaten. Den Wahlaufruf der österreichischen Bischöfe mit dem „und Heil Hitler" Kardinal Innitzers und der Versicherung, daß nun die tausendjährige Sehnsucht des österreischischen Volkes in Erfüllung gegangen sei, verlas ich mit tiefer Beschämung.

Mit 16. November 1938 wurde ich zum bischöflichen Sekretär des damaligen Bischofs Dr. theol. et phil. Johannes Maria Gföllner ernannt. Außer der Begleitung des Bischofs auf seinen Spaziergängen über den Freinberg – es war immer derselbe Weg – war es zunächst meine Aufgabe, die

1 Vgl. Linzer Diözesanblatt (= LDBl) 83 (1937) 113f.

2 F. Klostermann, Das organisierte Apostolat der Laien und die Katholische Aktion: F. Klostermann u. a. (Hg.), Kirche in Österreich 1918–1965 II (W 1967) 68–122.

unter ns Druck immer mehr werdenden Kirchenaustritte, die die Pfarrer mit vorgedruckten Postkarten an das Bischöfliche Ordinariat meldeten, in ein Apostotatenbuch einzutragen. Privat half ich an der Christkönigskirche (Friedenskirche) in Urfahr, die damals noch keine selbständige Pfarre war und in deren Nähe ich bei meinen Eltern bzw. nach dem Tod meines Vaters (1941) bei meiner Mutter wohnte, u. a. auch in der Jugendpastoral mit. Eine Änderung in mein, wenigstens was meine Tätigkeit im Bischöflichen Ordinariat anlangt, nicht sehr anregendes Dasein brachten zwei junge Mittelschüler, die mich in der Ordinariatskanzlei aufsuchten und baten, einen Einkehrtag für Mittelschüler in Wilhering zu halten, den sie organisieren wollten. Einer dieser Schüler war der jetzige Missionar und Missionsarzt Dr. Herbert Watschinger in Afrika. Auf diese Weise kam ich in die Linzer und dann in die diözesane Jugendarbeit und wurde mit den ersten späteren Mitarbeitern bekannt. Das muß wohl schon im Winter 1938/39 gewesen sein. Vermutlich auf Grund dieser Tätigkeit hatte ich dann die Predigt bei der Jugendwallfahrt in Maria Scharten am 14. Mai 1939 übernommen, von der noch die Rede sein wird und nach der ich die erste Bekanntschaft mit der Geheimen Staatspolizei (Gestapo) machte.

Am 6. Juni 1940 wurde ich in den Beirat des Seelsorgeamtes des Bischöflichen Ordinariates berufen und mit der Übernahme des Referates ,,Studentenseelsorge" betraut. Im Ernennungsschreiben hieß es:

,,Die studierende Jugend bildet zumal in der Stadt einen wesentlichen Teil der Jugend und erfordert – sosehr auch der Einbau in das pfarrliche Leben erwünscht und anzustreben ist – doch auch eine Sonderbetreuung. Diese religiöse Sonderbetreuung wird nach Aufhören des Religionsunterrichts in der Oberstufe der Mittelschulen umso dringender. Besondere Aufgaben für die seelsorgliche Betreuung der studierenden Jugend ergeben sich schließlich in der Blickrichtung, daß aus diesen Reihen auch der Priesternachwuchs kommen wird. Es wird Ihre Aufgabe sein, den seelsorglichen Bedürfnissen der studierenden Jugend Aufmerksamkeit entgegenzubringen, geeignete Wege für die seelsorgliche Betreuung zu suchen und dem Seelsorgeamt vorzuschlagen und ihm in der Durchführung zur Seite zu stehen[3]." Am 7. September 1940 wurde ich vom Bischof ,,als Studentenseelsorger" (,,Studenten" hießen damals

3 Schreiben des Seelsorgeamtes v. 6. 6. 1940, gezeichnet von Dr. Josef Hollnsteiner, Leiter des Beirates.

auch die „Höheren Schüler") bestellt. Als Begründung wird im Dekret angeführt, daß die Kirche „durch den Entfall des Religionsunterrichts an der Oberstufe der Mittelschulen" (15. Mai 1940) gezwungen sei, „für die religiöse Betreuung dieser Schüler und Schülerinnen selbst und unmittelbar Vorsorge zu treffen. Dies wird vom kommenden Herbst an in eigenen Seelsorgestunden geschehen, die ‚Glaubensstunden' genannt werden sollen". Die „Leitung dieser Studentenseelsorge, die auch für den Priesternachwuchs von Bedeutung sein wird", sollte ich in Zusammenarbeit mit dem Seelsorgeamt und neben den „bisherigen Kurialagenden" wahrnehmen[4]; letzteres war auch zu meiner Deckung gedacht. Um vom Militärdienst befreit zu werden, wurde ich mit 15. November 1941 als Bischöflicher Sekretär enthoben und zum Ordinariatsreferenten mit der Amtsbezeichnung „Ordinariatsrat" ernannt[5].

Während dieser Zeit wurde ich wiederholt von Jugendlichen, Studenten und Studentinnen, gewarnt, die von der Gestapo meist wegen Soldatenbriefen, die sie geschrieben hatten, verhört worden waren, weil mein Name seitens der Gestapo genannt worden war. Einmal wurde ich selbst zur Staatspolizei gerufen, um einige stenographische Notizen zu klären, die man auf einem anläßlich einer Hausdurchsuchung in Braunau beschlagnahmten Schriftstück gefunden hatte und die von mir stammten. Man warf mir damals vor, ich sei eine Art Gauschulungsleiter und übe eine belastende Tätigkeit aus; auch bei einer Priesterkonferenz in Bad Ischl hätte ich staatsfeindliche Äußerungen gemacht oder doch zugelassen. Als ich dies scharf zurückwies, wurde sofort davon Abstand genommen. Ich vermutete, daß es sich nur um einen Versuchsballon handelte.

Mitte März 1942 wurde ich während der Dienstzeit im Bischöflichen Ordinariat von der Gestapo angerufen und aufgefordert, „vorbei"zukommen. Ich wurde zunächst mit einem an den Propst von Stettin gerichteten hektographierten, völlig harmlosen Brief des Obersten Mölders, eines der bestausgezeichneten, aber katholischen Fliegeroffiziers, konfrontiert. Ich erklärte, ich kenne den Brief, den ich wie tausend andere bekommen habe, wir hätten uns schriftlich in Stettin erkundigt und erfahren, daß er gefälscht sei; wir hätten kein Interesse an gefälschten Möldersbriefen, da wir genügend echte hätten. Der Kommissar fragte

4 Schreiben des Bischöflichen Ordinariates Linz (= BOL) v. 7. 9. 1940, Z. 7175.
5 Schreiben des BOL v. 6. 11. 1941, Z. 7526.

mich, wer meiner Meinung nach den Brief gefälscht habe und ob ich die Engländer in Verdacht habe. Ich erwiderte, jedenfalls Leute, die die echten Möldersbriefe in Mißkredit bringen möchten. Mölders gehörte vor seinem Militärdienst einer katholischen Jugendgruppe an und blieb mit ihr und seinem ehemaligen Jugendkaplan, dem damaligen Diözesanjugendseelsorger von Berlin, Klawitter, in Briefkontakt. Die sehr patriotischen Briefe ermunterten die Jugend zur Treue im Glauben, der auch ihm Kraft und Mut gäbe. Die Briefe kursierten unter der katholischen Jugend ganz Deutschlands, waren der Gestapo nicht sehr genehm und wurden als gefälscht verfolgt. Der Kommissar zeigte mir dann noch einen zweiten, an Herrn Direktor Klawitter gerichteten Brief des Obersten und fragte, ob ich den auch kenne, was ich bejahte. Auf den Vorhalt, auch dieser Brief sei gefälscht, erklärte ich, ich wisse, daß der Brief echt sei, weil ich ihn selbst vom Empfänger erhalten habe. Ich fungierte als zwar nicht ernannter, aber tatsächlicher Diözesanjugendseelsorger der Diözese Linz und nahm an den gesamtdeutschen Treffen der Diözesanjugendseelsorger teil. Anläßlich eines solchen Treffens in Mainz hatte Klawitter den letzten von Mölders empfangenen Brief verteilt. Auf meine Erklärung war man offenbar nicht vorbereitet. Der Beamte entfernte sich und ich hörte ihn auf dem Gang zu einem anderen Beamten sagen, mit dem zweiten Brief sei nichts zu machen: „Der kennt den Empfänger." Es folgten noch ein Kreuzverhör mit drei Beamten und die Drohung, man werde der Sache noch nachgehen und nach Berlin berichten. Ich unterzeichnete ein Protokoll, worin es am Schluß hieß, ich würde auf Grund meiner Aussagen auf freien Fuß gesetzt und verpflichte mich, über den Inhalt des Verhörs mit niemandem zu reden. Nach der Entlassung erfuhr ich, daß ein Funktionär der „Hitler-Jugend" den Möldersbrief oder Möldersbriefe bei einem Kameraden, einem Maturanten des Linzer Bundesgymnasiums, (wohl schon vervielfältigt) gefunden und der Gestapo übergeben hatte. Der Maturant wurde verhaftet und gestand nach mehrtägiger Haft unter dem Druck, an keiner deutschen Schule mehr die Matura fertigmachen zu können (er stand zwischen schriftlicher und mündlicher Prüfung), er habe den Brief von mir bekommen. Der Student erklärte übrigens eidesstattlich, den ersten Brief nicht von mir bekommen zu haben.

Ungefähr 14 Tage nachher, am 31. März 1942, wurde ich wieder von der Gestapo angerufen, ich möge wieder einmal vorbeikommen. Ich ging hin und wurde auf der Stelle von einem Beamten, den ich nie gesehen hatte und der offenbar auch nichts Näheres wußte, in Haft genommen. Er fuhr mit mir in meine Wohnung, einen sehr kleinen Dachraum bei meiner Mutter, da er eine Hausdurchsuchung vornehmen müsse. Ich hatte den Eindruck, er machte das sehr lässig, fand auch nichts und lieferte mich im Polizeigefängnis Linz ab, wo ich bis 15. Dezember 1942 als Gestapohäftling einsaß. Einer Bescheinigung der Polizeidirektion Linz vom 14. Juni 1946 ist zu entnehmen, daß die Gestapo als Grund „Verbreitung gefälschter Möldersbriefe" angegeben hatte[6]. Tatsächlich war ich seit meiner Verhaftung nie verhört worden. Ich war mit Diamantendieben, Austromarxisten und Blutordensträgern zusammen, in Einzelhaft und in Großzellen. Anfangs wurde ich vom Gefängnischef, einem SS-Offizier aus Berlin, sehr grob behandelt, dann immer besser. Die Polizeibeamten auf unserer Abteilung waren bis auf zwei Parteigenossen ausgesprochene Regimegegner. Anfangs bekam ich nichts zu lesen; allmählich durften mir Bücher gebracht werden. Bald nach meiner Einlieferung wurde ich einem Polizeioffizier in der Linzer Polizeidirektion vorgeführt, der sich mir, als wir allein waren, als christlich-deutscher Turner vorstellte und mir seine Dienste anbot, die ich freilich nie in Anspruch nahm. Ein ähnlich erfreuliches Erlebnis war der erste Friseurbesuch im Gefängnis. Ich kam bei einem Lehrling oder jungen Gesellen „zur Behandlung", der mir während des Haarschneidens die Grüße der Linzer Jugend überbrachte und mich zum Durchhalten ermunterte – „Wir halten auch durch". Um Pfingsten ließ ich mich über Anraten eines wohlgesinnten Polizeibeamten beim Gefängnischef vorführen und bat um Aufklärung, ich sei jetzt schon Monate hier und wisse nicht, warum. Er sagte: Sie haben sicher das Recht, sich bei der Gestapo, die Sie hier eingewiesen hat, vorführen zu lassen; ich rate Ihnen aber dringend ab, da Sie dann entweder vor Gericht und anschließend in ein Konzentrationslager (KZ) kommen oder sofort in ein KZ überstellt werden. Er bot mir an, bei ihm „Leibfazi" zu werden, dann bekäme ich mehr zu essen und hätte etwas zu tun. Ich nahm an. In der neuen Funktion hatte ich den Gang vor der Chefkanzlei zu wachsen, die Stiefel des Chefs spiegelglatt zu putzen und sein Klo sauberzuhalten. Allmählich kamen Vertrauensdienste dazu: Kisten voll Butterpaketen, die den Gefangenen gestohlen worden waren, an seine Frau in Berlin zu verpacken u. ä. Ich brachte es in der Fazilaufbahn bis zum Chefkoch für das ganze Gefängnis – es gab nur

6 Bescheinigung der Polizeidirektion Linz, Polizeigefängnis, v. 14. 6. 1946.

Eintopf. Hier konnte man einiges tun, da die Judentransporte von Wien nach Mauthausen oft in Linz Zwischenstation machten und hier eine Nacht verbrachten. Die Fazis, die Inhaber verschiedener Dienste, die Gefangene versehen konnten, hatten eine eigene Zelle, die praktisch immer offen war, so daß sie sich innerhalb des Gefängnisses frei bewegen konnten. Meine Kollegen waren mit Ausnahme eines sehr lieben Polen, der wegen Rassenschändung einsaß und nach einer schlecht ausgefallenen Schädelmessung ohne Gerichtsurteil von eigenen Landsleuten gehenkt werden mußte – ich glaube, in der Frankenburger Gegend –, Austromarxisten, die trotz aller weltanschaulichen Gegensätze sehr treue Freunde waren. Am 15. Dezember wurde ich mit „Alles mitnehmen" zur Gestapo gebracht – ein Kollege sagte: „Entweder bringen sie dich um oder du gehst frei." Dort legte man mir einen vorgeschriebenen Zettel vor, auf dem stand, daß ich mich verpflichte, die Alpen- und Donaugaue nicht mehr zu betreten und meinen Wohnsitz nördlich der Mainlinie zu wählen. Auf meine Bemerkung, ich wisse überhaupt nicht einmal, warum ich verhaftet war, wurde mir bedeutet: wegen meiner Verbindung mit Studenten und mit der Front. Ich sagte, ich sei ein vom Bischof ernannter Studentenseelsorger, welche Tätigkeit ohne solche Verbindung nicht möglich sei, und ich sei mir in keiner Weise bewußt, in meinen Briefen irgend etwas Staatsabträgliches geschrieben zu haben. Darauf wurde mir gesagt, meine Haft sei eine Beunruhigung von Linz gewesen und ich müsse hier verschwinden; ich bemerkte zwar, daß ich mich ja nicht selbst eingesperrt hätte, es wurde mir aber bedeutet, wenn ich nicht unterschriebe, würde ich sofort wieder in Haft genommen. Ich erbat Bedenkzeit, um mit meinem Bischof zu reden. Dieser riet mir, gleich nach Berlin zu gehen, um die Großstadtseelsorge kennenzulernen.

Mit einer Empfehlung des damaligen Kapitelvikars Bischof Fließer fuhr ich also nach Berlin, wo ich mich dem damaligen Bischof Konrad von Preysing zur Verfügung stellte. So wurde ich Kaplan in der Pfarrkuratie St. Agnes in Berlin W 68, Hollmannstraße 3–5, einer Filiale der Dompfarre St. Hedwig; als der Pfarrer wegging, verwaltete ich eine Zeitlang, von Juli bis Oktober 1944, allein die Kuratie, bis der neue Pfarrer kam. Das Pfarrgebiet reichte von der Leipziger Straße bis zum Halleschen Tor und galt als das Arbeitergebiet, das „Moabit des Zentrums". Meinen Aufenthaltsort mußte ich der Gestapo Linz mitteilen. Auch Berlin durfte ich nur mit Erlaubnis der Berliner Gestapo verlassen und meine Rückkehr mußte ich melden. Anläßlich einer solchen Rückmeldung fragte mich ein Berliner Kommissar im Gestapohauptquartier am berüchtigten Alexanderplatz, was dieses „Theater" eigentlich solle und ob ich in Linz von Ostmärkern verhört worden sei; als ich dies bejahte, meinte er: „Ihr Ostmärker solltet besser zusammenhalten." Jedenfalls anfangs wurde auch meine Post überwacht: Ein mir völlig fremder Berliner Kaufmann kam eines Tages zu mir und erklärte, er habe durch Zufall davon Kenntnis, daß meine Post von der Gestapo überwacht werde, er fühle sich verpflichtet, mich zu warnen.

Über Ersuchen bekam ich einige Male Einreisebewilligung in die Alpen- und Donaugaue zum Besuch meiner alten Mutter. Ich mußte mich freilich in Linz bei der Gestapo jedesmal an- und abmelden. So war ich Mitte Oktober 1943 zum erstenmal wieder in Linz, dann Ende Februar, Ende Juni und Anfang November 1944, jeweils zehn, das letzte Mal vierzehn Tage. Im Herbst 1943 drohte mir die Einziehung zur Wehrmacht, wie aus meinem Tagebuch hervorgeht, das ich vom 26. September 1943 bis 6. April 1947 führte. In den Februarurlaub fielen auf Anregung des Gauleiters Eigruber geführte Verhandlungen über eine Aufhebung der Gauverbote. Aus meinen Tagebuchaufzeichnungen geht hervor, wie lieb mir Berlin und wie fremd mir die Heimat schon geworden war; ich hätte mich über die Aufhebung der Verbannung nicht sehr gefreut. Auch als mir die Gestapo Linz anläßlich meiner Meldung Anfang November 1944 Hoffnung auf baldige Rückkehr machte, spürte ich laut Tagebuch, daß ich mich in Linz nicht mehr daheim fühlte, ja gar nicht mehr daheim sein wollte. Als mir der damalige Generalsekretär des Seelsorgeamtes, der jetzige Prälat Vieböck, Anfang 1945 mitteilte, die Gestapo Linz habe sich für meine Rückkehr ausgesprochen, schrieb ich ihm, eine positive Erledigung wäre jetzt nicht gut, da sie von der Pfarrbevölkerung in dieser Situation des Bombenkrieges als Flucht ausgelegt werden könnte; ich hoffe, daß die Verhältnisse stärker sein und uns die Entscheidung abnehmen würden. „Die Verhältnisse" waren stärker, freilich anders, als ich dachte. Am 3. Feburar 1945 wurde das ganze Pfarrgebiet, ein Wohnviertel von 50.000 Menschen, von Spreng- und Brandbomben völlig zerstört. Eine der ersten Bomben traf meine Wohnung. Von 11 Uhr mittags bis 1/28 Uhr abends waren wir vom Feuer eingekesselt. 18 Häuser standen noch. Acht Familien der Gemeinde konnten noch ihre Wohnungen benützen. 17.000 Tote gab die Polizei ohne die vielen Verschütteten an. Ich lag, vom Rauch fast erblindet, in einem Spital, als mich die telegraphische Rückberufung des Bischofs erreichte. Um den 20. Februar verließ ich mit einem Militärzug die schon ,,geschlossene Stadt" Berlin. Bei Nacht hörte man schon die russischen Geschütze von der Oder her. Ein Bahnbeamter des schon halb zerstörten Anhalterbahnhofs hatte mir einen Schein besorgt, auf Grund dessen ich ,,im dringendsten Reichsinteresse" nach Linz zu verreisen hätte. Der Schein tat Wunder; alle SS-Streifen entfernten sich nach Leistung des Hitlergrußes. Nur die Flieger, die unseren Zug beschossen, kannten keinen Respekt. In Linz erhielt ich von der Gestapo zunächst vier Wochen Urlaub, der bis zur endgültigen Regelung verlängert werden sollte.

Am 13. April 1945 teilte mir das Bischöfliche Ordinariat Linz mit, daß die Geheime Staatspolizeistelle Linz ,,gestern" das Gauverbot für mich aufgehoben habe und ich rückwirkend mit 1. März zum Sekretär des Seelsorgeamtes beim Bischöflichen Ordinariat ernannt sei[7].

3. Der offizielle Rahmen der katholischen Jugendarbeit in der Diözese Linz 1938–1945

Um den Untergrund feststellen zu können, muß zuerst der offizielle Rahmen dargestellt werden, der für die kirchliche Jugendarbeit vom Staat und notgedrungenerweise dann auch von der Kirche vorgesehen war.

Ich stütze mich hier wie auch im kommenden Kapitel vor allem auf die offiziellen Mitteilungen, Weisungen und Anregungen, wie sie im diözesanen Amtsblatt, aber auch in anderen, zum Teil hektographierten Aussendungen des Bischöflichen Ordinariates oder seines Seelsorgeamtes veröffentlicht wurden. Nur ein Teil der hektographierten Aussendungen des Bischöflichen Ordinariates wurde in den letzten Kriegsjahren ausdrücklich als ,,Beilage zum Linzer Diözesanblatt" ausgewiesen und sollte dem betreffenden Jahrgang beigebunden werden. Das Ordinariat und noch mehr sein Seelsorgeamt bedienten sich mitunter des Dienstes von Kurieren, um schriftlich oder auch mündlich bestimmte Informationen verläßlich an die rechte Stelle zu bringen. Auf diese Weise konnte ein Hirtenbrief in die Pfarren gebracht werden, dessen Beschlagnahme bei einer Postzustellung zu befürchten war; es konnte aber auch ein Priester vor einer zu erwartenden Hausdurchsuchung gewarnt werden. Hier-

---

7 Schreiben des BOL v. 13. 4. 1945, Z. 1420.

über wurden aus begreiflichen Gründen keinerlei Unterlagen aufbewahrt. Die offiziellen Aussendungen des Bischöflichen Ordinariates und das reiche Aktenmaterial des seinerzeitigen Seelsorgeamtes, jetzt Pastoralamt, wurden, soweit sie vorliegen, durchgesehen und im folgenden berücksichtigt. In der Dokumentation gehe ich weithin chronologisch vor, weil so der dramatische Ablauf am besten zum Ausdruck kommt.

3.1. *Zerschlagung der kirchlichen Kinder- und Jugendorganisationen*

Der erste Schlag des neuen Regimes richtete sich gegen das katholische Organisationsleben, in besonders empfindlicher Weise auf dem Jugendsektor.

Schon im Diözesanblatt vom 27. April 1938 wurde verlautbart, daß auf Grund einer Aussprache und schriftlichen Erklärung mit zwei Vertretern der Berliner Gestapo am 6. April 1938 eine Lösung in der Frage der katholischen Vereine in der Diözese Linz getroffen wurde. Darnach sollten 27 Vereine ,,weiterhin bestehen, sofern sie sich in rein religiösem Rahmen betätigen''; die Jugend betrafen davon nur drei, abgesehen von den Kongregationen, ziemlich belanglose Vereine: Kindheit-Jesu-Verein, Missionsvereinigung katholischer Frauen und Mädchen und Marianische Kongregationen. Unter den zwölf aufgelösten Vereinen fanden sich die sieben bedeutendsten Jugendorganisationen: Reichsbund und Jungreichsbund, Pfadfinderkorps St. Georg, Österreichische Jugendkraft, christlich-deutsche Turnerschaft, Neuland, Landesverband der katholischen Mädchenvereine, katholisch-deutscher Studenten- und Studentinnenbund. Verhandelt sollte noch werden über neun Vereine, von denen drei die Jugend irgendwie betrafen: Frohe Jugend, Jugendpatronagen und Gesellenverein[8].

Schon im nächsten Diözesanblatt wurde mitgeteilt, daß die Gesellenvereine außer Linz und Steyr weiter bestehen könnten[9]; deren Tätigkeit hörte freilich schon zufolge der Beschlagnahme der Häuser und Heime bald von selbst auf. Vielleicht erübrigte sich deshalb ein formeller Auflösungsbescheid, der trotz vieler Bemühungen nicht auffindbar war. Wohl aber wurden die Marianischen Kongregationen später zwangsaufgelöst, weil sie der Forderung, die Altersgrenze auf über 21 Jahre festzulegen, nicht nachkamen. Im Herbst 1939 verlangte nämlich der Stillhal-

8 LDBl 84 (1938) 48 f.
9 Ebd. 60.

tekommissar die Anmeldung auch sämtlicher kirchlich-religiöser Vereinigungen, widrigenfalls alle aufgelöst würden. Die Meldung für die Diözese Linz wurde am 16. September 1939 durchgeführt. Am 29. November hat der Stillhaltekommissar sämtliche gemeldeten Vereine unter der Auflage freigestellt, daß sie sich rein religiös betätigen, daß die Leitung grundsätzlich katholischen Priestern vorbehalten ist und daß sie sich als Verein nach dem Gesetz vom 15. November 1867 konstituieren. Vorstellungen der ostmärkischen Bischofskonferenz gegen die letzte Auflage wurden zurückgewiesen. Hinsichtlich der Satzungen der Marianischen Kongregationen wurde noch mündlich mitgeteilt, daß die Übung der ‚leiblichen Werke der Barmherzigkeit" als Vereinszweck zu streichen sei und die Mitgliedschaft überhaupt erst mit 21 Jahren beginnen könne. Da dieser letzten Forderung nicht entsprochen werden konnte, erfolgte das Verbot bzw. die Auflösung[10]. Mit Bescheid des Reichsstatthalters in Oberdonau vom 11. August 1941 wurde auch dem Kindheit-Jesu-Verein jede Tätigkeit untersagt. Ein aufklärendes Schreiben der Vereinsleitung wurde nicht beantwortet[11].

Die Tendenz war völlig klar: Die kirchliche Kinder- und Jugendarbeit sollte auf das rein Religiöse eingeschränkt und damit lahmgelegt werden, da Kinder- und Jugendarbeit nur in einer gewissen Ganzheitlichkeit möglich ist. Ganz deutlich hat das der oberösterreichische Gauleiter Eigruber, wenn auch etwas naiv, ausgesprochen: „Und nun zur Frage der Jugend . . . Die Aufgaben des Pfarrers und des Ortsgruppenleiters liegen auf völlig verschiedenen Gebieten. Der eine sorgt für die Seele und dafür, daß es den Menschen im Jenseits wohl ergehe, der Hoheitsträger sorgt dafür, daß es den Menschen wohl ergehe auf der Erde. Hier wollen wir scharf trennen. . . . Einige, die die beiden Gebiete nicht auseinanderhalten konnten, sind schon in Dachau . . . Katholisch turnen und katholisch wandern, das tun wir nimmer. Turnen, wandern und spielen wird unsere Jugend ausschließlich in der HJ! Unsere Jugend erzieht die NSDAP! . . . Sie wird nationalsozialistisch erzogen. Wir kennen in dieser Frage kein Nachgeben und keinen Kompromiß. Die Jugend gehört dem Staat und der Staat der nationalsozialistischen Partei[12]."

10 Ebd. 87 (1941) 41 f.

11 Ebd. 88 (1942) 76.

12 Zitiert von A. Naderer, Dr. Josef Cal. Fließer, Bischof von Linz: theol. Diss., Wien, Dezember 1972, 148.

3.2. *Beschränkung des Religionsunterrichts und Unterdrückung des kirchlichen Schulwesens*

Der grundsätzlichen Beschränkung der kirchlichen Kinder- und Jugendarbeit entsprach die weitere Taktik des Staates bzw. der herrschenden NSDAP. Zunächst begann man, den Religionsunterricht zu erschweren und das kirchliche Schulwesen zu unterdrücken[13]. Es kann in unserem Rahmen nicht um eine umfassende Darstellung gehen. Nur die wichtigsten Fakten seien notiert, um die Linie und die Konsequenz aufzuzeigen, mit der auch hier vorgegangen wurde.

Zunächst wurde, schon am 18. März 1938, noch vom „Österreichischen Unterrichtsministerium" die Anbringung von Bildern des Führers und Reichskanzlers in den Klassenzimmern und Amtsräumen der öffentlichen und privaten Schulen und Lehranstalten angeordnet. Bald darauf verfügte der Landesschulrat für Oberösterreich im Einvernehmen mit der Führung der oö. Hitler-Jugend (HJ) und des oö. Bundes deutscher Mädchen (BdM) für alle Schulen einschließlich der Privatschulen und -anstalten mit Öffentlichkeitsrecht, daß der Hitler-Gruß in den Klassen gemeinschaftlich nur am Beginn und Ende des vormittägigen Unterrichts zu leisten sei; daß bis 10. April an zwei Nachmittagen der Woche die Turnsäle der Anstalten den HJ- und BdM-Gruppen für den Ausbildungsdienst zur Verfügung zu stellen seien, freilich ohne den obligatorischen Nachmittagsunterricht zu beeinträchtigen; daß in jeder Schule nach Möglichkeit sofort ein zweckentsprechender Raum für die HJ bzw. den BdM frei zu machen und als Heim zur Verfügung zu stellen sei; daß die Schulleitung die Hissung der HJ-Flagge auf Dauer einer Woche zu bewilligen habe, wenn die Hälfte der Schülerschaft einer Anstalt der HJ oder dem BdM angehört; daß schließlich Abkommandierungen von Schülern durch SA, SS, HJ und von Schülerinnen durch den BdM zum Formationsdienst nur auf Grund schriftlicher Anforderungen der betreffenden Parteidienststelle bei den Schulleitungen bewilligt werden dürfen[14]. Das war schon ein beträchtlicher Eingriff in das Privatschulleben. Dann ging es um die Drosselung der Priesterheranbildung. Am 19. Juli 1938 wurden vom Staatskommissar für Erziehung, Kultus und Volksbildung im Ministerium für innere und kulturelle Angelegenheiten in Wien

13 Vgl. A. Naderer, Dr. Josef Cal. Fließer, a. a. O. 89.110–118; J. Fried, Nationalsozialismus und katholische Kirche in Österreich (W 1947).

14 LDBl 84 (1938) 30.

alle bischöflichen Knabenseminarien aufgehoben, die Gebäude meist beschlagnahmt oder einfach enteignet. Ähnlich erging es den katholischen Studentenkonvikten und Studienjuvenaten der Orden. Mit gleichem Datum wurde allen privaten kirchlichen Schulen und Lehranstalten das Öffentlichkeitsrecht entzogen, da sie eine ,,freie und einheitliche Erziehung" der Jugend nicht gewährleisteten. Das Linzer Bischöfliche Knabenseminar Kollegium Petrinum war schon vor Juli 1938 zum Teil vom Militär besetzt gewesen. Mit Erlaß des Landesschulrates Oberdonau vom 9. September wurde auch die Schließung des Privatgymnasiums Petrinum, des von den Zisterziensern geleiteten Stiftsgymnasiums in Wilhering und des Bischöflichen Lehrerseminars Linz angeordnet, da die Führung von Lehr- und Erziehungsanstalten ausschließlich Aufgabe des Staates und der Partei sei; das, obwohl der Direktor des Petrinums, Dr. Franz Eiblhuber, nicht nur eine HJ-Gruppe in der Anstalt zuließ, sondern ihr auch völlig freie Hand ließ, so daß die Studenten der obersten Klasse einmal zur Selbsthilfe griffen[15]. Auch das Aloisianum der Jesuiten am Linzer Freinberg wurde besetzt. Schließlich wurde auch das Gebäude des Linzer Priesterseminars beschlagnahmt, das am 21. August 1939 nach Wilhering übersiedeln mußte und auch dort noch weiteren Schikanen ausgesetzt war. Am 18. Oktober 1944 muße das neue Studienjahr in den schon längst beschlagnahmten Räumen der Oblatinnen des hl. Franz von Sales in Linz, Kapellenstraße 8, beginnen. Von den 161 Hörern waren damals 149 im Wehrdienst; 15 Theologen und 8 Anwärter der Theologie waren schon gefallen[15a].

Mit einer Note des Landesschulrates für Oberösterreich vom 18. Juli 1938 wurden die Religionsstunden an den oö. Hauptschulen reduziert[16], mit Erlaß vom 17. August auch an den oö. Volksschulen[17].

Nachdem das Ministerium für innere und kulturelle Angelegenheiten schon am 23. Juni 1938 die Auflassung des Pflichtgegenstandes ,,Religion" an den Handelsakademien bzw. kaufmännischen Wirtschaftsschulen verfügt hatte, wurde von der oö. Landeshauptmannschaft die

15 Vgl. J. Honeder, Die Schicksale des Kollegium Petrinum während der Zeit des Nationalsozialismus (1938–1945): 71. Jahresbericht des Bischöflichen Gymnasiums Kollegium Petrinum in Urfahr-Linz an der Donau, Schuljahr 1974/75, 3–90; LDBl 84 (1938) 155.

15a LDBl 85 (1939) 228; 90 (1944) 57.

16 LDBl 84 (1938) 131.

17 Ebd. 143.

Einstellung des Religionsunterrichts an den gewerblichen und kaufmännischen Fortbildungsschulen sowie an den Höheren Staatsgewerbe-, an den staatlichen Fach- und an den Frauenberufsschulen angeordnet. Ein Rekurs des Bischöflichen Ordinariates mit Berufung auf das Konkordat wurde wegen „Änderung der Verhältnisse und empfindlicher Mehrbelastung der Schüler durch den Religionsunterricht" am 1. August 1938 von der oö. Landeshauptmannschaft abgewiesen[18]. Mit Erlaß des Ministeriums für innere und kulturelle Angelegenheiten vom 17. September wurde die Pflicht zur Teilnahme am Religionsunterricht und an den konfessionellen Übungen durch die Schüler sowie die Überwachungspflicht durch die Lehrerschaft neu geregelt. Mit Berufung darauf verordnete der Landesschulrat von Oberdonau schon am 24. September, daß für konfessionelle Übungen wie Schülerbeichte, Kommunion usw. in Hinkunft nur schulfreie Tage verwendet werden dürften[19]. Ein Ersuchen an das Ministerium für innere und kulturelle Angelegenheiten in Wien, notfalls die erste oder zweite Unterrichtsstunde für den Sakramentenempfang bzw. den Besuch des Gottesdienstes frei zu geben, wurde abgewiesen[20]. Der Bezirksschulrat Linz verfügte mit Erlaß vom 5. Dezember 1938 an alle Direktionen und Schulleitungen konkretisierend, daß der Schulgottesdienst in Zukunft entfalle; daß zu Gottesdiensten, Beichte, Kommunion, Prozessionen Schüler nicht mehr geschlossen geführt werden dürften; daß Schüler, die an konfessionellen Übungen teilnahmen, rechtzeitig zum Unterricht zu erscheinen hätten; daß eine Verquickung der Konfessionsnote mit dem Kirchenbesuch künftig verboten sei; daß die Zusammenfassung von Kindern außerhalb des Unterrichtes zu schulischen Zwecken konfessioneller Art untersagt und Beobachtungen zu melden seien; daß örtliche Feiertage nur schulfrei seien, wenn der entfallende Unterricht noch in derselben Woche hereingebracht werden kann; daß Ministranten keinen Unterricht versäumen dürften; daß auch Lehrer, die Organisten sind, aus diesem Grund keinen Unterricht versäumen dürften und Stundenverlegungen aus diesem Grund unstatthaft seien; außerdem sei zu erwarten, daß aus Standesgründen mit Schulende solche Nebenbeschäftigungen überhaupt aufhö-

18 Ebd. 143.
19 Ebd. 200.
20 Ebd. 85 (1939) 19f.

ren. Durchgeführte Kirchenaustritte von Lehrpersonen waren im Standesausweis zu vermerken[21].
Von grundsätzlicher Bedeutung war, daß nach einem Erlaß des Reichsstatthalters in Österreich vom 16. September 1938[22] die alleinige Zuständigkeit für alle Angelegenheiten wichtiger und grundsätzlicher Art mit einer Kirche oder einer kirchlichen Organisation dem Reichsminister für innere und kirchliche Angelegenheiten in Berlin zukam. Mit Erlaß vom 19. November 1938 wurde die bisherige geistliche Schulaufsicht abgeschafft; auch wurden Bedingungen (Loyalität dem Staat gegenüber) für Geistliche festgestellt, die Religionsunterricht erteilen[22a]. Das Linzer Diözesanblatt vom 3. März 1939 teilte mit, daß den Katecheten und Religionslehrern unter Androhung der Suspension vom Religionsunterricht staatlicherseits verboten wurde, in den Schulklassen oder sonstigen Schulräumen Flugschriften, Broschüren, Heftchen oder sonstige Druckerzeugnisse zu verteilen[23]. Am 18. April wurde verfügt, daß der Religionsunterricht nur mehr Konfessionsunterricht heißen dürfe[24]. Am 12. Mai verfügte ein Erlaß des Ministeriums für innere und kulturelle Angelegenheiten, daß Priester nur soweit zur Erteilung des Religionsunterrichtes herangezogen werden dürften, als bei ihnen die Gewähr gegeben ist, daß sie ihren Unterricht nicht im Widerspruch zu den Grundsätzen der ns Weltanschauung erteilten[25]. In Ausführung dieses Erlasses teilte der Landesschulrat Oberdonau unter 31. Mai[26] dem Bischöflichen Ordinariat Linz mit, daß zur Erteilung des Konfessionsunterrichtes an Volks- und Hauptschulen in erster Linie weltliche Lehrer, die sich hiefür freiwillig zur Verfügung stellen, heranzuziehen seien; an den Höheren Schulen seien im Bedarfsfall auch Volks- und Hauptschullehrer zu verwenden, wenn sie die Befähigung zur Erteilung des Konfessionsunterrichtes für Volksschulen besitzen; Geistliche seien nur soweit heranzuziehen, als sie Gewähr bieten, daß ihr Unterricht nicht in Widerspruch zur ns Weltanschauung stehe; sie bekämen aber ab 1. Dezember 1938 auf

---

21 Z 836 (Sch 1938); aus den Akten des ehemaligen Seelsorgeamtes, des jetzigen Pastoralamtes der Diözese Linz (Akten des PA).
22 Zl. Rst. I-109.112/38; Akten des PA; vgl. LDBl 84 (1938) 205.
22a Akten des PA; vgl. LDBl 85 (1939) 42f.
23 LDBl 85 (1938) 51.
24 Akten des PA.
25 Ebd.
26 Zl. Sch. A. 380/39; Akten des PA.

keinen Fall eine Vergütung, wenn sie sonst in der Seelsorge tätig sind. Laut Schreiben des Bischöflichen Ordinariates Linz an die Dekanatsämter vom 1. Juni 1939 konnten laut Verfügung des Landeshauptmannes Schulkinder wie bisher noch geschlossen an der Fronleichnamsprozession teilnehmen. Das war offenbar ein gewisses Zugeständnis, um das Volk nicht zu sehr zu beunruhigen[27]. Aber schon am 9. Juni teilte das Linzer Diözesanblatt eine Weisung der „Amtlichen Linzer Zeitung" mit, nach der wie schon für Beichte und Kommunion nunmehr auch für die Firmung keine Schulzeit mehr freigegeben würde. Eine Übergangslösung für schon ausgeschriebene Firmungen wurde zugestanden[28].

Einen entscheidenden Schlag gegen den schulischen Konfessionsunterricht beabsichtigte der zurückdatierte Erlaß des Ministeriums für innere und kulturelle Angelegenheiten vom 25. August 1939, der anordnete, daß man sich vom sogenannten „Konfessionsunterricht" jederzeit abmelden kann; er war kein verbindlicher Lehrgegenstand mehr. Vom Beginn des Schuljahres 1939/40 an war eine schriftliche Anmeldung bei der Leitung der Schule innerhalb der ersten Woche nach Schulbeginn vom Vater oder dessen gesetzlichem Vertreter vorzunehmen. Nach der Erreichung des 14. Lebensjahres sollte die Anmeldung dem Schüler selbst zustehen. Eine Benotung hatte in Zukunft zu unterbleiben. Im Zeugnis schien darum der Konfessionsunterricht nicht mehr auf. Nur für den inneren Schulgebrauch waren Noten und etwaige Bemerkungen einzutragen[29].

Ein Erlaß des Ministeriums für innere und kulturelle Angelegenheiten vom 18. Oktober 1939 stellte fest, daß sich die im Erlaß vom 29. August festgelegte einwöchige Frist nur auf die Anmeldung der Schüler zum Konfessionsunterricht erstreckt; Abmeldungen sind jederzeit möglich. Anmeldungen während des Schuljahres wirkten sich aber auf die zu Beginn des Schuljahres schon getroffene Entscheidung über die Sicherstellung des Konfessionsunterrichtes nicht mehr aus. Die Mutter sollte die schriftliche Anmeldung zum Konfessionsunterricht und eine Abmel-

---

27 Akten des PA.

28 LDBl 85 (1939) 133.

29 Ebd. 219; vgl. J. Hüttl, Das Generalvikariat Hohenfurth als Verwaltungsbereich der Diözese Linz (1940–1946): 73. Jahresbericht des Bischöflichen Gymnasiums Kollegium Petrinum in Urfahr-Linz an der Donau, Schuljahr 1976/77, 15–18; A. Naderer, a. a. O. 89.110–118; J. Fried, Nationalsozialismus und katholische Kirche in Österreich (W 1947).

dung von ihm nur im Fall einer länger andauernden Verhinderung des Vaters vornehmen können, soweit nicht die väterlichen Rechte auf Erziehungsberechtigte übertragen wurden[30].
Das Verordnungsblatt des Ministeriums für innere und kulturelle Angelegenheiten veröffentlichte am 1. November 1939 einen Erlaß vom 10. Oktober, nach dem es die Stellung des Konfessionsunterrichtes als eines unverbindlichen Lehrgegenstandes mit sich bringt, daß die Konfessionslehrer zu den Lehrerkonferenzen der Schulen nur insoweit beizuziehen sind, als bestimmte Angelegenheiten des Konfessionsunterrichtes verhandelt werden. Diese Regelung bezieht sich auch auf die Volks- und Hauptschullehrer, die den Konfessionsunterricht an Höheren Schulen oder Lehrerbildungsanstalten übernehmen[31].
Nach einem Erlaß vom 29. Dezember 1939 war der Konfessionsunterricht an den Volks- und Hauptschulen nur dann sicherzustellen, wenn sich wenigstens 20 Schüler derselben Schule zur Teilnahme gemeldet haben. Nur an Volksschulen war die Zusammenziehung aus mehreren Schulen zu einem Sprengel möglich und die so erreichte Gesamtzahl von 20 Schülern zugelassen, vor allem in ländlichen Gebieten und in ländlichen Teilen von Städten. Den Umfang der Sprengel sollte die Schulaufsichtsbehörde des Reichsgaues festsetzen. Zur schulbehördlichen Sicherstellung des Konfessionsunterrichtes gehörte dann die Bereitstellung der Konfessionslehrer und die Beistellung des Personal- und Sachaufwandes. Wurden die Voraussetzungen zur Sicherstellung des schulischen Konfessionsunterrichtes nicht erfüllt, wurde die Besorgung des Unterrichtes der betreffenden Kirche außerhalb der Schule anheimgestellt. Die Anordnung trat schon mit Beginn des kommenden Schulhalbjahres in Kraft[32].

Am 17. Jänner 1940 teilte die Schulabteilung des Landeshauptmannes von Oberdonau[33] den Direktoren der Höheren Schulen und allen Kreisschulräten mit, daß schriftliche Ausfertigungen der Konfessionslehrer über Besuch, Haltung und Fortgang dieses Freigegenstandes sowie eine Aushändigung an die Schüler oder eine Zusendung an die Eltern unter allen Umständen zu unterbleiben haben. Eltern, die darüber Auskunft

30 LDBl 86 (1940) 98 f.
31 Ebd. 85 (1939) 242.
32 Ebd. 86 (1940) 80.
33 II RD-91/2; Akten des PA.

haben wollen, sollten sich ohne Verständigung der Konfessionslehrer an die Schulleitung wenden. Am 10. Mai 1940 teilte der Reichsstatthalter auf Anfrage dem Bischöflichen Ordinariat mit, daß das Sprechen des ns Wochenspruches, das Absingen des Liedes nach dem Schulgebet und die Leistung des deutschen Hitlergrußes am Schluß der Konfessionsstunde verpflichtend seien[34].

Von weitreichender Bedeutung war ein Erlaß vom 6. Mai 1940, den das Verordnungsblatt für den Dienstbereich des Ministeriums für innere und kulturelle Angelegenheiten vom 15. Mai 1940 veröffentlichte und der die Überleitung der ostmärkischen Höheren Schulen in das Höhere Schulwesen des Altreiches abschloß. Für den Konfessionsunterricht bedeutete das, daß unter Zugrundelegung des Erlasses des Reichsministeriums für Wissenschaft, Erziehung und Volksbildung vom 20. März 1940 der bisherige unverbindliche Konfessionsunterricht an allen Höheren Schulen für Jungen und Mädchen auf die Dauer der Volksschulpflicht beschränkt wurde und darum an den Klassen V–VIII entfallen mußte[35]. Am 18. Juni 1940 teilte der Reichsminister für Wissenschaft, Erziehung und Volksbildung allen katholischen Bischöfen mit, daß das Recht auf Verleihung des Professor- oder Dozententitels ausschließlich dem Führer zustehe, also nicht für Diözesanlehranstalten verwendet werden dürfe[36]. Am 12. September verständigte der Reichsstatthalter alle Stadt- und Kreisschulräte, daß jede Werbetätigkeit für den Kirchenbesuch und andere konfessionelle Veranstaltungen im Konfessionsunterricht, wie überhaupt für alles, was außerhalb der Jugenderziehung durch den Staat und die NSDAP liege, verboten sei, Übertretungen hätten die sofortige Entfernung der Konfessionslehrer aus der Schule zur Folge. Die Konfessionslehrer waren davon zu benachrichtigen[37]. Am 7. November wurde seitens des Kreisschulrates Wels allen Schulleitungen und -direktionen des Kreises Wels mitgeteilt, daß der schulpflichtigen Jugend der Besuch des Frühgottesdienstes um 8 Uhr verboten sei, wenn die Schule um 9 Uhr beginnt[38]. Am 22. November teilte der Landesschulrat Linz den Schulleitungen mit, daß die religiöse Unterweisung ausschließlich der Religionsstunde und dem kirchlichen Gottesdienst vorbehalten sei und

34 Zl. IIa/VS-2127/1; Akten des PA.
35 LDBl 86 (1940) 145.
36 Akten des PA.
37 Zl. II/RD-315/7; Akten des PA.
38 Z. 418/40; Akten des PA.

daß die Kinder an schulfreien Tagen und Nachmittagen darum nicht in Pfarrheimen oder anderen Örtlichkeiten zu religiösen Übungen, Bibelstunden und zur Einübung von Kirchenliedern versammelt werden dürften[39].

Das Linzer Diözesanblatt vom 1. April 1941 druckte aus dem Wiener Diözesanblatt vom 26. März eine Mitteilung des Reichsministers für kirchliche Angelegenheiten vom 15. März ab, das sich wieder auf ein Rundschreiben des Beauftragten des Führers für die Inspektion der HJ vom 24. Februar dieses Jahres bezog und nach dem unter gewissen Bedingungen für Kinder in den Lagern der Kinderlandverschickung außerhalb des Lagers und in der Freizeit der Kinder zur Vorbereitung auf Firmung, Beichte und Kommunion in geeigneten Räumen eine vorbereitende Unterweisung eingerichtet werden könne. Ein Einwirken von Priestern auf Eltern, ihre Kinder nicht in solche Lager zu schicken oder zurückzurufen, müsse darum in Zukunft, weil unbegründet, bestraft werden[40]. Am 15. Oktober 1941 urgierte die Schulabteilung des Landesstatthalters die Weisungen hinsichtlich des Konfessionsunterrichtes und der Konfessionslehrer[41].

Dazu kamen noch verschiedene Spezialverfügungen einzelner Gau- und Kreisleiter oder auch einfache Schikanen örtlicher Organe, die durch keinerlei „Gesetze" gedeckt waren, gegen die man aber weithin machtlos war. Beschwerden wurde nur selten stattgegeben oder sie wurden abgelehnt oder einfach nicht beantwortet. So wurden Religionslehrer einfach an von ihrer Wohnung weit entfernte Schulen versetzt und es wurden ihnen überdies noch zeitlich unmöglich angesetzte Stunden zugewiesen. Religionsstunden wurden zu anderen Aktionen verwendet; der Beginn des Religionsunterrichtes wurde aus verschiedenen Gründen um Monate hinausgezögert. Die Anmeldungen zum Religionsunterricht wurden durch massive Einschüchterungsversuche und Drohungen gegenüber den Eltern erschwert. Zum Teil wurde sogar das Einlernen von Kirchenliedern in der schulischen Konfessionsstunde verboten. In Oberdonau taten sich hier die Kreisschulräte von Braunau, Grieskirchen, Linz-Land, Schärding, Steyr, Vöcklabruck und Wels besonders hervor, wie ein eigener Faszikel in den Akten des Pastoralamtes

39 Sch. 129/39; Akten des PA.
40 LDBl 87 (1941) 43.
41 Akten des PA.

der Diözese Linz beweist; das Aktenmaterial reicht bis in den Mai 1939 zurück[42]. Besonderen örtlichen Schikanen war auch das seit 1940 zur Diözese Linz gehörige neue Generalvikariat Hohenfurth ausgesetzt[43]. Auch in einzelnen Ländern bzw. Gauen gab es Sonderbestimmungen. So ordnete der Reichsstatthalter von Salzburg am 6. Februar 1941 an, daß jeder Schulleiter nach Erhalt dieses Erlasses jeden Konfessionslehrer eine Stunde zu visitieren und darüber einen Fragebogen auszufüllen habe[44]. In mehreren Landkreisen Niederdonaus wurde seitens der Kreisschulräte einer Anzahl Seelsorgspriestern die Erteilung des Konfessionsunterrichtes in der Schule ohne jegliche Begründung untersagt und dieser weltlichen Lehrpersonen übertragen. In diesem Fall erreichte ein Schreiben der Bischöfe von Wien und St. Pölten vom 22. September 1941 sogar eine Milderung seitens der Gauleitung durch ein vertrauliches Schreiben vom 2. Oktober. Das hinderte nicht, daß der Reichsstatthalter von Niederdonau schon am 3. November bestimmte: wo schon weltliche Lehrkräfte Religionsunterricht erteilten, dürften Priester nicht herangezogen werden; Priester könnten nur vom Reichsstatthalter selbst und nur für genau bezeichnete Schulen berufen werden, wenn sie arische Abstammung nachweisen und keine Bedenken vorliegen; bei Versetzung an eine andere Pfarre erlösche die Erlaubnis; bei feindlicher Einstellung müßten Priester sofort von der Schule entfernt werden und dürften auch an keiner anderen Schule mehr unterrichten. Damit konnte man natürlich jeden Priester entfernen, wenn man das wollte. Im Reichsgau Wien wurde die Teilnahme von Anstaltszöglingen am Religionsunterricht und an religiösen Veranstaltungen von der Gemeindeverwaltung behindert u. ä.[45].

3.3. *Beschränkung des außerschulischen Einflusses der Kirche auf Kinder und Jugendliche*

Abgesehen vom schulischen Religionsunterricht, den man ja immerhin noch völlig unter Kontrolle hatte, bemühte man sich, auch den außerschulischen Einfluß der Kirche auf Kinder und Jugendliche immer mehr zu beschränken, ja zu unterbinden.

---

42 Ebd.

43 J. Hüttl, Das Generalvikariat Hohenfurth als Verwaltungsbereich der Diözese Linz (1940–1946), a. a. O. (Anm. 29) 3–38.

44 Zl. 4096-168-II-1941; Akten des PA.

45 Vgl. J. Fried, a. a. O. (Anm. 13) 50f. 197–201. 204–208.

Was zu erwarten war, zeigten schon die Reaktionen der Geheimen Staatspolizei auf die oberösterreichische Jugendwallfahrt in Maria Scharten am 14. Mai 1939 und auf die große Jugendfeier im Wiener Stephansdom am 7. Oktober 1938. Davon wird noch die Rede sein[46].

Am 27. Oktober 1939 teilte der Reichsminister für die kirchlichen Angelegenheiten in Berlin mit, daß die Sammlung von Feldpostanschriften zum Zweck der Versendung religiösen Schrifttums im Einvernehmen mit dem Oberkommando der Wehrmacht aus Abwehrgründen unter allen Umständen zu unterbleiben habe. Überdies durften alle kirchlichen Stellen nur solches religiöses Schrifttum versenden, das im Verein mit dem Oberkommando der Wehrmacht geprüft und für geeignet befunden worden war[47]. Das Linzer Diözesanblatt vom 10. August 1940 teilte eine Verschärfung dieser Bestimmung mit, nach der die Ausgabe und Verbreitung auch überprüfter konfessioneller Schriften, ob gedruckt oder vervielfältigt, auch vervielfältigter Feldpostbriefe, ausschließlich auf ,,die hiefür eigens geschaffene Wehrmachtsseelsorge'' beschränkt und allen Zivilgeistlichen, Organisationen oder deren Beauftragten verboten worden war[48].

Schon für den 11. März 1940 war eine schlagartige Hausdurchsuchung aller kirchlichen Gebäude in ganz Österreich angeordnet worden, zu der auch die Exekutive herangezogen werden mußte, um die Durchführung überhaupt zu ermöglichen. Viele Pfarrer wurden freilich von ,,ihren'' Gendarmen schon vorinformiert. Ebenso wurden die Bischöflichen Ordinariate von Salzburg aus am Tag vorher durch Kuriere vorgewarnt; die Ordinariate alarmierten wieder durch Boten die Pfarrämter, die sich noch erreichen ließen. Es ging dabei offenbar vor allem darum, Sammlungen von Feldpostadressen zu finden[49].

Laut Mitteilung der Gestapo vom 4. Oktober blieben Exerzitien für Jugendliche bis zum 21. Lebensjahr und auch Einkehrtage verboten, da die Jugendlichen im Krieg zur Feldarbeit und anderem Einsatz benötigt würden[49a].

---

46 Unter 4.2.

47 LDBl 85 (1939) 233f.

48 Ebd. 86 (1940) 169.

49 F. Zauner, Die Kirche Oberösterreichs in der Zeit des Nationalsozialismus: Jahrbuch der Diözese Linz 1979 (Linz 1978) 64. Auch einem Schreiben Kardinal Innitzers an den Vorsitzenden der Fuldaer Bischofskonferenz v. 17. 3. 1940 (im Sekretariat der ÖBK) ist zu entnehmen, daß es am 11. 3. 1940 um ,,Fahndung nach Karteien mit Feldpostnummern'' ging.

Als kirchliche „Weisungen zur Kinderseelsorge" vom 4. Oktober 1940, vor allem hinsichtlich der Kindermesse, auf behördliche Schwierigkeiten stießen und das Bischöfliche Ordinariat an die Schulabteilung der Reichsstatthalterei am 12. November ein klarstellen wollendes Schreiben richtete, erfolgte eine scharfe Antwort der Reichsstatthalterei vom 3. Dezember, nach der Kinderfrühmessen während der Sommerzeit nur an unterrichtsfreien Tagen und in der Winterzeit überhaupt nicht angesetzt werden durften; Kinderandachten durften nicht in Pfarrhäusern, sondern nur in Kirchen abgehalten werden[50]. Das Bischöfliche Ordinariat antwortete am 14. Dezember „in dieser großen Zeit des Kampfes gegen unsere Feinde" versöhnlich, gab hinsichtlich der Kindermesse weithin nach, verwies hinsichtlich der Kinderandachten auf die Weisungen der Staatspolizei, die auch kircheneigene Räume zuließ, und betonte in einem beigelegten Schreiben an die Pfarrämter, daß Kinderandachten in Pfarrhof und Pfarrheim wegen der Gefahr der Mißdeutungen „besonders streng den rein kirchlichen Charakter" beachten müßten; Rücksprachen mit dem örtlichen Hoheitsträger der Partei oder dem Bürgermeister wurden empfohlen[51].

Das Linzer Diözesanblatt vom 1. März 1941 teilte im Auftrag des Reichsministers für die kirchlichen Angelegenheiten eine Anordnung der Reichsschrifttumskammer vom 6. Dezember 1940 mit, nach der Schrifttum jeder Art außerhalb gewerblicher Räume „nur mit Genehmigung der Reichsschrifttumskammer ausgestellt, feilgeboten oder vertrieben werden" durfte. Die Schriftenstände mußten darum aus den Kirchen und kirchlichen Gebäuden entfernt werden. Die Verordnung war bis 15. März einschließlich durchzuführen[52].

Ein Hirtenbrief des Bischofs Gföllner vom 6. Februar 1941, der die Eltern auf die Pflicht katholischer Kindererziehung hinwies, durfte nicht verlesen werden[53]; das Diözesanblatt mußte zurückgezogen und von den Pfarrämtern den staatlichen Stellen abgeliefert werden[54].

Der Reichsminister des Inneren schränkte im Einvernehmen mit dem Reichsminister für die kirchlichen Angelegenheiten durch einen Rund-

49a Akten des PA.

50 Zl. IIa/VS-4458/16; Akten des PA. Vgl. Text zu Anm. 38.

51 Schreiben an den Reichsstatthalter von Oberdonau v. 14. 12. 1940 und an alle Pfarrämter unter gleichem Datum; Akten des PA.

52 LDBl 87 (1941) 33 f.

53 Akten des PA.

54 LDBl 87 (1941) 13–17.

erlaß vom 9. April 1941 selbst die Betätigung der Glaubensgemeinschaften in den öffentlichen Kranken-, Heil- und Pflegeanstalten ein. Wer geistlichen Zuspruch wollte, mußte dies dem diensttuenden Pflegepersonal mitteilen, das den Wunsch weiterleiten sollte; der Zeitpunkt war vom ärztlichen Leiter im Einvernehmen mit dem Orts- oder Anstaltsseelsorger festzulegen. Die seelsorgliche Betreuung von Jugendlichen unter 14 Jahren setzte die vorherige Zustimmung der Erziehungsberechtigten voraus. Ausnahme war nur akute Todesgefahr[55].
Mit Schreiben vom 13. Mai 1941 teilte der Reichsminister für kirchliche Angelegenheiten mit, daß der Herr Reichsarbeitsführer durch Verfügung vom 20. März angeordnet hatte, daß auch an Mitglieder des Reichsarbeitsdienstes (RAD) religiöse Schriften durch kirchliche Stellen nicht verteilt werden dürften[56].
Von einschneidender Bedeutung wurde eine Verfügung der Geheimen Staatspolizeistelle Linz, die am 17. Juli 1941 dem Generalsekretär des Seelsorgeamtes, Franz Vieböck, eröffnet wurde und die darum wörtlich zitiert sei:

„1. Konfessionelle Jugendveranstaltungen sind alle konfessionellen Veranstaltungen, die für Jugendliche unter 18 Jahren bestimmt sind. Sie haben sich in dem bisherigen Rahmen zu halten. Bei konfessionellen Jugendveranstaltungen ist jede Art nichtkonfessioneller Betätigung, wie Fahrten, Sportveranstaltungen, Filmvorführungen, Spiele, Reigen, Tänze, Singstunden usw., untersagt.

2. Konfessionelle Jugendveranstaltungen für Jugendliche unter zehn Jahren haben sich auf die Unterweisung zum Erstempfang der Sakramente zu beschränken.

3. Konfessionelle Jugendveranstaltungen dürfen nur in jenen jedermann zugänglichen Räumen von Kirchen und Kapellen abgehalten werden, in denen die regelmäßigen öffentlichen Gottesdienste stattfinden.

4. Jede konfessionelle Jugendveranstaltung kann von der Kanzel verkündet werden und ist 48 Stunden vor Beginn beim Haupteingang der Kirche durch Anschlag kundzumachen. Jede andere Art der Kundmachung ist nicht gestattet.

---

55 Ebd. 90f.
56 Ebd. 82.

5. Konfessionelle Jugendveranstaltungen dürfen nur von ortsansässigen und gleichzeitig zuständigen Pfarrseelsorgern abgehalten werden, die staatsabträglich nicht in Erscheinung getreten sind.
6. Die konfessionellen Jugendveranstaltungen dürfen an Tagen, die für die HJ bestimmt sind, nicht stattfinden und sind auf die für den Dienst der HJ schon kundgemachten Tageszeiten beschränkt. Zudem ist auf die Anforderungen der Schule und auf die für Jugendliche notwendige Erholung Rücksicht zu nehmen[57]."

Auf die Frage, an wen eventuelle Vorstellungen zu richten seien, wurde Generalsekretär Vieböck mitgeteilt, zunächst an die Staatspolizeistelle. Darum richtete Bischof Fließer, der nach dem Tode Bischof Gföllners am 5. Juni 1941 zum Kapitelvikar gewählt worden war, schon am 19. Juli ein ausführliches (5 Seiten) Schreiben an die Geheime Staatspolizeistelle Linz. Der Bischof betonte, daß die bisherigen Vorschriften hinsichtlich der Unterlassung jeder nichtkonfessionellen Betätigung, der öffentlichen Zugänglichkeit religiöser Veranstaltungen und der Rücksichtnahme auf den Dienst der HJ auch von der kirchlichen Behörde den Seelsorgern immer eingeschärft worden seien, obwohl der HJ-Dienst wiederholt angesetzt wurde, um konfessionelle Veranstaltungen unmöglich zu machen; daß die jetzige Beschränkung konfessioneller Veranstaltungen auf Kirchen und Kapellen angesichts der weitgehenden Gesundheitsfürsorge des Reiches besonders für Kinder und im Winter völlig unverständlich sei; schließlich, daß einige neue Bestimmungen „den von Gott der Kirche gegebenen Aufgaben widersprechen, die rein seelsorgliche Tätigkeit schwerstens einschränken und behindern und allmählich völlig unmöglich machen". Der Bischof verwies auf die Beschränkung der staatlich anerkannten Glaubens- und Bekenntnisfreiheit; daß der Punkt fünf aber auch sechs jeder Willkür Tür und Tor öffne und angesichts der Tatsache, daß schon über 100 Priester im Wehrdienst seien, jegliche Kinder- und Jugendpastoral unterbinden könne. Der Bischof erklärte, er könne „die Priester der Diözese nicht verpflichten, ihre Seelsorgetätigkeit auf den durch die neue Verfügung gezogenen Rahmen zu beschränken und könnte eine Zustimmung weder vor meinen kirchlichen Oberen noch vor meinen Priestern noch vor dem katholischen

57 Durchschlag im Besitz des Verfassers; erstmals veröffentlicht: F. Klostermann u. a. (Hg.), Kirche in Österreich 1918–1965 II (W 1967) 124.

Volk verantworten"; er würde damit nicht nur gegen sein Gewissen, sondern auch „gegen die Staatsinteressen" handeln. Schließlich bat der Bischof, von einer Veröffentlichung der Verfügung abzusehen; er würde sich sonst „genötigt sehen, bis an die obersten Reichsstellen gegen diese bis jetzt ziemlich einzig im weiten Großdeutschland dastehende Gauverfügung zu appellieren[58]".
Wie sich nachher herausstellte, war die Verfügung der Gestapo Linz schon am 2. Juli 1941 vom Gauleiter und Reichsstatthalter persönlich allen „Kreisleitern und Ortsgruppenleitern, Oberbürgermeistern, Landräten und Bürgermeistern in Oberdonau" „zur Kenntnis" gebracht worden[59]. Und schon am 20. Juni hatte die Gestapo Salzburg dem dortigen Generalvikar und Ordinariatskanzler fast dieselben „Richtlinien betreffend konfessionelle Jugendveranstaltungen in den Kirchen", wenn auch in etwas anderer Gruppierung, mitgeteilt; in Salzburg war noch mündlich ausdrücklich erklärt worden, daß die Sakristei gewöhnlich nicht benützt werden dürfe, man könne aber anfragen; und wie schon in Linz wurde auch in Salzburg erklärt, daß Priester mit Schulverbot als „staatsabträglich in Erscheinung getreten" im Sinn der Verfügung zu betrachten seien[60].
Zum Memorandum Bischof Fließers erklärte die Gestapo Linz erst am 13. September einem Vertreter des Bischöflichen Ordinariates, daß auf die vorgebrachten Gründe nicht eingegangen werde und die Verfügung im ursprünglich vorgelegten Wortlaut veröffentlicht werden müsse.
Am 15. September informierte der Bischof alle Pfarrämter in einem von ihm selbst gezeichneten Schreiben über die Vorkommnisse; er teilte auch den Inhalt der neuen Verfügungen kurz mit, ohne auf Details einzugehen. Mündlich habe die Gestapo zwar am 13. September erklärt, daß ein Schulverbot noch nicht Staatsabträglichkeit bedeute und daß letztere nur von der Staatspolizei und nicht von der Schulabteilung des Reichsstatthalters festgestellt würde; außerdem wolle man nichts dagegen einwenden, wenn Aushilfen die gesamte pfarrseelsorgliche Betreuung einer auf irgendeine Weise verwaisten Nachbarpfarre übernähmen; hinsichtlich der Räume seien keinerlei Zugeständnisse gemacht worden. Die Beschränkung der pastoralen Betreuung auf Jugendliche über zehn Jahren,

58 Abschrift im Besitz von Herrn Prälat Vieböck.
59 Durchschlag im Besitz des Verfassers: Der Gauleiter und Reichsstatthalter in Oberdonau, Dr. Sch./B. ohne Zahl.
60 Durchschlag im Besitz des Verfassers.

abgesehen von der Unterweisung zum Erstempfang der Sakramente und dem Zugeständnis, eine ,,konfessionelle Jugendveranstaltung" liege nicht vor, wenn auch Personen über 18 Jahren, also etwa die Eltern, teilnähmen, erklärte der Bischof als Eingriff in die uns von Gott auferlegte Pflicht zur Verkündigung des Evangeliums. Als ,,ganz unannehmbar" erklärte der Bischof auch die praktische Beschränkung ,,der freien Verfügung des Bischofs selbst über staatlich unbeanstandete Seelsorgspriester". Der Bischof verwies auf die vielen Priester im Wehrdienst und auf die jüngste Praxis, nach der ,,bei neuen Ansuchen um Bewilligung zur Erteilung des Konfessionsunterrichtes seitens unbeanstandeter Priester diese Bewilligung ohne Begründung regelmäßig verweigert (wird). Auf weitere Nachfrage wurde schon in mehreren Fällen auch schriftlich erklärt, daß zwar gegen den Betreffenden nichts vorliege, daß aber auch der Nachweis einer positiven Einstellung zum ns Staat nicht erbracht sei. Dabei ist von zuständiger Seite auch der Ausspruch gemacht worden, daß dieser Nachweis im geistlichen Stand schwer zu erbringen sein werde. Demnach bedeutet jetzt jede Versetzung soviel wie ein Schulverbot. . . . Die Aushilfe selbst unbeanstandeter Priester in der Schule verhindert die Schulbehörde, die Aushilfe selbst unbeanstandeter Priester im Jugendgottesdienst verhindert die Gestapo". Aus diesen Gründen müsse der Bischof die Veröffentlichung der Verfügung im kirchlichen Amtsblatt verweigern; die Gestapo habe die Kundmachung an die Pfarrämter im Wege der Landräte angedroht. Für diesen Fall gab der Bischof die Weisung, sich notfalls der Gewalt zu fügen, bis dem Einspruch des Bischofs bei den zuständigen Reichsstellen Rechnung getragen wird; um eine vorzeitige Beunruhigung der Bevölkerung in dieser Kriegssituation zu vermeiden, sei die Verfügung bis zur Entscheidung der Reichsstellen geheimzuhalten; wo Änderungen der pastoralen Praxis auf Grund der Verfügung verlangt würden, solle die Bekanntmachung kurz und sachlich erfolgen mit dem Bemerken, daß seitens des Bischöflichen Ordinariates mit den zuständigen Stellen verhandelt werde; an der religiösen Betreuung der Jugend solle sich nur der Seelsorger behindert halten, der von der Behörde einen ausdrücklichen diesbezüglichen Bescheid erhalten hat; die Pfarrseelsorger sollten für heizbare Räume in den Kirchen (Sakristei, Oratorium) Sorge tragen; wo auf Grund der neuen Verfügung die christliche Unterweisung der Jugend überhaupt unmöglich werde, sei dem Bischöflichen Ordinariat zu berichten. Das Schreiben sollte allen in der Pfarre befindlichen Seelsorgspriestern und Katecheten zur Kenntnis gebracht werden[61]. Der Bischof wandte sich unter Hinweis auf die Versprechungen bei der Machtübernahme unverzüglich an den Reichserziehungsminister und an den Reichsminister für kirchliche Angelegenheiten.

Die Handhabung der Verfügung hing natürlich auch von betreffenden Landräten und Ortsbehörden ab. So ersuchte der Landrat von Schärding am Inn noch in einem ,,vertraulichen" Schreiben vom 7. Oktober 1942 an alle Gendarmeriepostenführer des Kreises Schärding mit Berufung auf eine Verfügung der Gestapo Linz vom 17. Juli 1942 (dem Inhalt nach handelte es sich um die Verfügung vom 17. Juli 1941) ,,um sofortige Feststellung, wo und in welchem Ausmaß ein außerschulischer Konfessionsunterricht bzw. Jugendseelsorge in dem dortigen Postenbereich stattfindet", ob die 48-Stunden-Frist für den Anschlag beim Haupteingang der Kirche eingehalten wird, wieviel Wochenstunden angegeben werden, auch wo nichts angegeben wird, um Vergleichsziffern zu haben; auch die Höhe der Beteiligungsziffer sei ,,nach Möglichkeit" zu erheben. Der Bericht sollte schon innerhalb von fünf Tagen erfolgen[62].

Übrigens wurde der Schlierbacher Priester und spätere Stiftsabt P. Berthold Niedermoser mit Berufung auf Verletzung dieser Gestapo-Verfügung in Haft genommen[63].

Einer Bestätigung vom 4. August 1941 ist zu entnehmen, daß das Seelsorgeamt 267 Stück der beschlagnahmten Schrift des Jugendbischofs Dr. Albert Stohr ,,Empor – die Herzen" der Gestapo Linz übergab. Es handelte sich um zwei Predigtentwürfe zur Glaubensfeier der Katholischen Jugend. 55 Pfarrämter hatten gemeldet, daß sie diese Schrift nicht mehr besitzen; laut Bestätigung vom 29. September 1941 wurden noch 15 Stück der beschlagnahmten Schrift nachgeliefert[64].

Als in Weiterführung des Jugenderlasses der Gestapo vom 17. Juli 1941 am 2. November noch ein ,,Ministrantenerlaß" erschien, der es dem Lehrer, Bürgermeister und Ortsgruppenleiter anheimstellte, welche und wie viele Buben als Ministranten auszuwählen wären, legte Bischof Fließer scharfe Verwahrung gegen solche Übergriffe in die rein kirchliche Sphäre ein. Die Sache bekam noch dadurch eine besondere Note, daß der Gauleiter anläßlich des Antrittsbesuches des Kapitelvikars Bischof

61 Hektogramm des Schreibens im Besitz des Verfassers: BOL Z. 6374.
62 Landrat Schärding v. 7. 10. 1942, Z. IIIa/48.
63 Mitteilung von Herrn Prälat Vieböck.
64 Bestätigungen bei Herrn Prälat Vieböck.

Fließer diesem eine Regelung der konfessionellen Jugendveranstaltungen in Aussicht gestellt hatte[65]. Im übrigen hatte der Landrat Schärding schon am 6. Oktober alle Direktionen und Schulleitungen verständigt, daß die Zahl der beschäftigten Ministranten einzuschränken und darüber zu berichten sei; die Zulassung zur Ausübung des Ministrantendienstes sei ab sofort von der Zustimmung der Schulleitung abhängig zu machen[66]. Am 7. November ordnete derselbe Landrat zustäzlich an, daß nur drei Schulkinder als Ministranten tätig sein dürften; an Orten, aus denen nur zwei gemeldet worden waren, nur zwei[67]. Am 11. Dezember legte Generalsekretär Vieböck beim Referenten des Gauleiters, Dr. Schuh, Beschwerde gegen diese Erschwerung des Ministrantendienstes ein[68].

Der Hirtenbrief der Fuldaer Bischofskonferenz vom 26. Juni 1941, der u. a. gewisse Beschränkungen der Kirche und ihrer pastoralen Aufgaben beklagte, begegnete scharfen privaten und offiziösen Polemiken, so auch einer Stellungnahme der ,,NS-Frauenschaft Deutsches Frauenwerk, Abteilung Kultur, Erziehung, Schulung'' im Rahmen der Gauleitung Oberdonau vom 20. September 1941, die sogar den Wortlaut eines zu erwarten gewesenen Hirtenbriefes der ,,Reichsbischöfe, Fürsterzbischöfe und Bischöfe des Deutschen Reiches'' mitlieferte[69].

Am 7. Oktober teilte der Reichsminister für die kirchlichen Angelegenheiten ,,aus Anlaß eines Einzelfalles'' allen kirchlichen Behörden mit, daß Versuche, Jugendliche durch kirchliche Beanspruchung von ihrem Dienst in der Hitler-Jugend abzuhalten, strafbar seien[70]. Am 22. Oktober teilte der Reichsminister für die kirchlichen Angelegenheiten mit, daß der ,,Tag der Verpflichtung der Jugend'', einheitlich für das ganze Reich der 22. März 1942, ,,von Konfirmations- und Firmungsfeiern usw. freizuhalten'' sei[71]. Eine ähnliche Regelung wurde am 20. Jänner 1942 für den 30. und 31. Mai angeordnet, an dem der Reichssportwettkampf der HJ stattfand[72].

---

65 A. Naderer, Dr. Josef Cal. Fließer, a. a. O. 150–152.119, Anm. 12.
66 Z. 419/7–41; Akten des PA.
67 Z. 419/7–41; Akten des PA.
68 Z. S 1087; Akten des PA.
69 Im Besitz des Verfassers.
70 LDBl 87 (1941) 141.
71 Ebd. 142.
72 Ebd. 88 (1942) 20f.

Am 14. Jänner 1942 erklärte die Gestapo Generalsekretär Vieböck, als staatsabträglich erklärte Priester könnten eine Kindermesse halten und dabei auch predigen[73]. Solche Zugeständnisse könnten mit Rivalitäten verschiedener Behörden zusammenhängen.
Das Linzer Diözesanblatt vom 1. März 1942 teilte mit, daß nach einer Mitteilung der Gestapo die seinerzeitigen Richtlinien des Reichsministers für Wissenschaft, Erziehung und Volksbildung vom 30. September 1940 hinsichtlich der Pfarrbüchereien auch für die Diözese Linz maßgebend seien. Darnach mußten alle lediglich der Unterhaltung dienenden Werke und alle Jugendschriften und -bücher aus den Pfarrbüchereien herausgenommen werden. Damit war freilich auch die schon früher verordnete „Grundliste für Pfarrbüchereien" hinfällig geworden[74].
Im Diözesanblatt vom 1. April 1942 wurde vor der Verbreitung eines (angeblich) gefälschten Briefes des deutschen Fliegerhelden Oberst Mölders an den Propst von Stettin gewarnt[75].
Am 4. Juli teilte der Reichsstatthalter für Oberdonau dem Bischöflichen Ordinariat über Anfrage mit, daß unter „kircheneigenen Räumen" nur solche anzusehen seien, die im Eigentum der Kirche stehen. Nur ausnahmsweise könnten vom Reichsstatthalter bloß gemietete Räume kircheneigenen gleichgestellt werden, besonders wenn sie schon lange von einer Kirche benützt werden[76].
Der Reichsminister für kirchliche Angelegenheiten ersuchte mit Schreiben vom 29. Dezember 1942 bzw. vom 23. Jänner 1943 den Vorsitzenden der Fuldaer Bischofskonferenz, dafür zu sorgen, daß der Heldengedenktag am 14. März, der Tag der Verpflichtung der Jugend am 28. März und der Tag des Reichssportwettkampfes am 29. und 30. Mai 1943 von *besonderen* kirchlichen Feiern und religiösen Veranstaltungen aller Art, insbesondere auch von Erstkommunionfeiern, freigehalten werden. Die gewöhnlichen Sonntagsgottesdienste wurden dadurch nicht berührt[77].
Am 28. Mai 1943 wurde von der Gestapo beanstandet, daß Pfarrämter und der Bischof Briefe an Soldaten verschicken, wiewohl konfessionelles Schrifttum nur durch Wehrmachtsstellen versandt werden dürfe[78].

---

73 Gedächtnisprotokoll in den Akten des PA.
74 LDBl 88 (1942) 26f.
75 Ebd. 37.
76 Ebd. 92.
77 LDBl 89 (1943) 13; ähnlich für 1944: ebd. 90 (1944) 7.
78 Akten des PA.

Am 15. Juni teilte das Seelsorgeamt den Pfarrämtern das Verbot der Gestapo mit, Jugendliche bei Sondergottesdiensten für Polen als Ministranten zu verwenden[79].
Der Reichsführer und SS-Chef der deutschen Polizei im RMdI hat durch Erlaß vom 10. September die seelsorgliche Betreuung polnischer Arbeiter erschwert, und zwar hinsichtlich der Teilnahme an Gottesdiensten (auch bei Sondergottesdiensten wurde der Gebrauch der polnischen Sprache verboten), hinsichtlich Taufe und Beerdigung, hinsichtlich Erteilung von Religions- und Kommunionunterricht (diesbezüglichen Ansuchen durfte nicht stattgegeben werden), hinsichtlich Verwendung deutscher Jugendlicher als Meßdiener (allgemeines Verbot) sowie hinsichtlich der Eheschließung. Eigene Durchführungsbestimmungen zur näheren Präzisierung folgten gleich mit[80].
Am 6. Mai 1944 mußte das Bischöfliche Ordinariat Linz die Pfarrämter anweisen, Gelegenheiten zu Reibungen und Zwischenfällen wegen der Kollision des Bekenntnistages mit Veranstaltungen der HJ und mit Muttertagsfeiern zu vermeiden und andere Termine zu wählen[81].
Auf eine Eingabe des Generalsekretärs des Seelsorgeamtes teilte die Gestapo diesem am 24. November 1944 mündlich mit, daß alle nicht von der Reichspressekammer genehmigten Rundbriefe an Soldaten verboten seien[82].
Das Linzer Diözesanblatt vom 15. Dezember 1944 veröffentlichte eine Zusammenstellung der ,,Rechte der Eltern nach dem staatlichen deutschen Recht", besser: der verschiedenen Beschränkungen dieser Rechte durch die HJ und die Schulgesetze[83].
Wie beim Religionsunterricht gab es auch in der übrigen Jugendarbeit zusätzliche Erschwerungen durch Verordnungen seitens der Gau- und Kreisbehörden, aber auch durch persönliche Gehässigkeiten regionaler und örtlicher Organe, die auch gesetzlich durchaus zulässige Dinge unter irgendwelchen ,,Begründungen" oder auch ohne Angabe von Gründen einfach untersagten. So wurden nicht selten HJ-Veranstaltungen gerade zur Zeit des Gottesdienstes angesetzt. Das Verbot, in Uniform eine Kirche zu betreten, wurde von der Waffen-SS auf die HJ übertragen.

---

79 Akten des PA; auch Beilage zum LDBl v. 15. 6. 1943, n. 6.
80 LDBl 89 (1943) 79–81.
81 Hektographierte Anweisung: Akten des PA.
82 Gedächtnisprotokoll: Akten des PA.
83 LDBl 90 (1944) 71f.

In einigen Kreisen Niederdonaus wurden schon 1940 die Kinderseelsorgestunden und die Einübung von Kirchenliedern mit dem Hinweis untersagt, die religiöse Belehrung sei ausschließlich dem Religionsunterricht in der Schule vorbehalten; auch Erstkommunikanten und Firmlinge dürften nur in der Schule vorbereitet werden. 1942 wurden in einigen Orten des Landkreises Mistelbach Pfarrer, Kapläne und Religionslehrer vom Schulleiter in Kenntnis gesetzt, daß die Durchführung der vom Wiener Erzbischof angeordneten Kinderseelsorgestunden verboten sei; sie sollten das durch Unterschrift zur Kenntnis nehmen[84].
Auch private Übergriffe waren nicht selten. So hat ein sudetendeutscher Parteigenosse in Ried in der Riedmark an einem Geburtstag des Führers die Schulkinder darauf vereidigt, daß sie nie mehr in die Kirche gehen[85].
Am 24. Oktober 1941 machte das Seelsorgeamt wegen dauernder Störungen konfessioneller Jugendveranstaltungen in Steyr eine Eingabe an die Gestapo Linz. Der Akt trägt den Vermerk: „Mündlich erledigt[86].“
Unter den Akten des seinerzeitigen Seelsorgeamtes der Diözese Linz findet sich ein Zettel, der im Neuen Dom angeschlagen worden war: „Achtung. Jeder Jugendliche, der von nun an in dieser Kirche gesehen wird, wird strengstens überwacht[87].“

3.4. *Kirchliche Reaktionen und Aktionen*

Parallel zu diesen Aktionen des Staates und seiner Organe liefen die Reaktionen und Aktionen der Kirche. Auch hier, ja, hier erst recht, erfassen die offiziellen Mitteilungen und Weisungen lang nicht alles, was offiziell

84 Vgl. J. Fried, Nationalsozialismus und katholische Kirche in Österreich (W 1947) 189f. Im Diözesanarchiv der Erzdiözese Wien befindet sich ein nicht datierter siebenseitiger Durchschlag „Einschränkende Maßnahmen im religiös-kirchlichen Leben der Erzdiözese Wien“, in dem aber erwähnt wird, daß vor einigen Wochen der Domprediger Dorr, der Domvikar Martin Stur und P. Diego Götz ausgewiesen worden seien; das war im Juni 1941. Darin werden, was die Jugend betrifft, erwähnt: das Verbot der Betätigung religiös-kirchlicher Vereinigungen, die immer stärkere Erschwerung der an sich erlaubten Kinderseelsorgsstunden, die Behinderung der Schriftenstände in den Kirchen; auf zwei Seiten werden die Behinderungen hinsichtlich der Stellung des Religionsunterrichtes und der religiösen Übungen in der Schule hinsichtlich Stundenausmaß, Teilnahme, Organisierung und Erteilung aufgezählt; manche Bezirke seien schon ohne geistliche Religionslehrer, Laienkräfte würden ohne Fühlungnahme mit der Kirche mit dem Konfessionsunterricht beauftragt und verkehrten ihn oft ins Gegenteil.

85 Akten des PA.

86 Z. 943; Akten des PA.

87 Akten des PA.

von den kirchlichen Autoritäten angeordnet oder angeregt wurde. Dem Aktenmaterial des seinerzeitigen Seelsorgeamtes kommt hier besondere Bedeutung zu, wenigstens soweit überhaupt schriftliche Unterlagen gemacht und aufbewahrt wurden.

Zwei Probleme klammern wir hier zunächst überhaupt mehr oder minder aus und behandeln sie erst am Schluß des nächsten Kapitels: die Glaubensstunden für Obermittelschüler und die Sorge um den Priesternachwuchs.

Schon im gleichen Linzer Diözesanblatt vom 27. April 1938, das über den ersten Schlag des Staates gegen das katholische Organisationsleben informieren mußte, wurden Richtlinien zum „Neuaufbau der Standesseelsorge" gegeben. Die Katholische Aktion, die sich „in unserer Diözese bisher vielfach auf die vorhandenen Vereine stützte", sollte nun „ohne alle vereinsmäßige Gliederung auf der breiten Basis der Standesseelsorge in der Ordnung der vier Naturstände", in den Pfarren durch die Gliederung des Pfarrvolkes in die Katholische Männerschaft, Frauenschaft, Mädchenschaft und Jungmannschaft aufgebaut werden. Diese Pfarrgliederungen erhielten ihre Zusammenfassung in vier Hauptstellen des Diözesansekretariates der Katholischen Aktion der Diözese Linz; in der einzelnen Pfarre bildeten die Vertreter der vier Standesgruppen den Pfarrausschuß (Pfarrbeirat). Ziel sollte „die arteigene seelsorgliche Betreuung der Mitglieder des betreffenden Standes" und ihre „Heranziehung und Einordnung" in die „gesamte Pfarrarbeit und in die Aufgaben der Diözese" sein.

Als Mittel der Standesseelsorge waren vorgesehen: Standessonntage zur Förderung des Sakramentenempfanges; regelmäßige Standesvorträge in der Kirche in Verbindung mit Andachten; Einkehrtage, Missionen, Exerzitien, Wallfahrten für den einzelnen Stand; Zusammenkünfte des einzelnen Standes „mit Vorträgen und Aussprachen über religiöse, sittliche Angelegenheiten und katholische Interessengebiete auch außerhalb des Gotteshauses in kirchlichen Gebäuden (anschließend an das Gotteshaus, im Pfründenbesitz, in Ordenshäusern usw.), aber unter Ausschaltung aller politischen, wirtschaftlichen, gewerkschaftlichen, beruflichen, sportlichen und rein weltlichen Belange"; kirchliche und außerkirchliche Veranstaltungen von seelsorglichen Feiern des betreffenden Standes (z. B. Jugendsonntag, Erstkommunionfeier, Bekenntnisfeier, Schulentlassung) unter Ausschaltung der oben genannten Belange; Heranziehung zu tatkräftiger Mitarbeit auf allen Gebieten des religiösen

Pfarrlebens wie beim Ehrendienst am Altar, in der Sorge um Gefährdete und Fernstehende, in der Pfarrbücherei und bei der Verbreitung religiöser Schriften, in der Sorge für Erstkommunikanten und Firmlinge, bei der Kindergroschensammlung in katholischen Privatkindergärten usw.; Verbreitung des katholischen Schrifttums, etwa von Jugendschriften und Standeslektüre.

Alles Vereinsmäßige (Vorstand, Ausschuß, Führer, Wahl, Jahresversammlung, Mitgliedsbeiträge, Uniform) sollte vermieden werden. Mitglieder sind „alle katholischen Angehörigen des betreffenden Naturstandes, die ihre religiösen Pflichten zu erfüllen bereit sind". Für alle Aktivität sollte der Pfarrer bzw. der von ihm bevollmächtigte Seelsorger verantwortlich sein, der sich freilich in jedem Stand Mitarbeiter suchen sollte, die für ihre Aufgaben unter den Standesangehörigen und im Pfarrausschuß durch Schulungskurse und Apostolatsstunden ertüchtigt und informiert werden sollten. Eine Einteilung der Pfarre in Sprengel sollte die Arbeit erleichtern. Was früher ein Verein tat, sollte jetzt der ganze Stand tun. Statt der früheren Vereinsbeiträge sollte gelegentlich der Standesveranstaltungen ein Opfer eingesammelt werden. Katholische Aktion und Politik sollten streng getrennt sein; darum sollte für die Mitgliedschaft im Pfarrstand nur auf die katholische Gesinnung und Betätigung, nicht aber auf sonstige politische Mitgliedschaft von früher oder jetzt gesehen werden.

Erst aus der möglichst weit ausgreifenden Standesseelsorge heraus sollten sich für die eifrigsten Mitglieder und Mitarbeiter in größeren Pfarreien „kirchliche Standesvereine" entwickeln. Hier, etwa in den Marianischen Kongregationen, sei das Eliteprinzip und wirklich tätiger Apostolatsgeist zu betonen. Niemals dürften die pfarrlichen und überpfarrlichen Vereine Hindernis oder Ersatz für die Standesseelsorge und -tätigkeit sein; sie sollten diese vielmehr fördern. Darum sollten bei Maiprozessionen, Fronleichnamsprozessionen und ähnlichen Feiern nur die vier Naturstände aufscheinen.

Für die Jugend- und Kinderseelsorge wurde noch eigens betont, daß hier „inner- und außerhalb des Gotteshauses in erhöhtem Maß der Eigenheit der verschiedenen Altersstufen und der sonstigen Umwelt Rechnung zu tragen" sei, „damit die Kinder und Jugendlichen gewonnen, festgehalten und für die Schwierigkeiten in Glaube und Sitte gefestigt werden. Der Entfall mancher wertvoller äußerlicher Anziehungsmittel muß nunmehr durch erhöhte Aktivität der Vorträge, packende Gestaltung

des Jugendgottesdienstes usw. wettgemacht werden". Besonders wurde auf die Schulung geeigneter Mitarbeiter in eigenen, wenn auch rein kirchlichen Vereinen (z. B. Kongregationen), in Apostolatsstunden, Schulungskursen und Aussprachekreisen, auf die Verbreitung von Standesliteratur (Aufklärung und Ehevorbereitung) und katholischen Jugendzeitschriften, die in ideelle und materielle Zusammenarbeit mit den ausgezeichneten kirchlich und staatlich genehmigten reichsdeutschen Zeitschriften treten werden, hingewiesen. Die Jugend sollte auch zur Vorbereitung und Durchführung gottesdienstlicher Feiern und Pfarrfeste herangezogen werden. Für die zum Arbeitsdienst und Militär Einrückenden wurden Vorbereitungskurse in Form von Exerzitien oder Abenden als notwendig erachtet.
Mit der Arbeit sollte sofort begonnen werden, ohne die Liquidation der Vereine und die zu erhoffende Freigabe beschlagnahmter Heime abzuwarten. Nach Freigabe sollten solche Heime freilich der Standes- und Jugendseelsorge zur Verfügung gestellt werden. Durch die Standessonntage sollte zunächst das Gemeinschaftsbewußtsein der Stände geweckt werden; dann erst würde der Ausbau der Jugendseelsorge, die kirchliche Vereinstätigkeit und die Gewinnung von Mitarbeitern möglich werden. Dann erst würden auch für die weitere einheitliche Arbeit konkrete Weisungen möglich, die den bei uns sich ergebenden Rechtsverhältnissen und Möglichkeiten entsprechen müßten, die in den einzelnen Gauen Deutschlands sehr verschieden sind. Erfahrungen und Anregungen sollten dem Ordinariat mitgeteilt werden. Für überpfarrliche und überdekanatliche Veranstaltungen war die Zustimmung des Ordinariates erforderlich[88].
Für die Erzdiözese Wien erschienen zur gleichen Zeit, am 26. April 1938, „Weisungen an die Seelsorger", nach denen „bezüglich der Katholischen Aktion im wesentlichen die Bestimmungen der Diözesansynode in Geltung bleiben". Auch hier wird besonders auf die Standesseelsorge, die Pfarrjugend- und -kinderstunden, die religiösen Vereinigungen, den Pfarrbeirat, den „Einsatz aller verfügbaren priesterlichen und laienapostolischen Kräfte", die aktive Teilnahme der Gläubigen am Gottesdienst, den Aufbau der Laienkatechese zur Heranbildung geeigneter Kräfte zur Erstkommunion-, Firm- und überhaupt Sakramentenvorbe-

88 LDBl 84 (1938) 49–52.

reitung, die reinliche Scheidung von Seelsorge und Politik hingewiesen[89].

In den im Sommer 1938 mit Wissen Roms geführten Verhandlungen der österreichischen Bischöfe mit dem Wiener Gauleiter Bürckel spielten auch Jugendfragen eine Rolle. In einer Materienaufstellung vom 8. Juli 1938 fanden sich unter den 32 Punkten auch: Die religiöse und seelsorgliche Betreuung der Jugend auch im Rahmen der Hitler-Jugend, Privatschulen und Religionsunterricht, Freigabe von Pfarrheimen und kirchlichem Vereinsvermögen und geistliche Kindergärten. Zufolge der noch während der laufenden Verhandlungen dauernden schweren Eingriffe in den kirchlichen Bereich mußten die Bischöfe den Eindruck bekommen, daß die Verhandlungen überhaupt nicht ernst gemeint seien, und brachen sie darum von sich aus am 7. September 1938 ab[90].

Schon am 19. August hatten sich die österreichischen Bischöfe mit einem Hirtenwort an das österreichische Volk gewandt und ,,zu zwei grundlegenden Maßnahmen der Staatsbehörden" Stellung genommen: auf dem Gebiet der Ehe und der Schule. Zur Schule wurde vor allem auf die Entziehung des Öffentlichkeitsrechtes der geistlichen Lehranstalten hingewiesen, wodurch ,,die Privatgymnasien, in denen die künftigen Priesterkandidaten ihre Vorbildung erhalten", und die Privatschulen der geistlichen Schwestern und der Schulbrüder hart getroffen würden, ja zur Schließung der Schulen verurteilt wären. Die Bischöflichen Ordinarien hätten dagegen bei den zuständigen Stellen Einspruch erhoben. Schließlich wurden die Eltern, denen ,,in den jetzigen Verhältnissen" manche Hilfe in der Erziehung ihrer Kinder genommen sei, auf ihre schwere Verantwortung für die Erziehung aufmerksam gemacht: sie sollten die Seelen ihrer Kinder nicht verwüsten lassen ,,durch das Verderben des Unglaubens der jetzigen Zeit"[90a].

Am 25. August wurde im Erzbischöflichen Ordinariat Wien eine ,,Abteilung für Seelsorge" geschaffen, die ,,alle Aufgaben der priesterlichen Weiterbildung, der Standes- und Familienseelsorge sowie der kirchlich-religiösen Kultur (!) zu pflegen" hatte, und die ,,Abteilung für kirchliche

89 K. Rudolf, Aufbau im Widerstand (Salzburg 1947) 19–23.

90 E. Weinzierl, Der Episkopat: F. Klostermann u. a. (Hg.), Kirche in Österreich 1918–1965 I (W 1966) 37.

90a Achtseitiges Hektogramm im Diözesanarchiv der Erzdiözese Wien; der Hirtenbrief ist weder im Wiener noch im Linzer Amtsblatt abgedruckt.

Organisation und kirchliche Rechtswahrung" mit der Aufgabe der „rechtlichen Sicherung der katholisch-seelsorglichen Arbeit in allen Belangen"[91].

In der Diözese Linz wurde am 1. Oktober das schon im Diözesanstatut der Katholischen Aktion (1935) vorgesehene „Referat für seelsorgliche Fragen" ausgebaut, ein Leiter und ein engerer Beirat bestellt, darin auch vier Priester als Vertreter der vier Naturstände. Zweck sollte die Gewinnung einer möglichst einheitlichen Einstellung der Seelsorger zu den Zeitaufgaben sein. Das Referat sollte „kein Amt und keine Behörde, sondern eine Hilfs- und Beratungsstelle" sein, deren Vorschläge und Anregungen vor der Veröffentlichung dem Bischof vorzulegen waren und ihre Verbindlichkeit erst durch die Veröffentlichung im Diözesanblatt erhielten. Die ganze Arbeit sollte „im Einvernehmen und unter der Direktive" des schon im Juni ernannten[92] Generalsekretärs der Katholischen Aktion, Domkurat Franz Vieböck, geschehen[93].

Damit waren in gut einem halben Jahr, ja eigentlich schon nach einem Monat seit der Besetzung Österreichs die wesentlichen Konsequenzen aus der neuen Situation gezogen und in erstaunlich klarer Weise die künftigen Möglichkeiten und der offizielle äußere Rahmen auch für die pastorale Jugendarbeit abgesteckt: die Beschränkung auf das rein Religiöse mit dem Versuch, es im gegebenen Rahmen nicht zu eng zu verstehen; die Bedeutung der aktiven Mitarbeit von Laien und der Heranbildung eines elitären christlichen Kernes, der sich aber nicht abkapseln, sondern in apostolischer Funktion für den gesamten Stand verstehen soll. Was weiter geschah, war nur der Versuch des Staates, dieses Programm noch möglichst einzuschränken, und der Versuch der Christen und kirchlicher Gruppen, es möglichst auszuschöpfen und bis in den Untergrund auszudehnen.

Doch ehe davon die Rede ist, soll noch über die weiteren kirchlich-offiziellen oder doch offiziösen Reaktionen und Aktionen berichtet werden. Für den 25. September 1938 wurde bereits die Feier eines Jugendsonn-

91 K. Rudolf, Aufbau im Widerstand (Salzburg 1947) 20–23. Ähnliche Weisungen ergingen schon 1938 in der Diözese Seckau, wo die zum Teil noch bestehenden „Standesbündnisse" wieder erneuert bzw. neu eingeführt werden sollten, so auch der Jungmänner- und Mädchenbund (früher: Tugendbund christlicher Jünglinge bzw. Jungfrauen): J. Fried, Nationalsozialismus und katholische Kirche in Österreich (W 1947) 182.

92 LDBl 84 (1938) 61.

93 Ebd. 153.

tags für alle Pfarren als „religiöse, kirchliche Feier für die männliche Jugend der Pfarre" festgelegt und vorgeschrieben. Die Feier sollte „im Pfarrausschuß unter Beiziehung tüchtiger Jungmänner gründlichst vorbereitet werden, so daß jeder einzelne katholische Junge und Jungmann der Pfarre auch persönlich eingeladen wird, am besten mündlich"[94].
Am 15. November empfahl das Seelsorgereferat den Priestern, für die Adventfeiern eine Schola, wenn möglich aus Burschen, zu bilden[95].
Am 17. und 24. November veranstaltete das Seelsorgereferat der Katholischen Aktion 14 Priester-Konferenzen mit sehr guter Beteiligung, auf denen unter anderem Anregungen für die Feier des Jugendsonntags, die Standesseelsorge, die Kinderkommunion als Ersatz für die Schulkommunion, die Kinderseelsorge, die Modernisierung des Kindheit-Jesu-Vereins und die Sorge für die Ministranten gegeben wurden; größere Ministranten sollten zu Lektoren ausgebildet werden[96].
Schon für den 18. bis 20. Februar 1939 wurde zu einer österreichischen Jugendseelsorgerkonferenz unter dem Vorsitz von Bischof Paulus Rusch eingeladen. Die Diözesanjugendseelsorger und deren aktivste Mitarbeiter, vier bis sechs aus jeder Diözese, sollten kommen[97]. Über Zustandekommen, Verlauf und die Beteiligung aus Linz konnte nichts in Erfahrung gebracht werden.

Am 26. Februar wurde ein Fastenhirtenbrief der österreichischen Bischöfe verlesen. Er handelte über den Glauben an Jesus Christus, von den Gefahren einer religionslosen Erziehung und betonte die Bedeutung und Verantwortung eines christlichen Elternhauses[98].
Am 15. April sandte der Diözesanpräses der Marianischen Kongregationen, der spätere Bischof Dr. Fließer, ein Rundschreiben an die Pfarrer und Präsides. Er behandelte u. a. die Rechtslage: sie gelten vor dem Staat nicht als Verein, bestehen aber weiter wie auch die katholische Mädchenschaft, freilich ohne die liquidierten Mädchenvereine. Die Mitglieder der Marianischen Kongregationen, Frauen, Männer, Studenten und Jungmänner, hätten die Pflicht, am pfarrlichen Leben mitzuwirken, was nicht bedeute, sie sollten sich als Kongregation auflösen. Für die Kongregationen gelte jetzt mehr das Eliteprinzip. Die Kongregationsfahnen

94 Ebd. 147.
95 Akten des PA.
96 LDBl 84 (1939) 1f.
97 Akten des PA.
98 LDBl 85 (1939) 35–38.

könnten bei Prozessionen mitgetragen werden, wenn sie religiöse Symbole oder Heiligenbilder zeigen[99].
Am 19. April gab das Referat Jugendseelsorge im Erzbischöflichen Ordinariat Wien schon Anregungen „zur religiösen Vorbereitung der einrückenden Männer" heraus[100].
Am 6. Juni empfahl das Seelsorgereferat in einem sechsseitigen Memorandum dem Bischof schon für Herbst 1939 die Einführung von Kinderandachten[101].
Mit 9. Juni wurde das bisher im Rahmen der Katholischen Aktion geführte Seelsorgereferat nunmehr amtlich als Seelsorgeamt beim Bischöflichen Ordinariat ohne persönliche Veränderungen errichtet[102].
Am 13. Juni gab das Seelsorgeamt den Seelsorgern Behelfe auch für die Kinder- und Jugendarbeit bekannt und urgierte die Kinderkommunion[103].

Am 14. September erschienen im diözesanen Amtsblatt wieder Weisungen für den Jugendsonntag. Es wurde der rein religiöse und pastorale Charakter betont; die gesamte männliche und nun auch weibliche Jugend der Pfarre war einzuladen. Die Feier sollte aus einer Gemeinschaftsmesse mit Sakramentenempfang bestehen, während die nachmittägige oder abendliche religiöse Weihestunde im allgemeinen dekanatsweise am Sitz des Dekanates oder in einer geeigneten Wallfahrtskirche oder einer anderen zentral gelegenen Kirche stattfinden sollte. Bei der Feierstunde war ein Jugendopfer einzuheben. Zur Vorbereitung wurden drei oder wenigstens ein Standesvortrag empfohlen[104]. Am Maximilianstag gab das Seelsorgeamt allen Seelsorgern und Pfarrern zusätzliche Anregungen zur Durchführung des Jugendsonntags und lieferte zugleich das neue Diözesangebet- und Gesangbuch „Vater unser" aus[105].
Am 27. November gab das Seelsorgeamt Mütterbehelfe für die Kindererziehung bekannt[106].

99 Akten des PA.
100 Ebd. Unter den Seelsorgeämtern der Ostmark herrschten rege Kontakte.
101 Ebd.
102 LDBl 85 (1939) 133.
103 Akten des PA.
104 LDBl 85 (1939) 178f.
105 Akten des PA.
106 Ebd.

Im Linzer Diözesanblatt vom 12. Dezember erschienen „Weisungen für die nächsten Arbeiten in der Jugendseelsorge". Sie machten auf die Aufgaben aufmerksam, die das neue Diözesangebet- und -liederbuch „Vater unser"[107] der Pfarrjugend stelle. In jeder Pfarre sollte möglichst monatlich ein Jugendgottesdienst gehalten werden; jugendgemäßen Ansprachen war dabei besondere Aufmerksamkeit zu schenken. Da die Möglichkeit dreitägiger Exerzitien sehr gering geworden war, sollte in jedem Dekanat jährlich wenigstens je ein Einkehrtag für Burschen und Mädchen gehalten werden. Einige Male im Jahr sollten, getrennt für Burschen und Mädchen, Standesvorträge gehalten werden; ein Beichtvortrag zu Ostern würde nicht genügen. Unter günstigeren Verhältnissen sollte das religiöse Wissen der Jugend durch regelmäßige Glaubensstunden vertieft werden. Aufmerksam wurde gemacht, daß Liederproben, Andachten und Glaubensunterricht nur in Kirchen und kircheneigenen Räumen stattfinden dürfen[108]. Auch in der offiziellen Einführung des Diözesangebet- und Gesangbuches am 1. Jänner 1940 wurde auf die Bedeutung einer gut geschulten Schola – „womöglich Jugend" – hingewiesen[109].

Bei der verminderten Möglichkeit geschlossener Exerzitien wurden anläßlich des Exerzitiensonntags im gleichen Amtsblatt „Heimexerzitien und Einkehrtage in den Pfarren" empfohlen, die freilich „geschlossene Exerzitien nicht ersetzen können". Zugleich wurde auf Angebote von geschlossenen Exerzitien, besonders auch für Jugendliche, in verschiedenen Klöstern bzw. Exerzitienhäusern hingewiesen[110].

Am 6. April wurde vom Linzer Seelsorgeamt eine Arbeitsgemeinschaft zur Vorbereitung eines Gebetbüchleins für Kinder gegründet; die Seelsorger wurden in einem Rundschreiben davon informiert[111].

Am 20. Mai wurde den Seelsorgern empfohlen, statt des üblichen Mädchensonntags am 26. Mai eine Jugendmaiandacht und am 2. Juni eine Jugendmesse mit Standeskommunion für die ganze Jugend zu halten. Behelfe wurden beigelegt[112].

---

107 LDBl 85 (1939) 155–163.
108 Ebd. 238f.
109 Ebd. 86 (1940) 11.
110 Ebd. 14f.
111 Akten des PA.
112 Ebd.

Laut Bescheid der Sakramentenkongregation vom 12. Juni durften Jugendliche beiderlei Geschlechtes, die sich in Landjahrheimen, Reichsarbeitsdienstlagern u. dgl. aufhielten, an Sonn- und Feiertagen zur Kommunion zugelassen werden, wenn sie wenigstens drei Stunden zuvor nichts gegessen hatten – auch nachmittag[113].

Am 15. Juni teilte das Seelsorgeamt den Priestern mit, daß nach Auflösung des oö. Katechetenvereins[114] im Beirat des Seelsorgeamtes ein Referat für Kinderseelsorge und Katechese geschaffen wurde. Die Dechanten wurden eigens gebeten, gute Fachleute zur Mitarbeit bekanntzugeben. Übrigens ergibt sich aus den Akten des Linzer Pastoralamtes, daß schon im Mai 1940 Kontakte mit dem Katechetischen Institut des Wiener Erzbischöflichen Ordinariates bestanden[115].

Ein bischöfliches Hirtenwort an die katholischen Eltern vom 31. August forderte diese zur rechtzeitigen Anmeldung ihrer Kinder für den Konfessionsunterricht und zur religiösen Erziehung auf[116].

Im September gab das Seelsorgeamt Anregungen und Richtlinien für die Jugendseelsorge in den kommenden Monaten: für den Jugendsonntag am Christkönigsfest, für Jugendgottesdienste im Advent, für die wöchentliche Kindermesse und für die Ministrantenbetreuung mit einer eigenen Vorlage ,,Ministrantenbildung"[117].

Am 1. Oktober erging ein persönliches Hirtenwort des Bischofs an die katholischen Eltern, das eine wöchentliche Kindermesse, die in der Stadt auch am Sonntag gefeiert werden konnte, und die Kinderandachten anordnete. Auch ein Vorschlag für die ,,Eröffnungsfeier der Kinderandacht" lag bei[118].

Am Schutzengelfest, dem 2. Oktober, erließ das Bischöfliche Ordinariat hektographierte ,,Weisungen zur Kinderseelsorge", die wie das Hirtenwort im Amtsblatt nicht veröffentlicht wurden. Hier wurde eine wöchentliche Kindermesse in jeder Pfarre ,,an einem geeigneten Wochentag zu einer für die Kinder entsprechenden Stunde und in einer Form, die den Kindern eine aktive Beteiligung ermöglicht", angeordnet. Eine kurze Ansprache sollte nicht fehlen. Sollten ,,die Verhältnisse in der ei-

113 LDBl 86 (1970) 173.
114 Ebd. 124.
115 Akten des PA.
116 LDBl 86 (1940) 173.
117 Akten des PA.
118 Der Hirtenbrief wurde nicht im Amtsblatt veröffentlicht, sondern eigens versandt.

nen oder anderen Stadtpfarre eine Wochentagskindermesse nicht erlauben", sollte am Sonntag ein Kindergottesdienst stattfinden. Ferner sollten an Werk- oder Sonntagen in einem sakralen Raum, in der Kirche oder in einem heizbaren Nebenraum oder in einem sakral ausgestatteten Raum des Pfarrhofes wöchentlich Kinderandachten in jeder Pfarre gehalten werden, die sich besonders an Willen und Gemüt wenden; in der Predigt, durch schriftliche Einladung und in gelegentlichen Hausbesuchen sollte dafür geworben werden; die Kinderandachten sollten wöchentlich wechseln, für die größeren Kinder und für die, die sich auf Erstbeichte und Erstkommunion vorbereiten. Für die größeren Kinder wurde noch eine Teilung vorgeschlagen; nähere Anweisungen des Seelsorgeamtes wurden angekündigt. Kindermesse und Kinderandachten werden als pflichtmäßige Seelsorge erklärt und sollten noch im Oktober beginnen[119].

Wie schon erwähnt, stießen diese Weisungen auf Schwierigkeiten seitens der Schulabteilung der Reichsstatthalterei, die ein Verbot der Kindermesse aussprach[119a]. Darum wurde am 12. November 1940 der Schulabteilung mitgeteilt, daß eine wöchentliche Kindermesse vom Bischof schon am 2. Oktober angeordnet wurde, daß diese Kindermesse mit der Verlegung des Unterrichtsbeginns von 8 Uhr auf 9 Uhr nichts zu tun habe, daß die Kinder zur Kindermesse nicht verpflichtet wären und die Werbung dafür nicht in der Schule, sondern nur in der Pfarrseelsorge geschehe und daß die Kindermesse keineswegs eine Novität sei, sondern in den Frühjahrs- und Sommermonaten früher sogar täglich üblich war. Schließlich wurde auf zwei Fälle im Kreis Braunau hingewiesen, wo Priester mit Schulverbot bedroht wurden, weil sie vom Bischof vorgeschriebene Kinderandachten durchführen wollten.

Unter gleichem Datum wurde dieses Schreiben vertraulich allen Pfarrämtern mitgeteilt und wurden folgende Weisungen gegeben: In Pfarren, die die Kindermesse auf einen schulfreien Tag verlegen können, soll dies geschehen, in der Regel nicht vor 9 Uhr Sommerzeit; in größeren Städten und Märkten, in denen ein eigener Kindergottesdienst am Sonntag möglich ist, soll die Kindermesse am Sonntag stattfinden. Wo keine dieser Möglichkeiten zutrifft, ist am Sonntag, 17. November, zu verkünden: „In der kommenden Woche muß die Kindermesse entfallen, da Schwie-

---

119 Original bei Herrn Prälat Vieböck.

119a Vgl. Text zu Anm. 50 u. 51.

rigkeiten aufgetreten sind, die erst geklärt werden müssen." Falls bis 24. November keine Weisung eintrifft, ist an diesem Sonntag zu verkünden: „Die vom Bischof vorgeschriebene Kindermesse kann auch diese Woche nicht stattfinden, da die aufgetretenen Schwierigkeiten noch nicht behoben sind[120]."

Am 27. November 1940 wurde den Pfarrämtern unter Zl. 9098 mitgeteilt, daß in jenen Pfarren, in denen die vom Bischof angeordnete Kindermesse derzeit nicht möglich ist, wöchentlich eine Familiengemeinschaftsmesse zu halten ist[121].

Am 14. Dezember 1940 erging das schon erwähnte Schreiben des Bischofs Johannes Maria an die Pfarrämter, in dem auf Grund von Verhandlungen mit der Schulabteilung des Reichsstatthalters angeordnet wird: Die vorgeschriebene Kindermesse ist vom Schluß der Weihnachtsferien bis zum Beginn der Osterferien nicht an einem Schultag anzusetzen; an Orten mit einem schulfreien Wochentag ist sie an diesem Tag zu halten; in Städten und größeren Märkten ohne schulfreien Wochentag ist eine Sonntagsmesse „als ausgesprochene Kindermesse zu gestalten"; ist dies wegen der mangelnden Priester nicht möglich, ist mit der Kindermesse bis zum Beginn der Osterferien auszusetzen; von Ostern an steht nichts im Weg, die Kindermesse an einem Schultag anzusetzen, wenn dies pastoral wünschenswert erscheint. Für die Verkündigung dieser Neuordnung wurde der Wortlaut vorgeschrieben: Auf Grund von Verhandlungen zwischen dem Reichsstatthalter und dem Bischöflichen Ordinariat „wird die Kindermesse (bis Ostern) am schulfreien Wochentag . . . gehalten". Die Kinderandachten in Kirchen und kircheneigenen Räumen „unter genauer Beobachtung der hiefür ergangenen Weisungen" obliegen keiner behördlichen Beschränkung. „Wo solche vorkamen, beruhten sie auf Mißverständnissen, die nunmehr behoben sind"; der rein kirchliche Charakter solcher Veranstaltungen dürfe in keiner Weise überschritten werden[122].

Am 17. Oktober gab das Bischöfliche Ordinariat Anregungen zur Feier des Jugendsonntags an die Seelsorger, nachdem das diözesane Amtsblatt vom 31. August schon darauf aufmerksam gemacht hatte[123]. Für

---

120 Original bei Herrn Prälat Vieböck.
121 Ebd.
122 Entwurf und Original ebd.
123 LDBl 86 (1940) 174.

Kindermessen wurden Musteransprachen angeboten und Winke für Kinderandachten gegeben[124].

Am 30. Dezember bat das Seelsorgeamt verschiedene Priester um Skizzen für die Kinderandachten und Kinderfeierstunden[125].

Laut Bescheid der Sakramentenkongregation vom 13. Jänner 1941 konnten Mädchen im „weiblichen Dienstjahr" die Kommunion empfangen, wenn sie nur eine Stunde nüchtern waren[126].

Der schon erwähnte verbotene Hirtenbrief des Bischofs Gföllner vom 6. Februar 1941 wollte die Eltern auf die Pflicht katholischer Kindererziehung hinweisen[127].

Im Diözesanblatt vom 16. April wurden Vorbereitungsandachten für Kinder, die gefirmt werden sollten, angeordnet: sieben vor und eine nach der Firmung[128].

Ein neuerlicher Bescheid der Sakramentenkongregation vom 28. Juli erlaubte Fahrschülerinnen und Fahrschülern an Sonn- und Feiertagen zu jeder Stunde früh und abends den Kommunionempfang, wenn sie wenigstens zwei Stunden vorher keine festen Speisen genossen hatten[129].

Im Diözesanblatt vom 1. Oktober wurde der Jugendsonntag für das Christkönigsfest dieses Jahres unter das Leitwort „Ich bin ein Christ" gestellt. Der Jugendsonntag sollte am Morgen für Burschen und Mädchen als Sing-, Betsing- oder Chormesse[130] „je nach Leistungsfähigkeit und Fortschritt der liturgischen Schulung" gestaltet werden; am Nachmittag oder Abend sollte in jeder Pfarre eine Feierstunde mit Jugendpredigt stattfinden. Das Thema des Jugendsonntags sollte in der religiösen Unterweisung der Jugend während des Jahres weitergeführt werden. Literatur wurde gleich angegeben[131].

Das gleiche Diözesanblatt wies die Seelsorger auf ihre Pflicht hin, die Familien für die Erfüllung ihrer religiösen Aufgaben, besonders für die

---

124 Akten des PA.
125 Ebd.
126 LDBl 87 (1941) 67.
127 Akten des PA.
128 LDBl 87 (1941) 57f.
129 Ebd. 114f.
130 Vgl. dazu die Weisungen im LDBl 86 (1940) 223–225; unterdessen war Bischof Gföllner am 3. 6. 1941 gestorben und der der liturgischen Bewegung gegenüber sehr aufgeschlossene Bischof Fließer Kapitelvikar geworden.
131 LDBl 87 (1941) 121f.

christliche Unterweisung der Kinder, zu befähigen. Das sollte vor allem in Standesvorträgen für Frauen oder in Mütterrunden geleistet werden. Dem einzelnen Seelsorger wurde Zeit und Form dieser Unterweisung überlassen: in Verbindung mit einem Müttergottesdienst an Festen heiliger Frauen und Mütter, in der Form regelmäßiger Monatsvorträge, als Einkehrtag oder als wöchentlicher Vortrag während einiger weniger arbeitsüberladenen Wochen. Auch Literatur wurde angegeben, eine Broschüre „Unsere Mutter" wurde sogar zugesandt[132].
Die Bischofskonferenz vom September beschäftigte sich neben Problemen des Religionsunterrichtes auch mit solchen der Jugendseelsorge. Schon im November desselben Jahres trafen sich die österreichischen Bischöfe wieder, um eine gleichförmige Durchführung der Kinderseelsorgestunden zu besprechen[133].

Nach dem Linzer Diözesanblatt vom 15. Februar 1942 sollten die neuen Leitsätze für die „Führung zu Buße und Bußsakrament" auch „als Richtlinie für die einheitliche seelsorgliche Erziehungsarbeit an den Jungen wie an den Alten verwendet werden[134].
Laut Bescheid der Sakramentenkongregation vom 13. März wurde allen Gläubigen der Ostmark, ob jung oder alt, die eine Dispens von der Enthaltung fester Speisen für eine oder mehrere Stunden vor der Kommunion erhalten hatten, erlaubt, jederzeit flüssige, alkoholfreie Nahrung oder auch Medizin zu sich zu nehmen[135].
Am 7. April erlaubte die Sakramentenkongregation allen Insassen von Lagern, Instituten und Heimen aller Art ohne Rücksicht auf Alter und Geschlecht den Empfang der Kommunion an Sonn- und Feiertagen oder im Verhinderungsfall einmal während der Woche, wenn sie sich, soweit möglich, zwei Stunden oder eine Stunde vorher fester Speisen enthielten[136].
Laut bischöflicher Weisung vom 15. April sollte die Glaubensfeier der katholischen Jugend wie in ganz Großdeutschland am Dreifaltigkeitssonntag abgehalten werden, in diesem Jahr aber wegen des Reichssportfestes am 20. Mai[137].

132 Ebd. 123.
133 E. Weinzierl, Der Episkopat: F. Klostermann u. a. (Hg.), Kirche in Österreich 1918–1965 I (W 1966) 39.
134 LDBl 88 (1942) 20.
135 Ebd. 72.
136 Ebd. 71.
137 Akten des PA.

Vom 14. August liegt ein Bericht des Seelsorgeamtes über die Kinderseelsorge vor: die Kindermesse mit Kurzansprache war wöchentlich vorgeschrieben, während der Wintermonate nur an den schulfreien Tagen. Vier- bis fünfmal während des Jahres war eine Kinderkommunion anzusetzen. Kinderandachten sollten pflichtgemäß für Erstkommunikanten wöchentlich das ganze Jahr hindurch, für Firmlinge zwischen Ostern und Pfingsten, außerdem für die über zehnjährigen Volks- und Hauptschüler stattfinden. Die Sakristei wurde von der Gestapo als Veranstaltungsort erlaubt[138].
Am 28. August erging ein hektographiertes Hirtenwort des Bischofs an die katholischen Eltern anläßlich des Schulbeginns mit der Mahnung, ihre Kinder zum Religionsunterricht anzumelden und in die Kinderandachten und Kindermessen zu schicken[139].
Als Beilage zum Linzer Diözesanblatt vom 1. September 1942 ging am 12. Oktober ein neun Seiten umfassendes Rundschreiben des Bischofs an alle Bezieher des Linzer Diözesanblattes, in dem schon auf die Weisungen zur Jugendseelsorge im nächsten Diözesanblatt hingewiesen wurde. Der Bischof bat dabei die Priester, die beiden pastoralen Bereiche der Kinder- und Jugendseelsorge wirklich ganz ernst zu nehmen. Es solle nicht mehr vorkommen, daß am Hirtenwort des Bischofs an die Gläubigen Abstriche gemacht werden müssen, weil diese von „Kinderandachten, Kindermessen usw." noch gar nichts wissen, obwohl diese schon zwei Jahre verbindlich vorgeschrieben sind. Die Kinderandachten seien nicht Ersatz für den schulischen Religionsunterricht, sondern gleichwertiger Zusatz als Willens- und Gemütsbildung; darum seien sie auch kein Provisorium oder ein Notbehelf, sondern wesentlicher Bestandteil der religiösen Gesamtausbildung. Die Dechanten wurden beauftragt, durch den Dekanatsjugendseelsorger und mit ihm in jeder Pfarre die Durchführung der Kinder- und Jugendseelsorge in dem dort möglichen Ausmaß zu unterstützen und pflichtgemäß zu überwachen. Schließlich bat der Bischof die Seelsorger, Priesterberufe zu wecken und zu pflegen: „Custos, quid de nocte[140]?"

---

138 Ebd.

139 Ebd. bzw. hektographierte Beilage zum LDBl, Zl. 4958.

140 Akten bei Herrn Prälat Vieböck; als hektographierte Beilage zum LDBl Nr. 11 ist auch ein zweiseitiger Hinweis auf die kommenden Weisungen zur Jugendseelsorge und auf den Jugendsonntag 1942 ausgewiesen.

Noch am 15. Oktober erschienen dann im Amtsblatt die angekündigten neuerlichen „Weisungen zur Jugendseelsorge": Die Verantwortung des Pfarrers für die Jugend seiner Pfarre wird eingeschärft. Für die schulentwachsene Jugend gilt als Mindestmaß der religiösen Betreuung der monatliche Jugendgottesdienst, der jugendgemäß mit entsprechender Predigt zu gestalten ist: mindestens als Singmesse, gewöhnlich als Betsingmesse oder, wo die Voraussetzungen gegeben sind, als Chormesse[141]. Eine weitere Stufe ist die Jugendandacht im Anschluß an das Kirchenjahr am Sonntagnachmittag oder am Abend; sie ist verpflichtend am Jugendsonntag und am gemeinsamen Glaubenstag der katholischen Jugend; dabei gestaltet die Jugend den Gottesdienst für die ganze Pfarrgemeinde. Wo Umstände und Kräfte es erlauben, sind wöchentlich oder vierzehntägig Glaubensstunden für Werktätige zu halten; wo das nicht möglich ist, ist wenigstens einmal im Jahr ein Glaubenstag zu halten, an dem in mehreren zusammenhängenden Vorträgen religiöse Vertiefung wissens-, willens- und gemütsmäßig anzustreben ist. Dann wird ein Jahresthema für die Glaubensverkündigung an die jungen Christen der Pfarren 1942/43 angegeben: „Donec formetur Christus in vobis" (Gl 4, 19) und für das ganze Jahr aufgegliedert; Stoffangaben werden für die Seelsorgerkonferenzen angekündigt[142].
Im gleichen Amtsblatt wird auf die Feier des Jugendsonntags am Christkönigsfest 1942 hingewiesen[143].
Am 17. Oktober machte ein hektographierter Hirtenbrief des Kapitelvikars Fließer an den Seelsorgsklerus schon auf die Materialdarbietung für die Kinderseelsorge (Vorbereitung auf das Firmsakrament) im nächsten Diözesanblatt und auf die kommenden Weisungen für die Jugendseelsorge (Kinderandachten sind nicht Ersatz, sondern Zusatz zum schulischen Religionsunterricht) aufmerksam. Auch die Gemeinschaftsmesse als Betsingmesse, Chormesse oder Volkschoralamt wird urgiert[144].
Für den Advent wurde ein Hirtenbrief der katholischen Bischöfe Großdeutschlands über die christliche Sittlichkeit versandt, der für die Möglichkeit der Beherrschung des Geschlechtstriebes neben dem Urteil der

141 Vgl. Anm. 130.
142 LDBL 88 (1942) 121 f. Die Seiten 121 bis 126 fehlen in manchen Ausgaben des LDBl 88 (1942); die Nummer 13 gibt es darum zweimal unter 15. 10. und 1. 12. 1942.
143 Ebd. 122.
144 Akten des PA.

Kirche das der deutschen Richter, Ärzte und Jugendführer bemüht[145]. Im Jahr 1942 vermittelte das Seelsorgeamt Priester zur Abhaltung von Glaubenstagen in den Pfarren, die in diesem Jahr besonders gepflegt wurden. Glaubenstage waren besonders für Orte gedacht, an denen regelmäßige Glaubensstunden für Jugendliche nicht möglich waren[146].

In der Beilage zum diözesanen Amtsblatt vom 1. Dezember 1942 werden Vorschläge zu „Kinderandachten für Firmlinge" im Anschluß an den Hirtenbrief des Kapitelvikars vom 6. September gemacht und wird auf die Mitarbeit der Eltern gedrängt (Firmtag in der Familie)[147].

Laut Bescheid der Sakramentenkongregation vom 13. Jänner 1943 konnten Kinder und Jugendliche beiderlei Geschlechts, ob sie Fahrschüler sind oder nicht, ob sie in Heimen sind oder nicht, bis zwei Stunden vor Empfang der Kommunion feste Speisen genießen, und zwar an allen Sonn- und Feiertagen, aber auch an Wochentagen, an denen sie zu einer für Kinder oder Jugendliche bestimmten Messe kommen. Das schon früher gewährte Privileg für Kinder und Jugendliche in Heimen und dgl., an Sonn- und Feiertagen oder im Verhinderungsfall einmal während der Woche schon nach einstündiger Enthaltung von festen Speisen kommunizieren zu dürfen und die für die Ostmark schon geltenden Dispensen, daß Kinder und Jugendliche an den genannten Tagen Flüssiges und Medizin jederzeit genießen können, bleiben aufrecht[148].

In den „Anordnungen für die Fastenzeit" vom 1. März wurde auch für die Kinder- und Jugendseelsorge an die Erziehung zum Opferbringen und zur Selbstüberwindung erinnert[149].

Unter demselben Datum wurde den Seelsorgern schon mitgeteilt, daß sich Kinder und Jugendliche nun auch an Wochentagen vor Besuch der Jugendmesse bzw. der Kindermesse nur zwei Stunden vor Empfang der Kommunion fester Speisen enthalten müssen[150].

Mit gleichem Datum wurde auch der Fastenhirtenbrief des Kapitelvikars über Buße und Besinnung versandt. Wieder wurde betont, daß auch schon die Kinder in der Fastenzeit und zu den Quatemberzeiten durch

---

145 Ebd.; der Hirtenbrief ist auch als hektographierte Beilage zum LDBl ausgewiesen.
146 Ebd.
147 LDBl 88 (1942), Beilage zu Nr. 13.
148 Ebd. 89 (1943) 21 f.
149 Hektographierte Beilage zum LDBl 1943; Akten des PA.
150 Ebd.

Verzicht auf Süßigkeiten Opfer bringen sollten; die Jugendlichen werden vor Alkohol und Nikotin gewarnt[151].

Am 15. April wurden Mitteilungen über die Glaubensfeier der katholischen Jugend gemacht für den Fall, daß das Amtsblatt verspätet erscheinen sollte. Sie wurde wegen der traditionellen Jugendmaiandacht in der Diözese vom Dreifaltigkeitssonntag auf den 23. Mai verlegt. Auch ein Programm für die Feier wurde vorgeschlagen[152].

Im Linzer Diözesanblatt vom 15. August wurde für den Religionsunterricht, aber auch zur Benützung in Predigt und Christenlehre ein Auszug aus dem Katechismus, ein „Kurzkatechismus" als Mindestprogramm angeordnet, da der ganze Katechismusstoff wegen des Mangels an Religionsbüchern und der Beschränkung des Stundenausmaßes im Religionsunterricht nicht mehr bewältigt werden konnte. Er ist auch als elfseitige gedruckte „Beilage zum Linzer Diözesanblatt 1943, Nr. 8" erschienen[153]. Wie Bischof Zauner mitteilt, wurden 25.000 Exemplare dieses „Auswahlkatechismus" mit der „Zaunermühle" vervielfältigt[154].

Im gleichen Amtsblatt wurden die Eltern anläßlich des Schulbeginns in einem Hirtenwort des Kapitelvikars an ihre Pflichten hinsichtlich des Religionsunterrichtes bzw. hinsichtlich der Glaubensstunden für höhere Schüler, die keinen Religionsunterricht mehr haben können, und für die werktätige Jugend, sowie hinsichtlich der Kinderandachten und Kindermessen erinnert[155].

Der Hirtenbrief der deutschen Bischöfe vom 19. August, der im Leid des Krieges trösten wollte, machte auch die Eltern und Erziehungsberechtigten auf ihr Recht aufmerksam, zu fordern, daß ihren Kindern auch in den Lagern die Möglichkeit zur Sonntagsmesse und zur religiösen Unterweisung gegeben würde. „Kämpft für dieses Recht[156]!"

Anfang September erging anläßlich des Schulbeginns wieder ein Mahnwort des Kapitelvikars an die Eltern, jede Gelegenheit zur religiösen Unterweisung der Kinder zu nützen, diese rechtzeitig zum Religionsunterricht anzumelden, zumal er Freigegenstand sei, und sie auch

151 Ebd.

152 Ebd.; vgl. LDBl 89 (1943) 41.

153 LDBl 89 (1943) 56.

154 F. Zauner, Die Kirche Oberösterreichs in der Zeit des Nationalsozialismus, a. a. O. (Anm. 49) 63f.

155 LDBl 89 (1943) 57.

156 Hektographierte Beilage zum LDBl 1943; Akten des PA.

zu den kirchlich vorgeschriebenen Kinderandachten und zur Kindermesse zu schicken[157].

Das Linzer Diözesanblatt vom 15. Oktober erinnerte wieder an den Jugendsonntag am Christkönigsfest, der 1943 unter dem Motto „Christkönigs heiliges Volk" stand. Die vormittägige Feier sollte die Jugend wieder im Rahmen des Pfarrgottesdienstes begehen. Am Nachmittag oder Abend sollte die Jugend in jeder Pfarre eine Christkönigs-Feierstunde gestalten. Anregungen für die Predigt würden vom Seelsorgeamt rechtzeitig herausgegeben. Auch an die vorgeschriebenen Kollekten wird erinnert[158].

Dasselbe Amtsblatt gab auch zur Jugendseelsorge im Jahr 1943/44 ein Thema „Führung zu Jesus" an, das für die Verkündigung wieder auf das ganze Kirchenjahr ausgefaltet wurde; Behelfe, auch für entsprechende Glaubensstunden, wurden angekündigt. Für die „Führung zu Jesus" wurde auf Gebet, Opfer, Seelsorge an den Familien der Jugendlichen, Feier der monatlichen Jugendmesse mit Predigt, auf Jugendandachten während des Kirchenjahres, Standesvorträge einigemal im Jahr (Advent, Fastenzeit, Mai), regelmäßige Glaubensstunden (nach Möglichkeit) oder einen Glaubenstag verwiesen[159]. Tatsächlich gab das Seelsorgeamt hektographierte Hilfen für die Standeslehren in der Fastenzeit für Burschen und Mädchen und den „Entwurf einer Jugendstandeslehre" über den Gehorsam für den Advent heraus. Außerdem versandte das Seelsorgeamt für das Arbeitsjahr 1943/44 eine Planung „Glaubensverkündigung an die Jugend" vor allem auf dem Land: Seelsorge an den Familien der Jugendlichen, Feier der monatlichen Jugendmesse mit Predigt, Jugendandachten für gegebene Anlässe, Standesvorträge einige Male im Jahr, regelmäßige Glaubensstunden oder Glaubenstage[160].

Im Advent erschien ein neuer Hirtenbrief der deutschen Bischöfe über die zehn Gebote der Völker, in dem auch das Recht der Eltern auf ihre Kinder und ihre Erziehungspflicht betont wurden[161].

Laut Bescheid des Sanctum Officium vom 28. Jänner 1944 erfolgte auf Bitten der Fuldaer Bischofskonferenz eine Vereinheitlichung der eucharistischen Nüchternheitsvorschriften. Darnach konnten alle Kommuni-

157 Akten des PA.
158 LDBl 89 (1943) 66.
159 Ebd. 66–68.
160 Akten des PA.
161 Ebd.

kanten (und Zelebranten), denen eine Dispens gewährt worden war, bis zwei Stunden vor Empfang der Kommunion feste Speisen und bis eine Stunde vorher alkoholfreie Flüssigkeiten oder Medikamente zu sich nehmen[162].

Unter dem 15. Februar mahnte das Bischöfliche Ordinariat wieder die Eltern und Seelsorger, in der Fastenzeit auch schon die Kinder zu Selbstbeherrschung und Opferbereitschaft anzuleiten und zu erziehen[163].

Am 24. April versandte das Seelsorgeamt an alle Pfarrämter Anregungen zur Feier des Bekenntnistages der katholischen Jugend, der wegen der Reichssportwettkämpfe auf den 14. Mai vorverlegt wurde. Für die Kinder solle der Maimonat ein Erlebnis werden; aber auch die Jugend solle den Maimonat feiern. Kinder- und Jugendmaiandachten wurden empfohlen[164].

Am 1. September erging ein bischöfliches Hirtenwort an die Eltern, das anläßlich des Schulbeginns wieder die Anmeldung zum Religionsunterricht, die Kindermesse und die Kinderandachten, Jugendgottesdienste und Glaubensstunden auch für schon Schulentlassene urgiert[165].

Am 4. Oktober versandte das Seelsorgeamt wieder Anregungen für den Jugendsonntag am Christkönigsfest[166].

Am 13. Oktober betonte ein Schreiben des Bischöflichen Ordinariates an alle Dechanten, daß die religiöse Unterweisung Gewissenspflicht sei und so lange als möglich und so, wie es unter den gegebenen Verhältnissen möglich ist, durchgeführt werden müsse. Es wird auf die Kinderandachten hingewiesen, die ausgebaut werden sollten und die mit der Schule nichts zu tun hätten; wohl aber seien Kinderandachten ,,konfessionelle Jugendveranstaltungen" im Sinne der Gestapo-Verfügung vom 17. Juli 1941[167].

Am 15. Oktober verlautbarte der Kapitelvikar selbst im Amtsblatt, daß der diesjährige Jugendsonntag unter dem Gedanken ,,Christkönigs heiliges Gesetz" (Bergpredigt) stehen solle. Die vormittägige Opferfeier solle ,,unter aktiver Beteiligung und Opfermahl der Jugend" begangen werden; Anweisungen vom Seelsorgeamt auch für die nachmittägige

162 LDBl 90 (1944) 12–14.
163 Hektographierte Beilage zum LDBl 1944; Akten des PA.
164 Akten des PA; LDBl 90 (1944) 14.
165 Akten des PA.
166 Ebd.
167 Hektographiertes Schreiben des BOL; Akten des PA.

oder abendliche Christkönigsweihestunde wurden angekündigt. Die Seelsorger wurden um gute Vorbereitung und würdige Durchführung gebeten. Für viele Jugendliche würde diese Feier die letzte Gelegenheit zu einer lebendigen Christusbegegnung sein. Der Bischof mahnte, daß sich die Seelsorger auch während des Jahres öfter an die Jugend wenden sollten, da ,,ohne regelmäßige Jugendseelsorge" ein Bestehen im Glauben kaum denkbar wäre ,,bei den Belastungsproben, denen die Jugend heute ausgesetzt ist". Die schon im Vorjahr angegebenen Möglichkeiten sollten genützt werden: monatlicher Jugendsonntag oder Ausnützung der verschiedenen ,,Brauchtage" mit ,,jugendgemäßer Predigt". Themen für diese Jugendpredigten sollten dieses Jahr aus der Enzyklika ,,Mystici corporis" entnommen werden; Behelfe werde das Seelsorgeamt bereitstellen[168].

Am 27. November teilt das Bischöfliche Ordinariat den Pfarrämtern mit, daß wegen der Not an Lehrbehelfen der schon erwähnte ,,Kurzkatechismus" durch Vervielfältigung erstellt wurde[169].

Wie schon verschiedentlich angedeutet, wurden vom Seelsorgeamt die ganzen Jahre hindurch, nachweislich bis 1944, Exerzitien und Standeslehren urgiert und Behelfe dazu angeboten und verschickt und entsprechende Weisungen gegeben, besonders für Kindermessen und Kinderandachten, für die monatlichen Jugendgottesdienste, für Einkehrtage der Mütter von Erstkommunionkindern, ebenso zur Erstkommunion und Firmvorbereitung[170].

Das diözesane Amtsblatt vom 1. Februar 1945 macht aufmerksam, daß die im Diözesanblatt vom 15. Dezember 1944 veröffentlichte Zusammenstellung der ,,Rechte der Eltern nach dem staatlichen deutschen Recht" nur für das Altreich Geltung hätten, für die Alpen- und Donau-Reichsgaue gelte noch immer das ABGB, freilich mit einigen Abänderungen, die angeführt wurden[171].

168 LDBl 90 (1944) 57 f.
169 Hektographiertes Schreiben; Akten des PA.
170 Akten des PA.
171 LDBl 91 (1945) 2. Vgl. Text zu Anm. 83.

4. Katholische Jugendarbeit in der Diözese Linz 1938–1942

4.1. *Pastorale Richtungen*

Es gab im Klerus damals zwei pastorale Richtungen: die erste mehr von älteren, die zweite mehr von jüngeren Priestern vertreten mit beiderseitigen Ausnahmen. Die einen meinten, pastoral wäre in der ,,Eiszeit" nicht viel zu machen, man müsse ,,überwintern", den Betrieb schlecht und recht weiterführen und warten, bis ,,der Zauber" vorüber ist. Die anderen sagten oder dachten: Wir haben dieses System nicht erfunden und nicht herbeigeführt, wir haben eher alles versucht, es zu verhindern; jetzt ist es da, und die Kirche als solche kann es nicht beseitigen; der pastorale Auftrag aber muß unter allen Umständen und Verhältnissen erfüllt werden, die befreiende Botschaft Jesu muß weiter verkündet werden ,,gelegen oder ungelegen" (2 Tm 4,2).

Die meisten Jugendseelsorger haben wohl von Anfang an diese letztere Richtung vertreten. Sie waren auch weitgehend der Meinung, daß sich die Pastoral als solche aus jedem politischen Engagement, etwa im politischen Untergrund, heraushalten solle, um den priesterlichen Auftrag nicht zu gefährden und weil sie das konkrete politische Engagement nicht für eine unmittelbare Aufgabe der Kirche hielten. Ausnahmen gab es, einige starben auch dafür. Ich wußte auch, daß einige Schüler und Studenten, die zu meinem engsten Mitarbeiterkreis gehörten, auch aktiv im politischen Untergrund tätig waren. Sie sprachen selten mit mir darüber. Ich konnte das meist nur aus manchen Bemerkungen erschließen. Auch sie haben ihre kirchliche Aktivität selbst ziemlich von ihrer politischen getrennt.

Ein gutes Beispiel der Arbeit katholischer Jugendlicher in der politischen Widerstandsbewegung, wenn auch romanhaft und auch etwas romantisch verfremdet, bringt der Roman Heribert Wenningers ,,Die heimliche Fahne. Kampf und Bewegung einer Gemeinschaft junger Menschen aus den Jahren 1938–1945"[172].

Die meisten Jugendseelsorger waren übrigens der Meinung, vor allem in der ersten Zeit, wir müßten so arbeiten, als ob dieses System noch lange dauern würde; sicher wären alle froh gewesen, es möglichst bald los zu sein; doch wir ließen uns auf keine Termine ein. Wir betonten immer

172 H. Wenninger, Die heimliche Fahne (Linz 1957) 84–112.

wieder, uns sei diese Zeit als Aufgabe gestellt und keine andere und wir müßten eben jetzt sie als Kairos, als von Gott gegebene Möglichkeit sehen.

4.2. *Phasen und Zäsuren*

Die erste Phase der nicht- oder außernationalsozialistischen Jugendarbeit nach der Besetzung Österreichs war eine Phase der Sammlung. Der Jubel der Massen beim Einzug Hitlers in Österreich, die Begeisterung der bis jetzt nur im Untergrund, wenn auch immer bemerkbarer, tätigen Hitler-Jugend und anderer ns Formationen, die andauernde Demonstration von Macht, die Auflösung aller gegnerischen Organisationen, vor allem der Jugendorganisationen, und die Besetzung ihrer Heime bewirkten zunächst bei vielen, die bewußt und überzeugt bisher gegen das nun siegreiche System gekämpft hatten, einen lähmenden Schock, der Gedanken an Widerstand ersticken ließ. Damit soll nicht geleugnet werden, daß nicht wenige gläubige Menschen innerlich und ihrer ganzen Einstellung nach fest entschlossen waren, das neue System in keiner Weise zu unterstützen, ja ihm auch zu widerstehen.
Das gilt im allgemeinen auch für die Jugend. Sehr bald jedoch sammelten sich aktive junge Christen, meist aus den aufgelösten Organisationen in verschiedenen Pfarren, vor allem in den größeren Orten, um aktive Kapläne, denen ja meist die Jugendpastoral oblag, oder um andere Priester. Wenn hier Namen von Pfarren und Priestern genannt werden, so sind das nur Beispiele, die nicht viel mehr bedeuten, als daß sie mir eben noch eingefallen sind oder mehr oder minder zufällig genannt wurden. Zentren bildeten sich sehr früh im Raum um Eferding (Friedrich Amstler), Kremsmünster (P. Dr. Willibrord Neumüller und P. Willibald Bammer bis zur Vertreibung des Konventes im April 1941), Linz (Alter Dom, Christkönig, Don Bosco, Herz Jesu, Neuer Dom, Stadtpfarre, St. Severin), Ried im Innkreis (Jakob Pramhas), Schärding (Holböck), Steyr (Karl Bergthaler) und Wels (besonders Vorstadtpfarre und Herz-Jesu-Pfarre) heraus. Auch im Mühlviertel, so erinnert sich Frau Christine Vieböck aus Helfenberg, bildeten sich schon früh Gruppen. So sammelte sich die Jugend Haslachs in einem Raum der Kirche mit dem Schlägler Stiftsherrn Josef Lorenz; man veranstaltete sogar Radwallfahrten bis Maria Schnee im damaligen Südböhmen[173].

173 Mitteilung von Prälat Vieböck.

Der Schock konnte mancherorts schon deshalb nicht sehr lange gedauert haben, da die Gruppenbildung zum Teil schon vor den Richtlinien zum „Neuaufbau der Seelsorge" (27. April 1938) einsetzte. In der Don-Bosco-Pfarre, erinnert sich der spätere Diözesanjugendführer Franz Huber, der 1938 zwölf bis dreizehn Jahre alt war, ging der Betrieb eigentlich ohne jede Unterbrechung weiter. Zwar wurden der Jungreichsbund und der Reichsbund aufgelöst, das Heim beschlagnahmt und die Schränke versiegelt, aber die Buben schraubten die Rückwände auf und stellten die Spielgeräte und Bücher sicher; die Zusammenkünfte fanden als Bibelabende in der Sakristei statt; auch das Gemeinschaftsleben wurde weitergepflegt und Ausflüge fanden weiter statt, oft genug getarnt unter den Uniformen der Hitler-Jugend. Auch im Alten Dom dürfte die Arbeit der Marianischen Kongregation (MK) für Mittelschüler unter Leitung des Präses P. Rupert Müller ziemlich ununterbrochen weiter gelaufen sein. Im April 1938 war sie jedenfalls schon wieder in vollem Gang. P. Müller wurde nach seiner Versetzung nach Wien im August 1938 durch P. Franz Villavicencio ersetzt, der leider bald erkrankte und 1940 von P. Berthold Hausmann abgelöst wurde. Kurzfristig hat auch P. Alfred Eberth mitgearbeitet, der Ende 1941 nach Salzburg versetzt wurde. P. Hausmann wurde am 24. April 1944 verhaftet und am 21. September 1944 in das Konzentrationslager Dachau überstellt. An seine Stelle trat am 12. Juli 1944 P. Ernst Grünberger. Als die Marianischen Kongregationen 1941 aufgelöst wurden, wurde die Mittelschüler-MK als Ministrantengruppe weitergeführt. Aus einem Fahrtenalbum des verstorbenen Univ.-Prof. Dr. med. Willi Auinger geht hervor, daß schon 1939 eine „erste Fahrt" auf den Schafberg im Salzkammergut unternommen wurde. Unter P. Hausmann wurde der Choralgesang sehr gepflegt; auch Mädchengruppen, Hauptschüler und Lehrlinge kamen dazu. Die Jugendmessen blühten; die Gruppenstunden und Jugendmessen erfaßten in den besten Zeiten etwa 150 Burschen. Zunehmend sah man die Arbeit im Alten Dom als Führerschulung für ganz Linz; im berühmten Turmzimmer bildete man systematisch Gruppenführer heran, die in den Schulen und Klassen, aber auch in den Pfarren dezentralisiert arbeiten und aus den aufgelösten Bünden und Vereinigungen, aber auch aus jungem Nachwuchs Gruppen sammeln und führen sollten. Der Alte Dom wurde so neben dem Neuen Dom unter Dr. Engelbert Schwarzbauer und den Brüdern Kronsteiner zu einem Jugendzentrum für ganz Linz. Dies ist auch der Grund, warum ich hier etwas ausführlicher geworden bin. Nach der Verhaftung P. Hausmanns bzw. der dreimonatigen Unterbrechung brach die Arbeit ziemlich zusammen. P. Grünberger erzählte mir selbst, daß er kaum mehr Jugendmessen abhalten und außer den Ministrantengruppen nur mehr persönliche Kontakte pflegen konnte[174].

Wie stark die Gruppenbildung schon 1938 vorangeschritten war, zeigte vor allem die große Jugendwallfahrt nach Maria Scharten am 14. Mai 1939, die nicht nur die Gestapo, sondern auch die Veranstalter völlig überraschte. Als ich selbst von Linz über Eferding nach Maria Scharten fuhr, um dort die Predigt zu halten, sahen wir schon, wie sich von allen Straßen her fast ununterbrochen Gruppen von jungen Radfahrern, Burschen und Mädchen, Richtung Maria Scharten bewegten; viele kamen zu Fuß. Als wir ankamen, war nicht nur die Kirche, sondern auch der Platz um die Kirche gedrängt voller junger Menschen. Der Hof des Pfarrhauses war in einen Fahrradparkplatz verwandelt. Man schätzte zwischen 800 und tausend Jugendlichen. Manche sprachen von über tausend Menschen. Selbst das Mühlviertel war vertreten. Auch etwa 20 Priester waren da. Eine unerhörte Stimmung herrschte, wiewohl man bald wußte, daß auch Beamte der Gestapo anwesend waren. Die Jugendwallfahrt am Sonntag nach Christi Himmelfahrt, zu der die Kapläne und die Jugend der Welser Vorstadtpfarre eingeladen hatten, war durch bloße Mundpropaganda zu einer Art Landesjugendwallfahrt geworden. Ich selbst wurde schon am Montag von der Gestapo verhört und verwarnt. Man versuchte die Wallfahrt als „außerkirchliche Veranstaltung", als Störung des religiösen Friedens und als staatsfeindliche Propaganda zu illegalisieren: Eine solche Wallfahrt habe Scharten noch nie gesehen und die Anfahrt sei jedenfalls ein außerkirchlicher Akt gewesen. In Wels hatte die Wallfahrt Hausdurchsuchungen bei den beiden Kaplänen Josef Zauner und Erich Nürnberger am folgenden Dienstag zur Folge; beide sowie drei Burschen wurden auch vorübergehend im Welser Polizeigefängnis in Einzelzellen festgehalten, getrennt verhört und auch zu Geldbeträgen verurteilt. Für die beiden Welser Kapläne zog sich die Affäre bis September 1939 hin; sie wurden im Gestapobericht als „gefährliche

174 Nach Mitteilung P. Ernst Grünbergers S.J. aus dem Diarium der Jesuitenresidenz Alter Dom, Linz; das Diarium wurde während dieser Zeit, vermutlich schon aus Vorsicht, unvollständig geführt. Vgl. den weithin historischen Bericht in Wenningers Roman, a. a. O. 37–71 (Anm. 172); die Namen sind geändert.

Hetzpfaffen" bezeichnet, die „die beste Jugendorganisation von ganz Österreich" hätten[175].

Aus einer Berufung des Kremsmünsterer Paters Dr. Willibrord Neumüller vom 23. September 1939 geht hervor, daß er wegen der Schartner Jugendwallfahrt eine Straferkenntnis des Landrates Grieskirchen vom 7. August 1939 bekommen hatte[176].

Es ist wohl keine Übertreibung, wenn man sagt, mit dem 14. Mai 1939 sei die zweite Phase der kirchlichen Jugendarbeit in Oberösterreich eingeleitet worden. Seitdem gab es wieder eine systematische Jugendarbeit in der Diözese und in einem gewissen Sinn eine, wenn auch notwendigerweise sehr lose „organisierte" katholische Jugend des Landes – organisiert im Sinn von planvoller Zusammenarbeit und von einem klaren Zusammengehörigkeitsgefühl. Wie weit das ging, zeigt eine Meldung des Inspekteurs der Sicherheitspolizei und des SD in Wien an den Reichskommissar für die Wiedervereinigung Österreichs mit dem deutschen Reich, Gauleiter Bürckel, schon vom 9. Dezember 1939, nach der in Ried im Innkreis „für die Angehörigen der ‚jungen Kirche' ein neuer Gruß, bestehend aus zwei lateinischen Wörtern, eingeführt" wurde. „Trifft ein Angehöriger der ‚jungen Kirche' einen anderen, von dem er nicht weiß, ob er auch dazu gehört, so grüßt er ihn mit ‚ipse'. Antwortet der andere mit ‚vivat', so weiß er, daß er ihm vertrauen kann. Das Hauptgewicht der Propagandatätigkeit des Klerus richtet sich jetzt besonders auf die Jugend. Oberdonau berichtet, daß diese Tätigkeit in den dortigen Gegenden besonders Erfolg hat, weil gerade in letzter Zeit Unzukömmlichkeiten unter der HJ vorgekommen sind, die entsprechend ausgenützt werden." Auch auf die Werbung mit Zeitschriften, Kalendern und Büchern und auf das neue Gebetbuch des Linzer Bischofs, von dem schon 100.000 Exemplare verkauft sein sollen, wird hingewiesen. Selbst eine Tendenz, Kirchenaustritte wieder zurückzuziehen, sei festzustellen[177].

In Wien ging wohl eine ähnliche Signalwirkung, wie sie für Oberösterreich die Schartnerwallfahrt hatte, von der großen Jugendfeier im Stephansdom am 7. Oktober 1938 aus, an der über 7000 Jugendliche – manche Berichte sprechen von 9000 – teilnahmen. Freilich könnte der schon am nächsten Tag folgende Racheakt der HJ mit dem Sturm auf das Erz-

---

175 R. Zinnhobler, Beiträge zur Geschichte des Bistums Linz (Linz 1977) 157–165.

176 Akten des PA.

177 Dokumentationsarchiv des Österreichischen Widerstandes, Film Nr. 99 (N.A.M.T-84, Roll R-14), Serial 31, Bild Nr. 40.683f. Mitt. von Prof. Zinnhobler.

bischöfliche Palais und die dabei zum Ausdruck gekommene, vor nichts zurückschreckende Brutalität eine gewisse initiativendämpfende Wirkung gehabt und manche wieder eingeschüchtert haben, wenigstens vorübergehend. Ein „Markstein im Widerstand der Jugend gegen die nationalsozialistische Unterdrückung" war jedenfalls gesetzt[178].

Eine gewisse Zäsur in dieser zweiten Phase bedeuteten das Verbot des Religionsunterrichtes an den Obermittelschulen vom 15. Mai 1940, das die Kirche vor eine völlig neue Situation stellte und das auch für mich persönlich eine Zäsur darstellte, und die schon zitierte „Verfügung der Geheimen Staatspolizeileitstelle Linz" vom 17. Juli 1941. Von der ersten Zäsur wird noch die Rede sein. Mit letzterer Verfügung konnte man nicht nur jegliche kirchliche Kinder- und Jugendarbeit kontrollieren und Jugendliche bzw. deren Eltern unter Druck setzen, sondern jene Arbeit überhaupt unterbinden. Man brauchte nur den oft einzigen oder für die Jugendarbeit einzig fähigen Ortsseelsorger als „staatsabträglich in Erscheinung getreten" zu erklären oder die Arbeit mit Rücksicht auf die nötige Erholung überhaupt zu verbieten. Zudem wurde eine jugendgemäße Arbeit schon durch die vorgeschriebenen Räume, die im Winter meist nicht einmal geheizt werden konnten, unmöglich gemacht. Mit dieser Verfügung sollte also eine zielführende Jugendarbeit endgültig abgewürgt werden; dadurch wurde diese, die man nicht aufgeben durfte, aber in den Untergrund und in die Illegalität gedrängt. Legale und illegale Arbeit lagen von da an immer näher beisammen.

Die meisten Jugendseelsorger waren meiner Meinung nach nicht von vornherein zur Illegalität entschlossen. Schon um die Pastoral nicht zu gefährden, versuchte man, so weit als möglich, im Rahmen der Gesetze zu bleiben, in diesem Rahmen freilich auch alle Möglichkeiten zu nützen. Umgekehrt waren wohl die meisten, auch ohne jede Verabredung, nicht bereit, eine ersprießliche Jugendarbeit überhaupt zu opfern, nur weil dies der Gesetzgeber wollte. Der Gedanke, die staatlichen Kirchengesetze unter allen Umständen auch kirchlicherseits zu akzeptieren und sogar noch zu exekutieren, war uns selbst nie in den Sinn gekommen und erfreulicherweise auch nicht unserer verantwortlichen Kirchen-

---

178 Vgl. K. Rudolf, Aufbau im Widerstand (Salzburg 1947) 230–232; J. Fried, Nationalsozialismus und katholische Kirche in Österreich (W 1947) 185 f. mit dem Bericht von Dr. Jakob Weinbacher, Sekretär Kardinal Innitzers, v. 15. 10. 1947 über den Sturm auf das Erzbischöfliche Palais; V. Reimann, Innnitzer – Kardinal zwischen Hitler und Rom (W 1967) 188–193; Kathpress v. 27. 9. 1978, Nr. 186, Beilage 1–3.

führung, weder dem Kardinal Innitzer noch dem Linzer Kapitelvikar. Ich erinnere mich noch an ein Gespräch mit dem damaligen Kapitelvikar Bischof Fließer im Zusammenhang mit meiner Studentenarbeit, in dem er ungefähr sagte: Du bist Dir wohl darüber im klaren, daß das ein Todeskommando ist; ich hoffe, daß Du klug genug bist, um unnötige Schwierigkeiten zu vermeiden; im übrigen kannst Du versichert sein, daß Du in allem, was Du tust, meine Deckung hast, auch dann, wenn ich öffentlich nicht für Dich eintreten kann, um nicht die ganze Pastoral zu gefährden. Ich halte das heute noch für eine geradezu optimale Haltung eines Bischofs in solchen Situationen, während man, bei aller Vorsicht im Urteil eines Außenstehenden, auch aus glaubwürdigen Berichten von Zeugen aus der Sowjetunion, den Eindruck hat, daß sich engagierende Priester und Laien dort nicht nur vom atheistischen, diktatorischen Staat, sondern auch von ihrer eigenen Kirche gemaßregelt und verlassen vorkommen müssen. Auch im Gefängnis ließ mir Bischof Fließer wiederholt Grüße bestellen. Zum Namenstag kam ein Kartengruß und mindestens einmal noch ein handgeschriebener Brief „in dankbarer Erinnerung an Dein Wirken." Bischof Fließers Bestreben war auch in der Jugendarbeit, „der Kirche zu erhalten, was erhalten werden konnte"[179]. Das scheint wenig, aber zu jener Zeit alles, was getan werden konnte, ohne mehr Schaden als Nutzen anzurichten. Auch sonst ging Bischof Fließer in seinen Predigten so weit, als er offiziell gehen konnte; er zeigte sich durchaus mutig, wenn er auch diplomatisch klug formulierte, wie etwa bei der Christkönigspredigt am Jugendsonntag 1943 im Linzer Dom oder bei den mutigen Maximiliansfeiern in Lorch am 12. Oktober 1941, am 18. Oktober 1942 und am 15. Oktober 1944. Wer zwischen den Zeilen zu lesen und zu hören verstand, wußte genug[180].

4.3. *Die allgemeine Jugendarbeit*

Die konkrete Arbeit mußte sich natürlich nach den Verhältnissen und Gegebenheiten richten. Viel hing von der religiösen bzw. nationalsozialistischen Einstellung der Ortsgrößen und der Ortsbevölkerung ab. Stadt

---

179 A. Naderer, Bischof Fließer und der Nationalsozialismus: 71. Jahresbericht des Bischöflichen Gymnasiums Kollegium Petrinum, Schuljahr 1974/75, 118.

180 R. Zinnhobler (Hg.), Zwei Predigten des Linzer Bischofs J. C. Fließer aus dem Jahre 1943: 71. Jahresbericht des Bischöflichen Gymnasiums Kollegium Petrinum, Schuljahr 1974/75, 123–142; Chronik der Stadtpfarre Enns 1895–1965 bzw. Mitteilung von Dechant Dr. Eberhard Marckhgott.

und Land brachten von vorneherein je eigene Erschwerungen, aber auch Möglichkeiten. Unerwartete Pannen konnten die Arbeit auf Monate hinaus lahmlegen, aber ebenso konnten unerwartete Glücksfälle auch wieder neuen Auftrieb geben. Ein Beispiel für letzteres war der Sieg der beiden jungen Diözesanpriester und Kapläne, der Brüder Kronsteiner, beim Gauorgelwettbewerb am 14. September 1941 in St. Florian, aus dem Hermann Kronsteiner sogar als Gausieger hervorging; auch Josef Kronsteiner war noch an fünfter Stelle unter den Preisträgern. Das wurde als eine unerhörte öffentliche Blamage empfunden, da als Zweck des Wettbewerbes angegeben worden war, die Orgel, die Königin der Musikinstrumente, von allen „konfessionellen Fesseln" zu befreien und wieder zum ungeschändeten Werkzeug göttlicher Inspiration zu machen; der Sieg ihrer Jugendseelsorger erfüllte die katholische Jugend des ganzen Landes mit unbändiger Freude. Der Leiter der Schulabteilung des Reichsstatthalters bemerkte: „Es scheint, die Dinge beginnen Witze zu machen[181]."

4.3.1. Der allgemeine Rahmen

Die allgemeine Jugendarbeit spielte sich in und mit der sogenannten Pfarrjugend bzw. in ihren Kinder- und Jugendstunden ab. Für die Kinderstunden war die möglichst weit gefaßte Vorbereitung auf den Sakramentenempfang die Grundlage. Dabei erzwang die Notwendigkeit, auf die Eigenart der verschiedenen Altersstufen einzugehen, auch methodisch weiterführende Experimente, die selbst dem schulischen Religionsunterricht zugute kamen. Auch Schulentlassungseinkehrtage wurden schon versucht. Für die Jugendstunden boten die referierten Richtlinien zum „Neuaufbau der Standesseelsorge" aus dem Jahre 1938 die Grundlage. Behelfe wurden ausgearbeitet und „abgezogen" zur Verfügung gestellt, da die gedruckten Behelfe mit der Dauer des Krieges immer spärlicher wurden. Bei den allgemeinen Gruppenstunden mußte man wie auch bei Jugendpredigten sehr vorsichtig sein, da sich oft „Beobachter" einschlichen, die mitschrieben und Meldung machten[182]. Solche Meldungen konnten Verhöre, Verhaftungen, ja das Konzentrationslager und den Tod zur Folge haben. Sie konnten aber auch jahrelang

181 H. Kronsteiner, Bericht über den Orgelwettbewerb 1941 in St. Florian: 74. Jahresbericht des Bischöflichen Gymnasiums Kollegium Petrinum, Schuljahr 1977/78, 3–54.

182 Ein typisches Beispiel bringt R. Zinnhobler, Beiträge zur Geschichte des Bistums Linz (Linz 1977) 166–176: „Die Religiöse Woche in der Vorstadtpfarre Wels im Jahre 1942."

ohne Folgen sein, wenn sie auf dem Schreibtisch eines wohlgesinnten Beamten landeten; auf diese Weise blieb Dr. Hermann Gantenberg, ein bayrischer Jugendseelsorger, der auch in Linz, Wels, Steyr und Schärding tätig war und wiederholt Anlaß zu Anzeigen und zu Aktivitäten der Gestapo gab, bis zum Kriegsende persönlich unbehelligt, einfach weil ein kleiner Polizeiwachtmeister, der Vater des jetzigen Moraltheologen in Würzburg, Georg Teichtweier, seinen Akt immer wieder unter den Stoß anderer Akten legte[183].

Zu den Jugendstunden kamen Jugendmessen und Gottesdienste und die schon von den Richtlinien forcierten größeren pfarrlichen und überpfarrlichen Feste und Bekenntnistage; die Werbung für Jugendschrifttum, solange solches noch zu haben war, für die schon früh verbotenen Einkehrtage und Exerzitien, zu denen man sich in oft weit entfernten Wallfahrtsorten, Klöstern, Pfarrhöfen, aber auch im Bauernhof eines Teilnehmers, auf Berghütten oder einfach irgendwo auf einer Waldblöße in kleineren oder größeren Gruppen traf. Selbst Bergmessen fanden statt.

Als es kaum mehr brauchbare, weil „gesäuberte", Pfarrbüchereien gab, war die Bibliothek des Kaplans oft die einzige Quelle, was wieder viele Möglichkeiten der Beratung und des Kontaktes überhaupt bot.

Mit dem Rückgang gedruckter Behelfe mußte man sich immer mehr mit mühsam vervielfältigten Texten begnügen. Auf diesem Weg wurden u. a. Reinhold Schneiders Gedichte, ja ganze Gedichtesammlungen verbreitet. Auch in der liturgischen Feier mußte man sich zunehmend mit „abgezogenen" oder „durchgeschlagenen" Texten und Liedern begnügen. Auf diözesaner Ebene leistete hier die sogenannte „Zaunermühle" große Dienste, eine Abziehmaschine, die nach dem späteren Bischof Zauner benannt wurde, der sie zunächst händisch betrieb, später aber einen Elektromotor einbaute. Mit ihr wurden in der Verbotszeit zwei Waggons Papier bzw. 6 Millionen Seiten bedruckt. Die größte Auflage betrug 160.000. Die Zaunermühle hatte vor allem für die Entwicklung der liturgischen Bewegung große Bedeutung. Viele deutsche Meßtexte und Noten wurden so vervielfältigt. Eine eigene Notenschreibmaschine stand zur Verfügung, die eine Ordensfrau hauptamtlich bediente. Auch eine Papierschneidemaschine war vorhanden. Die „Zaunermüh-

183 Laut Mitteilung des Linzer Kirchenhistorikers Rudolf Zinnhobler, der persönliche Erhebungen bei Dr. Gantenberg machte. Vgl. unten S. 230–236.

le" wurde übrigens von der Gestapo nie gefunden; auch nicht bei den diversen Hausdurchsuchungen; sie stand im Linzer Bischofshof, Zimmer 6, Südwest-Eckzimmer des ersten Stockes[184].
Die ,,Junge Kirche" oder die ,,Jugend der Kirche"[185], wie man die katholische Jugend damals gerne nannte, ist ohne die liturgische Bewegung gar nicht zu denken wie auch diese nicht ohne jene. Der Linzer Bischof Johannes Maria Gföllner (1915–1941) hatte zwar schon 1929 ein neues Diözesanrituale mit für die damalige Zeit erstaunlich reichem Gebrauch der Muttersprache eingeführt, stand aber nicht nur der damaligen österreichischen katholischen Jugendbewegung, dem Bund ,,Neuland", sondern auch der liturgischen Bewegung sehr ablehnend gegenüber[186]. Noch im Juni 1937 erschien ein Erlaß, der eigentlich nur von ,,bedauerlichen Abirrungen" spricht[187] und der schon ein Vorspiel zu jenem Generalangriff gegen die liturgische Bewegung in den vierziger Jahren war, der seinen Höhepunkt in einer Anzeige des Freiburger Erzbischofs Conrad Gröber in Rom erreichte. Die deutschen und österreichischen Bischöfe haben damals diese Angriffe aufgefangen, Liturgische Kommissionen gegründet und selbst die Leitung der liturgischen Bewegung übernommen: in der Fuldaer Bischofskonferenz der Jugendbischof Albert Stohr (seit 1941) und in der österreichischen Bischofskonferenz der Linzer Kapitelvikar Bischof Fließer. Schon im Dezember 1940 war es zu einer positiven Äußerung selbst Bischof Gföllners gekommen[188]. In Linz arbeitete in diesem Sinn schon seit langem der Spiritual des Linzer Priesterseminars, Josef Huber, der 1928 unmittelbar von Pius Parsch inspiriert wurde, dessen Gedanken weiter entwickelte und an die kommenden Priestergenerationen weitergab. Während der ns Herrschaft war vor allem die Jugend an der Vorstadtpfarre Wels eine Zelle liturgischer Er-

---

184 F. Zauner, Die Kirche Oberösterreichs und der Nationalsozialismus, a. a. O. (Anm. 49) 63 f., bzw. Mitteilung von Kanonikus Gottfried Schicklberger.

185 Der Ausdruck ,,Junge Kirche" fand in Rom keinen Gefallen, weil er mißverständlich sei.

186 Vgl. LDBl 71 (1925) 45; 74 (1928) 98; 78 (1932) 35.

187 Ebd. 83 (1937) 114–116.

188 Ebd. 86 (1940) 223–225. Vgl. E. Weinzierl, Der Episkopat: F. Klostermann u. a. (Hg.), Kirche in Österreich 1918–1965 I (W 1966) 39; K. Rudolf, Aufbau im Widerstand (Salzburg 1947) 95–101. Kapitelvikar Fließer teilte am 1. 4. 1944 mit, daß nun auch von Rom her Gemeinschaftsmessen, Betsingmessen und das Deutsche Hochamt grundsätzlich gebilligt seien: LDBl 90 (1944) 11 f.; als ,,liturgische Pfingstbeilage" erschien dazu die ,,Epistula de actione liturgica": LDBl 90 (1944) 1–20.

neuerungen, um die sich Kaplan Josef Zauner große Verdienste erwarb. Spiritual Huber und selbst Bischof Fließer kamen wiederholt nach Wels. Wie weit die Organisierung der katholischen Jugendarbeit schon 1939 fortgeschritten war, zeigt eine Liste aus diesem Jahre, die ich unter meinen eigenen Aufzeichnungen fand und in der für jedes Dekanat ein Priester verzeichnet war. Ich kann heute nicht mehr sagen, ob es sich nur um vorgesehene Kontaktpersonen für die Jugendarbeit handelte, ob diese schon ihr Einvernehmen dazu geäußert hatten oder ob es schon eine Liste von konzipierten oder gar schon irgendwie bestellten Dekanatsjugendseelsorgern war. Ich vermute eher ersteres; aber auch dann war das der Beginn der späteren Dekanatsjugendseelsorger[189], die eine ganz

189 Altenfelden: P. Stephan Bühler, Kooperator, Rohrbach
Altheim: Franz Klusacek, Kooperator, Altheim
Andorf: Eberhard Marckhgott, Kooperator, Taufkirchen a. d. Pram
Aspach: Erhard Hiegelsperger, Pfarrer, Weng
Braunau: Josef Moser, prov. Benefiziat, Braunau
Eferding: Friedrich Amstler, Benefiziat, Eferding
Enns: Josef Feischl, Kooperator, Enns
Frankenmarkt: Alois Krahwinkler, Kooperator, Vöcklabruck
Freistadt: Rudolf Harringer, Kooperator, Freistadt
Gaspoltshofen: Josef Enichlmayr, Kooperator, Gaspoltshofen
Gmunden: Hermann Pfeiffer, Kooperator, Gmunden
Grein: Ignaz Koller, Kooperator, Waldhausen
Bad Ischl:
St. Johann a. Wbg.: Kooperatur Leonfelden
Kallham: Karl Kerschbaummayer, Kooperator, Grieskirchen
Kremsmünster: P. Dr. Willibrord Neumüller, Kremsmünster
Linz: Dr. Max Hollnsteiner, Professor, Linz
Mattighofen: Rudolf Bramerdorfer, Kooperator, Uttendorf
Molln: Franz Zanzerl, Kooperator, Steinbach a. d. Steyr
Ostermiething: Josef Aistleithner, Provisor in Tarsdorf
Pabneukirchen: Rupert Raab, Pfarrer in Pabneukirchen
Pettenbach: P. Philibert Pickl, Kooperator, Pettenbach
Peuerbach: Hermann Schwarzbauer, Kooperator, Waizenkirchen
Pregarten: Johann Kittinger, Kooperator, Pregarten
Ried: Johann Steinbock, Kooperator, Ried
Sarleinsbach: Franz Eiersebner, Kooperator, Sarleinsbach
Schärding: Michael Mayr, Pfarrer, Schardenberg
Schörfling: Josef Spiesberger, Pfarrer, Unterach
Schwanenstadt: Alois Neuwirth, Kooperator, Attnang
Steyr: Alois Kaiser, Kooperator, Steyr-Stadtpfarre
Unterweißenbach: Heinrich Koller, Pfarrer, Kaltenberg
Urfahr: Johann Gebetsberger, Kooperator, Gallneukirchen
Wels: Josef Zauner, Kooperator, Wels-Vorstadtpfarre
Weyer: Johann Ennser, Pfarrprovisor, Reichraming
Windischgarsten: P. Benedikt Ahathaller, Pfarrprovisor, Nußbach.

wichtige Aufgabe auch als Verbindungsleute zwischen Diözese und Pfarren damals hatten. Ab 8. November 1939 sind jedenfalls schon wiederholt Dekanatsjugendseelsorger-Konferenzen belegt[190]. Auf diözesaner Ebene mußte man noch vorsichtiger sein, um sowohl die Arbeit als auch die einzelnen Personen nicht unnötig zu gefährden. Diese Gefahr wurde um so größer, je mehr in der letzten Phase, also ab 1940, fast jegliche ernstliche Jugendarbeit illegalen Charakter annehmen mußte. Ich selbst war noch, wie schon erwähnt, am 6. Juni bzw. am 7. September schriftlich zum Studentenseelsorger der Diözese ernannt worden. Ich weiß nicht und bezweifle auch, ob sonst überhaupt noch jemand eine schriftliche Ernennung zum Diözesanjugendseelsorger erhalten hat. Vermutlich nahmen einfach einige Dekanatsjugendseelsorger vorortmäßig auch gewisse diözesane Funktionen wahr, und dies wurde von den diözesanen Autoritäten dankbar zur Kenntnis genommen. So wurde ab 1940 P. Dr. Willibrord Neumüller OSB als Diözesanjugendseelsorger geführt[191]; von 1942 bis 1946 war der Welser Vorstadtkaplan Josef Zauner nach Maximilian Hollnsteiner Referent für die weibliche Jugend[191a] und damit Diözesanjugendseelsorger.

Die jungen Menschen, mit denen wir es zu tun hatten, kamen zunächst, wie schon erwähnt, vor allem aus den aufgelösten, katholischen und kirchlichen Organisationen, bald aber kam Nachschub aus katholischen Familien: besorgte Eltern, Mütter, die den Glauben ihrer Kinder bedroht sahen, schickten uns ihre Kinder oder baten uns, uns ihrer gefährdeten Kinder anzunehmen; nicht selten stießen Jugendliche auch gegen den Willen ihrer Eltern oder ängstlicher Väter, die um ihren Beruf bangten, zu uns. Manche kamen auch aus ganz anderen Lagern, mitunter zunächst auch aus eher politischen, antinationalsozialistischen Gründen, manche aus völlig liberalen Familien, andere, wenn auch erst in den späteren Jahren, selbst aus dem nationalsozialistischen Lager, von dem sie enttäuscht waren; nicht wenige wurden Christen, andere zogen sich wieder lautlos zurück. Bei manchen mochte anfangs vielleicht auch eine gewisse Romantik oder der Trotz derer mitgespielt haben, die sehen mußten, wie man ihre Väter behandelte, von denen manche noch im KZ saßen. Andere hatten schon selbst leidvolle Erfahrungen gemacht, wa-

---

190 Akten des PA.

191 Linzer Kirchenzeitung 34 (1938) v. 2. 7. 1978; BOL Zl. 6825/40 (zum Diözesanrat ernannt).

191a Vgl. BOL Zl. 6793/42 u. 356/46.

ren wegen ihrer katholischen Gesinnung von ihrer Schule verwiesen worden und bangten monatelang um ihr Weiterstudium, wie der spätere, leider früh verstorbene Gemeindearzt von Reichenau im Mühlviertel Dr. Gustav Wienerroither. Aber die Romantik verflog bald und der Trotz wich ernsten Auseinandersetzungen um die Wahrheit. Man darf auch nicht vergessen, daß die Masse der Jugend, mit der man in der Schule, am Sportplatz und in der Freizeit zusammen war, zunächst von einem Taumel der Begeisterung ergriffen war, der durch die militärischen Erfolge, durch Aufmärsche und Feste, durch die öffentliche Meinung, durch das ständige Trommelfeuer der Propaganda und einer völlig einseitigen Information genährt wurde. Später war es dann die Bedrohung des Landes, des Volkes durch den immer näher rückenden ,,Feind" und die gnadenlosen Bombardements, denen Hunderttausende völlig Unschuldiger zum Opfer fielen, und der Vorwurf: Wer jetzt abseits steht, ist ein Landes- und Volksverräter. Das ließ den einzelnen fragen, zunächst: Sind wir die einzig Dummen? und dann: Müssen wir jetzt nicht alles zurückstellen und mit ganzem Elan mittun? Man mußte eigentlich immer *gegen* den Strom schwimmen – das macht müde – und man wußte nicht immer so klar, ob man recht hatte. In der Gruppe hatte man ja noch einen gewissen Rückhalt. Aber schon im Reichsarbeitsdienst, im Luftwaffenhelfereinsatz, schon im Landeinsatz und anderen Lagern, gar nicht zu reden von der Front, war man mitunter mit seinen Problemen völlig allein und mußte für sich eine Lösung aus seinem Glauben finden. Gewiß waren Briefkontakte eine gewisse Hilfe. Ja wer Glück hatte, konnte im Einsatz eine neue Gruppe finden oder aufbauen. Jemand beobachtete die Spinde seiner Kameraden und lud am Abend alle ein, bei denen er einen ,,Schott" gesehen hatte: die Gruppe stand.
Aus all dem ergibt sich schon, daß die Gruppen schon von der persönlichen und familiären Geschichte her sehr bunt sein konnten. Das verursachte auch Spannungen. Vor allem hatten es Neue mitunter nicht leicht; besonders wenn sie nicht aus gewohnten Lagern kamen, begegnete man ihnen zunächst mit Vorsicht und Mißtrauen. Dennoch verstand man sich als Gemeinschaft über das ganze Land, ja über ganz Deutschland hin und nützte auch jede Gelegenheit, über Jugendkapläne und über Pfarr- und Gruppenführer nicht nur Kontakte innerhalb des eigenen Landes, sondern auch mit den anderen Ländern der ,,Ostmark", ja ganz Deutschlands aufzunehmen und zu pflegen. Dazu kamen die spontanen und bewußt gepflegten Kontakte der einzelnen

Gruppen mit ihren Freunden im Reichsarbeitsdienst, im Luftwaffenhelfereinsatz und an der Front.

Gefördert wurde dieses Zusammengehörigkeitsgefühl auch durch den regen Erfahrungsaustausch, den die Jugendseelsorger innerhalb der Ostmark und weit darüber hinaus hatten, und vor allem durch die freilich seltenen Treffen der Diözesanjugendseelsorger ganz Deutschlands. Mindestens bei einem solchen Treffen, zu dem der deutsche Jugendbischof Albert Stohr selbst nach Mainz eingeladen hatte, habe ich, wie schon erwähnt, teilgenommen. Die Tagung fand vermutlich noch 1941 statt.

Beispielhaft sei der Inhalt des sechsseitigen Berichtes, den ich über diese Tagung für das Seelsorgeamt oder für den Bischof verfaßt hatte, kurz skizziert, weil sich hieraus das groß angelegte Konzept damaliger Jugendarbeit ablesen läßt, an dem die „Ostmark" gewiß mehr am Rande partizipierte. Nach den letzten drei Jahren, die sich thematisch mit Glaubensverkündigung, Gebetserziehung und Bußerziehung beschäftigten, legte der Moraltheologe Richard Egenter bei dieser Tagung „Gedanken zum christlichen Menschenbild" und zur „Gewissensbildung" vor. Über das laufende Jahresthema „Bußerziehung" wurde in Kurzreferaten berichtet. Der Jugendbischof berichtete von einer Studientagung über Sexualfragen, die er geleitet hatte. Aus den Diözesanberichten ergab sich, daß in der Standesseelsorge, besonders hinsichtlich der Landjugend und der werktätigen Jugend in den Städten, Kleinstädten und Märkten, bei uns noch mehr geschehen müßte; österliche Standesvorträge und auch eine monatliche Jugendpredigt genügen nicht. In nicht wenigen süddeutschen Diözesen und selbst in Diasporadiözesen, wie Hildesheim und Osnabrück, gab es die wöchentliche Pfarrjugendstunde, getrennt nach Geschlechtern und wenigstens für zwei Altersstufen, die zwar im Sommer eingeschränkt, im Winter aber streng durchgehalten wurde; in vielen Pfarren wurden so noch etwa 90 Prozent der Landjugend erfaßt. Zur Lebendigmachung und Schulung des Klerus wurden in vielen Diözesen regelmäßige drei- bis viertägige Konferenzen abgehalten, auf denen Gruppenkatechesen, Jugendpredigten, Aufrisse für Einkehrtage, Studienbilder zu den Jahresthemen durchbesprochen wurden und die die Dekanatsjugendseelsorger mit Leuten aus der Zentrale durchführten. Hunderten von Priestern wurden so Hilfen für die praktische Arbeit gegeben. Viele Diözesen stellten ausführliche Skizzen für die Jugendstunden zur Verfügung.

Für die eigene Diözese habe ich am Schluß des Berichtes noch folgende Desiderate zusammengefaßt: Verwirklichung der eigenen Jugendpastoralplanungen; Urgenz der Pfarrjugendstunde; Überzeugung des Klerus von der Dringlichkeit einer eigenen Kinder- und Jugendpastoral und Klerusschulung; Bestellung je eines möglichst für seine Aufgabe freigestellten Diözesanjugendseelsorgers für die männliche und weibliche Jugend, die den Dekanatsjugendseelsorgern und Laienführern zur Seite stehen sollten; Umschreibung der Pflichten und Verantwortungen der Dekanatsjugendseelsorger; eigene Referenten für die Männer- und die heute besonders wichtige Frauen- und Mütterpastoral.
An Einzelanregungen wurden noch hervorgehoben: die brennende Sorge um das junge Volk, auch Theologen und Priester, im Reichsarbeitsdienst und in der Wehrmacht, Kurse für Priester- und Theologenurlauber, Verkündigung der Auszeichnungen der Eingerückten, Briefdienst für Soldaten, Einkehrtage zur Vorbereitung auf Arbeitsdienst und Militärdienst; Firmerneuerungsfeiern vor dem Bischof, Sonntagskomplet der Jugend, religiöser Jugendsonntag einige Male im Jahr unter Einbeziehung des Vorabends[192].

4.3.2 Die Heranbildung von Jugendführerinnen und Jugendführern

Schon die ersten Richtlinien hatten die Bedeutung der Heranbildung aktiver Mitarbeiter betont. Diesen Führerschulungen galt darum die Hauptsorge; sie geschahen in meist überpfarrlichen Schulungskursen, aber auch in Verbindung mit Zeltfahrten und Skilagern, in Klöstern und auf Berghütten; besonders beliebt waren Almhütten, die uns die Eltern von Buben zur Verfügung stellten, wie die Eltern des Gramastettener Arztes Dr. Loidl. Diese Elite schuf sich ein inneres Programm, das getarnt auf der Kehrseite eines Michaelsbildchens gedruckt war[192a]. Dieser Michael von der Kremsmünsterer Jugendkapelle wurde anläßlich der kürzlichen Stiftsrenovierung übertüncht. Hier wuchs tatsächlich eine Schicht von Pfarrjugend- und Gruppenführern heran, die, je mehr die Kapläne zum Kriegsdienst eingezogen wurden, die Jugendarbeit immer selbständiger übernehmen mußten und die sich auch selber zufolge des wachsenden Kriegseinsatzes aus immer jüngeren Jahrgängen rekrutierten. Es war immer wieder erstaunlich, zu welcher Reife, auch Glaubensreife, Selbständigkeit und zu welchem Verantwortungsbewußtsein für

192 Durchschlag beim Verfasser.
192a Vgl. S. XVIII.

andere, Jüngere, damals oft schon 15jährige Mädchen und Burschen gelangten. Sie lernten planen, zielbewußt handeln und tiefer sehen, als sonst Menschen in diesem Alter. Es war eine Zeit, in der oft schon 15jährigen Lehrbuben und Gymnasiasten Entscheidungen abgefordert wurden, denen oft Erwachsene auszuweichen suchten, und in der sie Gewissenskonflikte zwischen Familie, Schule und Volk auf der einen Seite und Glaube auf der anderen austragen mußten.

Jugendkaplänen wie Jugendführern war bald klar, daß man Jugendliche von 14 bis 16 Jahren nicht mit mehr oder weniger theoretischen Jugendstunden allein halten konnte. Es wurden kleine Gruppen gebildet, die mit ihren Führern übers Wochenende auf Zeltfahrt gingen, im Winter schnell eine Skitour unternahmen; in den Ferien ging es auf Großfahrt. Vielleicht wird das ganze plastischer an einem konkreten Beispiel.

Einer der treuesten Mitarbeiter jener Zeit war in Linz „Heri", der am 23. August 1953 am Traunstein im Salzkammergut abgestürzte Dr. Heribert Wenninger. An einem Winterabend 1938/39 traf ich den kaum 15jährigen Schüler, einen hochgeschossenen Quartaner oder Quintaner, zum ersten Mal. Sein Schritt schien sicherer und sein Wort sparsamer als sonst bei Buben in diesem Alter. Den blassen und eigenwillig verschlossenen Lippen merkte man an, daß sie früh schweigen gelernt hatten. Man traf ihn kaum allein. Nachmittags hing er mit Klassenkameraden im Klettergarten der Urfahrerwänd in Linz, am Sonntag nachmittags war er mit Seil und Rad und einem Rudel Buben unterwegs zum Mühlviertler Kerzenstein, im Winter mit den Brettern auf der Gis oder im Gerlgraben; fielen zwei Feiertage zusammen, ging es mit dem Zelt ins Salzkammergut, klettern auf dem Adlerhorst und immer wieder am Traunstein. Einmal waren wir ganz kühn und hielten als „Hitler-Jugend" getarnt zugleich mit einer echten HJ-Gruppe (letzteres freilich unbeabsichtigt) ein Skilager auf der Simonyhütte. Sogar eine nächtliche Eucharistiefeier gelang und am Abend hatten doch *wir* die wilderen Lieder gesungen. Auch um die Jüngeren nahm er sich an: Stundenlang konnte er mit ihnen spielen, einer Schildkröte zusehen, mit der Botanisiertrommel herumlaufen oder die Geheimnisse eines Mikroskopes erklären. So wuchsen um ihn kleine Zellen, die sonst ihre Gruppenheimat in der MK des Alten Domes, um den Jugendkaplan im Neuen Dom oder in der Friedenskirche hatten. In diese kam er selbst jeden Donnerstag um 6.15 Uhr zur Jugendmesse von der Puchenau herunter, wo er damals wohnte; ob 30 oder sechs kamen, er war da.

Einmal kam er mit einer neuen Idee: Wir schreiben Briefe an Fahrschüler, die keine Gemeinschaft erreichen konnte, an Buben, die der Ermutigung bedurften, an Ringende und Schwankende, deren es auch damals genug gab. Er legte gleich einige Muster vor: „Jungen-Briefe". Hunderte solcher Briefe haben er und seine Freunde geschrieben, mit der Schreibmaschine mühsam durchgeklopft und in alle Winde verschickt. Darin war die Rede von Bergfahrten, vom Gipfelsturm, vom Gleiten durch den unberührten Schnee, vom Kirchenjahr, vom Werden und Reifen, von Spießern und müde Gewordenen, vom wahren Deutschtum, von Treue und Bereitschaft, von Tapferkeit und Härte, vom Christentum heute, von Tod und Auferstehen, vom Vorleben und von der Gemeinschaft und immer wieder von den Bergen, vom Erlebnis des Gipfels: „Wenn Du vielleicht ein Bergsteiger bist, dann weißt Du, wieviel Kraft und Ruhe, wieviel neue Lebenslust eine einzige kurze Bergwanderung zu geben vermag." Dann warb er für einen Exerzitienkurs, für einen Besinnungstag, für die Bibelrunden bei den Jesuiten im Alten Dom; mitunter folgten auch praktische Hinweise für den apostolischen Einsatz: wie gewinne ich Neue für die Runde, für die Gemeinschaftsmesse; er erzählte Beispiele, wie er es machte und andere, wie sie sich die tollsten Kerle von der Straße holten, vom Sportplatz oder aus dem Spital, wo sie sie besuchten; und immer wieder sprach er Mut zu: „Es ist schwer geworden, Christus immer treu zu bleiben, aber schöner. Und das Bekenntnis ist echter geworden und dauerhafter." An diesen Briefen, ich habe einen Stoß aufbewahrt, wurde er selbst zum Schriftsteller und Dichter. Er hinterließ im Nachlaß von ihm nicht vollendet einen nach dem Krieg veröffentlichten Roman „Die heimliche Fahne". Hier berichtet er, weithin historisch, von der „Druckerei", einer Vervielfältigungsmaschine, die die Gestapo vergeblich suchte; unter anderen besorgte auch ein Scharführer der HJ sozusagen „dienstlich" die Verteilung. Neben den „Jungen-Briefen" wurden auch „Werkbriefe" und andere Arbeitsbehelfe, je 50 bis 100 Stück, hergestellt[193].
Heri schien immer schon in der Nähe des Todes zu leben und gerade das schien ihm Sicherheit zu geben. Ich erinnere mich noch an ein Gespräch am Gipfel des Traunsteins. Er hatte wohl Urlaub vom Reichsarbeitsdienst oder von der Front und ich von Berlin. Wir waren vom Gipfel am Abend nocheinmal ein Stück abgestiegen und hatten den Ostgrat ge-

193 Vgl. H. Wenninger, Die heimliche Fahne, a. a. O. (Anm. 172) 127–136.

macht. Es war keine schöne Kletterei: Schroffen, Graspolster und lockerer Fels. Er führte, wie immer, vorsichtig und sicher. Trotzdem war ein gut zwei Kopf großes Felsstück losgebrochen, das nicht mehr zu halten war; nur durch einen Sprung konnten wir verhindern, daß das Seil erfaßt wurde, was bei dem unsicheren Stand, den wir beide hatten, bedrohlich hätte werden können. Schweigend kletterten wir weiter. Nun lagen wir müde im Gras. Über uns die Sterne. Ein leiser Wind zog auf, und wir begannen leise zu sprechen von Freunden und Kameraden, von Fahrten und Erlebnissen, von Lebenden und Toten, vom Leben und von der Nähe des Todes. Er meinte: man könnte oft nichts tun, als was man im Augenblick tun zu müssen glaube; alles andere sei dann nicht mehr unsere Sache; und im übrigen – ob so viel daran liege – etwas früher oder später, in der Heimat oder an der Front. Bald nachher zitierte er in einem Brief das Wort Novalis': ,,Wohin gehst Du? Immer nach Hause."

Ich bin wenig Menschen begegnet, die seit ihrer Bubenzeit eine so geradlinige, ungebrochene Entwicklung mit solch eiserner Konsequenz, Zähigkeit und Zielbewußtheit durchgekämpft haben wie er. Ich kann mich nicht erinnern, je ein ernstes Nachlassen seiner Spannkraft und Einsatzbereitschaft beobachtet zu haben, auch nicht nach dem Krieg[194]. Und in der Nachkriegssituation gerierte er sich nicht als Sieger, sondern bewährte sich als Christ. Er, der selbst auch im politischen Untergrund agiert hatte, sammelte die ,,Unterlegenen" und diskutierte tage- und nächtelang im sogenannten ,,Grützehaufen" – der Name kommt von der armseligen Nachkriegsverpflegung – in Studentenheimen und wieder auf Berghütten. So waren um sein Grab mit Bischof und Landeshauptmann unter den gut 1000 Menschen beide Fronten ziemlich gleich stark versammelt. Dies nur als Beispiel. Wenigstens ähnliches ereignete sich damals an vielen Orten.

Es ist verständlich, daß in dieser Arbeit nicht nur die Jugendkapläne untereinander weithin zu einem echten Freundeskreis zusammenwuchsen, sondern daß auch zwischen den einzelnen Kaplänen und ihren laikalen Jugendführern echte Freundschaften entstanden. Man war nicht nur in der Arbeit zusammen, man machte miteinander Fahrten, Bergtouren und Kletterfahrten, man erlebte miteinander Gefahren und die Nähe des Todes und machte neue Pläne für die Zukunft.

194 Die Erinnerungen stammen aus einem Artikel ,,In memoriam Dr. Heribert Wenninger", den ich 1953 für eine Zeitschrift geschrieben hatte.

4.3.3. Der Kontakt mit den Soldaten

Eine große Rolle spielte nach Kriegsausbruch der Kontakt mit den Soldaten an der Front, der systematisch von den Jugendkaplänen und ihren jungen Mitarbeitern gepflegt wurde. Sobald einer auf Heimaturlaub kam, nahm er Kontakt mit seiner Gruppe und seinem Kaplan auf. Meine Dachkammer in Urfahr, in einem Privathaus sogar besser getarnt als in einem Pfarrhof, war wie viele Kaplansbuden ein Stelldichein für alle möglichen Kriegsdienstverpflichteten, Junge und Alte, Männer und Frauen. Viele Soldatenbriefe wurden auf pfarrlichen und versteckten privaten Vervielfältigungsmaschinen hektographiert und gingen von Hand zu Hand: Briefe von Lebenden und von den immer mehr werdenden Toten. Auch selbst mußte man Briefe vielfach kopieren, um den Kontakt mit allen aufrecht erhalten zu können. Man erörterte in den Briefen theologische und philosophische Fragen, gab Antwort auf Anfragen und übermittelte Nachrichten von lebenden und toten Freunden. Von manchen Gefallenen erschienen ganze Briefsammlungen und Tagebuchnotizen als Gedenkhefte. Vorbild war ,,Der Weg des Soldaten Johannes. Aus seinen Briefen und Tagebuchblättern''[195]: Johannes Niermann war am 18. Juni 1940 beim Vormarsch in Frankreich gefallen. In meinem Besitz befinden sich noch einige ähnliche Sammlungen, die in vielen Exemplaren an die Front gingen und in den Jugendgruppen daheim vorgelesen wurden: ,,Erich Kerschner'', ,,für Deutschland tödlich verwundet vor Moskau am 5. Dezember 1941, vollendet in Gott am 6. Dezember 1941, 2 Uhr früh''; ,,Bruno Berginz, gefallen für Deutschland in den Kämpfen gegen Sowjetrußland am 14. Dezember 1941''; ,,Hermann Leitner'', ,,gefallen am 7. Jänner 1945 bei Stuhlweißenberg in Ungarn''.

Hier muß auch ein Wort zur Einstellung der jungen Soldaten zum Hitler-Krieg und zu ihrem eigenen Kriegseinsatz gesagt werden.

Der Kriegsausbruch wurde zweifellos auch vom Großteil der katholischen Jugend wie auch von den anderen praktizierenden Katholiken zunächst als Unglück empfunden. Die anfangs fast ununterbrochene Siegesserie veränderte bei wohl nicht wenigen allmählich die Stimmung. Vielen jungen Christen war außerdem eine gewisse Hilfe für ihr militärisches Engagement die Unterscheidung zwischen Vaterlandsliebe und den daraus folgenden ,,Pflichten'' und der Parteiarbeit, die man ab-

195 Als Manuskript gedruckt: Jakob Ludwig, Düsseldorf.

lehnte, also zwischen Wehrmacht und Partei. Diese Unterscheidung unterstützten auch die tatsächlichen Spannungen zwischen diesen beiden Körperschaften. Dabei wurde freilich mitunter zuwenig gesehen, daß beide Körperschaften Instrumente ein und desselben Führers und Diktators waren. Auch Jugendseelsorger förderten solche Tendenzen nicht selten in ihren Ansprachen und Totengedenken, zum Teil, aber wohl nicht immer, *nur* zur Tarnung. So konnte sich sogar die Parole bilden: Wir Christen sind die besseren, d. h. tapfereren Soldaten. Der schon erwähnte Oberst Mölders wurde vielen geradezu zum Ideal katholischen Soldatentums.

Ein Jugendkaplan berichtete in einem Rundbrief an Soldaten: ,,Neulich haben wir hier Mölders gefeiert. Du wirst wissen, daß er ein feiner Christ war und ein katholischer Jungführer, bis zuletzt in Verbindung mit der Pfarrjugend, der er erst neulich einen langen Brief schrieb, er wisse, was er katholischer Jugend schuldig sei, die zu ihm aufschaue im ganzen Reich; er stehe bei ihnen um den Altar in Gebet und Opfer . . .

Und wenn der Reichsmarschall (Hermann Göring) bei der Totenfeier sagte, jeder deutsche Junge werde von jetzt an nur mehr einen Wunsch haben, ein Mölders zu sein, können wir das auch nur von Herzen wünschen.''

Eine weitere ,,Gewissensentlastung'' brachte vielen katholischen Soldaten der Krieg gegen Rußland: sie konnten nun ihren Kriegseinsatz als eine Art ,,heiligen Krieg'' gegen den gottlosen Kommunismus interpretieren und ihren Tod als Sterben für eine ,,heilige Sache''. Schließlich hatte Hitler ja schon Spanien vor dem Kommunismus gerettet, wie viele Katholiken damals sagten. Diese Einstellung vom ,,Heiligen Krieg'' schien auch durch eine Stellungnahme der österreichischen Bischöfe vom 27. November 1941 zur Frage ,,Krieg und Bolschewismus'' bzw. Kirche und Bolschewismus gedeckt, in der sie sich gegen den Vorwurf zur Wehr setzten, zu den Vorgängen in Rußland zuwenig Stellung genommen zu haben; hier wurden päpstliche und bischöfliche Urteile über den Bolschewismus gesammelt, ja es ist die Rede vom Kampf Deutschlands ,,gegen eine Weltanschauung, die für die abendländische Kultur von nicht abzusehender Gefahr ist'' und ,,gegen ein Reich, das seine Untertanen in bisher unerhörtem Ausmaß unterdrückt''. Das Dokument sollte am 7. Dezember beim Sonntagsgottesdienst verlesen werden[196].

196 Sechsseitiges Hektogramm: Akten des PA und Diözesanarchiv der Erzdiözese Wien.

Erst Stalingrad und was ihm folgte brachten eine allgemeine Ernüchterung.

Die Einstellung mancher und sicher nicht der schlechtesten Christen zeigen wohl am besten einige Belege, die sicher nicht für alle, wohl nicht einmal für die meisten Soldaten gelten, mit denen ich in Kontakt war, die aber doch zeigen, wie sich einige zurechtzufinden versuchten. Ich weiß jedenfalls aus vielen Feldpostbriefen, in welchen Gewissenskonflikten ihre Schreiber lebten, wie sie darunter litten und wie verschieden sie auch damit fertig zu werden versuchten. Das ging vom Vorsatz, in diesem Krieg lieber selbst zu sterben als jemand andern zu töten, bis zu den folgenden Zeugnissen.

Zunächst aus dem ,,Weg des Soldaten Johannes" 1939–1940 im Frankreichfeldzug. Schon sein erster Brief an die Eltern zitierte Rilke: ,,Meine gute Mutter, hab' mich lieb, ich trage die Fahne." Später: ,,Es ist ein stolzes Gefühl, im grauen Rock und Stahlhelm in der Kompanie zu stehen. Heute sind wir vereidigt worden". ,,Erobern will ich, was es zu erobern gibt. Heute laß uns denken an alle jungen Menschen, die sein möchten durch Gottes Ruf die todgeweihten Diakone." ,,Du kommst, o Schlacht, singt Hölderlin." ,,Und Th. ging ihr entgegen wie einem Fest. Es lebt eine Sehnsucht nach Frieden und den Werken des Friedens, aber Friede ist die Krone des Kampfes . . . So seltsam das klingen mag, die Waffe ist mir wie ein Gefährte geworden. Ich freue mich jetzt, Soldat zu sein. Ich möchte nirgendwo anders stehen als im Heer, unter der kämpfenden Mannschaft unseres Volkes." – ,,Es lebt die Seele, die sich dem Unbegreiflichen hingibt und bereit ist zum Tod . . . Alles, was wir jetzt tragen, ist ja nicht nur für die Nation, ist letztlich für Gott." – ,,Christus und Deutschland, das sind die großen Pole, zwischen die mein Leben gespannt sein soll." – ,,Der Dienst macht trotz seiner Einförmigkeit viel Freude, weil es immer Neues zu lernen gibt. Augenblicklich ist es die Panzerabwehrkanone. Ob wir uns einmal als richtige Panzerjäger erproben können?" – ,,Viele Verwundete, Gefangene, Franzosen. Bis zum Abend haben wir vorderste Stellung. Neues Bataillon angriffsbereit. Mich packt eine wilde Lust des Kampfes. Die Feigheit vieler treibt mich an. Ich möchte mich selber unter Beweis stellen. Die Bilder der Zerstörung sind furchtbar. Nun beginnt der Krieg." – ,,Ein Heer zieht vor und sucht den Feind, viel tausend Männer stehen bereit, zu wagen und zu schlagen. Ein Heer greift an, da gilt der Mann, der alle Kraft und allen Mut verschwendet für seines Volkes Herrlichkeit." Ein Kamerad berichtet über den Tod Niermanns: „Wir waren auf dem siegreichen Vormarsch . . . Plötzlich erhielt unsere Kompanie den Befehl, ein abseits vom Feind noch nicht geräumtes Dorf zu säubern. Mit Freude und Begeisterung nahm unsere Kompanie den Befehl auf. Vor allem Hans war voll Freude, nun endlich aktiv mit seinem MG ins Gefecht zu kommen." Der Hauptmann beim Begräbnis: „Der Krieger war ein Vorbild für alle, ein guter Kamerad und Soldat, der den Kampf geliebt hat."

Nun noch einige andere Zitate aus verschiedenen Feldpostbriefen und anderen Aufzeichnungen. 1940: „Wer sich nicht richtig als Deutscher fühlt und danach handelt, ist ein Lump! Alles für Deutschland! Deutschland für Christus."

1941: „Nun stehen wir im Kampf gegen den eingefleischtesten und gehässigsten Feind von Natur und Religion. Mit eisernen Waffen, heute eine Woche lang. Ich habe einiges erlebt, was einen unvergeßlichen Eindruck macht. Wir haben es ja noch viel schöner als unsere zu Fuß stürmenden Kameraden. Wenn man gute Nerven hat und noch einiges mehr, geht alles leicht." – „Wir wuzeln uns durch das schöne Sowjetparadies, das wirklich der Sauhaufen ist, als den man es schildert. Die Waffengewalt wird es ja wohl besiegen, und zu dem sind wir auch hier, aber nun muß auch die Idee besiegt werden, der Wahn durch die Wahrheit und Haß durch die Liebe. Dann erst wird der Sieg vollständig." – „Ich halte den Kampf für notwendig und bin gerne Soldat. Es wird jetzt der Leib eines neuen Europa geschaffen."

1942: „Achtzehn Monate bin ich nun nicht mehr daheim gewesen. Stehen unsere geliebten Berge noch auf dem alten Fleck? Ja sie stehen noch und warten auf uns, die wir sie verteidigen mit unserem Blut." – „Ich stehe jetzt vor dem großen Entscheidungskampf, der bald starten wird und bei dem ich sein darf." – „Über vier Monate bin ich schon zu völliger Tatenlosigkeit verurteilt und das ist bestimmt nicht angenehm. Anfangs fühlte man sich geborgen, war froh und glücklich, aus der Hölle einer russischen Einkesselung sein Leben gerettet zu haben und hinter der Front in Sicherheit zu sein. Nun aber ist der Tatendrang wieder erwacht und drängt zum Einsatz der neu gewonnenen Kräfte für Volk und Heimat."

Ein anderer schreibt noch 1944 in der Gefangenschaft in den USA über seine seinerzeitige Abkommandierung an die Front: „Einerseits will es mir nicht in den Kopf, daß ich nun hier weg sollte, fort von den Bergen in die öden russischen Steppen, anderseits erregt es mich mit fiebernder

Freude, daß nun endlich der Tag gekommen ist, wo auch ich zur Bewährungsprobe, zum aktiven Kampf für die Heimat antreten darf."
1943 auf dem Weg zu den Schlachtfeldern Nordafrikas in Sizilien schreibt derselbe: „Sinnend denken wir an die Größe des ersten römischen Reiches deutscher Nation . . . Schon damals standen Deutschlands Söhne hier auf fernem Boden, mächtige Kaiser herrschten von der Nordsee bis zur Küste Afrikas. Und nun stehen wir hier, im Herzen den brennenden Wunsch, jenes Deutschland, das seit dem Tode seiner ersten Kaiser durch eigene Uneinigkeit immer kleiner und schwächer wurde, wieder der einstigen Größe zuzuführen. Der Besuch dieser Stätte (der Kaisergräber in Palermo) soll uns wie ein neues Gelöbnis an unsere Heimat sein, alles für sie zu tun, wenn es nötig ist." Und angesichts eines „primitiven Araberdorfes" in Tunesien heißt es: „Nie habe ich das so stark gefühlt, nie war ich so stolz darauf, ein Europäer zu sein, als gerade hier, wo zwei in sich ganz verschiedene Welten aufeinander prallen, wo man wohl am deutlichsten verstehen lernen kann, warum man sich bei uns immer mehr auf den Wert der eigenen Rasse besinnt. Denn so wenig ich dieses Volk da unten kenne, so sicher weiß ich, daß die nie an unsere Stufe herankommen können."
Aus der Etappe klagt ein Student, ein jetzt sehr bekannter Priester: „Der Geist der Soldaten von Verdun und Donamont und Langemark (wo im ersten Weltkrieg Kriegsfreiwillige singend angriffen und sich völlig sinnlos in den Tod stürzten) existiert nicht mehr. Vielleicht wird er geboren in den Schlachten jetzt in Rußland, dann beneide ich alle darum, die dabei sein dürfen." – „Auch ich freue mich schon auf den Einsatz; ich will zeigen, daß ein Katholik seinen Mann stellen kann."
1944: „Bald werden wir als Leutnants an irgendeine Front abgestellt. Im Kampf wird sich beweisen, ob wir das sind, was wir sein sollen. Uniform tragen kann bald einer, aber das macht den wahren Offizier nicht aus! Als froher junger Christ will ich auch da so gut meinen Platz ausfüllen, wo ich in Zukunft als Führer, Erzieher, Vorkämpfer und Vorbild stehen will, wie die Heimat es verdient und daß ich das Bewußtsein habe, den Willen des Herrn voll erfüllt zu haben[197]."

---

197 Die Belege beim Verfasser.

4.4. Die Glaubensstunden als Ersatz für den Religionsunterricht an den Obermittelschulen

Das Verbot des Religionsunterrichts an den Obermittelschulen im Mai 1940 war eine außerordentliche Herausforderung der Kirche, durch die die künftige Maturanten- und Akademikerschaft jeglichem kirchlichen Einfluß entzogen werden sollte. Die vom Bischof als Ersatz angeordneten ,,Glaubensstunden" waren an kirchliche Räume gebunden; eine Werbung dafür durfte weder in der Schule noch in der Kirche geschehen; nur an den Kircheneingängen durfte eine sachliche, nicht werbende Mitteilung angeschlagen werden. Es blieb nichts übrig, als daß die Schüler selbst die Werbung übernahmen. So wurde ein Vertrauensleutesystem aufgebaut: für jede Höhere Schule wurde ein Schulvertrauensmann und für jede betroffene Klasse ein Klassenvertrauensmann gesucht, der seine Kameraden für die Glaubensstunden gewinnen sollte. Außerdem mußten geeignete Leute gesucht und gewonnen werden, die diese Stunden jugendgemäß halten konnten, und geeignete Unterlagen bzw. Behelfe geschaffen werden. Dazu mußte persönlicher Kontakt mit den Religionsprofessoren der betreffenden Schulen und den zuständigen Pfarren aufgenommen werden. Letzteres war schon wegen der Mithilfe bei der Beschaffung geeigneter Räume notwendig. Am 7. September erging ein sehr eindringliches Schreiben des Bischöflichen Ordinariates an die Stadtpfarrämter in Steyr, Ried im Innkreis, Vorstadtpfarre Wels, Freistadt und Gmunden, an die damaligen Mittelschulstädte außer Linz, das die Pfarrämter mit der Situation vertraut machte, die die Kirche zwänge, für die religiöse Betreuung der Obermittelschüler ab Herbst selbst und unmittelbar durch eigene Seelsorgestunden, ,,Glaubensstunden" genannt, Vorsorge zu treffen; wegen der notwendigen Aussprachemöglichkeit und der kalten Jahreszeit käme dafür die Kirche nicht in Frage, sondern ,,ein heizbarer Raum im Pfarrhof oder sonst in einem kircheneigenen Gebäude, eventuell eine heizbare Sakristei oder sonst ein günstiger Nebenraum der Kirche". Die Pfarrämter wurden ersucht, trotz aller Schwierigkeiten, ,,ehestens für einen eigenen Raum zu diesen Stunden, der auch dann (gemeint: dann auch) für andere kirchliche Zwecke, besonders für die Pfarrjugend, zur Verfügung stehen kann, Vorsorge zu treffen, ihn auch irgendwie einfach und würdig ausgestalten zu lassen und vor allem auch für die Beheizung sorgen zu wollen". Die Pfarrämter sollten ,,keine Mühe scheuen", ,,um diese wichtige Sache, die auch für den Priesternachwuchs durchaus nicht belanglos ist, nach Möglichkeit zu fördern". Schließlich wurde mitgeteilt, ich sei mit der Studentenseelsorge betraut und würde „in nächster Zeit durch eine persönliche Vorsprache die näheren Weisungen über die Ausgestaltung der Studentenseelsorge im Namen des hochwürdigsten Herrn Bischofs übermitteln"[198].

Schon am 9. September ersuchte das Bischöfliche Seelsorgeamt die Seelsorger, auch an Orten mit vielen Fahrschülern, die in den Schulorten an den Glaubensstunden nicht teilnehmen konnten, solche abzuhalten. Priester aus Ebensee, Eferding, Gallneukirchen, Grieskirchen, Krumau, Pregarten und Schärding wurden zu einer Besprechung darüber eingeladen.

Am 1. Oktober teilte das Seelsorgeamt allen Pfarrämtern von Linz und Umgebung mit, daß hier die Glaubensstunden für Linz-Nord im Pfarrhof Urfahr, für Linz-Süd im Pfarrhof Lustenau (Herz-Jesu-Kirche), für Linz-West im Dompfarrhof und für Linz-Ost in der Familienkirche stattfänden[199].

In dem Hirtenwort, das Bischof Gföllner am gleichen Tag an die katholischen Eltern über Kinder- und Jugendprobleme richtete, urgierte er auch die Glaubensstunden für höhere Schüler, die keinen schulischen Religionsunterricht mehr hatten. In den schon am nächsten Tag vom Bischöflichen Ordinariat versandten Richtlinien an die Seelsorger über Kindermessen und Kinderandachten waren auch Weisungen für die Glaubensstunden enthalten, die schon in der Woche nach dem 6. Oktober beginnen mußten[200].

Am 21. Juni 1943 wurden die Religionslehrer der Oberschulen und verwandter Lehranstalten vom Seelsorgeamt gebeten, in den letzten Unterrichtsstunden auf die Bedeutung einer Weiterbildung zur Gestaltung eines christlichen Lebens und auf die Verpflichtung dazu hinzuweisen, damit die Schüler leichter einen Weg in die Glaubensstunden finden[201].

Auch in den schon zitierten, von 1942 bis 1944 von Bischof Fließer regelmäßig ergangenen Hirtenworten an die katholischen Eltern anläßlich des Schulbeginns wird immer ausdrücklich an die Glaubensstunden für höhere Schüler erinnert, die keinen Religionsunterricht mehr haben,

---

198 Schreiben des Bischöflichen Ordinariates Linz v. 7. 9. 1940, Z. 7174.
199 Akten des PA.
200 Vgl. Anm. 118.
201 Akten des PA.

und an die Pflicht erinnert, die Jugendlichen darauf aufmerksam zu machen[202].

Für die Ausarbeitung der Unterlagen für die Glaubensstunden hat sich vor allem der damalige Sekretär des Seelsorgeamtes, der spätere Linzer Philosophieprofessor an der Linzer Philosophisch-Theologischen Hochschule, Josef Knopp, große Verdienste erworben. Knopp war nach dem Ausscheiden aus dem Schuldienst am 1. September 1940 dem Seelsorgeamt als Sekretär zugeteilt worden[202a]. Er arbeitete einen dreijährigen Zyklus ,,Glaubensstunden für junge Christen" aus: 1940/41 ,,Christusbegegnung in den Mysterien" (Sakramente), 1941/42 ,,Im Lichte des Logos" (Gottes-, Christus-, Kirchenglaube, Werterkenntnis), 1942/43 ,,In der Kraft des Logos" (das christliche Menschenbild und seine Wertverwirklichung). Skizzen befinden sich noch unter den Akten des seinerzeitigen Seelsorgeamtes[203]. In der praktischen Gestaltung der Glaubensstunden hat sich auch der damalige Domkurat und spätere Linzer Dogmatiker Professor Dr. Engelbert Schwarzbauer große Verdienste weit über den Neuen Dom hinaus erworben. Knopp, der seit 17. April 1940 auch Kirchenrektor der Friedenskirche war[203a], in deren Nähe er wie ich wohnte und dort auch pastoral mithalf, hat, wenn ich mich recht erinnere, auch an der Familienpfarre Glaubensstunden gehalten, wie Schwarzbauer außer dem Neuen Dom auch in der Herz-Jesu-Pfarre.

Von besonderer Bedeutung war die spirituelle und auch religiös-theologische Weiterbildung der Schul- und Klassenvertrauensleute. Dem diente unter anderem das Pfingstlager 1941, zu dem die Schulvertrauensleute aller Mittelschulen Oberösterreichs in eine Jagdhütte auf einer einsamen Hochalm bei Großraming zu einem Pfingstlager eingeladen wurden. Die Alm war noch nicht bezogen. Die Hütte hatte uns ein Industrieller aus Losenstein zur Verfügung gestellt. Bis auf zwei Schulen waren alle Mittelschulen Oberösterreichs vertreten. Eine solche Beschikkung hatten wir nach 1945 in der Freiheit und ohne jegliches Risiko nie mehr erreicht. Als die Linzer Vertreter am Pfingstsamstag mit dem Abendzug in Großraming ausstiegen, mußten wir feststellen, daß auch eine HJ-Gruppe in voller Uniform ausstieg und sich wie wir Richtung Lumplgraben in Marsch setzte. Wir ließen sie vormarschieren, und mar-

202 Vgl. LDBl v. 15. 8. 1943.
202a BOL Zl. 6840/40.
203 Akten des PA.
203a BOL Zl. 3212/40.

schierten in entsprechendem Respektabstand hinterdrein. Sollten sie in unserer Nähe ihre Zelte aufschlagen, war unser ganzes Lager gefährdet. Wir sandten zwei Beobachter nach vorne, die erkunden sollten, was die HJ-Gruppe vorhatte. Bald hörten wir vor uns ein Riesenhallo: die Freistädter Schul- und Klassenvertreter hatten fast die ganze Führung der HJ Freistadt inne und waren zur besseren Tarnung als HJ ausgerückt. Auf dem Lager wurden Erfahrungen ausgetauscht und Pläne für die Weiterarbeit gemacht. Nach einer Stunde Gespräch waren die etwa 40 Leute, die sich zum Großteil das erste Mal sahen, eine verschworene Gemeinschaft, als hätte man seit Jahren Freud und Leid miteinander geteilt. Die Pfingstmesse am nächsten Tag um einen schlichten Bauerntisch blieb wohl allen lang in Erinnerung. Am Pfingstdienstag wanderten wir über die blühenden Almen hinüber zum Sengsengebirge. Milch haben wir uns kübelweise bei den Sennerinnen ersungen. Die Wanderung endete mit einem Nachtmarsch auf die Hohe Nock[204].

Als ich im März des darauffolgenden Jahres verhaftet wurde, glaubte ich lange Zeit, dieses Pfingstlager oder eine im darauffolgenden Winter auf einer Sennhütte in den Windischgarstner Bergen für Linzer Studenten veranstaltete Skiwoche sei der Gestapo bekannt geworden. Doch letzteres war weniger anzunehmen, da der Sohn eines in Windischgarsten wohnhaften, allerdings strafversetzten Gendarmen, ein Bruder des derzeitigen Pastoralprofessors Wilhelm Zauner, der gefallene Fredl Zauner, selbst an der Skiwoche teilnahm und der Vater uns in seiner Wohnung zu einem Abschiedsimbiß empfangen hatte, wir uns also einigermaßen sicher fühlen konnten. Die Bauern hielten uns für eine HJ-Gruppe und regten sich nur auf, daß „diese Bande" nicht einmal mehr am Neujahrstag zur Kirche ging[205].

Der Kreis der durch die Glaubensstunden erfaßten Mittelschüler war gewiß verhältnismäßig klein, aber er wuchs beständig. In Linz-Stadt hielt er sich trotz der ständigen Einberufungen zum Reichsarbeitsdienst, Luftwaffenhelferdienst und Wehrdienst zwischen 500 und 600.

Außer den Glaubensstunden bemühten wir uns natürlich um Exerzitien und an sich verbotene Besinnungstage für Mittelschüler und Mittelschülerinnen und vor allem um möglichst viele persönliche Kontakte. Wanderungen, Bergfahrten gaben Gelegenheit, auch mit mehr am Rand Stehenden bekannt zu werden, die in die Glaubensstunden nicht ka-

204 Vgl. H. Wenninger, Die heimliche Fahne, a. a. O. (Anm. 172) 6.
205 Ebd. 137–141.

men. Natürlich blieb man mit den Leuten auch in der Arbeitsdienst- und Wehrdienstzeit in engster Verbindung, nicht nur die Priester. Wiederholt wurden Studenten und Studentinnen von der Staatspolizei im Zusammenhang mit diesem Briefdienst Verhören unterzogen. Ziel aller dieser Bemühungen war jedenfalls, eine wertvolle Schicht führender Christen unter der Mittelschülerschaft und Hochschülerschaft heranzubilden, die bereit waren, das Christentum unter Umständen auch allein weiterzutragen und in die Zukunft des Volkes hinüberzuretten.

4.5. Die Sorge um den Priesternachwuchs

Wie schon betont, richteten sich schon die ersten Schikanen des ns Regimes in Österreich auch gegen den Priesternachwuchs. Am 19. Juli 1938 wurden alle Knabenseminarien aufgehoben. Am 9. September 1938 wurde auch das damit verbundene Bischöfliche Privatgymnasium Petrinum geschlossen und seine Schüler wurden in alle Winde, nämlich an die verschiedenen Höheren Schulen des Landes, zerstreut. Schließlich wurde auch das Gebäude des Linzer Priesterseminars in der Harrachstraße beschlagnahmt, und das Priesterseminar mußte am 21. August 1939 in das Stift Wilhering übersiedeln, dessen Gymnasium auch am 9. September 1938 geschlossen worden war, und im Herbst 1944 wieder nach Linz, Kapellenstraße 8. Auch die Aufhebung des Religionsunterrichtes an den Oberschulen am 6. Mai 1940 war ein Schlag gegen den Priesternachwuchs. Schon bei meiner Berufung in den Beirat des Seelsorgeamtes zur Übernahme des Referates „Studentenseelsorge" am 6. Juni 1940 wie auch im Bischöflichen Dekret, mit dem ich zum „Studentenseelsorger" bestellt wurde, war darum mit Recht auf die Sorge für die Priesterstudenten und auf die Bedeutung der Studentenseelsorge und der neu einzurichtenden Glaubensstunden für sie hingewiesen worden. Tatsächlich haben sich nicht wenige Religionsprofessoren und vor allem die Leiter der Glaubensstunden an den verschiedenen Orten mit Höheren Schulen unter anderem auch der vielen ehemaligen oder auch neuen Priesterstudenten angenommen, die am Kollegium Petrinum nicht mehr weiterstudieren oder überhaupt nicht mehr anfangen konnten. Einer davon war der derzeitige Linzer Generalvikar Bischof Dr. Alois Wagner, der im Ried im Innkreis landete.
Unter den wenigen Papieren, die ich aus jener Zeit besitze, befindet sich auch eines: „Was kann und soll zur Förderung von Priesterberufen ge-

schehen? Ergebnisse eines kleinen Aussprachekreises." Durch eine Neubelebung der Quatemberfeier sollte das gesamte gläubige Volk zum Gebet um Priesterberufe geführt werden. Eine Gebetsgemeinschaft von Laien in Verbindung mit dem Priestersamstag und eine von Priestern wurde angeregt, um das Interesse für dieses Anliegen zu wecken. Dechanten und Pfarrer (eventuell bei Pastoralkonferenzen) sollten mithelfen, um die namentlich zu erfassen, die schon als Priesterstudenten gelten können. Neu anfangende Priesterstudenten sollten vom Heimatpfarrer an das Bischöfliche Ordinariat gemeldet werden. Eine Wohnungs- und Kostplatzaktion wurde empfohlen; geeignete Frauen sollten an den Studienorten für dieses „Martha-Apostolat" gewonnen werden. Die notwendigen materiellen Mittel zur Unterstützung von Studenten sollten durch zwei Kirchenkollekten „für das Priesterbildungswerk" (statt der Sammlungen für Petrinum, Priesterseminar und Salesiusverein), durch Opfergang am Priestersamstag und durch sonstige freiwillige Gaben gesichert werden. Der geistigen Betreuung sollten regelmäßige Briefe, geeignete Literatur, persönliche Bindung an einen Priester, aktiver Einsatz im Pfarrleben und die Sorge des Heimatpfarrers in den Ferien dienen. Die Neuweckung von Berufen sollten die regelmäßige Feier der Quatemberzeiten mit Predigten über das Priestertum, die entsprechende Feier von Priesterweihen, Primizen und Priesterjubiläen, eine bewußte Ministrantenseelsorge und die persönliche Pflege von Priesterberufen, auch durch Beratung der Familien und Hilfe zur Vorbereitung, fördern[206].

Auf dieses Papier geht wohl meine Eingabe an den Bischof zurück, in der ich zunächst die Lage nach Auflösung der kirchlichen Konvikte und nach dem Verbot des Religionsunterrichtes an den Obermittelschulen schilderte: „Wir werden binnen kurzem auf Leute angewiesen sein, die ausschließlich aus den jetzigen öffentlichen Schulen hervorgehen." Die Hoffnung, daß aus einer lebendigen Pfarrjugend, aus Ministranten- und Studentengruppen allmählich Priesterberufe wachsen, hat sich „im großen und ganzen nicht erfüllt. Es wachsen aus diesen Gruppen zwar tüchtige und für Christus begeisterte junge Laien heran, die sicher später einmal auch für das Reich Gottes arbeiten werden, wie sie es jetzt schon tun", aber „selbst solche, von denen man es erwartet hätte, denken nicht

206 Das Papier in meinem Besitz ist leider ohne Datum, muß aber wohl aus 1940/41 stammen.

im entferntesten daran, Priester zu werden. Der Gedanke ist ihnen gar nicht gekommen oder schnell wieder verblaßt". Von den wenigen Ausnahmen können wir nicht leben.
Nach einer näheren Darlegung der Ursachen wurden die schon erwähnten Vorschläge gemacht. Besonders wurden betont: die Sensibilisierung des Klerus, des Volkes und vor allem der christlichen Eltern; eine besondere Betreuung der Priesterstudenten, deren karteimäßige Erfassung und Vergemeinschaftung (ein verstreutes „Kleines Seminar"); die Verantwortung des Ortspfarrers, des Dekanatsjugendseelsorgers und der Studentenseelsorger; die Bestellung eines diözesanen Verantwortlichen; Schaffung eines entsprechenden Frauenwerkes und -apostolates[207]. Ich kann mich an ein solches kleines Wohnseminar in Linz erinnern, das eine Frau in ihrem eigenen Haus in der Nähe des Elisabethinenkrankenhauses errichtete und selbst führte.
Die Bischofskonferenz vom 4. Februar 1941 hat sich jedenfalls u. a. „mit dem vordringlichen Problem der Sicherung des Priesternachwuchses in den Diözesen beschäftigt und den einheitlichen Beschluß gefaßt, in jeder Diözese eine einheitliche Zentralstelle zu schaffen, deren Aufgabe es sein wird, durch organisatorische und systematische Tätigkeit diese Sicherung zu erreichen". In sieben Punkten wurden die obigen Vorschläge gesamtösterreichisch „als Direktiven und Aufgaben vorgelegt". Für die finanzielle Unterstützung sollten das Canisiuswerk in Wien und die einzelnen Diözesanstellen sorgen[208].
In dem Bericht, den ich selbst über die erwähnte Mainzer Diözesanjugendseelsorgertagung vermutlich 1941 verfaßt hatte, war auch von der brennenden Sorge um die Theologen und Priester im Reichsarbeitsdienst und in der Wehrmacht die Rede und wurden entsprechende Briefdienste und Kurse für Priester- und Theologenurlauber vorgeschlagen.
Schon am 8. Dezember 1939 hatte Pius XII. ein herzliches Hirtenwort an jene Priester und Kleriker gerichtet, „die in der gegenwärtigen Sitation unter die Waffen und zum Dienst gerufen wurden" – „aus der ruhigen Seelsorge oder aus den Priesterseminarien"[209]. Die ersten 45 Priesterseminaristen der Diözese Linz wurden schon am 6. Juni 1939 zum akti-

207 Auch dieses Papier (Durchschlag) trägt kein Datum; es muß aber noch an Bischof Gföllner gegangen sein, vermutlich vor Februar 1941.
208 Ein Durchschlag findet sich in meinen Akten.

ven Militärdienst eingezogen, die ersten sechs Priester am 1. Februar 1940[210]. Schon Bischof Gföllner benützte jede Gelegenheit, die sich bot, zu Kontakten mit „seinen" Soldaten bis zu seinem Tod am 5. Juni 1941. Vor allem aber hielten der damalige Regens Dr. Wenzel Grosam bis zu seinem Tod am 29. Juli 1942[211] und der Kapitelvikar Bischof Fließer, der nach Grosam zugleich Regens des Priesterseminars war, viele mündliche und briefliche Kontakte mit den Priesterseminaristen und der jungen Generation der Diözese im Feld aufrecht[212].

In der ersten Adventwoche 1941 begann der Kapitelvikar mit einem Weihnachtsbrief seine Soldatenbriefe. Sie wurden nach Mitteilung des späteren Bischofs DDr. Franz Zauner vom Bischof, seit 1942 auch vom damals ernannten Subregens DDr. Josef Häupl[213] und dem Professor Josef Knopp herausgegeben. Damit es nicht so auffiel, wurden die Briefe an verschiedene Professoren und andere Priester aufgeteilt, so daß jeder acht bis zwölf Briefe übernahm und zur Post brachte. Die Aktion lief trotz verschiedener Schwierigkeiten nachweislich bis Ende 1944. So lange Regens Grosam noch lebte, zeichnete er zum Teil noch mit als „alter Rex". Auch Seminar- und Diözesannachrichten, aber auch Soldatennachrichten wurden so ausgetauscht. Die Briefe, die an etwa 200 Soldaten gingen – von den 140 Studenten des Priesterseminars waren beim Tod Wenzel Grosams schon 133 unter den Waffen[214] –, wurden in der „Zaunermühle" vervielfältigt. Briefe an die Front wurden von der Gestapo nicht kontrolliert, wohl aber im Abstand von zwei Wochen die rücklaufende Post. Auf diese Weise landete ein rücklaufender „Rundbrief" an einen Studenten, der gefallen war, bei der Gestapo. Generalsekretär Vieböck und Dr. Zauner, der seit 1942 auch als Kanonist dem Lehrkörper der Philosophisch-theologischen Lehranstalt angehörte[215], wurden zur Gestapo zitiert, da konfessionelles Schrifttum außer durch Wehrmachtsstellen

209 LDBl 86 (1940) 25–29. Laut Bescheid der Sakramentenkongregation v. 1. 5. 1941 konnten Priester und Priestertumskandidaten und Mitglieder religiöser Orden, die vormittags fast nie Gelegenheit zur Kommunion hatten, täglich kommunizieren, wenn sie wenigstens drei Stunden vorher nüchtern waren: LDBl 87 (1941) 81. Gegenüber Jugendlichen war man zu gleicher Zeit schon viel großzügiger gewesen.

210 Ebd. 87. Vgl. Chronik des bischöflichen Seminarium Linz vom Jahre 1806, 355.

211 Ebd. 88 (1942) 95–99.

212 Vgl. A. Naderer, Bischof Fließer und der Nationalsozialismus, a. a. O. (Anm. 179) 107–118.

213 Ebd. 108.

214 Ebd. 98.

215 Ebd. 108.

nicht an Soldaten versandt werden durfte. Man berief sich, auch der Bischof, auf einen Führererlaß, nach dem alle Betriebsführer den Kontakt mit ihrer Belegschaft beim Militär aufrecht zu erhalten hatten. Die Auseinandersetzung zog sich lange hin. In den Akten des seinerzeitigen Seelsorgeamtes wird eine Beanstandung der Briefaktion seitens der Gestapo unter dem 28. Mai 1943 registriert[216]; laut Gedächtnisprotokoll verwies Generalsekretär Vieböck darauf, daß die bischöflichen Soldatenbriefe nichts anderes als die im Führererlaß nahegelegten „Gefolgschaftsbriefe" seien. Die Gestapo leitete die Sache zur Entscheidung nach Berlin weiter. Am 28. Juni 1944 ging in der Angelegenheit eine neuerliche Eingabe von Generalsekretär Vieböck an die Gestapo; diese teilte dem Generalsekretär am 24. November 1944 laut vorliegendem Gedächtnisprotokoll mündlich mit, daß solche Rundbriefe verboten seien, wenn sie nicht ausdrücklich von der Reichspressekammer genehmigt seien[217].

Auch sonst ließ Bischof Fließer kaum eine Gelegenheit vorübergehen, ohne die Sorge um den Priesternachwuchs zu urgieren und die Seelsorger zu bitten, Priesterberufe zu wecken und zu pflegen: so in einem Rundschreiben des Bischofs an den Klerus vom 12. Oktober 1942 und gleich darauf in dem schon zitierten hektographierten Brief an den Seelsorgsklerus vom 17. Oktober 1942[218].

5. Jugendarbeit in Berlin 1942–1945

Das bisher Gesagte gilt, wenngleich mit einigen Modifikationen, auch für Berlin, und ich mußte nicht viel umlernen, als ich als Kaplan von St. Agnes unter anderem auch die Jugendarbeit übernahm. Schon am ersten Abend meines Eintreffens in der Pfarrkuratie war zufällig eine Jugendführerbesprechung, in der mich der Pfarrer gleich einführte.

Der auffallendste Unterschied zur kirchlichen Jugendarbeit in der Ostmark war der viel größere Freiheitsraum, den man hatte bzw. den man sich nehmen konnte. Das mag schon daran gelegen sein, daß die Katholiken eine kleine Minderheit waren, etwa 10 Prozent der Bevölkerung, in unserem Pfarrgebiet 5000 unter 50.000, und daß die Arbeiterschaft Ber-

---

216 Vgl. Text zu Anm. 78. Akten des PA.

217 Akten des PA. Vgl. F. Zauner, Die Kirche Oberösterreichs in der Zeit des Nationalsozialismus, a. a. O. (Anm. 49) 60–64.

218 Akten des PA.

lins, die das Gros unserer Pfarrbevölkerung ausmachte, ausgesprochen antinationalsozialistisch war. Dazu kam noch, daß viele Katholiken unserer Pfarre polnische Angehörige hatten, was ihre Anhänglichkeit an den NS nicht gerade förderte.
Tatsächlich waren wir in der pfarrlichen Jugendarbeit fast unbehelligt. Die Pfarre hatte 30 km außer Berlin mitten im Wald an einem See ein schönes Heim, das zur Sicherheit ein Pfarrmitglied auf seinen Namen überschreiben ließ und das unseren Jugendgruppen jederzeit offen stand. Wir veranstalteten außerdem an Wochenenden und in den Ferien Gruppenwanderungen und Großfahrten mit Zelten in die herrliche Umgebung Berlins. Einmal kamen wir bis in die Lüneburger Heide. Auch am Tag des Hitlerattentates war ich mit einer Gruppe von Potsdam aus unterwegs; als wir am späten Abend am Anhalterbahnhof ankamen, fanden wir den Bahnhofplatz an allen Ecken mit Maschinengewehren abgesichert; wir ahnten nicht, daß das schon auf Befehl der Gegenregierung geschehen war. Die HJ war gegenüber unserer Pfarrjugend ein jämmerlicher Haufen. Einmal kam sogar der zuständige HJ-Führer zu unserem Pfarrjugendführer und bat, er möge doch seine Leute wieder einmal zur HJ schicken, der ja die meisten angehören mußten, weil bei ihnen überhaupt nichts mehr los sei.
Auch in Berlin verjüngte sich die Jugend durch den Kriegseinsatz immer mehr. Um so umfangreicher wurde die Korrespondenz mit den Soldaten in den Kasernen und an der Front. Mit vielen blieb auch nach dem Krieg der Kontakt noch lange aufrecht, mit manchen bis heute.
Viele Ostmärker, die in Berlin oder in der Nähe stationiert waren oder auf Durchreise an die Front oder von der Front auf Heimaturlaub in Berlin durchkamen, vor allem Studenten, kamen oft zu Besuch.

6. Zusammenfassung

Zusammenfassend kann man wohl sagen, daß sich von Anfang an in der Jugendarbeit zwei Kreise herausbildeten: eine Kernschar, die man durch die wöchentliche Pfarrjugendstunde und die Wochentagsjugendmesse, durch Einkehrtage und Exerzitien zu formen versuchte und aus der sich auch das Führungskader rekrutierte; und die gesamte Pfarrjugend, der theoretisch der ganze Naturstand Jugend in der Pfarre angehörte, die aber praktisch immer nur einen größeren oder kleineren Teil davon durch monatliche Standessonntage und durch fallweise Bekenntnistage,

Jugendfeiern, Jugendsonntage, Glaubenstage und ähnliche Kundgebungen während des Jahres erfaßte. In manchen Pfarren begannen sich diese beiden Kreise immer mehr zu decken.
Geistig und auch in ihren Formen war die kirchliche Jugendarbeit in der NS-Zeit stark von der katholischen Jugendbewegung und von der biblisch-liturgischen Bewegung, in Österreich von Pius Parsch (Klosterneuburg) und Josef Huber (Linz), geprägt. Besonders letztere trug in schwerer Zeit reiche Früchte trotz der schon erwähnten innerkirchlichen Schwierigkeiten. Auch die Ideen der Katholischen Aktion wurden zum Teil erst in dieser Zeit voll wirksam: man wußte und verstand sich als Teil des Leibes Christi. Der Anschluß an das „Reich" bewirkte auch eine starke geistige Befruchtung von der Jugendarbeit in Deutschland und von Persönlichkeiten wie Romano Guardini, Ludwig Wolker und Hermann Klens.
Andererseits zeigten sich, wenigstens am Anfang, in manchen, wenn auch kleinen Kreisen, völkisch-nationale Einflüsse; Österreich hielten ja auch viele Österreicher von 1938 angesichts der wirtschaftlichen Schwierigkeiten und der horrenden Arbeitslosigkeit für gar nicht lebensfähig. In großem Ausmaß wirkten sich antidemokratische und antisozialistische Strömungen aus, zum Teil schon ein Erbe der Dollfußära. Selbst antisemitische Tendenzen mochten bei manchen katholischen Jugendlichen anfangs Anklang gefunden haben; auch das war ein trauriges Erbe aus dem „katholischen" Österreich vor Hitler. Alle diese Einflüsse wurden freilich durch die baldige Ernüchterung zurückgedrängt. Länger hielt sich das „Führerprinzip" in der Kirche und in der kirchlichen Jugendarbeit. Christus, aber auch der Papst und der Bischof wurden als „unsere" Führer herausgestellt.

Was die Jugendarbeit selbst anlangt, wurde man schon auf Grund des äußeren Drucks und der ständigen Gefährdung, ja Verfolgung, immer mehr auf kleine Eliten und äußerlich ganz lockere Gemeinschaften eingeschränkt; man mußte die Gruppen klein halten, schon um nicht aufzufallen, und sie wurden auch immer kleiner, weil nur die Treuesten durchhielten, die anderen sich nur da und dort bei einer größeren Feier sehen ließen. Eine missionarische, apostolische Tätigkeit drohte, abgesehen vom Zeugnis des Beispiels, zu ersticken. Überpfarrliche und über das unmittelbar Pastorale hinausgehende Zielsetzungen und Aufgaben konnten immer weniger wahrgenommen werden. Die Tätigkeit der jungen Christen wie der Christen überhaupt wurde auf den engsten innerkirchlichen Raum eingeengt; die Bereiche der Welt und der Gesellschaft konnten kaum beeinflußt werden und drohten, auch aus dem Gesichtsfeld der jungen Christen überhaupt als Aufgabe zu entschwinden. Eine Ausnahme bildeten die wenigen im politischen Untergrund tätigen jungen Christen.

Um den Altar bildeten sich freilich feste Kerne und Zellen, die, wie wir schon gesehen haben, durchaus nach außen ausstrahlten. Dieser harte Kern war von einer tiefen religiösen Spiritualität getragen, deren Zentrum die Eucharistie war, und bemühte sich auch persönlich um eine asketische und apostolische Formung. Man lebte aus dem Wort und Brot des Herrn, in der Pfarre und auf der Skihütte. So war man vor allem in der Jugend vom Verein und Bund jetzt notgedrungen zur Pfarre, aus der Peripherie zur religiösen Mitte, aus der Masse zur Elite gezwungen worden. Aus Verbandszentralen waren bischöfliche Stellen geworden, aus Turn- und Bundesbrüdern Christen, aus Vereinsfunktionären apostolische Menschen. Der Priester war aus einem Faktotum wieder geistlicher Berater geworden und schon der junge Laie erkannte, was ein mündiger Christ mit wohl informiertem Gewissen in der Situation äußerster Diaspora noch wirken kann, selbst in Räume hinein, in die ein Priester längst keinen Zugang mehr hatte[219], so daß Laien in eine weit verantwortungsvollere und selbständigere Position in der Kirche gekommen waren, als das früher in manchen sogenannten laikalen, ja politischen Organisationen der Fall war, in denen tatsächlich doch ein Priester die letzten Entscheidungen fällte. Der Primat der Pastoral, Wert und Kraft der Kirche und der genuin christlichen Mittel waren wieder entdeckt worden.
Das waren gewiß zum Teil Entdeckungen bzw. Wiederentdeckungen, die man auch nach der Wiedererlangung der Freiheit nicht mehr missen wollte und die bis heute fruchtbar nachwirken. Andererseits war man auch manche Einschränkungen schon so gewohnt, daß man sie sich erst mühsam wieder abgewöhnen mußte: so die Beschränkung auf eine kleine Schar der Getreuen, die die Verantwortung für die anderen mitunter zuwenig sehen ließ; diese Gefahr wurde freilich durch die Bekanntschaft mit der unterdessen in Belgien und Frankreich gewachsenen Cardijnschen Bewegung und überhaupt durch die Formen des Milieuapostolates am ehesten überwunden. Schwerer war die Beschränkung

219 Die Entwicklung war in ganz Österreich ähnlich: vgl. K. Rudolf, Aufbau im Widerstand, a. a. O. (Anm. 89) 194–258.

auf das rein Innerkirchliche, auf die unmittelbar pastoralen Aufgaben, zu überwinden, die die Bereiche der Gesellschaft und der Welt notwendigerweise vernachlässigte. Gewiß die Entflechtung von Kirche und Parteipolitik dürfen wir wohl nie mehr zurücknehmen; nur so kann die Verwechslung von Kirche und Partei und Parteiinteresse vermieden werden. Die Botschaft Jesu muß sich an alle Menschen richten. Aber von dieser Botschaft, von ihren Forderungen und ihrer Kritik darf auch kein Bereich der Menschen und der menschlichen Gesellschaft ausgeklammert werden. Auch der erzwungene Verzicht auf das Organisatorische und vor allem auf einen legitimen Pluralismus der Organisationen wurde erst allmählich überwunden.

Ein reines christliches Heldenlied ist die Geschichte des kirchlichen Kampfes gegen den ns Staat und die NSDAP gerade nicht. Die Unterscheidung der Geister und die Balance zwischen Klugheit und Tapferkeit gelang nicht immer. Die Parole ,,Kampf gegen den jüdisch-materialistischen Geist", das christliche antisemitische Erbe, die Verachtung der Demokratie, des Liberalismus und Pazifismus brachte die Kirche und kirchliche Kreise oft in eine verdächtige und peinliche Nähe ns Ideen. Oft sprach die Kirche erst oder nur, wenn sie selbst betroffen war, und nicht, wenn und weil einfach der Mensch bedroht war. Erschütternde Beispiele kann man etwa bei John Conway nachlesen[220]. Der Vorsitzende der deutschen Bischofskonferenz, Kardinal Höffner, hat anläßlich des 40. Jahrestages der sogenannten ,,Reichskristallnacht", die den Beginn des in deutschem Namen begangenen Völkermordes von fünf bis sechs Millionen Juden einleitete, erst kürzlich festgestellt: ,,Keine christliche Gemeinschaft kann von sich behaupten, daß ihre offiziellen Vertreter irgendwo öffentlich und unzweideutig gegen Entrechtung und Mißhandlung der Juden ihres Landes Stellung genommen hätten." Die deutsche Bischofskonferenz hat sich darum der Anregung der Arbeitsgemeinschaft christlicher Kirchen angeschlossen, den 9. November 1978 als ,,Tag der Trauer und der Scham" zu begehen[221]. So darf es uns nicht wundern, wenn es mangelnden Mut, Zweideutigkeiten, Zugeständnisse, ja manches Einverständnis mit dem ,,Zeitgeist" auch bei uns Jugendseelsorgern und bei katholischen Jugendlichen gab. Immerhin hat die kirchliche Jugend bei all dem nicht die schlechteste Rolle gespielt.

---

220 J. Conway, Die nationalsozialistische Kirchenpolitik 1933–1945 (Mn 1969).
221 Kathpress v. 2. 11. 1978, n. 210, 4.

Unterdessen sind neue Probleme entstanden, neue Schwierigkeiten zu überwinden, und neue Aufgaben sind uns zugewachsen. Das darf uns gerade im Blick auf die Vergangenheit nicht mutlos machen, die wir eben etwas reflektiert haben. Einiges könnten wir daraus auch für die Zukunft lernen. Auch wir können uns die Zeit, in der wir leben, nicht aussuchen. Wir müssen aber jede Zeit, die uns aufgegeben ist, als einen Kairos, als eine von Gott gegebene Möglichkeit annehmen. Wir müssen uns zu jeder Zeit von der jungen, von der kommenden Generation herausfordern lassen. Diese Herausforderung war das Faszinierendste der Zeit, von der die Rede war. Und schließlich haben wir in jener inhumanen Zeit gelernt, daß die Sache Jesu und damit Gottes immer auch eine Sache des Menschen ist und daß eine Kirche, die nur mehr die Interessen der Mächtigen oder nur mehr sich selbst vertritt, statt im Geiste Jesu auch die Sache des Menschen zu vertreten, keine Zukunft hat. Auch in diesem Sinn muß darum die Kirche eine vorantreibende, kreative, erneuernde, kritische und emanzipatorische Kraft sein, wenn sie ihrer Sendung treu bleiben will. Die Geschichte geht nie zurück, sie schreitet immer voran. Die Frage ist nur, ob wir Christen das auch tun.

Rudolf Zinnhobler

Die Tätigkeit des Dr. Gantenberg in Oberösterreich

Es gab zahlreiche Geistliche in der Diözese Linz, die sich in den Jahren 1938–1945 mit besonderem Eifer der Jugendarbeit annahmen. Die Betreuung in Vereinen war zwar verboten; dafür wurden die Möglichkeiten seelsorgerischen Wirkens im kirchlichen Raum umso intensiver wahrgenommen. Stellvertretend für viele seien Ferdinand Klostermann (geb. 1907), Willibrord Neumüller (1909–1978) und Engelbert Schwarzbauer (1911–1972) genannt. Ihnen ist auch ein Priester zuzurechnen, der zwar nicht aus unserer Diözese stammt, der aber durch seine Predigttätigkeit in Oberösterreich und durch seine vielfältigen brieflichen und persönlichen Kontakte mit Jugendlichen einen wesentlichen Beitrag an der kirchlichen Aufbauarbeit jener Jahre geleistet hat: Dr. Hermann Gantenberg[1].
Gantenberg wurde am 14. September 1905 in Darmstadt/Eberstadt geboren. Seine Verbindung mit Österreich geht schon auf die Jahre 1925 bis 1927 zurück, in denen er in Innsbruck Theologie studierte. Von 1927 bis 1930 widmete er sich dem Studium der Philosophie, Geschichte und Germanistik in Gießen und promovierte 1930 zum Doktor der Philosophie mit einer Dissertation bei Theodor Steinbüchel, die das Thema „Das Problem der Erkenntnis im System des Thomas von Aquin und seine metaphysische Grundlage" behandelte. Die Arbeit erschien 1932 in Bottrop i. W. im Druck.

Über Professor Dr. Theodor Müncker knüpfte Gantenberg Verbindungen zu Passau, trat ins dortige Priesterseminar ein und setzte hier von 1930 bis 1933 seine theologischen Studien fort. Im Jahr der Machtergreifung wurde ihm die Priesterweihe erteilt. Sein erster Seelsorgeposten war Büchlberg, wo er vom 1. 8. 1933 bis 16. 4. 1935 als Kooperator wirkte[2]. Schon damals wurde seine Tätigkeit überwacht. Ein junger Lehrer ließ seine gern gehörten Predigten bespitzeln und mitschreiben. Hiervon erfuhr Gantenberg aber erst nach dem Kriege.

---

1 Soweit nichts anderes vermerkt, gehen die folgenden Nachrichten auf zwei in Büchlberg geführte Gespräche mit Dr. Hermann Gantenberg zurück (21. April und 23. Mai 1978).

2 Schematismus des Bistums Passau nach dem Stand vom April 1977, Passau 1977, S. 236f.

1935 wurde Gantenberg in die hauptamtliche Jugendseelsorge nach Passau berufen, zunächst für die männliche, später auch für die weibliche Jugend. Er hatte diesen Posten bis zum Jahre 1947 inne[2]. Auch in Passau wurde Gantenberg ständig beobachtet und den Behörden über seine Tätigkeit berichtet. Ein ihm wohlgesinnter Polizeiwachtmeister legte jedoch den damals angelegten Akt immer wieder unter den Stoß der übrigen Akten. So kam Gantenberg den ganzen Krieg hindurch ungeschoren davon.

Im Oktober 1935 gelang es ihm einmal, die SS zu überlisten. Am 21. Oktober d. J. hatte das Passauer Bezirksamtsmitglied Josef Stadler vor dem Gendarmerieposten darauf hingewiesen, daß Dr. Gantenberg am darauffolgenden Sonntag nach Büchlberg kommen werde, um im Kreis der katholischen Jungmänner zu sprechen. Aus diesem Grund wolle er, Stadler, „die SS von Passau antreten" lassen. Wörtlich sagte er : „Der Gantenberg kommt mir nicht in die Kirche[3]." Doch der Kaplan wurde rechtzeitig gewarnt. Während die SS ganz Büchlberg nach ihm durchsuchte, weilte er mit den Jugendlichen in einem Steinbruch und diskutierte mit ihnen aktuelle Fragen.

Auf Anregung Gantenbergs fand vom 18. bis 20. November 1935 in Englburg ein Jugendseelsorgerkurs statt, den der damalige Generalsekretär des Jungmännerverbandes Jakob Clemens hielt. Die damals erarbeiteten Richtlinien, daß der Jugendführer „gottverbunden, jugendverbunden und zeitverbunden" sein müsse, bestimmten in Hinkunft auch Dr. Gantenbergs persönliches Wirken. Aus dem Englburger Treffen entstand 1937 die „Niederalteicher Priestergemeinschaft", die bis 1948 von Dr. Gantenberg geleitet wurde[4] und bemüht war, Brennpunkte des seelsorglichen Bemühens zu erarbeiten. Man traf sich bis zu dreimal im Monat. Gantenberg selbst umschreibt die Aufgabe der Vereinigung mit folgenden Worten: „Die Erneuerung der Jugend in dem Sinn, daß Christus lebe in deutscher Jugend." Als positive Zielsetzungen nennt er: „Hinführung zur Mitfeier der Liturgie, Leben aus der Gnade . . ., Zeugenschaft für Christus und seine Kirche, Mission ins Volk durch die Jugend des Volkes[5]." Inhaltlich waren es die „Reichgottesidee" und das

3 *W. Ziegler,* Die kirchliche Lage in Bayern nach den Regierungspräsidentenberichten 1933–1943, Bd. 4: Regierungsbezirk Niederbayern und Oberpfalz (Veröffentlichung der Kommission für Zeitgeschichte, Reihe A: Quellen, Bd. 16), S. 80f. mit Anm. 7.

4 Vgl. die Broschüre „12 Jahre Niederalteicher Priestergemeinschaft" [1949].

5 *H. Gantenberg,* So fing es an!, in: „20 Jahre Niederalteicher Priestergemeinschaft" [1957].

„Christkönigtum", die die Verkündigung bestimmten und vor dem Hintergrund des „Dritten Reiches" und des nationalsozialistischen „Führerkultes" gesehen werden müssen.
Neben der Aktualität dieser Thematik und dem Versuch, in schwieriger Zeit echte Lebenshilfen anzubieten, schreibt Gantenberg seinen Einfluß auf die Jugend seiner rhetorischen Begabung, vor allem aber auch dem Germanistikstudium zu, das ihm den Zugang zum Wort – und damit auch zum Wort Gottes – wesentlich erleichterte.

Im Dezember 1944 lag eine Anzeige gegen Gantenberg vor: „wegen Vergehens gegen das Heimtückegesetz, weil er sich bei Predigten in Pfarrkirchen in staatsabträglicher Weise geäußert haben soll[6]." Das nahe Ende des Krieges verschonte ihn jedoch vor den Folgen dieser Anzeige.
Bevor wir uns der Tätigkeit Gantenbergs in Oberösterreich zuwenden, seien noch die weiteren Stationen seines Lebensweges kurz vermerkt[2]: 1947–1954 Tätigkeit in der Zentrale der Katholischen Jugend in Altenberg bei Köln; 1954–1959 Pfarrer in Büchlberg; 1959–1969 Studentenpfarrer in Gießen; ab 1969 Akademikerseelsorger (zunächst wohnhaft in Aigen a. I., seit 1974 in Büchlberg); jetzt noch Religionslehrer an der Landwirtschaftsschule in Rotthalmünster.
Durch die Initiative von Kaplan Josef Holböck (1906–1974) hielt Gantenberg wiederholt Einkehrtage und Predigten in Schärding. Über die Kapläne Josef Zauner (1909–1961) und Erich Nürnberger (geb. 1908) kam er in Verbindung mit der Vorstadtpfarre Wels, wo er auf eine besonders aktive katholische Jugendgruppe traf. Sie vor allem sollte bei einer zwischen 19. und 26. April 1942 in der Pfarrkirche abgehaltenen Religiösen Woche angesprochen werden.
Die Predigttätigkeit wurde damals ganz allgemein streng überwacht. Der Landrat des Landkreises Gmunden z. B. hatte schon am 7. April 1939 allen zugehörigen Gendarmeriestationen Weisung erteilt, „in Zukunft alle im dortigen Dienstbereich von der katholischen Kirche veranstalteten Missionen vertraulich überwachen zu lassen und das Überwachungsergebnis nach hier zu berichten". Dabei sollten auch „die genauen Personalien der Geistlichen, welche als Missionsprediger in Erscheinung treten, die Themen, die den Gegenstand ihrer Predigt bilden, und die Wirkung, die die Mission unter der Bevölkerung zeigt", erfaßt werden[7]. Wir werden sehen, daß man auch bei der Religiösen Woche in

6 *Ziegler*, a. a. O., 336; zum Heimtückegesetz vgl. ebd., 70f., Anm. 2.

der Vorstadtpfarre Wels genau auf diese Punkte achtete. Am 16. Dezember 1941 ordnete der Reichsstatthalter von Oberdonau erneut eine Überwachung der Wanderprediger (Missionare) an, die „im Vergleich zu den gewöhnlichen Landpfarrern eine bedeutend bessere Rednergabe besitzen". Sie verstünden es „außerdem meist sehr gut, in verschleierter, aber immerhin allgemein verständlicher Form der feindseligen Haltung der röm.-kath. Kirche gegenüber Staat und Partei Ausdruck zu verleihen". Weiterhin wurde festgestellt: „Mit der letzten Zeit zu beobachtenden Versteifung der Haltung der Kirche gegenüber der Staatsführung ist auch der Ton der Wanderprediger (Missionare, Kapuziner, Jesuiten etc.) aggressiver geworden." Daran schließt sich die Verordnung: „Diese Tatsache veranlaßt mich, die Überwachung der Wanderprediger zu verschärfen. Ich ersuche Sie daher, die Ihnen unterstellten Gendarmerie- und Polizeiorgane anzuweisen, auf dem kürzesten Weg (Fernsprecher) jeweils die Geheime Staatspolizei oder den Sicherheitsdienst des Reichsführers SS von bevorstehenden Wanderpredigten in Kenntnis zu setzen, sowie überhaupt der ganzen Tätigkeit der Wanderprediger ein besonderes Augenmerk zuzuwenden[8]."

Auf Grund solcher Verfügungen wundert es nicht, daß auch das Auftreten Gantenbergs in Wels mit Argusaugen beobachtet wurde.

Die Predigten der erwähnten Religiösen Woche fanden jeweils um 19.30 Uhr in der Vorstadtpfarrkirche statt. Über die gesamte Woche existiert ein genauer Bericht des Sicherheitsdienstes der Außenstelle Wels, den ich schon an anderer Stelle veröffentlicht habe[9]. Der Gesamtzyklus war dem „christlichen Weltbild" gewidmet. Im einzelnen wurden (nach Ausweis des NS-Berichtes) folgende Themen behandelt[10]:

Montag, 20. 4.:
Taufe, Gebet, Abfall und Versuchung.

---

7 OÖLA, Pol. Akten, Sch. 68, Auftrag des Landkreises Gmunden, Zl. IV – Pol – 418 vom 7. April 1939. Dankenswerte Mitteilung von Prof. Dr. Harry Slapnicka (Linz).

8 Ebd., Sch. 69, Verordnung des Reichsstatthalters in Oberdonau Ia/K 320/120–1941 vom 16. Dezember 1941. Dankenswerte Mitteilung von Prof. Dr. Harry Slapnicka (Linz).

9 *R. Zinnhobler*, Die Religiöse Woche in der Vorstadtpfarre Wels im Jahre 1942, in: Beiträge zur Geschichte des Bistums Linz (Linzer Phil.-theol. Reihe, Bd. 8), Linz ^{2}1978, S. 166–176.

10 Ebd., 168–175.

Dienstag, 21. 4.:
Keine Weltflucht! Sondern wie Christus sein Ja, aber auch sein Nein zur Welt (sagen)!

Mittwoch, 22. 4.:
Für die Kirche kommt wieder Ostern (Auferstehung), und dann ist es gut, ein Glied dieser Kirche zu sein[11]!

Donnerstag, 23. 4.:
Die kämpferische Haltung der heutigen Jugend soll sich auch im Bekenntnis zur Kirche ausdrücken.

Freitag, 24. 4.:
Nur eine christliche Ehe kann eine glückliche sein.

Samstag, 25. 4.:
Über die Weltanschauung: Was ist Wahrheit? Was ist wahre Gerechtigkeit?

Sonntag, 26. 4., 16 Uhr:
Predigt Bischofs Dr. J. C. Fließer: Wer ist Christus?

Die Wirkung der Predigten wird uns in der Einleitung des erwähnten Berichtes wie folgt geschildert:

„Die religiöse Woche wies einen außerordentlichen Besuch auf und waren alle Altersgruppen und Stände vertreten, wobei naturgemäß ältere Frauen das Hauptkontingent stellten. Die Kirche war meist voll besetzt, wozu allerdings zu bemerken ist, daß die Vorstadtpfarrkirche verhältnismäßig klein ist. Bei einigen Predigten konnte die Kirche die Besucher nicht mehr fassen, worüber sich sogar manche Gläubige ärgerten und nicht verstehen konnten, daß man diese kleine Kirche genommen habe, wo doch andere Kirchen eine größere Anzahl von Menschen fassen würden!

Dr. Gantenberg scheint ein ausgezeichneter Redner zu sein, dessen Predigten sich durch tadellosen Aufbau auszeichneten und der seine Ausführungen leidenschaftlich, mit viel Pathos und Gesten vorbrachte, so daß er einen gewaltigen Eindruck und Erfolg erzielte. Wenn auch verhältnismäßig wenige Stellen seiner Vorträge offene Angriffe waren, so konnte man die Gegnerschaft doch in jedem Satz heraushören und unwillkürlich mußte jeder Zuhörer den Eindruck haben, daß es keine Brücke zwischen Kirche und Nationalsozialismus geben könne. Selbst

---

11 Hier wird die damalige Verfolgung der Kirche schon in der Thematik angesprochen.

Schulkinder, die solche Predigten hörten, kamen nach erlauschten Äußerungen zu dieser Ansicht! So haben z. B. Schülerinnen einer Klasse der Mädchenoberschule in der Unterrichtspause erzählt, der Pfarrer habe gesagt, daß man ‚neben Gott keinen Götzen verehren dürfe, und er habe damit den Führer gemeint' (siehe Predigt vom 20. 4.)[12]."

Abschließend wird vermerkt:

„Zusammenfassend ist zu sagen, daß diese ‚Religiöse Woche' ein voller Erfolg für die Kirche war. Die Besucherzahl stieg von Abend zu Abend. Sowohl beim Prediger wie auch bei den meisten Zuhörern war ein Fanatismus in selten feststellbarer Form zu beobachten.
Jede Predigt, wie schon erwähnt, war von einer Singandacht umrahmt. Kooperator Zauner leitete von der Kanzel aus die einzelnen Chorgebete sowie das Singen der Lieder. Zweifellos konnte man eine gute Organisation feststellen und die Pfarrjugend (KJ) war immer sehr zahlreich vertreten (sie füllte den Mittelgang und den Raum vor dem Altar) und bildete das Rückgrat der Chorgebete und -gesänge. Die Gebete wurden meist monoton, aber begeistert gesprochen, die Lieder (die bekannten Kampflieder: ‚Wir wollen helle Leuchten sein, das Dunkel zu verjagen', ‚Uns rufet die Stunde, uns dränget die Zeit', ‚Ein Haus voll Glorie' und andere) sehr kampfesfreudig gesungen. Den Besuchern wurden immer entsprechende Texte ausgehändigt, und werden in der Anlage einige solche Exemplare überreicht[13]."
Sowohl der Welser Bevölkerung als auch den Predigten Gantenbergs wird mit diesen Worten eines SD-Berichtes eigentlich ein hohes Lob ausgesprochen. Außerdem erhalten wir einen guten Einblick in die damalige kirchliche Arbeit, die sich ganz auf den Kirchenraum und die Seelsorge konzentrieren mußte.
An der Religiösen Woche in Wels hatte auch P. Paulus Wörndl (geb. 1894, hingerichtet 1944)[14], damals Pfarrvikar in Linz-St. Josef, teilgenommen. Im Anschluß daran lud er Dr. Gantenberg auch nach Linz ein, der an der Karmelitenkirche zunächst ein Triduum über Theresia v. Avila und später auch eine Religiöse Woche hielt. Die Welser Pfarrjugend versäumte diese Gelegenheiten nicht und besuchte auch die Linzer Veranstaltungen eifrig.

---

12 Wie Anm. 10, 167f.
13 Ebd., 175f.
14 Zu ihm vgl. diesen Band, S. 295–324.

Über die Religiöse Woche an der Karmelitenkirche in Linz hat P. Paulus folgenden Bericht an das bischöfliche Ordinariat gesandt:

,,Die Pfarrexpositur St. Josef-Karmeliten kann mit Freuden berichten, daß der Verlauf der religiösen Woche (7.–14./VI.) glänzend war und Jung und Alt sehr begeisterte. Erhebend verlief die Feier für die Jugend, circa 450 waren angetreten, wohl war diese Veranstaltung überpfarrlich. Täglich war um 6 Uhr früh Gemeinschaftsmesse mit Ansprache, deren Besuch den Prediger sehr erfreute. Ein Erlebnis war die Gemeinschaftsmesse mit Generalkommunion am letzten Tag, 450–500 empfingen dabei den Leib des Herrn. Im Ganzen wurden während der religiösen Woche 2100 Kom. gespendet. Die Begeisterung stieg ganz besonders in den letzten 3 Tagen: Herz Jesu Fest: hielt der hochwürdigste Herr Bischof die Sühneandacht; Samstag: Marienfeier; Sonntag: Schlußandacht mit päpstl. Segen, Weihe an das hlst. Herz Jesu, Te Deum, anschließend Gedenkfeier für die lebenden u. toten Krieger; die Kirche gedrängt voll.

Viele kamen nachher in die Sakristei und dankten für diese Woche; Männer kamen am nächsten Tag in die Pfarrkanzlei, um ihre Freude und Begeisterung mitzuteilen.

Linz, am 17. Juni 1942 P. Paulus Wörndl, Pfarrkurat."

Die Beziehungen, die in Wels und Linz mit Dr. Gantenberg geknüpft wurden, hielten lange an. Die Jugendlichen korrespondierten mit ihm, besuchten ihn in Passau oder nahmen an von ihm gehaltenen Einkehrtagen und Exerzitien (z. B. in Hamberg) teil. Diese Anhänglichkeit hätte ihn am ehesten gefährden können. Mit manchen aktiven Mitgliedern der katholischen Jugend von damals hat Gantenberg noch heute Kontakt. Bischof Fließer (1941 bzw. 1946–1955)[15] unterstützte das Wirken Gantenbergs mit großem Wohlwollen. An ihm hatte er einen echten Halt.

Der Ruf, den sich Gantenberg als Jugendseelsorger erworben hatte, führte dazu, daß er auch nach Steyr, Salzburg und mehrmals nach St. Pölten gerufen wurde. Hier waren es vor allem Bischof Michael Memelauer (1927–1961) und Jugendseelsorger Dr. Franz König (geb. 1905; jetzt Kardinalerzbischof von Wien), die seiner Tätigkeit ihre Förderung angedeihen ließen.

15 Kapitelvikar und Weihbischof 1941–1946, Bischof 1946–1955, gestorben am 12. 6. 1960.

Florentin Nothegger

Die Franziskanerklöster in Oberösterreich 1938 bis 1945

Die Franziskaner besaßen im Jahre 1938 in Oberösterreich sieben Niederlassungen; ihr Arbeitsfeld war teils die Pfarrseelsorge, teils die außerordentliche Seelsorge durch Volksmissionen, Exerzitien, Aushilfen u. dgl.

Die Niederlassung in Steyr, das Konvikt Vogelsang, war ein Schülerheim für Schüler der verschiedenen Schulgattungen. Daß dieses unter dem nationalsozialistischen Regime nicht geduldet würde, war vorauszusehen. Aber auch Steyr wurde von den Franziskanern nicht ganz verlassen, und auch von den übrigen sechs Stützpunkten mußte keiner völlig geräumt werden, sehr zum Unterschied von Salzburg und Tirol, wo viele Klöster vollständig aufgehoben wurden. Zwar wurden auch in Oberösterreich die Franziskaner in ihrer seelsorglichen Tätigkeit sehr eingeschränkt, sei es durch staatliche Verfügungen, sei es durch Personalmangel infolge der Einberufungen zum Militär. Interessant ist, daß der Dritte Orden in Oberösterreich im Gegensatz zu Tirol weiterbestehen durfte.

Im folgenden soll ein kurzer Überblick über die Schicksale der einzelnen Franziskanerniederlassungen geboten werden.

Suben

Wenn wir die Zeit vor dem Josephinismus mit seinen Klosteraufhebungen außer Betracht lassen, dann ist Suben die älteste Franziskanerniederlassung in Oberösterreich. Im Gebäude des aufgehobenen Chorherrenstiftes war eine weibliche Strafanstalt unter der Leitung der Schwestern vom Guten Hirten untergebracht worden. Auf Bitten des ehrwürdigen Bischofs Rudigier übernahmen Franziskaner der Tiroler Ordensprovinz 1856 die Seelsorge dieser Anstalt (später in eine Männerstrafanstalt und in ein Arbeitshaus umgewandelt) und die Betreuung der Pfarrei. Auch Aushilfen wurden geleistet. Die Wohnung der Franziskaner, ein kleines Klösterchen, das ihnen vom Staat erbaut worden war, und der zugehörige Garten waren Staatseigentum. Das Benützungsrecht der Franziskaner war grundbücherlich nicht verzeichnet. Die NS-Behörden

wollten daher, daß der Orden darauf verzichte. Die Franziskaner antworteten (28. Dezember 1941), daß die für Pfarre und Arbeitshaus notwendigen Patres auswärts keine Wohnung finden könnten, man wolle aber einige Zimmer und einen Teil des Gartens zur Verfügung stellen. Darauf ging man ein. Die entsprechenden Räume wurden durch eine Mauer getrennt und daraufhin von zwei Familien bezogen. So blieb es bis Kriegsende.
In der Nacht vom 2. auf 3. Mai 1945 erfolgte ein Beschuß durch die Amerikaner von Bayern herüber. Kirche, Turm und Kloster bekamen je einen Volltreffer, wurden aber nicht zerstört. Gegen Kriegsende fanden auch aus Jugoslawien geflüchtete Mitbrüder in Suben Unterkunft.

Maria Schmolln

Pfarre und Wallfahrtsort gehören den Franziskanern seit 1. Februar 1864. Maria Schmolln diente in der NS-Zeit anfangs als Zufluchtsort für betagte Mitbrüder aus aufgehobenen Klöstern. So kam der greise P. German Niederstätter, der als bekannter Organist und Musiker 50 Jahre in Salzburg gelebt hatte, nach der Aufhebung von Salzburg 1938 hierher. Aber auch er und manche andere konnten nicht bleiben, denn am 15. Jänner 1941 kam die Gestapo und sprach die Aufhebung aus. Alles wurde dem Staat als Eigentum zugesprochen. Bis zum 20. Jänner mußte das Kloster geräumt sein, jeder Ordensmann durfte seine persönliche Habe und 100 Reichsmark mitnehmen. So kamen nun einzelne Patres auf Seelsorgeposten in der Diözese Linz, u. a. P. Theodor Kirchlechner nach Tragwein, P. Karmel Mayrbäurl nach Königswiesen, P. Raimund Gastl nach Saxen usw. P. German Niederstätter kam in ein Salzburger Altersheim. Zwei Patres durften für die Betreuung der Pfarre Maria Schmolln zurückbleiben, außerdem ein Laienbruder als Mesner. Die drei Ordensmänner sollten außerhalb der Klostergebäude Wohnung nehmen; dazu kam es aber nicht. So war das Kloster nie ganz von den Franziskanern verlassen, wenn es auch teilweise von Privaten bewohnt war. Vom Sommer bis Winter 1941 wurden hier aus Köln geflüchtete Frauen und Kinder untergebracht, dann bis Frühjahr 1943 eine Knabenschule (ebenfalls aus Köln), hierauf eine Mädchenklasse einer Wiener Hauptschule, vom Herbst 1943 bis Herbst 1944 eine Wiener Oberschule für Knaben. Bei Kriegsende waren drei bis vier Wochen lang 30 amerikanische Soldaten einquartiert. Ende Juni 1945 war das Haus wieder frei, doch war ein Großteil der Einrichtung abhanden gekommen.

Bruckmühl

1883 bezogen die Franziskaner eine Niederlassung in Bruckmühl, die seit 1901 mit einer Pfarrei verbunden war. Hier kam man in der NS-Zeit ziemlich ungeschoren davon. Im Juli 1942 drohte zwar nach kommissioneller Untersuchung die Gefahr der Beschlagnahme, sie wurde aber nie durchgeführt, weil das Kloster grundbücherlich als Pfarrhof aufschien. Im April 1944 mußte man zwar einige Personen aus Linz aufnehmen. Infolge der Feuchtigkeit im Erdgeschoß bestand keine Möglichkeit mehr, weitere Personen unterzubringen. Eine kurze Militäreinquartierung gab es im April 1945. Das brachte eine gewisse Gefährdung mit sich, als die Amerikaner schon jenseits des Hausrucks standen und am Hausruck eine Verteidigungslinie aufgebaut werden sollte. Doch der Kelch ging vorüber. Alles endete in Frieden mit dem Einzug der Amerikaner am 4. Mai.

Pupping

Das größte Franziskanerkloster in Oberösterreich war Pupping. Es war (nach der Aufhebung von 1786) im Jahre 1879 neu gegründet worden. Der Sterbeort des hl. Wolfgang war ein Zentrum franziskanischer Volksmissionen. Um Pupping blieb es ruhig bis zum September 1940. Am 17. September d. J. kam der Bescheid, daß das Kloster mit Garten zur Unterbringung von Bessarabiendeutschen verwendet werde. Es kamen auch tatsächlich 215 an. Den Franziskanern wurde aber ein Trakt mit zehn Zellen belassen; später bekamen sie sogar noch weitere vier dazu, damit sie eine Küche und einen Speiseraum einrichten und zum Betchor bzw. Musikchor gelangen konnten. Auch der Garten verblieb den Franziskanern. Im Februar 1941 mußten sie aber die vier erwähnten Zellen wieder abtreten. In der Folgezeit gab es ein ständiges Kommen und Gehen. Nach den Bessarabiendeutschen waren hier vom 21. April bis 11. Juni 1941 insgesamt 250 Mann Waffen-SS, dann kamen Deutsche aus der Bukowina und aus Jugoslawien, schließlich Flüchtlinge, die bisher in Kremsmünster untergebracht gewesen waren. Es gab auch Pläne zur Errichtung einer Marineschule oder eines Altersheimes. Schließlich wurden in Pupping Baracken für ein Gefangenenlager gebaut, und am 13. März 1942 kamen 1200 meist kranke Russen an. Die Wachmannschaft wurde im Kloster einquartiert. Anfang 1943 forderte der Lagerkommandant das ganze Kloster an. Durch Verwendung von Bischof Fließer wurde es aber möglich, daß zumindest einige Franziskaner bleiben durften. Die anderen mußten bis 13. März d. J. versetzt werden. Die drei belassenen Räume waren bestimmt für den Lokalkaplan, den Organisten und einen Laienbruder als Mesner. In Pupping hatte nämlich das bischöfliche Ordinariat am 31. Oktober 1941, dem Fest des hl. Wolfgang, eine Seelsorgestelle, eine sogenannte Lokalkaplanei, für bestimmte Teile aus den Pfarren Hartkirchen, Eferding und Stroheim errichtet. So war das Puppinger Gotteshaus nicht mehr bloß Klosterkirche und konnte nicht so leicht beschlagnahmt werden. Auch mußte der Lokalkaplan belassen werden. Die bisher recht reiche Seelsorgetätigkeit von Pupping aus war freilich nun lahmgelegt, doch suchte man wenigstens den 950. Todestag des hl. Wolfgang (31. Oktober 1942) noch feierlich zu begehen. Langsam wurde nach Kriegsende das Kloster wieder geräumt.

Enns

Die Ennser Ordensniederlassung wurde 1859 gegründet. Hier war keine Pfarre zu betreuen. Hauptaufgabe waren die seelsorglichen Aushilfen in der Stadt und Umgebung. Enns hatte damals eine eigene Klosterkirche, für die, wie in Pupping, in der NS-Zeit ebenfalls ein Pater als Rektor ernannt wurde.

Das Kloster Enns war übrigens ein ziemlich winkeliges, unbequemes Gebäude, das für Einquartierungen nicht sehr geeignet war. In einigen Räumen, die man abtrennte, waren vom Frühjahr 1941 bis September 1942 25 belgische Kriegsgefangene und die zugehörige Wachmannschaft untergebracht. Dafür wurden pro Kopf und Tag 3 Reichspfennig Miete bezahlt! Dann wurden die Räume schließlich an fünf Familien vergeben. Seit März 1945 ergoß sich ein Flüchtlingsstrom nach dem Westen. In Enns aber sagten Plakate: Hier wird nicht zurückgezogen, hier wird gestanden und gekämpft! Dieser Wochen dauernden Nervenprobe setzten die Amerikaner am 5. Mai 1945 ein Ende. Einige Zeit später wurde hier an der Enns die berüchtigte Demarkationslinie aufgebaut; Ennsdorf war bereits in der sowjetischen Besatzungszone.

Steyr

Hier führten die Franziskaner seit 1928 das Konvikt Vogelsang sowie eine Privathauptschule. Dazu gehörten außer dem ,,Schloß Vogelsang" (ehemals Eigentum des Steyrer Waffenkönigs Werndl, dann der Baronin

Imhoff und des Grafen Coburg-Gotha) noch mehrere Nebengebäude und ein großer Park und Garten. Nach dem Umbruch im März 1938 gelang es zwar noch, das Schuljahr abzuschließen, nur mußte man mehrere Räume an das Militär vermieten. Man hoffte aber noch, das Konvikt mit 70 Buben weiterführen zu können. Doch unmittelbar nach Schulanfang, am 12. September 1938, wurde die Schließung aller konfessionellen Schulen verfügt. Die NS-Partei wollte nun ihrerseits Vogelsang als Schülerheim weiterführen, natürlich mit Verwendung der ganzen vorhandenen Einrichtung. So hat man es auch anderswo gemacht und von Ordensleuten geführte Heime samt der kompletten Einrichtung zuerst gemietet, später enteignet. In Steyr verlief die Entwicklung gottlob anders, weil man das Haus schnell an das Militär als Wehrbezirkskommando vermietete. Der Vertrag konnte gerade noch unterschrieben werden. Schon eine Minute später kam die Kommission, die die Niederlassung als Schülerheim beanspruchte. Die Partei bekam von der Wehrmacht die Antwort: „Wir haben das Haus mit allen zur Verfügung stehenden Räumen gemietet, davon stehen wir nicht ab."

Auf diese Weise war es möglich, daß ein Franziskanerpater und zeitweise auch noch ein dienstverpflichteter Laienbruder als Gärtner bleiben konnten. Die Gefahr war aber noch nicht gebannt. Am 9. Mai 1942 erging eine Vorladung durch den Oberbürgermeister zu einer Verhandlung über den „freien" Verkauf von Vogelsang. Sollte es zu keiner freiwilligen Vereinbarung kommen, wurde Enteignung angedroht. Seitens des Ordens sagte man sich mit Recht: Verkauft ist verkauft, wenn auch unter Zwang. In diesem Fall ist es auch bei einem Regimewechsel nicht möglich, das Haus zurückzubekommen. Zunächst antwortete man, man wolle Zweck und Bedingungen für einen Verkauf erfahren. Es hieß, die Wohnungsnot fordere alle Gebäude und auch die Grundstücke zur Verbauung. In Wirklichkeit wollte hier die Reichspostdirektion Linz ein großes Gebäude und einen Sportplatz errichten. Man drohte abermals mit der Enteignung. Im Grundbuch war seinerzeit ein Verkaufsverbot eingetragen worden, d. h., man hätte den Besitz nicht privat veräußern dürfen. Nach vielen Rekursen wurde diese Eintragung auf Entscheid des Reichsverwaltungsgerichtshofes Berlin vom 25. Mai 1944 gelöscht. Das Kriegsende verhinderte den Verkauf. Für Steyr kamen andere Sorgen durch die Bombardierungen und durch die Furcht vor den vorrückenden Russen. Am 5. Mai 1945 wurde Steyr von den Amerikanern befreit, die auch in Vogelsang Quartier nahmen. Ende Mai aber diente Vogelsang mehreren hundert Flüchtlingen, besonders Polen, als Quartier. Trotz mancher Schäden durch Plünderung und Bomben (es fiel aber keine einzige auf das Haus selbst, sondern nur auf den Park) öffnete das Konvikt schon im Herbst 1945 wieder seine Tore als Schülerheim.

Baumgartenberg

Seit 1889 sind die Franziskaner in Baumgartenberg tätig. Sie betreuen die Pfarre und die Erziehungsanstalt der Schwestern vom Guten Hirten. Außer dem Klösterchen (Pfarrhof) gehörte den Franziskanern noch ein Nebengebäude. Das einstige, durch Josef II. aufgehobene Zisterzienserstift wurde von Schwestern und Zöglingen bewohnt.
Die Gegend selbst spürte schon 1938 durch die Ankunft von Flüchtlingen aus der Tschechoslowakei den Ernst der Lage. Im September d. J. kamen etwa 500 Frauen und Kinder an, für die man im Frauenkloster und in unserem Nebengebäude Unterkunft schaffen mußte. Diese Flüchtlinge wurden abgelöst von 500 Mann deutschen Militärs, das dann bald zur Besetzung der deutschsprachigen Gebiete der Tschechoslowakei wieder abzog. Dann kamen in das Frauenkloster Pfleglinge von Hartheim und aus verschiedenen Armenhäusern; im September 1940 wurden sie wieder (wohl zur Vernichtung) abtransportiert. Im Oktober 1940 folgten 1000 Bessarabier, die aber bald in den Warthegau weiterbefördert wurden. Schließlich wurde im Frauenkloster ein Alters- und Fürsorgeheim eingerichtet.
Die Franziskaner konnten stets bleiben. Soweit sie Räume entbehren konnten, wurden diese belegt, und zwar vom August 1939 bis Mai 1940 mit 20 belgischen Kriegsgefangenen, hierauf von Familien; im Nebengebäude wurden auch gefangene Franzosen untergebracht. Wegen der vielen Flüchtlinge, die hier starben, mußte 1944 ein neuer Friedhof angelegt werden. Am 5. Mai 1945 rückten auch hier die Amerikaner ein, aber schon am 10. Mai kamen dann die Russen als Besatzungstruppe.
Baumgartenberg war das einzige Franziskanerkloster im Mühlviertel, also in der russischen Zone. Frauenkloster und Franziskanerkloster wurden von den Russen vornehm behandelt, aber sonst geschah viel Schlimmes, wie die Klosterchronik meldet.

Schluß

Die Geschichte der genannten Klöster von 1938 bis 1945 ist freilich nicht nur die Geschichte der Gebäude, sondern zu allererst ihrer Bewohner.

Wenn auch der eine und der andere Ordensmann bleiben konnte, viele andere wurden aus ihrem jeweiligen Kloster gedrängt. Einige kamen als Kooperatoren oder Pfarrvikare auf die Pfarreien der Diözese Linz, einer (P. Remigius Ehwallner, dzt. in Maria Schmolln) versah unter armseligen Verhältnissen die Pfarre Thurmplandles bei Krumau, in jenem Teil der Diözese Budweis, der damals als Generalvikariat Hohenfurth von Linz aus verwaltet wurde. Einige mußten auch, zumal wegen ihrer Predigten, eine Haftstrafe verbüßen. P. Marzell Schlederer († 9. Mai 1978), damals Pfarrvikar von Sarleinsbach, wurde im November 1944 verhaftet und war dann bis zum Kriegsende in Straubing. Er dachte zeitlebens mit Grauen an jenen Augenblick, da er vor dem Volksgerichtshof mit dem berüchtigten Vorsitzenden Roland Freisler gestanden hatte. Abschließend seien die Namen jener aus Oberösterreich gebürtigen Franziskaner erwähnt, die im Krieg gefallen oder vermißt sind: P. Leonhard Brandstätter[1] aus Wallern; die Theologiestudenten Fr. Hieronymus Ginthör[2] von Saxen und sein Bruder Fr. Chrysologus[3]; Fr. Othmar Steindl[4] aus Pupping (Hartkirchen); Fr. Gottfried Sattlecker[5] aus Maria Schmolln; Fr. Heinrich Huber[6] aus Ternberg; Fr. Lorenz Magauer[7] aus Sarleinsbach; die Laienbrüder Fr. Markus Krenslehner[8] aus Enns; Fr. Gabriel Dobringer[9] aus St. Marien an der Krems und Fr. Jukundus Starzer[10] aus Baumgartenberg. Sie alle waren Mitglieder der Tiroler Franziskanerprovinz, zu der die oberösterreichischen Klöster gehören. Der Wiener Franziskanerprovinz gehörten die Laienbrüder Fr. Wolfgang Redl[11] aus Linz-Urfahr und Fr. Florian Wegerer[12] aus Lasberg an, die ebenfalls im Kriege gefallen sind.

Die Daten zu dem vorstehenden Überblick sind mündlichen Mitteilungen, vor allem aber der „Chronik der Tiroler Franziskanerprovinz Bd. V" (Hs. im Provinzarchiv der Franziskaner in Hall in Tirol) entnommen.

---

1 Vermißt seit 3. 2. 1945 bei Schweĉk (Rußland).
2 Gefallen am 4. 2. 1945 bei Breisach am Rhein, begraben in Bitzing am Rhein.
3 Gefallen am 6. 2. 1943 bei Woronesch (Rußland).
4 Gestorben am 20. 8. 1945 im Gefangenenlager Baĉka-Palanka (Jugoslawien).
5 Gefallen am 15. 10. 1942 in Kurinsky am Kaukasus.
6 Gefallen am 3. 12. 1942 in Toropez (Rußland).
7 Gefallen am 13. 5. 1944 bei Rom.
8 Gefallen am 3. 1. 1945 in Edlingen in der Untersteiermark bei einem Luftangriff auf den Bahnhof.
9 Vermißt seit 18. 1. 1945 bei Königsberg (Ostpreußen).
10 Gefallen am 17. 11. 1943 bei Retschiza (Rußland).
11 Gefallen am 24. 1. 1945 in Bischofsthal (Schlesien).
12 Gefallen am 12. 3. 1945 bei Bad Königsdorf (Schlesien).

Karl Rehberger

Die Stifte Oberösterreichs unter dem Hakenkreuz

Bei der Behandlung dieses Themas stellten sich viele Fragen, deren Komplexität nur in einer größeren Arbeit dargelegt werden kann. Es muß späteren Forschungen überlassen werden, über die Betrachtung einzelner Vorgänge hinaus die weiteren Zusammenhänge zu erhellen. Die bisherige, bereits sehr umfangreiche Literatur zum Thema Nationalsozialismus kommt über doch eher bescheidene Bemerkungen zu seinem Vorgehen gegen Klöster nicht hinaus.

Klosteraufhebungen bzw. Säkularisationen – auch dieser Ausdruck kommt in den Akten vor – hat es im Verlaufe der Kirchengeschichte schon mehrfach gegeben. Doch unterscheiden sich die früheren von denen der NS-Zeit in vielen Punkten. Es wäre eine reizvolle Aufgabe, dem nachzugehen (theologisch-philosophisch, kulturpolitisch, seelsorglich, utiliterarisch, wirtschaftlich usw.).

Der Absolutheitsanspruch des Nationalsozialismus führte notwendigerweise zum Kampf gegen die Kirche und zur grundsätzlichen Negation der Orden als des „militanten Armes der katholischen Kirche. Sie müssen daher von ihren Einflußgebieten zurückgedrängt, eingeengt und schließlich vernichtet werden", wie es 1938 in einer Geheimanweisung des Sicherheitsdienstes heißt[1].

Es kommen folgende acht Stifte zur Sprache: St. Florian, Reichersberg, Schlägl, Kremsmünster, Lambach, Wilhering, Schlierbach und Engelszell. Mit Ausnahme von St. Florian konnte sich die Arbeit auf mehr oder weniger ausführliche Vorarbeiten stützen. St. Florian spielte im behandelten Zeitraum eine besondere Rolle. Es wurde der gesamte diesbezügliche Archivbestand durchgesehen. Aus der Fülle des Materials kann nur weniges ausgewählt werden.

---

1 Der Nationalsozialismus. Dokumente 1933–1945. Hrsg. Walther Hofer, Frankfurt 1957, S. 156.

Das Stift St. Florian nach dem Anschluß

Am 6. April 1938 schrieb Gauleiter Eigruber in Beantwortung eines vom Stift St. Florian an ihn gerichteten Briefes, dessen Inhalt nicht bekannt ist: „Für Ihr Schreiben vom 3. April 1938 danke ich verbindlichst. Es freut mich aufrichtig, daß das Augustiner-Chorherrenstift die Disziplin so hoch hält und den Namen des Führers mit allen Kräften schützt und verteidigt. Ich danke der Stiftsvorstehung, der Direktion und dem Professorenkollegium für dieses Zeichen Ihrer hohen Gesinnung und werde dies auch an geeigneter Stelle zur Kenntnis bringen“[2].
Welche Fakten mögen dieses Lob ausgelöst haben, auch abgesehen davon, daß der 10. April vor der Türe stand?
Nach dem Ende des ersten Weltkrieges mußte der damalige Abt von Emaus in Prag, P. Alban Schachleiter, 1860 in Mainz geboren und seit 1908 Abt, aus politischen Gründen das Land verlassen. Als Flüchtling weilte er vom 10. Dezember 1918 bis 29. Oktober 1919 in St. Florian[3]. Von seinen weiteren Wohnsitzen in Bayern trat er verschiedentlich offen für Hitler ein[4] und in den Briefen, die er an Propst Hartl (1872–1944) von St. Florian schrieb, macht er aus seiner Begeisterung für Hitler kein Hehl. 1931 schreibt er: „Ich halte es schon lang mit dem Stahlhelm, mit den Nazisozi und namentlich den Deutschnationalen. Wie töricht, wie verhängnisvoll auch für die Kirche in Deutschland, das Verhalten der Bischöfe! Die werden schon bald den Stahlhelm und Hitler um Hilfe angehen im Kampfe gegen den Bolschewismus. Zu den größten Schändlichkeiten gehört es, wie man in der katholischen Presse Hitler und seine Bewegung verleumdet . . .“ Das Kreuzchen vor seinem Namen in der Unterschrift ist in der Form des Hakenkreuzes ausgeführt[5].

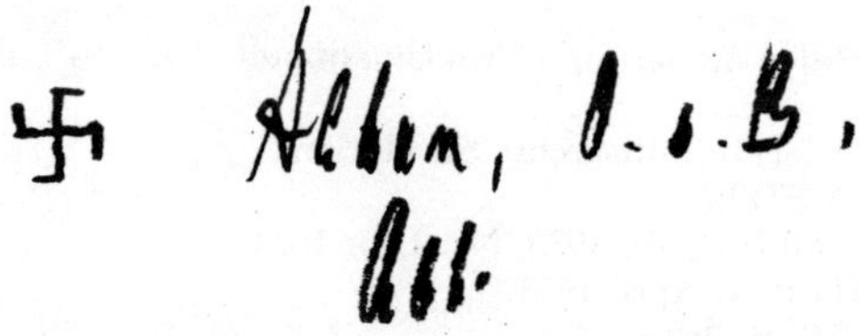

2 Aktenstücke aus dem chronologisch und zum größten Teil auch alphabetisch geordneten Bestand der NS-Zeit im Stiftsarchiv St. Florian werden dann nicht eigens in den Anmerkungen ausgewiesen, wenn das genaue Datum aus dem Text der Darstellung ersichtlich ist. Die meisten der hier zitierten Archivalien wurden außerdem xeroxkopiert und nach Sachgruppen geordnet.

3 Gästebuch-Eintragung zum 29. Oktober 1919: „Ein besser Asyl hätte ich für die Zeit meines Exils nicht finden können! Gottes reichster Segen komme über dieses Haus.“

1932 verurteilt er wieder das Verhalten der Bischöfe und der katholischen Presse Hitler gegenüber: Leider Gottes macht auch die Reichspost den Feldzug gegen Hitler mit. Als ,,Geheimnis" verrät er dem Propst: Dr. Funder schrieb mir einmal: ,,ich muß so tun, bin von der Partei aus dazu gezwungen." Abt Alban kritisiert dann das Verhalten der NSDAP in Österreich, aber Fehler kommen überall vor. ,,Hitler ist belehrbar". Er ist von Rosenberg und seinem Unglücksbuche abgerückt. Er wird sogar als Römling und verkappter Jesuit verdächtigt. Die Bischöfe in Deutschland und in Österreich werden noch froh an ihm sein. ,,Ich schreibe diese Zeilen, weil es mir leid täte, wenn Euer Gnaden in solcher Weise über den Mann urteilten, von dem so Großes zu hoffen ist"[6]. Hartl hatte als Antwort den Aufsehen erregenden Hirtenbrief Bischof Gföllners vom Jänner 1933[7] übersandt, zumal Schachleiter einen Aufsatz ,,gegen gewisse politische Schlußfolgerungen im Hirtenbrief" verfaßt hatte. Die Vorlage hatte er der Reichspost entnommen. Man habe die Bischöfe bisher hintergangen und Hitler für alles verantwortlich gemacht, was in der Partei geschrieben worden ist. Abt Alban sieht es als ein Unglück für die Kirche an, daß sie in Gegnerschaft zur Freiheitsbewegung steht, ,,die nun diesen so unerhört großen Sieg errungen hat"[8], nämlich die Machtergreifung. Schachleiter fühlt sich in seinen bisherigen politischen Ansichten bestätigt. Hitler hatte dann am 12. Mai 1933 den Abt in Feilnbach bei Bad Aibling besucht und zum 50jährigen Profeßjubiläum gratuliert[9]. Der Abt starb am 20. Juni 1937 und Hitler ordnete ein Staatsbegräbnis an[10]. Die Mitra wurde angeblich im Parteimuseum in München aufbewahrt[11].

4 Max Domarus, Hitler. Reden und Proklamationen 1932–1945. Band I/1, München 1965, S. 269.

5 15. Juli 1931, STA STFL (Stiftsarchiv St. Florian).

6 9. Dez. 1932, STA STFL.

7 Linzer Diözesanblatt (LD) 79, 1933, Nr. 1, S. 1–14.

8 Brief an Propst Hartl, 4. April 1933.

9 Domarus, Hitler I/I, S. 269.
John S. Conway, Die nationalsozialistische Kirchenpolitik 1933–1945. München 1969. Dokumente zur Kirchenpolitik des Dritten Reiches. Band I. Das Jahr 1933. München 1971. Band II. Das Jahr 1934/35, München 1975.

10 Domarus, Hitler I/2, S. 107.

11 Hitler und das Augustiner-Chorherren-Stift St. Florian. Auszug aus den Erinnerungen von Hannah Spohr: Staatsbesuch des Großmufti Amin al Husseini (16. Dezember 1944), S. 6. Ms. im STA STFL.

Es ist nicht bekannt, ob und inwieweit Prälat Hartl seinen Mitbrüdern von der Korrespondenz und vor allem von den Ansichten Schachleiters berichtete.
Im Studienjahr 1937/38 hatte die Philosophisch-theologische Lehranstalt im Stift 51 Hörer[12]. Nationalsozialistisches Gedankengut und Sympathien für die auf Österreich zukommenden Ereignisse gab es sowohl bei einigen Professoren als auch bei den Studierenden. Auch unter den übrigen Chorherren gab es ähnlich Gesinnte, von denen der eine oder andere bald darauf aus dem Orden ausschied. Im Protokollbuch zum oben genannten Studienjahr ist festgehalten: „Während wir die jungen Leute mit der neuen Zeit vertraut machten und sie in die neue Zeit hineinführten, hielt die Obrigkeit an ihrem engen Standpunkt unentwegt fest. Das Verhalten des Reichersberger Klerikers Lambert Weißl[13] mit seinem Schimpfgedicht auf den Führer ist ein Schandfleck."
Öffentlich engagierte sich der Dogmatikprofessor Dr. Alois Nikolussi (1890–1965), doch nicht parteipolitisch. Ihm ging es um die „seelsorgliche Betreuung von Nationalsozialisten . . ., die für Religiöses noch ein Interesse haben . . . den Verirrten müsse man nachgehen, damit gerettet werde, was gerettet werden kann . . . Man müsse sich der seelischen Not derer annehmen, die nicht im Stande sind, sich darüber ein richtiges Urteil zu bilden, inwieweit die Teilnahme an der nationalsozialistischen Bewegung mit dem Gewissen in Einklang gebracht werden kann. Wenn man ihnen zeigt, daß diese Bewegung nicht notwendig dem Christentum entgegen sei, dann sind sie der Kirche gegenüber in viel besserer Stimmung und der religiösen Führung zugänglich . . . Das sei das Ziel, das er bei solchen etwa monatlichen Vorträgen in ganz geschlossenen kleinen Kreisen verfolge. Es sei ihm rätselhaft, daß durch die paar Worte, die er gesprochen hat, sogleich ein solches Aufsehen entstanden sei. Nun aber hat er den Handschlag gegeben, daß er sich dieser Aufgabe widmen wolle, und könne daher aus sich selbst heraus sein Wort nicht zurücknehmen . . ."[14]. In einem Brief an den Propst vom 12. März schrieb Nikolussi: „Wie lange die Welt steht, wird es immer so sein: Bei Anbruch einer neuen Zeit kommt Zwiespalt in die Familien. Die einen jubeln, die anderen trauern . . . Es ist (also) nicht bloß ein Geist der Ver-

---

12 Theologische Lehranstalt 1896–1969. Protokollbuch, STA STFL.
13 Wie Anm. 12; geschrieben von Dr. F. Linninger.
14 Mitteilung des Propstes Hartl an Bischof Gföllner vom 11. März 1938. Nachlaß Dr. Alois Nikolussi, STA STFL.

neinung, der mich vielfach andere Wege gehen läßt, sondern es liegt doch auch Sinn darin. Ich hoffe und wünsche, daß dieser Briefwechsel eine gefährlich klaffende Kluft überbrückt".

Am 24. März wurde Dr. Nikolussi, damals auch Pfarrer in Asten, vom Landesschulrat zum kommissarischen Beirat des Stiftsgymnasiums St. Florian bestellt. In den anderen Stiftsgymnasien wurde jeweils ein Laie mit dieser Aufgabe betraut. In dieser Funktion hielt er am 3. April im Konvikt eine kurze Ansprache über das Verhältnis von Kirche und Staat[15]. Zur Festfeier am Geburtstag des Führers hielt wieder Nikolussi die Festansprache[16].

Inzwischen war aus der Feder Nikolussis in der Amtlichen Linzer Zeitung vom 5. April sein Wahlaufruf vom 24. März erschienen[17]: ,,Es ergeht an die Priester die Einladung, an der großen deutschen Bewegung aktiv mitzuarbeiten. Wenn wir die große Stunde nicht erkennen, werden wir einmal ohne Volk sein. Wir wollen lieber an die Seelen denken, nicht an die verlorene Macht, die uns ohnedies nie gebührt hat . . .". Gauleiter Eigruber begrüßt in einem Nachsatz ,,diesen Beweis echter Volksverbundenheit, aus dem für Volk und Heimat und alle positiven Kräfte, die diesen dienen sollen, nur Gutes ersprießen kann"[18].

Trotz dieser Situation und des Lobes Eigrubers setzten sehr bald diverse Forderungen seitens der Nationalsozialisten ein. Die Gaudienststelle ,,Kraft durch Freude" wollte zu einem geringeren Eintrittspreis die Sammlungen des Stiftes besichtigen und beruft sich darauf, daß das Stift ,,sich in der illegalen Zeit einen sehr guten Namen erworben (hat und man glaube), daß der Gedankengang bestimmt noch derselbe sein wird"[19]. Die Reichswerke ,,Hermann Göring" wollen zwei Höfe für Umsiedlungszwecke aus dem beabsichtigten Hüttengelände in Linz/St. Peter[20]. Die HJ beanspruchte sieben Heimräume im Stift[21] und die Kriegsopferversorgung zog in die Unterkunft des aufgelösten Gesellenvereins ein[22]. Schließlich war wie in den anderen Stiften ein großes Kontingent

15 III. Jahresbericht des Stiftsgymnasiums St. Florian 1937/38, S. 10.
16 Wie Anm. 15, S. 11.
17 Harry Slapnicka, Oberösterreich – als es ,,Oberdonau" hieß (1938–1945). (Beiträge zur Zeitgeschichte Oberösterreichs 5), Linz 1978, S. 52, 342.
18 Slapnicka, ,,Oberdonau", 52.
19 22. Juni 1938, Nachlaß Nikolussi, STA STFL.
20 24. August 1938, STA STFL.
21 10. Jänner 1939, STA STFL.
22 17. März 1939, STA STFL.

von 600 Bessarabiern aufzunehmen. Zu diesen kamen noch etwa 400 Deutsche aus der Bukowina. Diese 1300 Personen mußten Anfang Juni 1941 innerhalb von zwei Tagen das nun schon beschlagnahmte Stift verlassen[23].

Mit all der Unruhe, die die Ereignisse der Märztage 1938 auch für das Stiftsgymnasium gebracht hatten, wurde das Schuljahr zu Ende geführt. Bereits am 15. März durchsuchten Polizei und SA das Stift nach Waffen. Die Studenten gaben sogar ihre Stiletts ab, erhielten sie aber bald wieder zurück. Veranstaltungen der HJ und DJ brachten die Konviktsordnung durcheinander. Vom 2. bis 6. Mai war schriftliche Matura, am 1. Juni fand im Beisein des Landesschulinspektors Hermann Foppa[24] die Schlußkonferenz statt. Eine mündliche Matura gab es nicht. Am 20. Juni war noch Aufnahmsprüfung, und der Beginn des neuen Schuljahres war auf den 12. September angesetzt[25]. Da traf es den Propst besonders hart, daß auch das St. Florianer Stiftsgymnasium mitsamt dem Konvikt, dem Sängerknabenchor und der sogenannten Brucknerschule zur speziellen musikalischen Ausbildung angehender Lehrer aufgehoben werden sollte. Bereits am 22. Juni 1938 wandte sich Hartl an Reichskommissar Josef Bürckel in Wien. ,,Da es (nun) allbekannt ist, wie sehr der Führer die Kunst und besonders die Musik eines Bruckner liebt, so nehme ich mir den Mut, unsern Reichskommissar zu bitten, unsere Brucknerschule der Förderung seitens der Behörden zu empfehlen . . . Daß der Glaube an Führer und Reich in unseren Anstalten tiefe Wurzeln gefaßt hat, ist bekannt". Nach dem allgemeinen Erlaß vom 23. Juli 1938, wonach allen Privatgymnasien das Öffentlichkeitsrecht entzogen wurde, kam vom Landesschulrat Oberdonau am 9. September die Verständigung, daß das Privatgymnasium St. Florian die vom Nationalsozialismus geforderten Bedingungen nicht erfülle.

Jetzt begann eine hektische Aktivität. Der Propst wollte nichts unversucht lassen, um die Schule doch noch zu retten. Die Eingaben richteten sich an alle nur denkbaren Stellen, einschließlich Hitler selbst[26]. Hartl weist immer wieder auf die großen Leistungen des Stiftes in der Vergangenheit hin und besonders auf den Zusammenhang von Anton Bruckner

23 Berichte im STA STFL.

24 Harry Slapnicka, Oberösterreich – Die politische Führungsschicht 1918 bis 1938. Beiträge zur Zeitgeschichte Oberösterreichs 3. Linz 1976, S. 85f.
Slapnicka, ,,Oberdonau", S. 456.

25 Wie Anm. 15, S. 9–12.

26 Vgl. Liste beim Aktenstück 21. Mai 1939.

und Musikpflege im Stift. Im Gesuch an Hitler vom 11. September 1938 erinnert er an die Enthüllung der Brucknerbüste in der Walhalla bei Regensburg im Jahre 1937. An dieser Feier nahm Propst Hartl als Vertreter Oberösterreichs der Internationalen Brucknergesellschaft teil. Hartl vergißt bei dieser Gelegenheit auch nicht, an die Verbindung mit Abt Alban Schachleiter zu erinnern. „So stelle ich denn unsere ‚Brucknerschule' und unser Haus unter Ihren persönlichen Schutz und bitte um ein rettendes Wort für unsere Schule und um die hohe Ehre der Anwesenheit des Führers am nächstjährigen Brucknertag von St. Florian."
Anfang Oktober 1938 war im Radio zu hören: Das Gymnasium und Konvikt Kremsmünster wird im kommenden Schuljahr in staatlicher Form weitergeführt . . . Propst Hartl hörte hier auch eine Möglichkeit für St. Florian heraus. Landesschulrat Lenk mußte ihn aber enttäuschen[27]. Auch noch 1939 unternahm St. Florian Schritte zur Rettung des Gymnasiums. Einzelne hinhaltende Äußerungen von Mittelsleuten gaben Hoffnung. Man dachte noch an die Konstruktion einer staatlichen Brucknerschule in Verbindung mit einem geistlichen Konvikt. Ein Entwurf zu einem diesbezüglichen Vertrag wurde ausgearbeitet. Der Gedanke an ein musisches Gymnasium in St. Florian lebte aber dann noch bis 1942 weiter[28].

Das Stift Engelszell in der NS-Zeit

Nachdem das kirchliche Schulwesen in ganz Österreich bereits 1938 aufgelöst bzw. verstaatlicht und in den übrigen Gauen 1939 mit der Beschlagnahme von Klöstern begonnen worden war, erfolgt in Oberdonau der erste Schlag gegen die Existenz eines Stiftes im Trappistenkloster Engelszell[29]. Der Vorgang wiederholte sich später bei den anderen fünf Stiften in gleicher Weise: Überfallsartige Besetzung des Hauses, Verhöre und Beschlagnahme. Das Dekret der Beschlagnahme war jeweils bereits vorbereitet. In Engelszell machte sich die Gestapo noch die

27 14. Oktober 1938. Faszikel „Stiftsgymnasium", STA STFL.
28 Rede Eigrubers am 25. November 1942, STA STFL.
29 Hubert Hofmann, Die Schicksale des Trappistenklosters Engelszell während der Zeit des Nationalsozialismus 1938–1945. Theol. Dipl.-Arbeit, Linz 1975.
Stellungnahme und Berichtigung zur Seite 135 bzw. 147 der Chronik der Abtei Engelszell in Oberösterreich (Jahrgang 1939) von P. Lücker (damals Fr. Karl); Ablichtung im Besitz des Autors.

Mühe, die Klosterangehörigen einzeln zum Verhör ins Amtsgericht Engelszell zu bringen, den Abt und einige Patres mit dem Auto, die anderen zu Fuß und unter Bewachung.

Die Aktion im Kloster Engelszell begann am Vormittag des 27. Juli 1939. Der Abt Dr. Gregor Eisvogel wurde sofort verhaftet, wegen angeblicher Devisenvergehen zu einem Jahr Gefängnis verurteilt, doch erst am 21. Juli 1941 wieder freigelassen. Er mußte sich anschließend im Rheinland aufhalten, ständig von der Gestapo überwacht. Im Juli 1945 konnte er wieder nach Engelszell zurückkehren[30]. Außer dem Abt waren noch einige Patres und Brüder inhaftiert. Aus den bisher zugänglichen spärlichen Quellen ist nicht ersichtlich, wieso das Trappistenkloster als erstes beschlagnahmt und eine Anzahl Ordensangehörige eingesperrt wurde. Vielleicht spielte auch der Umstand eine Rolle, daß die meisten Engelszeller aus Deutschland stammten.

Das Stift kam ohne Dazwischenschaltung der Gestapo sofort in die Gauselbstverwaltung. Kommissarischer Verwalter wurde Douglas Graf O'Donnell von Tyrconnel, damals Gutsbesitzer in Ebelsberg bei Linz (1890–1970)[31]. Gauleiter Eigruber bestellte ihn mit 2. August 1939 mit einem Gehalt von 100 RM ,,in sinngemäßer Anwendung der Bestimmung des Gesetzes über die Bestellung von kommissarischen Verwaltern vom 13. April 1938, G.Bl. 80" für die ,,Betriebe und Unternehmungen des Trappistenklosters Engelszell"[32]. Am 22. September kam Eigruber persönlich nach Engelszell. Den noch verbliebenen Konventualen wurde eine Frist von vier Wochen gesetzt. Kirchenparamente und die Bibliothek durften sie mitnehmen. Wenige Tage später (28. September) erkundigte sich das bischöfliche Ordinariat Linz über die Situation von Engelszell beim Gauleiter und im Stift. In den Antworten hieß es, das Stift sei noch nicht aufgehoben, aber das sei nur mehr eine Frage der Zeit. Der Gauleiter wolle sich wegen der Unterbringung der Patres in Hohenfurt und Lambach verwenden. Hohenfurt verhielt sich dem Subprior gegenüber zurückhaltend.

---

30 Vgl. Johann Mittendorfer, Oberösterreichische Priester in Gefängnissen und Konzentrationslagern zur Zeit des Nationalsozialismus (1938–1945), in: Jb. Koll. Petrinum 72 (1975/76) 77–102; 73 (1976/77) 39–104.

31 Christian Sapper, Die Familie O'Donnel in Österreich. Hausarbeit am Institut für Österreichische Geschichtsforschung, Wien 1977. Antonius Hochreiter, Stift St. Florian 1941–1945. In Unum Congregati 22 (1975) 117–130, S. 125.

32 Hofmann, Engelszell, 13.

Während des Monats November führte der Verwalter O'Donell die Bestandsaufnahme von Gebäuden, lebendem und totem Inventar durch. Nach der offiziellen Aufhebung des Stiftes am 2. November übernahm O'Donell 16 Laienbrüder in den Dienst des nunmehrigen Landesgutes Engelszell. Die übrigen Konventualen, soweit sie nicht verhaftet worden waren, gingen in die Seelsorge, wurden zum Militär eingezogen oder schlugen sich sonstwie durch.
Entgegen den Zusicherungen Eigrubers bzw. O'Donells wurden nun auch die Kirchen- und Sakristeisachen sowie die Stiftsbibliothek eingezogen und teilweise verkauft, um mit dem Erlös einen Teil der Schulden des Stiftes abzudecken.
1940 wurde in den Räumen des Stiftes eine Gaufürsorgeanstalt eingerichtet, 1944 war das Haus – wie auch die übrigen inzwischen aufgehobenen Stifte – Herberge für verschiedene Flüchtlingsgruppen.
Am 25. Februar 1941 erhielt der Prior P. Albrecht, der kurz vorher über das Linzer Ordinariat für die in der Diözese angestellten Ordenspriester von Rom das zeitlich befristete Exklaustrationsindult erwirkt hatte, Gauverbot. Er starb bereits am 15. März 1941 im Krankenhaus Passau.
Am 17. Dezember 1941 wurden vier Glocken vom Turm der Stiftskirche abgenommen, im Jänner 1942 die Glocken der Pfarrkirche.
Im Laufe des Mai 1942 mußten auch die letzten gauverpflichteten Konventualen Engelszell verlassen.
Trotz militärischer Vorbereitung fiel Engelszell kampflos den Amerikanern in die Hände, die am 5. Mai 1945 das Gebäude besetzten. Vorerst blieb noch ein Teil der einquartierten Flüchtlinge zurück. Die Gaufürsorgeanstalt wurde nach den neuen Verhältnissen 1945 weitergeführt und besteht als Fürsorgeheim bis zur Gegenwart. Abt und Konvent konnten nach und nach wieder in die Klosterräume zurückkehren. Der Rückstellungsbescheid der oö. Landesregierung trägt das Datum vom 5. Februar 1947.

Die Beschlagnahme des Stiftes Wilhering

Der zweite große Schlag der NS richtete sich gegen das Stift Wilhering[33], das bereits am Tage des Einmarsches die erste Hausdurchsuchung und

33 Paulus Nimmervoll, Das Zisterzienserstift Wilhering zur Zeit des Nationalsozialismus (1938 bis 1945). 60. Jahresbericht Schuljahr 1969/70 (75 Jahre Stiftsgymnasium Wilhering), S. 18–73.

Verhaftung erlebt hatte. Abt Dr. P. Bernhard Burgstaller (1886–1941), der am 29. November 1938 zum Nachfolger des am 3. Oktober verstorbenen Abtes Gabriel Fazeny (1862–1938) gewählt und bereits am Tag nach der Wahl benediziert worden war, bemühte sich um ein tragbares Einvernehmen mit den NS. Der wirtschaftliche Druck auf die Klöster nahm immer mehr zu, Grundbesitz wurde angefordert als Ersatzgrund für solche Bauern, die beim Bau der Hermann-Göring-Werke oder der Reichsautobahn Boden verloren hatten. Das Stiftskapitel mußte notgedrungen seine Zustimmung geben und mit den einseitig festgesetzten Preisen zufrieden sein. In die seit der Aufhebung von Konvikt und Gymnasium 1938 frei gewordenen Räume mußten Einquartierungen aufgenommen werden, Sudetendeutsche, Militär, Bessarabier, wie in den anderen Stiften. Am 30. September 1940 zogen die ersten von ca. 300 Bessarabiern in Wilhering ein und blieben bis Frühjahr 1943. Da die meisten von ihnen Protestanten waren, mußte für ihre religiöse Betreuung in besonderer Weise gesorgt werden. Die ehemalige Studentenkapelle diente als Gottesdienstraum.

Als einziges Stift in Oberdonau kam Wilhering mit der großösterreichischen Freiheitsbewegung des später hingerichteten Dr. Jakob Kastelic aus Wien in nähere Verbindung. Mittelsmann war der Oberstleutnant a. D. Dr. Hans Blumenthal, ein Freund des Abtes Gabriel Fazeny. Auch nach dem Tod des Abtes blieben die Beziehungen bestehen, jetzt vor allem über seinen Studienfreund Dr. P. Gebhard Rath[34]. Sechs Patres arbeiteten mit; Mitglieder wurden auch in deren Heimatorten geworben. Es gab Mitgliedskarten „sowohl zu gegenseitiger Legitimierung als auch zur Ausweisung im Falle einer Gefangennahme durch alliierte Streitkräfte"[35]. Abt Bernhard wußte von all dem nichts.

Am 22. Juli 1940 flog die vom Klosterneuburger Chorherrn Roman Schulz aufgebaute Widerstandsgruppe auf und bereits am 26. Juli wird als erster P. Gebhard in Wilhering verhaftet. Weitere fünf folgen. Über das Schicksal nach ihrer Einlieferung ins Linzer Kolpinghaus bzw. Polizei-Gestapo-Gefängnis wird im Stift nichts bekannt.

Abt Bernhard wird verhört, aber vorerst nicht behelligt. Am 12. November fährt er nach Wien, um über die verhafteten Mitbrüder Näheres zu erfahren. Vom Westbahnhof weg wird er verhaftet. Über eine Mittels-

34 Slapnicka, „Oberdonau", 262.
35 Nimmervoll, 27.

person kann er vorerst Kontakt mit dem Stift aufnehmen. Ohne Gerichtsverfahren oder Verurteilung bleibt er bis Juli 1941 in Haft, dann wird er – wie schon die sechs übrigen Mitglieder – ins Gefängnis Anrath bei Krefeld überstellt. Dort verschlechterte sich sein Gesundheitszustand sehr rasch und am 1. November 1941 starb er infolge von Unterernährung an Schlaganfall. P. Sylvester Birngruber hatte noch am Vortag beim täglichen Spaziergang im Gefängnishof mit dem Abt kurz sprechen können.

Am Tag nach dem Tod des Abtes wurden die anderen Wilheringer aus Anrath weggebracht. Der Leichnam wurde am 9. November nach Wilhering übergeführt und zwei Tage später in der Äbtegruft beigesetzt[36].

Die Gestapo hatte die Abreise des Abtes Bernhard abgewartet. Vier Tage später, am 16. November 1940, besetzten 40 Mann Gestapo kurz vor 12 Uhr überfallsartig das Stift. Wieder wurde eine Hausdurchsuchung durchgeführt. Man suchte nach den Mitgliedskarten der Widerstandsbewegung. Gefunden wurde nichts, doch wurde das Stift mit selbem Datum als beschlagnahmt erklärt. Kommissarischer Verwalter wurde der Linzer Kohlenhändler Max Hammerschmied. Eigruber sah es als erwiesen an, daß die Staatspolizei mit der Beschlagnahme des Klosters auf Grund der vorgefundenen Situation im Recht sei[37]. Bis 10. Juni 1941 mußten – mit einigen Ausnahmen – die Patres das Stift verlassen. Der Pfarrvikar und vier in der Verwaltung und Wirtschaft verpflichtete Patres durften bleiben. Die endgültige Verfügung erging am 21. Mai 1941. Die Klausur mußte sofort aufgelassen werden. Am 22. Mai war zum letzten Mal gemeinsames Chorgebet. Die vertriebenen Mönche kamen durchwegs in der Seelsorge unter. Die Religiosenkongregation in Rom hatte bereits am 9. November 1940 für die unter der NS-Herrschaft stehenden Klöster die Verpflichtung aus dem Armutsgelübde aufgehoben. Die Ordensleute erhielten damit volles Eigentumsrecht. Inwieweit die Behörden etwa in einem Erbschaftsfall diese Regelung anerkannten, mußte sich erst erweisen. Nach der Beschlagnahme wurden Kunstschätze, Bibliothekshandschriften, Möbel und sonstige Einrichtungsgegenstände weggeschafft. Die Handschriften kamen in das im Stift St. Florian im Aufbau begriffene Historische Forschungsinstitut des Reichsgaues Oberdonau, Bilder und Möbel waren für das ebenfalls in St. Florian ge-

36 Nimmervoll, 44–47.
37 Nimmervoll, 30.

plante Gaumuseum vorgesehen, ebenso die Münzsammlung; die Mineraliensammlung kam ins Landesmuseum in Linz, die naturwissenschaftlichen Bestände nach Kremsmünster. Manches Möbelstück fand private Interessenten[38].

Ein besonderes Problem ergab sich bei den beschlagnahmten Klöstern hinsichtlich jener Realitäten in den inkorporierten Pfarreien, die grundbücherlich auf das jeweilige Stift geschrieben waren. Sie fielen automatisch unter die Beschlagnahme. Demgegenüber wurde von kirchlicher Seite betont, daß Inkorporation und Pfründe nicht mit Eigentum gleichzusetzen sei, daher von der Beschlagnahme des Stiftes nicht betroffen sein könne. Gutachten wurden vorgelegt. Demgegenüber verwies Gaukämmerer Franz Danzer[39] auf das Faktum der Grundbucheintragung. Wo eine solche nicht auf den Namen des Stiftes laute, könne bei der Staatspolizei der Antrag auf Löschung der Beschlagnahme gestellt werden. „Für die noch beschlagnahmten Pfarrpfründen und Pfarrhöfe sollten nun baldigst Miet- und Pachtverträge abgeschlossen werden"[40].

Hinsichtlich der Kirchen selbst nahm der Gau eine abwartende Haltung ein. Im Interesse einer einheitlichen Regelung schaltete sich das bischöfliche Ordinariat ein und legte am 10. Jänner 1942 dem Reichsstatthalter ein Gutachten zu dieser Frage vor[41]. Darin wird auf den Unterschied von Zweckgebundenheit und Eigentum in der Pfründenfrage hingewiesen und auch vermerkt, „daß nur in Oberdonau eine Abschließung von Miet- und Pachtverträgen verlangt wurde"[42], in der gesamten übrigen Ostmark jedoch nicht.

Schließlich mußten aber doch solche Verträge abgeschlossen werden. Eine Sonderregelung betraf die Stiftskirchen, nicht zuletzt wegen der dort befindlichen Kunstschätze und einer eventuellen anderweitigen Verwendung durch NS-Behörden. Für die Stiftskirche St. Florian waren im Hinblick auf musikalische Veranstaltungen weitere Bestimmungen notwendig[43].

---

38 Nimmervoll, 32.
39 Slapnicka, „Oberdonau", 449f.
40 Nimmervoll, 38.
41 Nimmervoll, 38f.
42 Nimmervoll, 39.
43 6. Mai 1942 bzw. 15. Mai 1941, STA STFL.

Die Beschlagnahme des Stiftes St. Florian

Das Jahr 1940 war für das Stift St. Florian ohne das schon gewohnte Maß von Beeinträchtigung durch die NS-Behörden übersteigende Behinderungen zu Ende gegangen. Bischof Johannes Maria Gföllner[44] sandte am 21. Jänner 1941 ein Glückwunschschreiben an den Propst des Stiftes zum Namenstag am 22. Jänner, dem Fest des hl. Vinzenz. Der Bischof wünscht unerschütterliches Gottvertrauen, innere Ruhe und Frieden „in omni tribulatione nostra". „Möge Gottes schützende Vorsehung über dem Stifte walten, daß ihm das Schicksal anderer Klöster erspart bleibe wie neuestens dem Franziskanerkloster M. Schmolln, das die Patres am heutigen Tage verlassen müssen; nur 2 Patres dürfen als Pfarrer und Kaplan zurückbleiben mit 1 Laienbruder".

Als der Bischof diesen Brief schrieb, wußte er noch nichts von den Ereignissen im Stift. Am selben 21. Jänner besetzten 50 Gestapobeamte überfallsartig das Stift. Der schon bekannte Vorgang wiederholte sich: Gründliche Hausdurchsuchung, vor allem nach Waffen, Verhöre der einzelnen Mitbrüder, strenge Überwachung im Stift, Stillschweigen bei den Mahlzeiten. Die ganze Aktion dauerte von Dienstag bis Sonntag[45]. Bereits am zweiten Tag der Hausdurchsuchung, also am Namenstag des Propstes Vinzenz Hartl, wurde dem Propst die Verfügung über die Beschlagnahme des Stiftes überreicht. Das Dokument war längst vorbereitet und mit 21. Jänner 1941 datiert, von Dr. Bast[46] unterzeichnet. Am 23. Jänner erschien Eigruber persönlich im Stift, und auf die Frage des Prälaten, was jetzt mit dem Konvent zu geschehen habe, sagte der Gauleiter zu, er überlasse den kleinen Meierhof Pulgarn bei Steyregg pachtweise den Chorherren[47].

Die Beschlagnahme erfaßte allen Besitz des Stiftes, auch sieben Pfarrkirchen und fünf Pfarrhöfe, die in der Landtafel irrtümlicherweise als Besitz des Stiftes eingetragen waren. Es wurden dieselben Schritte unternommen, um diese Fragen zu klären, die bereits vom Stift Wilhering her bekannt sind. Interessant mag die Beantwortung einer Anfrage des Stiftsdechanten Leopold Hager (1889–1972) durch den Gaukämmerer Danzer

44 Richard Kutschera, Johannes Maria Gföllner. Bischof dreier Zeitenwenden, Linz 1972.

45 Hochreiter, 118 f.

46 Slapnicka, „Oberdonau", 443.

47 Bericht vom 11. Dezember 1941, STA STFL.

vom 10. Dezember 1941 sein: wenn im vorgelegten Rechtsgutachten die Feststellung enthalten ist, ,,daß das inkorporierende Kloster gegenüber jeder inkorporierten Pfarre als berechtigter Teil gilt, dem die Befugnis, das Erträgnis der inkorporierten Pfarre zu beziehen, ausschließlich zusteht'', dann würde nach der Einziehung des gesamten Vermögens des Stiftes St. Florian zugunsten des Reichsgaues Oberdonau auch das Erträgnis sämtlicher inkorporierter Pfarren dem Gau zustehen. ,,Dem gegenüber hat sich der Reichsgau jedoch darauf beschränkt, nur auf jene Pfarren Anspruch zu erheben, die im Grundbuch ausdrücklich als Eigentum des Stiftes St. Florian bezeichnet waren. Ich habe zwar nicht vor, die Ansprüche des Reichsgaues entsprechend dem mir vorgelegten Gutachten auf die übrigen inkorporierten Pfarren auszudehnen, bin aber auch nicht in der Lage, auf die beschlagnahmten und eingezogenen Pfarrgrundstücke zu verzichten''[48].
Mit der Beschlagnahme des Stiftes mußte vorerst ein kommissarischer Verwalter bestellt werden. Diese Frage war für den Gau gar nicht so einfach zu lösen. Es fehlte an qualifizierten Leuten, wie die Beispiele auch bei den übrigen aufgelösten Stiften zeigten. Im Raume Wiesbaden ist noch 1940 Mangel an geeigneten Verwaltern enteigneten Klostergutes. Die in Frage kommenden Personen, eventuell ältere oder infolge von Verwundungen waffenuntaugliche SS-Angehörige, könnten dazu ausgebildet werden, ,,Klöster mit ihrem wertvollen Grundbesitz zu verwalten, schriftlich und mündlich mit den verschiedenen Dienststellen zu verkehren, Anordnungen über den Betrieb der Landwirtschaft zu geben und sich gegenüber den anfänglich noch in den Klöstern befindlichen Klosterinsassen durchzusetzen . . Wesentlich ist, daß die in Frage kommenden SS-Angehörigen nicht ohne jede kirchliche Bildung sind, da sie wenigstens am Anfang ihrer Tätigkeit mit kirchlichen Stellen und insbesondere Klosterinsassen zu tun haben''[49].
Eigruber griff auf den bisherigen kommissarischen Verwalter von Engelszell zurück, Pg. Graf O'Donell, der in St. Florian kein Unbekannter war, da er in Ebelsberg damals einen Bauernhof besaß. O'Donell zog aber erst dann ins Stiftsgebäude ein, als die Chorherren es verlassen hatten. Dort amtierte er bis Anfang September 1942. Als der Reichsrundfunk das Stift übernahm, war er überflüssig geworden.

48 10. Dezember 1941, STA STFL.
49 Wie Anm. 1, S. 156f.

In einem Rundschreiben[50] benachrichtigte Propst Hartl die Seelsorger auf den Stiftspfarren über die neue Situation. Nach einigen Anweisungen zu finanz- und steuertechnischen Belangen drückt der Propst die Hoffnung aus, doch noch einen kleinen Teil des Stiftes als Kloster retten zu können. Wenn das aber nicht gelingt, „so wird Marbach und Pulgarn unser Konvent"[51]. Am 3. Februar teilt der Gaukämmerer dem Propst mit, daß der Gauleiter keinen Teil des Stiftes freigeben könne. Aber er hält das Zugeständnis aufrecht, dem Konvent das alte Klostergebäude in Pulgarn zur Verfügung zu stellen.

Hatte sich Gauleiter Eigruber am 6. April 1938 lobend über das Stift geäußert, so schlägt er am 27. Jänner 1941 ganz andere Töne an. In einer Information zur Aufklärung der Bevölkerung betreffend die Beschlagnahme durch die Gestapo weist er einleitend auf seine großzügige Haltung in Fragen religiös-konfessioneller Handlungen hin. Schwerwiegende Vorkommnisse in einigen Klöstern haben jedoch die Gestapo gezwungen, Beschlagnahmungen durchzuführen: Stift Wilhering, Spital der Barmherzigen Brüder in Linz, Ordensniederlassung Maria Schmolln, Stift St. Florian und ohne nähere Angaben den Besitz des Fürsten Adolf zu Schwarzenberg[52]. Zu St. Florian heißt es: „Seit einiger Zeit bestand der Verdacht, daß Ordensangehörige des Stiftes St. Florian Verbindungen mit der legitimistischen illegalen österreichischen Freiheitsbewegung aufgenommen haben (Wilhering). Außerdem wurden im Stift St. Florian einwandfrei Waffen aus den Beständen der österreichischen Starhembergischen Heimwehr gefunden. Obwohl der Privatbesitz von Waffen verboten ist, hatte das Stift St. Florian seine Waffen besonders gut versteckt (angeblich im Raum über dem großen Einfahrtstor vor dem Stift). Warum das Stift St. Florian eine private Bewaffnung für notwendig hält, hängt wohl mit der politischen Einstellung zusammen. Das Stift wurde ebenfalls beschlagnahmt und wird enteignet"[53]. Dieses vertraulich zu behandelnde Schriftstück sollte nicht propagandistisch, sondern nur zur Information und Klarstellung bei eventuell auftauchenden Gerüchten Verwendung finden.

---

50 Datum 24. Jänner 1941 durchgestrichen, STA STFL.

51 OÖ. Landesarchiv, Gauselbstverwaltung, Schuber 6. St. Florian, Stift 1939–1949, Faszikel 2.
Slapnicka, „Oberdonau", 215.

52 Text auch bei Nimmervoll 68, dort ohne Barmherzige Brüder und Maria Schmolln.

53 27. Jänner 1941, STA STFL.

Die Haltung der Bevölkerung ließ sich nicht sehr leicht feststellen. Von formellen Protesten ist jedenfalls nichts bekannt. In der späteren Niederschrift einer Besprechung am Berghof zwischen Hitler, Bormann, Dr. Todt und Eigruber vom 27. Jänner 1941 über die künftige Gestaltung von Linz bemerkt Eigruber: ,,Der Führer fragte, welche Gründe für die Beschlagnahme für das Stift St. Florian wir hatten; ich erzählte ihm, daß wir bei der Hausdurchsuchung Heimwehrwaffen fanden. Der Führer war darüber sehr überrascht"[54]. Zwei Monate später (31. März 1941) ersuchte Reichsminister Lammers (1879–1962)[55] Himmler, in Zukunft bei solchen Vorgängen wenigstens die Form zu wahren und nicht so offenkundig vorfabrizierte Gründe zu gebrauchen. Im übrigen hatte Hitler dem Gauleiter seine Zustimmung zur Konfiszierung der großen oberösterreichischen Stifte gegeben[56].

Trotz der schlechten Erfahrungen, die Propst Hartl mit seinen Eingaben gegen die Auflösung des Stiftsgymnasiums machen mußte, versuchte er es auch in dieser Situation wieder. Am 3. Februar 1941 erhebt er beim Reichsminister für Wissenschaft, Erziehung und Volksbildung in Berlin energisch Einspruch gegen die Beschlagnahme. Er verweist auf die seinerzeitige Eingabe an den Führer um die Wiedereröffnung des Anton-Bruckner-Sängerknabeninstituts[57] und betont die großen Verdienste, die sich die Chorherren um Kultur und Seelsorge in den vergangenen Jahrhunderten erworben haben. ,,Die Betreuer dieser Kulturstätte (im Heimatgau des Führers) sind nach wie vor deutsche Menschen und, wie aus dem Gesuchschreiben an den Führer hervorgeht, sogar Helfer an dem geschichtlichen Geschehen der Vereinigung der Ostmark mit unserm deutschen Mutterlande gewesen. Sie haben Verfehmten, die für Großdeutschland und für die Ideale des Führers eingetreten sind, Schutz und Obdach gewährt (Abt Alban Schachleiter) . . . Mitglieder des Hauses, nicht zuletzt ich selbst, sind stets für deutsche Interessen eingetreten. Mehrere haben sogar vor dem Umbruch für die Idee des Führers propagandistisch gewirkt . . . Seit dem Umbruch haben sich die mir unterstehenden geistlichen und weltlichen Volksgenossen in die deutsche Volksgemeinschaft restlos eingeordnet . . . Die Beschlag-

54 Slapnicka, ,,Oberdonau", 215.
55 31. März 1941. Slapnicka, ,,Oberdonau", 470.
56 Radomir Luža, Österreich und die großdeutsche Idee in der NS-Zeit. Wien 1977, S. 227 f. Anm. 94.
57 11. September 1938, Faszikel ,,Stiftsgymnasium", STA STFL.

nahme unserer weltberühmten Kulturstätte würde nicht nur in der Ostmark, sondern weit über die Grenzen des Reiches berechtigtes Aufsehen erregen, insbesondere im Ahnengau des Führers, und zwar nicht bloß in der katholischen Bevölkerung, wodurch sicherlich den Interessen des Staates nicht gedient wäre"[58].
Mit verschiedenen Anschuldigungen, die ,,von der Ostmark bis nachweislich Trier" verbreitet werden, setzt sich der Propst in einem Schreiben an den Wiener Erzbischof auseinander. Es waren die schon bekannten Gerüchte bzw. Gestapo-Verhörpunkte hinsichtlich Waffen und Zusammenarbeit mit der ,,Monarchistenorganisation" in Wilhering. Zur Waffensuche war weder ein Mitbruder als Zeuge beigezogen worden, noch wurde jemandem eine Waffe gezeigt. Von den Vorgängen in Wilhering hatte in St. Florian vor der Verhaftung der sechs Patres niemand eine Ahnung[59]. Eine Verbindung zwischen Wilhering und St. Florian in dieser Angelegenheit mag wohl auch deswegen vermutet worden sein, weil die verhafteten Patres zum Teil ihr Theologiestudium in St. Florian absolviert hatten.
In der Beschwerde des Propstes vom 13. März 1941 an den Nuntius ist bereits etwas von der künftigen Verwendung des beschlagnahmten Stiftes erwähnt: Anton-Bruckner-Reichsmusik-Hochschule und Repräsentationszwecke. Die Beschlagnahme des Stiftes mit seinen 33 Pfarren treffe auch das Seelsorgegefüge der ganzen Diözese Linz. Schließlich verlieren jene 16 Mitglieder des Stiftes, ,,die im Kampf für Führer und Vaterland eingesetzt sind", ihre Heimat, und das widerspricht dem Gesetz des Führers zum Schutz für Wehrmachtsangehörige. Das kleine Kloster Pulgarn reiche als Ersatz bei weitem nicht aus.
In diesen Tagen (21.–24. März) entschloß sich Propst Hartl zu einem außergewöhnlichen Schritt, um vielleicht doch das Stift noch zu retten. Er reiste nach Berlin, um bei maßgeblichen Stellen gegen die Beschlagnahme zu intervenieren. Einzelheiten sind nicht bekannt. Jedenfalls traf er mit dem Nuntius zusammen, der ja seinerseits dem Propst den Rat gegeben hatte, ,,mich unverzüglich an die zuständigen Stellen zu wenden und unser Recht bis zum Äußersten zu verteidigen"[60].

58 Teilweise korrigierter Entwurf vom 3. Februar 1941, STA STFL.
59 Entwurf vom 15. Februar 1941, STA STFL.
60 Zitat im Brief Hartls an Eigruber vom 24. März 1941, sogleich nach der Rückkehr Hartls.

Außer beim Nuntius sprach Propst Hartl bei folgenden Stellen vor:
1. Bischof Heinrich Wienken, dem Leiter des Kommissariates der Fuldaer Bischofskonferenz, der Hartl ermahnte, die Sache bis „zum letzten Atemzug" zu vertreten;
2. im Reichsministerium für kirchliche Angelegenheiten (Hanns Kerrl, 1887–1941);
3. im Reichssicherheitsamt;
4. Überreichung eines Gesuches an Wissenschaftsminister Bernhard Rust[61];
5. Vorsprache beim Chef der Reichskanzlei des Führers, Hans Heinrich Lammers; der Propst und sein Begleiter Josef Pollak wurden von Ministerialdirektor Kritzinger empfangen.

Der ganzen Aktion war natürlich, trotz aller schönen Worte, kein Erfolg beschieden. Spätestens seit dem Schreiben des Reichsministers Lammers vom 4. April war es klar geworden, daß die Beschlagnahme nicht mehr rückgängig gemacht werde. Lammers hatte sich mit Eigruber, der von der Reise Hartls nach Berlin bereits Kenntnis hatte, in Verbindung gesetzt. Der Reichsstatthalter sehe sich nach den Worten Lammers „bei aller Bereitwilligkeit, Ihnen entgegenzukommen, nicht in der Lage, die Beschlagnahme des Stiftes St. Florian aufzuheben. Auch ein Teil der Stiftsgebäude kann den Insassen des Stiftes als dauernde Unterkunft nicht zur Verfügung gestellt werden". Vorläufig kommt das Kloster Pulgarn als Quartier in Frage, später vielleicht das Schloß Marbach[62]. Das Gebäude in Pulgarn war für die Aufnahme der neuen Bewohner nicht vorbereitet. Der Gaukonservator Franz von Juraschek war für die Adaptierung zuständig. Bis 19. April mußten die Chorherren ihr Stift verlassen haben. Von den 21 Herren, die damals im Stift lebten, kamen 11 für Pulgarn in Frage. Rentmeister Alois Hunger (1899–1964) und Wirtschaftsadjunkt Josef Hemmelmayr (1899–1944) wurden gauverpflichtet und mußten bleiben. Adaptierungspläne und Raumwünsche konnten nur zum Teil erfüllt werden.

Die Liste der Konventualen in Pulgarn enthält zwar auch den Namen des Prälaten, doch hatte ihm am 8. April die Gestapo Linz eine polizeiliche Einvernahme angedroht (Berlinbesuch), die er jedoch abwenden könne, wenn er den Gau Oberdonau verlasse. Ein offizielles Gauverbot lag aber

---

61 Slapnicka, „Oberdonau", 485.
62 4. April 1941, STA STFL.

anscheinend nicht vor. Der Propst empfand diese Maßnahme als sehr hart und ließ dies den Gauleiter auch wissen. Er berief sich dabei auf das Schreiben Eigrubers vom 9. April, wo ihm zwar wieder die endgültige Situation des Stiftes bestätigt wurde, aber auch ein Hoffnungsschimmer für den Aufenthalt des Propstes in Pulgarn gegeben schien. Eigruber schrieb: ,,Bezüglich Ihrer weiteren Unterbringung habe ich veranlaßt, daß Sie vorerst nach Pulgarn kommen." Dieses ,,Sie" ist groß geschrieben, und so bezog Hartl das Wort auf seine Person[63]. Wenige Tage vor dem Verlassen des Stiftes versucht Hartl nochmals beim Gauleiter seine Rettungsversuche in Berlin zu rechtfertigen[64] und den Vorwurf zu entkräften, er habe auch nach Rom berichtet, ,,was nicht richtig ist und von mir niemals gemacht worden ist und wäre, umsomehr meine rein deutsche Gesinnung durch verschiedene Akte meinerseits in der illegalen Zeit weit über die Grenzen bekannt war". Der Propst könne nicht glauben, daß das nunmehrige Vorgehen der Gestapo gegen seine Person mit Genehmigung des Reichsstatthalters oder gar nach dem Wunsch des Führers erfolgt sei.

Am selben Tag geht auch ein Schreiben an den Chef der Reichskanzlei, Lammers, worin Hartl die neue Situation schildert und um Aufhebung der ungerechtfertigten Maßnahme bittet (16. April 1941).

Vorerst geschah nichts, doch durfte der Propst mit jeweiliger Genehmigung der Gestapo einige Male aus seinem Exil Weißenkirchen in der Wachau nach Pulgarn reisen, bevor er am 30. Oktober 1941 die Erlaubnis zum Verbleiben erhielt.

Die bisherige Stifts- und Pfarrkirche St. Florian wurde vom Gau für gottesdienstliche Handlungen der Pfarrgemeinde unter folgenden Bedingungen zur Verfügung gestellt[65]:

1. Die Pfarrgemeinde hat für peinlichste Reinhaltung Sorge zu tragen.
2. Der Pfarrer gibt der Hausverwaltung die gleichbleibende Gottesdienstordnung bekannt.
3. Änderungen, auch fallweise Änderungen, bedürfen der vorausgehenden Zustimmung der Hausverwaltung.

63 12. April 1941, STA STFL.

64 16. April 1941, STA STFL.

65 15. Mai 1941, vgl. Anm. 43. Ausnahmesituation in St. Florian wegen der großen Orgel.

4. Falls besondere Veranstaltungen des Gaues eine fallweise Änderung der Gottesdienstordnung notwendig machen, wird dies von der Hausverwaltung dem Pfarrer rechtzeitig bekanntgegeben.
5. Hinsichtlich der Ausschmückung der Kirche durch die Pfarrgemeinde bleibt der Hausverwaltung ein Einspruchsrecht gewahrt.
6. Bezüglich der für die kirchlichen Handlungen benötigten beweglichen Sachen wird eine gesonderte Vereinbarung geschlossen werden[66].

Von wenigen Ausnahmen abgesehen, war das religiöse Leben der Pfarre durch diese Bestimmungen nicht allzusehr behindert. Neben der Haltung der gläubigen Bevölkerung kam dem neuen Stiftspfarrer Dr. Alois Nikolussi ein besonderes Verdienst zu. Der bisherige Stiftspfarrer und Stiftsdechant Dr. Gottfried Schneidergruber (1879–1941) wollte unter den veränderten Verhältnissen nicht mehr in St. Florian bleiben, sondern ging ins Exil nach Pulgarn mit, wo er bereits am 15. Mai 1941 – am Tag der eben zitierten Bestimmungen – plötzlich verstarb.

Zu seinem Nachfolger in St. Florian hatte der Propst den Pfarrer von Asten, Nikolussi, bestellt. Seine mit dem NS stark sympathisierende Haltung in der Vergangenheit riet zu dieser Lösung.

Im Mai 1941 war Nikolussi zwar schon weit von seiner früheren Position abgerückt, konnte sich aber den Nationalsozialisten gegenüber noch immer mehr erlauben als andere. Dennoch kam er einige Male mit der Gestapo in Konflikt. Zum ersten Jahrestag der Stiftsaufhebung hatte er eine Messe zu Ehren der göttlichen Vorsehung verkündet, was ihm beinahe das KZ eingebracht hätte. Für die Stalingrad-Gefallenen aus der Pfarre St. Florian hatte er ein Requiem zelebriert. Zum Zeitpunkt des Gottesdienstes war die deutsche Propaganda über Stalingrad aber schon eingestellt. Nach längerem Verhör wurde Nikolussi gegen eine Kaution von 1000 RM wieder entlassen[67].

Als im November 1942 einige Herren des eben im Stift eingezogenen Reichsrundfunks eine Art Antrittsbesuch beim Pfarrer machten, stellten sie fest, ,,daß er ein außerordentlich liberaler Mann ist, der vor allem für die künstlerischen Dinge hohes Interesse zeigt und auch die Zukunftsaufgabe von St. Florian mit lebendigster Anteilnahme verfolgt"[68]. Am

66 Hochreiter, 123–125.
67 Hochreiter, 129.
68 Brief Dr. Castelle an Reichsintendant Dr. Glasmeier vom 13. November 1942, STA STFL.

30. Jänner 1943 fragte Nikolussi den Reichsintendanten Dr. H. Glasmeier, ob der frühere Bürgermeister von Linz und nunmehrige Chorherr Dr. Wilhelm Bock seine Primiz in der Stiftskirche feiern dürfe. Glasmeier lehnte mit Rücksicht auf die Bedeutung der Person des Dr. Bock ab. Es ,,könnten sich daraus doch unliebsame Weiterungen ergeben"[69].
Mit tiefer Erschütterung wurde der Pfarrer zufällig Zeuge, wie im April 1945 einige tausend KZler unter fürchterlichen Begleitumständen durch den Markt St. Florian getrieben wurden[70].
Der Pfarrer und seine zwei Kapläne durften zum Unterschied von den Seelsorgern in anderen beschlagnahmten Stiften nicht mehr im Stift selbst wohnen, sondern erhielten ein an der Nordostecke des Stiftes gelegenes Gebäude, das sogenannte Schlagerhaus, als Pfarrhof zugewiesen. Damit nun die Seelsorger unbemerkt von der Öffentlichkeit in Sakristei und Kirche gelangen konnten, wurde an der Ostfront des Stiftes ein eigener Eingang ausgebrochen.
Inzwischen führten die wenigen Mitbrüder in Pulgarn das klösterliche Leben ohne Unterbrechung weiter. Der Chorherrenverband von St. Florian war der einzige unter den aufgehobenen Stiften, der, wenn auch transferiert und verkleinert, von den NS-Behörden akzeptiert, weiterbestand und, wie die Korrespondenz[71] mit Pulgarn zeigt, als Partner behandelt wurde. Freilich war es ratsam, eventuelle Grundkaufwünsche in den inkorporierten Pfarren im Stiftskapitel ,,einstimmig" und (meist) zu den vorgelegten Bedingungen anzunehmen[72].
Unmittelbar nach den Begräbnisfeierlichkeiten für den verstorbenen Dechant Schneidergruber am 19. Mai 1941 in St. Florian, die Propst Vinzenz halten durfte, fand in der Prälatensakristei die Wahl eines neuen Dechanten statt. Wegen der geringen Anzahl der erschienenen Wähler wurde das Ergebnis nur als provisorisch gewertet. Leopold Hager übernahm die Funktion. Am Augustinusfest 1941 wurde die Wahl wiederholt und Hager definitiv Stiftsdechant[73]. Von seinem Verbannungsort Wei-

---

69 Notiz für die geplante Chronik der Reichsrundfunkgesellschaft (RRG) zum 30. Jänner 1943, STA STFL.
Zur Person Dr. Bock: Slapnicka, Führungsschicht, 51 f.; Nachlaß STA STFL.
70 Pfarrchronik St. Florian, zum 16. April 1945. Überschrift: Fanal des Grauens. Eintragung von Dr. Nikolussi. Chronik im Stiftspfarramt St. Florian.
71 Korrespondenzen der staatlichen Behörden und der RRG mit dem Konvent in Pulgarn.
72 Kapitelbuch III (des Stiftes St. Florian) S. 182-191.
73 28. August 1941, STA STFL.

ßenkirchen aus gab der Propst Weisungen für das Klosterleben unter den veränderten Bedingungen. Er mahnte zum Zusammenhalten und zur Erfüllung der klösterlichen Pflichten, vor allem auch zum Chorgebet. Er konnte aber auch feststellen, „daß die Mitbrüder in Pulgarn mit den dortigen Verhältnissen zufrieden sind und ein erfreuliches brüderliches Verhältnis herrscht"[74]. In einem Rundbrief stellt sich Hager den Mitbrüdern als neuer Dechant vor[75]. Nach den Strapazen der Übersiedlung ist nun Ruhe eingekehrt, alle fühlen sich wohl in Pulgarn. Auch die Frage der Verpflegung ist gesichert.

Wegen der geringen Zahl der Priester im Kloster Pulgarn war es notwendig, in Rom um eine Reduktion der Anzahl der Meßverpflichtungen anzusuchen, was auch gewährt wurde[76]. In Ausführung des Indults der Religionskongregation vom 9. November 1940 hinsichtlich des Armutsgelübdes erklärt der Propst die Mitbrüder als volle Eigentümer im Sinne der staatlichen Gesetze unter Wahrung der Ordensinteressen[77]. Hartl richtet sein Schreiben an das „Augustiner-Chorherrenstift St. Florian in Pulgarn".

Über die kirchenrechtliche Lage war man sich in Pulgarn aber doch nicht recht im klaren. Man hat sich zwar rasch daran gewöhnt, von einem „Konvent Pulgarn" zu sprechen, doch meinte Dechant Hager, es handle sich um keine religiöse Niederlassung im kirchenrechtlichen Sinn, daher sei wohl auch Klausur, Chorgebet und die Vielzahl der Meßverpflichtungen nicht streng bindend[78]. Demgegenüber vertritt der Propst die Ansicht, es handle sich sicher um eine religiöse Niederlassung im kirchenrechtlichen Sinn, Pulgarn ist keine Neugründung, sondern bloß eine „translatio". Ein Ordenshaus kann laut Kirchenrecht nur mit Zustimmung Roms aufgehoben werden. Solange das nicht geschieht, besteht der Konvent rechtmäßig in Pulgarn mit allen seinen Rechten, Privilegien und Pflichten, soweit dies nach Lage der Dinge möglich ist. „Wir freuen uns alle, daß wir noch die Möglichkeit haben, in Pulgarn ein Leben zu führen, wie es in einem Ordenshause sein soll"[79].

---

74 20. bzw. 24. Mai 1941, STA STFL.
75 26. Mai 1941, STA STFL.
76 1. August und 1. September 1941, STA STFL.
77 1. Juni 1941, STA STFL.
78 13. Juli 1941, STA STFL.
79 19. Juli 1941, STA STFL.

Großen Kummer in den Wochen nach der Vertreibung aus St. Florian bereitete dem Propst der Ordensaustritt von Univ.-Prof. DDr. Johannes Hollnsteiner (1895–1971). Zwar wußte man im Stift spätestens nach seiner Rückkehr aus dem KZ Dachau im April 1939, wo er nach seiner Verhaftung Ende März 1938 elf von insgesamt 13 Monaten Haft verbracht hatte, daß er eigentlich schon lange entgegen seinem äußeren Tun mit dem Gedankengut der NS konform ging. Bereits zwei Tage nach der Machtübernahme gratulierte er dem neuen Unterrichtsminister Oswald Menghin zu seiner Berufung „in den entscheidendsten Tagen unserer Heimat seit Jahrhunderten". Die neuen Verhältnisse fordern „von mir keine wesentliche Umstellung"[80]. Die letztgenannte Äußerung wurde ihm nach dem Krieg, wo er wiederum inhaftiert wurde, sehr übel genommen[81]. Von 1939 bis 1941 war er im Stift konfiniert, konnte aber an der Phil.-theol. Lehranstalt des Stiftes als Professor für Kirchengeschichte wirken. Die Übersiedlung nach Pulgarn machte er nicht mit. Am 5. Mai 1941 machte er in einem langen Schreiben, worin er die Gründe für seinen Schritt darlegt, dem Propst die Mitteilung, daß er sein Laisierungsgesuch einreichen werde. Seiner Meinung nach habe das Stift juristisch zu bestehen aufgehört und so fühle er sich nach der Lage der Dinge im Gewissen von seinen Verpflichtungen frei. Er hoffe zuversichtlich, „daß es gelingt, die in der letzten Zeit toten kulturellen und geistigen Werte der Stifte zu neuem Leben zu erwecken, und zwar gerade in St. Florian, wo durch die Zusammenziehung von wissenschaftlichen und kunstgeschichtlichen Sammlungen in Verbindung mit einem historischen Institut ein einzigartiges Denkmal christlicher Geistigkeit erstehen soll. Hierbei mitzuarbeiten scheint mir so wichtig, daß demgegenüber die Rücksichtnahme auf das eventuelle Ärgernis zurückstehen muß . . ."[82].

Propst Hartl suchte ihn zurückzuhalten, aber es gelang nicht. Hollnsteiner hatte die Arbeiten zum Aufbau eines historischen Instituts in St. Florian bereits in Angriff genommen. Er sei gerade auch deswegen nicht ins Altreich abgewandert, weil er hier in St. Florian eine nicht unwichtige

80 14. März 1938, Nachlaß Hollnsteiner im STA STFL.

81 Unterrichtsministerium Wien an Propst Leopold Hager am 17. November 1947. Hollnsteiner hatte am 11. Juli 1947 um Rehabilitierung angesucht. Nachlaß Hollnsteiner.

82 5. Mai 1941, Nachlaß Hollnsteiner.

Aufgabe zu erfüllen habe[83]. Die Zerschlagung der Bibliothek nach der Aufhebung des Klosters Engelszell ließ ihn ähnliches nach der Beschlagnahme der fünf anderen großen Stifte befürchten. Für die Rettung dieser Kulturwerte wollte er sich einsetzen[84]. Noch im Jahr 1941 wurde durch Übernahme von Handschriften- und Archivbeständen aus den mittlerweile ebenfalls beschlagnahmten Stiften der Grundstock für das ,,Historische Forschungsinstitut des Reichsgaues Oberdonau in St. Florian" gelegt, dessen Bibliotheksleiter Hollnsteiner wurde. Mit Datum vom 26. März 1942 erhielt das Institut eine Institutsordnung, die im Verordnungs- und Amtsblatt für den Reichsgau Oberdonau am 3. April veröffentlicht wurde[85]. Nach einem Bericht Hollnsteiners vom 23. Dezember 1943 erfaßte das Historische Forschungsinstitut die Druckschriften, Handschriften, Wiegendrucke und Musikalien aus St. Florian, Kremsmünster, Wilhering, Hohenfurth, Schlägl, die Lambergsche Bibliothek Steyr und die Starhembergsche Bibliothek Eferding. Das ergab zirka eine halbe Million Druckschriften, über 5000 Handschriften, über 2000 Wiegendrucke und eine Musikaliensammlung von weit über 10.000 Nummern. Unter der wissenschaftlichen Aufsicht des Instituts standen außerdem die Bestände von Lambach, Reichersberg und Schlierbach. Somit gehörte das Institut nach Zahl und Bedeutung der Bestände zu den wichtigsten Bibliotheken des deutschen Reiches[86]. Trotz gelegentlicher Schwierigkeiten mit anderen im Stift befindlichen Stellen konnte der Bereich der Stiftsbibliothek die Jahre bis zur Rückkehr der Chorherren 1945 nahezu intakt überstehen[87].

Noch bevor der letzte Chorherr das Stift verlassen hatte, erschien im ,,Neuen Wiener Tagblatt" vom 10. April 1941 ein kurzer Bericht über das Stift St. Florian mit dem Untertitel: ,,Der künftige Hüter des Bruckner-Erbes". Wie Dr. Goebbels bei der Verteilung der Kunstpreise des Reichsgaues Oberdonau mitteilte, ,,wird auf Wunsch des Führers das herrliche Barockstift Sankt Florian in Zukunft mit besonderen Aufgaben für die deutsche Musik betraut".

---

83 Notiz Hartls vom November 1941, STA STFL.

84 11. Juli 1947, im Rehabilitationsbemühen Hollnsteiners.

85 Jg. 1942 Folge 14, S. 76–78.

86 Bericht über die dem Historischen Forschungsinstitut des Reichsgaues Oberdonau unterstellten Bibliotheken, STA STFL.

87 Brief Hagers an Hollnsteiner am 17. Juni 1945 vermerkt dies mit Genugtuung; STA STFL.

Weitaus präziser schildert derselbe Autor im August 1941 die Zukunft von St. Florian[88]:

1. die Kunstsammlungen des Stiftes zugänglich machen;
2. der Sitz der unter Wilhelm Furtwängler stehenden Deutschen Bruckner-Gesellschaft wird von Wien nach St. Florian verlegt;
3. Gründung einer Orchesterschule zur Ausbildung von Dirigenten;
4. regelmäßige Orgel-Improvisations-Wettbewerbe;
5. Bruckner-Festspiele;
6. Errichtung eines musischen Gymnasiums;
7. Aufbau des Barockmuseums des Gaues Oberdonau;
8. Stätte deutscher Geschichtsforschung.

Einige von diesen Plänen konnten sogleich in Angriff genommen werden. Führungen zu den Kunstschätzen des Stiftes gab es schon längst. Nun warb ein Plakat zur „Besichtigung des gaueigenen Stiftes St. Florian". Der erste Improvisationswettbewerb auf der Bruckner-Orgel fand bereits am 14. September 1941 statt. Gausieger wurde der junge Kaplan Hermann Kronsteiner. Einen äußerst interessanten Bericht über dieses unter den damaligen Umständen aufsehenerregende Ereignis hat Kronsteiner selbst veröffentlicht[89]. Es gab keine weiteren Improvisationswettbewerbe mehr, wohl aber wurde viel und oft auf der großen Orgel gespielt, aber nicht beim Gottesdienst. Fünf Organisten waren für die regelmäßigen Orgelkonzerte vorgesehen. Das Honorar betrug pro Konzert an Sonn- und Feiertagen 15 RM[90].

Das 1. Großdeutsche Brucknerfest fand bereits 1939 zum Teil auch in St. Florian statt (Festprogramm). Zu diesem Fest hatte am 11. September 1938 Prälat Hartl mit dem Hinweis auf das Brucknerfest Regensburg 1937, wo Hitler eine Brucknerbüste in der Walhalla aufstellen ließ und auch der Propst anwesend war, den Führer eingeladen. Er versprach sich von Hitlers Anwesenheit die Rettung des Stiftsgymnasiums und des Sängerknabeninstituts (11. September 1938). Nach der Beschlagnahme des Stiftes gab es Bruckner-Festtage vom 31. Mai bis 3. Juni in St. Florian und Linz[91].

---

88 Herbert Caspers, Zeitungsausschnitt, nicht bezeichnet. STA STFL.

89 Hermann Kronsteiner, Bericht über den Orgelwettbewerb 1941 in St. Florian, Jb. Koll. Petrinum 74 (1977–78) 3–54; LD 87, 1941, 176.

90 10. Juni 1941, STA STFL.

91 Festprogramm. Hochreiter, 124.

Wegen der Errichtung eines Gymnasiums geschah nichts. Wohl stimmte am 8. März 1942 Hitler dem Vorschlag Eigrubers zu, eines der geplanten fünf Reichs-Musikgymnasien in St. Florian einzurichten[92]. Als aber der Reichsminister Rust bei einem Besuch in St. Florian am 10. November 1942 dieses Thema noch einmal anschnitt, mußte er allerdings schon sehen, daß der Plan nicht mehr aktuell war[93].

Zum Aufbau eines Barockmuseums wurden Kunstschätze nach St. Florian geschafft und die Vorarbeiten für das historische Forschungsinstitut liefen schon, als der zitierte Zeitungsartikel erschien.

Mit Erlaubnis der Gestapo durfte Propst Hartl zum Augustinusfest 1941 für vier Tage nach Pulgarn kommen. Am Vortag wurden die Quinquennalprüfungen der jungen Kapläne abgenommen, und zum Pontifikalamt am Festtag erschienen die Mitglieder des offiziell nicht mehr existierenden Florianer Kirchenchores[94] mit ihrem Regens chori Nikolussi. Andere Florianer brachten Lebensmittel. Nach dem feierlichen Pontifikalamt wurde die Dechantwahl vom 19. Mai wiederholt und der interimistische Dechant Hager wiedergewählt.

In Anbetracht der allgemeinen Situation und des Gesundheitszustandes des Propstes hatte dieser selbst für eine reibungslose Nachfolgeregelung Sorge getragen. Rom hatte die Erlaubnis gegeben, daß im Falle des Ablebens des ,,Propstes von St. Florian zu Pulgarn" sofort die Neuwahl durchgeführt und vom Konvisitator oder dessen Stellvertreter – ohne Rücksprache mit Rom – bestätigt werden könne.

Bei dieser Kapitelsitzung[95] kamen die schon erwähnten römischen Dispensen für den verkleinerten Konvent zur Sprache. Aus den Pfarren Vöcklabruck, Ebelsberg, Feldkirchen und Niederwaldkirchen lagen Anfragen zu Grundverkäufen vor, die zum Teil ,,einstimmig" erledigt wurden. Der Konvent in Pulgarn war nach wie vor staatlich anerkannter Rechtsträger. Das klösterliche Leben in Pulgarn verlief im großen und ganzen harmonisch und ungestört. Am 15. September sollten wieder die Vorlesungen an der Phil.-theol. Lehranstalt beginnen[96]. Der Weltprie-

---

92 Luža, S. 278 Anm. 95; vgl. Rede Eigrubers 25. November 1942 (Anm. 28).

93 Brief Castelle an Glasmeier vom 13. November 1942, STA STFL.

94 Auflösung am 29. Jänner 1941 (Zahl 1a/Pol.-348/1), STA STFL.

95 Kapitelbuch III, 183 f.

96 ,,Auf der Hochschule in Pulgarn". So im Brief an den Soldaten Dr. Franz Linninger (1902–1970) am 28. August 1941 mit den Unterschriften aller 35 beim Augustinusfest in Pulgarn anwesenden Mitbrüder. Nachlaß Dr. Linninger, STA STFL.

ster Dr. Hermann Stiglecker zog ebenfalls nach Pulgarn und übernahm die Vorlesungen im Fachbereich Altes und Neues Testament. Seinen Posten als Pfarrer von Niederneukirchen übernahm mit Erlaubnis des Bischofs als Provisor Johannes Zauner, der spätere Propst von St. Florian (1968–1977). Als Hörer waren anwesend Dr. Wilhelm Bock und Hugo Heißenberger (geb. 1918) aus Vorau[97].

Propst Hartl trug die Verbannung in die Wachau umso schwerer, als sich sein Gesundheitszustand ständig verschlimmerte. So reichte er bei der Gestapo ein Gesuch um Übersiedlung zu den Mitbrüdern nach Pulgarn ein. Am 30. Oktober 1941 bekam er die Erlaubnis und seit 17. November konnte er in Pulgarn wohnen. Diese Wendung der Dinge schrieb Hartl der besonderen Fürbitte des hl. Josef zu, und so machte er nach der Rückkehr dem Stiftskapitel den Vorschlag, die klösterliche Niederlassung „Kloster St. Josef" zu benennen. Das Kapitel stimmte in seiner Sitzung am 20. November 1941 zu[98].

Der nächste Tag stellte die beschlagnahmten Klöster bzw. die vertriebenen Konvente vor eine neue Situation. An dieser Stelle soll aber zuerst kurz auf die bisherige Lage der übrigen fünf Stifte nach 1938 eingegangen werden.

Die Beschlagnahme des Stiftes Kremsmünster

Durch zwei Arbeiten sind wir über die Geschicke des Stiftes Kremsmünster in der NS-Zeit ausführlich unterrichtet[99]. In diesem Abriß kann der Gang der Ereignisse nur insoweit skizziert werden, als dies den Ablauf im Vergleich zu den übrigen Stiften ermöglichen soll.

Wie in allen Kommunitäten wurden auch in Kremsmünster – sowohl im Kloster als auch im Gymnasium – die Ereignisse in Deutschland eingehend diskutiert. Klare Fronten zeigten sich vorerst naturgemäß nicht. In den Tagen des Umbruches kehrten dann manche sogenannte „Musterschüler" ihre wahre Gesinnung deutlich hervor. Hundstorfer schreibt

---

97 Protokollbuch Studienjahr 1941/42, STA STFL.

98 Kapitelbuch III, 185, STA STFL.

99 Richard Rankl, Stift und Gymnasium in den Jahren 1938–1946. 89. Jahresbericht des Obergymnasiums Kremsmünster 1946, 49–78.
Rudolf Hundstorfer, Das Stift unter dem Hakenkreuz. 104. Jahresbericht des Gymnasiums Kremsmünster 1961, 7–93.

1961: „Ein kleiner, aber klarsehender und entschlossener Teil der Jugend bestand jedoch diese enorme weltanschauliche und charakterliche Belastungsprobe . . ."[100].
Auch unter den Patres gab es einige, die meinten, „man könne mit taktischen Mitteln und mit pädagogisch etikettierten Pflästerchen (dem Nationalsozialismus) begegnen"[101]. Die oftmals heftig geführten Auseinandersetzungen – ein Pater war auch Parteigenosse – endete mit dem Anschluß von selbst.
Schon am 15. März 1938 gab es die übliche Hausdurchsuchung durch Schupo und SA. Die Leute waren auf Waffen und Geheimsender angesetzt, so wie knapp vorher in Wilhering. Das Ergebnis war genauso negativ. In diesen Tagen mahnte der Abt die Mitbrüder zu besonderer Zurückhaltung, besonders korrekter persönlicher Haltung, treuer Erfüllung der Ordenspflichten und größter Genauigkeit in allen Belangen, die irgendwie mit Geld zu tun hatten, wußte man doch schon, daß gerade hier ein beliebter Ansatzpunkt für Repressalien zu konstruieren war. Als erstes griffen die Nationalsozialisten nach Konvikt und Gymnasium. Auf die ideologischen Hintergründe kann hier nicht näher eingegangen werden. Das Gymnasium bekam einen kommissarischen Leiter, einige Professoren wurden vom Lehramt entfernt. Am 1. und 2. Juli fand in einfacherer Form als sonst die Schulschlußfeier statt. Mit Erlaß vom 26. Juli 1938 wurde das Öffentlichkeitsrecht für das Privatgymnasium aufgehoben, und am 2. September fiel die endgültige Entscheidung gegen das geistliche Gymnasium. Es bestand aber die Absicht, ein weltliches Gymnasium mit Konvikt ohne Mitarbeit von Geistlichen zu führen. Der Gau Oberdonau wollte die entsprechenden Räumlichkeiten pachtweise übernehmen. Vorübergehend wurde noch ein Konvikt der Salesianer im Stift einquartiert. In diesen Studenten sah man künftige Missionare für eventuelle Kolonien des deutschen Reiches. Zu Ende des Schuljahres 1939 mußten auch sie das Stift verlassen.
Wie bei den anderen Stiften, begannen bald nach dem Anschluß auch in Kremsmünster verschiedene Organisationen der Partei Räumlichkeiten zu beanspruchen. Seit Sommer 1939 waren Museum und Konvikt zur Gänze in den Händen der NSDAP[102].

100 Hundstorfer, 21.
101 Hundstorfer, 23.
102 Hundstorfer, 28–36.

Die allgemeine Unsicherheit hinsichtlich des Weiterbestehens der Stifte ergriff auch Kremsmünster. Jenseits der Grenzen des Gaues Oberdonau gab es bald alarmierende Beispiele: Admont, St. Lambrecht 1938; Göttweig, Stams, Wilten 1939. Es verbreitete sich das Gerücht, das Stift werde einen kommissarischen Verwalter erhalten. Eine Reihe steuertechnischer Vorschriften machte den Stiften zu schaffen. Mit Kriegsbeginn setzten auch in den Klöstern die Einberufungen zur Wehrmacht ein. Am 23. und 24. September 1940 traf der für Kremsmünster bestimmte Teil der Bessarabier-Flüchtlinge im Stift ein. Zirka 300 blieben bis 3. April 1941.
In den Räumen des Stiftes gab es ferner das Schülerheim der ,,NS-Oberschule für Jungen". Kunstschätze verschiedenster Herkunft lagerten im Haus. Im Kapitelzimmer errichtete das Landesarchiv ein Depot[103].
Nachdem am 21. Jänner mit St. Florian die Reihe der Beschlagnahmen des Jahres 1941 begonnen wurde, traf am 3. April Kremsmünster dasselbe Los. Am selben Tag mußten die Bessarabier das Stift verlassen. Wie in St. Florian besetzten hier ca. 30 Mann Gestapo und SA überfallsartig das Stift. Den Mitbrüdern wurde gegenseitiges Stillschweigen auferlegt und jeder wurde einzeln verhört. Die ganze Aktion war auch hier nur pro forma geschehen. Das Papier, das die Beschlagnahme aussprach, war bereits auf den 3. April ausgestellt. Abt Ignatius Schachermair (1877–1970) wurde gauverwiesen, schon am 5. April von der Gestapo nach Linz gebracht und von dort nach Scheyern dirigiert. Am selben Tag erließ die Kreisleitung Kirchdorf einen vertraulichen Schnellbrief an alle Ortsgruppenleiter, der wegen der Vorgänge in Kremsmünster aufklärend wirken sollte. Grund für die Beschlagnahme sei fortgesetztes staatsfeindliches Verhalten. Alle Äußerungen der Bevölkerung zur Beschlagnahme sind zu melden. Die Ortsgruppenleiter müssen den Leuten immer wieder vor Augen führen, ,,daß in einer Zeit, wo es um das Schicksal des deutschen Volkes geht, nicht geduldet werden kann, daß gerade diese Stätten Brutstätten für den Landesverrat bilden"[104].
Einen Tag nach dem Abt wurde auch der bisherige Diözesanjugendseelsorger P. Willibrord Neumüller (1909–1978)[105] gauverwiesen und bis 1. Mai 1941 hatten alle Patres das Kloster zu verlassen. Die meisten gin-

103 Hundstorfer, 37–40.
104 Hundstorfer, 47.
105 Slapnicka, ,,Oberdonau", 216.

gen in die Seelsorge. Zum Unterschied von St. Florian durften aber vier Pfarrseelsorger weiterhin im Stift wohnen, vor allem, weil kein geeignetes Ausweichquartier vorhanden war.

Ebenfalls zurückbleiben mußten die leitenden Patres von Wirtschaftsdirektion, Forstamt, Rentamt, Kelleramt, E-Werk und Buchhaltung. P. Richard Rankl wurde vom Abt zum Administrator ernannt (Mai 1941). Im ganzen waren noch 14 Patres im Stift, die im Laufe der Zeit auf neun abgebaut wurden. Um die Kontinuität des klösterlichen Lebens zu wahren, setzten sie alles daran, über die ganzen Jahre hin das gemeinschaftliche Chorgebet zu halten.

Im April (ohne Datum) bestellte die Gestapo einen Herrn Ignaz Hager als Kommissär über das Vermögen des Stiftes Kremsmünster[106]. Da es vorderhand nicht möglich war, die Seelsorger aus dem Stift zu vertreiben, kam es im folgenden Jahr zu einem Mietvertrag zwischen dem Gaukämmerer Danzer als Vermieter und der r.-k. Pfarrpfründe in Kremsmünster als Mieter der Pfarramtsräume im Stift (23. Februar bzw. 17. Juni 1942). In gleicher Weise kamen Mietverträge für die Pfarr-(Stifts-)Kirche und deren Filialen sowie die Friedhöfe und das Totengräberhaus zustande[107].

Auch der Abt von Kremsmünster war nicht gewillt, die Beschlagnahme ruhig hinzunehmen. Von der bayerischen Abtei Scheyern aus unternahm er mehrere Rettungsversuche, wie vor ihm bereits Propst Hartl von St. Florian. Er schrieb an die Kanzlei des Führers (28. April), richtete eine Dienstaufsichtsbeschwerde an das Reichssicherheitshauptamt Berlin (30. April), informierte den Apostolischen Nuntius in Berlin (30. April) und machte eine Eingabe an das Reichsministerium für Kirchliche Angelegenheiten (30. April, Text nicht auffindbar). Zuletzt machte er der Gestapo in Linz von diesen Eingaben Mitteilung (3. Mai)[108]. Soweit überhaupt Antworten einlangten, enthielt keine von ihnen ermutigende Passagen. Der Reichsminister für die kirchlichen Angelegenheiten ließ durch den Ministerialdirigenten Joseph Roth[109] den Abt am 28. Juni wissen: „Die auf Grund Ihres Schreibens von mir veranlaßten Ermittlungen haben ergeben, daß das Benediktinerstift Kremsmünster bis in die letzte Zeit herein ein Mittelpunkt volks- und staatsfeindlicher

106 Hundstorfer, 46.
107 Hundstorfer, 48 f.
108 Hundstorfer, 49–51.
109 Hundstorfer, 52.

Wühlarbeit gewesen ist. Die offenbar gewordenen Tatsachen verbieten mir, mich für die Aufhebung der Beschlagnahme des Benediktinerstiftes Kremsmünster einzusetzen"[110].

Vornehmer, aber nichtssagend hatte bereits der Apostolische Nuntius reagiert: ,,Leider macht der Mangel an Angaben über etwaige Tatsachen, die Anlaß zur Beschlagnahme gegeben haben könnten, mir es schwer, Schritte zu einer Vermittlung und zur Wahrung der Rechte kirchlichen Besitzes (can. 1497) und des Benediktinerordens mit Aussicht auf Erfolg zu unternehmen . . ."[111].
Die Beschlagnahme des Stiftes Kremsmünster blieb bestehen.

Die Beschlagnahme des Stiftes Schlägl

Noch im selben Monat April 1941 traf die Beschlagnahme das Prämonstratenserstift Schlägl[112]. Die ersten schlechten Erfahrungen mit dem neuen Regime hatte Schlägl ebenfalls am 15. März 1938. Berliner Schupo-Männer besetzten schlagartig das Stift und suchten nach Waffen, im besonderen Maschinengewehren. Alle Konventualen wurden verhört. Es wurde nichts gefunden. Am selben Tag kam Landeshauptmann Dr. Gleißner nach Schlägl, um sich nach den Ereignissen in Linz ein paar Tage zu erholen. Er wurde sogleich festgehalten, durchsucht und schließlich nach Rohrbach gebracht.
Wie überall richteten sich die ersten Aktionen der NS gegen die katholischen Vereine; Sängerknabeninstitut und Schule wurden aufgehoben. In die Winterschule kamen ,,Arbeitsmaiden".
Im Zusammenhang mit der Besetzung der deutschen Gebiete Böhmens im Oktober 1938 wurde das Kloster militärisches Hauptquartier. Eine größere Anzahl von Räumen wurde von Offizieren besetzt, die Kanzleien kamen in die gesperrte Stiftsschule. In der Nähe der Bahnhaltestelle Schlägl errichtete das deutsche Militär einen Flugplatz. Mit den einquartierten Offizieren bestand gutes Einvernehmen. Die Unterzeich-

---

110 Hundstorfer, 52, Faksimile.
111 Hundstorfer, 51.
112 Klemens Bredl, Erinnerung an die Zeit der Aufhebung des Stiftes, 39 Seiten, Maschinschrift 15. 9. 1965.
Mitteilungen von Stiftsarchivar Dr. Friedrich Reischl zum Thema ,,Schlägl in der NS-Zeit" vom 15. 11. 1978 im Besitz des Autors.
Slapnicka, ,,Oberdonau", passim.

nung der Übergabe des Sudetengebietes erfolgte im kleinen Tafelzimmer des Stiftes, an dessen Wänden Prälatenbilder hängen.
Im Frühjahr 1940 quartierten sich ausgewanderte Südtiroler im Stift ein und blieben zirka zwei Wochen.
Zur selben Zeit kamen ungefähr 580 Bessarabier an, von denen die meisten als Protestanten eine besondere religiöse Betreuung erforderten. Sie blieben bis November 1941 und zogen nach Lodz in Polen weiter. Ihnen folgten Deutsche aus der Bukowina.
Am Morgen des 30. April 1941 besetzte die Gestapo in einer Blitzaktion das Stift Schlägl, die Konventualen wurden im Refektorium konfiniert, dann einzeln in den Zimmern festgehalten und verhört. Inzwischen erfolgte wie schon einmal eine Hausdurchsuchung nach staats- und volksfeindlichem Material und wieder nach Waffen.
Das Stift wurde ohne Vorweis eines Schriftstückes oder Angabe von Gründen für beschlagnahmt erklärt. Die Ordensangehörigen mußten das Haus verlassen. Zwei Herren verblieben in der Verwaltung des Stiftes. Abt Benedikt Sobotka (1866–1948) wurde zuerst die am weitesten vom Stift entfernte Pfarre, Kirchschlag im Böhmerwald, als Aufenthaltsort zugewiesen. 1944 übersiedelte er nach Oepping[113]. Fünf Konventualen waren beim Militär, einer war von 1939 bis 1945 in Dachau[114].
Wie bei den anderen Klöstern, lebte auch in Schlägl gerade in den Jahren der Heimatlosigkeit das Gefühl der Zusammengehörigkeit neu auf. Die Mitbrüder trafen sich in verschiedenen Pfarrhöfen öfter als in anderen Jahren.
Im Stift selbst amtierte als Verwalter ein Herr Fauland, früher Marktfierant in Kärnten, der seiner Aufgabe in keiner Weise gewachsen war. Er wurde von Verwalter Hager abgelöst, der dann bis Kriegsende in Schlägl blieb[115].

Hohenfurth

Der Vollständigkeit halber sei noch erwähnt, daß das südböhmische Stift Hohenfurth am 17. April 1941 von der Gestapo Linz besetzt und zwei

---

113 Mit 9. März 1943 als Pfarrprovisor in Oepping jurisdiktioniert. LD 89, 1943, Nr. 58, S. 35.
Slapnicka, „Oberdonau", 213.

114 Über Altmann Mager siehe Mittendorfer, OÖ. Priester. Vgl. Anm. 30.

115 Derselbe Hager wie in Kremsmünster?, Hundstorfer, 63.

Tage später als staatsfeindlicher Besitz ebenfalls zugunsten des Reichsgaues Oberdonau beschlagnahmt wurde. Auch dieses Stift wird Flüchtlingsherberge für Bukowinadeutsche, Bessarabier und zuletzt für ein deutsches Wehrmachtslazarett. Die Kunstschätze werden den neuen Zentren zugeteilt, die Stiftsangehörigen gehen in die inkorporierten Pfarreien. Nach dem Krieg gehen die Schwierigkeiten unter anderen Vorzeichen weiter, und am 4. Mai 1950 wird das Stift von den Tschechen aufgelöst[116].

Das Stift Lambach in der NS-Zeit

Auf Grund der besonderen Beziehung Hitlers zum Kloster Lambach[117] konnte die Hoffnung bestehen, dieses Haus werde der Beschlagnahme entgehen. Vorerst gab es einige Anhaltspunkte in dieser Richtung. Am 12. Juni 1939 machte Hitler auf der Fahrt nach Linz einen kurzen Besuch im Stift, ohne jedoch mit den Patres in Kontakt zu kommen. Anfang Juli beschloß das Stiftskapitel die Renovierung der Stiftskirche (4. Juli 1939), was umso mehr zu beachten ist, als das Kloster seit 1930 ein größeres Darlehen laufen hatte. Bereits im August 1939 tilgte der Staat die Stiftsschulden. Das Luftgaukommando XVII Wien stellte die Löschungsquittung am 21. August 1939 aus.

Trotzdem führte am 11. März 1940 die Gendarmerie eine Hausdurchsuchung durch, fand aber kein belastendes Material. Im Sommer desselben Jahres gab es die erste Militäreinquartierung, im Oktober kamen die Bessarabier (23. Oktober 1941) und im Mai 1941 schon die SS (2. Mai 1941). Im Zuge der Auflösung kirchlich-karitativer Einrichtungen wurde bereits 1939 der Verein „Seraphisches Liebeswerk" in Stadl-Paura liquidiert und im folgenden Jahr wurden die letzten Kinder nach Niedernhart transportiert (17. September 1940).

Wie überall mußten auch die Patres in Lambach eine Reihe von Einschränkungen hinnehmen. Keiner der Patres bekannte sich offen zum Nationalsozialismus, dagegen kamen drei von ihnen in Konflikt mit der Partei. Zwei davon büßten ihr Leben ein (P. Edmund Pontiller, P. Arno Eilenstein).

---

116 Slapnicka, „Oberdonau", 217 f.

117 Vgl. die Ausgaben von „Mein Kampf".
August Prenninger, Das Benediktinerstift Lambach zur Zeit des Nationalsozialismus. Seminararbeit aus Diözesangeschichte, WS/SS 1977/78, Linz, 16 Seiten.

Nach der Beschlagnahme von Schlägl geschah zwei Monate nichts gegen die noch bestehenden Klöster. Am 3. Juli 1941 mußte aber auch Lambach seinen Gestapo-Überfall erleben. Mit dem folgenden Tag war das Stift beschlagnahmt. Innerhalb 24 Stunden mußten die Patres das Haus verlassen. Drei Patres und zwei Brüder wurden dienstverpflichtet. Lambach erlebte im Laufe der folgenden Jahre drei kommissarische Leiter. Das Gebäude übernahm die nationalpolitische Erziehungsanstalt[118].

Der Leiter dieser Anstalt, die ca. 120 Schüler zählte, wohnte in den Räumen der Abtei. Das Kloster sollte für die Zwecke der Napola umgebaut werden, aber es kam nicht mehr dazu. Zu Beginn des Jahres 1945 war an eine Aufstockung der Schülerzahl gedacht. Dazu hätte man die Räume benötigt, die bis dahin von den noch verbliebenen Patres bewohnt wurden. Der Schulbetrieb wurde jedoch am 1. Februar bereits eingestellt, die Schule selbst am 7. April geschlossen. Lehrer und Schüler verließen Lambach.

Im Zuge der geplanten Umbauten hätte die Stiftskirche Festsaal werden sollen und die Sakristei Bühne. Bereits 1942 wurden die Planungen auf die Zeit nach dem Krieg zurückgestellt. Als Vorarbeiten ging man lediglich daran, das Stift bis ins Detail durchzufotografieren. Einzelne notwendige Reparaturen am Stiftsgebäude erfolgten.

Die wertvollsten Kunstgegenstände kamen in das geplante Gaumuseum St. Florian, manches wurde verkauft. Am 8. Jänner 1942 verlor die Stiftskirche ihre Glocken.

Der Besitz des Stiftes wurde zersplittert. Das Klostergebäude, die Mietshäuser und die Landwirtschaft übernahm die Napola. Die Waldflächen benützte schon seit 1939 die Luftwaffe als Munitionsdepot, der Forstbetrieb ging an die Reichsforstverwaltung, die drei Gasthäuser, die zum Stift gehörten, erhielt der Reichsfinanzminister. Die Fischerei teilten sich die Napola und die Reichsforste. Die Stiftsbrauerei kaufte ein deutsches Konsortium[119].

Am 30. März 1945 wurde Lambach bombardiert, das Stift aber nicht getroffen. Die Amerikaner sichern nach dem Einmarsch am 5. Mai dem Stift ihren Schutz zu. In den folgenden Tagen beginnen die Rückstellungsverfahren, die sich dann allerdings bei allen enteigneten Stiften noch über Jahre hinzogen.

---

118 Harald Scholtz, NS-Ausleseschulen. Internatsschulen als Herrschaftsmittel des Führerstaates, Göttingen 1973.

119 Slapnicka, „Oberdonau", 219.

In aller Stille kehrten Abt Lambert Zauner und der Konvent in das Stift zurück, und am 17. September 1945 fand die erste Aufnahmsprüfung in die Mittelschule des Stiftes statt.

Das Stift Reichersberg in der NS-Zeit

Von den alten Stiften Oberösterreichs blieben noch Reichersberg und Schlierbach. Beide Stifte werden zwar nicht beschlagnahmt und enteignet, müssen aber doch auch eine Reihe von Zwangsmaßnahmen des NS-Staates hinnehmen.

In Reichersberg[120] suchte am 15. und 16. März 1938 die SA nach einem Waffenlager der Heimwehr. Der in St. Florian studierende Kleriker Weißl hatte dort bei einem Spaziergang Spottverse auf Hitler in eine Holzbank geschnitzt. Er wurde von der Vorlesung weg verhaftet und mußte von August 1938 bis April 1939 in Dachau leben. Er kehrte wieder ins Stift zurück und wurde 1944 zum Priester geweiht.

Reichersberg wurde ebenfalls für verschiedene Einquartierungen herangezogen: sogenannte Rückwanderer aus den deutschen Westgebieten, Bessarabier und schließlich seit Juni 1940 deutsche Flieger. Der Einzug der Fliegerschule bewahrte das Kloster vor der Auflösung. Das Stiftsgebäude wurde von der Luftwaffe gemietet. Für den seit Ende 1938 in Bau befindlichen Flugplatz der Fliegerschule Wels im Raume Münsteuer–Reichersberg mußte das Stift Gründe abtreten oder an Bauern Ersatzgründe freigeben. 1941 mußten Brauerei und Weinkellerei den Betrieb einstellen.

Anfangs war das Klosterleben noch wenig beeinträchtigt. Später erhöhte sich die Anzahl der Soldaten auf zeitweilig 300 Mann. Nach der Bombardierung des Welser Flugplatzes übersiedelte die ganze Fliegerschule nach Reichersberg. Gegen Kriegsende war auch im Konventtrakt ein reguläres Klosterleben kaum mehr möglich. Eine offizielle Aufhebung der Klausur scheint aber nicht erfolgt zu sein, doch die tatsächlichen Verhältnisse kamen dem gleich. ,,Im Vergleich zu anderen Klöstern, die beschlagnahmt, enteignet und deren Mitglieder auf die Straße gesetzt

120 Wilhelm (Gregor) Schauber, Das Chorherrenstift Reichersberg in der Zeit des Nationalsozialismus. Arbeit aus Kirchengeschichte zur Erlangung des Theologischen Diploms, Linz 1975, Maschinschrift.
Ders., Das Chorherrenstift Reichersberg in der Zeit des Nationalsozialismus. In Unum Congregati 22 (1975) 47–111.

wurden, war das Los des Konventes in Reichersberg durchaus erträglich, zumal sich niemand (von den Soldaten) in die inneren Angelegenheiten des Hauses einmischte"[121]. Der Propst war durch die neuen Verhältnisse sehr verunsichert, zog sich fast ganz von der Öffentlichkeit zurück und widmete sich historischen Arbeiten. Dechant Hofbauer hat „durch sein großes Geschick und seine kluge, diplomatische Art . . . ganz entscheidend den Bestand des Stiftes gerettet"[122]. Einige Herren erhielten Schulverbot oder mußten ihre Posten wechseln. Die schwierige finanzielle Situation des Stiftes besserte sich auch in diesen Jahren kaum. Am 19. März 1945 machte Propst Gerhoch Weiß (1880–1946) ein besonderes Gelöbnis zu Ehren des hl. Josef um den Schutz des Klosters (vgl. St. Florian–Pulgarn).
Der Flugplatz wurde angegriffen, die Stiftsgebäude sollten nach dem Willen einiger Nationalsozialisten gesprengt werden. Noch am 2. Mai 1945 wurde der Chorherr Rupert Haginger von der SS erschossen, als er fragte, warum die weiße Fahne, die im Auftrag der Gemeinde ausgehängt worden war, wieder eingeholt werden soll. Am 3. Mai zogen die Amerikaner ein, verhafteten die Flieger, blieben aber nur wenige Tage im Stift selbst. Die erste Nachricht von den inkorporierten Pfarren in Niederösterreich langte erst am 11. Juni 1945 in Reichersberg ein[123].

Das Stift Schlierbach in der NS-Zeit

Als Hauptgründe, warum das Zisterzienserstift Schlierbach[124] nicht aufgehoben wurde, werden die Armut des Klosters[125], „eine geschickte Klosterführung und einige glückliche Umstände" genannt.
Das Stiftsgymnasium, das seit 1925 bestand, bekam ebenfalls seinen kommissarischen Leiter, unter dem das Schuljahr 1937/38 zu Ende geführt wurde. Die Maturatermine lagen bereits im Mai, und unter den gegebenen Umständen war an eine Verlängerung des Öffentlichkeitsrechtes nicht zu denken. Auch das Projekt, das bereits aufgehobene Petri-

---

121 Schauber, 54 (Ms.) bzw. 83f. (Druck).
122 Schauber, 17 (Ms.).
123 Schauber, 101 (Druck).
124 Martin Spernbauer, Das Schicksal des Klosters Schlierbach während der NS-Zeit. Zulassungsarbeit zur Prüfung für die Anerkennung des Religionslehramtes in der Diözese Linz, Linz 1978.
125 Spernbauer, 3.

num[126] nach Schlierbach zu verlegen, kam nicht zur Durchführung. Wie das Gymnasium war auch das neubelebte Laienbrüderinstitut im Hinblick auf die Übernahme eines Missionssprengels eingerichtet worden. 1938 reisten die ersten zwei Patres nach Brasilien, am 6. Jänner 1939 Abt Dr. Alois Wiesinger. Die weiteren Ereignisse machten seine Heimkehr vorerst unmöglich – bis 1946.

Einige Patres erhielten Schul- und Predigtverbote, es gab Verhaftungen. P. Berthold Niedermoser mußte fast drei Jahre in Dachau verbringen[127]. Infolge der Einberufungen zum Militärdienst verringerte sich ebenfalls der verfügbare Personalstand.

Die Wirtschaft des Stiftes blieb zwar in den Händen der Patres, doch erschwerten Einschränkungen und dirigistische Maßnahmen bis hin zu reinen Willkürakten die Arbeit.

1939/40 war im Stift ein Fürsorgeheim untergebracht, am 18. Oktober 1940 kamen die ersten Bessarabier an. Die Stiftskirche wurde auch von den protestantischen Gläubigen benützt. Wertvolleres Mobiliar konnte durch Verlagerung der Beschädigung oder Vernichtung entzogen werden. Die Bessarabier hatten für diese Dinge wenig Verständnis.

Wegen der weiteren Verwendung der Klostergebäude bestanden folgende Pläne:

a) Sammelkloster für die älteren Angehörigen der aufgehobenen Klöster. Eigruber meinte, gegen Schlierbach „liege nichts vor, deswegen hätte dieses Kloster die Aufhebung nicht zu befürchten"[128]. Man dachte an etwa 60 Personen.

b) Ersatz für das Linzer Priesterseminar;

c) Fürsorgeheim.

Im Kloster wurden mit dem Näherrücken der Front verschiedenste hausfremde Materialien eingelagert. Mit 1. März 1944 schloß die landwirtschaftliche Winterschule ihren Betrieb, in die freigewordenen Räume zogen Studentinnen der Lehrerbildungsanstalt Linz ein. Das Militär errichtete seit September 1944 eine Kartendruckerei. Schließlich kamen noch Weißrussen, Kriegsversehrte und schlesische Flüchtlinge ins Stift. Schlierbach fiel kampflos den Amerikanern in die Hände. Das Kloster

126 Josef Honeder, Die Schicksale des Kollegium Petrinum während der Zeit des Nationalsozialismus (1938–1945). Jb. Koll. Petrinum 71 (1974/75) 3–90.

127 Mittendorfer, OÖ. Priester. Vgl. Anm. 30.

128 Spernbauer, 19.

wurde in der Folge von den klosterfremden Beständen geräumt. Die einquartierten Gruppen verließen nach und nach das Stift, und am 26. September 1946 kehrte der Abt aus dem Missionsbezirk Bahia in Brasilien zurück.

Enteignung und weitere Schicksale der Stifte St. Florian, Kremsmünster, Schlägl und Wilhering

Nach den bisherigen Ausführungen verbleiben noch die Stifte St. Florian, Kremsmünster, Schlägl und Wilhering. Diese vier werden nach dem 22. November 1941 vorerst als eigene Gruppe geführt. Die Weichen für die nächste Zukunft der bisher nur beschlagnahmten Klöster waren längst gestellt. Schon zu Beginn des Jahres 1941 ist von Enteignung die Rede[129].

Die Enteignungsverfügung trägt das Datum vom 22. November 1941. „Auf Grund der Verordnung über die Einziehung volks- und staatsfeindlichen Vermögens im Lande Österreich vom 18. XI. 1938 . . . in Verbindung mit dem Erlaß des Reichsstatthalters in Österreich vom 7. II. 1939 . . . und der Rundverfügung des Inspekteurs der Sicherheitspolizei und des SD in Wien vom 28. VII. 1939 . . . wird hiemit das durch die hiesige Verfügung vom 21. I. 1941 . . . beschlagnahmte Vermögen des Augustiner Chorherrenstiftes St. Florian, Gau Oberdonau, einschließlich aller Rechte und Forderungen zu Gunsten des Reichsgaues Oberdonau eingezogen. Alle Rechte Dritter an den eingezogenen Vermögenswerten gelten mit der Einziehung als erloschen." Gleichlautende Texte wurden den drei anderen Stiften zugestellt[130].

Steuertechnisch bestand das Stift *St. Florian* noch bis 27. November 1941 mit der Gauselbstverwaltung als Treuhänderin. Erst mit dem folgenden Tag scheint der Gau als Besitzer auf. Der Chorherrenkonvent Pulgarn mit den inkorporierten Pfarren bleibt eine eigene Körperschaft und ist auf Grund der Lage Pulgarns bezüglich der Körperschaftssteuer zum damaligen Finanzamt Linz-Land zuständig[131].

---

129 Vgl. Eigruber am 27. Jänner 1941, STA STFL.
130 Hundstorfer, 56, Faksimile.
131 24. März 1942, Auskunft des Buchsachverständigen Hartl an Dechant Hager, STA STFL.

Der gesamte enteignete Besitz wird folgendermaßen aufgeteilt:
1. Stiftsverwaltungen;
2. Landwirtschaftliche Betriebe (Gutsverwaltungen);
3. Forstwirtschaftliche Betriebe (Forstverwaltungen);
4. Gewerbliche Betriebe.

Die Stiftsverwaltung führt entweder jener Mann weiter, der seit der Beschlagnahme durch die SS kommissarischer Verwalter war, oder der Gau Oberdonau als neuer Besitzer stellt eigene Leute an, etwa in Wilhering[132]. Dem Stiftsverwalter oblag neben der Betreuung der Stiftsgebäude und eventueller Nebenbauten auch die Aufsicht über die enteigneten Pfarrhöfe, die an die jeweiligen Pfarrer vermietet waren. Den Mietzins hob die NS-Stiftsverwaltung ein.

Im Zuge der Enteignung wurden die Aktiven und Passiven der vier genannten Stifte vom Gau übernommen und gauintern verrechnet. Durch unsachgemäße Verwaltung und Vermögenstransaktionen (Verkauf von Grundstücken) entstanden teilweise erhebliche Minderungen, wie sich bei den Rückgabeverhandlungen herausstellte.

Die Brauereien Schlägl und St. Florian wurden getrennt weitergeführt, die Weinkellereien St. Florian, Wilhering, Kremsmünster und Schlägl – so die Reihenfolge auf dem Briefkopf – wurden zusammengefaßt zu den „Weinkellereien des Reichsgaues Oberdonau: Zentrale St. Florian". Das E-Werk Kremsmünster wurde verkauft, und das Ziegelwerk St. Florian, das bereits 1939 an die Reichswerke Hermann Göring AG verpachtet worden war, stellte am 19. Mai 1942 den Betrieb ein[133].

Nach der Enteignung von *Wilhering* bestellte der Gau als neuen Verwalter den Ottensheimer Schustermeister Leopold Ledermüller, der seiner Aufgabe in keiner Weise gewachsen war.

Die eigentliche Verwaltung führte P. Friedrich.

Eine Ausnahmeregelung betraf die Stiftskirche. Ein formeller Mietvertrag wurde aber erst am 11. März 1943 geschlossen, rückwirkend ab 1. Dezember 1941, als feststand, daß die Kirche nicht Filmatelier wird[134]. Dieses Projekt wurde auf die Zeit nach dem Krieg vertagt.

Statt dessen begann das Projekt einer Technischen Hochschule in Wilhering anzulaufen, nachdem die Planungen mit Standort Linz vorläufig

---

132 Nimmervoll, 33.
133 OÖ. Landesarchiv, Gauselbstverwaltung Schuber 6/2. Akten im STA STFL.
134 Nimmervoll, 41 f.

nicht zu realisieren waren[135]. Das Kloster Wilhering war eben von den Bessarabiern geräumt worden und das Linzer Priesterseminar mußte endgültig am 17. Oktober 1943 zu den Oblatinnen in Urfahr ausweichen. Die vier letzten noch im Stift wohnenden Patres mußten in einem Gasthaus wohnen[136].

Die Technische Hochschule schloß mit der Gauselbstverwaltung einen Mietvertrag[137]. Im Zuge der Adaptierungsarbeiten ließen sich die Techniker etwas besonderes einfallen. Vom Dachstuhl des Stiftes entfernten sie jeden zweiten Balken und verkauften das Material als Bauholz. Das Dach erlitt dadurch große Schäden. Am 3. Oktober 1943 erfolgte durch den Reichsminister für Unterrichtswesen Dr. Bernhard Rust die feierliche Eröffnung der Hochschule. Gerade wegen der sichtbaren Dürftigkeit des ganzen Unternehmens wurde die Sache propagandistisch breitgetreten. Dies gipfelte in dem stolzen Hinweis, daß eine solche Aktivität trotz des vierten Kriegsjahres möglich war[138]. Die Hochschule verzeichnete 18 Hörer, die am Tag nach der Eröffnung zusammen mit dem Rektor und den Dozenten das Stift St. Florian besuchten[139]. In der Stiftskirche Wilhering und im Garten fanden während der ,,Hochschulzeit wenigstens einige Konzerte statt''[140].

Als am 4. April 1945 die Hochschule auf Grund der allgemeinen militärischen Lage wieder geschlossen werden mußte, zog eine Lazarettabteilung in die Räume des Stiftes[141].

Militärische Widerstandsaktionen gegen die vorrückenden Amerikaner brachten für das Stiftsgebäude keinen nennenswerten Schaden. Nach der Besetzung Wilherings am 5. Mai blieben das Personal der Hochschule und das Lazarett vorderhand im Stift. Dazu kam noch die amerikanische Besatzung. Verwalter Ledermüller mußte für einige Monate nach Glasenbach bei Salzburg[142] und arbeitete anschließend wieder als Schuster in Ottensheim[143].

---

135 Hermann Giesler, Ein anderer Hitler. Bericht seines Architekten. 3. Aufl., Leoni 1978.
136 Nimmervoll, 51 f.
137 Nimmervoll, 50 bzw. Anhang 10.
138 Nimmervoll, 50 f.
139 Tätigkeitsbericht Dr. Fischer von der RRG über Oktober 1943, STA STFL.
140 Nimmervoll, 52.
141 Nimmervoll, 53.
142 Slapnicka, ,,Oberdonau'', 302.
143 Nimmervoll, 54.

Schon seit der Beschlagnahme hatten die Patres von *Kremsmünster* ein besonderes Zusammengehörigkeitsgefühl an den Tag gelegt. Dies wurde durch die formelle Enteignung des Stiftes am 22. November 1941 noch verstärkt. Es gab eine rege Korrespondenz zwischen dem zwangsweise in Bayern wohnenden Abt, dem von ihm eingesetzten Administrator (Mai 1941) und Prior (26. Mai 1943) P. Richard Rankl, den Mitbrüdern in der Heimat und an der Front.

Die dienstverpflichteten Patres durften während der Dienstzeit ihr Ordenskleid nicht tragen. Es gab auch Versuche, mit dem Versprechen ihrer Übernahme als Beamte im höheren Dienst den einen oder anderen zum Ordensaustritt zu bewegen. Trotz verschiedener Schwierigkeiten konnten die Patres im Stift wohnen und, wie schon erwähnt, das Chorgebet verrichten. Am Ostermontag 1944 konnte P. Hermann Waldl in Vorchdorf Primiz feiern. Gegen Ende des Jahres 1942 sollte das Stift einen Tarnanstrich bekommen, ebenso wie Lambach und St. Florian. Im Falle St. Florian unterblieb dies aber. Die Arbeiten in Kremsmünster dauerten bis 19. November 1943, und bereits am 13. März 1944 begann die Enttarnung.

Mit Beginn des Jahres 1943 erhält Kremsmünster einen neuen Verwalter, nachdem sein Vorgänger wegen verschiedener Vorkommnisse abgesetzt und inhaftiert worden war[144]. Nach einem Jahr kam ein dritter Kommissär (Hager-Römer-Giger).

Das Stift Kremsmünster hatte seit der Beschlagnahme eine Vielzahl von Einquartierungen neben- und nacheinander erlebt[145].

Am 8. November 1944 begann die Räumung des Konventes zur Aufnahme der flüchtenden slowakischen Regierung unter Staatspräsident Dr. Jozef Tiso, der am 5. April 1945 in der Abtei-Wohnung einzieht, aber schon Ende April nach Alt-Ötting weiterreist. Am 5. Mai erreichten die Amerikaner Kremsmünster, am 8. Mai unterzeichnet Dr. Stefan Tiso, Ministerpräsident der slowakischen Regierung und Vetter des Staatspräsidenten, die Kapitulationsurkunde[146].

Wie in die übrigen Stifte wurde auch nach Kremsmünster gegen Kriegsende eine Menge Sanitätsmaterial des Wehrkreises XVII eingelagert. Die ebenfalls im Stift einquartierten Teile von Sicherheitsdienst, Gestapo

144 Hundstorfer, 63.
145 Vgl. die Aufzählung bei Slapnicka, „Oberdonau", 296f.
146 Slapnicka, „Oberdonau", 295–303.

und SS wollten das Stift zu einem Widerstandsnest machen. Daß der Brand im Stiftsmeierhof am 4. Mai damit in Zusammenhang steht, ist nicht von der Hand zu weisen.
Schon am 6. Mai erhielt der Prior von den Amerikanern die Vollmacht als Administrator des Stiftes. Am nächsten Tag kamen 700 Amerikaner ins Stift. Die Ungarn, Slowaken und Schlesier mußten weichen. Es bedeutete große Mühe, nach und nach Räumlichkeiten für die heimkehrenden Patres freizubekommen. Mit der Rückkehr des Abtes am 29. Juli 1945 und der Wiederaufnahme des Gymnasialbetriebes im Herbst 1945 begann ein neuer Abschnitt in der Geschichte Kremsmünsters[147].
Das erste Aufsehen erregende Ereignis nach der Enteignung *Schlägls*[148] war die Abnahme der Glocken vom Turm der Stiftskirche (17. Dezember 1941). Das Kloster war ebenfalls Auffanglager für Flüchtlinge verschiedenster Herkunft. Im Zuge der kriegsbedingten Verlagerung von Betrieben in entlegenere Gebiete kam ein streng geheim gehaltener Rüstungsbetrieb nach Schlägl. Es handelte sich um Radar-Bestandteile der V 2[149]. Knapp vor Kriegsende dienten die Gebäude noch als Lazarett, nachdem zuletzt die ungarischen Soldaten und kroatischen Familien abgezogen waren. Bereits am 1. Mai 1945 erreichten die Amerikaner Schlägl. Panzersperren und Sprengladungen kamen nicht mehr zur Wirkung. Die amerikanischen Soldaten legten ihr Hauptquartier nicht ins Stift selbst. Das Gros mußte wieder weiter. In der Nähe des Meierhofes legten sie ein Gefangenenlager ohne Baulichkeiten an. Es gab nur Zäune und Wachen. Ende Juni wurde dieses Lager aufgelöst.
Die Amerikaner übergaben die Verwaltung des Stiftes am 6. Mai 1945, am 30. Juli desselben Jahres zogen sie gemäß den Vereinbarungen der Besatzungsmächte um die Einheit des Industriebereiches Steyr aus dem Mühlviertel ab. Am 1. August besetzten die Russen das Gebiet. Die Stiftsgebäude um den großen Hof durften von niemandem betreten werden. Das betraf auch die Stiftskirche. Für den Gottesdienst mußte man auf ein Jahr in die Kirche Maria Anger ausweichen.
Die Verfügung über die Enteignung des Stiftes *St. Florian* erhielt Propst Hartl vom Gendarmerierayonsinspektor in Pulgarn erst am 25. November 1941 zugestellt[150]. Im ersten darauffolgenden Rundschreiben an die

147 Hundstorfer, 55–86.
148 Vgl. Anm. 112.
149 Slapnicka, „Oberdonau" 157.
150 Hsl. Notiz Hartls auf der Abschrift, STA STFL.

Mitbrüder teilt er allen die neue Situation mit. Den in der Pfarrseelsorge tätigen Mitbrüdern wird nochmals klar gemacht, daß zur finanziellen Existenzsicherung des kleinen Klosters St. Joseph zu Pulgarn ein entsprechender Teil ihrer Gehälter einbehalten wird. Davon muß auch die Körperschaftssteuer bezahlt werden; die Steuerbehörde sah die Existenz des Klosters als gegeben an. Außerdem muß für die Heimkehr der 17 Soldaten vorgesorgt werden. Die Beiträge zum Winterhilfswerk möge jeder Mitbruder bei seiner zuständigen Ortsstelle leisten[151].

In einer Eingabe an den Reichsstatthalter[152] ersucht der Propst mit Berufung auf frühere Äußerungen Eigrubers (9. April 1941) und Lammers (4. April 1941), das Gut Pulgarn samt der dazugehörigen Wirtschaft um einen mäßigen Anerkennungsbetrag pachten zu dürfen. Die Klostergemeinschaft erhält keinen direkten Anteil von den Kirchenbeiträgen, sondern ist auf die Abzüge von den in der Seelsorge stehenden Mitbrüdern angewiesen. Außerdem könnten bei Einbeziehung des Meierhofes im jetzigen Wohntrakt Unterkünfte für die Urlauber und künftigen Heimkehrer geschaffen werden, was ihnen gesetzlich zusteht. „Es wäre für uns eine besondere Ehre, wenn sich Herr Reichsstatthalter persönlich durch einen Besuch überzeugen würden, daß jede Zertrennung von Wohnhaus und Meierhof die Zerstückelung eines einheitlichen und gut arrondierten Landbesitzes bedeuten würde. Im Vertrauen auf Ihr ursprüngliches Versprechen bitten wir daher Herrn Reichsstatthalter, den Herrn Gaukämmerer zu ermächtigen und zu ermutigen, mit uns einen Pachtvertrag auf der (genannten) Grundlage zu schließen . . . Unser Konvent wird Ihnen, Herr Reichsstatthalter, ewig dafür dankbar sein."

Gegenüber dem Gaukämmerer Danzer suchte Hartl eine Schwierigkeit auszuräumen, die eventuell dadurch entstehen könnte, daß man in Linz den Vorwurf erheben könnte, in Pulgarn werde ein Kloster errichtet. Hartl meint, ob Pacht oder nicht spielt in der Öffentlichkeit keine Rolle. Es gäbe außerdem ja noch Klöster, und wegen der Kleinheit der Kommunität falle das Ganze kaum mehr auf als ein besser besetzter Pfarrhof[153].

Die Antwort Danzers vom 26. Jänner bringt die Ablehnung des Gesuches, „aus Gründen der Gesamtwirtschaft St. Florian". Als nächster Schritt sei daran gedacht, dem Konvent Schloß und Landwirtschaft

---

151 28. November 1941, STA STFL.

152 13. Dezember 1941, STA STFL.

153 6. Jänner 1942, STA STFL.

Marbach in Pacht zu geben. Zur Zeit ist das Gebäude von SS-Leuten der Bewachung in Mauthausen bewohnt. Sobald die Unterkünfte in Mauthausen fertiggestellt sein werden, könne eine Übersiedlung erfolgen. „Ich bin daher genötigt, von Ihnen den noch festzusetzenden ortsüblichen Mietzins zu beanspruchen und nicht in der Lage, Ihnen Naturalleistungen irgendeiner Art zu gewähren."
Zur Übersiedlung nach Marbach kam es aber nicht. Zuerst verzögerte sich die Räumung des Schlosses[154]. Schließlich kaufte im Dezember 1943 die Waffen-SS das Gut vom Gau. Als Kloster wäre Marbach auch insofern nicht geeignet gewesen, als die Straße zwischen Marbach und Mauthausen durch Arbeitsplätze des „Sträflingslagers" führt und eine Durchfahrt nur unter Aufsicht der Wachen möglich ist[155].
Der Dank des Propstes an den Gaukämmerer für die definitive Zuweisung von Schloß und Wirtschaft Marbach am 12. Februar hatte sich erübrigt. Hartl bedauert nochmals, daß es mit dem Pacht Pulgarns nichts werde und weist darauf hin, daß das Stift St. Florian diesen Besitz im 19. Jahrhundert (1833 f.) nur wegen des Waldes, nicht aber wegen der landwirtschaftlichen Flächen erworben habe. Er ersuche um die Festsetzung eines mäßigen Zinses, was Danzer zusagt[156]. Die Wirtschaftsdirektion St. Florian im Auhof bestimmte 100 RM pro Monat.
So blieb die Situation des Klosters St. Florian in Pulgarn bis zum Ende des Krieges. Eine für den internen Gebrauch verwendete Stampiglie spricht vom „Augustiner Chorherrnkonvent St. Florian in St. Joseph in Pulgarn Pf. Steyregg". Bis zur und auch nach der offiziellen Regelung für die amtliche Bezeichnung der aufgehobenen Stifte Anfang 1943[157] durch die Gestapo Linz variieren die Anschriften. Es hätte lauten müssen: An den Propst der Chorherren von St. Florian zu Pulgarn. Dementsprechend mußte auch die Bezeichnung „Stiftspfarramt" vermieden werden. Es hieß „Pfarre Markt St. Florian"[158].
Zusammen mit der Enteignung der vier Stifte waren auch die beschlagnahmten Realitäten in den inkorporierten Pfarren eingezogen worden. Propst Hartl teilte dies den betroffenen Pfarrern mit, da diese nicht offiziell vom Gau verständigt wurden. Der Propst ist zuversichtlich, daß in

154 Mitteilung Danzers vom 10. Februar 1942: es wird August werden; STA STFL.
155 OÖ. Landesarchiv, Gauselbstverwaltung, Stift St. Florian 1941–1950, Schuber 7.
156 18. Februar 1942, STA STFL.
157 Mitteilung des bischöflichen Ordinariates Linz 2. Februar 1943, STA STFL.
158 Pfarrchronik St. Florian, bei 1946, Pfarramt St. Florian.

jenen Fällen, wo die nötigen Unterlagen für den Nachweis der Zuständigkeit zu den Pfarren und nicht zum Eigentum des Stiftes beigebracht werden können, eine Rettung möglich sei. Die (vorläufig) enteigneten Gründe müssen in der Kirchenrechnung 1941, die nach wie vor an den Prälaten einzusenden ist, eingetragen sein, jedoch mit der Bemerkung: ,,Laut Beschluß der Geh. Staatspolizei Linz vom 22. XI. 1941 mit dem Stiftsvermögen enteignet und dem Reichsgau Oberdonau eingewiesen." Im allgemeinen bekommen die Pfarrer diese Grundstücke in Pacht, außer es liegen Sonderwünsche der Gemeinde vor. Daher ist ein gutes Einvernehmen mit dem Bürgermeister wichtig[159].

Im November 1940 hat die österreichische Bischofskonferenz beschlossen, daß alle aktiven Seelsorger sich an der sog. Klerusstelle, dem kirchenamtlichen Rechtsschutz des Klerus, beteiligen müssen. St. Florian meldete 54 Mitglieder[160]. Diese Klerusstelle in Wien gab in ihren (Viertel)Jahresberichten kurz den Stand der Aktivitäten bekannt, vor allem in der Rechtsschutzvermittlung für jene Geistlichen, die aus irgendeinem Grund mit den Gesetzen in Konflikt geraten waren. Es waren vor allem folgende Gesetze: Rundfunkverordnung, Sammlungsgesetz, Heimtückeparagraph, Verbraucherregelung, Vorschubleistung, körperliche Züchtigung von Schülern, Kanzelparagraph[161]. Dazu kamen noch: Unterlassung von Anzeigen bei der Polizei, Zersetzung der Wehrkraft u. ä.[162]. Von den Florianern erhielt Max Holzinger (1877 bis 1951) auf Grund des Heimtückegesetzes acht Monate Arrest und war am 6. Jänner 1942 freigekommen. Ebenfalls acht Monate Gefängnis erhielt wegen Übertretung der Rundfunkverordnung (Schwarzhören) Karl Föttinger (1882 bis 1953) im Jahre 1943[163].

Im Jahre 1944 wurde die Frage der Altersversorgungs-Versicherung der Mitbrüder auch an die Stiftsleitung in Pulgarn herangetragen. Nach längeren Beratungen und finanziellen Erwägungen lehnte St. Florian vorerst einen Beitritt ab. Kremsmünster und Klosterneuburg hatten eine Versicherung abgeschlossen[164].

---

159 Rundschreiben Mitte Jänner 1942, STA STFL.
160 8. Mai 1942, STA STFL.
161 2. Mitteilungsblatt 1943, vom 26. August, STA STFL.
162 1. Mitteilungsblatt 1944, vom 30. März, STA STFL.
163 Sondergericht Linz Kls 97/43, STA STFL.
164 Akt ,,Altersversorgung", STA STFL.

Im Zeitraum von der Beschlagnahme des Stiftes bis 1. Juni 1944 waren elf Mitbrüder gestorben und drei gefallen. Am Samstag, den 10. Juni 1944, starb nach längerem schmerzlichen Leiden Propst Dr. Vinzenz Hartl im 72. Lebensjahr im Kreise der kleinen Kommunität in Pulgarn. Die lokalen Machthaber hatten schon früher zugesagt, der „letzte Abt von St. Florian" dürfe in der Gruft der Stiftskirche beigesetzt werden. Dann aber durfte er doch nur auf dem Priesterfriedhof St. Florian begraben werden – angeblich gab es ein schriftliches Verbot Goebbels[165]. Der Reichsintendant Dr. Heinrich Glasmeier, seit September 1942 Hausherr im „Brucknerstift St. Florian", durfte an der Beisetzung seines „Vorgängers" nicht teilnehmen. Goebbels hatte die SS mit seiner Überwachung beauftragt. Auch Johannes Hollnsteiner, der trotz seines Ausscheidens aus dem Orden 1941 mit dem Propst brieflich in Verbindung geblieben war – zuletzt übermittelte er seine Glückwünsche zu Neujahr 1944 und kondoliert zum Tod des Novizenmeisters Johann Mayerhofer (1894 bis 1944) Ende März als „Ihr ergebenster Johannes Hollnsteiner" – konnte nicht dabei sein, er war bei einer Bergungsfahrt von Kunstschätzen erkrankt[166]. Sofort nach den Begräbnisfeierlichkeiten am 15. Juni fand in der Prälatensakristei des Stiftes die Wahl eines neuen Propstes statt. Die Erlaubnis zu raschem Handeln hatte Rom gegeben und der Ernst der Lage legte dies eindringlich nahe. Neuer Propst wurde der bisherige Stiftsdechant Leopold Hager. Die Abtbenediktion durch Weihbischof Fließer wurde auf den 22. Juni in der Stadtpfarrkirche Kleinmünchen angesetzt. Die notwendig gewordene Dechantwahl schloß sich dort sogleich in der Beichtkapelle an. Mit Rücksicht auf den Priestermangel nahm der bereits 71jährige Altdechant Petrus Atzelsberger (1873 bis 1959) die Wahl an. Bei der anschließenden Kapitelsitzung betonte Propst Hager ganz besonders das Verbot, ausländische Sender abzuhören[167].

St. Florian war wohl das einzige Kloster, das nicht nur während der NS-Zeit, sondern auch während des Exils in Pulgarn Neueintritte zu verzeichnen hatte. Dr. Wilhelm Bock wurde am 27. August 1939 eingekleidet und im April 1943 in Pulgarn zum Priester geweiht; Hubert Daxberger legte am 11. November 1939 seine erste Profeß ab und erneuerte sie nach der Rückkehr vom Kriegsdienst am 1. Juli 1945. Dem Kapitel am

---

165 Brief Oskar Haaf, Mitarbeiter bei der RRG, an Propst Zauner vom 20. Juni 1973, STA STFL.

166 15. Juni 1944, Nachlaß Hollnsteiner.

167 Kapitelbuch III, 190, STA STFL.

30. Oktober 1942 lag das Aufnahmegesuch des Kandidaten Josef Jungwirth vor[168]. Der Eintritt verzögerte sich aber bis 1945. Am 2. Dezember 1942 trat der frühere Sektionsrat im Bundeskanzleramt und Präsident der Finanzlandesdirektion Salzburg DDr. Otto Kemptner (1890 bis 1944) in die Chorherrengemeinschaft des Stiftes St. Florian in Pulgarn ein. Er war im März 1938 verhaftet und für zwei Jahre in die Konzentrationslager Dachau und Buchenwald eingeliefert worden, wo seine Gesundheit stark litt. Er starb bereits im ersten Profeßjahr am 3. Mai 1944 und wurde – wie die übrigen in Pulgarn verstorbenen Chorherren – auf dem Priesterfriedhof in St. Florian begraben[169].
Seit der Mitte des Jahres 1944 mehren sich in den Rundschreiben des Propstes die Hinweise auf den Krieg, vor allem auf die Mitbrüder im Feld und auf die Bombenschäden in den Pfarren. Das Kloster Pulgarn selbst wurde von keiner Bombe getroffen, obwohl es in einem stark gefährdeten Gebiet lag. In den Hausberg wurde ein Stollen getrieben, doch die Arbeit ging nur langsam voran[170]. Im allgemeinen verlief das klösterliche Leben ohne größere Störungen. In der ,,relatio quinquennalis" über die Jahre 1943 bis 1948 heißt es: ,,vitam tranquillam degebamus exceptis multis periculis propter tela ex aere cadentibus"[171].
Je mehr sich das Ende abzeichnete, umso deutlicher werden die Überlegungen, wie es nachher weitergehen werde. Am 1. Mai 1945 legt Propst Hager dem Linzer Bischof seine Pläne zur personellen Besetzung der Pfarren und der Hauslehranstalt vor ,,für den günstigsten Fall, daß wir das Stift wieder zurückbekommen oder doch sonst eine lebensfähige Heimat bekommen werden". Für diese Umbesetzungen schlägt Hager als Termin den 15. Mai vor.
Bis dahin hatte sich die Situation grundlegend geändert. Am 6. Mai hatten die Amerikaner St. Florian besetzt. Anfangs waren 270 Mann im Stift einquartiert, später 90 bis Jänner 1946. Jetzt begann ein zähes Ringen, Zimmer um Zimmer, um zwischen den aus der NS-Zeit noch zurückgebliebenen Menschen und Materialien und den Amerikanern soviel Raum freizubekommen, daß am 24. Juni Propst und Konvent unter großer Beteiligung der Bevölkerung nach vier Jahren des Exils wieder im Stift St.

168 Kapitelbuch III, 187.
169 Nachlaß Kemptner, STA STFL.
170 6. April 1945, STA STFL.
171 Bericht an den Generalabt für Rom, STA STFL.

Florian einziehen konnten[172]. Das Rückstellungsverfahren endete erst mit Beginn des Jahres 1950.

Anton Hochreiter (geb. 1903), bis Kriegsende Kooperator in St. Florian, schrieb etwas pointiert über die Situation nach der Enteignung. „Dem Gau war das Haus bald eine Verlegenheit. So schenkte er das Haus großmütig dem Führer, dieser schenkte es seinem Feldmarschall Göring, dieser war ebenfalls splendid und schenkte es dem Volk. Das Volk konnte es wieder dem Gau schenken. So hatte man viele Geschenke gemacht und Gnaden ausgeteilt, ohne sich besonders dabei anstrengen zu müssen. Der Gau trat mit dem Reichsrundfunk in Verhandlung und verpachtete ihm das Haus auf 99 Jahre[173]." Die Ära des Reichsrundfunks in St. Florian vom 1. September 1942 bis 5. bzw. 6. Mai 1945 wäre Gegenstand einer eigenen Darstellung. Es sollen hier nur einige Momente festgehalten sein.

Einer der engsten Mitarbeiter beim Reichsrundfunk in St. Florian schilderte seine ersten Eindrücke im Stift und stellte den Einstieg des Rundfunks so dar: „Als der Reichsintendant (Dr. Heinrich Glasmeier) vor Jahren in seiner Eigenschaft als Archivdirektor (in Westfalen) erstmals das Augustiner Chorherrenstift St. Florian bei Linz an der Donau besuchte, hat er einen so starken Eindruck von diesem einzigartigen Barockbau und seinen reichen Sammlungen gewonnen, daß er im zweiten Kriegsjahre auf die Nachricht von der Verweltlichung des Stiftes sofort das Interesse des Großdeutschen Rundfunks an diesem Bauwerk beim Gauleiter von Oberdonau anmeldete[174]." Nach längeren Verhandlungen kam ein Vertrag zustande, der dem Reichsrundfunk für einen symbolischen Pachtbetrag von einer Reichsmark pro Jahr das Stiftsgebäude auf 99 Jahre überließ[175].

Einige Teile aus dem Vertragswerk können die weitgespannte Planung illustrieren: „Das ehemalige Augustiner-Chorherrenstift St. Florian harrt nach seiner Säkularisation einer neuen Verwendung. Ausgang und Krönung der Wiederbelebung muß die Pflege edler Musik sein, den Bestand des Kulturdenkmals Brucknerstift St. Florian zu sichern und das musikalische Erbe Bruckners sowie sonstige Spitzenleistungen unserer

---

172 Berichte im STA STFL.

173 Hochreiter, 126.

174 14. November 1942, STA STFL.

175 Glasmeier als neuer „Hausherr" unterschrieb am 10. August, Eigruber am 21. Oktober 1942; STA STFL.

musikalischen Heroen weitesten Kreisen in vollendeter Form zugänglich zu machen. Der Pachtvertrag umfaßt die Stiftsgebäude mit der Kirche und den Gärten, mit den untrennbar verbundenen Kunstsammlungen und mit den Mobilien. Die Reichsrundfunkgesellschaft (RRG) verpflichtet sich zu sachgemäßer und sorgsamer Betreuung sowie dazu, im Stift eine Produktionsstätte für musikalische Spitzenleistungen zu schaffen und diese durch den Rundfunk zu übertragen. Die notwendigen Maßnahmen geschehen im Einvernehmen mit dem Reichsstatthalter. Das gilt besonders für alle baulichen Veränderungen, für die Restaurierung und Aufstellung der Kunstschätze und für die Einrichtung der Historischen Räume im Kaiserstock sowie für die Brucknerorgel. Die RRG überläßt den derzeit im Stift untergebrachten wissenschaftlichen Anstalten des Reichsgaues Oberdonau, Historisches Forschungsinstitut, Münzkabinett, Landesarchiv, Räume nach Vereinbarung. Die RRG wird dem geplanten Musischen Gymnasium auf Anforderung die Benützung der Kirche und der Konzertsäle nach näherer Vereinbarung gestatten. Kirche, Orgel, Repräsentationsräume und Garten werden auch dem Reichsstatthalter für kulturelle Veranstaltungen und repräsentative Empfänge zur Verfügung stehen. Kirche und Kunstsammlungen werden im bisherigen Umfange der Öffentlichkeit zugänglich sein. Stiftsgebäude, Markt St. Florian und Gemeinde stehen unter besonderem Denkmal- und Landschaftsschutz. Der Vertrag tritt mit 1. September 1942 in Kraft. Der jährliche Pachtzins beträgt 1 RM."

Zu diesem Rahmenvertrag gab es Zusatzverträge und Detailregelungen. Die ersten Berichte der Mitarbeiter im RR in St. Florian sind voller Begeisterung über die gebotenen Möglichkeiten[176]. Vieles von den Planungen kam jedoch nicht zur Ausführung. Nach der notwendigen Anlaufzeit war die allgemeine Lage schwieriger geworden, etwa in der Materialbeschaffung oder im Transportwesen. In den Gesuchen wird ständig betont, wie notwendig die Arbeiten in St. Florian seien und daß das Stift in besonderer Weise dem Führer am Herzen liege. Auf diese Weise gelang noch bis in die letzten Kriegstage manches, was nicht unbedingt „kriegswichtig" war.

Mit der Übernahme des Stiftes durch die RRG war die Aufgabe des kommissarischen Verwalters O'Donell zu Ende gegangen. Er verließ am 26. September 1942 das Stift. Offizieller Einzug des Reichsintendanten

---

176 23. und 26. Oktober 1942, STA STFL.

Dr. Heinrich Glasmeier war am 8. Oktober mit einem großen Essen am 10. Oktober[177]. Er zog in die Räume der Prälatur ein und fühlte sich dort in seinem ganzen Gehaben als Nachfolger der Prälaten, nicht zuletzt der Barockprälaten, an deren Sterbetagen später Gedenkfeiern abgehalten wurden.
Der Westfale Glasmeier holte sich den schon beim Umbau westfälischer Schlösser erprobten Architekten Franz Schneider nach St. Florian. Er bekam den Auftrag, die Pläne für große Umbauten im Stift auszuarbeiten. Nach eigenen Angaben fertigte er ca. 270 Pläne an, darunter für ein Stiftstheater, eine Prälaten- und eine Stiftshalle rechts und links vom Stiftsportal, eine Wandelhalle vor dem Sommerrefektorium, eine Kristallgalerie und ein Vitrinenzimmer, Umbau der Prälatur zu einer Wohnbibliothek für Glasmeier usw. Dazu kam noch das minutiöse Prospekt der in Umbau begriffenen Brucknerorgel. Der Stiftsmeierhof sollte zu einem Gästehaus adaptiert werden[178].
Von all dem kam nichts zur Ausführung. Im sog. Rehgarten, an der Ostseite des Stiftes, gelang als einziges Bauwerk die Anlage eines Freibades, das aber 1943 nur unter dem Vorwand eines Löschteiches genehmigt wurde[179].

Mehr Glück hatte Glasmeier mit der Musik. Bis zum 1. April 1943 war ein ca. 120 Mann starkes funktionierendes Orchester aufgebaut worden. Das erste offizielle Konzert fand am 3. April 1943 statt, und am folgenden Tag besuchte Hitler St. Florian. Dazu kam der etwa 80 Personen umfassende Brucknerchor des Großdeutschen Rundfunks und ein kleines Kammerensemble[180].
Die Führung Hitlers und seines Gefolges beim Besuch des Stiftes übertrug der Gau an Dr. Hollnsteiner. Hitler betonte im Verlaufe des Rundganges wiederholt, ,,daß das Brucknerstift das bedeutendste Kunstinstitut und Konservatorium Europas werden müsse und aufs Großartigste auszubauen sei''. Dr. Fischer, der eigentlich im Rahmen des RR für das Kulturelle und die Gästebetreuung zuständig war, beklagte sich am 24. April bei seinem unmittelbaren Vorgesetzten Dr. Schwaiger, daß der Gau sich stets in solchen Fällen an Dr. Hollnsteiner und nicht an die anderen Herren des RR wende. ,,Es sei geradezu ein Treppenwitz, daß der

177 Bericht 26. September 1942, STA STFL.
178 Pläne weitgehend erhalten. Akt ,,Schneider'', STA STFL.
179 Akt ,,Löschteich'', STA STFL.
180 Umfangreiches Aktenmaterial der RRG im STA STFL.

alte Schuschniggfreund (usw.) Hollnsteiner ausgerechnet den Führer habe führen dürfen[181]."

Zu den geplanten wissenschaftlichen Aktivitäten gehörte die Herausgabe einer großen Festschrift, eines Bildbandes über St. Florian, der wenigstens zu einem Phantomband gedieh, die Neukatalogisierung der Sammlungsbestände. Mit fortschreitender Bombengefahr mußten die wertvollen Bestände im sog. Kunstbunker des Stiftes vor der Gruft und später in Bergwerksstollen geborgen werden. Die Stiftsführungen wurden eingestellt, nur bei ganz prominenten Besuchern gab es eine Ausnahme. Am 16. Dezember 1944 besuchte der Großmufti von Palästina, Said Amin al Husseini, in großer Begleitung das Stift[182].

Das Stiftsgebäude erhielt keinen Tarnanstrich, aber es gab Pläne dafür. Wohl aber scheint St. Florian in der Liste der ganz besonders schutzwürdigen Gebäude des deutschen Reiches auf; für Oberdonau ist sonst nur noch das Gebäude des Landesmuseums in Linz aufgenommen[183].

Eine schwere Belastung in mehrfacher Hinsicht bedeutete für das Stift St. Florian auch noch lange nach dem Ende des Krieges die Einlagerung großer Mengen von Sanitätsmaterial. Der „Sanitätspark 103 der Heeresgruppe Südost" begann am 20. Oktober 1944 mit der Arbeit. Jeder noch freie Platz wurde teilweise meterhoch belegt[184].

Der RR hatte seine Tätigkeit immer mehr einschränken müssen. Das große Orchester gab am 11. Oktober 1944 sein letztes Konzert. Nur Glasmeier kümmerte sich noch bis in die letzten Tage um die heraldisch gefällige Ausführung seines Reichsintendantenwappens auf die in Wien in Auftrag gegebene Tafelgarnitur von Bestecken und Geschirr[185].

Am 5. Mai 1945 unterzeichnete Glasmeier noch in St. Florian die allerdings nicht mehr wirksam gewordene Zahlungsanweisung für Architekt Schneider. Hierauf verließ er – ohne seine Familie – St. Florian und verschwand spurlos[186]. Die Liquidierung der RRG dauerte noch volle zehn Jahre.

---

181 Brief Dr. Fischer–RRG vom 5. April 1943, STA STFL.

182 Bericht Hannah Spohr, STA STFL, vgl. Anm. 11.

183 Liste vom 8. April 1944, STA STFL.

184 Akt „Sanitäts-Park", STA STFL.

185 Korrespondenz mit Fa. Lobmayr (Wien), STA STFL.

186 Brief Dr. Schwaigers von der RRG an GMD Jochum, 5. Juni 1946, STA STFL.

Raimund Bruderhofer

P. Paulus Wörndl O.C.D., ein Opfer des Nationalsozialismus

August Kubizek[1], Sohn eines Tapezierermeisters in der Klammstraße 9 in Linz, Stadtamtsleiter in Eferding OÖ., und vormaliger Theaterkapellmeister, war in seiner Jugendzeit einige Jahre mit Adolf Hitler, der in Linz in der Humboldtstraße 31 gewohnt hatte, in engstem Kontakt gestanden.

Hitler war ein gern gesehener Gast bei der Familie Kubizek und umgekehrt. Kubizek war der einzige Freund, den Hitler während seines Aufenthalts in Linz hatte. Zum ersten Mal lernten sie sich um Allerheiligen des Jahres 1904 im Theater kennen. Adolf war damals 15 Jahre alt[2] und hatte bereits mit der Schule gebrochen. Hitler bezeichnete seine in Linz verbrachte Zeit als „die schönsten Jahre meines Lebens"[3] und war mit August Kubizek und seinen Eltern bis zum Schluß in inniger Freundschaft verbunden[4].

Adolf Hitler selbst besuchte keinen Gottesdienst, er versuchte aber auch nicht, seinen Freund davon abzuhalten, wenn er ihm auch hin und wieder sagte, daß er ihn hierin nicht verstehen könne. „Doch solche Worte waren von ihm immer nur am Rande gesprochen, mit einer gewissen Nachsicht und Duldung, die sonst gewiß nicht an ihm zu beobachten war[5]." Da die Familie Kubizek in der Karmelitenkirche den Gottesdienst besuchte, traf es sich, daß Adolf seinen Freund, dem er wirklich in engster Weise verbunden war, jeden Sonntag vor der Karmelitenkirche erwartete und abholte. „Wie gewohnt erwartete mich Adolf vor der Karmelitenkirche, in die ich jeden Sonntag mit meinen Eltern zum Gottesdienst ging[6]."

---

1 Geb. 3. August 1888, gest. 23. Oktober 1956. Vgl. *A. Kubizek,* Adolf Hitler. Mein Jugendfreund, Graz 1953 (4. Auflage 1975), S. 5, 11.

2 Geb. 20. April 1889 in Braunau, vgl. *Kubizek,* a.a.O., 48 (Taufschein der Stadtpfarre Braunau).

3 Brief Adolf Hitlers an August Kubizek vom 4. August 1933, Vgl. *Kubizek,* a.a.O., 32.

4 Noch 1944 ließ Hitler der Mutter von August Kubizek zu ihrem 80. Geburtstag ein Lebensmittelpaket senden; siehe *Kubizek,* a.a.O., 34. Vgl. ferner zum ganzen ebd. 17, 23.

5 *Kubizek,* a.a.O., 95.

6 Ebd., 70, vgl. auch 95.

Zirka 40 Jahre später sollte der Pfarrer der Karmelitenkirche, P. Paulus Wörndl, ein Opfer des Regimes Adolf Hitlers werden.

P. Paulus Wörndl im Urteil seiner Zeitgenossen

Die Menschen, die P. Paulus kennengelernt hatten, berichten einstimmig, daß er ein guter Priester, ein Mensch mit einem freundlichen Wesen und einer großen Herzensgüte war. Er war von einem sehr großen Seeleneifer erfüllt und bei den Menschen sehr beliebt, sowohl bei der Jugend als auch bei den Erwachsenen. Paulus wuchs in den Tagen der Haft und im Tod zur Vollreife Christi heran. Der Wille Gottes sah für ihn den Weg des Kreuzes bis zum Martyrium vor. Niemand kann jedoch einen stichhaltigen Grund oder ein Verbrechen angeben, die seine Verhaftung durch die Gestapo und seine Hinrichtung rechtfertigen würden.

Im folgenden lassen wir Laien, Priester und Ordensleute zu Wort kommen, die P. Paulus persönlich gekannt haben, sei es in den ersten Jahren seines priesterlichen Wirkens in Linz nach dem Ersten Weltkrieg, sei es während seiner fruchtbaren Tätigkeit in St. Pölten während der Zwischenkriegszeit oder als Pfarrvikar an der Linzer Karmelitenkirche zur Zeit des Zweiten Weltkriegs.

Sr. Irnfrieda Brunner[7] lernte P. Paulus kennen, als sie 1924 in Hörsching die vierte Klasse Volksschule besuchte. P. Paulus und andere Karmelitenpatres vertraten des öfteren den abwesenden Pfarrer. P. Paulus hatte die Kinder sehr gern und begleitete sie nach dem Religionsunterricht zumeist ein Stück auf dem Heimweg.

Für die Zeit seiner Tätigkeit in St. Pölten seien die Worte von *Dr. Josef Wodka*[8] anläßlich des 25jährigen Gedenktages des Todes von P. Paulus angeführt:

> Kirche und Pfarre St. Josef in St. Pölten-Süd waren sein Schicksal. Ihnen gehörten sein Herz und seine Liebe. Wenn man von der Josefskirche spricht, taucht unwillkürlich in der Erinnerung das Bild von P. Paulus auf – man betritt ja die Kirche über den P. Paulus-Platz, der sie von Norden her begrenzt. Zuviele Menschen leben noch, die P. Paulus gekannt haben, die noch etwas von der Güte und Freundlichkeit, von der Echtheit und Natürlichkeit dieses einmaligen Menschen verspüren, der hierher gekommen war, den Menschen in der

---

7 Geb. 13. Februar 1914 in Hörsching, OÖ., derzeit Oberin des Kindergartens der Kreuzschwestern in Wels, Fadingerstraße 10. GP. vom 28. Mai 1978.

8 Geb. 13. Juni 1908 Dompfarre St. Pölten, Priesterweihe 30. Oktober 1932 Rom, seit 1946 Religionsprofessor am Bundesgymnasium St. Pölten, 1955 Lehrkanzel für Kirchengeschichte und Patrologie an der Theologischen Hauslehranstalt in St. Pölten, gest. 17. April 1970 in Heiligenkreuz (Mitteilung Bischöfliches Ordinariat St. Pölten).

Notzeit nach dem Ersten Weltkrieg beizustehen und sie zu einer Gemeinschaft in Christus zu einigen . . . Jedenfalls brachte P. Paulus keine materiellen Schätze mit, die hatte er sein ganzes Leben nicht, jedoch ein Herz – weit aufgeschlossen für die Menschen und voll und reich an Liebe. Schon sein Antlitz strahlte so viel Güte aus, daß man sich ihm nicht entziehen konnte und einfach entwaffnet wurde. Ob es nun junge Menschen waren – die Studenten-Kongreganisten und die Pfadfinder, denen seine besondere Sorge galt und die er zu besonders hoher organisatorischer Blüte brachte – oder die Männer, mit denen er sich sehr gut verstand und redete. Am meisten Unterstützung wird er bei so vielen Frauen gefunden haben, die ihm als stille Beterinnen und Opferinnen bei seiner Reichgottesarbeit zur Seite gestanden sein mögen[9].

Pfarrer *Walter Mitsch*[10] war zur Zeit, als P. Paulus an der Linzer Karmelitenkirche das Amt des Pfarrvikars innehatte, Ministrant. Er schätzte ihn als demütigen, sehr frommen und eifrigen Priester. Nie kam ihm zu Ohren, daß P. Paulus irgendwelche unerlaubte Beziehungen zu Burschen gehabt hätte, was später gegen ihn vorgebracht wurde. In der Pfarrarbeit gab es gewisse Rivalitäten mit einigen Mitbrüdern.
Sr. Roswitha Storch[11] war seit Februar 1939 in der Näh- und Haushaltungsschule der Kreuzschwestern in Wels in der Fadingerstraße 10 tätig. Diese Ordensniederlassung lag schräg gegenüber dem Wohnhaus der Mutter des P. Paulus (Fadingerstraße 7). P. Paulus war – so erinnert sich Sr. Roswitha – ein gemütlicher, lustiger Herr, ein tieffrommer Priester. Er ging nie von uns weg, ohne uns eine Belehrung zu geben. Nachdem er im Juni 1943 in der Herz-Jesu-Kirche zum letzten Mal vor seiner Verhaftung ein Triduum gehalten hatte, verabschiedete er sich von den Schwestern, indem er ihnen den Segen gab und sagte: Bleibt gesund, die Himmelmutter verläßt euch nicht; dann ging er winkend weg.
Damals war Frau *Rosa Pöpperl*[12] in der Küche der Kreuzschwesternschule angestellt. Wenn P. Paulus seine Mutter besuchte oder in der Herz-Jesu-Kirche Triduen oder Beichtaushilfen hielt, las er – so berichtet Frau Pöpperl – des öfteren in der Kapelle der Haushaltungsschule einen Gottesdienst. Auch sein Primizmahl war bei den Kreuzschwestern veran-

---

9 Dr. Josef Wodka, Gedenkschrift „Pater Paulus 25 Jahre tot“ (St. Pölten 1969).

10 Geb. 11. Dezember 1926 in Linz, seit 1963 Pfarrer in Gunskirchen, OÖ., GP. übermittelt von P. Franz Mittermüllner S.V.D., geb. 18. Februar 1909 in Leonfelden, Berufsschulkatechet, derzeit wohnhaft in der Herz-Jesu-Pfarre Wels, Kreuzpointstraße 25. P. Mittermüllner hat schon mehrere Vorträge über P. Paulus gehalten und mir wertvolle Hinweise gegeben.

11 GP. vom 28. Mai 1978. Geb. 16. September 1915 in Berndorf, NÖ., Kreuzschwester, derzeit im Kindergarten der Kreuzschwestern in Wels, Fadingerstraße 10.

12 GP. vom 28. Mai 1978. Geb. 15. November 1902 in Budweis, derzeit wohnhaft in Wels, Südtirolerstraße 50.

staltet worden. P. Paulus war ein ungemein lieber „seltener" Mensch, tief religiös, sehr bescheiden und nett.
Von besonderem Aussagewert sind die Erinnerungen des guten Freundes von P. Paulus, des ehemaligen Jugendseelsorgers Dr. Hermann Gantenberg, und des Pfarrers Anton Scholz, der P. Paulus während der letzten Wochen seines Lebens den geistlichen Beistand geleistet hat. *Dr. Hermann Gantenberg*[13] hatte in der Vorstadtpfarre Wels vom 19. bis 22. April 1942 eine Religiöse Woche gehalten und damals P. Paulus zum ersten Mal kennengelernt. Es entstand zwischen beiden eine enge Freundschaft. Auf Einladung von P. Paulus hielt dann Dr. Gantenberg in der Linzer Karmelitenkirche eine Religiöse Woche vom 7. bis 14. Juni 1942 und die Fastenpredigten im Jahre 1943[14]. Beide besuchten einander einige Male in Österreich und Deutschland. Nach der Verhaftung von P. Paulus sahen sie einander nicht mehr.
Dr. Gantenberg lernte P. Paulus als einen natürlichen, einfachen und frommen Menschen kennen. Seine Frömmigkeit war echt, sehr persönlich, innig und etwas emphatisch, manche würden sagen „einfältig". „Ich könnte nicht so sein", meinte Dr. Gantenberg. P. Paulus besaß eine Vorliebe für bestimmte Andachten, er hatte seinen eigenen Stil, teilte Bildchen aus usw. und wurde von seiner Gemeinde so akzeptiert, wie er war. In seiner einfachen Art sprach er besonders die einfachen Leute an. Für die damalige Zeit kann er aber auch als aufgeschlossener Seelsorger gelten. Nur so läßt es sich erklären, daß er Gantenberg nach Linz gerufen hat. Er war eine integre Persönlichkeit, seiner ganzen Natur nach eher ängstlich und zurückhaltend. Er besaß eine eher weiche, zärtliche Art. Ein hinreißender Typ, auf den die Jugend sich „stürzte", war er nicht. Er war aber sehr gütig und verständnisvoll. Daher hatte er nicht nur guten Kontakt zu Frauen und Männern, sondern auch zu den Jugendlichen.
P. Paulus ging in seinen seelsorglichen Tätigkeiten den Leuten sehr nach. Er hielt in der Gruft unter der Karmelitenkirche viele lebendige Gemeinschaftsmessen mit seiner Jugend. So brachten ihm die jungen Menschen sehr viel Vertrauen entgegen.
Dr. Gantenberg war im Gegensatz zu P. Paulus eher ein „Progressiver", dessen Tätigkeit daher auch den Behörden auffiel[15]. Gantenberg hatte

13 GP. vom 28. Mai 1978. Zu ihm vergleiche diesen Band, S. 230–236.
14 Pfarrchronik der Pfarrexpositur Linz-St. Josef (Karmeliten), 18–20, 23, 27.
15 Vgl. diesen Bd., S. 231 f.

nicht den Eindruck, daß dieser so einfache P. Paulus von der NS-Regierung für gefährlich gehalten werden konnte. Ein sofortiger Zugriff der Gestapo nach den religiösen Erfolgen in der Karmelitenkirche[16] wäre noch irgendwie erklärbar gewesen, nicht aber die späte Verhaftung. Gantenberg neigt zur Ansicht, daß die Verhaftung von P. Paulus auf einen Verrat durch ihm mißliebige Personen zurückgehen dürfte.
Falls P. Paulus aktiv an einer Widerstandsbewegung beteiligt gewesen wäre, hätte er wohl angesichts der engen Freundschaft mit Dr. Gantenberg diesem davon Mitteilung gemacht. P. Paulus pflegte gewiß keinen politischen Kontakt mit Frontsoldaten, sondern einen rein seelsorglichen. Seine Briefe waren harmlos.
Innerhalb des Konvents fühlte sich P. Paulus – diesen Eindruck hatte Dr. Gantenberg und er hatte dies auch von P. Paulus selbst vernommen – manchmal allein. Es gab Spannungen mit den Mitbrüdern, die anders dachten als er und mit seiner Tätigkeit aus gewissen Gründen nicht einverstanden waren. Er litt darunter. Trotzdem ist er von seiner Art der Seelsorge nicht abgewichen und setzte seine Arbeit oft im Alleingang durch.
Der ehemalige Zuchthausseelsorger in Brandenburg, *Anton Scholz*[17], der insgesamt 867 Menschen[18] zum Schafott begleitet hatte, erinnert sich noch heute sehr deutlich an P. Paulus, wenn auch seine Korrespondenz, die wir im folgenden noch anführen werden, ein noch schärferes Bild des Verurteilten liefert. Pfarrer Scholz lernte P. Paulus auf die gleiche Weise kennen wie die übrigen Häftlinge, die im Volksgerichtshof Berlin zum Tode verurteilt und dann in die Anstalt Brandenburg zur Vollstreckung des Urteils eingewiesen und ihm zur geistlichen Betreuung anvertraut worden waren. In der Regel waren die Opfer ca. sechs Wochen in der Anstalt, vom Tag der Verurteilung bis zum Tag der Vollstreckung des Urteils gerechnet. Der Verurteilte konnte in dieser Zeit ein Gnadenge-

---

16 Vgl. den Bericht des Pfarrkuraten P. Paulus Wörndl über die Religiöse Woche vom 7. bis 14. Juni 1942 (gehalten von Dr. Hermann Gantenberg) an das Bischöfliche Ordinariat in Linz vom 17. Juni 1942 (Archiv des Bischöflichen Ordinariats Linz, Pfarre Karmeliten).

17 GP. vom 28. Mai 1978. Geb. 13. Juli 1891. Er war hauptamtlicher Strafanstaltsseelsorger im Zuchthaus Brandenburg; derzeit wohnhaft in Zwiesel, St.-Helena-Altersheim, Pfarrer-Fürst-Straße 10. Pfarrer Scholz hatte über jeden Verurteilten genau Kartei geführt, die er jedoch nach dem zweiten Weltkrieg an die CDU abgab.

18 Unter ihnen befand sich P. Paulus Wörndl. In Brandenburg fanden insgesamt 4045 Hinrichtungen statt. GP. Pfarrer Scholz.

such schreiben, das Testament verfassen und Abschiedsbesuche empfangen. Während dieser Zeitspanne sprach Pfarrer Scholz mehrmals mit P. Paulus. Im Gegensatz zu vielen anderen, die bereits resigniert hatten, besaß P. Paulus immer noch große Hoffnung, daß er begnadigt würde. Er konnte es bis zum Schluß nicht glauben, daß das Urteil wirklich vollstreckt würde. Er hatte immer noch gehofft, daß etwas zu seinen Gunsten geschehen würde. Es war jedoch damals aussichtslos, daß ein Gnadengesuch, das von einem Rechtsanwalt beim Volksgerichtshof eingereicht wurde, Erfolg hatte. Dazu war die Fürsprache eines Prominenten, vor allem die Fürsprache von Göring, notwendig. Schließlich mußte sich P. Paulus mit seinem Schicksal abfinden.
P. Paulus bereitete Pfarrer Scholz keinerlei Schwierigkeiten. Er verlangte von ihm nichts, was dieser nicht geben und gewähren konnte. P. Paulus war immer sehr lebendig, nett, herzlich und aufgeschlossen. Er freute sich über jeden Besuch des Anstaltspfarrers. Er befand sich bis zum Schluß in guter körperlicher und geistiger Verfassung. Vermutlich ist er an die Behörde durch Verrat ausgeliefert worden.
Der Montag war im Zuchthaus Brandenburg der Tag der Hinrichtungen. Dem Anstaltspfarrer wurde am Samstag das Verzeichnis der Betroffenen überreicht. Der Pfarrer ging daraufhin zu den Todeskandidaten und teilte ihnen mit, daß er ihnen zweimal die hl. Kommunion bringen würde, am Sonntag und am Tag der Hinrichtung. Die Verurteilten durften aus Klugheitsgründen vom Termin der Hinrichtung nichts erfahren. Dennoch hatte es sich in der Anstalt herumgesprochen, daß, wer keinen Besuch des Pfarrers erhalten hatte und am Montag gegen Mittag nicht aus seiner Zelle geholt wurde, mindestens eine weitere Woche am Leben bleiben durfte. Die Hinrichtungen fanden zwischen ein und zwei Uhr mittags (in früherer Zeit in den Morgenstunden) statt.
Vor der Urteilsvollstreckung wurde P. Paulus in eine besondere Zelle gebracht. Von dort holten ihn Pfarrer Scholz und zwei Wachtmeister (manche wurden nämlich rabiat und widersetzten sich) ab und führten ihn in einen großen Raum, der ehemals als Garage für Lastautos gedient hatte. Hier wartete bereits der Richter des Landgerichtes, der hinter einem Tisch stand, auf dem sich ein Kreuz und zwei Kerzen befanden. Im Raum stand auch die Guillotine. Außer den genannten Personen waren noch zwei Sekretäre, der Inspektor vom Dienst und der Scharfrichter anwesend. P. Paulus wurde vorgeführt, und der Richter fragte ihn: Wie heißen Sie? Manche waren nicht mehr imstande, ihren Namen zu nennen.

P. Paulus sagte seinen Namen mit deutlicher Stimme. Der Richter fragte weiter: Sie sind zum Tode verurteilt? Gestehen Sie Ihr Verbrechen ein? P. Paulus antwortete klar und deutlich: Nein. Daraufhin sagte der Richter zum Scharfrichter: Scharfrichter, walten Sie Ihres Amtes. P. Paulus schwieg und leistete keinen Widerstand. Die Hände wurden ihm auf den Rücken gefesselt, damit er sie nicht etwa bei der Vollstreckung des Urteils schützend vor das Gesicht hielte. Nun kamen die Wachtmeister herbei und schoben den Verurteilten auf ein Brett, das Tischbreite hatte, aber etwas länger war, und an dessen Ende das Fallbeil angebracht war. Der Scharfrichter löste den Hebel und das 80 Pfund schwere Fallbeil fiel herunter. Die Anwesenden hörten das Blut rauschen. Soweit die Erinnerungen des Anstaltspfarrers Scholz.
Abschließend seien noch, bevor wir uns eingehender dem Lebensgang des P. Paulus zuwenden, Erinnerungsberichte von zwei Personen angeführt, eines Laien und eines Mitbruders im Orden, die zur Linzer Karmelitenpfarre gehören und P. Paulus persönlich gekannt haben.

Der frühere Landesschulinspektor Hofrat Mag. *Anton Kränzl*[19] schreibt:

Der Karmelitenpater Paulus Wörndl war Pfarradministrator der zu Beginn des 2. Weltkrieges neu errichteten Pfarre St. Josef (Karmelitenpfarre) in Linz. Da wir durch unseren Wohnort dieser Pfarre angehören, kannten wir P. Paulus sehr gut. Er war ein äußerst eifriger Seelsorger mit viel Liebe und Verständnis für seine Pfarrkinder. Besonders angenommen hat er sich der Jugend. Sein liebenswürdiges Wesen machte ihn in seiner Pfarre sehr beliebt. Er war der einzige Pfarrer dieser Pfarre, der uns auch einmal in unserer Wohnung besuchte. Wir hatten zu dieser Zeit gerade fremde Kinder bei uns, und es fiel uns angenehm auf, daß er zu den Kindern äußerst herzlich war. Vor seinem Weggehen segnete er uns noch alle und verabschiedete sich mit vielen frommen Wünschen. Dieser Besuch freut uns heute noch, denn P. Paulus strahlte Glück und Frieden eines wahren Jüngers Christi aus[20].

Für die Mitbrüder des P. Paulus im Ordensstand sei hier der Bericht von *P. Arnold Waldburger*[21], derzeit Seelsorger an der Linzer Karmelitenpfarre, angeführt:

P. Paulus, ein Begriff von einem Priester. Ich lernte ihn erst einige Jahre nach seiner Priesterweihe, die 1919 war, kennen. Er war zeitlebens ein glühender Seelsorger. In Wien/Döbling und in Graz tätig, fiel er schon durch seine Predigten auf, die aus dem Herzen kamen

---

19 Geb. 7. Dezember 1900, derzeit wohnhaft in Linz, Huemerstraße 12b.

20 Erinnerungsbericht über P. Paulus Wörndl O.C.D., vom 7. Juli 1978.

21 P. Arnold vom hl. Ignatius (Josef Waldburger), geb. 8. März 1905 Pöstlingberg, OÖ., Profeß 19. März 1930, Priesterweihe 28. Juni 1936 (Daten über Ordensmitbrüder sind den Katalogen der österreichischen Karmelitenprovinz 1924, 1935, 1940, 1956, 1962, 1965, 1971, 1974 entnommen, die sich im Provinzarchiv in Wien befinden).

und von Seeleneifer und Liebe zu Jesus und Maria flammten. Denselben Eindruck hatte man auch in Linz, wo er von 1941 bis Juli 1943 als Pfarrvikar in der Karmelitenkirche tätig war.
Ich war mehrere Jahre in St. Pölten als Kaplan in der Josefs-Kirche, hatte aber nie das Glück, mit ihm zusammenarbeiten zu können, aber ich weiß so manches, was die Leute in dieser schwierigen Arbeiterpfarre über ihn urteilten. Wie bekannt, baute er dort die Pfarre auf. Als Pfarrer, arm und selbstlos, ging er von Haus zu Haus, redete mit Sozialisten und Kommunisten, hatte für alle Verständnis, besonders auch für die Armen, die Alten und Kranken, denen er seine ganze Priesterliebe und Herzlichkeit schenkte. Tag und Nacht war er für die anderen da, er ließ keinen ohne Sakramente sterben. Wie ein Bruder war er zu den Fabriksarbeitern und half ihnen in ihren Schwierigkeiten und Problemen. Darum war er auch bei ihnen sehr beliebt, das zeigte sich beim immer zahlreicheren Kirchenbesuch. Ich habe oft mit ihm gesprochen und ihn als Vorbild für mich betrachtet. Sein Seeleneifer entsprang aus seinem innigen Gebetsverkehr mit dem Herrn vor dem Tabernakel und aus seiner großen Liebe zur Gottesmutter.
Aber er hatte auch seine Feinde. Falsche Menschen mißdeuteten seine Liebe zur Jugend, besonders zu den Pfadfindern, und ohne Beweis sagten sie ihm ehrenrührigen Umgang mit Jugendlichen nach. Ich bin empört darüber. P. Paulus wäre nie dazu fähig gewesen, solches zu tun. Nicht einmal seine ärgsten Feinde, die Nazis, sagten ihm so etwas nach. P. Paulus hat an seine Soldaten Briefe geschrieben, aber nur um ihnen im Krieg Mut zu machen und über alles Schwere hinwegzuhelfen. Von seinen Feinden wurde das als Wehrzersetzung betrachtet, worauf die Todesstrafe stand. Aus seinen Reden hörte ich immer wieder heraus: ,Verleumdungen gehören zu unserem Priesterberuf – besser Unrecht leiden, als Unrecht tun – haben sie den Herrn verfolgt, so auch uns!' So wurde er langsam vorbereitet fürs Martyrium. Ich halte P. Paulus für einen Heiligen, einen Märtyrer unserer Zeit und großen Fürbitter bei Gott[22].

Kindheit, Studium und Berufung in den Karmel

August Wörndl wurde am 20. August 1894 in der Gemeinde Itzling, Pfarre Gnigl bei Salzburg, geboren. Sein Vater Iganz war von Beruf Gastwirt. Seine Mutter Josefa, geb. Preuner, schenkte 14 Kindern das Leben. Um die Jahrhundertwende zog die Familie von Salzburg nach Oberösterreich und ließ sich zuerst in Schlierbach, wo sie ein Gasthaus mit Fleischhauerei führte, dann in Kirchdorf an der Krems, später in Oberhaid bei Wels und zuletzt in Wels, Fadingerstraße 7, nieder. August trat als Zögling in das Ordensinternat der österreichischen Karmelitenprovinz in Linz ein, begann seine Studien am Akademischen Gymnasium in Linz, vollendete sie aber nach der Übersiedlung seiner Eltern nach Wels am dortigen Gymnasium. Der oftmalige Besuch von Karmelitenpatres bei der Familie Wörndl weckte in August den Ordensberuf: „So ein Karmeliter möchte auch ich werden[23]", sagte er sich.

22 Bericht über P. Wörndl vom 11. Mai 1978.

Im Jahre 1913 trat er in den Orden ein. Er wurde am 14. Juli desselben Jahres in Graz eingekleidet, verbrachte dort das Noviziatsjahr und legte am 14. Juli 1914 seine zeitlichen Gelübde ab. Seinen weltlichen Namen August tauschte er für den Ordensnamen Paulus von der Jungfrau des Karmel ein. Nach dem Studium der Philosophie und Theologie in Wien empfing er dort in der Kathedrale zum hl. Stefan am 10. Oktober 1919 die Priesterweihe. Die feierliche Primiz in seiner Heimat Wels in der Herz-Jesu-Kirche, die in der unmittelbaren Nähe des Elternhauses liegt, fand am 19. Oktober 1919 statt. Die Primizpredigt hielt der damalige Provinzial P. Ildefons Mühlbacher [24].

Pfarrer in St. Pölten und Linz

Nach kürzerem Verweilen und verschiedenen Tätigkeiten in den einzelnen Klöstern der Provinz wurde P. Paulus am Fest der Kreuzerhöhung, dem 14. September 1925, auf den Tag genau 142 Jahre nachdem der Karmelitenkonvent in St. Pölten ein Opfer des Josefinischen Klostersturmes geworden war[25], als Vikar für die neue Karmelniederlassung nach St. Pölten berufen. Diözesanbischof Dr. Johannes Rößler[26] hatte den Karmeliten die Seelsorge an der neuerrichteten St.-Josef-Kriegergedächtniskirche angeboten. Der damalige Provinzial der Karmeliten, P. Ambrosius Kaar[27] hatte das Angebot angenommen. Zur Neugründung

---

23 Vgl. P. *Topf*, In memoriam P. Paulus Wörndl, O.Carm., in: St.-Josef-Korrespondenz. Mitteilungen des Österreichischen St. Josef-Priestervereins an seine Mitglieder und Freunde, 7. Jg., September 1964, Nr. 3, S. 4 f. Für die persönlichen Mitteilungen sowie die Bereitstellung von Dokumenten sei Frau Paula Topf, geb. Wörndl, derzeit wohnhaft Wels, Rainerstraße 8/III, herzlichst gedankt.
Vgl. zu diesem Abschnitt auch: Karmelitenpatres Linz, Liber Mortuorum II (zitiert PLLM II), 60–63; Karmelitenpatres Graz, Liber indutionum Novitiorum (zitiert als PGIN), 51; Karmelitenpatres Graz, Liber Professionum Novitiorum (zitiert als PGPN), 153; Karmelitenpatres Linz Chronik Band VII (zitiert als PLCh VII), 45.

24 P. Ildefons von der Herzverwundung (Franz Mühlbacher), geb. 1. März 1878 Maria Taferl, NÖ., Profeß 12. September 1897, Priesterweihe 7. März 1903, gest. 16. August 1967. (Kataloge der österr. Karmelitenprovinz 1965 und 1971.)

25 Der Karmelitenkonvent in St. Pölten wurde 1773 gegründet und 1783 aufgehoben. Vgl. Geschichte des Karmelitenordens, aus dem Französischen übersetzt und ergänzt von P. Redemptus vom Kreuz *Weninger*, Linz 1919, S. 171, Anmerkung 2.

26 Geb. 23. Juni 1850 Niederschrems, Priesterweihe 19. Juli 1874, Bischof 1894 bis 4. Jänner 1927 (Mitteilung Bischöfliches Ordinariat St. Pölten).

27 P. Ambrosius vom hl. Leopold (Leopold Kaar), geb. 12. November 1871 in Oberweißenbach, OÖ., Profeß 27. Juli 1890, Priesterweihe 26. Juli 1896, gest. 17. April 1935.

wurden drei Patres und zwei Laienbrüder entsandt[28]: P. Paulus Wörndl aus dem Grazer Kloster, P. Dionysius Zölß[29] und P. Koloman Joß[30], beide aus Wien, Frater Josef Jamnig[31] aus Linz und Fr. Fridolin Hackl[32] aus Wien.

Als die fünf Karmeliten nach St. Pölten kamen, befand sich die Josefskirche, die vom Kirchenbauverein errichtet wurde, noch im Bau. Das Kirchweihfest fand am 6. Oktober 1929 statt. Am 1. April 1930 wurde die Kirche zur Stadtpfarrkirche erhoben, und Pater Paulus wurde zum ersten Pfarrer bestellt. P. Paulus und seine beiden Kapläne, P. Dionysius Zölß und P. Patroklus Wiesenthal[33], leisteten auf dem steinigen Ackerfeld dieser Arbeiterpfarre fruchtbare Seelsorgearbeit. Seine Güte galt den Frauen und Männern, insbesondere widmete er sich auch den jungen Menschen, die Mitglieder der Marianischen Kongregation und der Pfadfinder waren. Beide Organisationen führte er zu großer Blüte. 1930 wurde P. Paulus zum zweiten Provinzdefinitor gewählt[34].

Nach 14jähriger seelsorglicher Tätigkeit und fast zehnjährigem Wirken als Pfarrer in St. Pölten mußte P. Paulus diese Stadt über Aufforderung der Gestapo verlassen. Die Ordensleitung rief ihn nach Linz, wo er am 12. September 1939 als neuer Konventuale eintraf[35]. Bei der Gründung der Pfarrexpositur Linz-St. Josef (Karmeliten) im Jahre 1941 wurde er wiederum zum ersten Pfarrer bestellt[36].

Zweimal wurde P. Paulus als Pfarrer von St. Pölten mit der damals üblichen Begründung von ‚Devisenvergehen' verhaftet, jedoch wieder freigelassen. Der eigentliche Grund für die Verfolgung durch die Gestapo

---

28 Vgl. zur Neugründung Chronik des Karmelitenklosters St. Pölten, 351 ff. (Abschrift des Vertrages zwischen dem Bischöflichen Ordinariat und der österreichischen Karmelitenprovinz ebd., 355–357).

29 P. Dionysius vom Kinde Jesu (Franz Zölß), geb. 6. September 1887 Gemeinde Bernhardschlag, Pfarre Oberweißenbach, OÖ., Profeß 13. August 1907, Priesterweihe 28. Juli 1912, gest. 14. Dezember 1952.

30 P. Koloman vom hl. Josef (Oskar Joß), geb. 23. Mai 1898 Wien, Profeß 10. August 1922, Priesterweihe 20. Juli 1924.

31 Fr. Josef vom hlst. Sakrament (Johann Jamnig), geb. 17. April 1890 Premstätten, Stmk., Profeß 19. September 1922, gest. 11. November 1959.

32 Fr. Fridolin von der Muttergottes (Karl Hackl), geb. 20. September 1904 Hellmonsödt, OÖ., Profeß 14. November 1923.

33 P. Patroklus vom hl. Josef (Josef Wiesenthal), geb. 27. Mai 1886 Ostönnen in Deutschland, Profeß 10. August 1922, Priesterweihe 29. Juni 1926, gest. 6. Jänner 1948.

34 Buch der Provinzdefinitorien, 10. Mai 1930, Sessio 4a (Provinzarchiv Wien).

35 PLCh VII, 356.

36 Chronik der Pfarrexpositur St. Josef (Karmeliten) Linz, 10 f.

war sein Einfluß auf die Jugend. Es trat ein, was der Nationalsozialismus in solchen Fällen in der Regel unternahm: „Wenn es trotzdem ein Priester versuchte die Jugend auf rein religiöser Grundlage um sich zu sammeln und im Guten zu beeinflussen, wurde ihm das als schweres Vergehen gegen die vom Nationalsozialistischen Staat propagierten Grundsätze vorgehalten. Gelegentlich kam es zu einer Verwarnung, meist aber wurde der betreffende Priester einfach von der Staatspolizei geholt und ohne Verhör eingesperrt[37]." Die Staatspolizei beobachtete P. Paulus ständig, und die Schwierigkeiten ließen nicht mehr nach, bis über ihn das Gauverbot verhängt wurde. Kirchlicherseits hatte man ihm damals schon früher nahegelegt, St. Pölten zu verlassen, um seine Situation zu bessern. Der St. Pöltner Bischof beantwortete die Ausweisung des P. Paulus aus St. Pölten und dem Gau Niederdonau mit der Ernennung zum Konsistorialrat[38].
In den letzten Zeilen, die P. Paulus in die Pfarrchronik schrieb, kommen seine Liebe zur Pfarre, die er gegründet und aufgebaut hatte, und der wahre Grund, warum er Gauverbot erhielt, klar zum Ausdruck:

Und nun muß ich die Chronik schließen, denn die Stunde meines Abschiedes hat geschlagen. Ich muß fort auf Verlangen der Partei, weil ich zu viel mit dem Volke und vor allem mit der Jugend verbunden bin. Ich freue mich, daß ich das Opfer bringen darf zur Sühne für meine Sünden und für meine liebe teure Pfarrgemeinde. Nun bin ich eingereiht in die Reihe der Kreuzträger. – Am Sonntag, den 10. 9., hielt ich meine Abschiedspredigt bei den hl. Messen . . . Am Abend dankte ich nochmals meiner Pfarrgemeinde für alle Mitarbeit und Liebe . . ., bat um Verzeihung und das Gebet. Solange mein Herz schlägt, werde ich in Dankbarkeit meiner vieler Wohltäter gedenken, die mir so Großes zu vollbringen geholfen haben[39].

Die Versetzung nach Linz traf P. Paulus mitten ins Herz. Seine enge Verbundenheit mit der Pfarrgemeinde und seine Liebe zur Seelsorgsarbeit einerseits und anderseits vielleicht die Befürchtung, daß er von nun an in einem der Karmelklöster wohnen und leben müsse, ohne die erfüllende priesterliche Betätigung, und schließlich noch der Umstand, daß er immer mit der Verfolgung von seiten der Gestapo rechnen mußte, stürzten ihn in ein seelisches Tief. Er trug sich sogar einige Zeit mit dem Gedanken, aus dem Orden auszutreten und als Weltpriester in der Diözese St. Pölten zu wirken. Diesen Wunsch hatte er dem Bischof vorgebracht, als

---

37 J. *Fried,* Nationalsozialismus und katholische Kirche in Österreich, Wien 1947, 55.
38 Vgl. R. *Kutschera,* Vor 25 Jahren wurde der Pfarrer der Karmeliten hingerichtet, in: Linzer Volksblatt, 101. Jg., Nr. 146, 27. Juni 1969.
39 Dr. Josef Wodka, P. Paulus 25 Jahre tot, Gedächtnisschrift, [St. Pölten 1969]. Vgl. zu diesem Abschnitt auch PLCh VII, 417 f., 356.

er sich für die Verleihung des Titels Konsistorialrat bedankte. Bischof Michael Memelauer[40] drückte P. Paulus in seinem Antwortschreiben vom 22. September 1939 sein volles Vertrauen aus, er sprach ihm erneut volle Anerkennung für seine unermüdliche Seelsorgsarbeit aus. Was sein Anliegen eines Übertritts in die Diözese St. Pölten betraf, regte ihn der Bischof zur weiteren Überlegung und zum Gebet an, um den Willen Gottes voll zu erkennen:

Lieber Herr Konsistorialrat!
Danke Ihnen für Ihr liebes Schreiben. Wenn ich Ihnen mit der verliehenen Auszeichnung eine kleine Freude bereitete, so ist das für mich selbst die größte Freude. Sie haben auch diese Auszeichnung voll und ganz verdient. Mit unermüdlichem Fleiß haben Sie durch 14 Jahre auf dem steinigen Boden von St. Pölten unverdrossen gearbeitet und in der St.-Josefs-Pfarre die Seelsorge aufgebaut. Die vollbesetzte Kirche bei Ihrem Abschied und das laute Weinen nicht bloß der Frauen, sondern auch der Männer, die warmen Händedrücke mögen Ihnen ein Beweis gewesen sein, wie tief Sie sich in die Herzen der St. Pöltner eingebaut hatten. Ich danke Ihnen von ganzem Herzen für alle Arbeit, die Sie geleistet haben. Möge Gott sie Ihnen recht reichlich lohnen. Möge Ihnen die verliehene Auszeichnung auch eine kleine Genugtuung für das widerfahrene Unrecht und ein Beweis meines vollen Vertrauens sein!
Zu Ihrem vorgebrachten Anliegen. Ich begreife, daß Sie die letzten Geschehnisse etwas aus dem Gleichgewicht geworfen haben. Ich will zu Ihrer Bitte heute noch keine definitive Stellung nehmen und Ihnen noch Zeit zur Überlegung lassen. Ich würde in Ihnen eine wertvolle Arbeitskraft bekommen und würde Ihnen, wenn Sie bei Ihrem Vorsatz bleiben, die Aufnahme nicht verweigern. Es muß aber ein so entscheidender Schritt auch gut überlegt sein. Beten Sie zur Mutter vom guten Rat, um die richtige Entscheidung zu finden, ich bete auch für Sie, und schreiben Sie mir dann Ihren Entschluß. Die Tore der Diözese stehen Ihnen jederzeit offen.
Recht herzliche Grüße! Ihr ergebenster Michael Memelauer, Bischof.

P. Paulus überwand diese Krise und fand auch innerhalb des Karmelitenordens in Linz ein neues fruchtbares Arbeitsfeld als Pfarrer der St.-Josefs-Pfarre. Sein Frohsinn, seine Hingabe an die Arbeit, seine besondere Liebe für die Jugend und seine vielseitige Begabung in praktischer Tätigkeit und als vielgesuchter Beichtvater und Prediger machten ihn auch hier über den Kreis seiner Pfarrkinder hinaus bekannt und beliebt. Seine Bemühungen um Hebung des Kirchenbesuches und in der Jugendarbeit waren unermüdlich. Er lud mehrmals den damals in der Diözese Linz geschätzten Jugendseelsorger Dr. Hermann Gantenberg[41] aus Passau ein; mit seiner Hilfe gelang es ihm, die Jugend zu gewinnen.

40 Brief des Bischofs Michael Memelauer an P. Paulus vom 22. September 1939 (Archiv Paula Topf). Bischof Memelauer wurde am 23. September 1874 in Sindelburg geboren, Priesterweihe 24. Jänner 1897, Bischof 1927 bis 30. September 1961 (Mitteilung Bischöfliches Ordinariat St. Pölten).

41 Vgl. Anmerkung 13.

Seine Predigten waren sehr offen, besaßen aber doch immer das Mindestmaß an Vorsicht, so daß sie keinen formellen Anlaß für eine Verhaftung gaben. Für ihn als Freund der Jugend war es auch selbstverständlich, in ständigem brieflichen Kontakt mit seinen ehemaligen Schützlingen zu bleiben, besonders während der Zeit, in der diese sich auf dem Schlachtfelde befanden.

P. Paulus mußte irgendwie gemerkt haben, daß er in Linz von der Gestapo beschattet wurde, daß seine Briefe zensuriert und seine Schritte genau überwacht wurden. Wie bei allen Priestern, die durch ihre Predigten oder auf Grund von Denunziationen politisch verdächtig waren, versuchte die Gestapo auch bei ihm durch Postüberwachung und Bespitzelung Material für seine Verhaftung und Anklage zu beschaffen. In der letzten Zeit rechnete P. Paulus selbst schon mit der Verhaftung. Kurz zuvor hielt er noch anläßlich eines Herz-Jesu-Triduums in der Vorstadtpfarre Wels die Predigten. Auf dem Weg zum Bahnhof vertraute er seiner Schwester Paula an, daß er Gott sein Leben für die jungen Priester angeboten habe. Es standen damals die Priesterweihen vor der Tür. Es war das erste Mal, so erinnert sich seine Schwester, daß sie ihn sehr traurig sah. Gewiß ahnte er schon etwas von dem, was ihm bevorstand. Es hatte ihn schon jemand gewarnt und ihm den Rat gegeben, ins Ausland, in die Schweiz, zu flüchten. P. Paulus aber lehnte das entschieden ab. Er wollte in dieser schwierigen Zeit insbesondere den jungen Priestern ein Beispiel geben und blieb deshalb auf seinem Posten[42].

Sein Ordensmitbruder P. Berthold Humer[43] verfaßte im Totenbuch des Linzer Karmels den Nachruf über P. Paulus. Er zeigt darin mögliche Ursachen und Beweggründe für sein Sterben auf und gibt eine Stellungnahme zum Fall des P. Paulus aus der Sicht seiner Ordensmitbrüder: ,,Was sich zwischen 1939–1943 abgespielt hat, das entzieht sich wohl mehr oder weniger der Beobachtung der Außenstehenden. Man ist hier nur auf Vermutungen angewiesen . . .

1. Gewiß war P. Paulus in manchen Dingen sehr unklug, so, wenn er, trotz Gauverbot in NÖ., sich in St. Pölten blicken ließ;

---

42 *B. M. Kempner*, Priester vor Hitlers Tribunalen, München 1966, 463. *P. Topf*, a.a.O., 5f.; *F. Gruber*, Angesichts der letzten Konsequenz, LK-Gespräch zum Fall Pater Paulus Wörndl mit der Schwester des Opfers anläßlich der 25jährigen Wiederkehr der Hinrichtung, in: Linzer Kirchenblatt vom 2. Februar 1969.

43 P. Berthold vom hlst. Herzen Jesu (Johann Humer), geb. 27. April 1894 in St. Thomas bei Waizenkirchen, OÖ., Profeß 10. August 1913, Priesterweihe 8. Mai 1918, gest. 5. April 1960.

2. daß er in seinen Predigten sehr unvorsichtig war;

3. daß er in seiner Korrespondenz, besonders mit Frontsoldaten, zu wahr war;

4. ob er der Widerstandsbewegung (Freies Österreich) angehört hat, ist eine offene Frage;

5. jedenfalls wurde über seine eigenen Angaben bei der Gestapo hinter dem Hochaltar verdächtige Korrespondenz gefunden. Was die Briefe beinhalteten, wissen nur die Instanzen der Gestapo"[44].

Verhaftung und Verurteilung in Linz

Der 6. Juli 1943 war ein Rekreationstag, also ein Tag zur Erholung der Patres. Mehrere von ihnen hatten bereits am frühen Morgen das Kloster zu einem Spaziergang verlassen, als um 8 Uhr die Gestapo völlig unvermutet an der Klosterpforte erschien und überfallsartig eine Hausdurchsuchung vornahm. Alle im Hause noch anwesenden Patres und Brüder, ein unbekannter Priester aus Beneschau, der auf Durchreise war und im Kloster gerade zur Beichte weilte, und die Pfarrschwester Leopoldine Fritz[45] mußten sich ins große Sprechzimmer und ins Pfortenzimmer begeben und wurden von zwei Gestapomännern in Gewahrsam gehalten. P. Pius Waldburger[45a], der im großen Sprechzimmer weilte, wollte die Zeit nützen und das Breviergebet verrichten. Einer der Gestapoleute schlug ihm das Brevier aus der Hand[46].

In der Zwischenzeit unterzogen einige Gestapomänner den Konvent einer gründlichen Untersuchung. Einer durchsuchte in Gegenwart des P. Paulus dessen Zelle und nahm ihn in der Pfarrkanzlei in ein langes Verhör. Andere Gestapoleute durchsuchten in Gegenwart des Hausoberen die Zellen sämtlicher Religiosen, vor allem die des Priors und des Prokurators, aber auch alle Arbeits- und Diensträume des Konvents.

---

44 PLLM II, 61f.

45 Kanzleikraft, geb. 2. November 1890 Wien, nach Linz gezogen am 7. Jänner 1943, damals wohnhaft Harrachstr. 10 (Auskunft des Wähl- und Einwohneramtes Linz).

45a P. Pius von der Schmerzhaften Mutter (Karl Waldburger), geb. 18. September 1912 Pöstlingberg, OÖ., Profeß 12. August 1929, Priesterweihe 28. Juni 1936, gest. 12. Juni 1973.

46 GP. P. Meinrad Hugentobler, der diese Begebenheit von P. Pius Waldburger selbst gehört hat. P. Meinrad von der hl. Theresia (Eduard Hugentobler), geb. St. Gallen/Schweiz 15. Jänner 1926, Profeß 15. Oktober 1951, Priesterweihe 29. Juni 1954, derzeit Konventuale des Linzer Karmelitenklosters.

Knapp vor 10 Uhr erteilte der Kommissionsführer dem Sakristan die Erlaubnis, sich in die Sakristei zu begeben und für die hl. Messe, die an diesem Tag der Weltpriester Franz Deser[47] zelebrierte, die Vorbereitungen zu treffen.

Die Stunden, während der die Konventualen in den Pfortenräumen festgenommen waren, lösten große Besorgnis aus. Es herrschte drükkende Ungewißheit bezüglich der Zukunft, was nun kommen würde, ob der Konvent vielleicht aufgelassen würde – eine Sorge, die nicht zum ersten Mal aufgestiegen war, sondern immer latent vorhanden war –, ob vielleicht alle verhaftet und eingesperrt würden.

Gegen ½ 11 Uhr fand jedoch die Hausdurchsuchung endlich ihren Abschluß. Allen Betroffenen wurde wieder die Bewegungsfreiheit geschenkt, mit einer einzigen Ausnahme. Der Pfarrer der St. Josefs-Pfarre, P. Paulus Wörndl, wurde verhaftet und in weltlichen Kleidern von der Gestapo abgeführt. Dem Prior wurde lediglich mitgeteilt, daß er ins Gefängnis Landesgericht Linz, Museumstraße 12, eingeliefert würde. Ein Grund für die Verhaftung und Einkerkerung wurde nicht bekanntgegeben[48].

Am dritten Tag nach seiner Verhaftung, am 9. Juli 1943, wurde P. Paulus vormittags in Begleitung eines Gestapomannes neuerlich in das Karmelitenkloster gebracht. Es wurde wiederum seine Zelle und außerdem in der Kirche der Raum unmittelbar hinter dem Hochaltar durchsucht. Es schien damals den im Kloster anwesenden Mitbrüdern, daß hinter dem Hochaltar ein Versteck gefunden wurde. Die Existenz dieses Versteckes war seinen Mitbrüdern im Karmel unbekannt; allerdings wußte man, daß P. Paulus mit Frontsoldaten in Briefverbindung stand. Darauf besann man sich bei seiner Verhaftung wieder. Dennoch war für seine Mitbrüder die Lage und der Sachverhalt zur Zeit seiner Verhaftung völlig undurchsichtig und rätselhaft.

Nach Auffindung des Versteckes wurde P. Paulus wiederum in den Kerker abgeführt. Einen Tag später, am 10. Juli, erschien die Gestapo nachmittags ein letztes Mal im Kloster, um Fotographien vom Hochaltar und dem Winkel hinter dem Hochaltar anzufertigen. Ferner wurde in den folgenden Tagen dem Linzer Prior P. Angelikus Karlinger die Nachricht

47 Geb. 5. Jänner 1875 Gilgenberg, OÖ., Priesterweihe 31. Juli 1898, Religionslehrer, gest. 22. Jänner 1951 in Schwandt (Mitteilung Bischöfliches Ordinariat Linz).

48 PLCh VII, 465f.

übermittelt, daß keine Hoffnung auf eine baldige Rückkehr des Pfarrers bestehe[49].

Im Landesgericht Linz wurde P. Paulus der Prozeß gemacht. Das Urteil lautete auf ein Jahr Kerker. Der Stapobericht Linz[50] stellte fest, daß ,,er mit einem in der Zwischenzeit zum Tode verurteilten Wehrmachtsangehörigen hochverräterische Beziehungen unterhalten habe"[51].

Pater Paulus, früherer Feldmeister des katholischen Pfadfinderbundes St. Georg und ehemaliger Leiter der Marianischen Studentenkongregation in St. Pölten, stand mit verschiedenen Soldaten, die in der Zeit seines Wirkens in der Pfarre St. Josef in St. Pölten seiner Pfarrjugend angehört hatten, in Briefverbindung. Unter anderem erhielt er auch von einem seiner früheren Jugendleiter, Friedrich Leinböck-Winters, einem Altmitglied der Marianischen Studentenkongregation, der in Norwegen stationiert war, Feldpostbriefe. Der Sanitätssoldat schrieb an seinen verehrten priesterlichen Freund in der Heimat: ,,Lieber Freund! Sie sprechen von meiner Sendung als Katholik, wie recht haben Sie damit, ich habe meine Sendung erkannt und führe sie auch unter allen Umständen durch . . .[52]."

In diesem Austausch von Freundesbriefen teilte der junge Soldat seinem priesterlichen Berater etwas von seiner Auflehnung gegen den Nationalsozialismus mit, den er als Katholik nicht gutheißen konnte. P. Paulus ahnte wahrscheinlich nichts von der Aktivität seines Freundes, er ahnte vor allem nicht, daß dieser mit seiner ,,Sendung als Katholik" eine österreichisch-norwegische Widerstandsbewegung meinte, als deren Gründer er kurz darauf zum Tode verurteilt wurde. P. Paulus selbst gehörte keiner solchen Bewegung an. Seine eigenen Briefe gaben Unterweisung, Rat zur Vertiefung des inneren Lebens und Stütze im Glauben, nichts anderes. Sie waren rein religiös, wenn auch sehr offen gehalten.

Aber man legte P. Paulus alles so aus, um sich einen formellen Anlaß zur Verhaftung zu beschaffen. Vielleicht hat P. Paulus doch zuwenig an die Überwachung seiner Korrespondenz durch die Gestapo gedacht. Jedenfalls hat ihn die ihm höchstwahrscheinlich unbekannte Zugehörigkeit

49 PLCh VII, 466.
50 Stapobericht Linz, RSHA, Amt IV Stapostelle Linz vom 26. November 1943, siehe *Kempner*, a.a.O., 463.
51 *Kempner*, a.a.O., 463.
52 Ebd., 462.

seines Briefpartners zu einer Widerstandsorganisation endgültig in die Schlingen der Gestapo gebracht[53].

Der Stapobericht enthielt außer der Beschuldigung der Konspiration mit dem Feind noch eine zweite Anklageschuld: ,,Bei den Ermittlungen in dieser Angelegenheit wurde ferner festgestellt, daß sich Wörndl außer seinen politischen Verfehlungen bis zum Juni 1939 an einer Reihe von Jugendlichen sittlich vergangen hat. Wörndl wurde dem Landesgericht Linz zur Verfügung des Oberreichsanwaltes des Volksgerichtshofes in Berlin überstellt . . .[54]."

Durch diesen Bericht des Gestapobeamten wurde plötzlich auch ein völlig unbegründeter und unbewiesener Vorwurf von sittlichen Verfehlungen erhoben. Diese Methode und Taktik des Rufmordes, die oft tödlicher war als das aktuelle Todesurteil, war in polizeilichen und gerichtlichen Verfahren durch den Nationalsozialismus ein häufig angewandtes Mittel, besonders gegen Priester, um rein politische Terrorurteile zu ,,untermauern" und die Öffentlichkeit zu schockieren[55]. ,,Der Kundige weiß", so schrieb Hellmuth Wondrak, der den Fall P. Paulus in dieser Hinsicht überprüft und sich für seine Rehabilitierung eingesetzt hat, ,,daß Urteile gegen priesterliche Gegner des Naziregimes . . . regelmäßig mit der Beschuldigung des homosexuellen Verkehrs ,beweis'kräftiger gestaltet wurden. Die Bluturteile selbst enthalten nicht den Schatten eines Beweises und qualifizieren schon damit ausreichend Niveau und Moral der NS-Justiz und ihrer ,Richter'. Aber auch Nachforschungen in den Justiz- und Polizeiakten bestätigen, daß es für den Anwurf der Homosexualität in den gegenständlichen Fällen nicht den geringsten Anhaltspunkt gibt[56]."

Die Schwester des P. Paulus, Frau Paula Topf, führte zur Aufklärung dieser Angelegenheit noch an, daß vielleicht auch das öffentliche Bekenntnis seiner Sünden zu diesem Vorwurf den Anstoß hätte geben können. P. Paulus legte im Kerker eine Beichte oder sogar eine Lebensbeichte ab; und er konnte dies nur in Anwesenheit eines Gestapomannes tun. ,,Von da ab dürften die Verleumdungen herrühren – die bloße Andeutung eines etwa früheren Konfliktes hätte ja genügt, um gewissenlos

53 Ebd., 462f.; *Topf,* a.a.O., 5f.
54 *Kempner,* a.a.O., 463.
55 Ebd., 463.
56 *H. Wondrak,* Katholische Blutzeugen, in: Die Furche. Freie kulturpolitische Wochenschrift, Jg. 18, Nr. 44 vom 2. November 1962, S. 10.

eine Lüge auszustreuen, die sie nicht mit einem einzigen Beweis belegen konnten[57]."

Drei Briefe aus dem Linzer Gestapo-Gefängnis an seine Mutter und Geschwister aus dem Jahre 1943 geben Aufschluß über seine dunkle Nacht, über sein Leid, von dem er meinte, daß er es nicht mehr ertragen könnte. Die Briefe berichten aber ebenso auch von übernatürlichen Tröstungen, von seiner Ergebung in den unbegreiflichen Willen Gottes, von seiner übernatürlichen Einstellung und der Bewältigung seines Schicksals aus dem Glauben.

Im Brief vom 13. August 1943 schrieb er an seine Mutter:

Meine liebe herzensgute Mutter! Weine nicht! Das ist mein erstes Wort, das ich Dir aus meiner Einsamkeit schreibe. – Meinetwegen mache Dir aber keine Sorgen; ich habe mich mit meinem Lose abgefunden und denke mir, ich bin in einem neuen ganz strengen Orden. Ist gut, daß ich nicht verwirrt bin. Ich trage alles zu Sühne und Buße für meine Sünden, zum Trost der armen Seelen, für die Bekehrung der Sünder. Wenn ich durch diese Buße Christus ganz gewinne, so werde ich einmal diese Zeit der Trübsal segnen, wie ich jetzt schon das „Te Deum" öfters gesungen habe. Die Kreuzwegandacht, die ich täglich halte, ist mir eine Quelle großen Trostes geworden, wie [auch das] „Stabat Mater". Die ersten drei bis vier Wochen litt ich oft sehr schwer, doch wem der Herr ein Kreuz auferlegt, dem läßt er auch die Schulter wachsen. Zu Deinem Troste will ich Dir sagen, daß der Herrgott mich nicht verlassen hat, sondern wunderbar alles lenkt und leitet. Ich habe mich ganz dem Willen Gottes ergeben und vertraue mich ganz dem Herzen Jesu und dem Unbefleckten Herzen Mariens an, da bin ich am besten geborgen, selbst wenn ich noch Hartes durchmachen muß – ich hatte Tage, an denen die dunkle Nacht der Seele über mir lag, von der St. Johannes v. Kreuz schreibt und in der ich meinte, jetzt geht es nimmer. Da träumte ich in der Nacht von zwei Aposteln und da sagte der eine auf die Brust des anderen hinweisend: siehe, der hat immer das Muttergottesbild auf der Brust, und ich sah es aufleuchten; dann wurde ich wach und eine Stimme sagte mir: du hast das Skapulier – ein Zeichen des Heiles, ein Schutz in Gefahren. Und so kam wieder Trost in meine Seele[58].

Im Brief vom 7. Oktober 1943 an seine Schwestern schrieb P. Paulus:

Sonst bin ich ruhig und suche wie das Efeu mich am Baum des Kreuzes emporzuranken. Oft wiederhole ich die Worte: so nimm denn meine Hände und führe mich! Christus ist ein Licht in dunkler Nacht. So bitte und beschwöre ich Euch, meine lieben so anhänglichen Schwestern, kränkt Euch nicht mehr zu sehr, sondern werfet all Eure Sorgen und Leid auf den Herrn. Leset zu Eurem Troste den 2. Korintherbrief 1. Kap. 11. V.

Am Herzen Gottes im Gebete sehen wir uns täglich wie in einem Spiegel, bis wir einst alle uns dort nach all den Erdenleiden wiederfinden! Die Grüße von Josephus haben mich mächtig gefreut. Schöne Gedanken von Reinhold Schneider oder von Sorge sind mir immer eine Aufmunterung. Und nun grüßt und segnet Euch aus dem tiefsten Grunde meines Herzens samt der herzlichsten Mutter Euer Bruder Paulus[59].

---

57 *Topf,* a.a.O., 6.

58 Brief des P. Paulus an seine Mutter vom 13. August 1943 (Aufzeichnung der Frau Paula Topf).

59 Brief des P. Paulus an seine Schwester Paula Topf vom 7. Oktober 1943 (Aufzeichnung der Frau Paula Topf).

Am 22. Oktober 1943 schrieb P. Paulus in einem Brief an seine Mutter: „Zu Deinem Troste möchte ich Dir sagen, daß es mir gesundheitlich gut geht, aber auch seelisch ruhig bin seit dem Feste der hl. Theresia[60]." Zum ersten Mal durfte P. Paulus im Gefangenenhaus Linz, fast acht Monate nach seiner Verhaftung, am Aschermittwoch des Jahres 1944, besucht werden. Frau Paula Topf traf ihren Bruder in tiefer Trauer an. Seinem Angesicht war tiefes Leid eingeprägt, aus seinen Augen aber leuchtete viel Licht und Glaube. Mit der Welt aber hatte dieser Mensch gebrochen, das war ihr Eindruck anläßlich des Besuches. Sein ganzes Aussehen verriet die Mißhandlungen und Qualen, die er erduldet haben mußte[61].

Todesurteil in Berlin

Nach fast einem Jahr zermürbender Einvernahmen, Hunger und schwerer Mißhandlungen wurde P. Paulus am 31. März 1944, dem Fest der Sieben Schmerzen Mariens[62], vom Linzer Landesgericht dem Volksgerichtshof in Berlin-Plötzensee überstellt.
Im Auftrag des Karmelitenkonventes Linz gab sich der Linzer Rechtsanwalt Dr. Josef Stampfl alle Mühe, in Berlin einen Rechtsanwalt ausfindig zu machen, der die Vertretung des P. Paulus übernehmen sollte. Der Wiener Rechtsanwalt Dr. Kamillo Derflinger war ebenfalls zu Gunsten des P. Paulus tätig.
Dr. Walter Petersen, Rechtsanwalt in Berlin, hatte sich mit der Absicht getragen, P. Paulus beim Volksgerichtshof zu verteidigen, wurde jedoch durch einen familiären Schicksalsschlag – er hatte infolge eines Bombenangriffs auf Berlin fast alle Angehörigen seiner Frau verloren – daran gehindert. Dr. Petersen trat nun seinerseits an Rechtsanwalt und Notar Dr. Lindenberg mit der Bitte heran, die Verteidigung zu übernehmen. Dies teilte er Dr. Stampfl im Schreiben vom 14. April 1944[63] mit.

---

60 Brief des P. Paulus an seine Mutter vom 22. Oktober 1943 (Aufzeichnung der Frau Paula Topf).

61 Vgl. Aufzeichnungen der Frau Paula Topf.

62 PLCh VII, 473 f., nennt als Datum der Überstellung den 24. März; PLLM 62 spricht von „anfangs April". Das Fest der Sieben Schmerzen Mariens fiel jedoch auf den 31. März.

63 Schreiben des Rechtsanwaltes Dr. Walter Petersen an Rechtsanwalt Dr. Josef Stampfl vom 14. April 1944 (Abschrift, Archiv Karmelitenkloster Linz).

Im folgenden Brief, datiert vom 24. April 1944[64], übermittelte Dr. Petersen an Dr. Stampfl die traurige Nachricht, daß sowohl Dr. Lindenberg als auch der beim Volksgerichtshof bekannte Rechtsanwalt Stenig und ebenso Rechtsanwalt Weimann – die beiden letztgenannten waren ebenfalls gebeten worden – die Vertretung abgelehnt hatten. Als Grund für die Absage wurde teilweise Überlastung, teilweise die Straftat angegeben.

Während das Büro von Dr. Petersen alle Bemühungen machte, doch noch einen Verteidiger für P. Paulus zu finden, war dieser bereits verurteilt worden. Er war am 18. April[65] dem Volksgerichtshof in Berlin-Potsdam, dem Ausweichbüro des Volksgerichtshofes, zur Hauptverhandlung vorgeführt worden. Die Richter, der berühmt-berüchtigte Präsident des Volksgerichtshofes, Dr. Roland Freisler[66] als Vorsitzender, Oberlandesgerichtsrat Dr. Illner, Ministerialdirigent Dr. Linden (Leiter der „Euthanasie"-Verwaltung), Ortsgruppenleiter Winter, Ministerialrat im OKW Dr. Herzlieb und Landesgerichtsrat Dr. Emmerich als Vertreter des Oberreichsanwalts entschieden ‚im Namen des deutschen Volkes' über sein Schicksal: Todesurteil wegen Hochverrat, Zersetzung der Wehrmacht und Konspiration mit dem Feind. „August Wörndl, von jeher fanatischer Feind unserer nationalsozialistischen Lebensauffassung, hat unter Berufung auf seine Priesterautorität einen deutschen Soldaten fortgesetzt habsburgerisch-seperatistisch verseucht und ihn darin bestärkt, auch andere hochverräterisch zu zersetzen. Als Handlanger unserer Kriegsfeinde hat er dadurch unsere Kraft zu mannhafter Wehr angegriffen. Für immer ehrlos, wird er mit dem Tod bestraft[67]." So heißt es im Urteil.

P. Paulus hatte einen Pflichtverteidiger[68].

---

64 Schreiben des Rechtsanwaltes Dr. Walter Petersen an Rechtsanwalt Dr. Josef Stampfl vom 24. April 1944 (Abschrift, Archiv Karmelitenkloster Linz).

65 Urteil des Volksgerichtshofes Berlin, 1. Senat, vom 18. April 1944, L 79/44-BJ 168/43, siehe *Kempner*, a.a.O., 464. *Topf*, a.a.O., 4, und Schreiben des Rechtsanwaltes Dr. Walter Petersen an Rechtsanwalt Dr. Kamillo Derflinger vom 28. April 1944 (Abschrift, Archiv Paula Topf) geben als Tag der Verurteilung den 17. April 1944 an.

66 Staatssekretär im Justizministerium, Vorsitzender des Volksgerichtshofes. Fand am 3. Februar 1945 bei einem Luftangriff den Tod (vgl. *W. Adolph*, Die katholische Kirche im Deutschland Adolf Hitlers, Berlin 1974, 189).

67 *Kempner*, a.a.O., 464; *Wondrak*, a.a.O., 10.

68 Schreiben des Rechtsanwaltes Dr. Walter Petersen an Rechtsanwalt Dr. Kamillo Derflinger vom 28. April 1944 (Abschrift, Archiv Paula Topf).

Die von der Gestapo aufgefangenen Feldpostbriefe wurden in dem Verfahren vor dem Volksgerichtshof als Beweismittel verwendet. Seine eigenen Antwortbriefe, die er an die jungen Soldaten schrieb, lagen dem Gericht überhaupt nicht vor. Briefe anderer Soldaten, die der Angeklagte zu Entlastung vorlegte – weil er nie daran gedacht hatte, zersetzend einzuwirken – nützten ihm nichts. Es genügte, daß der Linzer Gestapobeamte beim Prozeß in Berlin aussagte, P. Paulus ,,wäre ein Gegner, der ausgerottet gehöre''[69]. Dem Volksgerichtshof genügte der Verdacht, P. Paulus könnte vielleicht Kenntnis von jener Bewegung in Norwegen gehabt und ihr zugestimmt haben, um ihn mit der Höchststrafe zu verurteilen[70].

Um die nicht vorhandenen Beweise zu ersetzen, wurde – wie schon beim Urteilsspruch im Linzer Gestapo-Gefängnis – nun auch in Berlin in einem halben Satz eine zur Diskriminierung stets parate sittliche Verfehlung ohne jede Beweisführung eingebaut[71].

Als letzter Rettungsanker stand nach der erfolgten Verurteilung des P. Paulus einzig noch das Einreichen eines Gnadengesuches offen, das von seiner Mutter an Hitler persönlich gerichtet wurde. In dem Gnadengesuch, vom Rechtsanwalt Dr. Josef Stampfl am 24. April 1944 verfaßt, bat die 76jährige Frau Josefa Wörndl, Mutter von 14 Kindern, Trägerin des Goldenen Mutterkreuzes, den Führer um die Gnade, die schweren Verfehlungen ihres Sohnes, welcher Art sie auch gewesen sein mögen, um ihrer Opfer willen, die sie für das deutsche Volk und die Heimat gebracht habe, und mit Rücksicht auf die vielfachen Verdienste, die sich ihre Angehörigen um die Partei und den Staat erworben hätten, milder zu beurteilen, damit ihr Sohn nicht mit dem Tod sühnen müsse[72].

Dr. Petersen, der die Einreichung des Gnadengesuches angeregt hatte, bemühte sich einerseits, dem Volksgerichtshof und seinem Präsidenten, dem ihm gut bekannten Dr. Roland Freisler, eine Abschrift zu überreichen und mit ihm in dieser Angelegenheit zu sprechen. Außerdem versuchte Dr. Petersen mit dem Gnadenreferenten in der Kanzlei des Führers Kontakte aufzunehmen. Mit dem Versprechen, sein Möglichstes zu unternehmen, meldete er jedoch schon im vorhinein Bedenken

69 *Kempner*, a.a.O., 463.
70 Ebd., 464.
71 Ebd., 464.
72 Gnadenbitte der Josefa Wörndl in Wels, Oberdonau, Stefan-Fadinger-Straße 7, für August Wörndl mit Klosternamen P. Paulus, Linz/Donau 24. April 1944 (Abschrift, Archiv Paula Topf).

hinsichtlich eines Erfolges an: „Schon jetzt möchte ich darauf hinweisen, daß ich es bisher persönlich noch nicht erlebt habe, daß ein Gnadengesuch Erfolg hatte, wenn Dr. Freisler den Vorsitz in der Hauptversammlung führte." Ohne zu übertreiben, sei es nämlich tatsächlich so, daß die Urteile, die unter dem Vorsitz Freislers ergangen wären, fast nicht angreifbar seien und auch im Gnadenwege kaum umgestoßen werden könnten[73].

Die Schwester des Verurteilten, Frau Paula Topf, machte außerdem den Versuch, eine Abschrift des Gnadengesuches über den Münchner Rechtsanwalt Dr. Lorenz Roder, der Hitler in seiner Münchner Gefängniszeit zur Freiheit verholfen und deshalb großen Einfluß und viele Beziehungen hatte, einzureichen; aber auch das war vergeblich[74].

Martyrertod im Zuchthaus Brandenburg

Am 28. April 1944 wurde P. Paulus ins Zuchthaus Brandenburg überstellt und dort in Erwartung der Vollstreckung des Todesurteiles im Haus 1 in Zelle 197[75] untergebracht. Er hatte schon soviel gelitten, daß er längst die Todesstunde herbeisehnte. In Brandenburg wurde P. Paulus aber auch die Gnade zuteil, sein Schicksal mit tiefster Ergebenheit in den göttlichen Willen annehmen zu können. Sein Leben verlor alle Mittelmäßigkeit, und das Bild Christi leuchtete in seiner Person auf. Von Brandenburg aus schrieb er am 2. Mai 1944 an seine Schwester Paula diesen Brief:

Meine lb. gute Schwester!

Für Deinen Brief v. 1. Fastens. sowie Laetare recht innigen Dank. Deine Briefe sind ja so fein und tief und haben mich immer erfaßt. Wenn ich Dich früher nicht immer verstand, so liegt dies auch darin, daß ich von Deinem Leid nicht wußte. Nun aber etwas Dringendes. Du wirst schon aus dem Brief an Ignaz wissen, wie es um mich steht. Ich habe daher eine Bitte! Mache, d. h. stelle sofort einen Antrag an den Volksgerichtshof in Berlin Bellonerstr., daß im Falle meiner Hinrichtung mein Leib zur Erdbestattung freigegeben werde mit der Versicherung, daß die Angehörigen für die Kosten der Erdbest. zur Gänze aufkommen.

---

73 Wie Anm. 68. Weitere Auskunft über die Tätigkeit der in der Angelegenheit des P. Paulus involvierten Rechtsanwälte und ihre Honorare gibt: Schreiben des Rechtsanwalts Dr. Walter Petersen an Rechtsanwalt Dr. Josef Stampfl vom 9. Mai 1944 und vom 2. September 1944 und Schreiben des Rechtsanwalts Dr. Josef Stampfl an den Prior der Karmeliten in Linz P. Angelikus Karlinger vom 7. September 1944 (Archiv Karmelitenkonvent Linz).

74 Schreiben des Rechtsanwaltes Justizrat Dr. Lorenz Roder an Frau Paula Topf vom 5. September 1944 (Archiv Paula Topf).

75 Schreiben der Österreichischen Delegation in Berlin-Dahlem an das Bischöfliche Ordinariat in Linz vom 30. November 1948 (Beilage in PLLM II).

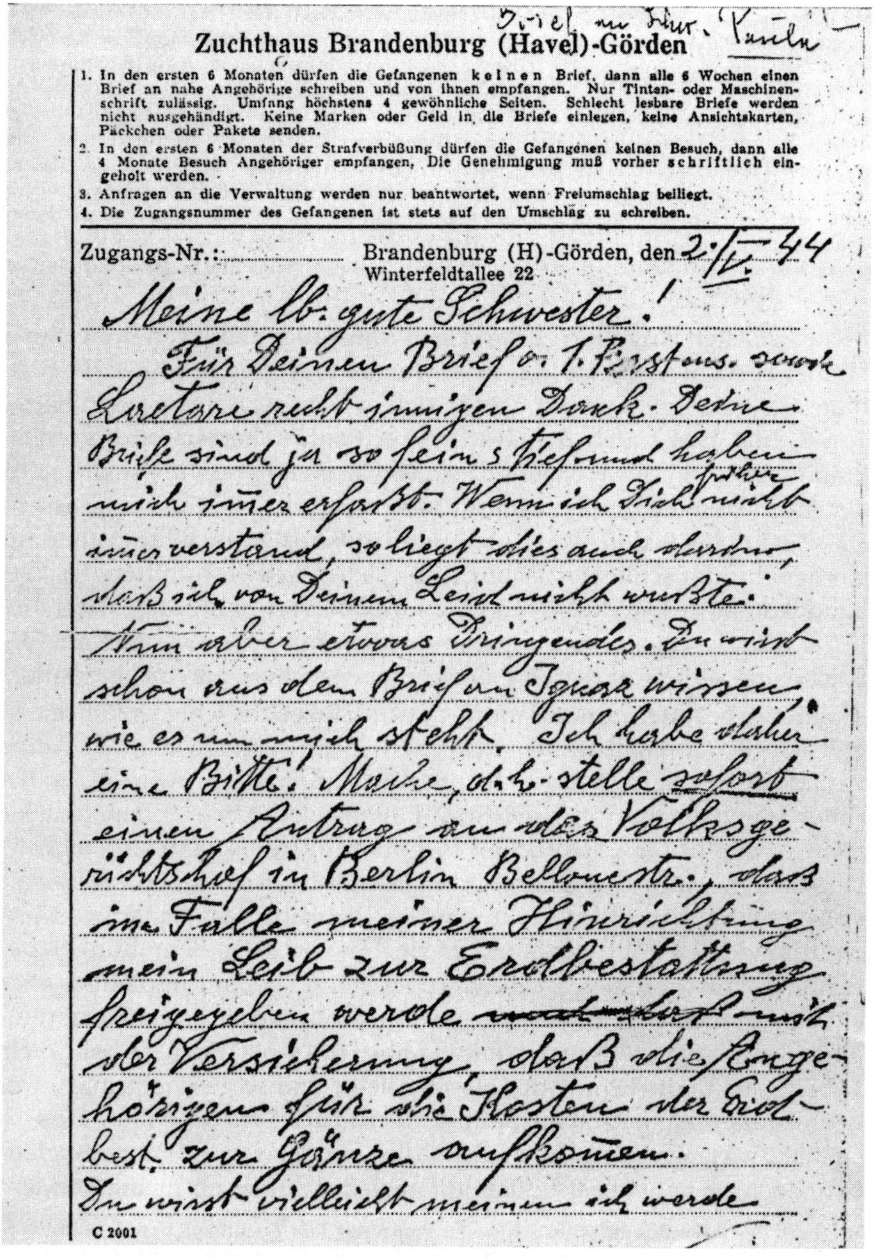

Brief an Schw. Paula

Zuchthaus Brandenburg (Havel)-Görden

1. In den ersten 6 Monaten dürfen die Gefangenen keinen Brief, dann alle 6 Wochen einen Brief an nahe Angehörige schreiben und von ihnen empfangen. Nur Tinten- oder Maschinenschrift zulässig. Umfang höchstens 4 gewöhnliche Seiten. Schlecht lesbare Briefe werden nicht ausgehändigt. Keine Marken oder Geld in die Briefe einlegen, keine Ansichtskarten, Päckchen oder Pakete senden.
2. In den ersten 6 Monaten der Strafverbüßung dürfen die Gefangenen keinen Besuch, dann alle 4 Monate Besuch Angehöriger empfangen. Die Genehmigung muß vorher schriftlich eingeholt werden.
3. Anfragen an die Verwaltung werden nur beantwortet, wenn Freiumschlag beiliegt.
4. Die Zugangsnummer des Gefangenen ist stets auf den Umschlag zu schreiben.

Zugangs-Nr.: .... Brandenburg (H)-Görden, den 2/IV 44
Winterfeldtallee 22

Meine lb. gute Schwester!
Für Deinen Brief v. 1. Fastens. sowie Laetare recht innigen Dank. Deine Briefe sind ja so fein u. [illegible] haben mich immer erbaut. Wenn ich Dich früher nicht immer verstand, so liegt dies auch darin, daß ich von Deinem Leid nicht wußte. Nun aber etwas Dringendes. Du wirst schon aus dem Brief an Ignaz wissen wie es um mich steht. Ich habe daher eine Bitte! Mache, d. h. stelle sofort einen Antrag an das Volksgerichtshof in Berlin Bellevuestr., daß im Falle meiner Hinrichtung mein Leib zur Erdbestattung freigegeben werde ~~[illegible]~~ mit der Versicherung, daß die Angehörigen für die Kosten der Erdbest. zur Gänze aufkommen.
Du wirst vielleicht meinen ich werde

C 2001

Brief des P. Paulus Wörndl an seine Schwester Paula Topf.

Du wirst vielleicht meinen, ich werde weinen u. wehklagen. Nein! Kennst Du das Wort: „Eure Trauer wird in Freude verwandelt, die euch niemand nehmen kann." Seitdem ich mein Ziel weiß, bin ich ganz ruhig u. bereite mich vor; wie freue ich mich auf die Stunde, da mein Opfer vollendet wird, in der ich zuversichtlich hoffe, das Wort zu hören: „noch heute wirst du bei mir im Paradiese sein." Wenn ich auch nicht immer so ganz christustreu war infolge meiner Schwachheit, so hat er mich durch diese Passion ganz an sich gezogen und mir seine Barmherzigkeit erwiesen. – Am 1./V. fühlte ich die mächtige Fürbitte der Maienkönigin u. bin seither voll des Trostes. Denkt also nicht, Euer Gebet für mich sei vergebens gewesen, der Herr hat mir viele Gnaden erwiesen, u. nun hoffe ich noch auf die selige ganze Vollendung in Christus, der Sehnsucht der ewigen Hügel. Gerne würde ich allen Geschwistern noch schreiben, aber unmöglich. Viele Grüße an Alle u. Dank für die Geschwisterliebe . . .[76].

Seine nächsten Angehörigen und sein Mitbruder im Orden P. Berthold Humer besuchten ihn im Mai 1944, wenige Wochen vor seiner Hinrichtung. Sie fanden ihn so vor, wie er sich in seinen Briefen gezeigt hatte. Am 8. Mai 1944 trafen die Geschwister Paula, Theresia und Ignaz in Brandenburg ein. Sie wurden, da sie von so weit her und in so dringender Angelegenheit kamen, noch am selben Tag zu P. Paulus vorgelassen. Das Zuchthaus ließ in seiner modernen äußeren Aufmachung eher auf ein Sanatorium schließen als auf eine solche Anstalt. Inmitten des Gebäudekomplexes, in dem über 300 zum Tode Verurteilte angekettet ihre letzte Stunde erwarteten, ragte ein Schlot empor, in dessen Nähe die Leichname verbrannt wurden. Es fiel den Besuchern auf, daß besonders die älteren Beamten, sowohl die des Zuchthauses wie jene der Polizei, an die sich die Geschwister des P. Paulus später wenden mußten, keine Anhänger des herrschenden Regimes waren. In Gegenwart eines Beamten trafen die drei Geschwister P. Paulus wieder. Sie fanden ihn aber nicht so wie in Linz, gebrochen und traurig, sie begegneten vielmehr einem trotz seines körperlichen Verfalls heiteren und frohen Paulus. Sie erzählten ihm von zu Hause, besonders von seiner fast 80jährigen Mutter, und wollten ihn trösten, indem sie ihm von ihren Bemühungen berichteten, ihn zu retten. „Unser Bruder stand aber auf und einen Blick auf ein Unsichtbares gerichtet, sagte er: ‚ich danke euch von Herzen für alles, was ihr für mich getan habt und noch tun wollt, doch ich habe mein Leben ganz in die Hände des Herrn gelegt, und so geschehe alles, was noch kommt, nicht nach meinem, sondern nach Seinem Willen. Daß ich an dem, was man mir anlastet, schuldlos bin, werdet ihr mir wohl glauben, doch ich nehme gerne alles auf mich zur Sühne für meine Sünden,

76 Brief des P. Paulus an seine Schwester Paula aus dem Zuchthaus Brandenburg vom 2. Mai 1944. Es ist der letzte handgeschriebene Brief, der erhalten ist (Archiv Paula Topf).

für die Familie, für die Irrgläubigen und für die Vereinigung aller Christen; möchten sie doch alle wieder heimfinden zu ihrer Mutterkirche'. Wie er dies so fest und klar aussprach, füllten sich nicht nur unsere Augen mit Tränen, sondern auch die des alten Beamten[77]." Pater Paulus erzählte seinen Geschwistern auch, daß er einzig und allein wegen der Feldpostbriefe vor Gericht stand, und daß man ihm alles, was er seinem Freund in Norwegen im religiösen Sinne geschrieben hatte, politisch auslegte[78].

Am 23. April 1944 traf im Karmelitenkloster die Nachricht vom Todesurteil ein[79]. Der Prior des Karmelitenklosters in Wien, P. Berthold Humer, stattete daraufhin im Auftrag des Provinzials P. Bernhard Lugmayr seinem Mitbruder im Zuchthaus Brandenburg am 10. Mai 1944 einen letzten Besuch ab. Er fand einen trotz der furchtbarsten Qualen ungebrochenen und heiteren Todeskandidaten. P. Paulus hatte ja eine schreckliche Leidenszeit hinter sich. Oft bekam er Schläge, so daß man seine Schmerzensschreie aus der Gefängniszelle bis auf die Straße hörte. Verhöre, Nahrungsentzug und Krankheit ließen ihn körperlich zu einem Skelett abmagern. Niemals löste man ihm die Handschellen. Er erhielt sogar Arbeitsverbot, damit er ja nicht von seinem Schicksal abgelenkt werde. Seinem Mitbruder P. Berthold offenbarte er auch die Motive für seine heroische Gesinnung: „Gott hat mir so übergroße Gnaden gegeben. Zuerst habe ich viel geweint, aber seit ich die ignat. Exerzitien begonnen habe am 1. Mai weine ich nicht mehr . . . Ich habe mein Leben vollständig dem Heilande zu Verfügung gestellt, zur Sühne für meine Sünden, für meine Heimat und für die Vereinigung der Kirchen"[80]. Auch seine Ordensmitbrüder ließ P. Paulus ein letztes Mal grüßen[81]. Am 11. Mai 1944 kehrte P. Berthold von dieser schweren Mission zurück, machte in Linz halt und berichtete vom Heldenmut der Hingabe und der Opferbereitschaft des zum Tode Verurteilten, ehe er am 12. Mai nach Wien weiterreiste[82].

---

77 Schriftliche Aufzeichnungen der Frau Paula Topf über die letzte Begegnung mit ihrem Bruder.

78 Vgl. Anmerkung 77.

79 PLCh VII, 474.

80 PLLM II, 62 f. Vgl. auch *P. Berthold Humer,* Sein Opfer für die Wiedervereinigung, in: *Josef Fattinger,* Kirche in Ketten. Predigt des Blutes und der Tränen. Zeitgemäße Beispielsammlung aus den Jahren 1939–1945, Innsbruck 1949, S. 230 f.; *Kempner,* a.a.O., 464.

81 PLLM II, 63.

82 PLCh VII, 475.

In seinem letzten Brief, der uns erhalten blieb, datiert vom 13. Mai 1944, schrieb P. Paulus an seine Mutter zum Muttertag noch Zeilen der Dankbarkeit und die Bitte um Vergebung:

Innigstgeliebte Mutter!
Morgen ist Muttertag! Im Geiste umfasse ich Deine teuren Mutterhände, die so viel gearbeitet haben, um Dir für alles zu danken. Ich schaue in Dein treues Mutterauge, aus dem mir der Himmel leuchtet, ich küsse Deinen reinen Muttermund, aus dem mir oft so viele Worte des Trostes und der Aufmunterung flossen, ich flüchte an Dein Mutterherz, das mir stets in Liebe geschlagen und bitte Dich um Verzeihung, daß ich Dir in Deinen alten Tagen so viel Kummer und Sorge bereite. Eines, was mich so freut und tröstet, ist, daß Du so stark, so heldenhaft bist in Deinem Leid und Dein Glaube und Vertrauen so groß. Ich bete täglich darum für Dich! Unendlich hat mich der überraschende Besuch der Geschwister gefreut, und ich danke allen für diese so aufrichtige Teilnahme und Geschwisterliebe und die Mühe allseits, mir zu helfen. Möge es Gott lohnen! Erschüttert hat mich der Besuch des P. Berthold am Mittwoch, dessen Tränen mich tiefst ergriffen haben, Du weißt ja, warum! Einen Brief v. P. Provinzial erwarte ich noch. Der Brief v. Dir und Resie v. 22. 4. und von Paula v. 23. 4. kam am Tag darauf als sie hier waren. Für beide Briefe recht vielen Dank! O wie gut seid Ihr doch zu mir! Hast Du meinen Brief zum Namenstag nicht erhalten? So, und nun hoffen wir, daß Euer Bemühen nicht vergebens ist. Ihr habt getan, was Ihr gekonnt, das wird Euch immer ein Trost sein für den Fall, daß ich nicht begnadigt würde. Alles wollen wir Gott anheimstellen; nichts geschieht ohne seinen Willen! Der Mensch des Gottvertrauens hat keine Angst um Gut und Leben, und das ist die Höhe, auf die Christus uns bringen will: das frohe Leben aus Gott! – Dem P. Berthold lasse ich nochmals danken durch Paula für den Besuch, sowie ich auch den Geschwistern danke. Es grüßt und segnet Dich, lb. Mutter, alle Geschwister und Bekannten – Dein dankschuldiger Priestersohn Paul[83].

Die volle Ergebung in den Willen Gottes dokumentiert auch ein Bildchen, das P. Paulus vor seiner Verhaftung einmal von Dr. Hermann Gantenberg geschenkt erhalten und das er in sein Brevier gelegt hatte. P. Paulus soll dieses Bildchen absichtlich zu Boden geworfen oder verloren haben. Jedenfalls wurde es nach dem Krieg Frau Paula Topf übergeben, diese händigte es Dr. Gantenberg aus. Heute befindet sich das Bildchen im Provinzarchiv der Karmeliten in Wien.
Es handelt sich um das Spruchbild „Unser Beruf ist Gottes Ruf an uns und unsere Fähigkeiten! E. Kawa".
Dr. Gantenberg versah das Bildchen mit der Widmung: „Bereit sein ist Alles! Dein Hermann."
P. Paulus kritzelte darauf – wohl während seiner Gefangenschaft in Brandenburg und teilweise erst kurz vor seiner Hinrichtung – folgende Sätze, die sein geistliches Testament darstellen:
(Rückseite:) „In honorem Dei, Patriae et imperatoris moriar[83a]. Mutter und Allen Gruß und Segen. Paul. Paulus und Johannes. Gottes Wege

83 Brief des P. Paulus aus Brandenburg an seine Mutter vom 13. Mai 1944 (Abschrift von Frau Paula Topf).

wie eigenartig. Jesu Herz mein Ziel. Christo zulieb, das Amen zum Willen. Auch meinen Tod. Ja. Schmach mit Christus. Verherrlichung durch ihn. Betet, daß ich stark bleibe und nicht verzage."
(Vorderseite:) „Gott hat mein Sühneopfer angenommen." In lateinischer Sprache folgen aus Ps (27) 26, 2 die Verse: „In petra exaltavit me, tunc exaltabit caput meum super inimicos meos[83b]."
In seiner Todeszelle erkrankte P. Paulus sehr schwer. Er wurde in die Krankenabteilung gebracht, wo man die beiden Schläfen an Karbunkeln operierte. Vom Krankenlager weg holte man ihn am 26. Juni 1944 zur Hinrichtung. Um 3 Uhr nachmittags wurde er als politischer Häftling durch das Fallbeil hingerichtet. P. Paulus stand im 50. Lebensjahre und im 25. Jahr seines Priestertums[84].
Zwei Briefe des Gefängnisseelsorgers Anton Scholz und ein Schreiben der Österreichischen Delegation in Berlin an das Bischöfliche Ordinariat in Linz geben uns nähere Auskunft über die letzten Tage und Stunden des P. Paulus sowie über das Schicksal seiner sterblichen Überreste. Die einzige Nachricht von der erfolgten Hinrichtung an die Angehörigen des P. Paulus ließ Pfarrer Scholz in einem vertraulichen Brief, datiert vom 27. Juni 1944, an die Familie zu Händen von Frau Paula Topf ergehen:

Verehrte Frau Topf!
In den nächsten Tagen werden Sie wohl einen Brief von Ihrem Bruder erhalten. Schon heute möchte ich Sie darauf vorbereiten, daß er schlechte Nachrichten enthalten wird. Im Krankenhause ging es Ihrem Bruder recht gut. Die Schmerzen hatten wesentlich nachgelassen. Er hatte wieder die normale Gesichtsfarbe, nur waren seine Hände immer noch sehr blaß. Aber er hatte ein schönes, sonniges Zimmer, in dem er sich wohl fühlte und ganz seiner Betrachtung lebte. Er las dort eine zweibändige Biographie der heiligen Theresia, die er ja, wie Sie wissen, besonders verehrte. Gestern kam ganz unerwartet die große Katastrophe. Nachmittags um drei Uhr wurde sein Urteil vollstreckt. Daß er wohl vorbereitet in den Tod ging, brauche ich Ihnen wohl nicht besonders zu beweisen. Am Sonntag, den 25. 6., brachte ich ihm noch die Hl. Kommunion ins Krankenhaus; am Montag, den 26. 6., bereits die Hl. Wegzehrung, kurz vor seinem Tode. Er läßt Sie bitten, auch die Patres in Linz von seinem Tode in Kenntnis zu setzen. Er war sehr ruhig und gefaßt und sagte immer wieder: „Ich sterbe gern. Wahrscheinlich kommt mich mein Bruder Georg heute an seinem Sterbetag holen." Dann meinte er, er hätte ja auf dieser Welt weniger zu verlieren als andere. Gern hätte er zwar noch in seinem Beruf gearbeitet, aber Gott der Herr habe es eben anders gewollt. Er war zufrieden, und aufrichtigen Herzens konnte er mit seinem Heiland im Ölgarten sagen: „Nicht mein, sondern Dein Wille geschehe."
Etwa zwei Monate war Ihr Bruder in der hiesigen Anstalt. Oft und gern habe ich ihn besucht und mich viel und gut unterhalten. Wir verstanden uns sehr gut, und unsere Ansich-

83a Auf deutsch: „Ich will zur Ehre Gottes, des Vaterlandes und des Kaisers sterben".
83b Auf deutsch: „Auf einen Felsen trägt er mich empor, nun darf ich kühn mein Haupt erheben vor meinen Feinden ringsumher". Die Abschrift verdanke ich Herrn Univ.-Prof. Dr. Rudolf Zinnhobler (Linz).
84 *Topf*, a.a.O., 4; PLCh VII, 479.

ten stimmten oft recht gut überein. So ist er mir bald ein lieber und vertrauter Mitbruder geworden, dessen Tod ich auch von Herzen bedauere. Darum kann ich Ihnen wirklich mein aufrichtiges Beileid zu seinem Tode aussprechen.
Wie ich sah, schrieb Ihr Bruder an Ihre Mutter. Sie wird also die erste sein, die die Nachricht empfängt. Es wäre wohl gut, wenn Sie sie schon etwas vorbereiten könnten. Für die Öffentlichkeit soll dieser Brief nicht bestimmt sein. Es wäre mir jedenfalls lieb, wenn die Nachricht von seinem Tode erst durch den Abschiedsbrief Ihres Bruders selbst bekannt würde.
Als Sie vor einiger Zeit in Brandenburg waren, haben Sie doch irgendwelche Regelung bei der Polizei wegen seiner Beerdigung getroffen. Auf meine Anfrage hier wurde mir allerdings gesagt, es wäre hier nichts bekannt.
Ihr ergebener A. Scholz, Pfarrer[85].

Der Brief vom 27. Juni 1944 über die Hinrichtung des P. Paulus von seiten des Zuchthausseelsorgers war vermutlich nicht allen Familienangehörigen bekannt geworden, vielleicht auch wegen der darin enthaltenen Bitte um Geheimhaltung. Der Abschiedsbrief des P. Paulus an seine Mutter war nie angekommen. Daher wurde an Pfarrer Scholz eine neue Anfrage gerichtet, die er in einem Schreiben vom 17. Juni 1946 an eine andere Schwester des P. Paulus namens Theresia beantwortete. In diesem Brief werden noch einmal die letzten Tage und Stunden sowie die heroische Gesinnung des P. Paulus geschildert[86].
Schließlich existiert noch ein offizielles Dokument über den Tod und das Schicksal des Leichnams des Hingerichteten von seiten der österreichischen Delegation in Berlin, das auf dort durchgeführten Ermittlungen fußt. In dieser Mitteilung an das Bischöfliche Ordinariat Linz, datiert vom 30. November 1948, heißt es unter anderem:

Der katholische Anstaltspfarrer Hochwürden Anton Scholz besuchte ihn in seiner Zelle, besorgte ihm ein Neues Testament und einen Schott. Am Tage der Hinrichtung wurde Hochwürden Wörndl die heilige Kommunion gereicht. Zusammen mit weiteren 10 Leichen von Hingerichteten wurden die sterblichen Überreste von Hochwürden Wörndl in das anatomische Institut nach Berlin gebracht, dort jedoch nicht seziert, sondern eingeäschert. Da, wie festgestellt wurde, die Urnen durch Bombeneinwirkung vernichtet wurden, ist es nicht möglich gewesen, die Urne von Hochwürden Wörndl nach Österreich zu überführen oder auf dem Ehrenfriedhof der in Brandenburg Hingerichteten beizusetzen[87].

Daß jedoch wenigstens einige Familienmitglieder vom Tod des P. Paulus wußten, geht aus einem Beileids- und Trostschreiben, datiert vom 5. Juli 1944, hervor, das der Freund des P. Paulus, Dr. Hermann Gantenberg,

85 Brief des Zuchthausseelsorgers in Brandenburg Anton Scholz an Frau Paula Topf vom 27. Juni 1944 (Archiv Paula Topf).
86 Brief des Zuchthausseelsorgers in Brandenburg Anton Scholz an Fräulein Theresia Wörndl vom 17. Juni 1946 (Archiv Paula Topf).
87 Schreiben der Österreichischen Delegation in Berlin-Dahlem an das Bischöfliche Ordinariat Linz vom 30. November 1948 (Beilage zu PLLM II); vgl. auch PLCh VII, 536 f.

der ihm beim Aufbau der Pfarrjugend an der Linzer St.-Josephs-Pfarre geholfen hatte, an die schwergeprüfte Familie richtete:

Frau Topf! Liebe Mutter und Schwester unseres Paulus! Haben Sie gelesen, was die Kirche sang am Tag, da Paulus dieser Erde lebe-wohl sagte?:
,,Die Leiden der Gerechten sind zahlreich, aus allen aber befreit sie der Herr" (Introitus der Tagesmesse).
,,Wenn sie auch nach Ansicht der Menschen Qualen erlitten – Gott war's, der sie prüfte. Wie Gold im Ofen hat er sie erprobt und wie Brandopfer sie angenommen" (Com. der Messe).
Sein Tod umtönt vom Gesang der Kirche an diesem Tag hat seinen tiefen Sinn, der uns jetzt noch verborgen ist.
Was an menschlichem Leid und Schmerz durch sein Fortgehen entstand, das lassen Sie mich mit Ihnen tragen; um ihn selbst darf man wohl nicht klagen, denn man würde ihm die Vollendung streitig machen wollen. Einmal – wer weiß, wie bald – wird ein Wiedersehen die Getrennten mit neuem, tiefen und dauernden Glück erfüllen. Der Herr wird ihn nicht befreit haben aus irdischen Qualen, um ihn dort weiter leiden zu lassen. Paulus kann uns allen helfen, daß auch wir einmal als vollendet von Gott befunden werden.
In Ihrem Leid Ihnen noch tiefer verbunden als bisher Ihr
Dr. H. Gantenberg[88].

Die Briefe des Zuchthausseelsorgers Anton Scholz waren die einzige Mitteilung über den Tod des P. Paulus, die an die Familie erging. Die Justizverwaltung hielt nicht einmal eine Nachricht für nötig. Monate später kam an die alte Mutter ein Paket mit den letzten Habseligkeiten des Sohnes; sein letzter Brief an die Familie ist nie ausgehändigt worden[89].

Im Gedenken der Mitmenschen lebte und lebt P. Paulus weiter. In der Linzer Karmelitenkirche befindet sich eine Gedenktafel mit der Aufschrift: ,,In diesem Gotteshaus wirkte viele Jahre Pater Paulus Wörndl. Er opferte sein Leben und Sterben für die jungen Priester auf! Am 26. Juni 1944 wurde er in Brandenburg enthauptet"[90]. Auch in der Gruft unter der Karmelitenkirche in Linz ist eine Gedenktafel angebracht: ,,J. + M. P. Fr. Paulus a Virgine Carmeli (August Wörndl) natus 20. 8. 1894, professus 14. 7. 1914, Sacerdos 19. 10. 1919, decollatus est Brandenburg 26. 6. 1944."

In St. Pölten wurde der Platz vor der Karmelitenkirche P. Paulus-Wörndl-Platz benannt, in der dortigen Karmelitenkirche wurde eben-

---

88 Brief von Dr. Hermann Gantenberg vom 5. Juli 1844 an die Familie des P. Paulus (Archiv Paula Topf). Zu Dr. Gantenberg siehe diesen Bd., S. 230–236.

89 *Kempner*, a.a.O., 456.

90 *J. Mittendorfer*, Oberösterreichische Priester in Gefängnissen und Konzentrationslagern zur Zeit des Nationalsozialismus, in: 73. Jahresbericht Bischöfliches Gymnasium und Diözesanseminar Kollegium Petrinum 1976–77, 39–104, vgl. S. 100.

falls eine Gedenktafel angebracht. Die Stadt Steyr benannte gleichfalls einen Platz nach P. Paulus[91].

Anläßlich der Wiederkehr seines 25. Todesjahres fand in St. Pölten am 22. Juni 1969 ein feierlicher Gedächtnisgottesdienst statt[92]. Mehrere Presseorgane[93] würdigten den heroischen Leidensweg des P. Paulus. Die Österreichische Gemeinschaft, deren Bundesobmann derzeit der ehemalige Innsbrucker Gymnasialdirektor Hofrat Mag. Dr. Walter Schwarzer[94] ist, bekundet seit Jahren reges Interesse an der Seligsprechung der österreichischen Priestermärtyrer in der NS-Zeit, insbesondere auch für P. Paulus.

Außer P. Paulus wurde ein zweiter Karmelit in Österreich das Opfer der Nationalsozialisten, der Franzose P. Jacques Bunel, der an den Folgen der Inhaftierung in den Konzentrationslagern Mauthausen und zuletzt Gusen nicht lange nach der Befreiung durch die Amerikaner am 2. Juni 1945 im Spital der Elisabethinen in Linz an Erschöpfung und Lungenentzündung verstarb[95].

---

91 Bei der Gemeinderatssitzung vom 9. Juli 1946 wurde der Robert-Ley-Platz in Steyr in ,,Paulus-Wörndl-Platz'' umbenannt. Mehrere Straßen in Steyr-Münichholz wurden damals nach Widerstandskämpfern benannt (Mitteilung Kulturamt der Stadt Steyr).

92 GP. und Belege im Archiv Paula Topf.

93 *F. Gruber* (wie Anm. 42); *R. Kutschera* (wie Anm. 38); *P. Topf,* Vor 25 Jahren opferte P. Paulus sein Leben, in: Welser Zeitung vom 26. Juni 1969. Weitere Literatur: Glücklich, wer es fassen kann – wie diese Diener Gottes, Brixen 1976, über P. Paulus S. 17; *P. Topf,* Ein Märtyrer seines Glaubens. Zum Gedeken an das Sterben des P. Paulus Wörndl, in: Der Volksbote 72. Jg., Nr. 297 vom 23. Dezember 1946; *I. Leitenberger,* Introitus, in: Der Krystall. Literarische Beilage Nr. 36 der ,,Presse'' vom 6. September 1952 (Journalistin der ,,Presse'', Konvertitin, berichtet über ihre Begegnung mit P. Paulus in der Kindheit); 265× Gottes Wort 1978. Anregungen zur täglichen Schriftlesung, Frankfurt 1978, führt im Kalender am 26. Juni ,,Paulus Wörndl (1944)'' an. *J. Mittendorfer* (vgl. Anm. 90), der als weitere Dokumentation anführt: LDBl 1941, 143; 1943, 61. Linzer Volksblatt 1. (71.) Jg. 1945, Nr. 10; OAL KZ-Liste, 9.

94 Geb. 7. Juli 1906. Derzeit wohnhaft in Innsbruck, An der Furt 2/II/5. Als Bundesobmann der Österreichischen Gemeinschaft (deren Hauptziel die Pflege der österreichischen Staatsidee auf katholischer Grundlage ist) im Einvernehmen mit der Österreichischen Bischofskonferenz beauftragt und bevollmächtigt, die Seligsprechung österreichischer Märtyrer aus der NS-Zeit in die Wege zu leiten.

95 P. Jacques (Lucien Bunel), geb. 29. Jänner 1900, war Direktor des Ordensinstitutes in Avon bei Paris. Nach seinem Hinscheiden wurden seine sterblichen Überreste in das Linzer Karmelitenkloster überführt und in der Patresgruft aufgebahrt. Am 4. Juni 1945 wurde für ihn ein Requiem gehalten. Da die geplante schnelle Überführung nach Frankreich in seinen Konvent nicht zustande kam, blieb der Leichnam bis 21. Juni in der Gruft aufgebahrt. An diesem Tag wurde er von Hörsching aus nach Paris überführt (PLCh VII, 493f., 534; *M. Carrouges,* Le Père Jacques, Paris 1958).

Franz Loidl

Pfarrer Gregor Weeser-Krell – ein nationalsozialistisch gesinnter Idealist

Gregor Peter Weeser-Krell wurde am 4. März 1889 in Berlin-Charlottenburg geboren, im gleichen Jahr wie Adolf Hitler. Er kam schon als Kind nach Österreich – zuerst nach Wien, dann nach Schloß Haus in der Pfarre Wartberg i. Mkr., wo auch seine Eltern und zwei Schwestern begraben liegen. Er besuchte das bischöfliche Gymnasium am Kollegium Petrinum und maturierte 1907. Am 23. Juli 1911 wurde er in Linz zum Priester geweiht. Die Primiz feierte er tags darauf in Wartberg i. Mkr. Nach kurzer Wirksamkeit in Weng (bis 31. Oktober 1911) kam er mit 1. November 1911 als Kaplan nach Laakirchen bei Gmunden, das, wie er sich ausdrückte, seine „Schicksalspfarre" werden sollte. Nach ungefähr viereinhalb Jahren wurde er mit 5. März 1916 nach Bad Ischl versetzt, wo er über vier Jahre wirkte. Mit Wirkung vom 30. April 1920 wurde er Pfarrer in Laakirchen; hier arbeitete er ungefähr vierzehneinhalb Jahre. Das Schicksalsjahr 1934 war auch ein Einschnitt im Leben Weeser-Krells. 1939 beschrieb er die schwere Zeit von 1934 und danach in der Pfarrchronik von Ebensee mit folgenden Worten:

Ich kann vor meinen Gewissen sagen, daß ich immer bestrebt war, meine Seelsorgepflichten zu tun, zu arbeiten und allen alles zu sein. Nach der roten Revolte im Februar [1934] besuchte ich die Sozialdemokraten im Bezirksgericht Gmunden und nach der Juli-Revolte die Nationalsozialisten im Kreisgericht in Wels.
Sechs Laakirchner standen dann vor dem Militärgericht in Linz, und es bestand Gefahr, daß zwei hingerichtet werden. Ich fuhr nach Linz, bin ihnen beigestanden und es ging noch gut aus.
Schon der 1. Mai 1933 in Laakirchen hatte in mir einen tiefen Eindruck hinterlassen. Die Sozialdemokraten und die Nationalsozialisten gerieten scharf aneinander. Und es bestand große Gefahr, daß die beiden zusammengeballten Fronten handgreiflich wurden. Ich stand ein paar Stunden ruhig mitten drinnen und wirkte anscheinend ausgleichend. Da begriff ich und fühlte ich den ganzen Jammer eines zerklüfteten Volkes. Auf beiden Seiten Arbeiter und Volksgenossen.

Weeser-Krell bemerkt dann weiter, daß er die bis dahin verbrachten 23 Priesterjahre „nicht blind" durchs Leben gegangen, sondern „immer an der Seelsorgsfront mitten unter dem Volke auf schwierigen Posten" gestanden sei.

[So] erkannte ich bald genug, daß die unheimlich schnell anwachsende nationalsozialistische deutsche Arbeiterpartei (NSDAP) Sieger bleiben wird. Ich hatte in unseren Kreisen wiederholt mich geäußert: „Es nützt euch alles nichts, diese Bewegung kommt!" – Man *wollte* es nicht glauben. Ich warnte: „Die Kirche wird den Schaden haben." Es half nichts. So ging ich meinen Weg. Als ‚verschriener Nazipfarrer' mußte ich meine Wege gehen.

Aufgrund seiner Beziehungen auch zu den Nationalsozialisten wurde Weeser-Krell 1934 vom Bischof veranlaßt, um eine andere Pfarre einzureichen. Am 5. September 1934 reichte er um Mitterkirchen ein. Über die für ihn so schwierige Situation schreibt er in der Ebenseer Pfarrchronik:

[So mußte ich] mein liebes und [mir] teuer gewordenes Laakirchen verlassen. Was das für mich bedeutete, kann ich mit ein paar Worten nicht schildern. Die Pfarrkirche, für die ich gegen 120.000 S aufgebracht hatte, war nicht mehr meine Kirche! Ich zog in die kleine Pfarre Mitterkirchen im Machland [15. Oktober 1934] und hatte auch diese Leute bald lieb gewonnen. Wieder vergingen nur einige Monate, da wurden wieder Anzeigen nach Linz gemacht (wie ich später erfuhr; ich hätte in Perg Zusammenkünfte mit Nationalsozialisten gehabt, es war *nie* der Fall). Ich wurde nicht einmal gefragt, ob es sich so verhalte, sondern es wurde mir von meiner kirchlichen Behörde unter Drohung mit der weltlichen Gewalt nahegelegt, in meine reichsdeutsche Heimat zurückzukehren. Da ich mit Deutschland keine seelsorgliche Verbindung hatte, fuhr ich nach Wien zum deutschen Botschafter Franz von Papen und ersuchte ihn, sich für mich bei einem reichsdeutschen Bischof zu verwenden. Er tat es und schrieb an Bischof Berning von Osnabrück. Dieser hatte, scheint's, die Gewohnheit, wochenlang eine Antwort hinauszuschieben. Ich wurde unterdessen in Linz ausgedingt. So schrieb ich nach Linz, daß ich mit 1. Mai 1935 Mitterkirchen verlassen werde.

Am 30. April war ein von mir nicht gewünschter Abschiedsabend, den ich nicht leicht vergessen werde. Im ersten Stock des Gasthauses Häuserer [war] das gesamte Volk und unten stand die Gendarmerie, die über Auftrag der Landesregierung für diesen Abend verstärkt wurde! Am 1. Mai begann ich meine ‚Fahrt ins Blaue' im Altreich. Meine Möbel ließ ich bei meinem Bruder in München und versuchte von dort aus durch fünf Wochen, eine kirchliche Stelle zu bekommen. Ich hatte natürlich während dieser Zeit gar kein Einkommen und lebte von verkauften Möbelstücken. Ich ging *nur* zu kirchlichen Stellen; zum Ordinariat in München, zum Generalvikar von Berlin und zu dem damals in Berlin weilenden Bischof Berning von Osnabrück. Ich trug mich an, auch irgendwohin in die Diaspora zu gehen, auch ins Ausland zu den Auslandsdeutschen. Man hatte auf einmal übergenug Geistliche. Bischof Berning versprach wieder zu schreiben, und wochenlang kam nichts. Zwei Prälaten im Münchener Ordinariat waren besonders hoch dran. Ich will verbitternde Einzelheiten nicht erwähnen, ich dachte aber oft an das Alte: Nil mirare! Ich konnte nun viel verstehen! In der letzten Woche war ich bei Fürst Alexander von Schönburg-Hartenstein auf dem Hartenstein in Sachsen. Er war durch einen Sekretär Papens auf mich aufmerksam gemacht worden. Schönburg war wirklich ein Edelmann und der einzige, bei dem ich während meiner Verbannung gut aufgehoben war. Mit diesem besprach ich alles, und wir kamen beide überein, daß ich an Bischof Gföllner von der Erfolglosigkeit meiner Bemühungen, in Deutschland unterzukommen, berichten werde. Es kam umgehend die Antwort, ich könne in Oberösterreich wieder als Kaplan anfangen, wenn ich einen beiliegenden Revers unterschreibe. Wie dieser aussah! Da ich aber meinem Beruf treu bleiben wollte, machte ich diesen Canossa-Gang. Während meiner Abwesenheit waren die absurdesten Gerüchte herumgesprochen worden. Ich wiederhole: Ich bin in Deutschland *nur* zu kirchlichen Stellen gegangen. Es wäre mir ein leichtes gewesen, zum Führer zu kommen, und er hätte sicher für mich gesorgt. So fing ich in Oberösterreich wieder von vorne an und ich war ein halbes Jahr Kaplan in Prambachkirchen [15. Juni 1935–13. Jänner 1936], dann ein paar Monate Provisor in Neuhofen bei Ried [14. Jänner 1936–31. März 1936], dann ein halbes Jahr Kaplan in Gaspoltshofen [1. April 1936–14. Oktober 1936]. Ich war beim Pfarrer und

auch in diesem Ort gut aufgehoben. Mitte Oktober 1936 wurde ich Pfarrer in St. Johann am Wimberg im Mühlkreis [15. Oktober 1936]. Auch ein gutes Volk! Als es zur Machtübernahme und anschließend zur Abstimmung am 10. April 1938 kam, war meine Pfarre St. Johann am Wimberg die erste, die – um 1/2 2 Uhr nachmittag – ein 100 %iges Ja melden konnte. Ich sandte an den Führer ein Telegramm mit dieser Meldung.
Nun wurde um diese Zeit die Pfarre Ebensee frei. In St. Johann hatte ich es ja sehr gut und ich wäre, wenn ich älter gewesen wäre, auch dort geblieben. Es ließ mir aber keine Ruhe: Ich sollte in dem geruhsamen St. Johann bleiben? In großen Pfarren, gerade in *der* Zeit, sah ich mir aber soviel wichtige, verantwortungsvolle Arbeit. Das war die Ursache, warum ich um Ebensee kompetierte, von einem Quasi-Protest meinerseits konnte keine Rede sein. Wenn andere so dachten, da kann ich nichts dafür.
Da das Vorschlagsrecht für Ebensee der Landeshauptmann hatte, stellte ich mich nach einer Vorsprache beim Bischof dem Gauleiter und Landeshauptmann vor. Da ich vom Ordinariat an erster Stelle für den Vorschlag gereiht wurde, ging es glatt ab. Ich bin also nicht, wie mancher Herr meinte, von der Partei hieher geschickt worden! Ich hätte damals auch die Stadtpfarre Urfahr haben können, habe aber aus verschiedenen Gründen seelsorglicher Natur Ebensee vorgezogen.

In Ebensee hatte vor Weeser-Krell *Ferdinand Giesriegl* als Pfarrer gewirkt. Er war so ungefähr das genaue Gegenteil seines Nachfolgers. Am 20. April 1892 in Weyer a. d. Enns geboren, wurde er am 29. Juni 1917 zum Priester geweiht. Er war zunächst Kooperator in Pregarten (ab 1. August 1917), dann Domkurat in Linz (ab 4. September 1919) und mit Wirkung vom 1. August 1928 Pfarrer der Industriepfarre Ebensee. Aufgrund seiner vielseitigen Begabung gelang es ihm – wie kaum einem seiner Vorgänger – die schwierige Pfarre zu reorganisieren. Ab 1933 erwies und bewährte er sich als echter Österreicher und Verteidiger des Christlichen Ständestaates. Er wurde deshalb nach nationalsozialistischen Bombenanschlägen und widerlichen Diffamierungen von seiten seiner deutschvölkischen und nationalsozialistischen Gegner gleich beim Umbruch im März 1938 verhaftet und zum Verzicht auf seine Lieblingspfarre gezwungen (Resignation 30. März 1938), da ihm sonst wahrscheinlich das KZ Dachau gedroht hätte. Als Benefiziat in Pram war er fast zur Untätigkeit verurteilt und wurde ständig beschattet. Am 13. Jänner 1939 erhielt Giesriegl Schulverbot. Mit 24. September 1943 wurde er Pfarrvikar in Geiersberg. Nach dem Zusammenbruch war es ihm noch gegönnt, sich von der Ebenseer Kanzel aus zu rehabilitieren. Er starb schon am 9. Februar 1946 völlig überraschend im Krankenhaus der Barmherzigen Schwestern in Linz im besten Mannesalter und ist in Ebensee bestattet.
Auf diesen Pfarrer folgte in Ebensee nun also der nationalsozialistisch eingestellte Weeser-Krell. Die Investitur nahm am 15. Juli 1938 Prälat Karl Schöfecker vor, die Installierung in Ebensee erfolgte am Sonntag, dem 24. Juli, also genau 27 Jahre nach seiner Primiz.

Als Ebenseer hat der Autor persönlich an der Installierung teilgenommen und die Funktion des Diakons ausgeübt. Er erinnert sich noch gut an die Antrittspredigt des neuen Pfarrers, in der sich dieser öffentlich bei Gauleiter Eigruber für den Vorschlag zum Pfarrer bedankte. Eine kleine Enttäuschung bedeutete es ihm aber, daß die Partei bei der Installierung nicht in Erscheinung trat, sondern daß er sich nur durch den ersten Amtsträger (Bürgermeister) vor dem Gasthof „Schwarzer Adler" begrüßen lassen mußte.

Weeser-Krell machte aus seiner Überzeugung nie ein Hehl. In der Pfarrchronik charakterisierte er seine Auffassung vom Nationalsozialismus auf folgende Weise:

Ich weiß wohl gut (wir stehen heute, 1939, mitten in diesem Erneuerungsringen), daß die Kirche nichts zu lachen hat; es wird ihr diese Reinigung aber zum Segen gereichen, denn das Christentum war sehr oberflächlich und auch zum Teil faul geworden. *Wenn* man das unbedingt Gute (Einigung des großen deutschen Volkes, Aufhören der Arbeitslosigkeit, großzügige Winterhilfe etc.) anerkennt und jeder in seinem Wirkungskreis bestrebt ist, an dem Ausgleich mancher Härten gegenüber der Kirche mitzuarbeiten, wird es sicher gehen. Die heute noch immer wegen der verlorenen Machtposition schmollen, die nicht mitarbeiten, wo sie mitarbeiten können, und nur alles bekritteln, die auch das Gute nicht gelten lassen wollen, kurz gesagt, die heute noch kleinlich sind, die werden immer kleiner werden. Sie nützen dem Volk nicht und auch der Kirche nicht. Diese Nörgler – ich nehme keinen Stand aus – sind dazu oft meistens Leute, die Not und Arbeitslosigkeit nie gekannt haben. Noch ärgere Typen dieser Nörgler zu beschreiben, schäme ich mich. ‚Denen, die Gott lieben, gereicht alles zum Besten.' Wir sind nicht für die Weltregierung verantwortlich; das überlassen wir unserem Herrgott. Wir haben unsere große und kleine Pflicht zu erfüllen! Mir kommt mitunter vor, daß die Stellung, die ich bezogen habe, ziemlich einsam ist; aber es macht nichts. Ich will bestrebt sein, auch weiter meinem Herrgott und meinem Volk und meinem Führer zu dienen!

Weeser-Krell sollte bald Enttäuschungen erleben. Der Widerstand begann eigentlich sehr bald, weil der Pfarrer überall, auch in der Pfarrkanzlei, mit „Heil Hitler" grüßte und dies auch von den Gläubigen verlangte. Da er bei den Predigten häufig den Führer nannte und auch sonst nationalsozialistisches Gedankengut vertrat, bildete sich eine richtige Opposition heraus. Weeser-Krell beschloß jede Litanei mit: „Daß Du unseren Führer beschützen mögest". Darauf war aber kaum ein „Bitt für uns" zu hören, was der Pfarrer auch immer wieder bemängelte. Seine Enttäuschungen brachte er nach seinem ersten Arbeitsjahr in Ebensee in der Pfarrchronik zu Papier:

Dieses erste Jahr gehört zu den erfolglosesten meiner Seelsorgejahre. Ich fand eine verworrene Lage vor. Die Anhänger meines Vorgängers, die nicht immer seine [wahren] Anhänger waren, die sogar gegen ihn gearbeitet hatten, waren nun auf einmal – aus politischen Gründen – seine Verteidiger geworden. Also diverses Mißtrauen von ein paar Seelen! Da ich in großen Dingen mit Geduld ausgestattet scheine, habe ich diese Anfangslage glück-

lich überstanden, wiege mich aber auch heute noch nicht in der Hoffnung, als sei jetzt die für eine seelsorgliche Arbeit notwendige Ruhe geschaffen, so weit sie von Ebensee selbst ausgehen kann. Es besteht auch heute noch, wenn auch schon eingeschränkt, unnütze Gegenarbeit; ich meine nicht die Gegenarbeit, mit der ein Seelsorger immer zu rechnen hat, gerade von Leuten, von denen man es nicht vermuten würde. Auf beiden Seiten oft große Kinder, Egoisten, ewige Besser-Wisser, Leute mit Eitelkeit oder unreifen Urteilen ausgestattet, die im Leben noch nicht viel mitgemacht haben! Ich richte mich nach meinem alten Spruch: ,Vertrau auf Gott, erfülle deine Pflicht und laß die Leute reden'. Die ewige Kritisiererei scheint zu dem berühmten ,panem et circenses' zu gehören!
Wenn ich die Leute hier schildern soll, so wird es dasselbe Bild wie wahrscheinlich überall sein: Gute Katholiken, kleinliche politisierende Katholiken, Nationalsozialisten aus Überzeugung, Nazi, die im Egoismus stecken geblieben sind, befriedigte Arbeiter und unbefriedigte Arbeiter . . .
Sei es nun wie immer: Ich habe den Vorsatz, meine priesterlichen Pflichten nach bestem Wissen und Gewissen zu erfüllen. Mehr kann ich nicht tun, und schließlich genügt das.

Eine der ersten großen Enttäuschungen bekam Weeser-Krell von der Partei zu spüren, als der Ebenseer Kindergarten beschlagnahmt wurde. Die auf das Jahr 1864 zurückgehende ehemalige ,,Kleinkinder-Bewahranstalt" unter der Leitung der Vöcklabrucker Schulschwestern, das ,,St. Josefshaus", wurde enteignet. Weeser-Krell hat darüber folgende Eintragungen in der Pfarrchronik gemacht:

Am 23. Mai 1938 – also während der Provisur – wurde (im Auftrage der Kreisleitung Gmunden der NSDAP) eine kommissarische Leitung des Hauses eingesetzt, und es mußten Vermögenswerte übergeben werden.
Am 20. August 1938 wurde mir im Auftrage des Stillhaltekommissars für Vereine, Organisationen und Verbände, Jürgen Wernicke in Gmunden, wieder alles übergeben; ich erhielt wieder alle Vermögenswerte zurück und war als Pfarrer wieder Verwalter des Hauses. Unterdessen kam von der Landeshauptmannschaft ein Schreiben vom 4. August 1938 mit der Aufforderung, einen Evidenzbogen über sämtliche Werte der Stiftung auszufüllen und einzusenden. Da ich die Originalbelege damals noch nicht hatte und in den sonstigen Papieren noch ein Durcheinander war, konnte ich nicht gleich antworten. Als ich am 20. August wieder Verwalter wurde, meldete ich das nach Linz und fragte an, ob ich bei der jetzt veränderten Sachlage den Evidenzbogen einsenden muß. Es wurde geantwortet, daß ich dem obigen Auftrage entsprechen muß. So sandte ich am 9. September den ausgefüllten Bogen ein.
In der Folgezeit wurden öfter von Parteistellen an den Bürgermeister Anfragen gestellt, d. h., man ließ nicht locker. Unterdessen bekam die NSV-Hilfsstelle ,,Mutter und Kind" ein Zimmer im Josefsheim zugewiesen. Anfangs Jänner 1939 kam nun vom Stillhaltekommissar für Vereine etc. in Wien folgendes Schreiben: ,,Sie werden hiemit verständigt, daß die Stiftung ,St. Josefshaus-Kinderbewahranstalt Ebensee' von mir [dem Stillhaltekommissar] zur Auflösung beantragt wurde. Der Antrag lautet: ,Das Vermögen wird in NSV Wohlfahrt e. V. Berlin . . . unter Ausschluß der Liquidation eingewiesen.'
Sie werden angewiesen, nach Erlassung des Auflösungsbescheides durch die Stiftungsbehörde der genannten Stelle die gesamten Vermögenschaften auszufolgen. Der Reichskommissar für die Wiedervereinigung Österreichs mit dem Deutschen Reich hat bestimmt, daß je ein angemessener Teil des Vermögens für die österreichische Aufbauumlage abzuführen ist. Dieser Betrag wird für die von Ihnen verwaltete Stiftung wie folgt bemessen:

Österreichische Aufbauumlage RM 2596.50; Verwaltungsgebühr RM 778.95; zusammen RM 3375.45".

Das war kein schöner Anfang des Jahres 1939! Ich verfaßte ein Schreiben an das Ministerium für innere und kulturelle Angelegenheiten in Wien I., Herrengasse 23, worin ich bat, daß dem Antrag des Stillhaltekommissars nicht stattgegeben werde, und begründete ausführlich diese Bitte.

Am 16. Jänner 1939 sandte ich dieses Schreiben ans Ordinariat (in Linz) mit dem Ersuchen, mein Schreiben einzuleiten und nach Wien zu senden; das geschah. Unterdessen bemühte ich mich in Linz, bei der NSV (bei Langoth und Sager), das Haus zu erhalten. Alle meine persönlichen und schriftlichen Bemühungen – ich habe tagelang diesbezüglich gearbeitet – blieben umsonst. Ich erhielt den Bescheid des Ministeriums vom 27. Jänner 1939, daß die Stiftung aufgelöst und der dieser Stiftung zugrundeliegende Stiftsbrief sowie die dieser Stiftung allenfalls zugrundeliegenden sonstigen Anordnungen außer Kraft gesetzt werden. Die Vermögenswerte dieser Stiftung werden unter Ausschluß einer Liquidation der NSV, die auch allfällige Verbindlichkeiten der aufgelösten Stiftung zu übernehmen hat, mit der Auflage eingewiesen, dieselben zur Führung eines Kindergartens zu verwenden. Ich meldete auch das dem Ordinariate. Nun kam eine Zuschrift der Revisionsstelle Wien III, Engelsberggasse 4, vom 7. Februar 1939 mit elf Punkten, was ich alles an Werten [und] Aufstellungen einzusenden habe und auch mit der Mitteilung, daß die Aufbauumlage und die Verwaltungsgebühr von Wien aus selbst bezahlt wird. Ich wollte nun noch einmal etwas versuchen und beauftragte den Rechtsanwalt Dr. Wittmann in Ischl, ein juridisches Gutachten auszuarbeiten. Sein Mitarbeiter Dr. Ennsbrunner besorgte das. Er arbeitete im hiesigen Pfarrhof ungefähr 4 Stunden und in seiner Kanzlei in Ischl höchstens zwei Tage. Ich sandte dann das Elaborat, das in Form einer Vorstellung an Reichskommissar und Gauleiter Josef Bürckel abgefaßt war, ans Ordinariat, damit es dort unterschrieben werde. Das Ordinariat anerkannte die Rechtsanwaltsarbeit, fügte aber dem Schreiben hinzu: „Mit Rücksicht darauf, daß nach dem rechtsanwältlichen Gutachten ein ordentliches Rechtsmittel im Verwaltungsverfahrenswege ausgeschlossen ist, hält es das Bischöfliche Ordinariat nicht für zweckmäßig, weitere Schritte nach dieser Richtung zu unternehmen."

Unterdessen kam von der Revisionsstelle an die hiesige NSV ein Schreiben vom 22. Februar, warum Pfarrer Weeser-Krell die Vermögensübergabe noch nicht durchgeführt habe. So habe ich es zusammengestellt und alles Bargeld, Wertpapiere etc. nach Wien am 1. März eingesandt. Am 3. bzw. 4. März bekam ich von Wien das Übergabeprotokoll bzw. die Empfangsbestätigung.

Am Sonntag, dem 26. Februar 1939, verlas ich von der Kanzel aus eine von mir verfaßte Mitteilung an die Gläubigen über die Übergabe des St.-Josefshauses; diese Mitteilung liegt auch bei den h. a. Akten des Josefshauses. Die Wiener Revisionsstelle stellte dann noch eine Anfrage, betreffend die Schwestern; daraufhin antwortete ich am 10. März und fügte abschließend ziemlich offen meine persönliche Meinung über den ganzen Fall hinzu. Am 14. März 1939 kam vom Amtsgericht die Verständigung, daß die grundbücherliche Übertragung durchgeführt wurde.

Abschließend hält Pfarrer Weeser-Krell fest:

Ich kann vor Gott und meinem Gewissen sagen, daß ich mich ehrlich bemüht und angestrengt habe, das Haus der Stiftung und seinem Zweck zu erhalten. Es war alles umsonst; es geschehe Gottes Wille!

Am 31. Mai 1939 war der letzte Kindergarten durch unsere Schwestern. Mit 1. Juni kam die weltliche Kindergärtnerin.

Die ehemaligen Schwestern bekamen im Juni 1939 die Kündigung. Das Ordinariat schrieb am 24. Juni, ob die Schwestern im Benefiziatenhaus eine abgeschlossene Wohnung bekommen können.

Am 27. Juni traf Weeser-Krell diesbezügliche Abmachungen mit den Benefiziaten; das bischöfliche Ordinariat erteilte seine Zustimmung. Die Schwestern aus dem St. Josefshaus verdienten sich in der Folge ihren Unterhalt durch Näharbeiten und Sakristeidienst.
Im folgenden seien noch einige Stellen aus der Ebenseer Pfarrchronik mitgeteilt, die den Nationalsozialismus bzw. die Gesinnung Weeser-Krells betreffen:
Über die *Liquidierung der katholischen Vereine* enthält die Chronik diese Eintragung:

Die meisten Vereine (KFÖ, Arbeiterverein, Burschenverein u. a.) waren schon liquidiert, also aufgelöst, bevor ich hieher kam. Die Sachen bekamen wir nicht mehr heraus. Nur von der Frauenorganisation kam über Linz von der Liquidierungsstelle für kath. Verbände, Herrenstraße 26, die Hälfte des beschlagnahmten Geldes (die andere Hälfte bekam das bischöfliche Ordinariat) in der Höhe von RM 429.– am 3. Oktober 1939 zurück.

Zur behördlich verfügten *Einstellung der Schulremuneration* schreibt Weeser-Krell:

Gerade vor Weihnachten kam die Verordnung, daß die Schulremuneration für den Religionsunterricht an die Seelsorge-Katecheten mit 1. Dezember 1938 eingestellt wird. Da meine Arbeiten mehr und nicht weniger wurden, übergab ich anfangs 1939 meine wenigen Stunden an die Katecheten [Josef] H[ehenberger] und [Josef] K[öttl], habe aber beiden Herren bis Ende des [Schul-]Jahres im Juli aus eigenem die Beträge gezahlt, die ich vor Einstellung der Remuneration für diese Stunden erhielt, damit es nicht heißt, ich halte keine Religionsstunden, weil nichts mehr dafür bezahlt wird.

Bezeichnend sind auch die Eintragungen zum Kapitel *Apostasie;* sie erweisen die Redlichkeit Weeser-Krells.

Im Jahre 1938 sind von den in Ebensee Wohnhaften [über 8500 Seelen] 78 aus der katholischen Kirche ausgetreten. In diese Zahl sind sieben andere inbegriffen. 1939 sind 80 Personen ausgetreten. Vom 1. Jänner bis 27. Juli f. J. waren es 10. Dabei möchte ich folgendes erwähnen. Im August 1938 kamen einmal zwei Arbeiter zu mir, die einen Taufschein verlangten. Mir kam die Sache etwas verdächtig vor, und ich bekam dann heraus, daß sie aus der Kirche austreten wollen ‚wegen der kommenden Kirchensteuer'. Ich erfuhr auch, daß die beiden Arbeiter die Austrittserklärung bei einer hiesigen untergeordneten Parteistelle abgeben sollen oder wollen. Auf das hin schrieb ich an den mir bekannten Gaupresse-Amtsleiter Dr. Anton Fellner in Linz. Ich ersuchte ihn, dahin zu wirken, daß die Partei die Finger von solchen Sachen lassen soll. Er gab den Brief unserem Gauleiter Eigruber, der mir diesbezüglich folgendes antwortete:
„Sehr geehrter Herr Pfarrer!
Auf Ihr Schreiben vom 23. 8. 1938, welches an Dr. Fellner gerichtet war, teile ich Ihnen mit, daß ich die Dienststellen der Partei ausdrücklichst davon aufmerksam gemacht habe, keine Kirchen-Austrittspropaganda zu betreiben. Ich stehe auf dem Standpunkt, daß wir alles eher vertragen als kulturkämpferische Tendenzen. Ich werde daher erheben, ob Dienststellen der Partei oder Amtswalter Weisungen zur Kirchenaustrittsbewegung in Ebensee gegeben haben. Es ist mir aber selbstverständlich nicht möglich, auf die einzelnen Volks- oder Parteigenossen einzuwirken, damit sie keinen Religionswechsel vornehmen.
Mit dem besten Gruß und Heil Hitler! gez. Eigruber."

Über seine *Bemühungen, ins KZ eingelieferte Priester wieder freizubekommen*, berichtet Weeser-Krell:

Es gelang mir, durch Ansuchen an das Gestapo-Amt in Berlin mit der Zeit zwei Pfarrer: Franz Wöß (Neuhofen im Innkreis) und Josef Kleinbruckner (Klam) aus dem KZ Dachau freizubekommen. Bei Pfarrer Matthias Spanlang (St. Martin im Innkreis), Religionslehrer Hermann Kagerer (Ried im Innkreis) und Rittmeister Weller (Heimwehrführer) gelang es mir jedoch nicht. Bei Weller wird es überhaupt nicht leicht gehen. Auch 1939/40 konnte ich einigen Mitbrüdern diesbezüglich helfen! *Dank dafür?!*

Zur *„Lösung" der Sudetenfrage*, anläßlich der am 9. Oktober 1938 ein feierliches Glockengeläute angeordnet war, und zum *Kriegsbeginn* im September 1939 schreibt der Pfarrer in der Chronik:

Es kam die große Reaktion auf den ‚Friedensvertrag' von Versailles! Das Sudetenland kam, wie die Ostmark, zum deutschen Reich zurück. Die Westmächte (England und Frankreich) hetzten der Reihe nach die kleinen Staaten gegen Deutschland auf, so daß sich diese zu aggressiven Handlungen gegen das Reich verleiten ließen. So kam es zur Bildung des Reichsprotektorates Böhmen-Mähren und zum Feldzug gegen Polen, der anfangs September 1939 begann und in 18 Tagen siegreich beendet wurde: Generalgouvernement Polen!

Der Autor erinnert sich noch, wie er zusammen mit Weeser-Krell in der Bibliothek des Pfarrhauses die Bücher musterte, als Hitler in einer großen Rede die Kriegserklärung gegen Polen abgab. Weeser-Krell ließ das Radio in der Bibliothek aufstellen, um dem Führer zuhören zu können und tat dies mit erhobener Hand.
Am 3. September 1939 hielt Weeser-Krell eine Predigt, die er auch in der Chronik festgehalten hat. Sie hatte folgenden Inhalt:

Geliebte im Herrn!
In dieser ernsten Zeit ein paar ernste Worte, wie sie dem Pflichtgefühl eines verantwortlichen Seelsorgers entsprechen.
Es ist Krieg! Dieses Stahlbad für die Völker ist wieder zu uns gekommen, die große Prüfung, wie sie im Laufe der Geschichte immer wieder über die Völker kommt. Wie die kleinen Auseinandersetzungen in den Familien, wie Neid, Mißgunst immer wieder, auch unter Christen, vorkommen, so auch die großen Auseinandersetzungen unter den Völkern. Welches sind nun die Gesinnungen und Pflichten wahrer Christen in dieser ernsten Zeit?

1. Vertrauen

a) Vertrauen auf die göttliche Vorsehung; wir wissen, daß ohne Gottes Zulassung kein Haar von unserem Haupt fällt; wir wissen, daß denen, die Gott lieben, alles zum Besten gereicht; wir wissen, daß denen, die sich bemühen, ein Leben der Kinder Gottes zu führen, Gott ein liebender, sorgender Vater bleiben wird.
Wir können – um an das heutige Evangelium zu erinnern – nicht zwei Herren dienen, also nicht zugleich auf die göttliche Vorsehung vertrauen und andererseits nach unserem kleinen Verstand alles regeln wollen.

b) Vertrauen auf den Führer unseres großen Volkes! Er kennt selbst die Schrecken des Krieges und hat es in der großen Sorge für unser Volk immer wieder verstanden, das Ärgste abzuwenden. Auch er fühlt sich vor unserem Herrgott verantwortlich, seien wir davon überzeugt. Auch hier können wir nicht zwei Herren dienen; wir sind vor Gott in dieses große deutsche Volk hineingestellt und gehören zu diesem Volk und zu keinem anderen.

2. *Opfergemeinschaft*

In einer Zeit, in der unsere Männer, Väter und Söhne hinausgezogen sind, um auf dem Feld der Ehre dem Vaterland zu dienen, jedermann sich an dem Opfermut von Müttern, Gattinnen und Bräuten erbauen kann, die vielleicht mit Tränen im Auge, aber doch gefaßt, als gläubige Christinnen ihre Lieben draußen auf der großen Opferstätte wissen, in dieser Zeit geht es nicht an, daß andere wegen der kleinen Opfer, die man im täglichen Leben von ihm abverlangt, ungeduldig und verdrossen werden. Das ist nicht Art wahrer Christen. Wir haben einander zu helfen, einander zu ermuntern, wir dürfen auf keinen Fall durch Miesmacherei einem das Herz noch schwerer machen.

3. *Gebet*

Wir beten zum Allmächtigen um glückliche und baldige Vollendung dieses Krieges. Wir beten für unsere Angehörigen draußen, daß sie seelisch stark, körperlich gesund bleiben und daß sie wieder glücklich heimkehren. Wir wissen aber auch um das schwerste Gebet, das wir so oft gedankenlos beten: ‚Dein Wille geschehe wie im Himmel also auch auf Erden!'

Wir beten für unseren Führer, er ist unsere weltliche Obrigkeit. Es wird ihn niemand um seine Sorgen und um seine Verantwortlichkeit beneiden; je höher aber die Stellung eines Menschen ist, je größer seine Sorgen sind, umso mehr müssen wir für ihn beten.

Es wäre für den Prediger leichter und vielleicht manchem Zuhörer sympathischer, wenn man an diese unsere Pflichten nicht erinnern würde oder bräuchte, wenn man so reden würde, als wären wir im tiefsten Frieden, oder so sprechen würde, wie es den Leuten gefällt. Dazu aber ist der Seelsorger nicht da.

Über allem, Geliebte im Herrn, steht die Pflichterfüllung auch in diesen Dingen, von denen ich heute sprach.

Der Segen und die Gnade Gottes komme über Euch, Eure Angehörigen und unser Vaterland und unseren Führer! Im Namen des Vaters, des Sohnes und des hl. Geistes. Amen.

Seit Beginn des Krieges hielt Weeser-Krell, wie er in der Chronik vermerkt, täglich jeweils im Anschluß an die Messe „eine kurze Kriegsandacht vor dem ausgesetzten Allerheiligsten" in Form einer verkürzten Litanei, „wobei auch des Führers und der Soldaten" gedacht wurde.

Da sowohl die Kapläne als auch das Pfarrvolk Weeser-Krell wegen dessen nationalsozialistischer Einstellung mit Reserve begegneten, suchte der Pfarrer Gelegenheit zu einer Aussprache mit dem Autor, und zwar während der Ferien 1939 und 1940. Wir machten eine größere Bergbesteigung (über den Schafluckensteig am Hinteren Langbathsee und das Höllengebirge mit Abstieg zur Großalm/Neukirchen). Durch die zunehmenden Unterdrückungsmaßnahmen der Partei und die neuheidnische Propaganda Rosenbergs etwas verunsichert, verteidigte der Pfarrer aber immer noch Adolf Hitler als denjenigen, der von allem nichts

wisse, das positive Christentum vertrete, den Schutz der Kirchen garantiere und keinen Kulturkampf anstrebe.
Schließlich mußte Weeser-Krell jedoch erkennen, daß die NSDAP nicht zu ihm stand und die Gläubigen immer reservierter wurden. So zog er als Enttäuschter die Konsequenz und resignierte am 10. Oktober 1940 auf seine Pfarre, führte aber bis 14. Februar 1941 noch die Provisur. Bei seinem Weggang machte er in der Pfarrchronik folgende Eintragung:

Ich war nicht umsonst in Ebensee, und meine Nachfolger sollten es einmal wenigstens in dieser Beziehung schöner haben. So will ich meine Pfarre Ebensee verlassen in Gottes Namen! Es lebe mein Nachfolger!

Von seinem Weggang aus Ebensee war Weeser-Krell bis 14. Oktober 1942 im Ruhestand (zuerst in Utzenaich, dann in Gmunden). Ab 15. Oktober 1942 übernahm er die Innviertler Pfarre Friedburg-Lengau, die er bis 1961 innehatte.
Weeser-Krells Nachfolger in Ebensee, Pfarrer Franz Frühmann (1941–1959), machte in der Pfarrchronik folgende Eintragung über seinen Vorgänger:

Weeser-Krell hat in schwerer Zeit unermüdlich und viel gearbeitet. Durch sein gutes Einvernehmen mit den Behörden ist es ihm gelungen, so manche Härte auszugleichen. Gerade aber unübertrefflich in der Kanzleiarbeit (Ariernachweise), hat er auch für alle Zeiten das Verdienst, den Hochaltar so herrlich restauriert zu haben und durch Ausbau der Mansarden im Pfarrhof die Vorarbeit geschaffen zu haben, daß nun alle Seelsorger (zum Unterschied von bisher, da die beiden Benefiziaten im eigenen Benefiziatenhaus wohnten) im gemeinsamen Pfarrhaushalt zusammenwohnen und zusammenarbeiten zum Vorteil der Seelsorge. Nach mancher Enttäuschung mögen ihm ruhigere Jahre auf seinem Posten gegönnt sein. Gott vergelte ihm alles!

In Friedburg-Lengau wirkte Weeser-Krell verdienstvoll. Am 31. März 1952 wurde er sogar zum Dechant des Dekanates Mattighofen ernannt, das er bis Ende 1957 verwaltete. 1961 resignierte er und zog sich als Seelsorger in ein Altersheim (Salzburg-Riedenburg) zurück. Als er 1965 gebeten wurde, die Pfarrprovisur in Abtsdorf zu übernehmen (15. September), war er, der über 76jährige, sofort bereit. Er starb zwei Jahre später in Salzburg am 28. Oktober 1967. Begraben wurde Weeser-Krell in seiner Lieblingspfarre Laakirchen, die ihn auch zum Ehrenbürger ernannt hatte. In Steyrermühl, das ehedem pfarrlich zu Laakirchen gehörte, wurde eine Straße (Weeser-Krell-Gasse) nach ihm benannt. Hier hatte Weeser-Krell die eigentlichen Initiativen zum Bau einer Kirche gesetzt.
Da der Autor Weeser-Krell gut gekannt hat, möchte er abschließend anmerken, daß dieser ein nobler, umgänglicher Mensch und ein offener Charakter war. Von seiner Familie her war er kunstsinnig und musisch

geprägt. Er war Reichsdeutscher und von preußischer Mentalität, in seinen Verhaltensweisen jedoch eher unpreußisch. Eine Mitteilung von Msgr. Stadtpfarrer i. R. Johann Ludwig sei dem Leser nicht vorenthalten. Weeser-Krell soll sich 1938 für die Geburtspfarre Hitlers – Braunau a. I. – interessiert haben, wodurch er seinen Diözesanbischof DDr. Johannes Maria Gföllner in arge Verlegenheit brachte. Dieser bat Johann Ludwig, den früheren Kooperator von Ebensee, damals in Bad Ischl tätig, *nicht* um Ebensee zu kompetieren, sondern um Braunau einzureichen, damit Weeser-Krell Ebensee erhalten könne. Im Falle einer Beförderung auf Braunau befürchtete man, Weeser-Krell könnte aus dieser Pfarre eine ,,Hitler-Gedächtnisstätte" machen.

Quellennachweise:

Chronik der Pfarre Ebensee;
Personalschematismen der Diözese Linz;
Linzer Diözesanblatt (entsprechende Jahrgänge);
Personalakte *Weeser-Krell* und *Giesriegl* im OAL.

Victor Conzemius

Franz Jägerstätter*

Der Aufstand des Gewissens

Im Juli 1943 wurde der österreichische Bauer Franz Jägerstätter vom Reichsgericht in Berlin wegen Zersetzung der Wehrkraft zum Tode verurteilt. Jägerstätter hatte keine Sabotage betrieben, keine Untergrundbewegung geleitet, er war keiner militärischen Verschwörung beigetreten, er hatte sich bloß aus Gewissensgründen geweigert, im Heere Hitlers zu dienen. Noch am Tage der Urteilsverkündung bemühte sich der vom Gericht bestellte Pflichtanwalt, das Leben dieses grundanständigen Mannes zu retten, der zu Hause eine Frau und drei Kinder hatte. Jägerstätter ist nur noch zu retten, wenn er seine völlig unverständliche Haltung aufgibt und sich bereit erklärt, Wehrdienst zu leisten. Dann könnte unter Umständen ein Wiederaufnahmeverfahren anhängig gemacht werden.

Der Heimatpfarrer und die Gattin des zum Tode Verurteilten reisten unverzüglich nach Berlin und versuchten ein letztes Mal, ihn umzustimmen. Doch alle Überredungsversuche prallten an der grundsätzlichen Weigerung Jägerstätters ab, dem Führer einen bedingungslosen Fahneneid zu schwören. Er berief sich auf dieses Argument:
,,Wenn man sich für jeden Menschen solche Mühe geben möchte, vor der schweren Sünde, die den ewigen Tod mit sich bringt, zu warnen und davon abzuhalten, als man mit mir sich Mühe gibt, vorm ehrlosen Tod zu warnen, so glaube ich, hätte der Satan am Jüngsten Tage eine magere Ernte zu erwarten. Immer wieder möchte man einem das Gewissen erschweren betreffs Gattin und Kinder; ob man aber, weil man Gattin und Kinder hat, Gott durch Lügen, abgesehen von allem anderen, was man noch tun soll, nicht beleidigt, kann ich natürlich nicht glauben. Hat Chri-

* Dieser Aufsatz ist entnommen dem Buch *V. Conzemius, Propheten und Vorläufer.* Wegbereiter des neuzeitlichen Katholizismus, Zürich-Einsiedeln-Köln 1972, S. 251–262; die biographische Skizze Jägerstätters beruht auf der Untersuchung des amerikanischen Soziologen G. C. Zahn, in: Solitary Witness. The Life and Death of Franz Jägerstätter, New York 1964; eine andere Auflage London-Dublin-Melbourne 1966; die deutsche Übersetzung hat den Titel: Er folgte seinem Gewissen. Das einsame Zeugnis des Franz Jägerstätter, Graz-Wien-Köln 1967. – Die nachfolgenden Zitate beziehen sich auf die Seiten der deutschen Übersetzung.

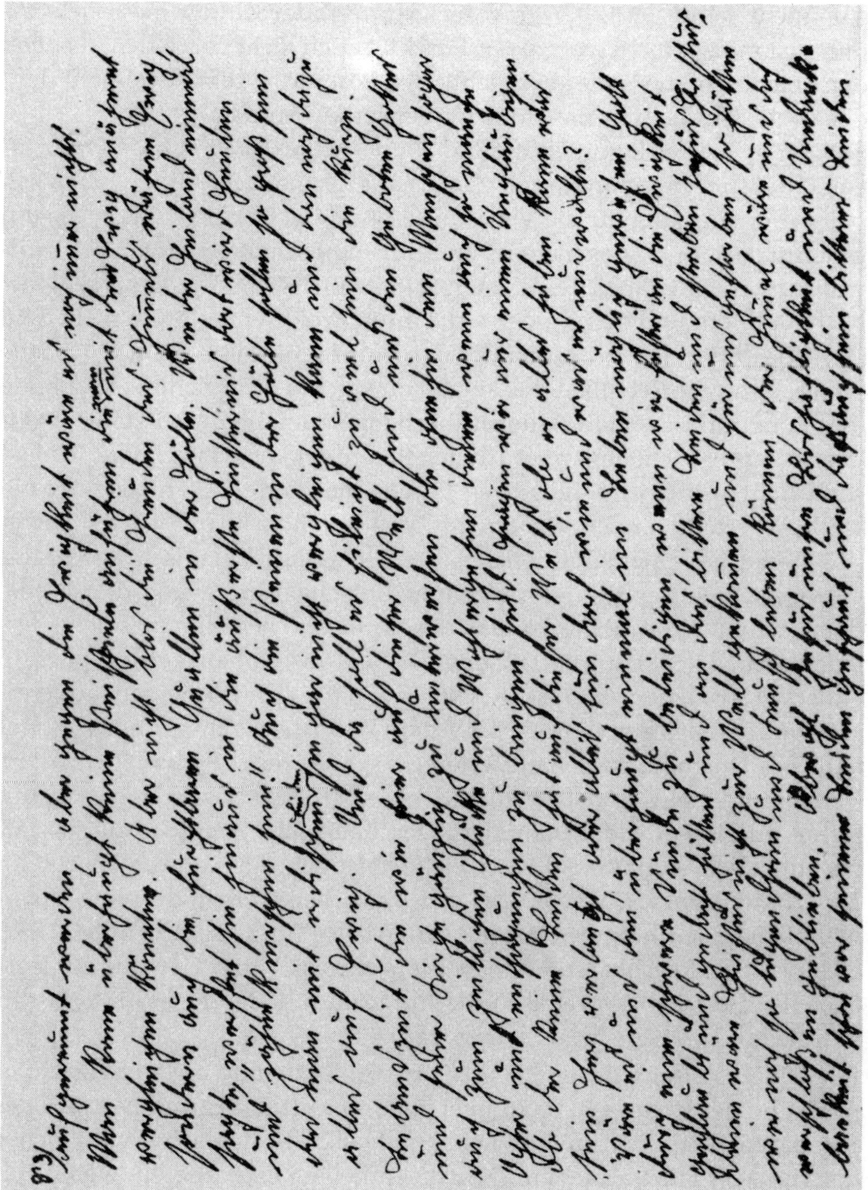

Schriftprobe aus einem Manuskript F. Jägerstätters.

stus nicht selbst gesagt: Wer Vater, Mutter oder Kinder mehr liebt als mich, ist meiner nicht wert, oder: Fürchtet euch nicht vor denen, die bloß den Leib töten, die Seele aber nicht töten können, fürchtet vielmehr den, der Seele und Leib in die Hölle zu verderben vermag[1]?"

So kam es, wie es kommen mußte. Am 9. August 1943 wurde Franz Jägerstätter im Brandenburger Zuchthaus enthauptet. Ein entsetzlich peinlicher Ausgang für die Verwandten und die Dorfbewohner, die ihn gekannt hatten. War es nicht unverzeihliche Torheit gewesen, sich mutwillig unter das Fallbeil des Richters zu werfen? Wem war damit gedient? Nicht der Frau und den Kindern, die ihren Ernährer verloren, nicht dem Dorf, das über den Volksverräter den Kopf schüttelte, nicht der Sache selber, denn die Rebellion des einzelnen machte nicht Schule. Wer hatte diesen österreichischen Bauern überhaupt zu seinem Aufstand legitimiert? War er nicht ein armer Irregeleiteter, der seine krankhafte Todessehnsucht als heroisch-religiösen Protest maskierte? Allenfalls wäre ein solches Verhalten noch von einem Zeugen Jehovas zu erwarten gewesen. Doch bei einem Katholiken, dessen moraltheologisch geschultes Gewissen sich der Komplexität einer Entscheidung gegen den Wehrdienst bewußt sein dürfte, ist man etwas peinlich berührt von solch unerleuchtetem Eifer. Hunderttausende haben das Unbehagen gespürt, in Hitlers Heer dienen zu müssen; doch wer hätte sich vermessen, aus ethischen oder religiösen Gründen aus dem Wehrdienst ein grundsätzliches sittliches Dilemma zu konstruieren? So sehr sprengt Franz Jägerstätters Verhalten die Norm, daß er auch heute noch dem Soziologen manches Rätsel aufgibt und den Christen, der über sein Schicksal nachsinnt, nachdenklich stimmt. Sollte er vielleicht doch ein Thomas Morus im Bauernkittel gewesen sein, ein prophetischer Christ, der eine ungewöhnliche Einsicht in verborgene Dinge besaß? War er nicht zuletzt und eigentlich ein Provokateur, der die Menschen aus ihrer Gewöhnung herausreißt? Sein Lebensweg und die Aufzeichnungen, die er hinterlassen hat, hellen das Geheimnis seines Todes etwas auf.

Franz Jägerstätter wurde 1907 im Dorfe St. Radegund an der Salzach, in der Nähe der bayerischen Grenze, geboren. St. Radegund liegt auf der Strecke nach Braunau am Inn, jener Stadt also, die deutsche Schulbücher der vierziger Jahre als jedem Deutschen heilig bezeichneten, weil Adolf Hitler hier das Licht der Welt erblickt hatte. Der Dämon und sein Wider-

---

1 *Zahn,* a. a. O., 115.

part wurzeln also im gleichen Boden. Darin erschöpfen sich ihre Beziehungen. Jägerstätter hat die Bindung mit der Heimat nie verloren; im harten Tagwerk des Bauern vollzog sich der Rhythmus seines Lebens. Es gab nichts, was ihn aus der festen Ordnung der Dinge herausgehoben und wurzellos gemacht hätte. Sogar die Religion war hier – soziologisch gesehen – gebändigt; sie war etwas Selbstverständliches, mit festgeprägten Formen, aus denen man durch ein Zuviel oder Zuwenig herausfiel. Dieses konventionelle Christentum zu durchbrechen, dazu gehörten persönlicher Mut und ein starkes religiöses Bewußtsein. Daß Jägerstätter dieses Wagnis auf sich nahm, zeugt dafür, daß beide Eigenschaften, der persönliche Mut und der religiöse Sinn, bei ihm ungewöhnlich stark ausgebildet waren.
In der ersten Hälfte seines Lebens jedoch war die religiöse Ader eher verborgen. Der Zwanzigjährige war ein lebenslustiger Bursche, dem kein Tanzboden zu weit weg lag, der keiner Rauferei aus dem Wege ging, wenn es galt, seine Männlichkeit unter Beweis zu stellen. Er war der Rädelsführer unter den jungen Burschen seines Dorfes und verwickelte sich in allerlei Händel, die ihn für eine Zeitlang aus dem Dorfe hinaustrieben. Vieles deutet darauf hin, daß er sich mit einem Mädchen zu weit eingelassen hatte: der ungeschriebene Ehrenkodex seines Dorfes legte ihm dafür ein unfreiwilliges Exil auf. Für einige Monate arbeitete er in einem Bergwerk in der Steiermark. Als er von dort wieder in die Heimat zurückkehrte, trumpfte er bei den Dorbewohnern mit einem ungewohnten Statussymbol auf: einem Motorrad, dem ersten, das es im Dorfe gab. Und doch war Franz Jägerstätter nicht mehr der gleiche. Irgend etwas hatte ihn aus seinem leichtlebigen Treiben herausgeworfen. Er war viel nachdenklicher geworden, er zeigte sich weniger im Wirtshaus und auf Tanzdielen und spielte sogar mit dem Gedanken, in einen Orden einzutreten. Der Pfarrer riet ihm davon ab. Sein Platz sei auf dem Leherbauernhof, er solle das elterliche Gut übernehmen. Jägerstätter hielt sich an diesen Rat und führte im folgenden Jahr eine junge Frau heim. Daß die Hochzeitsreise nach Rom ging, war mehr als ein frommer Einfall oder eine Konzession an eine religiöse Mode, es war das Zeichen eines Gesinnungswandels, der auch in der Ehe anhielt. Dieser Umschwung zeigte sich bereits in äußeren Dingen, die in einer dörflichen Gemeinschaft so sehr auffielen, weil sie ganz außerhalb des Üblichen lagen: im täglichen Besuch der heiligen Messe, im häufigen Empfang der heiligen Kommunion, im Eintritt in den Dritten Orden des hl. Franziskus und in wieder-

holten Wallfahrten zusammen mit der Gattin ins benachbarte Altötting. Diese schlichten Übungen der Frömmigkeit, die man heute gerne belächelt, verhalfen Jägerstätter dazu, sein neues Christ-Sein zu vertiefen. Freilich mußte er das mißbilligende Staunen der Dorfbewohner ertragen, die über ihn den Kopf schüttelten. Sie verstanden nicht, wie aus dem flotten, losen Burschen nun auf einmal ein Betbruder und Rosenkranzstreicher geworden sein konnte. Sagte man nicht von ihm, daß er Psalmen und Kirchenlieder auf dem Felde sang? Einige tuschelten sogar, daß er für die Blumen bete. Zeigten sich hier nicht jene bedrohlichen Anzeichen eines religiösen Wahns, der öfter einen Menschen befällt, der sich von seiner Umgebung absondert und durch ein Zuviel an religiöser Geschäftigkeit unangenehm auffällt? War nicht zu merken, daß die Arbeit auf dem Hofe vernachlässigt wurde, weil der Bauer seinen religiösen Grillen nachging, anstatt seine Kräfte auf seine Aufgaben als Landwirt zu konzentrieren? So geriet Jägerstätter in den Ruf eines Sonderlings. Man konnte bestenfalls nachsichtig über ihn die Schulter zucken.

Doch das Zeugnis seiner späteren Mitgefangenen lautet ganz anders. Franz war kein religiöser Hypochonder oder Neurotiker, der sich etwas Besonderes in den Kopf gesetzt hatte. Seine Menschlichkeit hatte trotz der vermehrten religiösen Hingabe nach seiner ,,Bekehrung" keinen Schaden gelitten. Es gibt einen Brief von ihm, hinter Gefängnismauern geschrieben, der seine ungebrochene Menschlichkeit in bewegender Weise dokumentiert. ,,Liebe Gattin, ich hätte heute schon wieder eine Bitte an Dich, ob Du mir nicht einige Stücke Edelweiß in den nächsten Brief legen möchtest, denn ein Kamerad von hier hat mich ersucht, ob ich ihm nicht ein Stück verschaffen könnte. Er ist ein junger Franzose, welcher vergangene Woche zum Tode verurteilt wurde, und da möchte er seiner Liebsten noch zum Abschied ein Edelweiß schicken, weil sie eine große Blumenfreundin ist[2]."

Wer sich als Todgeweihter noch soviel sorgendes Verständnis für seine Mitmenschen bewahrt, dessen Religiosität ruht auf verläßlichem Grunde. Es ist auch weiterhin nicht bekannt aus dieser Lebensperiode Jägerstätters, daß krankhafte Auswüchse religiösen Wahns bei ihm sichtbar wurden oder daß er sich den absonderlichen Schwärmereien eines religiösen Fanatikers hingab. Seine kirchliche Bindung war tiefer und radi-

2 Ebd., 80.

kaler als die seiner Umgebung; dieses Anderssein genügte, um ihn in der dörflichen Umgebung als Frömmler abzustempeln.

Doch die neuen politischen Verhältnisse stellten diesen Glauben auf die Echtheitsprobe. Jägerstätter verfolgte mit Besorgnis die Entwicklung in Deutschland. Sein religiös geschärfter Blick erkannte mit prophetischer Sicherheit den dämonischen Charakter des Hitlerregimes, die grundsätzliche Verachtung des Humanen, die in der Kirchen- und Rassenpolitik des Dritten Reiches unverhüllt zu Tage trat. Den österreichischen Patrioten quälte die Furcht, daß das geschwächte Österreich dem an der Grenze lauernden Menschenverächter eine willkommene Beute sei. Deshalb trat er aus Protest gegen die Ausgleichspolitik Schuschniggs aus dem Bauernbund aus. Als am 11. März 1938 deutsche Truppen die Grenze überschritten, erkannte er, ganz anders als die Kirchenführer seines Landes, auf wessen Seite er sich zu stellen habe. Als einziger Dorfbewohner stimmte er bei der Abstimmung mit einem mannhaften Nein gegen den Anschluß.

Jedoch hat er sich wegen dieser Weitsicht nicht besser gedünkt als die anderen; er hat auch später nicht richterlich über die Versagenden geurteilt, sondern für sie das Gebet der Gemeinde gefordert: „Werfen wir aber deswegen keinen Stein auf unsere Bischöfe und Priester, sie sind ja auch Menschen wie wir aus Fleisch und Blut und können schwach werden. Sie werden vielleicht noch weit mehr vom bösen Feind versucht als wir. Sie waren vielleicht zuwenig vorbereitet, diesen Kampf aufzunehmen und sich zu entscheiden für Leben oder Sterben. Würde nicht auch uns das Herz erbeben, wenn es auf einmal heißen würde, heute noch müssen wir vor dem Richterstuhle Gottes erscheinen, obwohl wir gewöhnlich nur für einige unserer Mitmenschen zur Verantwortung gezogen würden? Deshalb kann man sich leicht in die schwere Entscheidung, vor der unsere Bischöfe und Priester im März 1938 standen, hineindenken. Unsere Bischöfe werden vielleicht auch geglaubt haben, es dauert vielleicht nur eine kurze Zeit, dann zerfällt alles wieder, und sie können durch ihre Nachgiebigkeit den Gläubigen viele Martern und Pein ersparen; doch leider kam es halt anders und Tausende von Menschen müssen jetzt jährlich in diesem Irrtum dahinsterben. Wir können uns daher leicht vorstellen, was für ein heroischer Entschluß es sein müßte, unter dem Volke das zu widerrufen, was in den letzten Jahren gefehlt wurde. Machen wir es ihnen durch Vorwürfe nicht noch schwerer, als es für sie ohnedies schon ist. Beten wir lieber für sie, damit Gott ihnen die große Aufgabe, vor der sie noch stehen, erleichtern möge[3]."

Wenn er Verständnis für die anderen, die Irrenden, die Gutmeinenden, die Schwachen, fordert, so bleibt Jägerstätter unerbittlich gegen sich selber. Er lehnt für sich jede Kollaboration mit dem Regime ab und ruiniert seinen Ruf vollends, indem er sich den Makel eines unverbesserlichen Gegners der neuen, angeblich besseren ,,Ordnung" zuzieht. Allerdings stürzt er sich nicht blindlings in einen Konflikt mit dem Regime, er fordert den Gegner nicht mutwillig heraus. Aber er weicht auch keiner Entscheidung aus. Das Dritte Reich ist für ihn das Reich des großen Widersachers, der die Menschheit ins Verderben lockt. Tag für Tag proklamiert der Verführer seinen Anspruch auf den ganzen Menschen. Während des Rußlandfeldzuges 1941 steigert dieser Anspruch sich ins Unerträgliche. ,,Es muß jetzt zu Ende sein mit den bürgerlichen Zimperlichkeiten, die auch in diesem Schicksalskampf nach dem Grundsatz verfahren wollen: Wasch mir den Pelz, aber mach mich nicht naß! Die Gefahr, vor der wir stehen, ist riesengroß, deshalb müssen es auch die Anstrengungen sein, mit denen wir ihr entgegentreten. Es ist also die Stunde gekommen, die Glacéhandschuhe auszuziehen und die Faust zu bandagieren. Es geht nicht mehr an, das reiche Kriegspotential nicht nur unseres eigenen Landes, sondern der uns zur Verfügung stehenden Teile Europas nur flüchtig und an der Oberfläche auszuschöpfen. Es muß ganz zur Abschöpfung gelangen, und zwar so schnell und so gründlich, als das organisatorisch und tatsächlich überhaupt denkbar ist. Hier wäre eine falsche Rücksicht vollkommen fehl am Orte. Europas Zukunft hängt von unserem Kampf im Osten ab. Wir stehen zu seinem Schutze bereit. Das deutsche Volk stellt sein kostbarstes nationales Blut für diesen Kampf zur Verfügung[4]."

Jägerstätter durchschaut solche Reden von Goebbels, dem Meister der Lüge. Seine radikale Hingabe an das Evangelium muß vom zeitgenössischen Hintergrund des Totalitätsanspruchs des Nationalsozialismus verstanden werden. Er geht keinem ins Garn, der ihn mit dem Argument locken möchte, hier stehe die Existenz des christlichen Europas gegen den Bolschewismus auf dem Spiel. Sein Blick bleibt unbestechlich klar: ,,Glauben denn wirklich einige, durch dieses massenhafte Blutvergießen

3 Ebd., 133f.
4 Ebd., 158.

vielleicht das Christentum in Europa so vor dem Untergang zu retten oder vielleicht gar dadurch zu neuer Blüte zu bringen? Ist denn unser Heiland, dem nachzufolgen wir uns stets bemühen sollen, auch so mit seinen Aposteln gegen das Heidentum vorgegangen wie jetzt wir deutschen Christen?
O, wir armes, durch großen Wahn verblendetes Volk, werden wir noch einmal zur Vernunft kommen? . . . Andere Völker haben doch wenigstens ein Recht, Gott um Frieden zu bitten, und daß er uns Deutschen die Waffen aus der Hand schlage. Ist es für uns nicht direkt ein Hohn, wenn wir Gott um Frieden bitten, wenn wir ihn doch gar nicht wollen, denn sonst müßten wir doch endlich die Waffen niederlegen, außer es ist die Schuld noch zu klein, die wir auf uns geladen? Wir dürfen höchstens Gott noch bitten, daß er uns zur Vernunft kommen lasse, um endlich zu erkennen, daß andere Menschen und Völker auch noch ein Lebensrecht auf dieser Welt besitzen. Ansonsten muß schon Gott durch seine Macht uns einen Strich durch die Rechnung machen, denn wir Katholiken Deutschlands würden sonst noch alle Völker der Welt zwingen, sich unter das nationalsozialistische Joch zu beugen. An der Diebesbeute wollen wir uns zwar fast alle ergötzen, die Verantwortung über das ganze Geschehen wollen wir nur einem in die Schuhe schieben[5]!"
Der politische Weitblick, der sich in diesen Sätzen kundtut, war so ungewöhnlich, wie seine Auffassungen über die ethische Verankerung der Politik unzeitgemäß waren. Dieser oberösterreichische Bauer ließ sich nicht von billigen Emotionen mitreißen. In langen Betrachtungen auf dem Felde und in schlaflosen Nächten hatte er die Dinge bis ins Grundsätzliche hinein überdacht und sich sein Urteil gebildet. Es war für ihn ein Entscheidungskampf zwischen zwei Reichen, dem Reiche Gottes und dem Reiche seines Widersachers. Hier war kein Kompromiß möglich. Der Christ durfte nicht weniger radikal sein als der überzeugte Nationalsozialist. ,,Ich kann das ganz gut einsehen, daß man, wenn man sich nicht zur nationalsozialistischen Volksgemeinschaft bekennen will und auch nicht in allem gehorchen will, was einem unter deren Führung befohlen wird, auch auf jedes Recht und auf jeden Lebensanspruch im selben Reiche verlustig wird. Gott macht es ja auch nicht viel anders: Wer sich nicht zur Gemeinschaft der Heiligen bekennen will, nicht allen seinen Geboten, die er uns durch seine Kirche auferlegt, gehorcht und nicht

5 Ebd., 260f.

bereit ist, für sein Reich auch Opfer zu bringen und zu kämpfen, verliert auch jeden Anspruch und jedes Recht auf sein Reich . . .

Wer aber das fertig bringt, für beide Reiche zu kämpfen, bei allen Gemeinschaften gut zu stehen, nämlich bei der Gemeinschaft der Heiligen und bei der nationalsozialistischen Volksgemeinschaft, wer jeden Befehl, der im Dritten Reich gegeben wird, auch befolgt, ohne dabei mit den Geboten Gottes in Konflikt zu geraten, der mag meinetwegen ein großer Künstler sein. Ich bringe das eben nicht fertig. Und so will ich doch halt lieber auf die Rechte im Dritten Reich Verzicht leisten und mir die Rechte im Gottesreiche sichern. Gut ist es freilich nicht, daß man der Familie dieses Leid nicht ersparen kann. Aber die Leiden dieser Welt sind kurz und gehen alle vorüber. Dann sind diese Leiden doch gar nicht zu vergleichen mit denen, die Jesus seiner lieben Mutter durch sein Leiden und Sterben nicht ersparen konnte[6]."

Daß man Gott mehr gehorchen solle als den Menschen, war der Grundsatz, der Jägerstätter in seinen einsamen Entschluß trieb, den Wehrdienst zu verweigern. Er hat sich diese Entscheidung nicht leichtgemacht. Mit seinem Heimatpfarrer sowie mit einem befreundeten Pfarrer der Nachbarschaft beriet er über das Für und Wider. Auch beim Bischof von Linz holte er Rat ein. Pfarrer und Bischof bemühten sich, ihm beizubringen, daß seine Verantwortung für Frau und Kinder größer sei als die Mitverantwortung, die er als Staatsbürger in einem ungerechten Kriege trage. Doch der Bauer Jägerstätter sah für sich keinen Ausweg aus diesem Dilemma. Er fühlte sich aufgerufen, durch seine Verweigerung jeglicher Handlangerdienste den Unrechtscharakter des Regimes, des Krieges und der Kirchenverfolgung anzuprangern. Als er den Stellungsbefehl erhielt, lag die Linie seines Handelns fest. Durch keine Argumente ließ er sich davon abbringen. Bloß eines tat er, um der Familie die Schmach einer Verhaftung im Orte zu ersparen: er sprach seine Weigerung vor dem Wehrbezirkskommando in Enns aus. Von hier aus wurde er dann in das Militärgefängnis in Linz, später nach Berlin übergeführt. Seine Briefe aus dem Gefängnis atmen eine Gelassenheit und Ruhe, wie nur ein innerlich freier Mensch sie besitzen kann. Kein religiöses Pathos, kein falsches Sendungsbewußtsein verzerren das Gottvertrauen, das aus einem Brief an die Gattin spricht.

6 Ebd., 272f.

,,Liebe Gattin, heute waren es sieben Jahre, da wir uns vor Gott und dem Priester Liebe und Treue versprachen, und ich glaube, wir haben dieses Versprechen auch bis heute treu gehalten, und ich glaube, daß uns Gott auch weiterhin die Gnade verleihen wird, wenn wir auch jetzt getrennt leben müssen, dieses Versprechen bis zum Ende unseres Lebens treu zu halten. Wenn ich so Rückschau halte und all dies Glück und die vielen Gnaden, die mir während dieser sieben Jahre zuteil geworden sind, die manchmal sogar an Wunder grenzten, betrachte und es würde mir jemand sagen, es gibt keinen Gott oder Gott hat uns nicht lieb, und ich würde dies glauben, so wüßte ich schon nicht mehr, wie weit es mit mir gekommen wäre. Liebste Gattin, weshalb sollte uns vor der Zukunft so bange sein. Denn der, der uns bis jetzt erhalten und beglückt hat, wird uns auch weiterhin nicht verlassen, wenn wir nur das Danken nicht vergessen und im Streben nach dem Himmel nicht erlahmen, dann wird unser Glück fortdauern bis in alle Ewigkeit. Wenn ich auch jetzt hinter Kerkermauern sitze, so glaube ich dennoch, auch weiterhin auf Deine Liebe und Treue bauen zu dürfen, auch wenn ich aus diesem Leben scheiden sollte, und übers Grab hinaus, denn Du weißt es ja, daß ich nicht als Verbrecher hier sitze. Es freute mich sehr, daß Du heute ein Meßopfer hast lesen lassen, denn ich weiß ja, daß Du bei demselben ganz besonders auch an mich gedacht hast."

Und mit einem leisen Anflug von Humor: ,,Es grüßt Dich herzlich Dein neuer Gatte. Denn es heißt ja, daß sich in sieben Jahren der Mensch erneuert, so hast Du also ab heute einen neuen Gatten[7]."

Auf die Mitgefangenen machte die schlichte Gläubigkeit Jägerstätters tiefen Eindruck. Der Brandenburger Gefängnispfarrer meinte sogar, dieser österreichische Bauer sei der einzige Heilige gewesen, der ihm in seinem Leben begegnet sei. War es ein Zufall, daß am Tage seiner Enthauptung das Fest des hl. Johannes Baptist Vianney, des heiligen Pfarrers von Ars, gefeiert wurde, eines anderen Kriegsdienstverweigerers, der sich durch Flucht dem Dienste in Napoleons Heer entzogen hatte? Die gleiche abgründige Gottesliebe verzehrte beide, als der Geist sie zum Zeugnis wider den Ungeist antrieb.

,,So wie der rein irdisch denkende Mensch, um sich das Leben auf dieser Welt zu verschönern und zu verbessern, oft alles daransetzt, so müssen auch wir, die wir noch an das ewige Reich glauben, alles daranset-

---

7 Ebd., 83.

zen . . . So wie das nationalsozialistische Volk sagt: Es geht bei ihrem Kampfe ums Ganze, um Sein oder Nichtsein, so müssen auch wir uns das denken, die wir ums ewige Reich ringen und kämpfen. Nur mit dem Unterschied, daß wir zu unserem Kampfe keine Gewehre und Pistolen brauchen, sondern geistige Waffen, und zu diesen gehört vor allem das Gebet. Denn das Gebet, sagt die hl. Klara, sei der Schild, welchen die Flammenpfeile des bösen Feindes nicht durchdringen können. Durch das Gebet erflehen wir uns auch immer wieder neue Gnaden von Gott, denn ohne Hilfe und Gnade Gottes wäre es uns unmöglich, den Glauben zu bewahren und die Gebote zu halten.
Den wahren Christen muß man mehr erkennen an seinen Taten und Werken als am Reden. Das sicherste Erkennungszeichen dafür ist die werktätige Nächstenliebe. Dem Nächsten das antun, was man selbst will, ist mehr als das nicht antun, was man selbst nicht will. Lieben wir unsere Feinde, segnen wir die, welche uns fluchen, beten wir für die, welche uns verfolgen. Denn die Liebe wird siegen und sie wird bleiben die ganze Ewigkeit. Und glücklich jene, welche in der Liebe Gottes leben und sterben[8].''
Der Bauer aus St. Radegund wollte nicht mehr als ein einsamer, Gott gehorsamer Zeuge sind. Er hat keine Bewegung ins Leben gerufen, noch für sich ein besonderes Charisma in Anspruch nehmen wollen. Auf ihn treffen diese Sätze des evangelischen Bischofs Otto Dibelius zu, die die Notwendigkeit der Provokation des Wehrdienstverweigerers unterstreichen und den Schlüssel zum Verständnis von Jägerstätters Opfertod liefern.
,,Der radikale Pazifismus christlicher Art schließt immer die Bereitschaft zum Martyrium ein. Wer das Gottesreich ohne Übergänge und ohne Kompromisse will, stößt mit den Mächten dieser Welt zusammen und wird zum Märtyrer. Das hat Jesus seinen Jüngern vorhergesagt. Das weiß jeder Christ. Und darf es denn anders sein? Dürfen es die, die den Dienst mit der Waffe verweigern, besser haben als die, die in den Schützengräben liegen? Nein, sie dürfen es auch nicht besser haben. Sie wollen es auch nicht besser haben. Gerade daran muß sich der Ernst ihres Christentums bewähren! . . . Die Männer, die den Krieg zu führen haben, werden es nicht verstehen . . . die große Masse wird es auch nicht verstehen.

8 Ebd., 276 (Juli 1943).

Was liegt daran! Wer das Gottesreich will, ganz und unbedingt, darf nicht nach dem Urteil der Menschen fragen. Sein Lohn ist höherer Art. Und die, die um ihres Gewissens willen den Krieg verweigern, werden eben darin ihre königliche Freiheit finden, daß sie trotz des Ansturms der Gewalt ihren Glauben rein und ihre Hände unbefleckt halten und des Tages warten, wo ein Höherer das Urteil spricht[9]."

9 *Dibelius,* Friede auf Erden, zitiert nach *F. Gollert,* Dibelius vor Gericht, München 1959, S. 25.

Josef Honeder

Die Schicksale des Kollegium Petrinum 1938–1945

Mit dem Einmarsch der deutschen Truppen in den Märztagen 1938 begann für das Petrinum, den Bischöflichen Knabenseminar der Diözese, eine sehr schwere Zeit.
Ihrer Ideologie entsprechend gingen die neuen Machthaber mit großer Konsequenz daran, der Kirche die Möglichkeit eines geregelten Priesternachwuchses zu nehmen und den kirchlichen Stellen den Einfluß auf Jugenderziehung und Schulbildung immer mehr zu entziehen.
Durch eine Reihe von Erlässen und Verordnungen, die lückenlos ineinandergriffen, wurde dieses Ziel auch bald erreicht.
Der damalige Direktor des Petrinums, Dr. Franz Eibelhuber, der der großdeutschen Idee gewisse Sympathien entgegenbrachte, versuchte durch Konzilianz und Loyalität gegenüber dem neuen Regime für das Petrinum noch manches zu retten. Diese Rechnung aber ging nicht auf. In einzelnen Wellen von Verordnungen und Bestimmungen wurde das freie Verfügungsrecht über das Haus immer mehr eingeschränkt.

Erste einschränkende Maßnahmen gegen einen vollen Internatsbetrieb

Bereits in den ersten Tagen nach dem Anschluß wurde die Vorstehung des Petrinums ersucht, militärischen Einheiten im Haus Unterkunft zu gewähren. Über Wunsch des Quartieramtes des Magistrates Linz mußten zunächst die Räume des Erdgeschosses an der Ostseite für Einquartierungen bereitgestellt werden. Für die Studenten bedeutete das eine arge wohnmäßige Einengung. In der Woche vom 14. bis zum 20. März 1938 übernachteten Züge von eingerücktem Militär in der Stärke von 70 bis 120 Mann in den freigemachten Räumen. Es waren dies durchwegs verschiedene Truppenteile, die am nächsten Morgen ihre Märsche fortsetzten. Unter den militärischen Gästen herrschte große Zufriedenheit über die gebotenen Unterkünfte.
Am 22. März 1938 erging vom Oberbürgermeister der Stadt Linz an die Vorstehung das dringende Ersuchen, bis in die Zeit des Abstimmungstages für drei Hundertschaften der deutschen Schutzpolizei Unter-

kunftsräume, Kanzleizimmer und Schlafgelegenheiten zur Verfügung zu stellen. Diesem Ersuchen wurde stattgegeben. Die Studenten von der 1. bis zur 7. Klasse gingen mit Genehmigung des Landesschulrates am 23. März 1938 frühzeitig in die Osterferien.
Die aus Berlin, Breslau und Gleiwitz stammenden Hundertschaften belegten daraufhin die geräumten Säle.
Nur für die 8. Klasse konnte mit Rücksicht auf die bevorstehende Matura der Unterricht weitergeführt werden.
Die Schutzpolizei blieb bis zum 24. April im Hause. Beim Abschied waren die Professoren, Präfekten und die Studenten der 8. Klasse anwesend. Offiziere und Mannschaft verabschiedeten sich mit aufrichtigem Dank. Major Höller schrieb in das Gedenkbuch der Anstalt Worte der Anerkennung: „Der Leitung des Seminares allerherzlichsten Dank für die freundliche Aufnahme und Unterbringung."
Nach der Abwanderung der 300 Mann von der deutschen Schutzpolizei kehrten die Studenten am 24. April 1938 aus den verlängerten Osterferien in die Anstalt zurück. Nun aber sollten die Räume des Petrinums für die Unterbringung einer Flak-Batterie freigegeben werden. Durch Verhandlungen mit dem Wehrmachtskommando und dem Oberbürgermeister der Stadt Linz konnte aber erreicht werden, daß dem Petrinum wenigstens so viele Räume erhalten blieben, daß, freilich bei größter Einschränkung, die Führung des Schul- und Internatsbetriebes bis zum Ende des Schuljahres möglich wurde. Ungefähr ein Drittel der Anstaltsräume mußte der Flak zur Verfügung gestellt werden.
Wie beengt die Wohnverhältnisse damals im Petrinum waren, kann aus folgender Tatsache ersehen werden: Zu den 310 Studenten der Anstalt mußten noch 250 Mann der Flakabteilung untergebracht werden. Durch gegenseitige Rücksichtnahme war ohne größere Störung ein Nebeneinander möglich. Mitte Juni 1938 räumte die Flakabteilung das Petrinum und übersiedelte in die neu errichteten Baracken in Hart.

Das Ende von Gymnasium und Internat

Der Schulschluß für das Studienjahr 1937/38 mußte auf den 25. Juni vorverlegt werden. Bereits damals herrschte große Sorge, ob das Petrinum im kommenden Schuljahr noch weitergeführt werden könne. Bedenklich war, daß der Magistrat der Landeshauptstadt mit Bescheid vom 3. Juni 1938 alle Räumlichkeiten des Petrinums für unbestimmte Zeit zur Schaffung militärischer Unterkünfte anforderte.

Bischof Gföllner richtete unverzüglich an den Reichskommissär und Gauleiter Josef Bürckel ein Telegramm, in dem er gegen diese Maßnahme protestierte und die sofortige Sistierung des Bescheides verlangte. Im einzelnen führte er aus:

Über 300 Studenten und 22 Weltpriester wohnen im angeforderten Petrinum, das kirchliches Eigentum und einzige Anstalt für den Priesternachwuchs der Diözese ist. Durch diese Anforderung sind 22 Weltpriester wohnungslos geworden und die Studenten sind im Fortgang ihres Studiums schwerstens gefährdet. Ich lege gegen diese Anforderung Verwahrung ein und bitte um sofortige Sistierung des Bescheides."

Außerdem setzte Gföllner durch ein Schreiben vom 10. Juni 1938 die Ordinariate Österreichs von dieser Anforderung und dem damit verbundenen Ende des Petrinums in Kenntnis. Er teilte weiter mit, daß er beim Reichskommissär Bürckel eine telegraphische Gegenvorstellung unternommen habe, die aber bis zum gegenwärtigen Zeitpunkt unbeantwortet und ohne Erfolg geblieben war.

Die einzige Aktion, zu der sich Bürckel entschloß, war: Er forderte den Oberbürgermeister von Linz auf, ihn in der betreffenden Sache genau zu informieren.

In seinem Schreiben vom 11. Juni 1938 legte der Oberbürgermeister seine für die Anforderung maßgebenden Gründe dar: Eine Reihe höherer Kommandostellen, neue Truppenteile und neue Dienststellen des Reichsarbeitsdienstes seien nach Linz verlegt worden, die alle Unterkünfte und Kanzleiräume benötigen. In der gegebenen Situation größter Raumnot bestehe leider nicht die geringste Möglichkeit, die einquartierten Truppenteile vom Petrinum abzuziehen.

Da von den zuständigen Stellen immer wieder versichert wurde, daß den Privatschulen mit Öffentlichkeitsrecht keine Schwierigkeiten gemacht würden, dachte man vorerst an eine Teilung: Das Untergymnasium sollte für das Schuljahr 1938/39 in Schlierbach geführt werden, während man für das Obergymnasium noch genügend Räume im Petrinum zu retten hoffte.

Der Abt von Schlierbach stellte in sehr großzügiger Weise die erforderlichen Räume zur Verfügung. Der Landesschulrat fand aber die vorgesehenen Räumlichkeiten nach einer kommissionellen Überprüfung als unhygienisch und daher nicht geeignet.

Auch die Hoffnung, wenigstens die Klassen des Obergymnasiums weiterhin im Petrinum führen zu können, schwand immer mehr, da das

Militärkommando ständig neue Räume anforderte. Dazu kam eine Entscheidung des Ministeriums für innere und kulturelle Angelegenheiten vom 19. Juli 1938. In dieser wurden sämtlichen geistlichen Schulen das Öffentlichkeitsrecht entzogen.

Damit war das Todesurteil über sämtliche geistlichen Schulen in Österreich gesprochen.

Eine kleine Hoffnung, das Petrinum unter diesen gegebenen Umständen doch noch zu retten, gab dem Bischof eine Mitteilung des Erzbischöflichen Ordinariates in Wien vom 30. Juli 1938. Darin hieß es:

„Auf Intervention des Kardinals hat Dr. Himmelreich im Auftrag Bürckels erklärt: Jeder Diözese sind Knabenseminar und Priesterseminar gewährleistet. Weitere Auflassungen von Privatschulen werden nicht erfolgen. Die Bischöfe können einen Antrag stellen, daß aufgelöste Schulen zurückgegeben werden. Die Wiederzulassung wird nach Anhören des Treuhänders weitgehend ermöglicht. Bei der Lösung der Schulfrage sollen unbillige Härten vermieden werden."

Diese Zusage erwies sich als irreführend, denn hinter ihr stand nicht die Bereitschaft, sie einzulösen.

Der Direktor des Petrinums richtete zwar im Auftrag seines Bischofs am 31. Juli 1938 an das Ministerium für innere und kulturelle Angelegenheiten ein Gesuch, in dem er bat, das der Anstalt entzogene Öffentlichkeitsrecht wieder zurückzugeben. Dieses Ansuchen aber wurde vom Ministerium mit folgender Begründung abgelehnt:

„Für den Weiterbestand der Anstalt besteht keine Notwendigkeit, da es in Linz neben einem Gymnasium noch zwei weitere Oberschulen gibt."

Bischof Gföllner hielt damals das Petrinum endgültig für verloren. Er verfügte seine Auflösung. Die Studenten wurden von der Direktion angewiesen, sich sofort an einer öffentlichen Schule um die Aufnahme zu bewerben.

Der Regens des Priesterseminares, Dr. Wenzel Grosam, und der Theologieprofessor Dr. Josef Fließer konnten den Bischof nochmals umstimmen. Um das Petrinum wenigstens in irgendeiner Form noch zu retten, wurde der Plan gefaßt, das Knabenseminar als Privatgymnasium in Wilhering zu führen.

Die Studenten wurden durch ein Rundschreiben vom 26. August 1938 über diese neue Sachlage informiert und aufgefordert, sich bei der Direktion des Petrinums um die Aufnahme in Wilhering zu bewerben. Zu-

gleich wurden sie aufmerksam gemacht, daß sie ihre Reifeprüfungen an einer öffentlichen Mittelschule ablegen müßten.
Das Ministerium für innere und kulturelle Angelegenheiten in Wien und der Landesschulrat von Oberdonau wurden von diesem neuen Plan umgehend in Kenntnis gesetzt.
Daraufhin verfügte der Landesschulrat mit Erlaß vom 9. September 1938 mit sofortiger Wirkung die Schließung des Petrinums. In der Begründung dieser Verfügung kommen sehr klar die nationalsozialistischen Grundsätze in Erziehungs- und Schulfragen zum Ausdruck:
„Mit der Machtübernahme durch den Nationalsozialismus ist in dem grundsätzlichen Verhältnis des Staates insoferne eine grundlegende Änderung eingetreten, als nach dem Parteiprogramm die Erziehung der Jugend und demnach die Führung von Lehr- und Erziehungsanstalten als eine ausschließliche Aufgabe des Staates und der Partei erklärt ist. Die Führung von Lehranstalten kann daher nicht durch Stellen erfolgen, die nicht die volle und unbeschränkte Gewähr dafür geben, daß die Erziehung der Jugend im Geiste des Nationalsozialismus erfolge."
Noch am gleichen Tage nach Eintreffen dieses Erlasses teilte die Direktion des Petrinums den Studenten mit, daß es kein Petrinum mehr gibt. Den Studenten wurde der Rat gegeben, an einer anderen öffentlichen Schule das Studium fortzusetzen. Bischof und Regens sprachen die Hoffnung aus: „Wir erwarten, daß die Zöglinge auch weiterhin festhalten werden an den einzig wahren Lehren und Grundsätzen, die ihnen bisher durch eine tief religiöse Erziehung für den künftigen Priesterberuf im Petrinum vermittelt wurden."
Damit hatte die Idee des Petrinums als Bischöfliches Knabenseminar und Gymnasium für fast sieben Jahre zu existieren aufgehört.

Die Räumung des Hauses

Mit Rechtswirksamkeit vom 30. Juni 1938 wurde mit dem Kommando der 45. Division ein Mietvertrag abgeschlossen. Das Haus mußte jetzt zur Gänze für militärische Unterbringung freigemacht werden.
Bei der Räumung des Hauses mußten Räume ausfindig gemacht werden, in denen die verschiedenen Einrichtungsgegenstände untergebracht werden konnten. Die Lehrmittelsammlungen für Naturgeschichte und Physik blieben in ihren Kabinettsräumen. Die Anstaltsbücherei, die ca. 16.000 Bände umfaßte, wurde vom Erdgeschoß an der

Südseite in den großen Schlafsaal im 3. Stock an der Nordseite gebracht. In den gleichen Raum kamen die Lehrmittel des geographischen und ethnologischen Kabinettes.
Die Schulbänke, die Pulte, die Sessel, die Bettgestelle und die Nachtkästchen wurden, solange der Platz reichte, im Magazin im 1. Stock an der Nordseite verstaut.
Als aber das Magazin gefüllt war, wurde der Turnsaal als Abstellraum herangezogen. Aber auch dieser Raum reichte bald nicht mehr zur Speicherung der genannten Gegenstände aus.
Daraufhin wurde die Studentenkapelle als Abstellraum in Erwägung gezogen. Zu diesem Schritt konnte man sich durch folgende Überlegung umso eher entschließen, weil man hoffte, daß dadurch die Weihe des Raumes am ehesten gewahrt bleibe. Am 8. August wurde in der Studentenkapelle die letzte heilige Messe gefeiert. Dann wurde das Sanctissimum entfernt und das Ewige Licht erlosch.

Die Inanspruchnahme für militärische Einquartierung

Mit dem Einzug des Militärs hatte sich im Petrinum vieles geändert. Der weitaus größte Teil des Hauses diente für Kanzleiräume. Bauliche Veränderungen wurden in der Form vorgenommen, daß Türen versetzt und die großen Säle durch Zwischenwände unterteilt wurden.
Im Hause befanden sich die Heeresstandortverwaltung, das Wehrbezirkskommando, die Anmeldestelle für den Reichsarbeitsdienst, eine Flakabteilung, eine Kraftmeldestelle, eine Pferdemeldestelle und eine Luftschutzbehörde.
Das Verhältnis zwischen der Verwaltung des Petrinums – mit dieser Aufgabe war Diözesanbischof DDr. Franz Zauner betraut – und den verantwortlichen Männern der Heeresstandortverwaltung entwickelte sich recht harmonisch. Die rechtliche Lage war durch Mietverträge klar fixiert. Eine gute persönliche Kontaktnahme gewährleistete ein problemloses Auskommen.
Nach einem neuen Mietvertrag, der am 4. Mai 1939 unterzeichnet wurde, war fast das ganze Petrinum dem Deutschen Reich (Reichsfiskus) vermietet. Dem Petrinum verblieben zur Weiterbenutzung lediglich folgende Räume: die Bäckerei, der Holzkeller, die Magazine, die Räume der zoologischen, mineralogischen und botanischen Sammlungen, die Räume 126 und 127 im 3. Stock, wo die Bibliothek untergebracht war,

sowie die Beichtkapelle, die Sakristei und die Studentenkapelle im 2. Stock, die als Magazine dienten. Völlig unberührt vom großen Wandel im Petrinum blieb im Parterre die Schwesternkapelle, wo täglich die heilige Messe gefeiert wurde.

Als vorläufige Mietdauer waren zwei Jahre vorgesehen. Demnach war von seiten des Vermieters eine Kündigung bis zum 31. Dezember 1940 nicht möglich. Dem Mieter wurde ein Kündigungsrecht mit vierteljähriger Frist eingeräumt. Als Mietpreis wurde pro Jahr eine Pauschale von 30.000 RM festgesetzt. Dieser Betrag war vierteljährlich im voraus porto- und spesenfrei an die Verwaltung des Petrinums zu Handen des Verwalters, DDr. Franz Zauner, zu entrichten. Die Kosten für Reinigung, Heizung, Beleuchtung und Wasserentnahme für die von der Heeresverwaltung ermieteten oder benutzten Räume waren im Mietpreis nicht enthalten. Diese mußten vom Mieter an die Lieferwerke geleistet werden. Der Vermieter aber übernahm die Zahlung aller öffentlichen Lasten in der bisherigen Höhe.

Nach diesem neuen Mietvertrag wurde dem Mieter das Recht eingeräumt, bauliche Veränderungen auf eigene Kosten vornehmen zu lassen. Der Mieter mußte aber den Vermieter in Kenntnis setzen. Er war auch verpflichtet, nach Ablauf des Mietverhältnisses den früheren Zustand wiederherzustellen.

Weiter wurde dem Mieter zur Pflicht gemacht, das gesamte Gebäude schonend zu behandeln und kleinere Instandsetzungen auf eigene Kosten ausführen zu lassen. Die größeren Arbeiten, die zur Erhaltung der baulichen Substanz notwendig waren, hatte der Vermieter zu tragen.

Als der Plan bekannt wurde, im Petrinum eine Technische Hochschule zu errichten, mußte die Heeresstandortverwaltung dem Gedanken nähertreten, das Haus zu räumen. Sie versuchte aber, die Räumung des Petrinums hinauszuzögern. In einem mit 24. Mai 1939 datierten Schreiben, das an den Landesstatthalter von Oberdonau gerichtet war, bezog sie folgenden Standpunkt: Sie könne sich zur Aufgabe des Petrinums nur dann bereit erklären, wenn ihr zur Unterbringung der gegenwärtig im Petrinum befindlichen Heeresdienststellen gleichwertige und vor allem größere und lagemäßig geeignete Ersatzräume zur Verfügung gestellt werden. Außerdem müßten ihr alle durch die baulichen Veränderungen des Petrinums entstandenen und durch die Räumung zu erwartenden Kosten ersetzt werden.

Ende März 1940 räumten die Heeresstellen das Petrinum. Als neue Unterkunft bezogen sie die Räume des Priesterseminares und des Taubstummeninstituts.

Der Plan zur Errichtung einer Technischen Hochschule

Der Gedanke, in Linz eine Technische Hochschule zu errichten, war nicht völlig neu. Bereits nach dem 1. Weltkrieg stand die Verwirklichung eines derartigen Projektes zur Diskussion.
Mit dem Entschluß Adolf Hitlers, Linz durch die Gründung der Hermann Göring-Werke zu einer Industriestadt ersten Ranges zu erheben, wurde der Gedanke, hier eine Technische Hochschule erstehen zu lassen, neu belebt.
Bei einem seiner Besuche in Linz sprach sich zunächst der Führer für eine Verlegung der Technischen Hochschule von Brünn nach Linz aus. Am 14. November entschied jedoch der Führer, daß die Technische Hochschule in Brünn verbleiben und unabhängig davon möglichst bald in Linz eine Technische Hochschule errichtet werden soll.
Das Reichsministerium für Wissenschaft, Erziehung und Volksbildung in Berlin wurde angewiesen, die entsprechenden Schritte zur Verwirklichung dieses Planes einzuleiten. Bereits Mitte Mai 1939 lag ein detaillierter Plan vor.
Nach diesem Plan sollte die neue Technische Hochschule in Linz für 1500 Studenten Platz bieten. Vorgesehen war eine naturwissenschaftliche Fakultät, eine Architektur-Fakultät, eine Fakultät für Bauingenieurwesen und eine Fakultät für Elektroingenieurwesen. Diese einzelnen Fakultäten sollten insgesamt durch 42 Ordinariate, 11 Extraordinariate und 14 Lehraufträge vertreten sein.
Auf Vortrag des Reichsbaurates der Stadt Linz vom 3. März 1939 bestimmte der Führer als Bauplatz das Gelände und das Gebäude des Petrinums. Das ganze Projekt aber blieb weitgehend nur im Status der Planung. Die einzigen Maßnahmen zur Realisierung beschränkten sich auf Vermessungsarbeiten im Petriner Gelände und auf die Beschaffung von Grenzpflöcken, die die Aufschrift T. H. (Technische Hochschule) trugen.
Durch Führerentscheid im Juni 1941 wurde Professor Wilhelm Jost, Rektor der Technischen Hochschule in Dresden, mit der Oberleitung für den Neubau der Linzer Technischen Hochschule betraut.

Das von Professor Jost ausgearbeitete Geländemodell für den Bau der Technischen Hochschule auf dem Petriner Gelände war nicht mehr auffindbar. Aus erhaltenen Fotos geht die streng axiale Anlage des Projektes hervor. Im Süden und im Osten der Gesamtanlage wären zwei mächtige Eckbauten geplant gewesen, wobei das umgestaltete Petrinum den einen Eckbau an der Südfront gebildet hätte. Richtung Norden hätte sich die Längsachse erstreckt, die in einem kuppelartigen Festbau den Abschluß gefunden hätte.
Trotz dieser Vorarbeiten blieb das ganze Projekt unausgereift. Die vorhandenen Pläne wurden immer nur als unverbindlich angesehen. Es wurden beträchtliche Abänderungen erwartet. Daß der von Professor Jost ausgearbeitete Entwurf nicht zur Ausführung kam, war nicht in bautechnischen Mängeln begründet. In der Führerbesprechung vom 5. April 1943 wurde als neuer Standort der Technischen Hochschule der Raum zwischen Parkbad und Winterhafen festgelegt. Somit sollte die neue Technische Hochschule als Glied in die Monumentalverbauung des rechten Donauufers einbezogen werden.
Da diese großen Pläne nicht so rasch realisiert werden konnten, wurde die Technische Hochschule unter der Leitung Josts im Stift Wilhering in der Zeit vom Oktober 1943 bis April 1945 untergebracht.

In Verwendung für Diensträume öffentlicher Ämter und als Kriegslazarett

Da das Petrinum mit 1. April 1940 von der Heeresstandortverwaltung geräumt werden mußte, die Errichtung einer Technischen Hochschule aber auf sich warten ließ, verfügte der Landeshauptmann von Oberdonau, das Petrinum bis zur Errichtung der Technischen Hochschule als Kanzleiräume verschiedener Landesämter zu verwenden. Die wichtigsten unter diesen waren der Landrat, die Schulabteilung und das Landesarbeitsamt. Während das Haus für Amtszwecke in Verwendung stand, wurde am 15. November 1944 das Petriner Freibad durch einen Bombentreffer zerstört. Das Haus selber blieb unversehrt. Nur gingen an der Westseite etwa ein Drittel und an der Nord- und Südseite ungefähr die Hälfte der Fensterscheiben in Trümmer.
Als im letzten Kriegsjahr die Fronten immer näher rückten, entschloß sich über Antrag des Wehrkreiskommandos XVII der Reichsstatthalter in seiner Eigenschaft als Reichsverteidigungskommissar, das Petrinum für ein Kriegslazarett zur Verfügung zu stellen.

Der Bischof wurde mit Schreiben vom 29. Jänner 1945 von diesem Entschluß in Kenntnis gesetzt. Bischof Fließer erhob gegen diese Verfügung keine Einwände.
Die Ämter mußten daraufhin das Petrinum räumen. Somit erhielt das Haus während der NS-Zeit seinen letzten Verwendungszweck.
Es wurden zwei Lazarette untergebracht, wobei jedes einem eigenen Chefarzt unterstand.
Die großen Räume standen als Krankensäle in Verwendung. Das ehemalige Schlafzimmer der Schwestern diente als Operationssaal. Auch der Festsaal wurde Lazarettraum.
So stand es um das Petrinum, als im Mai 1945 Oberösterreich die Befreiung von der NS-Herrschaft erlebte.
Das Petrinum blieb nach dem Einmarsch der amerikanischen Truppen weiterhin Lazarett. Belegt war es vor allem durch reichsdeutsche Soldaten und preußische Offiziere, die keine Heimat hatten. Ihre Genesung ging nur langsam voran.
Als Mitte Juli bekannt wurde, daß die Russen das ganze Mühlviertel besetzen werden, verließen diese ca. 800 Kranke, innerhalb von drei Stunden das Haus. Die meisten ohne fremde Hilfe. Auch das Pflegepersonal hatte alles liegen und stehen gelassen. Aus der Räumung des Petrinums war eine allgemeine Flucht geworden.
In das völlig leerstehende Haus rückten am 31. Juli 1945 die russischen Besatzungstruppen ein, die fast ein ganzes Jahr verblieben.

Der von der Landeshauptmannschaft ursprünglich angestrebte Kauf des Petrinums

Zur Verwirklichung des Planes, auf dem Petriner Gelände eine Technische Hochschule zu errichten, wurde von der Landeshauptmannschaft Oberdonau zunächst die käufliche Erwerbung des Petrinums angestrebt.
Nach einer Wertschätzung durch das Stadtbauamt in Linz wurde für das Petrinum ein Bauwert von 1,776.656 RM und ein Grundwert von 212.000 RM errechnet. Somit wurde der Gesamtwert mit 1,989.638 RM beziffert.
Ende März 1939 wurden vom Statthalter die Verhandlungen mit dem Bischöflichen Ordinariat eingeleitet.
Zur 1. Verhandlung am 24. März 1939 hatte Bischof Gföllner als seinen Vertreter Rechnungsreferenten Wilhelm Binder entsandt.

Im Verlauf dieser Sitzung wurde dem Vertreter des Bischofs eröffnet, daß für den Neubau der Technischen Hochschule das Petrinum nebst dem Leisenhof und den angrenzenden Gründen bis zur Waldgrenze in Aussicht genommen seien. Dazu kämen noch weitere Anrainergründe. Dem Bischof wurde zur Wahl gestellt: Entweder erklärt er sich bereit, das Petrinum für den vom Führer vorgesehenen Zweck zu verkaufen, oder es wird angefordert bzw. enteignet. Im letzteren Fall war ein bedeutend geringeres finanzielles Entgelt zu erwarten.
Noch am gleichen Tag dieser 1. Besprechung zog Bischof Gföllner seine Canonici zu Rate. Sehr eingehend eröffnete er ihnen seinen vorläufigen Standpunkt: ,,Ich werde einem freiwilligen Verkauf nicht zustimmen, sondern es lieber auf eine Enteignung ankommen lassen."
Dafür führte er folgende Gründe an:

1. Der Verkauf eines so lebenswichtigen Diözesanbesitzes und Diözesaninstitutes ließe sich vielleicht noch irgendwie mit dem Gewissen rechtlich vereinbaren, nachdem vorher die Zustimmung aus Rom eingeholt worden wäre. Psychologisch gesehen könne er sich als Bischof zu einem solchen Schritt nicht entschließen, ohne Ehre und Ansehen vor der Diözese zu verlieren. Denn das Petrinum wurde von den freiwilligen Gaben des Klerus und des Volkes für diesen Zweck erbaut und auch größtenteils bisher erhalten. Nun aber verschachere der Bischof diesen Besitz und dieses Institut.

2. Der Bischof gab seinen Canonici zu verstehen, daß selbst ein Verkauf mit Risiken verbunden sei. Es müsse bei den gegenwärtigen Zeit- und Geldverhältnissen mit einer Geldentwertung gerechnet werden. Unter Umständen könnte die vereinbarte Kaufsumme überhaupt nicht ausbezahlt werden. Ein Beispiel biete der Verkauf des Katholischen Preßvereines um 700.000 RM durch einen in Berlin feierlich unterzeichneten Kaufvertrag. Hier wurde die erste angewiesene Rate von 300.000 RM in Linz vom Stillhaltekommissär gestoppt, so daß nicht ein einziger Pfennig ausbezahlt wurde.

3. Schließlich wies der Bischof auf die rechtlichen Folgen eines Verkaufes hin. Nach einem Verkauf ist zu einem späteren Zeitpunkt ein eventueller Rückkauf praktisch unmöglich oder höchst schwierig. Dagegen läßt sich bei einer Enteignung das Eigentum viel leichter wieder reklamieren.

Diesem vom Bischof Gföllner bezogenen und begründeten Standpunkt pflichteten die anwesenden Herren bei.

Wenn die vom Bischof angeführten Gründe, die ihn zur Ablehnung eines Verkaufes bewogen, überdacht werden, so erscheint es zweifellos staunenswert, mit welcher Klarheit und mit welchem Weitblick er die damalige Situation einschätzte und beurteilte. Er konnte damals nicht wissen, wie lange dieses neue Regime Bestand haben werde. Die Entwicklung der Ereignisse hat jedenfalls Bischof Gföllner recht gegeben. Nur war Bischof Gföllner in mancher Hinsicht zu ehrlich und zu offen. Er gab unmißverständlich seine ablehnende Stellungnahme bekannt. Dadurch beraubte er sich der Möglichkeit, auf dem Wege der Verzögerung in dieser Phase der Vorverhandlungen Zeit zu gewinnen – eine Taktik, die dann später im Verlauf des Prozesses sehr erfolgreich angewendet wurde.

Am 1. April 1939 erschien im Bischofshof Rechtsanwalt Dr. Schuh. Er erklärte dem Bischof, im Namen der Landeshauptmannschaft und des Landesstatthalters in der Angelegenheit, das Petrinum käuflich zu erwerben, verhandeln zu sollen und zu wollen.

Ihm gegenüber äußerte sich der Bischof, ein Verkauf des Petrinums käme unter keinen Umständen in Betracht. Er sei auf alles gefaßt, selbst auf eine Enteignung.

Mit dieser Antwort des Bischofs mußte Dr. Schuh seine Mission als gescheitert ansehen.

Nun entschloß sich die Landeshauptmannschaft zu einer härteren Vorgangsweise. Aus dem Jahre 1938 bestand für das Land Österreich ein Gesetz (Nr. 278 ex 1938), das zur Unterbringung von öffentlichen Dienststellen die Anforderung von Gebäuden vorsah. Dieses Gesetz wurde jetzt zur Anwendung gebracht.

Da die Heeresstandortverwaltung zur Räumung des Petrinums nur unter der Bedingung bereit war, wenn entsprechender Ersatz geboten wurde, sollte für die Heeresstellen das Priesterseminar in Linz freigemacht werden.

Bischof Gföllner war zur freiwilligen Räumung des Priesterseminares unter keinen Umständen bereit. Er machte vielmehr geltend, das Priesterseminar müsse in unmittelbarer Nähe der Kathedralkirche bleiben. Denn nur auf diese Weise sei die Heranbildung des Klerus gewährleistet, da die Theologen im Dom bei feierlichen Hochämtern zur Assistenz herangezogen werden.

Nach dieser ablehnenden Haltung des Bischofs erachtete der Landeshauptmann von Oberdonau die Voraussetzung zur Anwendung jenes

Gesetzes als gegeben. Er stellte an das Amt des Reichsstatthalters in Wien den Antrag auf Zuweisung der beiden Baulichkeiten Petrinum und Priesterseminar.

In seinem Schreiben drängte der Landeshauptmann auf größte Eile, da die Verlegung des Priesterseminares nach Wilhering und die Einrichtung des Seminargebäudes für die Zwecke der Wehrmacht voraussichtlich mehrere Monate in Anspruch nehmen würden. Auch im Petrinum müßten vor Unterrichtsbeginn zeitraubende Umbauten vorgenommen werden, um die erforderlichen Lehrsäle, Laboratorien und Institute zu schaffen. Diesem Antrag entsprechend wurden am 23. Juni 1939 der Landeshauptmannschaft von Oberdonau die beiden Liegenschaften „Petrinum" zur Unterbringung der Technischen Hochschule und das „Priesterseminar" zur Einquartierung verschiedener Wehrmachtsteile zugewiesen. Ein Entschädigungsbetrag für das Petrinum wurde nicht festgesetzt, da angenommen wurde, es werde nach erfolgter Zuweisung ein Ausgleich gefunden. Zur Herbeiführung dieses Ausgleiches wurde eine Frist von vier Wochen eingeräumt. Sollte aber nach Ablauf dieses vorgesehenen Zeitraumes die Frage der Entschädigung noch offen sein, dann solle vom Amt des Reichsstatthalters in Wien die Festsetzung der Entschädigungssumme betrieben werden.

Im Zuweisungsbescheid war vermerkt, daß gegen die Entscheidung des Reichsstatthalters die Beschwerde an den Reichsminister für Inneres zulässig sei. Nur habe die Beschwerde keine aufschiebende Wirkung.

Bischof Gföllner machte von dieser Möglichkeit der Beschwerdeführung selbstverständlich Gebrauch. In einem mit 30. Juni 1939 datierten Schreiben, das an das Amt des Reichsstatthalters in Österreich und an das Reichsministerium für Inneres in Berlin gerichtet war, erhob er Beschwerde gegen die verfügte Zuweisung des Petrinums und des Priesterseminares.

In seinem Beschwerdeschreiben gegen die Zuweisung des Petrinums wies der Bischof vor allem auf formaljuridische Mängel und Unklarheiten im Zuweisungsbescheid hin und stellte den Antrag:

„Der Reichsminister des Inneren wolle der Beschwerde stattgeben und den das Petrinum betreffenden Zuweisungsbescheid aufheben."

Diese Beschwerde blieb jedoch ohne Erfolg.

Da die neuerlich eingeleiteten Kaufverhandlungen ohne Ergebnis sich zerschlugen, entschlossen sich die neuen Machthaber in Österreich, die Enteignung des Petrinums zu beantragen und durchzuführen.

Die Enteignung des Hauses

Von den Berliner Stellen wurde der Oberfinanzpräsident in Linz angewiesen, mit dem Bischöflichen Ordinariat unverzüglich in Verhandlungen über die Höhe der Entschädigungssumme für das Petrinum zu treten. Bischof Gföllner machte als Bevollmächtigten für diese zu erwartenden Verhandlungen DDr. Franz Zauner namhaft.

Zunächst wurde das Bischöfliche Ordinariat vom Finanzpräsidenten esucht, die Forderungen bezüglich der Grundstücke und der Baulichkeiten des Petrinums bis 25. Juli 1939 bekanntzugeben.

Dieser drängenden Eile des Oberfinanzpräsidenten setzte das Bischöfliche Ordinariat eine Hinhalte- und Verzögerungstaktik entgegen.

Da aber das Oberfinanzpräsidium in Linz die von Berlin aus zur Erledigung dieser Aufgabe gestellte Frist unbedingt einhalten wollte, entschloß sich der Vertreter des Oberfinanzpräsidiums, Dr. Alois Höpfler, zu einer persönlichen Vorsprache beim Bischof. Diese fand am 15. August 1939 im Bischofshof statt.

Während dieser Unterredung eröffnete Oberregierungsrat Dr. Höpfler dem Bischof, falls es zu keiner einvernehmlichen Lösung komme, müsse die Enteignung auf gesetzlicher Grundlage durchgeführt werden. Worauf ihm der Bischof zu verstehen gab, daß für ihn ein freiwilliger Verkauf nicht in Frage komme und er weiteren schriftlichen Verfügungen wegen der Enteignung entgegensehe.

Mit dieser Antwort des Bischofs mußte der Oberfinanzpräsident ein weiteres Verhandeln als nicht zielführend betrachten. Er erhielt jetzt vom Reichsministerium für Finanzen und vom Reichsministerium für Wissenschaft, Erziehung und Volksbildung den Auftrag, das Enteignungsverfahren einzuleiten.

Für das nun bevorstehende Gerichtsverfahren nahm sich das Bischöfliche Ordinariat als Rechtsanwalt Dr. Josef Stampfl, Landstraße 32. Die erste Verhandlung im Enteignungsverfahren fand am 8. September 1939 im Petrinum statt. Sie dauerte den ganzen Vormittag und mußte schließlich auf den 13. September vertagt werden.

Neben den Vertretern der beteiligten Parteien war eine Reihe von Sachverständigen beigezogen worden. Ihre Aufgabe war es, den gegenwärtigen Schätzwert der angeforderten Grundstücke und Baulichkeiten zu erstellen.

Das von diesen Sachverständigen ausgearbeitete Schätzungsgutachten umfaßte nicht weniger als zwölf Maschinschreibseiten. Als Gesamtwert des Hauses Pflaster 94, des Leisenhofes* und des dazugehörenden Wirtschaftsgebäudes, des Schwimmbades, des Bischöflichen Gymnasiums, der Spielplätze, der Wasserversorgungsanlage und der Grundstücke wurde ein Betrag von 1,906.791 RM errechnet.
Dazu kamen noch zusätzliche Belastungen, wie Übersiedlungskosten, Wirtschaftserschwernisse und Entschädigung an die Ziegelei Mayr im Gesamtwert von 18.618 RM.
Somit ergab sich als Gesamtwert der zu enteignenden Baulichkeiten und Grundstücke der Betrag von 1,925.409 RM. Davon stellte den Hauptanteil allein das Gebäude des Petrinums mit 1,576.885 RM.
Durch diese beiden Verhandlungen am 8. und 13. September 1939 war die Enteignung des Petrinums grundsätzlich verfügt. Das Enteignungserkenntnis wurde aber noch nicht erlassen. Dies sollte erst zu einem späteren Zeitpunkt geschehen, wenn dem Oberfinanzpräsidenten die erforderlichen Geldmittel zur Ausbezahlung der Entschädigungssumme zur Verfügung stünden.
Diese Voraussetzung war im Februar 1940 gegeben. Der Landeshauptmann von Oberdonau verfügte mit Bescheid vom 29. Februar 1940 die Enteignung des Petrinums: „Der Bischöfliche Diözesan-Hilfsfonds in Linz ist verpflichtet, die nachfolgend bezeichneten Grundstücke in dem angegebenen Ausmaß, unbeschadet der genauen Vermessung in der Natur, dem deutschen Reichsschatz, vertreten durch den Oberfinanzpräsidenten in Linz, dauernd in das unbeschränkte Eigentum lastenfrei abzutreten, da Letzterem das Enteignungsrecht zusteht und der Führer auf Vortrag des Reichsbaurates der Stadt Linz das Gelände des Petrinums als Bauplatz für die Technische Hochschule in Linz bestimmt hat."
Die Enteignung wurde in das Grundbuch eingetragen. Im Bescheid war ausdrücklich vermerkt, daß gegen diese Enteignung kein Rechtsmittel mehr statthaft ist. Die Höhe des Wertes der enteigneten Liegenschaft wurde mit 1,576.885 RM angegeben.
Dem Enteignungsnehmer und dem Grundeigentümer wurde das Recht eingeräumt, innerhalb von vier Wochen nach Zustellung des Bescheides die gerichtliche Feststellung der Entschädigung beim Amtsgericht Urfahr zu beantragen.

---

* Das Haus Pflaster 94 wurde 1969 abgetragen. An seiner Stelle wurde das Personalhaus erbaut. Der Leisenhof ist der heutige Meierhof des Petrinums.

Hier bot sich für das Bischöfliche Ordinariat die einzige Möglichkeit, seine Rechte und Interessen zu wahren.
Mit Schreiben vom 3. April 1940 setzte der Oberfinanzpräsident den Reichsminister für Wissenschaft, Erziehung und Volksbildung in Berlin von der erfolgten Enteignung in Kenntnis: Falls kein Rechtsmittel eingelegt wird, läuft die vierwöchige Einspruchsfrist mit 14. April 1940 ab. Dann werde die vorgesehene Entschädigungssumme ausbezahlt. Die Mittel dazu wurden bereits vom Ministerium für Wirtschaft und Arbeit in Wien bereitgestellt.
Zu dieser raschen Bereinigung der Angelegenheit kam es jedoch nicht. Denn der Diözesan-Hilfsfonds brachte am 10. April 1940 beim Amtsgericht Urfahr einen Antrag auf gerichtliche Festsetzung der Entschädigungssumme ein. Damit kam ein langdauernder Prozeß ins Rollen, dessen Verlauf im folgenden Kapitel geschildert wird.

Das vom Diözesan-Hilfsfonds angestrebte Gerichtsverfahren zur Festsetzung der Höhe der Entschädigungssumme

Da gegen das Enteignungserkenntnis vom 29. Februar 1940 kein Rechtsmittel mehr statthaft war, erwies sich als einzig wirksame Waffe, die gerichtliche Festsetzung der Entschädigungssumme zu beantragen. Durch eine kluge und konsequente Hinhalte- und Verzögerungstatktik konnte eine einvernehmliche Lösung verhindert werden.
Wäre dieser Ausgleich zustande gekommen, dann hätte das Enteignungserkenntnis seine volle Rechtswirksamkeit erlangt. Die Übertragung des Petrinums in das deutsche Eigentum wäre die logische Folge gewesen.
Die Vertreter des Diözesan-Hilfsfonds, DDr. Franz Zauner und Dr. Josef Stampfl, haben in diesem Prozeß große Geschicklichkeit und persönlichen Mut bewiesen. Durch diese beiden Männer wurde der Prozeß immer wieder hinausgezögert, bis das Ende des Nationalsozialismus gekommen war.
Dr. Josef Stampfl hat in diesem Prozeß persönlich viel riskiert. Da er auch von staatlichen Stellen in verschiedenen Enteignungsangelegenheiten herangezogen wurde, war er mit Detailbestimmungen bestens vertraut. Dieses Wissen hat er in selbstloser und zugleich sehr mutiger Weise zur

Rettung des Petrinums verwendet, selbst auf die Gefahr hin, daß ihm die Rechtsanwaltschaft gesperrt werde.
Dr. Stampfl wurde für dieses mutige Eintreten im Mai 1950 durch Papst Pius XII. durch die Ernennung zum Ritter des päpstlichen Gregorius-Ordens geehrt.
Beim Prozeß war das Oberfinanzpräsidium vertreten durch Dr. Alois Höpfler und Dr. Maximilian Döser.
Dr. Höpfler war als Verhandlungspartner angenehm, aber er hatte wenig Handlungsfreiheit. Dr. Maximilian Döser war dagegen von unguter Art. Er war gegen die Kirche sehr negativ eingestellt.
Richter war Dr. Ludwig Langsteiner. Er war bestrebt, diesen langwierigen Prozeß zu einem Ende zu führen. Als ihm aber dies nicht gelang, war er manchmal ganz verzweifelt.
Einen unbewußten Rückhalt hatte die Diözese im Richter Dr. Hirnschall, der am Oberlandesgericht in Wien angestellt war. Dieser verwies den Prozeß immer wieder wegen Verfahrungsmängel an das Erstgericht. Dadurch gewannen die Vertreter des Diözesan-Hilfsfonds wertvolle Zeit.
Dieser Prozeß ging zweimal an die letzte Gerichtsinstanz nach Wien. Oftmals mußten Gutachten von Zentralstellen in Berlin, von hochgestellten Persönlichkeiten und hohen Landesämtern eingeholt werden. Daß das Durchlaufen dieses Instanzenweges und das Einholen dieser Gutachten überaus zeitraubend war, bedarf keiner weiteren Erläuterung.
Der Diözese Linz ist es bei diesem Prozeß nicht in erster Linie um eine möglichst hohe Entschädigungssumme für das enteignete Petrinum gegangen. Die eigentliche Absicht dieser Verzögerungstaktik und der hohen finanziellen Forderungen war, Zeit zu gewinnen und damit das Petrinum zu retten.
Dieses angestrebte Ziel konnte auch tatsächlich erreicht werden. Daher haben DDr. Franz Zauner und Dr. Josef Stampfl der Diözese und speziell dem Petrinum einen sehr großen Dienst erwiesen. Durch diese beiden Männer blieb der Diözese das Petrinum erhalten.
In diesem Abschlußkapitel soll dieser Prozeß, der von Anfang 1940 bis Anfang 1951 beim Amtsgericht bzw. Bezirksgericht Urfahr lief, in seinen wichtigsten Phasen geschildert werden.
Am 10. April 1940 brachte der Diözesan-Hilfsfonds durch seinen Vertreter Dr. Josef Stampfl den Antrag auf gerichtliche Festsetzung der Ent-

schädigung für das enteignete Petrinum beim Amtsgericht Urfahr ein, da sich die Diözese Linz durch den von Amts wegen festgesetzten Entschädigungspreis von 1,576.885 DM benachteiligt fühlte.
Damit wurde die 1. Phase dieses Prozesses eingeleitet, der die Zeit vom April 1940 bis Dezember 1942 in Anspruch nehmen sollte.
Während dieses ersten Abschnittes ging es, wie bereits aus dem Antrag Dr. Stampfls ersichtlich ist, vor allem um folgende Punkte:
Der Einheitspreis pro m^3 verbauten Raumes sei mit 22 RM zu niedrig angenommen worden. Als Mindestmaß für den verbauten Raummeter wurde ein Betrag von 30 RM gefordert.
Weiter werde die Heranziehung des Ertragswertes zum Zwecke der Schätzung abgelehnt. Denn das Petrinum wurde zum Schulbetrieb erbaut. Daher ist ein Ertrag vom Erbauer niemals angestrebt worden.
Und schließlich wurde in diesem Antrag hingewiesen, daß am 3. Februar 1940 im Sitzungszimmer der Preisbildungsstelle Linz eine informative Besprechung der gerichtlich beeideten Schätzmeister und Bausachverständigen stattgefunden habe. Dabei soll Regierungsrat Dr. Kleiner mitgeteilt haben, daß in Zukunft bei Hausschätzungen der Kubikmeter verbauten Raumes als Grundlage anzunehmen sei. Gegenüber den Stoppreisen vom 17. März 1938 sei eine Erhöhung um ein Drittel zulässig.
Auch der Oberfinanzpräsident beantragte formhalber beim Amtsgericht Urfahr die gerichtliche Festsetzung der Entschädigungssumme. Er behielt sich aber vor, den Antrag vorbehaltslos zurückzuziehen, wenn der Diözesan-Hilfsfonds von seiner Forderung nach gerichtlicher Festsetzung zurücktrete.
Die 1. Tagsatzung in dieser Sache wurde vom Amtsgericht Urfahr für den 27. April 1940 anberaumt.
Während dieser Verhandlung waren Dr. Döser und Dr. Höpfler bemüht, die Vertreter des Diözesan-Hilfsfonds zu bewegen, von einem Rekurs abzustehen und diesen zurückzuziehen. Denn der Rekurs würde zu keinem Erfolg führen. Es könnte die Entschädigungssumme sogar noch herabgesetzt werden. Für den Bischof sei das Petrinum ohnehin wertlos, da es für den ursprünglichen Zweck nicht mehr in Betracht komme. Die Entschädigungssumme liege bereit und sie wäre schon längst ausbezahlt worden, wenn der Rekurs unterblieben wäre.
Zur Klärung der von Dr. Stampfl in seinem Antrag angeführten Gründe mußte das Amtsgericht Urfahr eine Reihe von Anfragen an verschiedene

staatliche Behörden und Gutachten von hochgestellten Persönlichkeiten einholen. Diese Anfragen gingen z. T. nach Berlin an die dort befindlichen Zentralstellen.

Als großer Erfolg, der den Vertretern des Diözesan-Hilfsfonds damals gelungen ist, ist zu werten, daß das Amtsgericht Urfahr die Entschädigungssumme für das enteignete Petrinum mit Beschluß vom 27. Mai 1941 auf 2,467.579 RM erhöhte. Dieser neue Schätzwert setzte sich zusammen aus dem Bauwert und dem Grundwert. Somit hatte sich das Gericht dem von Dr. Stampfl schon immer vertretenen Rechtsstandpunkt angeschlossen, daß bei der Preiskalkulation für das Petrinum der Ertragswert nicht heranzuziehen sei.

Der Oberfinanzpräsident legte gegen diesen Beschluß zunächst beim Amtsgericht Linz Rekurs ein. Er machte vor allem geltend, daß durch das Abgehen vom Ertragswert sich die Entschädigungssumme zu seinen Ungunsten um 890.694 RM erhöht habe.

Als sich aber das Amtsgericht Linz dem Urteil des Erstgerichtes anschloß, wandte sich der Oberfinanzpräsident in einem weiteren Revisionsrekurs am 31. Juli 1941 an das Oberlandesgericht in Wien. Er verlangte darin die Herabsetzung der Entschädigungssumme unter Berücksichtigung des Ertragswertes. Damit ging dieser Prozeß zum ersten Mal an die Letztinstanz.

Das Oberlandesgericht in Wien traf seine Entscheidung erst nach nahezu eineinhalb Jahren am 13. November 1942.

Während dieser langen Zwischenzeit mußten neuerlich in sehr zeitraubender Weise weitere Stellungnahmen eingeholt und Gutachten angefordert werden. Zudem versuchte der Oberfinanzpräsident einen Vergleich mit dem Diözesan-Hilfsfonds herbeizuführen. Die Vertreter des Diözesan-Hilfsfonds ließen sich aber durch voreilige Bekanntgabe einer konkreten Entschädigungssumme nicht binden. Sie verlangten vielmehr an Stelle des Entschädigungsbetrages ein entsprechendes Ersatzobjekt. Auf diesen Wunsch konnte aber der Oberfinanzpräsident nicht eingehen, weil diese Forderung das Reichsministerium für Finanzen in Berlin strikt ablehnte.

Das Oberlandesgericht in Wien gab in seiner Entscheidung am 13. November 1942 dem Rekurs des Oberfinanzpräsidenten nicht statt. Es trug dem Erstgericht nach Ergänzung des Verfahrens die neuerliche Entscheidung auf.

Durch diese Entscheidung des Oberlandesgerichtes mußte der Prozeß beim Amtsgericht Urfahr praktisch wieder von vorne begonnen werden. Nur durfte in Zukunft für die Berechnung der Entschädigungssumme der Ertragswert nicht mehr herangezogen werden.

Bei den am 21. Dezember 1942 beim Amtsgericht Urfahr wieder aufgenommenen Verhandlungen zeigte sich, daß die bisherigen Sachverständigen, die Ingenieure Robert Krah und Josef Pirkl, in keiner Weise bereit waren, auf die vom Oberlandesgericht anempfohlenen Richtlinien für die Wertermittlung des Petrinums einzugehen. Diese Weigerung kam Dr. Josef Stampfl sehr gelegen. Er änderte seine Taktik und war in der 2. Phase des Prozesses vor allem bestrebt, die Enthebung der bisherigen Sachverständigen zu erwirken.

Nachdem dieser Prozeß in der Zeit vom Februar bis April 1943 auf Betreiben des Oberfinanzpräsidenten den Rekursweg über das Amtsgericht Linz bis zum Oberlandesgericht in Wien ein zweites Mal ohne Erfolg durchlaufen hatte, brachte Dr. Josef Stampfl in einem Schreiben an das Amtsgericht Urfahr seine grundsätzlichen Bedenken gegen die Sachverständigen zum Ausdruck:

„Das Gutachten leidet sohin in verschiedenen Punkten an einer Mangelhaftigkeit, welche die Festsetzung einer angemessenen Entschädigung unmöglich macht. Die Mängel können von den Sachverständigen nach ihren eigenen Angaben nicht behoben werden, weil sie die Grundlagen, welche für die Berechnung und Schätzung gewisser Wertbeträge maßgebend sind, nicht kennen oder deren Beschaffung nicht für notwendig halten. Teilweise lehnen sie die Berechnung und Schätzung nach den bereits vorliegenden Weisungen überhaupt ab. Wir stellen daher den Antrag auf Bestellung neuer Sachverständiger."

Die Wirkung dieses Schreibens blieb nicht aus. Dipl.-Ing. Josef Pirkl ersuchte das Amtsgericht Urfahr mit Schreiben vom 31. Mai 1943, einen anderen Sachverständigen zu bestimmen. Er begründete seinen Entschluß mit seinem schlechten Gesundheitszustand. Infolge starker rheumatischer Schmerzen sei er zu einem Kuraufenthalt gezwungen. Auch Ingenieur Robert Krah schied Anfang Juni 1943 als Sachverständiger aus.

Um dem neuen Sachverständigen Leopold Lang Möglichkeit zu bieten, den Akt eingehend zu studieren, erklärten sich beide Parteien bereit, die nächste Tagsatzung erst für 7. September 1943 festzusetzen.

Kurz vor dieser Verhandlung fand am 28. August 1943 zwischen dem Reichsstatthalter und Gauleiter August Eigruber und Weihbischof Dr. Josephus Fließer eine Unterredung statt. Während dieser Aussprache machte der Gauleiter dem Weihbischof die wichtige Mitteilung, daß das Petrinum für die Errichtung der Technischen Hochschule nicht mehr in Frage komme. Aus städtebaulichen Gründen sei der diesbezügliche Plan fallengelassen worden.

Weihbischof Fließer stellte es Dr. Stampfl anheim, ob er bei der nächsten Verhandlung von dieser Mitteilung Gebrauch machen wolle.

In dieser Verhandlung, die am 7. September 1943 im Petrinum stattfand, wurde von Dr. Stampfl der entscheidende Schlag geführt. Er gab bekannt, daß für den Neubau der Technischen Hochschule das Petrinum aus städtebaulichen Gründen nicht mehr in Frage komme. Damit falle auch die Voraussetzung und der Grund für die Enteignung des Hauses. Diese Mitteilung erregte große Überraschung. Der Richter Dr. Langsteiner quittierte sie mit der resignierenden Antwort:

„Meine Herren, dann bleibt uns nichts anderes übrig, als die Akten vorläufig zu schließen."

Mit dieser Verhandlung wurde zweifellos ein entscheidender Erfolg erreicht. Der Prozeß trat von diesem Zeitpunkt an in die Endphase. Diese war dadurch gekennzeichnet, daß von jetzt an der Prozeß von der Gegenseite nicht mehr mit diesem Nachdruck geführt wurde, ja sogar in der Folgezeit ins Stocken geriet. Dies hatte mehrere Ursachen:

Zunächst ist anzuführen, daß mit Ende 1943 sich die Lage an den Fronten immer ungünstiger entwickelte. Dadurch wurde es psychologisch schwieriger, in der Heimat gegen die Gegner des Regimes mit der letzten Härte und Konsequenz vorzugehen.

Weiter war damals der Oberfinanzpräsident wohl nicht mehr von der Notwendigkeit überzeugt, das gerichtliche Verfahren zur Festsetzung der Entschädigungssumme für das enteignete Petrinum zu Ende zu führen. Die Finanzbehörde war sich klar, daß das Gelände des Petrinums für die Errichtung der Technischen Hochschule nicht mehr in Frage komme. Daher wurde ihr Interesse begreiflicherweise immer geringer, das Petrinum käuflich zu erwerben.

Die Zurücknahme der Enteignung aber hätte manche Schwierigkeiten mit sich gebracht, daher war Dr. Höpfler Ende 1943 einer Unterbrechung des Schätzungsverfahrens bis nach Kriegsende nicht abgeneigt.

Ein weiterer Grund für die Verzögerung des Prozesses lag schließlich in der Person des neuen Sachverständigen Leopold Lang.
Bereits während der Verhandlung am 7. September 1943, als ihm für die Erstellung eines Gutachtens eine Frist von acht Wochen gesetzt wurde, hatte er auf die Schwierigkeiten verwiesen: Die genaue Besichtigung des Petrinums werde viele Stunden in Anspruch nehmen.
Tatsächlich verzögerten zeitraubende Vorarbeiten und Erhebungen die Erstellung des geforderten Gutachtens. Seine Arbeit wurde im Winter 1943/44 durch mehrmalige Krankheit unterbrochen. Zudem war er durch anderweitige Arbeiten und Aufgaben in Anspruch genommen. Am 16. Oktober 1944 wurde er als Einsatzleiter zur Behebung von Fliegerschäden bestellt.
Dies hatte zur Folge, daß Leopold Lang sein Gutachten wiederholt nicht termingemäß beim Amtsgericht Urfahr vorlegen konnte. Er mußte daher mehrmals um Fristverlängerung ansuchen.
In Anerkennung seiner vielseitigen Inanspruchnahme wurde ihm schließlich eine Fristverlängerung bis 1. April 1945 gewährt.
Dr. Josef Stampfl setzte auch von sich aus Initiativen, um die Aussetzung des Gerichtsverfahrens zu erreichen. Am 29. Februar 1944 stellte er an das Amtsgericht Urfahr den Antrag, das Gerichtsverfahren auf Festsetzung der Entschädigungssumme für das enteignete Petrinum bis nach Kriegsende auszusetzen. Er machte dafür eine Reihe von Gründen geltend:
Die Erstellung eines Sachverständigengutachtens bereite große Schwierigkeiten.
Maßgebende Persönlichkeiten haben erklärt, daß der ursprüngliche Plan, auf dem Petriner Gelände eine Technische Hochschule zu errichten, nicht mehr zur Ausführung komme.
Der Reichsminister habe mit Geheimerlaß vom 10. September 1943 darauf hingewiesen, daß es durchaus unerwünscht sei, Gebäude dem bisherigen Eigentümer zu entziehen, obwohl sie für den geplanten Zweck vorläufig nicht benötigt werden.
Der Oberfinanzpräsident setzte das Reichsministerium für Finanzen von diesem Antrag Dr. Stampfls in Kenntnis. Dieses verfügte mit Erlaß vom 13. Juni 1944, daß der Abschluß des Enteignungsverfahrens zu betreiben sei.
Dieser Abschluß aber konnte nicht mehr erreicht werden. Die in diesen Prozeß noch zu klärenden Fragen blieben offen. Unterdessen war das

Kriegsende und damit der Zusammenbruch des nationalsozialistischen Regimes gekommen. Das Petrinum wurde daher nie deutsches Eigentum. Es blieb der Diözese erhalten.
Das Haus war schon längst wieder dem ursprünglichen Zweck zugeführt, als im Zuge der allgemeinen Wiedergutmachung das Petrinum dem Diözesan-Hilfsfonds mit dem Rückstellungserkenntnis vom 14. Februar 1951 rückerstattet wurde. Damit war das Enteignungserkenntnis vom 29. Februar 1940 aufgehoben.

Dieser Aufsatz ist eine verkürzte Fassung einer Abhandlung, die im 71. Jahresbericht des Kollegium Petrinum, Schuljahr 1974/75, erschienen ist. Die genauen Literatur- und Quellenangaben finden sich dort S. 3–90.

Erich Widder

Wir sind (waren) Deine Jugend . . .

Die große Zeit der Welser Vorstadtpfarre

Die Tatsache, daß Wilhelm von Kügelgen seine bekannten „Jugenderinnerungen eines alten Mannes" genau in meinem Alter zu schreiben begonnen hat, regt mich an, im Titel um der Gerechtigkeit willen „waren" in Klammer beizufügen; obwohl ich sagen muß, daß die Freunde, die den Krieg überlebten, recht unversehrt den Schwung und Geist von damals bewahrt haben.

Irgendwann begann es bei jedem einzelnen so: Er kam zu einer Veranstaltung in einen Kreis der „Vorstadt", wie wir kurz und bündig sagten, begegnete einem unserer Jugendseelsorger, die schon vor dem 12. März 1938 auf dem Plan waren, um dann in den „Jahren des Werdens", wie Leo Weismantel formuliert hat, in dieser sich immer fester fügenden Gemeinschaft die geistige Heimat zu finden, trotz und gerade wegen der Flutwellen der Heimatlosigkeit und des Ungeistes. Für manche war der Übergang vom „Vereinskatholizismus" der dreißiger Jahre zur jungen geistig erneuerten Kirche in der Bedrohung nahtlos, viele kamen erst nach einer Phase der Besinnung wieder in die erneuerte Gemeinschaft. Natürlich spielten die Altersgruppen eine wichtige Rolle: Die „Großen" hatten schon ihre gefestigte Weltanschauung, wurden schnell mit dem HJ-Drill fertig, gingen aber auch bald ab an die vielen Fronten des zweiten Weltkrieges, die Jüngeren kamen stärker in die Mühlen der Staatsjugend (Hitlerjugend und Bund Deutscher Mädchen), und dennoch gab es sehr individuelle Schicksale. Die Grundtatsachen sind ja in den vielen großen Beiträgen dieses Sammelwerkes dargestellt. Ich habe die Aufgabe übernommen, sozusagen mit den Augen von damals mein eigenes Erlebnis in den Jahren des „Tausendjährigen Reiches" zu schildern, und ich habe nur zugesagt, weil ich noch über einige persönliche Quellen aus dieser Zeit verfüge: Die Tagebücher, Fahrtenbücher und Briefe aus diesen Jahren sind mir dafür sehr behilflich, auch einige literarische Arbeiten, die mich damals beschäftigten; allerdings beginnen diese Quellen erst etwa in meinem 15. Lebensjahr und nicht übermäßig beredt, aber doch als originale Zeugnisse der Entwicklung unter dem Einfluß der Vorstadtpfarrjugend.

Meine Familie wohnte im Hause der Großeltern neben der Lichtenegger Volksschule und gehörte eigentlich zur Stadtpfarre, wo wir in den Jahren meiner Kindheit normalerweise auch die Sonntagsmesse besuchten, bis mein um vier Jahre älterer Bruder durch den Eintritt in die MK (Marianische Studentenkongregation) intensive Verbindung mit der Vorstadtpfarre bekam, die dann meine Familie zum Teil mitvollzog. Weltanschaulich war die Familie von der entschiedenen Geistigkeit der Mutter geprägt, die das Glück hatte, in der Person des einstigen Katecheten und späteren Wiener Universitätsprofessors Dr. Leopold Walk einen geistlichen Führer und Berater auch für die Erziehung der Söhne bis in deren Universitätsjahre zu haben. Mein Vater, der nach dem ersten Weltkrieg Bundesbahnbeamter geworden war, blieb seit seinen Jugendjahren als kaufmännischer Angestellter in Mannheim mit einem gewissen Interesse an Deutschland behaftet, allerdings war er den dortigen politischen Entwicklungen seit 1933 gänzlich abhold. Jedes Jahr reisten wir einige Male zu den Großeltern mütterlicherseits nach Lichtenwörth bei Wiener Neustadt, wo mein Großvater Betriebsleiter der Hofermühle war. Auf diesen Wegen gab es immer wieder die Möglichkeit zu Begegnungen mit

Exlibris des Autors aus dem Jahre 1942 (von Hauptschuldirektor Anton Wehinger in Lambach gezeichnet) mit Alt-Wels, Landeswappen inmitten der Darstellungen des Namenspatrones und der Frauensteiner Schutzmantelmadonna, Christuszeichen als Zentrum, links Pegasus, rechts Namenssymbol, Mitte unten Dreifaltigkeitskirche von Stadl-Paura, dazu noch die Hinweise auf die Berufe der Vorfahren, ein pflügender Bauer, eine Mühle und darüber ein Webstuhl.

Professor Walk, der uns auch in Wels besuchte. Ich erinnere mich, daß er mich einmal wegen meiner ungehobelten Mundart rügte, was mich damals sehr entrüstete. Wenige Jahre später gab es diese Probleme nicht mehr, und gerade meine späteren Erlebnisse in der Vorstadtpfarrjugend fanden sein größtes Interesse. Mit diesen Hinweisen soll nur angedeutet sein, daß meine soziale Umwelt nicht allzu harmonisch war, daß aber die kulturellen Interessen durch Elternhaus und Schule früh geweckt wurden. Aus der Volksschulzeit unter der sicheren und liebenswürdigen Führung der Lehrerin Fanny Reichinger hat besonders der Heimatkundeunterricht nachgewirkt.

Durch die Aktivität meines Bruders, der schon früh mit der Zentrale der MK in Wien (Verbandspräses P. Franz Weiser SJ) Verbindung bekam und bei den großen Treffen in Linz, Salzburg und Graz dabei war und auch den Eucharistischen Weltkongreß in Wien miterlebte, waren mir auch die Ziele klar vor Augen, die ich schon in den Ferien vor der ersten Gymnasialklasse durch eine Woche Lagerleben der MK in St. Thomas bei Waizenkirchen anpeilte. Zwei Jahre später machte ich als Elfjähriger das letzte MK-Lager in Hilkering bei Aschach mit dem fast gleichaltrigen Helmut Rochart mit in meinem kleinen Dachzelt inmitten der Hauszelte der älteren Kameraden. Aus diesem gemeinsamen Erlebnis erwuchs eine Lebensfreundschaft, die in den nächsten Jahren zu einer unverbrüchlichen Fahrtenkameradschaft führte.

Präses der Welser MK war damals schon Kooperator Erich Nürnberger. „Unser Lied" hieß unser Singbuch, das in den dreißiger Jahren im Verlag „Fahne Mariens" in Wien erschienen war. Ich habe die siegesfrohen MK-Lieder noch gut im Ohr: „Es reitet stolz ein Fähnlein im großen Christusheer . . .", „Laßt schallen unsere Lieder . . .", in dem wir bekannten: „Wir sind im großen Christusheere Mariens Ritterbann!"; diese Lieder sind im März 1938 verklungen, und wir spürten bei der Abschiedsrede des Bundeskanzlers Schuschnigg, daß es nun ernst wurde. Von der elterlichen Wohnung aus erlebte ich die Machtdemonstration des „Einmarsches" auf der Salzburger Straße, gleichzeitig begann der Parteizauber zum Zwecke der Umerziehung mit der Jugenddienstpflicht in HJ und BDM. Die Auseinandersetzungen zwischen den politischen Lagern waren natürlich bei den Älteren vehementer, sie dauerten in einzelnen Gymnasialklassen bis zu Matura und Einberufung. Ich wurde als Zwölfjähriger vom Deutschen Jungvolk vereinnahmt und war nun wie alle anderen mit Aufmärschen, Exerzieren, Heimabenden, Singproben zeitlich bald sehr unter Druck, weil wir auch für die Schule genug zu tun hatten. Einige Monate kamen wir noch zu MK-Runden zusammen, aber die einstige kirchliche Massenbewegung an unserem Realgymnasium war schon zu einer kleinen Gruppe zusammengeschmolzen; wir begannen uns als Knappen Christi auf die Sodalenweihe vorzubereiten. Dabei sangen wir schon ,,Uns rufet die Stunde", ein Lied der deutschen katholischen Jugendbewegung, das im Schicksalsjahr 1933 entstand. Auch nach dem Verbot unserer Organisation haben diese Lieder weitergeklungen und weitergewirkt. Die Umerziehung erreichte meiner Meinung nach im nationalen Sinne mehr als im weltanschaulichen Bereich. Max von Schenkendorf, Rudolf Alexander Schröder und Walter Flex kamen eher an als die neuen Sänger Horst Wessel, Baldur von Schirach und Herybert Menzel. Die deutsche Jugendbewegung haben wir schon von den Jahrgängen des Buchperiodikums ,,Der gute Kamerad" gekannt, das Fahrtenideal war auch in der MK lebendig, ich erkundigte mich damals in meiner Naivität nach dem ,,Wandervogel" und erfuhr, das sei alles in die HJ integriert. Wir ,,Pimpfe", so hießen die Mitglieder der DJ (Deutsches Jungvolk), wurden kulturell auf märkische Heide und märkischen Sand getrimmt, sollten unentwegt die Fahnen ,,höher reißen", während die hellen Fanfaren immer ,,vorwärts" schmetterten.

Damals führte ich naturgemäß kein Tagebuch, aber ich weiß noch, daß ich neben der Mittelschule, die jetzt ,,Oberschule für Jungen" hieß, mein eigenes Leben sehr wichtig zu nehmen begann. Die ersten Tramps, die im Anschlußjahr aus dem ,,Altreich" kommend auf unseren Straßen auftauchten, brachten uns sofort auf die Idee, dasselbe zu tun. Bei denen gab es keine Uniform, keine Abzeichen, das fiel einem damals auf, wenn man den Radwanderern auf den Durchzugsstraßen begegnete. Also schmiedeten Helmut Rochart und ich für den Sommer 1938 die ersten Fahrtenpläne, die uns in das Salzkammergut und in das Gesäuse führten. Bis zum Jahr 1942, mehr und mehr verquickt mit dem Erlebnis der Pfarrjugend und ihrer Aufgeschlossenheit für Wandererlebnisse und fruchtbarer Begegnung mit den Stätten der christlichen Kultur, waren diese ,,großen Fahrten", wie wir sie nannten, die Hauptprogrammpunkte unserer Sommerferien. Das Verständnis meiner Eltern für diese Aktivitäten, vor allem für die Fahrten in den Kriegsjahren, war schon sehr groß, und auch der Vater meines Freundes Primarius Dr. Ferdinand Rochart unterstützte unseren Unternehmungsgeist aus voller Überzeu-

Wir sind deine Jugend

Textherkunft: P. Erich Rommerskirch
Weise: Mündlich überliefert

„Wir sind Deine Jugend", eines der von den katholischen Jugendlichen zur Zeit des Nationalsozialismus besonders häufig gesungenen Lieder.

gung. Dieser bekannten Welser Persönlichkeit verdanke ich übrigens auch meine fotografischen „Lehrjahre" durch die Dunkelkammerpraxis in seiner Ordination. Meine fotografische Tätigkeit hatte auch für die Jugendarbeit Bedeutung, weil es nun möglich wurde, von unseren Fahrten zu zweit, die uns durch ganz Österreich und 1941 sogar bis nach Speyer führten, Bildberichte zusammenzustellen, die auch vom geschriebenen Wort begleitet wurden. Außerdem begann ich auch schon in diesen Jahren mit Aufnahmen sakraler Kunstwerke in Oberösterreich, in den aufgehobenen Stiften Lambach und Kremsmünster konnte ich in Gefahrenzeiten von neu beschlagnahmten Gegenständen fotografische Dokumentationen durchführen, die natürlich ganz geheim erfolgen mußten. Der Krieg im Inneren gegen die Andersdenkenden wurde zäh und rücksichtslos geführt. Ihn hat die Jugend, die in das reifere Alter kam, sehr schnell zu spüren bekommen, als der Religionsunterricht an den höheren Schulen abgeschafft wurde und nur mehr sogenannte Glaubensstunden in Kirchenräumen gestattet waren. Es kam zwar nur eine kleine Gruppe von Schülern der früheren Religionsstunden, aber diese waren interessiert. Und die für ihre Kürze bekannte Studentenmesse im Festsaal unseres alten Gymnasiums in der Dr.-Schauer-Straße tauschten wir gerne mit einer zusätzlichen Wochentags-Studentenmesse in dem berühmten Weiheraum der Vorstadtpfarre ein, wo vor dem Altomontebild der Verkündigung ein Tischaltar stand, auf dem unser neuer Studentenseelsorger Josef Zauner die Messe zelebrierte, während unsere junge Gemeinschaft in Halbkreisordnung mitbetete und -opferte. Die Machthaber ahnten nicht, daß sie auf diese Weise Mithilfe leisteten zu einer „inneren Zellenbildung", die all die Jahre hielt und trug und mit der werktätigen Jugend die eine Pfarrjugend bildete. Viele von uns haben nicht nur diese Studenten-Glaubensstunden, sondern auch die Abendstunden besucht, die Herr Zauner für die Mädchen und Herr Nürnberger für die männliche Jugend hielt. Unsere Jugendseelsorger haben diese unerhörte Stunde des Christentums erkannt und genützt und den ihnen Anvertrauten die Begeisterung für die junge Kirche eingepflanzt. Jeder, der kam, spürte, daß hier wirklich eine Gemeinschaft voll Vertrauen und Offenheit bestand zwischen Jugend und Priester, die sich dieser Aufgabe bedingungslos hingaben. Was noch bedeutsam war: Diese Jugend stand mitten in der Pfarrgemeinde, auch die Erwachsenen spürten diesen Glaubensfrühling in den Gemeinschaftsmessen und -feiern, davon berichten ja auch genug Gestapoprotokolle.

Selbstverständlich war damals vieles Pionierarbeit, was auf dem Gebiet der Liturgie geschah, alten Gewohnheiten lief manches zuwider, aber die Jugend spürte, daß hier nun die Quellen aufbrachen, aus denen die Kraft zu schöpfen war, die sie in dieser Zeit brauchte: Das Heilige Opfer wurde zu Mitte und Ausgangspunkt der Neubesinnung.
Nachdem Kaplan Zauner am 18. März 1939 Schulverbot bekam, konnte er sich umso mehr der Jugendseelsorge widmen, 1940 war er bereits überpfarrlich als Dekanatsjugendseelsorger tätig, befaßte sich im Rahmen des Seelsorgeamtes auch mit ,,Ministrantenschulung" und vervielfältigte mit seiner Maschine sogar einen Behelf mit diesem Titel, bis er schließlich Diözesanjugendseelsorger für die weibliche Jugend wurde. Viele Anregungen hat er sich aus Bayern geholt, dorthin entsandte er auch seine engsten Helfer und Helferinnen zu Schulungen und Exerzitien. Im Bildteil finden sich Aufnahmen von Passau und Schweiklberg. Auf einem Bild ist auch die Kursleiterin Ottilie Moßhamer zu sehen, die in Zusammenarbeit mit Dr. Alois Brems schon im Herbst 1945 das dreibändige Werk ,,Wort an die Jugend" herausbringen konnte und im Vorwort berichtet: ,,Schloß Hirschberg (bei Beilngries, Diözese Eichstätt, Anmerkung des Autors), Winter 1939! In einer Runde von Seelsorgern fiel das Wort: Gebt uns Stoff für unsere Zusammenkünfte mit der Jugend! Sagt nicht nur, daß wir etwas tun müssen, sondern wie und was wir tun sollen! Von da an war es uns klar, daß wir all den vielen Bemühungen, den Bibelkreisen, Singstunden, liturgischen Gruppen usw. Ziel und Inhalt geben müssen in einer gediegenen Glaubensverkündigung für die reifere männliche und weibliche Jugend von 16 Jahren an."
Es gab aber auch noch Exerzitien in Subiaco und Schulungen in Privathäusern (Villa Dr. Oppitz in Bad Ischl, Haus Wetzelsberger in Buchberg am Attersee) und auf entlegenen Almhütten (z. B. Steinkogl bei Ebensee).
Der Demonstrationscharakter der Prozessionen zog auch die Jugend an. Hier sei an die traditionelle Maiprozession erinnert, die 1939 von allen drei Stadtpfarren in der überfüllten Herz-Jesu-Kirche abgehalten wurde, nachdem die Katholiken von Herz-Jesu den Zug der Stadtpfarre und der Vorstadtpfarre bei der Karlsbrücke abgeholt hatten. Natürlich folgte ein Verbot dieser Prozession. Die Fronleichnamsprozessionen dieser Jahre blieben von jugendlicher Bekenntnisfreude getragen, als die HJ schon längst in manchen Teilen der Stadt nicht mehr existierte. Ich kann das mit der Tatsache unter Beweis stellen, daß ich selbst nicht mehr vom

O Gott,
die Zeit ist voller Bedrängnis
Die Sache Christi liegt wie
im Todeskampf.
Und doch – nie schritt Christus
mächtiger durch die Erdenzeit,
nie war sein Kommen deutlicher,
nie seine Nähe spürbarer,
nie sein Dienst köstlicher —
als jetzt.
Darum laßt uns in diesen
Augenblicken des Ewigen,
zwischen Sturm und Sturm,
in der Erdenzeit zu ihm beten:
O Gott, Du kannst das Dunkel
erleuchten,
DU kannst es allein
Kardinal Newman

Gebet von Kardinal Newman,
das oft zu Beginn der Glaubensstunden gebetet wurde.

Jungvolk zur HJ weitergehievt wurde, weil in Wels-West schon 1940 keine Gruppe mehr funktionierte. So mußten bei den Schulkontrollen der HJ-Zugehörigkeit schon allerhand Ausflüchte und Falschmeldungen herhalten, die ein Stammführer in meiner Klasse kameradschaftlich begünstigte; auch so etwas war möglich. Dabei stießen wir oft und oft nächtens im Kreuzgang des ehemaligen Kapuzinerklosters mit unseren Gesinnungsgegnern zusammen, wenn diese von einer Veranstaltung aus dem ehemaligen Pfarrssal hinausgingen und wir aus der Kirche traten oder von den Glaubensstunden im ersten Stock herunterkamen.

Von den Wallfahrten ist andernorts die Rede, zu erwähnen sind aber auch die kleinen Gruppenunternehmungen, wenn wir etwa im Mai eine Marienfeier in Schauersberg ohne Priester gestalteten und an diesen Texten mehr als an den Schulaufgaben arbeiteten, obwohl die Devise galt, in Schule, Arbeit und Beruf als Christ erst recht seinen Mann zu stellen. Wir waren schließlich vom „Christofer" geschult, nach dem berühmten Buch von Dr. Klemens Tilman und Msgr. Ludwig Wolker über das Diakonat junger Christen in der Gemeinde. In dieser Anleitung ging es um Gruppenstunde als Gruppenkatechese, religiöse Erziehung außerhalb der Stunde, Selbsttätigkeit und Selbständigkeit, Stehen in der Gemeinschaft, gegenüber dem Seelsorger, der Elternschaft, im Privatleben; hier war eine Fülle von Anregungen geboten für den angesprochenen Diakon, „Führungsqualitäten" aufzubauen aus Menschenkenntnis und Lebenskunst, die aus der wachsenden Kraft des Willens und des Geistes entspringen und aus der Gnade . . . Das letzte Wort dieses Buches heißt denn auch: „Unser Land und Volk soll aus solcher Christenjugend Heil gewinnen."

Das war nicht nur ein frommer Wunsch, das war das Bewußtsein einer im letzten optimistischen Gesinnung aus dem Glauben, trotz aller Gefahren dieser schreckensvollen Jahre.

Einer der Burschen, Franz Mittendorfer, kam auf die Idee, den Sommer hindurch einmal im Monat an einem Samstagabend in Schauersberg die Jugendkomplet zu beten. Solche Anregungen wurden schnell geliebte Tradition wie die Jugendveranstaltungen zum Michaelsfest, am Christkönigssonntag, das Totengedenken zu Allerseelen, die Bekenntnisfeier am Dreifaltigkeitssonntag.

Selbstverständlich wurden alle diese Feiern wie auch die Sonntagsgottesdienste gründlich vorbereitet: Von den Ministrantenschulungen war schon die Rede, es gab aber auch eine gediegene Lektoren- und Scholaschulung. Ich erinnere mich noch lebhaft an die zähe und geduldige Arbeit Herrn Nürnbergers, der unsere Sprache schulte, Choralgesang übte und mich immer wieder bei einem zu niedrigen Halbton ertappte. Ich bin mir bewußt, all diese Hinweise sind ja nur Aufzählungen der Mittel zum Zweck, aber auch diese haben unser Leben ausgefüllt. Und nach den sorgfältig gestalteten Texten war auch gut zu beten und zu singen! Im Zuge der Kriegswirtschaft war es dann leicht für die Machthaber, das religiöse Schrifttum zum Erliegen zu bringen. Nun kam die Zeit der ,,Zaunermühlen", die Abhilfe schafften. Die eine stand im Linzer Bischofshof (siehe den Bericht unseres Diözesanbischofs im Jahrbuch 1978), die andere war Eigentum seines Vetters und stand in einer ehemaligen Kapuzinerzelle der Vorstadtpfarre in Wels. Auf ihr wurden zu Tausenden Gebetstexte und Feiertexte abgezogen, vorher mußten sie geschrieben und gestaltet werden. Da war die Jugend trotz des totalen Kriegseinsatzes in ihren wenigen freien Stunden bis tief in die Nacht rastlos tätig auch beim Falten und Heften der Abzüge, nicht allein für die eigene Pfarre, für viele Pfarren in der Diözese, für das Seelsorgeamt, sogar bis in die Erzdiözese Breslau wurden Behelfe gesandt . . . Ich weiß noch gut, wie uns Studenten damals dieser Dienst am Wort und an der Liturgie beeindruckte, wir haben auch erfahren, wie konsequent und tapfer Mädchen sein können, und wir haben sie alle als Schwestern kennengelernt und geachtet. Und gerade sie haben den zum Kriegsdienst Eingezogenen die Briefe der Gemeinschaft nachgeschickt und so auch in die Ferne gewirkt. Alle konnten etwas tun, die Größeren und die Kleinen, diese übernahmen sehr geschickt manche Verständigungsdienste mit dem Fahrrad, das bei dem Benzinmangel zum wichtigsten Fahrzeug geworden war. Damit hatten wir sogar ein System von Rotten- und Hordenführern in DJ und HJ für unsere Arbeit in der Pfarrjugend übernommen. Geheime Schreiben, gelegentlich auch ein Hirtenbrief oder die einzige noch erscheinende Jugendzeitschrift ,,Der Pfeil" kamen auf diesem Wege in andere Pfarren des Dekanats. Wohl auch einmal eine Predigt des ,,Löwen von Münster", des Bischofs Grafen von Galen, mit der öffentlichen Anklage wegen der Beseitigung ,,lebensunwerten Lebens", die Hitler dann zumindest innerhalb der Reichsgrenzen stoppen ließ. Die Gemeinschaft der Jungen Kirche stärkte die Jugend, aber auch die Priester, was sich besonders bei den vielen Verhören und Hausdurchsuchungen erwies. Sie machte möglich, daß der gesamte Katalog der Beschränkungsverfügungen der Linzer Gestapo vom 13. September 1941

betreffend konfessionelle Jugendveranstaltungen Punkt für Punkt von uns ignoriert wurde.
Die folgenden *Tagebuchstellen* stehen hier nur als *Zeugnisse dieser Zeit,* die immerhin fast vierzig Jahre zurückliegt. Sie setzen erst im Jahre 1941 ein, als ich in der Gemeinschaft bereits fest verwurzelt war. Ich besuchte die Glaubensstunden in der Vorstadtpfarre seit dem Schuljahr 1939/40, mein Klassenkamerad Otto Fridrich, Ministrant der Vorstadtpfarre, lud mich zu den Runden ein. Für die älteren Jahrgänge gab es interessante Einzelvorträge, von denen mir mein Bruder des öfteren berichtete. Mit Beginn seiner Militärdienstzeit im Herbst 1940 setzte unser sehr intensiver Briefwechsel ein, den ich als eine dieser Quellen meines Berichts bezeichnet habe. Meine Briefe aus der Heimat waren meist ziemlich dick, weil ich sie mit vielen eigenen Aufnahmen illustrieren konnte. Die Frontkameraden meines Bruders waren immer schon auf diese Beilagen gespannt. Zensur gab es bei der Feldpost nach unseren Erfahrungen nur in vereinzelten Fällen; mein späterer Kriegskamerad Hans Dallinger aus Ried hat zum Beispiel statt Oberdonau immer Oberösterreich auf seine Briefe nach Zuhause geschrieben und die Briefe kamen an . . .

17. 2. 1941
Ich komme jetzt langsam darauf, was Kunst für einen Menschen bedeuten kann und mir scheint es, als fände man durch die Kunst am leichtesten den Weg zu Gott.

12. 3. 1941
Aufnahmefahrt nach St. Wolfgang. Auftrag Herrn Zauners, den hl. Georg vom Pacheraltar für unseren Weiheraum aufzunehmen. Die beste Aufnahme ist die vom hl. Florian, sie bedeutete dreiviertel Stunden Arbeit. In etwa zwei Meter Entfernung von diesem Schreinwächter befindet sich ein Engel auf einer Stange, in dessen Gewandfalten ich die Kamera postieren konnte für die Aufnahme, bei der ich auch mit Gegenlicht zu kämpfen hatte. Auch der Mesner hatte seine Plage mit mir.

16. 5. 1941
Gestern hatten wir eine Abendfeier in Schauersberg, sie war ganz groß. Sie begann um 20.45 Uhr, es war schon ganz finster. Zehn Jungen standen mit Fackeln um den Altar. Stöttinger betete vor, Geistlicher war keiner da. Selten noch hatte ich ein derart erhebendes Gefühl wie an diesem Tag.

25. 5. 1941
Freitag nachmittag war ich mit Mittendorfer in Sattledt und Heiligenkreuz. In Sattledt erbot sich der Pfarrer, P. Engelbert, uns die Kirche genau zu zeigen, als er hörte, daß wir aus der Welser Pfarrjugend wären. Das war sehr interessant.

3. 7. 1941
Übermorgen gehen Helmut und ich auf die große Fahrt 1941: Passau – Regensburg – Nürnberg – Rothenburg – Heidelberg – Mannheim – Speyer – Karlsruhe – Freiburg – Bodensee – Bregenz – Arlberg – Innsbruck – Wels. Wir nehmen diesmal das Zelt mit, weil die meisten Jugendherbergen gesperrt sind.

5. 7. 1941
Aufbruch nach der Jugendmesse mit vollbepackten Rädern mit einem Brief von Kaplan Zauner an unseren Jugendbischof Dr. Paulus Rusch in Innsbruck, dem wir einen Besuch abstatten wollen, um ihm Grüße von ,,unserer Gemeinde in Wels" zu überbringen. (Der Bischof war dann verreist, so brachten wir den Brief wieder heim.)

12. 7. 1941
Heute besichtigten wir die Kaisergruft im Dom zu Speyer; war sehr fein. Wir sehnen uns aber schon wieder nach unseren heimatlichen Bergen.

8. 8. 1941
Erste Erkundungsfahrt nach Sierning, Steyr, St. Florian und nach Lorch, wo die Friedhofkirche einen tiefen Eindruck auf mich machte. Viel photographiert.

3. 11. 1941
Am Samstag hatten wir wieder eine Chormesse von Kronsteiner. Hat mir sehr gut gefallen. Ich betete bei dieser Messe zum erstenmal in der Kirche Lesung und Evangelium vor (wie bisher schon im Weiheraum).

9. 12. 1941
Gestern abends war es sehr erhebend in der Abendmesse. Es war eine deutsche gesungene Chormesse von Josef Kronsteiner. Noch jetzt höre ich den Introitus: ,,Voll des Frohlockens bin ich im Herrn und meine Seele jauchzt auf in meinem Gott!" So vieles erscheint klein und unwichtig, was man sonst für bedeutungsvoll hält.

12. 12. 1941
Die Glaubensstunden sind nun schon einen ganzen Monat ausgefallen, weil Herr Zauner eine Zahnbehandlung hat. Das ist nicht sehr gut für mich.

Weihnachten 1941
Zum erstenmal liturgischer Christbaum (selbstgefertigte liturgische Symbole als neuer Christbaumschmuck).

25. 12. 1941
Heute habe ich die Mette und die zweite Messe schon mit dem neuen Missale Romanum mitgefeiert.

1. 1. 1942
Ein neues Jahr beginnt. Gottes Segen für seine Kirche, seine Barmherzigkeit denen, die gegen unsere Christuskirche arbeiten, denn . . . sie wissen nicht, was sie tun!

3. 1. 1942
Heute nachmittag photographierten Franz Friedl und ich im Stift Lambach 24 Gemälde von Äbten und Bischöfen.

4. 1. 1942
Um 8 Uhr in der Jugendmesse. Evangelium verkündet. Nachmittags in Stadl-Paura bei einem Besuch kriegsgefangenen französischen Militärpfarrer kennengelernt. Hat mich sehr beeindruckt.

17. 2. 1942
Um 20 Uhr war ich in der Gel (so nannten wir die Glaubensstunde), ein an der Ostfront verwundeter Kamerad im Herrn hat zu uns gesprochen.

7. 4. 1942
Am Sonntag sehr feine Jugendfeier in Schauersberg.

18. 6. 1942
Am Dienstag vor acht Tagen war ich in der Karmeliterkirche in Linz bei einer Jugendpredigt. Dr. Gantenberg hat gesprochen. Am Donnerstag setzte ich mich hin und schrieb die ,,Jugendpredigt":

Strahlenhelle
bricht von oben
in den weiten dunklen Raum.

Glanzgefunkel
gibt die Anwort
und die Orgel stimmt mit an.

Laut und stürmend
kündet Jugend
froh von Gottes Herrlichkeit. –

Stille der Er-
wartung waltet,
machtvoll ballend geist'ge Kraft.

> Herr, gib Kraft mir, laß gelingen
> dieses Werk als Segensborn!
>
> Junge Christen kampfbereiten
> Herzens hört ihr mein Gebet.
>
> Jugend sucht und liebt das Wagnis,
> stürzt Euch in das größte nun!
>
> Wagnis ist's, sich Christ zu nennen,
> Christi Fahne zu bekennen.
>
> Jugend, ecce opum tuum,
> Christi Wort alldort zu künden,
>
> wo Du stehst von Gott gewollt;
> nicht nur selbst als Christ zu leben,
>
> sondern immer vorwärtstragen
> dieses große, helle Zeichen,
>
> das da steht von Morgen an, das ist
> Sendung, Mut verlangend!
>
> Ecce opus tuum, Jugend,
> sieh Dein Werk und hebe an!

Jugendstürme
der Begeisterung
brechen Bahn im Jubellied!

Machtvoll schwirren
an die Töne,
himmelstürmend und besiegend,

weiter wird der
Raum der Kirche,
fühlbar näher steht man Gott.

Kampf und Not und
bittre Stunden,
alles ist nun überwunden,

eins nur strahlt von
ferne weit:
Gottes große Herrlichkeit!

12. 7. 1942
Am Sonntag nahmen einige schöne Tage ihren Anfang (5. 7.). Um 13 Uhr brachen Herr Zauner, Herr Nürnberger, Franz Friedl, Franz Mittendorfer, Otto und Robert Fridrich zu einer Hochleckentour auf. Wir besuchten die gastfreundliche Familie Wetzelsberger in Buchberg am Attersee, wo wir übernachteten. Am nächsten Morgen fuhren wir mit dem Schiff nach Steinbach und stiegen von dort auf den Hochlecken. In der Hütte war dann eine sehr gute Stimmung, obwohl Feldgendarmerie auf der Suche nach Deserteuren war. Trotzdem haben wir am nächsten Morgen in den Latschen das Opfer gefeiert. Wir stiegen dann zu Aurachsee ab.

20. 7. 1942
Am Montag, den 12. Juli, gingen wir von neuem auf Fahrt, an der auch kleinere Ministranten teilnahmen. Wir fuhren mit Herrn Zauner mit den Rädern nach Unterach und stiegen zur Eisenau-Alm auf. Am nächsten Tag ging es auf den Gipfel des Schafberges, und über den Purtschellersteig kehrten wir wieder zur Eisenau zurück.

6. 8. 1942
Auf Ferienfahrt mit Helmut in Marburg a. d. Drau: An der ehemaligen Grenze nach Jugoslawien sahen wir die Tanksperren und Bunker, vor Marburg holte uns eine HJ-Streife ein und empfahl uns, aus Sicherheitsgründen in der Bahndienststelle zu übernachten. Außerdem sollten wir unsere Oberösterreich-Wimpel von den Rädern wegnehmen. Zelten sollten wir im Raum Cilli auf keinen Fall, sonst hingen wir am nächsten Morgen an einem Baum. Das sind schöne Zustände in der Südsteiermark!

Februar 1943
Tag der mündlichen Matura. Siegesbewußt zog ich heimwärts, wo mich eine sehr traurige Nachricht erwartete: Xandl Neuwirth ist in Tunis schwerverwundet auf einem Hauptverbandsplatz gestorben.

19. 3. 1943
Fahrtenspruch

Glutet, Sonnen,
hohe Stirnen;
stählet Körper,
glühend heiß sengt
alle Glieder!

Kühlet, Winde,
die Gesichter;
fegt im Sturme
erdentfesselt
wider Feige!

Strahlt am Abend,
Sonne, Sterne,
milde über
Starke, welche
ausgedauert.

25. 3. 1943
Bischofsmesse in der Vorstadt.

15. 4. 1943
Lied bist du mir,
Sprache des Lebens,
in heiligen Stunden
innern Erlebens.

10. 5. 1943
Am Morgen schrieb ich das „Lied der jungen Christen".

1. Laßt steigen das leuchtende Banner,
   sei's auch zerrissen vom Sturm,
   laßt glänzen die wellende Seide
   hoch von dem wuchtenden Turm!

2. Wir sehen das Zeichen der Winde,
   bleibt nur die einzige Wahl:
   zu gürten die Waffen des Lichtes,
   schneidend wie klingender Stahl.

3. Wir streiten für Glauben und Ehre,
nicht um ein irdisches Gut,
beim Kampf um das Reich unsrer Herzen
braucht nicht zu fließen das Blut.

4. Du, Christus, bist unser Gefährte,
Führer, der bürgt für den Sieg!
Nun auf Kameraden, wir wissen:
Mut nur die Kämpfe entschied.

Herr Zauner war begeistert von dem neuen Gedicht. Ich widmete es der Welser Pfarrjugend: Herr Nürnberger wird es vertonen.

13. 5. 1943
Die größte Freude seit meiner Matura vor drei Monaten. Mein Bruder auf Urlaub. Wanderung mit P. Engelbert Neuwirt, P. Hermann Mair und Familie Billstein. Auch Alex Bilewitsch aus Lemberg geht mit, die von der neuen Liturgie begeistert ist, aber ihre Eltern erlauben ihr den Besuch der Kirche nicht.

22. 5. 1943, 7.30 Uhr
Vorbereitungsstunde für den Jugendsonntag. War sehr zielsetzend. Immer mehr kommt es mir zum Bewußtsein, daß mein Stehen in der Pfarre lebenswichtig für mich ist.

23. 5. 1943
Jugendsonntag! Die Chormesse vom 4. Sonntag nach Ostern stimmt mich so richtig in den Tag ein. Um 16 Uhr war die große Feier in der Vorstadtpfarre. 400 Jugendliche waren da. Dr. Gantenberg aus Passau sprach.

28. 5. 1943
Um halb 8 Uhr abends war in Schauersberg die Marienfeier, die ich selbst zusammengestellt habe. Sie war sehr würdig. Mein Lied schloß die Feier. Herrliches Gefühl, ein eigenes Lied von der Gemeinschaft gesungen zu hören.

30. 5. 1943
In Lichtenwörth den Gottesdienst miterlebt. Es ist schon tragisch, wenn sich in einer Pfarre gar nichts rührt.

15. 6. 1943
Josef Bendl auf der Durchfahrt. Aussprache in der Vorstadt über das „Werk“ (Corpus-Christi-Mysticum) . . .

23. 6. 1943
Nachmittag in Linz im Seelsorgeamt.

29. 6. 1943
Mit dem Rad fuhr ich allein nach Frauenstein. Der Pfarrer freute sich über meinen Besuch und lud mich zum Essen ein. Da wurde mir dann ziemlich schlecht, es war für mich zu üppig. Trotzdem studierte und photographierte ich die Schutzmantelmadonna.

13. 7. 1943
Aufbruch zur Toten-Gebirgs-Wanderung – mit Herrn Zauner. 11 Mann. Umkehr vom Almtalerhaus wegen Schlechtwettereinbruch. Schlußmahlzeit mit Marmelade und Schnaps im Zug, das war das Ende einer 4-Tage-Fahrt.

24. 7. 1943
Nachmittags kommt Weißhäupl, um sich vor dem Einrücken von mir zu verabschieden. [1945 gefallen.]

29. 7. 1943
Aufbruch zum Watzmann. Herr Zauner, Altenstrasser, Kallaus, Weiß, Oppitz, Zöpfl Rudi und ich.

16./17. 8. 1943
Mit Helmut Nord-Süd-Überquerung des Toten Gebirges vom Offensee zum Altausseer See. Diese Tour war das schönste Erlebnis des Sommers.

21. 8. 1943
Einberufung für 27. 8. gekommen.

14. 3. 1944
Genesungsurlaub. Jeden Morgen bin ich um 6 Uhr in der Messe. Fastenzeit!

15. 3. 1944
Um 10 Uhr vormittag ist Studenten-Glaubensstunde. Herr Zauner hat mich gebeten, einige Worte zu den jungen Freunden zu sprechen, und ich tue es gern.

Palmsonntag, 2. 4. 1944
Truppenübungsplatz Döllersheim. Gestern ist der Rest der ROB-Anwärter in das Barakkenlager eingezogen. Mit meinen alten Freunden von Brünn lernte ich auch Kameraden von Wien kennen, mit denen wir gleich eine Abendmesse in Merkenbrechts organisierten.

3. 4. 1944
Die abendliche Opferfeier gestern war wie ein Nachklang der Vorstadtpfarre: Ein Priester hat uns in einem Bauernhaus begrüßt, wir besprachen die Meßgestaltung und das Lesen der Passion.

Znaim, 8. 4. 1944
Um 18 Uhr in der Auferstehungsfeier in der Niklaskirche, heiliges herrliches Osterglück, Osterjubel. Die Welt ist erlöst!
Mit Robert Fridrich sehe ich mir die Kirche an: Älteste Ursprünge, gotische Fresken, gotisches Sakramentshäuschen und frühgotischer Schmerzensmann; Kanzel in Form einer Weltkugel. Begeistert treten wir in den Abendsonnenschein. Von der Kirche fliegt der Blick frei ins Thayatal hinein.

11. 4. 1944
Erster Dienst beim ROB-Bataillon. Es geht mir ganz gut. Beim Waffenreinigen mache ich eine wichtige Entdeckung: mein Gruppenführer, Uffz. Schweighofer, ist Christ, er arbeitete am Schlierbacher Gymnasium für die Sache des Herrn. Über Walter Wagner, der gefallen ist, fanden wir uns. Schweighofer kommt aus Traunkirchen.

4. 5. 1944
Auf der Rückfahrt von Wien (Ausstellungsbesichtigung) sah ich in der Abendsonne Klosterneuburg mit der deutschen Kaiserkrone auf der Kuppel. Ewiges Deutschland! Herrliches Österreich!

5. 7. 1944
Einsatzurlaub. Am Abend gehe ich in die Vorstadt. Herr Zauner ist sehr freudig überrascht. Er hat eine Neuigkeit für mich. Im Weiheraum ist eine Ausstellung über Liturgie und Heimgestaltung. Da soll ich noch Bilder bringen und auch Aufnahmen machen. In seinem Zimmer erzählt er mir von seiner neuen Idee: Nach dem Krieg soll ich für die Diözese photographisch arbeiten . . .

6. 7. 1944
Ich mache die gewünschten Vergrößerungen von Welser Kunstaufnahmen. Trude Scharmüller besorgt mir die schönen Holzrahmen.

8. 7. 1944
Gestern habe ich die Bilder in die Vorstadt gebracht. Herr Zauner hatte große Freude damit, er arbeitete intensiv im Luftschutzkeller. Heute mache ich nach dem Dankgottesdienst zum Schulschluß die Aufnahmen in der Ausstellung.

Wien, 13. 8. 1944
Heute lernte ich einen älteren Kameraden kennen, der ein Schwein schwarz geschlachtet hat und jetzt zur Strafe Frontbewährung erhielt. Er kommt aus seinen dunklen Gedanken

nicht mehr heraus, stiert den ganzen Tag vor sich hin, in der Nacht schreit er jämmerlich auf, von bösen Träumen geplagt. Ich habe heute lange mit ihm geredet, vielleicht konnte ich ihm Vertrauen und Hoffnung geben. Jedenfalls sagte er: ,,Du bist seit langem einer, der so zu mir redet."
In der Sonntagsmesse hörte ich eine Predigt über unser Verhältnis zu den Kranken.

15. 8. 1944
Ich besuchte P. Hermann Mair in der Annagasse und feierte dort das Marienfest. Voriges Jahr war ich noch daheim, war alles ganz anders. In mir klingt die Kronsteiner-Weise nach: ,,Frohlocken lasset uns alle im Herrn . . .". Beim Kommunionempfang fällt mir auf, daß so viele junge Männer mit verschränkten Armen zur Kommunionbank treten: es sind kriegsdienstverpflichtete Franzosen. Ich erfahre, daß es am Sonntag hier auch eine Tschechenmesse gibt, also internationaler Boden! P. Hermann begleitet mich noch zur Kaserne. Er macht mich auf die Christkönigskirche aufmerksam.

19. 8. 1944
Heute lerne ich die Holzmeisterkirche kennen, die ganz meinem Denken entspricht, ein sehr interessanter Baukomplex. Die Kirche mit einem großen Altarwandmosaik von Prof. Sterrer. Edith und Irmgard, die ich vor zwei Jahren in Sattledt kennenlernte, sind besondere Stützen der Jugendarbeit hier.

31. 9. 1944
Eine große Freude wird mir hier zuteil. Ich treffe einen Freund aus der Vorstadt: Ignaz Mayr aus Marchtrenk. Leider wird er heute schon zur Marschkompanie nach Hainburg abgestellt, obwohl er sehr krank ist . . .

25. 9. 1944
Besuch auf dem Himmelhof. Bedrückte Stimmung. Prof. Walk sieht schwarz für das christliche Volk. Ich komme nicht ganz mit. Hoffnungslos ist die Lage noch nicht in meiner Heimat.

26. 9. 1944
Orgelkonzert in St. Stephan, ich bin aber zu müde.

28. 9. 1944
Auf dem Weg durch Floridsdorf komme ich an der Josefskirche vorbei, die ich in einem Buch Herrn Zauners abgebildet sah. Ich gehe in die Kirche hinein, aus der gerade Menschen kommen. Der Raum ist nur mehr schwach beleuchtet, er scheint mir zu weit. Ich muß wissen, ob es hier Glaubensstunden gibt. Ich läute am Pfarrhaus bei P. Hartwich. Ich werde freundlichst empfangen, der Pater kennt Herrn Zauner und Herrn Nürnberger. Am nächsten Abend soll eine Glaubensstunde sein.

29. 9. 1944
Nach dem Segen gehe ich über die Empore in den Raum der Glaubensstunde, wo schon ziemlich viele Burschen, auch Soldaten, versammelt sind. P. Hartwich ist heute verreist, ein Student hält die Stunde, die größtenteils die Jugend mitgestaltet. Der Michaelstag eignet sich gut für so eine Stunde. Der Philosophiestudent ist kriegsversehrt. Er erzählt mir nachher begeistert von seiner Arbeit in der Pfarre. Er weiß auch, daß das Kirchenbaubuch von Parsch-Kramreiter noch zu haben ist. Da muß ich mich umsehen.

16. 10. 1944
Wieder einmal in Fünfhaus-Christkönig. Pater Fritsche gibt mir ein Madonnenbild, das ich mit meiner Mutter nach Schauersberg bringen werde.

29. 10. 1944
Christkönigssonntag. Mit Ernst Benirschke das Weihespiel in Fünfhaus erlebt. Die Choranlage eignet sich vorzüglich als Bühne.

Gmunden, Reservelazarett Cumberland, 21. 2. 1945
Heute lerne ich Schwester Angela endlich als Christin kennen. Wir freuen uns beide. Die große Erwartung lebt in mir, heute soll abends eine Opferfeier im Lazarett stattfinden. Ich werde vorbeten. Gestern kam Herr Knoll von der Stadtpfarre Gmunden die hl. Messe ansagen, bei dieser Gelegenheit trug ich ihm meine Lektorendienste an. Freudig gab er mir die Hand, das hätte er so dringend gesucht. Zwischendurch kommt der NS-Führungsoffizier mit dem Spieß und fragt, ob überhaupt jemand Interesse am Gottesdienst hat. Einmütig sind alle für den Gottesdienst. Es kommen mehr als das letzte Mal. Der Gesang dringt durch alle Wände.

Wie ging es weiter? Zunächst Freude über das Kriegsende, Wirren, Not; Einsatz für den Wiederaufbau in der Vorstadt, wo die gesamte Pfarrjugend das steile, schwerbeschädigte Kirchendach umdeckte. Eine Dankwallfahrt nach Maria Scharten, dann begannen die Studienjahre, in denen die alten Freunde an den verschiedenen Hochschulorten selbstverständlich am Aufbau der Hochschulgemeinden mitarbeiteten. Herr Zauner wurde im November 1945 Expositus von St. Theresia zu Linz. Am Stephanitag 1945 besuchten die jungen Freunde am neuen Ort ihren alten ,,Chef", wie er zur Tarnung von uns genannt worden war. Herr Nürnberger wurde 1947 Pfarrer in Traunkirchen.
Aber es gibt kein Ende für die Gemeinschaft. Wir trafen uns an der Bahre unseres so früh verstorbenen Jugendseelsorgers Pfarrer Josef Zauner im Jahre 1961; zu unseren Treffen mit Pfarrer Erich Nürnberger in Traunkirchen kommen sogar Gäste aus Bayern, die seinerzeit in der Garnisonsstadt Wels zur Vorstadtpfarrjugend gehörten. Anläßlich des 70. Geburtstages von Pfarrer Nürnberger traf sich der Kreis am 24. 6. 1978 in Traunkirchen (vgl. die Meßansprache im Anhang).
Mit einer Stelle aus Reinhold Schneiders ,,Macht und Gnade" sollen diese Erinnerungen enden:

,,Es ist das Wesen der Kirche, zu beharren, so wie ein Baum beharrt, um über festem Grunde sich auszubreiten; darum wird ihre Stärke ebensooft unter- wie überschätzt. Ihre beste Kraft wird erweckt, wenn sie sich bewähren, behaupten soll. Dann wird sie Märtyrer stellen, und eine Kirche, die Märtyrer aufbringt, ist nicht verloren. In der letzten Tiefe des Abgrunds liegt ein Schatz vergraben; das Geschlecht, dem es bestimmt sein wird, ihn zu heben in der Stunde der Not, wird finden, daß die alten Gefäße das kostbarste Gut der Menschheit noch unversehrt bewahren: das Uralt-Heilige, unter dessen Berührung die Völker sich verjüngen.
Jeder Tag der Geschichte ist Gerichtstag; an einem jeden geschehen Tat und Schuld; ein jeder fordert Entscheidungen. Der Mensch ist in die Geschichte hineingeboren, deren eigentlicher Inhalt nicht der Aufgang und Untergang der Staaten ist, sondern der Aufgang des Reiches Gottes und das Gericht an den Feinden dieses Reichs. Darum ist die Seele des Menschen in einem höheren Sinne Schauplatz der Geschichte, als es die Schlachtfelder sind. Wie kämpfte die Seele um Gott? Wie erlebte sie seine Macht? War ihr Glaube stark ge-

nug, der geoffenbarten Wahrheit zu dienen? Dies sind die wesentlichsten Fragen an die Epochen der Vergangenheit, es sind die entscheidenden Fragen an die Gegenwart . . ."

Literatur:

Karl Becker: Jubel der Bekennerschaft. Recklinghausen 1939.

Das Brot des Herrn. Recklinghausen 1940.

Gästebuch der Wirtschafterin der Vorstadtpfarre Wels Frau Martha Czischek von 1942 bis 1947.

Josef Zauner †: Illustrierte Gedenkschrift, hekt. o. O. u. J. [1961].

Liederbuch der Nationalsozialistischen Deutschen Arbeiterpartei. Herausgegeben vom Kulturamt der Reichspropagandaleitung, München 1941.

Reinhold Schneider: Macht und Gnade – Gestalten, Bilder und Werte in der Geschichte. Wiesbaden 1946.

Briefe, Tagebücher und Fahrtenbücher von Erich Widder.

Unser Lied. Ein Singbuch österreichischer Jugend. Verlag Fahne Mariens. Gesammelt und bearbeitet von F. Platzer SJ. Wien o. J.

Rudolf Zinnhobler: Beiträge zur Geschichte des Bistums Linz. Linz [2]1978.

Dokumentenanhang

1. Weihnachtsbrief von Dr. Ferdinand Klostermann aus Berlin im Jahre 1943

O Herr,
aus welcher Armut kommen wir!
Land, das dir nimmer reift,
Raum ohne Leben,
Quell, der nicht fließt
und doch die Sehnsucht:
O komm, Herr Jesu!

O Herr,
aus welchem Schreien kommen wir!
Weg, der nicht schweigen will,
Nacht voller Unruh,
Tag voller Ruf.
Die Sehnsucht nur ein Schrei:
O komm, Herr Jesu!

O Herr,
aus welchen Fernen kommen wir!
Wüste voll Einsamkeit,
Meer voller Kälte,
Tod ohne Licht.
Die Sehnsucht unser Leben:
O komm, Herr Jesu!

M. L. Mumelter

Ich sitze in meiner schwer verdunkelten Berliner Bude unterm Adventkranz, den mir neulich jemand geschenkt hat und an dem jetzt schon zwei Lichter brennen. Auch die paar Bilder sind bekränzt mit Tannengrün, so wie es im Ischler Landl Brauch ist um diese Zeit. Sieht man nur den Kranz und die Lichter und die langen Schatten, die sie auf die Decke werfen und die lebendig wie die Lichter selbst dort spielen, dann könnte man fast eine Weile vergessen, daß Krieg ist und daß man selbst mitten in dem grauenvollsten aller Kriegsgeschehnisse lebt und vielleicht in nur wenigen Minuten schon wieder das Rollen der Schlacht hört und daß es nur ein sonderbarer Zufall ist, wenn man überhaupt noch ein Dach über sich hat.

Aber augenblicklich ist Friede und Berlin, die Stadt, die antlitzlose, verschwindet immer mehr und mehr und Gesichter steigen auf aus der Vergangenheit und nützen die Stille der Stunde und Tote werden gegenwärtig und Ihr Fernen seid mir nahe, als säßet Ihr um den Tisch unterm Adventkranz und Eure Schatten würden dort an die Wand geworfen von den zwei Kerzen, und Zeit und Raum verschwimmen im seltsamen Zwielicht. Diese besinnliche Stunde will ich nutzen, um Dir meinen weihnachtlichen Gruß zu sagen.

Wer weiß, in welcher Verfassung Dich dieser Gruß erreicht – wo und wie. Jedenfalls stehst Du im Advent und all seine Einsamkeit, seine Nächte und sein Grauen hast Du erlebt. Das Sinnlose ist um uns, aber das ist nicht das Ärgste, es stand oft genug noch drohender in uns, in allen Winkeln unseres Seins hockte es und aus allen Abgründen unserer Seele grinste es: das Gespenst der Sinnlosigkeit. Fast möchte man zurückschauend oft sagen: an allen Grenzen sind wir gestanden und über allen Abgründen geschwebt, durch alle Ungewißheiten und Nächte sind wir gegangen, und was in den Uranlagen unseres Volkes, in den Tiefenströmungen der Zeit und nicht zuletzt im eigenen Blute rauscht an Düsterem und Unheilschwangerem, an Tragischem und Geballtem, an Suchendem und wild Drängendem, das ist auch in uns und wir haben seinen Wellenschlag gehört und in tausendfacher Not verspürt. Und es war doch gut so, dürfen wir vielleicht schon sagen – denn nur wer die Nacht kennt, schätzt den Morgen und nur wer die Fremde kennt, liebt die Heimat.

Und so kann es sehr wohl geschehen, wie schon manche von Euch schreiben, daß uns im Zerbrechen des doch nur Vorübergehenden und Vorläufigen erst das Eigentliche und Letzte aufgeht, das uns überhaupt erst die Werte der Dinge bewußt werden läßt. Und was war doch alles vorläufig, was wir für entscheidend und endgültig gehalten haben – es war es nicht, denn es ist zerfallen, das Letzte und Eigentliche aber zerfällt nicht. Und so kann es geschehen, daß wir heuer auch inmitten der unweihnachtlichsten Umgebung Weihnachten tiefer erleben als wir dies je einmal konnten – nämlich nicht nur als schöne Erinnerung an etwas, was vor 2000 Jahren einmal geschehen ist und auch nicht nur als die Erwartung von etwas Zukünftigen, das sich in fernen Zeiten vollenden wird – das alles gewiß auch –, sondern vor allem als frohes Wissen um etwas schon unmittelbar Nahendes, Kommendes, schon vor der Tür Stehendes, schon Gegenwärtiges, gewiß noch in irgendwelchen Verhüllungen und Verhaltenheiten, aber doch so, daß darnach schon zittert jegliches Wesen in seiner Ungeborgenheit, in seiner nackenden Blöße. Weihnacht ist gewiß ein Geschenk, etwas, was von oben gegeben ist, was wir weder erwarten noch fordern konnten – aber es gibt zweierlei Geschenke: solche, die man einem aus irgendeinem Anlaß oder Überfluß so leichthin gibt, und solche, nach denen der Empfangende schon geöffnet ist mit all seinen Sehnsüchten, denen er gegenübertritt, als wäre er nur mehr leere Schale, zu empfangen, nur mehr ausgedorrte Erde, die nach dem Regen dürstet, nur mehr Auge in Nebel und Nacht gebannt, das nur Licht trinken will.

Und vielleicht verstehen wir heute wieder besser die Botschaft der Erlösung, weil wir so ausgetrocknete Scherbe, ausgebrannte Erde geworden sind und weil unser Auge nur mehr Nacht um sich sieht – ist das der Sinn der Nacht? Brechen uns darum alle Sicherungen zusammen? Sind wir darum hinausgehalten über die Abgründe? Sind uns darum alle Wahrheiten fragwürdig geworden, die wir dachten, um für SEINE Wahrheit offen zu werden? Sind uns darum alle Straßen weglos geworden, die wir gingen, und trug darum alles Lebendige, das wir geliebt haben, den Tod schon in sich? – Und dürfen wir vielleicht einmal singen: „O wahrhaft selige Nacht! O wahrhaft seliger Tod!" wie einer einmal gesungen hat: „O wahrhaft selige Schuld!"

Vor Jahren saßen wir mal einige zusammen – irgendwo – um eine dicke rote Kerze und summten Walter Flexens Kriegsweihnachtslied in jener stillen, verhaltenen Weise, allen Schmerz deckend, alles Dunkle erhellend, allen Lärm stillend, allen Kampf befriedend und alle Spannungen lösend. Diese Weise, die so mancher von Euch summen wird, wenn er

draußen Wache schiebt in der Heiligen Nacht, klingt mir jetzt wieder auf, da meine zwei Adventkerzen schon zusammenbrennen und die Uhr schon gegen Mitternacht geht – und so soll die Heilige Nacht auch Dich mit ihrem Segen umhüllen, wo Du auch stehst: denn der Friede, den jene Weise tastend erspürt, das Lichte, Stille, Lösende ist ja schon mitten in uns, wenn auch an der äußersten Oberfläche noch manche Wellen drüber schlagen möchten.
Die Gnade der dreimal Heiligen Nacht sei über uns allen, über Dir und Deinem

Dr. Klostermann

2. Meßansprache, gehalten von Herrn Pfarrer Nürnberger beim Treffen der ehemaligen Welser Vorstadtjugend in Traunkirchen am 24. 6. 1978.

Meine lieben Freunde, Schwestern und Brüder im Herrn!

Am Anfang möchte ich allen danken, die den heutigen Tag geplant und in die Tat umgesetzt haben. Ihr bereitet mir eine große Freude, daß Ihr jetzt mit mir die hl. Messe feiert. Wenn man so seine 70 Lebensjahre vollendet hat, dann liegt ein ganz schöner Zeitabschnitt hinter uns. Das bedeutet 47 Jahre im priesterlichen Dienst. 1931 war das Weihejahr. Das bedeutet: Rückblick auf die Zeit des priesterlichen Dienstes in den einzelnen Abschnitten: Zwei Jahre Kaplan in Leonding, zwei Jahre in Linz-Urfahr, elf Jahre in der Vorstadtpfarre Wels und jetzt 31 Jahre Pfarrer in Traunkirchen. Wenn ich das Ganze überdenke, kann ich sagen, eine der fruchtbarsten Zeiten der Seelsorge war die Zeit in Wels. Dafür möchte ich mit Euch Gott besonders danken. Denn jede priesterliche Berufung und Sendung ist Gnade Gottes. Was Johannes dem Täufer als Gnade geschenkt worden ist, daran darf jeder Priester Anteil haben. Hinter dem Ja zu dieser Berufung und zum priesterlichen Dienst steht das Gebet und Opfer vieler Menschen, der Eltern, der Wohltäter, der Freunde. Und wenn ich heute an euch, meine lieben Freunde von der Vorstadtpfarre in Wels, denke, dann ist es auch für Euch ein Rückblick. Ein großer Lebensabschnitt liegt bereits zurück, Euer Leben in der Familie, in Eurem Beruf, ganz gleich welcher Art er ist. Besonders erinnern wir uns in dieser Stunde an die Jugendzeit. Eure Seelsorger haben Euch viel zu danken. Paulus hat das in einem Brief an seine Gemeinde, der er als Seelsorger gedient hat, so ausgedrückt: „Ihr seid meine Krone, Ihr seid meine Freude!" – Danken für alle Treue von damals, aber auch für alle Treue bis zum heutigen Tag. Es ziehen alle Erlebnisse von einst an uns vorüber: Das Beisammensein in den Heimstunden, in den Glaubensstunden, die Gemeinschaft bei den Gottesdiensten und Feiern, besonders wenn wir Eucharistie feiern durften in der der uns lieb gewordenen Kirche der Vorstadtpfarre Wels. Wir erinnern uns an religiöse Bekenntnisfeiern besonderer Art, die wir gehalten haben im großen und kleinen Rahmen, an das kirchliche Abendgebet, die Komplet, die wir in Schauersberg gesungen haben. Vor allem an die großen Zusammenkünfte junger Menschen, wo junge Kirche gelebt hat, an der Spitze die Wallfahrt nach Scharten, an das Beten und Singen in Adlwang. Wir denken an die Wanderungen und Bergfahrten in unserer Heimat, an alle fröhlichen Stunden in kritischer Zeit. Unsere Gesichter aber waren trotz allem voll Freude und Zuversicht. Gefahren haben uns nicht entmutigt, sondern zu einer ganz festen Gemeinschaft zusammengeschmiedet.
Aber ich meine, der Kern dieser Gemeinschaft, der uns zusammengeschmiedet hat, war nicht etwas, was am Rande lag; was ich vorhin aufgezählt habe, das war alles gut und notwendig, aber der Mittelpunkt, das Zentrale, was wir für das Wichtigste gehalten haben, was uns immer wieder Kraft gegeben hat, das war Christus, das war die hl. Messe, das war das Wort Gottes, das war die lebendige Verbindung mit Christus. Das war für uns damals die Kraftquelle. Von dort holten wir uns die Fähigkeit zu bestehen, den Glauben zu bewah-

ren, in Wort und Tat und Beispiel zu verkünden. Da wurde Kirche geformt und nirgendwo anders. Da wurde Kirche gelebt, da wurde Kirche manifestiert.
Und Ihr habt uns angenommen als Eure Jugendseelsorger, mit all ihren Fehlern und Menschlichkeiten, aber auch mit allem guten Willen. Wenn uns manchmal der Vorwurf gemacht worden ist, nun ja, man sieht von seiten der Jugend an euch ja nur den Menschen, das Äußerliche, so glaube ich, Ihr habt doch durchgesehen, hin bis zum Priester, hin bis Gott. Was im Brevier am heutigen Festtag Johannes des Täufers in der 2. Lesung steht, das möchte ich hier sagen: „Etwas Großes war er, hohe Würde, große Gnade und Erhabenheit. Bewundere ihn, wie man einen hohen Berg bewundert. Aber der Berg ist im Dunkeln, wenn ihn das Licht nicht umhüllt . . . Erhebe Dich zu dem, der dem Berg das Licht gibt, den Berg, den Gott dazu aufgetürmt hat, daß er zuerst die Strahlen empfängt und sie dann Deinen Augen weitergibt."
Ihr habt uns also ertragen und getragen. Durch Euch empfingen wir immer wieder Antrieb und Auftrieb, nicht müde zu werden, nicht zu resignieren, sondern weiter unseren Dienst zu tun. Dafür möchte ich Euch – und auch im Namen des verstorbenen Pfarrers Josef Zauner – ganz besonders danken. Wenn ich an die Situation von heute denke, tut mir manchmal ein Priester leid, der als junger Kaplan in der Seelsorge steht, weil er das nicht mehr spürt und das nicht mehr mitbekommt, was wir mitbekommen haben von einer uns tragenden Gemeinschaft. Sie haben es heute schwerer, Jugendseelsorge ist schwieriger geworden. Heute wird viel zu viel am Rande gearbeitet, agitiert. Zu wenig wird die Mitte gesehen, Christus, die hl. Messe, die Sakramente. Man braucht aber ein zentrales Element. Das müßte wieder mehr Bedeutung gewinnen. Dann würde man doch die eigentliche Mitte bewahren und nicht Wege gehen, die sich von der Mitte entfernen. Es soll jetzt nicht der eine Pol gegen den anderen ausgespielt werden, kein sinnloser Progressismus, der alles Vergangene gering achtet und nur das Jetzige, Moderne gelten läßt. Aber auch kein Konservativismus. Der goldene Mittelweg ist immer noch der fruchtbarste. Ihr habt, liebe Freunde, diese Mitte nicht verloren. Diese Mitte wird Euch tragen. Christus wird Euch befähigen, in Eurem Beruf, in Eurer jetzigen Stellung und Situation, die Aufgaben zu erfüllen zum Wohl Eurer Familie und der Gemeinschaft. Ihr wißt, die Kirche Christi geht nicht unter. Der Geist der Mutlosigkeit und Verzagtheit soll bei uns nicht aufkommen. Wir singen es heute wieder, was wir einst mit jugendlicher Begeisterung gesungen haben. „Du aber bist der Brunnen im Herzen und das innerste Singen. Du aber bist die heimliche Fahne, die lockende Weite. Du aber bist der Herr aller Berge und der ragende Gipfel. Du aber bist der Herr und das Reich und die Tiefe der Ewigkeit". Amen.

Hans Hollerweger

Die Liturgische Bewegung in der NS-Zeit

Das Zweite Vatikanische Konzil hat die Liturgische Bewegung zu einem Abschluß gebracht und eine weltweite liturgische Erneuerung eingeleitet. Bis zu diesem für die Kirche epochalen Ereignis war durch ein halbes Jahrhundert ein mühevoller Weg zurückgelegt worden, für den die Liturgische Bewegung Triebkraft war und die Richtung angab. Sie ist von unten her gewachsen. Ausgehend von kleinen Kreisen vor allem der Jugend und der Akademiker und inspiriert von charismatischen Persönlichkeiten, erfaßte sie allmählich das Kirchenvolk. Ihr Werden und Wachsen machte einen Reifungsprozeß durch. Manche ihrer klösterlichen, akademischen und jugendbewegten Formen wurden im Laufe der Jahre abgestreift. Es wurde immer klarer gesehen, daß die Liturgie als Gottesdienst des Volkes zu verwirklichen sei. In diesem Reifungsprozeß hatte die NS-Zeit eine bedeutsame Funktion: Ungewollt verhalf sie der Liturgischen Bewegung zu einem Selbstverständnis und zu einer Breitenwirkung, die für die Seelsorge äußerst fruchtbar wurde.
Die Liturgische Bewegung in der Diözese Linz hatte schon vor 1938 weite Kreise erfaßt. In der NS-Zeit wurde der Gottesdienst direkt eigentlich nur in wenigen Bereichen eingeschränkt. Aber die allgemeine Beschränkung des kirchlichen Lebens auf den Raum der Kirche führte zu einer Ausstrahlung der Liturgischen Bewegung in jede Pfarrei.

Die Situation bis zum Jahre 1938

Die Liturgische Bewegung hat in der Diözese Linz in den zwanziger Jahren kräftig zu wirken begonnen. Diesen Eindruck gewinnt man aus der Tatsache, daß bereits für die Dekanatskonferenzen im Frühjahr 1931 als *Pastoralarbeit* das Thema: „Die Stellung des Klerus zur sogenannten Liturgischen Bewegung“ zu behandeln war[1]. Das Generalreferat ist ein wohl einmaliges Dokument für die Geschichte der Liturgischen Bewegung in unserer Diözese und darüber hinaus und verdient deshalb hervorgehoben zu werden.
Mit erstaunlicher Sicherheit wird das *Ziel* der Liturgischen Bewegung gesehen: Besseres Verständnis des öffentlichen Gottesdienstes und le-

1 LDBl (= Linzer Diözesanblatt) 78 (1932) 32–35.

bendigere Anteilnahme daran auf Grund der Lehre von der Kirche als dem geheimnisvollen Leib Christi und der daraus hervorgehenden Gemeinschaftsform des Gottesdienstes. Als Beispiel für die fruchtbare Arbeit der Bewegung werden die Erfolge angeführt, wie sie an einigen Orten erzielt worden sind. Es wird vor allem auf die vorbildliche Gestaltung des Gottesdienstes im Dom, der ,,noch wachsende Aufmerksamkeit zugewendet wird", hingewiesen. Dann wird das neue im Jahre 1929 erschienene Diözesanrituale als ,,eine herrliche Frucht wahrer Liturgischer Bewegung" begrüßt. Tatsächlich war dieses Rituale bahnbrechend für die Verwendung der Muttersprache bei der Sakramentenspendung. Ferner wird die gute liturgische Ausbildung im Priesterseminar lobend hervorgehoben. Als gedruckte Hilfen werden das ,,Andachtsbüchlein für die Schuljugend", das bereits eine Anleitung für die Betsingmesse enthält, gedruckte Behelfe, Meßbücher und Texte in den Händen der Gläubigen erwähnt. Eine Krippenandacht mit Verwendung liturgischer Texte, die im Dom und in anderen Kirchen gehalten wird, wird eigens genannt.

Neben der Katechese, der Predigt und der Verbreitung geeigneter Schriften wird als konkretes Ziel die Ausgestaltung und Umgestaltung des öffentlichen Gottesdienstes angestrebt, besonders die ,,Betsingmesse" mit Kindern und mit der ganzen Gemeinde, die Pflege des Volksgesanges und der Kirchenmusik. Als Voraussetzung für einen echten Fortschritt der Liturgischen Bewegung betrachtete man die religiöse Vertiefung der Gläubigen und die liturgische Bildung der Priester.

Für die Art und Weise des Vorgehens wurde Unterordnung unter die kirchliche Autorität, Eintracht und gegenseitiges Verständnis verlangt. Deshalb blieben der Opfergang mit Hostien, das laute Mitbeten von Sekret, Kanon und Konsekrationsworten, die gotische Kasel und die Beuroner Kelchform verboten. Allem historizistischen Zurückgreifen auf alte Formen (die Konzelebration wird angeführt) schrieb man die Berechtigung ab. Der Referent gibt den Rat, gegen eingewurzelte religiöse Bräuche klug vorzugehen, besonders hinsichtlich der Lieder und des Rosenkranzbetens während der Messe: ,,Eine Reform, die die Leute aus den Kirchen hinaustreibt, ist keine Reform."

Für die weitere Arbeit gab das Bischöfliche Ordinariat einige entscheidende *Richtlinien und Weisungen*[2]: ,,Die Liturgische Bewegung ist nicht

2 Ebd. 35 f.

um ihrer selbst willen zu pflegen, sondern in den Dienst der Seelsorge zu stellen." Mit diesem Grundsatz wird dem mancherorts verbreiteten Hang zu monastischen oder schöngeistigen liturgischen Bestrebungen die Berechtigung abgesprochen und die Liturgische Bewegung als Anliegen der Seelsorge gesehen. Diese pastorale Ausrichtung war in der Diözese Linz offensichtlich von Anfang an gegeben. Der zweite Grundsatz läßt die Zurückhaltung spürbar werden, die Bischof *Johannes Maria Gföllner* (1915–1941) gegenüber der Liturgischen Bewegung hatte: „Was an sich erlaubt ist, ist nicht immer empfehlenswert im Hinblick auf Unzukömmlichkeiten . . . Es empfiehlt sich daher, bei der gewöhnlichen Praxis zu bleiben." Deshalb wird als weitere Weisung eingeschärft: „Jede Neueinführung im Sinne der Liturgischen Bewegung bedarf einer ausdrücklichen vorhergehenden Erlaubnis des Bischöflichen Ordinariates." Mit dieser eindeutigen Weisung, die bereits im Jahr 1925 gegeben und vom Bischof auch urgiert wurde[3], wollte er jedem Wildwuchs und jeder Eigenbrötelei zuvorkommen und die Kontrolle über die Entwicklung nicht verlieren. Die übrigen Richtlinien betonen die Unterordnung des Kooperators unter den Pfarrer, die seelsorgliche Notwendigkeit, vor und nach der Messe die Kommunion auszuteilen und die Berechtigung der Segenmessen und Segenämter.

Wenn wir nach den *Gründen* fragen, wieso bereits im Jahre 1931 die Liturgische Bewegung ein allgemeines pastorales Anliegen sein konnte, ist die Antwort eindeutig: die Nähe zu Klosterneuburg. Dort fanden liturgische Kurse für Priester statt, dort erschien ein reiches und wirkungsvolles Schrifttum, das auf die praktische Seelsorge abgestimmt war, von dort übernahm man Anregungen, die in der Diözese Linz aufgegriffen und nicht selten in abgewandelter Form dem Volk nahegebracht wurden. An Einfluß gewann die Arbeit dieses von *Pius Parsch* ins Leben gerufenen Zentrums durch die „Betsingmesse", die beim Österreichischen Katholikentag im Jahre 1933 von 200.000 Gläubigen gefeiert wurde.

Zu denen, die sich von Klosterneuburg inspirieren ließen, zählt auch der Spiritual des Linzer Priesterseminars *Josef Huber*. Durch die tägliche Einführung der Alumnen in den Geist der Liturgie, durch eine vorbildliche Gottesdienstfeier und seine Treue zu den Weisungen des Bischofs bildete er eine Klerusgeneration heran, die sich die Liturgische Bewegung zum eigenen Anliegen gemacht hat. Ihre Breitenwirkung ist hauptsäch-

3 Ebd. 71 (1925) 45.

lich auf diesen Umstand zurückzuführen. Zur Verbreitung von geeigneten Schriften errichtete Huber noch vor 1938 an der Ecke Dametzstraße-Harrachstraße Räumlichkeiten zum Verkauf von Kleinschriften und liturgischen Behelfen. Doch noch bevor er mit dem Verkauf beginnen konnte, wurden die Lokalitäten beschlagnahmt. Die im Pfarrhof zur Heiligen Familie eingelagerten Schriften gingen durch Bomben zugrunde. Dies alles ist geworden und gewachsen *gegen* die offensichtliche Beschränkung der Liturgischen Bewegung durch Bischof *Gföllner*. Dies zeigen noch zwei weitere Weisungen aus den Jahren 1936 und 1937.
Ein Reskript der Ritenkongregation auf eine Anfrage aus Genua, ob bei der „Privatmesse" von allen Anwesenden dem Priester respondiert werden dürfe und ob dabei das Gloria, Credo, Sanctus, Benedictus und Agnus Dei gemeinsam mit dem Priester laut gebetet werden dürfen, bezeichnete diesen Brauch als an sich lobenswert, stellte es aber, falls er eine Störung mit sich bringen würde, dem Ordinarius anheim, diesen Brauch zu verbieten. Bischof Gföllner nahm diese Entscheidung zum Anlaß, die Neueinführung oder Fortführung der Missa recitata im allgemeinen nicht zu gestatten und band die Genehmigung für den Einzelfall an seine Erlaubnis[4].
Im folgenden Jahr griff der Bischof einige Abirrungen der Liturgischen Bewegung auf, doch ist die Tendenz der ganzen Weisung mehr als eine bloße Mißbilligung von wirklichen oder vermeintlichen Übertreibungen, und sie wurde von den Seelsorgern auch so verstanden[5]. „Die Liturgische Bewegung weist immer wieder bedauerliche Abirrungen auf. Der Altar wird umgekehrt zwecks Zelebration facie versa ad populum, das Tabernakel wird aus der Mitte des Altares entfernt und in eine Wandnische verwiesen, Kommunikanten empfangen die heilige Kommunion stehend, die Betsingmesse wird zu einer schablonenhaften und eintönigen Alltagsmesse, das Ave Maria wird nach dem Vaterunser ausgelassen, das Rosenkranzgebet während der heiligen Messe untersagt." Diese Mißstände werden im folgenden strikte verboten. Hierauf hält der Bischof mit seiner Meinung über die Liturgische Bewegung nicht zurück: Sie darf nicht ausarten „in eine subjektivistische und separatistische Liebhaberei, Tändelei und ‚liturgischen Sport' einzelner, sondern muß sich in den Dienst der Gesamt-Seelsorge eingliedern, die das oberste

4 Ebd. 82 (1936) 149 f.
5 Ebd. 83 (1937) 114–116.

Prinzip ist und bleibt. Wichtiger als alle liturgische Detailbetreuung einzelner Kreise ist die allgemeine Pastoration durch Predigt und Sakramentenempfang, durch Pflege der Standes- und Vereinsbedürfnisse, durch Verlebendigung der Katholischen Aktion und des Laienapostolates. Ein bloß äußeres mechanistisches oder gar gewaltsames Aufzwingen der liturgischen Ideologie und Praxis wird wenig Nutzen erzielen, stößt innerlich ab, entfremdet das Volk dem gesunden und richtig verstandenen liturgischen Leben der Kirche und birgt geradezu die Gefahr separatistischer, um nicht zu sagen schismatischer Tendenzen in sich." Für die „Betsingmesse" befürchtet er, daß sie als eine religiöse Vergewaltigung empfunden wird. Er wollte sie nur hie und da gelten lassen und bezeichnete alles übrige als ein Übermaß. Er meinte: „Gemeinschaftsgottesdienst besteht nicht in der Aufnötigung liturgischer Lieblingstendenzen einzelner auf die Gesamtheit, und was einzelnen sogenannten liturgischen Gemeinden gefällt, darf nicht gewaltsam zum Pflichtgottesdienst für alle gemacht werden. Hier ist nicht Ausbau, sondern Abbau der Liturgischen Bewegung am Platz." Bei aller Berechtigung zur Mahnung klingt in diesen Sätzen eine Tendenz an, die es den Befürwortern der Liturgischen Bewegung unter dem Klerus nicht leicht machte, die Bewegung voranzubringen, ohne bei dem auf seine Autorität bedachten Bischof Anstoß zu erregen.

Der Liturgischen Bewegung dürften diese Weisungen aufs ganze gesehen dennoch wenig geschadet haben. Ihren Vertretern wurde damit eindeutig gezeigt, daß es nicht auf einige außerordentliche Änderungen ankommt, sondern auf den Dienst an der Seelsorge. Damit war grundsätzlich ein guter Weg gewiesen, der, nun vielfach bedingt durch die Umstände der Zeit, auch beschritten wurde. Jedenfalls war in der Diözese Linz im Jahre 1938 eine kraftvolle Liturgische Bewegung vorhanden.

Die äußere Einschränkung nach 1938

Eine eigentliche Konfrontation zwischen Liturgischer Bewegung und NS-Regime gab es nicht. Innerhalb des Kirchenraumes wurde die freie Kultausübung respektiert. Indirekt gab es freilich zahlreiche Auswirkungen auf die Liturgie und, soweit gottesdienstliche Handlungen außerhalb des Kirchenraumes gehalten wurden, direkte Verbote und Einschränkungen. Liturgie ist ihrem Wesen nach ja immer auch politisch,

d. h. sie ist auf das Leben hin ausgerichtet, das private und das öffentliche. Bei der damaligen Liturgiegestalt kannte man freilich kaum solche Bezüge, wie sie heute etwa durch die Fürbitten wahrgenommen werden. Den Lebensbezug herzustellen, war und ist die Aufgabe der *Predigt*, die in dieser Hinsicht eine bedeutsame Funktion bekam. Die Priester mußten sich zwar auf die Verkündigung der Glaubenswahrheiten beschränken, um nicht mit dem System in Konflikt zu kommen, wem es aber gegeben war, konnte vieles indirekt sagen. Die Predigten wurden überall mehr oder weniger überwacht, und die Anzeigen und Vorladungen vor die Gestapo wegen der Predigt waren häufig. Zur Förderung der Predigt sandte das Seelsorgeamt häufig Vorlagen an die Pfarrämter, besonders für Jugendgottesdienste, die zu den anstoßerregenden Feiern gehörten. Eine weitere Behinderung des Gottesdienstes geschah durch *Veranstaltungen* der verschiedenen NS-Organisationen, die man provozierend zu den Zeiten der Gottesdienste ansetzte, um von deren Besuch abzuhalten. Nicht wenige kamen dadurch in Konfliktsituationen. Eine derartige Behinderung, die alle betraf, war die terminliche Kollision des Jugendsonntages am Dreifaltigkeitsfest, der in der ,,Ostmark" im Jahre 1942 erstmals mit der Jugend des ,,Altreiches" abgehalten werden sollte, mit dem Sportfest der HJ. Man sah sich gezwungen, den Jugendsonntag auf den darauffolgenden 10. Mai zu verlegen[6]. Noch im Jahre 1944 wurde ein allgemeiner Luftappell auf den Sonntag nach Fronleichnam angesetzt, an dem die Prozession stattfinden sollte. Erst nach Verhandlungen mit der Gauleitung wurde erreicht, daß die Übung so angesetzt wurde, daß die Prozessionen nicht behindert wurden[7].

Wer sich aktiv an der Gottesdienstgestaltung beteiligte und einen Dienst übernahm (z. B. bei der Fronleichnamsprozession), mußte mit *Schikanen* von seiten des Regimes rechnen. In dieser Hinsicht sind vor allem die Organisten und Chorleiter zu nennen. Es wurde allen Lehrern, die damals vor allem diesen Dienst versahen, verboten, weiterhin in der Kirche tätig zu sein. Diese Einschränkung brachte einerseits eine schwere Beeinträchtigung des Gottesdienstes vor allem an Feiertagen und damit eine Verarmung der Liturgie, andrerseits war man gezwungen, nach neuen Wegen der Gottesdienstgestaltung auszuschauen und fand sie in den Formen der Liturgischen Bewegung. Wenn man die kriegsbedingte

6 Ebd. 88 (1942) 27.
7 Ebd. 90 (1944) Beilage vom 7. Juni.

personelle Einschränkung dazunimmt, ergibt dies eine beträchtliche Wandlung der äußeren Gestalt des Gottesdienstes. Um dem Mangel an Organisten abzuhelfen, wurden Klosterschwestern dafür ausgebildet und verwendet[8]. Ferner bot man im Stift St. Florian Orgelkurse für Anfänger an[9]. Die Förderung der Orgel, besonders durch Orgelwettbewerbe, ist wohl auch der Grund für eine Bestandsaufnahme durch die Zentralstelle für Denkmalschutz des Innenministeriums[10].

Zu Konflikten kam es auch in der *Kinderseelsorge* bzw. in der *Schule*. ,,Um die jeder wahren Volksgemeinschaft abträglichen Spannungen konfessioneller Natur aus den Schulstuben zu entfernen'', wurde das Schulgebet bei den sechs- bis zehnjährigen Schülern durch folgendes Tagesgebet ersetzt: ,,Unsrer Schule Arbeit leite, segne deutsches Volk und Land! Über unsren Führer breite deine starke Gnadenhand. Hilf empor aus aller Not und sei ewig unser Gott!'' Für die zehn- bis vierzehnjährigen Schüler wurde ein Feierspruch vorgeschrieben[11]. Religiöse Übungen einschließlich der bischöflichen Firmung durften nur mehr an schulfreien Tagen stattfinden[12]. Die Pflege des Kirchenliedes verwies man aus dem Gesangsunterricht[13].

Am 2. Oktober 1940 wurde über das Seelsorgeamt ein Hirtenwort an die Pfarren gesandt, das die Eltern auffordert, ihre Kinder zu einer wöchentlichen *Kindermesse* und zu *Kinderandachten* zu schicken[14]. An verschiedenen Orten des Landes wurden diese seelsorglichen Maßnahmen, die als Ersatz für die früheren täglichen Kindermessen während der Frühjahrs- und Sommermonate gedacht waren, behindert und Seelsorger wegen der Kinderandacht mit Schulverbot bedroht. Das Bischöfliche Ordinariat rechtfertigte seine Weisung gegenüber der Reichsstatthalterei und stellte fest, daß es sich nur um ein Mißverständnis oder eine unvollständige Information handeln könne und daß doch sicher keine Weisung vorliege, in die innerkirchliche seelsorgliche Tätigkeit der Priester einzugreifen[15].

Eine weitere Reibungsfläche waren die *Feiertage*, deren Einschränkung freilich zum Teil kriegsbedingt war. Noch im Jahre 1938 wurden der Leo-

---

8 Ebd. 85 (1939) 8.
9 Ebd. 148.
10 Ebd. 150.
11 Ebd. 155 f.
12 Ebd. 200.
13 Ebd. 203.
14 Aussendung des Seelsorgeamtes vom 2. Oktober 1940. Vgl. Anm. 36.
15 Schreiben vom 12. November 1940, bei den Aussendungen des Seelsorgeamtes.

polditag[16] und das Fest der Unbefleckten Empfängnis (8. Dezember) zu Arbeitstagen erklärt[17]. Im Jahre 1939 folgte das Fest Mariä Himmelfahrt (15. August)[18], und am Allerheiligentag, der als Feiertag zu gelten hatte, konnte gearbeitet werden[19]. Für die Zeit des Krieges wurden im Jahre 1940 auch der Dreikönigstag (6. Jänner), das Fronleichnamsfest[20], das Fest Peter und Paul (29. Juni) und das Fest Allerheiligen (1. November) zu Werktagen erklärt und die Feier auf den darauffolgenden Sonntag verlegt[21]. Dasselbe wurde 1941 für Christi Himmelfahrt verfügt[22]. Durch die Einführung der Abendmesse konnte der Wegfall der Feste in liturgischer Hinsicht zum Teil ausgeglichen werden.
Zu zahlreichen Konflikten kam es durch die *Prozessionen*. Als liturgische Handlungen, die von den Liturgiebüchern vorgesehen sind, konnten sie nicht ohne weiteres unterdrückt werden. Sie erlangten über ihren eigentlichen Sinn hinaus nun eine neue Funktion und wurden zu Demonstrationen des christlichen Glaubens. Je nach der Situation in einem Ort kam es zu zahlreichen lokalbedingten Behinderungen. Eine gewisse Umgestaltung erfuhren die Prozessionen durch das Verbot der Vereine, weshalb man zur Ordnung nach Naturständen überging[23]. Für das Fronleichnamsfest 1938 befürchtete das Bischöfliche Ordinariat eine geringere Beteiligung und rief den Klerus auf, durch seinen Einfluß eine zahlreiche Beteiligung zu sichern und sich auf keinen Fall selbst von der Prozession zu absentieren, eine Mahnung, die offensichtlich für Linz besonders notwendig war[24]. Durch die neue Straßenverkehrsordnung bedurften die Prozessionen und Wallfahrten allerdings einer polizeilichen Erlaubnis[25]. Die Prozession am Markustag und an den drei Bittagen wurde durch eine abendliche Feier in den Kirchen ersetzt[26]. Viel bedeutsamer als diese allgemeinen Verordnungen waren die Schwierigkeiten, die sich in den einzelnen Orten ergaben. Das Mitgehen bei der Fronleichnamsprozession wurde den Mitgliedern der NS-Organisationen

16 LDBl 84 (1938) 203.
17 Ebd. 212.
18 Ebd. 85 (1939) 170.
19 Ebd. 227.
20 Ebd. 86 (1940) 137.
21 Ebd. 209.
22 Ebd. 87 (1941) 137.
23 Ebd. 84 (1938) 48.
24 Ebd. 61.
25 Ebd. 85 (1939) 40.
26 Ebd. 88 (1942) 63.

verboten und bedeutete z. B. für die Lehrpersonen nicht selten die Versetzung auf einen anderen Posten oder sonstige Nachteile. Die geschlossene Teilnahme von Schulen an der Prozession wurde strikte untersagt[27].

Kriegsbedingte Behinderungen waren vor allem durch *Fliegeralarm* gegeben, wofür die ersten Verordnungen bereits im Jahre 1939 ergingen[28]. Eine der einschneidendsten Maßnahmen in dieser Hinsicht war, daß an Sonn- und Wochentagen vor 10 Uhr kein öffentlicher Gottesdienst gehalten werden durfte, wenn die Entwarnung nicht vor 24 Uhr erfolgt war[29]. Für die Christmette zu Weihnachten gab es zwar die Möglichkeit der Vorverlegung auf den Nachmittag, doch sah Bischof *Fließer* auch noch im Jahre 1944 keine Veranlassung, allgemein von der mitternächtlichen Stunde abzugehen. Als Grund für eine Verlegung auf den vorausgehenden Nachmittag ließ er nur die Unmöglichkeit einer genügenden Verdunkelung der Kirche gelten. Die strengen Vorschriften, die man hiefür erlassen hatte, wurden für die Mette sogar zum Teil gelockert, wenn die verantwortlichen Stellen innerhalb von drei Minuten die Beendigung des Gottesdienstes veranlassen konnten[30].

Schließlich seien auch die *Kirchenglocken* genannt, deren Aufgabe es ist, zum Gottesdienst zu rufen. Auch ihr Einsatz wurde eingeschränkt, einmal auf die Zeit von 6 bis 20 Uhr, dann wieder von 8 bis 18 Uhr, und bei Fliegeralarm durften sie erst ab 13 Uhr läuten[31]. Freilich haben sich solche Einschränkungen bald erübrigt, weil die Glocken für Kriegszwecke abgeliefert werden mußten und eingeschmolzen wurden. Aber auch jene wenigen, die auf den Kirchtürmen bleiben durften, gaben Anlaß zu Ärgernissen, „weil die Kirchen wiederholt während der Übertragung von Führerreden die Glocken läuten und damit das Abhören der Sendungen stören[32]". So mußten sie in diesen Minuten schweigen. Dennoch hatten die Glocken das letzte Wort: Die letzte, auf behördliche Weisung hin ergangene Mitteilung des Bischöflichen Ordinariates am 7. April 1945 lautet: „Für den Fall, daß das Absetzen feindlicher Luftlandetruppen, Fallschirmspringer oder das Vordringen feindlicher Panzer

27 Ebd. 84 (1938) 61.
28 Ebd. 85 (1939) 210.
29 Ebd. 86 (1940) 15–161; 87 (1941) 6.
30 Ebd. 89 (1943) Beilage; 90 (1944) Beilage vom 14. Dezember 1944.
31 Ebd. 86 (1940) passim.
32 Ebd. 88 (1942) 69.

wahrgenommen wird, ist in den Orten, wo die akustischen Warnmöglichkeiten nicht funktionieren oder gar nicht vorhanden sind, ein 5 Minuten langes ununterbrochenes Sturmläuten mit den Kirchenglocken zu veranlassen[33]."

Inneres Wachstum

Die erste Weisung Bischof *Gföllners* nach dem 13. März 1938 an den Klerus lautete: ,,Der Klerus betätige seine Aufgabe ganz besonders eifrig auf dem kirchlichen und religiösen Gebiet[34]." Der erzwungene Verzicht auf viele Tätigkeiten nach außen hatte eine Konzentration der Kräfte auf die rein religiösen Aufgaben zur Folge. Dies konnte der Liturgischen Bewegung nur von Nutzen sein. Alle Seelsorgsarbeit ging vom Altar aus und konzentrierte sich auf den Altar. Es kam daher rasch zu einer Festigung und Ausbreitung der Liturgischen Bewegung, die von einigen führenden Pfarreien auf die anderen ausstrahlte und im Jahre 1939 durch die Herausgabe des ,,Vater unser" eine neue allgemeine Geltung bekam. Solche führende *Zentren* während der NS-Zeit waren vor allem: die Dompfarre, die Stadtpfarre und die Christkönigspfarre in Urfahr, die Vorstadtpfarre in Wels, die Stadtpfarre in Steyr, die Stadtpfarre in Enns, die Pfarre Garsten. Vor allem gingen von der Linzer Dompfarre kräftige Impulse unter der Führung der Domvikare *Engelbert Schwarzbauer* sowie *Josef* und *Hermann Kronsteiner* aus. Die Voraussetzung für die neue Art den Gottesdienst zu feiern war eine gute Jugendseelsorge. Die *Jugendbewegung* hat die Liturgische Bewegung aufgegriffen und in das Volk gebracht. In den meisten Pfarreien wurden anfangs nur die Jugendmessen als Gemeinschaftsmessen gehalten, und nicht selten wurde der Anfang mit dem Christkönigsfest, dem Jugendsonntag, gemacht. Es war üblich, daß sich die Jugend geschlossen auf den Gängen der Kirche aufstellte und so im Gottesdienst mit eigenen Liedern, einer Chormesse oder sogar einer ,,Kronsteiner-Messe" die Führung übernahm.

Die Betreuung dieser Jugendgruppen und die Versorgung mit Texten übernahm das im Oktober 1938 gegründete *Seelsorgereferat* der Katholischen Aktion (erst seit 1940 ,,Seelsorgeamt" des Bischöflichen Ordinariates) unter Generalsekretär *Franz Vieböck*[35]. Gleich die erste Aussen-

33 Ebd. 91 (1945) Beilage vom 7. April 1945.
34 Ebd. 84 (1938) 27.
35 Ebd. 153.

dung im Oktober 1938 enthielt Vorschläge für die Feier von Christkönig, damit es „ein bekenntnisfrohes Pfarrfest" wird, gestaltet durch eine Vorabendandacht, die Jugendmesse und eine Feier am Nachmittag, bei der erstmals die Rufe „Christus, König, wir rufen zu dir" allgemein eingeführt wurden. Die weiteren Aussendungen bis zur Einführung des „Vater unser" geben ein gutes Bild über die um sich greifende Umgestaltung des Gottesdienstes[36]. Für den Advent wurden Anregungen gegeben für die Weihe des Adventkranzes, der sich in den vorausgehenden Jahren in weiten Kreisen gut eingeführt hatte. Man war bestrebt, ihm seine religiöse Bedeutung zu wahren, weshalb empfohlen wurde, am Vorabend vor dem ersten Adventsonntag die Weihe anzusetzen. Ferner wurde eine „Kirchliche Adventandacht" zugesandt, eine Adventfeier für die Jugend und eine Krippenandacht, wie sie im Dom schon seit Jahren gehalten wurde, empfohlen und für eine gute Jahresschlußandacht geworben. Gerne wurden diese Anregungen aufgegriffen. Ebenso reich waren die Anregungen für die Fastenzeit: Wie die Rorate sollte der Besuch der Fastenmesse selbstverständlich werden; für die Fastenpredigt lag eine Vorlage bei; für die Fastenandacht, die Bußandacht, die Ölbergandacht, die Feier des Aschermittwochs und der Karwoche wurden Hinweise gegeben. Für Ostern 1939 enthält die Aussendung einen konkreten Vorschlag für eine Anreicherung der „Auferstehung" am Abend des Karsamstags, ferner eine Auferstehungs- und Osterandacht und eine Erstkommunionfeier für die Kirche. (Das traditionell damit verbundene gemeinsame Frühstück durfte ja nicht mehr gehalten werden.) Guten Anklang fanden Meßtexte für die Gemeinschaftsmesse zu verschiedenen Anlässen. Im Juni 1939 erschien die erste Gottesdienstordnung, die die Gottesdienstzeiten für die ganze Diözese enthielt. Für den Jugendsonntag 1939 gab man wieder die Weisung, das Hauptgewicht „auf eine schöne Feier der Gemeinschaftsmesse am Morgen zu legen, die in Form einer Betsingmesse gehalten werden soll". Für die Feier am Nachmittag, die in der Regel gemeinsam an einem Ort im Dekanat gehalten wurde, legte man den Seelsorgern nahe, „daß alles vermieden wird, was mit dem Charakter einer rein kirchlichen und ausschließlich religiösen Feier unvereinbar ist oder auch nur als unvereinbar gedeutet werden könnte", wobei ein gemeinsamer Zug zur Kirche oder auffällige An-

36 Sie sind in dem Ordner „Rundschreiben 1938–53" enthalten, der im Archiv des Pastoralamtes aufbewahrt wird.

sammlungen vor der Kirche angeführt werden. Für die verschiedenen Altersstufen der Schüler legte man Andachten vor. Auch die Maiandacht erfuhr durch verschiedene Vorschläge eine Bereicherung. Für die Kinderseelsorge und für die seit 1940 vorgeschriebene wöchentliche Kindermesse wurde immer wieder Material zugesandt. Die Jugend hielt im Jahre 1940 erstmals den ,,Glaubenstag", durch den ein traditioneller ,,Mädchensonntag" im Mai abgelöst wurde. Zwei Jahre später wurde der Termin auf den Dreifaltigkeitssonntag gelegt (,,Bekenntnistag"). Dies war wieder eine Möglichkeit für liturgische Feiern.
Außer diesen genannten Behelfen vervielfältigte der Behelfsdienst die Propriumstexte für alle Sonn- und Feiertage zur Gestaltung der sog. ,,Chormesse", bei der das Proprium gemeinsam gesprochen wurde, ferner die vertonten Proprien von Josef und Hermann Kronsteiner, zahlreiche Andachten, Kreuzwege und andere Feiern. Ferner wurde auch von den genannten Zentren der Jugendbewegung ein reiches Angebot an Texten vervielfältigt und an andere Gruppen weitergegeben. Unter allen Apparaturen zur Vervielfältigung hält freilich die vom damaligen Referenten im Ordinariat und heutigen Diözesanbischof *Dr. Franz Zauner* mit einem Motor ausgerüstete Abziehmaschine im Seelsorgeamt (genannt ,,Zaunermühle") den Rekord von über 6 Millionen Blatt.
Dieser Überblick gibt einigermaßen Aufschluß über die Konzentration der Kräfte auf die Feier des Gottesdienstes und den Aufbruch der Liturgischen Bewegung in unserer Diözese. Während die Jugend ganz hinter diesen Bestrebungen stand, wuchs das Volk allmählich in die neue Art, Gottesdienst zu feiern, hinein. In manchen Pfarreien mußten freilich auch Schwierigkeiten überwunden und die Kluft zwischen der Jugend und dem Kirchenvolk überbrückt werden, wozu aber die allgemeine Situation zwang.
Eine kräftige Förderung der Liturgischen Bewegung bedeutete die Einführung des Gebet- und Gesangbuches ,,*Vater unser*" im Jahre 1939, das erste offizielle Buch für die Hand der Gläubigen in unserer Diözese. Es löste das ,,Andachtsbüchlein für den öffentlichen Gottesdienst" ab.
Schon im Zusammenhang mit der Veröffentlichung des neuen Rituale kam der Wunsch nach einem offiziellen Gebetbuch auf. Die meiste Arbeit für das Zustandekommen des neuen Gebetbuches leistete Religionsprofessor *Karl Forstinger;* der spätere Diözesanbischof *Dr. Josef Fließer* hatte die Endredaktion. Der Druck wurde zunächst in Graz (Steirer-Druck) ausgeführt. Mitte September 1939 wurden die ersten Dekanate

beliefert. Aus rechtlichen Gründen mußte man später den Verlag Pustet/Regensburg mit der Herstellung betrauen. Mit 1. Jänner 1940 wurde das „Vater unser" als offizielles Diözesangebet- und Gesangbuch eingeführt und der Klerus angewiesen, nichts unversucht zu lassen, um es dem Volk schmackhaft zu machen. Im September 1940 erschien eine Großdruckausgabe und das Vorbetbuch[37]. Aus der Predigtvorlage, die anläßlich der Einführung vom Seelsorgeamt zugesendet wurde, gehen die Motive hervor, die für die Einführung maßgeblich waren. Man wollte dem Volk vor allem ein abwechslungsreiches Gebetbuch in die Hand geben und ihm die tätige Teilnahme an der Messe und an den Andachten ermöglichen. Dies sollte ebenso durch den großen Liedteil gefördert werden, der zusammen mit den Diözesen St. Pölten und Klagenfurt erarbeitet wurde.

Das „Vater unser" galt zu seiner Zeit als ein modernes Gebetbuch, in dem die Liturgische Bewegung zu ihrem vollen Recht gekommen ist. Es enthielt neben anderen Texten eine „Betsingmesse", die nun in größeren Pfarreien regelmäßig, in kleineren aber abwechselnd mit anderen Formen und bei besonderen Andachten gehalten werden sollte. Die zahlreichen Nachmittagsandachten, für die eine einfache und eine feierliche Form vorgesehen war, lösten das bisherige ausschließliche Litaneibeten und die musikalischen Litaneien ab und boten in der Form von Wechselgebeten eine gute Abwechslung. Dies war im Vergleich zu früher ein großer Fortschritt. Es erübrigte sich in Hinkunft, in derselben Dichte einzelne Andachten zu vervielfältigen, obwohl freilich den liturgisch führenden Gemeinden das „Vater unser" zu wenig war. Die Erwartungen haben sich bald erfüllt: Schon in kurzer Zeit war das Gebetbuch eingeführt und damit ein lang angestrebtes Ziel in einer schweren Zeit erreicht worden.

Inzwischen hatte sich die Situation in der Liturgischen Bewegung Österreichs grundlegend geändert. Seit dem Anschluß arbeitete die Österreichische Bischofskonferenz eng mit der deutschen zusammen. In Deutschland war es aber zu heftigen *Streitigkeiten* um die Liturgische Bewegung gekommen, so daß sich die Fuldaer Bischofskonferenz veranlaßt fühlte, die weitere Entwicklung zu lenken und ein liturgisches Referat zu

37 Aus den Aussendungen des Seelsorgeamtes kann die Einführung des „Vater unser" genau verfolgt werden. Ferner LDBl 85 (1939) 155–163, 237 f.; 86 (1940) 10–12, 102, 208; 87 (1941) 13–16.

gründen. Die *Österreichische Bischofskonferenz* schloß sich dem Fuldaer Beschluß an und übernahm die Weisungen, die von ihr erlassen wurden. Darin wird festgestellt, die Liturgische Bewegung habe „in den letzten Jahren viel Gutes und Richtiges an liturgiegeschichtlichen Erkenntnissen und praktischer Liturgiefeier erarbeitet und verbreitet". Dabei sei „nicht nur für die äußere Feier sehr viel Schönes und Erhabenes, sondern auch für die innere Erneuerung des Gnadenlebens der Gläubigen viel Anregendes und Fruchtbringendes gewonnen worden". Leider habe man da und dort nicht zwischen sicheren Ergebnissen der Forschung und voreiligen Vermutungen unterschieden und habe übersehen, daß zur Änderung der Vorschriften der liturgischen Bücher nur die kirchliche Obrigkeit zuständig sei. Außerdem seien Meinungsverschiedenheiten und Diskussionen in weite Kreise hinausgetragen worden, zum Schaden der liturgischen Erneuerung und der Einheit und Eintracht in Klerus und Volk. Die Bischöfe wünschen eine „ruhige sachliche Entwicklung ohne Störungen und Verwirrungen". Aus diesen Gründen habe die Bischofskonferenz beschlossen, „in liturgischen Fragen die autoritäre Führung zu übernehmen und zu diesem Zwecke ein liturgisches Referat zu schaffen", um alle Kräfte zu sammeln und Vorschläge an die Bischofskonferenz weiterzugeben. Es wurde „ein Burgfriede erklärt, der für die vorwärtsdrängenden und für die hemmenden Kräfte in gleicher Weise verpflichtend ist, was die öffentliche Erörterung angeht". Abschließend wurde erklärt, daß liturgische Weisungen nur über den Bischof erfolgen; für die Durchführung sei der Pfarrer verantwortlich.
Bischof *Gföllner* schloß sich diesen Weisungen vollinhaltlich an. Wie er sie aber verstanden wissen wollte, erklärte er in einer *Beifügung*. Die berechtigten Bestrebungen seien im Rituale und im „Vater unser" gesammelt worden und damit sollte ein gewisses Ruhestadium erreicht sein. Varianten und Neuschöpfungen, die keinen sachlichen Fortschritt bedeuteten, nicht der Allgemeinheit dienten und nicht von der Notwendigkeit eines besonderen Anlasses gefordert werden, sollten im Interesse der Einheitlichkeit und der ruhigen Entwicklung zurückgestellt werden. Zunächst soll die Sorge der Einführung des neuen Gebet- und Gesangbuches gelten. Neue Vorschläge müssen ausnahmslos dem Bischof zur Approbation vorgelegt werden. Schließlich erklärte er die „Betsingmesse", wie sie im „Vater unser" vorgelegt worden war, für verbindlich, gab für die Verwendung der „Chormesse", bei der das Proprium gemeinsam gebetet oder gesungen wurde, keine Erlaubnis und

empfahl das lateinische Hochamt und die stille Messe. Die Verlesung des Evangeliums und eine kurze Predigt machte er für jede Sonntagsmesse verpflichtend[38].

Im März 1941 erließ Bischof *Gföllner* weitere *konkrete Weisungen* für die Mitfeier der Messe von seiten des Volkes[39]. Damit griff er neuerdings in die Entwicklung ein, um sie in die rechten Bahnen zu lenken und jeden Wildwuchs auszuschalten. Der polemische Ton, den man in den Richtlinien vom Jahre 1937 noch heraushören konnte, ist dabei völlig verschwunden. Es ist wohl anzunehmen, daß bei der Abfassung der damalige Ordinariatssekretär *Josef Fließer* einen erheblichen Anteil hat. In diesen Weisungen wollte Bischof Gföllner das Lateinische Amt mit alleiniger Gestaltung durch den Kirchenchor und die Stille Messe grundsätzlich erhalten wissen. Dieser Standpunkt war für die damalige Zeit durchaus gerechtfertigt. Er nahm die älteren Kirchenbesucher in Schutz, die mit voller Hingabe an den gewohnten Formen teilnehmen. „Wichtiger als die Art das Opfer zu feiern ist das Opfer selbst. Wichtiger als die äußere Art der Mitfeier ist die innere Opfergesinnung." An zweiter Stelle rechtfertigte er die „Deutsche Singmesse" als „eine seit langem bei uns beliebte Form der gemeinsamen Mitfeier der heiligen Messe". Es wurde jedoch verordnet, daß Zeitlieder nur bis zur Gabenbereitung und nach der Kommunion gesungen werden dürfen. Die „Liturgische Gemeinschaftsmesse" wurde für alle Pfarreien mit mehreren Priestern regelmäßig an allen Sonn- und Feiertagen vorgeschrieben, für die übrigen Orte als Abwechslung und bei besonderen Anlässen. Die „Betsingmesse" wurde mit einem großen Lob bedacht: Sie lege Wert darauf, die einfachen Gläubigen zu einer entsprechenden inneren Gesinnung anzuhalten und vermittle aus der äußeren Feier wertvolle Gedanken; sie stelle keine besonderen Anforderungen, biete viel Abwechslung und die Möglichkeit, die Gläubigen in das tiefere Verständnis der Messe einzuführen. Die „Chormesse" aber, ob gebetet oder gesungen, sollte zunächst nur kleineren Gemeinschaften vorbehalten werden, da sie ein vertieftes Wissen und ein geschultes Verständnis für den Geist der liturgischen Texte voraussetze und einen würdigen Vortrag verlange. Es wird auf die von Spiritual Huber herausgegebenen Texte „Opferfeier" verwiesen.

---

38 LDBl 86 (1940) 223–225. Einen Einblick in die Frage gibt: *F. Kolbe,* Die Liturgische Bewegung (Der Christ in der Welt IX, 4), Aschaffenburg 1964, 63–79.

39 Ebd. 87 (1941) 29–32.

Diese Verordnung war die letzte liturgische Weisung, die Bischof *Gföllner* († am 3. Juni 1941) an seinen Klerus gab. Wie ist seine Haltung der Liturgischen Bewegung gegenüber zu werten? Bischof Gföllner legte Wert auf absolute Treue den kirchlichen Vorschriften gegenüber. Die Liturgische Bewegung stand bei ihm in Verdacht, diese Vorschriften zu übertreten. Es war daher notwendig, ihm zu beweisen, daß nichts gegen die Vorschriften verstoße. War ihm dies einsichtig genug gemacht worden, stand er zu seinem Wort. Es war ihm ein ernstes Anliegen, daß die Liturgische Bewegung nicht bloß einzelnen Kreisen diene, vielmehr wollte er sie in den Dienst der Seelsorge gestellt wissen. Die neuen Formen wuchsen aber durchwegs zuerst in kleinen Kreisen, die dadurch – zu Recht und zu Unrecht – in den Verdacht kamen, liturgisch Unerlaubtes zu wollen und zu tun. Die strenge bischöfliche Haltung wurde von den vorwärtsdrängenden Kräften als eine Fessel, die dem Anliegen nicht gerecht wurde, empfunden. Dennoch war der Grundsatz richtig: „Die Liturgische Bewegung ist nicht um ihrer selbst willen zu pflegen, sondern in den Dienst der Seelsorge zu stellen." Er bestand von Anfang an auf der Führung aller Bestrebungen durch die bischöfliche Autorität. In den letzten Lebensjahren anerkannte er aber die positiven Früchte der Liturgischen Bewegung.

Jedenfalls muß man feststellen, daß unter seiner autoritären Leitung die Liturgische Bewegung in unserer Diözese mehr als anderswo erstarkte, daß sie im Grunde genommen keine Krisen zu bestehen hatte und im Rituale von 1929 und im „Vater Unser" vom Jahre 1939 einen Beweis für ihre Arbeit gab, der über die Diözese hinaus anerkannt und fruchtbar wurde.

Die Voraussetzung aber für diese Entwicklung schuf ein kleiner Kreis von Seelsorgern, der von der Notwendigkeit einer liturgischen Erneuerung überzeugt war. Die Seele und der Motor für die unermüdliche Arbeit war der Spiritual des Priesterseminars *Josef Huber,* dessen Verdienst es ist, mit Eifer und Geduld und im Gehorsam gegen den Bischof, unbeirrt von Rückschlägen und Hindernissen, den Weg, von dem er überzeugt war, daß er der richtige sei, gegangen zu sein.

Die Umstände der Zeit führten im Jahre 1941 zu einer liturgischen Neuerung von großer pastoraler Bedeutung: die Einführung der *Abendmesse.* Was durch eine jahrhundertealte Gewohnheit und durch den CIC c. 821 strikte untersagt war, erzwang eine Anordnung Hitlers, „daß tägliche kirchliche Veranstaltungen an Tagen nach nächtlichem Fliegeralarm nicht vor 10 Uhr stattfinden dürfen[40]." Die Bevölkerung sollte dadurch „nicht durch kirchliche Veranstaltungen in der Möglichkeit zum Ausruhen für Gesundheit und Arbeitseinsatz gestört werden". Nach den Weisungen des Reichsministers für kirchliche Angelegenheiten sollte man die Gläubigen von jeder Gewissensverpflichtung entbinden. Die Anordnung betraf auch die Sonn- und Feiertage. Am 8. Februar 1941 wurde daraufhin vom römischen Staatssekretariat des Indult gewährt, daß Messen auch in der Zeit von 13 bis 17 Uhr gehalten werden dürfen. Das Indult wurde zunächst auf die Zeit bis 19.30 Uhr, dann bis 21 Uhr erweitert[41]. Da die staatliche Verordnung für die kriegsbedingt abgeschafften Feiertage die Wochentagsordnung vorschrieb, aber für die Zeit nach 19 Uhr gestattete, daß darüber hinaus kirchliche Veranstaltungen stattfinden dürfen, beschlossen die Bischöfe Österreichs, für diese Feiertage eine Abendmesse nach 19 Uhr zu ermöglichen. Damit trug man auch der Erfahrung Rechnung, daß die Verlegung eines Feiertages auf den darauffolgenden Sonntag faktisch seine Abschaffung bedeutete[42]. Da aber viele Gläubige auch an Sonn- und Feiertagen wegen kriegswichtiger Einsätze verhindert waren an der Messe teilzunehmen, wurde die Erlaubnis bald auch auf diese Tage ausgedehnt[43] und schließlich die Feier einer Abendmesse an abgeschafften Feiertagen in Pfarreien mit über 1700 Gläubigen vorgeschrieben[44]. „Nach den erfreulichen Erfahrungen" wurde im Jahre 1944 auch die Kerzenweihe zu Mariä Lichtmeß und die Aschenweihe am Aschermittwoch auf den Abend verlegt und mit der Messe verbunden[45].

Aus diesem kurzen Überblick über die Ermöglichung der Abendmesse wird ersichtlich, wie rasch sie sich eingelebt hat. Was heute aus dem Leben der Pfarrgemeinden nicht mehr wegzudenken ist, ist in der Not der Kriegszeit und unter der bewußten Einschränkung des Gottesdienstes von der Seite des NS-Regimes gewachsen. Die guten Erfahrungen führten zu ihrer Beibehaltung und Förderung, weshalb sie 1953 allgemein gestattet wurde. Worüber man heute staunen muß, ist die rasche Anpassung an die jeweilige Situation, auch wenn dadurch eine eingewurzelte

---

40 Ebd. 86 (1940) 220 f.
41 Ebd. 87 (1941) 6 f., 133; 88 (1942) 32.
42 Ebd. 87 (1941) 237–239.
43 Ebd. 88 (1942) 1–3.
44 Ebd. 89 (1943) Beilage. Verordnung vom 15. Mai.
45 Ebd. 90 (1944) 2.

Praxis überholt wurde. Neben dem großen pastoralen Gewinn vor allem für die Notzeit muß man freilich auch auf ihre Nachteile hinweisen: Die Pfarrgemeinden wurden durch die Vermehrung des gottesdienstlichen Angebotes noch mehr zerteilt, und andere Gottesdienste wurden neben der Messe beinahe unmöglich gemacht, was schließlich zu einer Verarmung des liturgischen Lebens in den Gemeinden geführt hat.

Eine weitere Verordnung betraf zwar nicht nur den liturgischen Bereich, sie wurde aber für den Kirchenraum erlassen: Es wurde verboten, außer den gewerblich hiefür bestimmten Räumen *Schriften* zu verbreiten. Bis zum 15. März 1941 mußten daher alle Schriftenstände aus den Kirchen unserer Diözese weggeschafft werden. Damit wurde die Verbreitung eines vielschichtigen Angebotes an Kleinschriften unterbunden, durch das bis zu diesem Zeitpunkt durch ein gut eingeführtes Apostolat viele religiöse Impulse gegeben wurden. Zugleich wurde ein neuer Konfliktstoff zwischen den Seelsorgern und der Gestapo geschaffen, der manchen zum Verhängnis wurde[46].

Eine überaus fruchtbringende Neuerung war die Gestaltung der *Fronleichnamsprozession* mit eucharistischen Lesungen und die Abhaltung in der Volkssprache. Bischof Fließer hatte sie von St. Pölten übernommen und bereits im Jahre 1942 für die Stadt Linz genehmigt. Im Jahre 1943 dehnte er diese Erlaubnis auf die ganze Diözese aus „im Interesse einer möglichst verständnisvollen und aktiven Anteilnahme des Volkes". Damit war ein guter Weg zu einer allgemeinen Erneuerung nach dem Krieg gegeben[47].

Bischof *Josephus Cal. Fließer* (1941–1955) förderte die Liturgische Bewegung, wo immer er nur konnte. Sie war ihm eine Herzenssache. Dies geht am besten aus einer Predigt an die Jugend hervor, die er 1943 im Linzer Dom hielt: „Der Gemeinschaftsgedanke in deinem liturgischen Leben, liebe katholische Jugend, ist etwas ganz Wunderbares! Was ist das für ein herrlicher Anblick für Himmel und Erde, wenn ‚geballte Jugend', um mit der Zeit zu sprechen, vor den Altären steht und wie ein Mund singt und wie ein Herz opfert. Was schenkt ihr euch gegenseitig in euren schönen Gemeinschaftsfeiern selber an Mut und Begeisterung! Ich bitte euch, haltet diesen Gemeinschaftsgeist hoch[48]!" So konnte doch nur einer sprechen, dem die liturgische Erneuerung viel bedeutete. Das

46 Ebd. 87 (1941) 33.
47 Ebd. 89 (1943) Beilage.

hieß bei ihm aber nicht, daß er die weitere Entwicklung nicht energisch steuern wollte. Seine Haltung wird vor allem aus einem Schreiben ersichtlich, das er am 1. Dezember 1943 an die Dechanten des Innviertels gerichtet hat.
Der Anlaß für dieses besondere Schreiben war ein Rundschreiben, das der Bischof am 11. November 1943 an den gesamten Klerus ergehen ließ[49]. Darin kam er im Zusammenhang mit der Annahme von Meßstipendien auch auf die Frage der *Ämter* zu sprechen, die „in manchen Gegenden" vorwiegend aus konventionellen Beweggründen bezahlt würden. Er lehnte diese Ämter strikte ab, wenn genügend Kräfte zur Aufführung eines würdigen Amtes fehlten. „Ist es schon wenig mit der Würde des Gottesdienstes vereinbar, wenn entweder der Organist allein oder mit einer einzigen Sängerin den Chor bestreitet, so ist es schon gar nicht in der Ordnung, wenn derartige Kürzungen vorgenommen werden, daß der Priester am Altar kaum mit dem Beten zurecht kommen kann. Auch das einfache Amt soll der außergewöhnliche und feierliche Gottesdienst sein, faktisch ist das Amt oft die kläglichste Gottesdienstfeier, die noch in manchen Orten fast jeden Tag, vielfach sogar mehrmals am Tage zu hören ist . . . Es ist darum an der Zeit, die gegenwärtige Lage eher auszunutzen, um den Mißbrauch des täglichen, selbst im Ordinarium arg verstümmelten Amtsgesanges abzuschaffen".
Mit diesen eindeutigen Worten erregte er bei einem Teil des Innviertler Klerus deutlichen Widerstand. Daraufhin richtete er an die Dechanten den besagten Brief, in dem er die Mißstände nochmals nannte und die Dechanten beauftragte, für die Abschaffung dieser Ämter zu sorgen[50]. Nochmals schrieb Bischof *Fließer* am 21. Dezember 1943 an die Dechanten des Innviertels, doch schickte er dieses Schreiben dem gesamten Klerus zu[51]. Er lehnt darin die inneren Gründe für die Beibehaltung dieses Brauches energisch ab, läßt aber vorhandene Schwierigkeiten gelten und stellt es jedem Pfarrer anheim, wie er in seiner Gemeinde vorzugehen gedenke. Er erwähnt auch den Dank, der ihm von vielen Seiten zugekommen ist. Er legt nochmals dar, daß er sich nur gegen die allzu oftma-

48 Abgedruckt bei *R. Zinnhobler,* Zwei Predigten des Linzer Bischofs J. C. Fließer aus dem Jahre 1943 in: 71. Jahresbericht des Bischöflichen Gymnasiums Kollegium Petrinum in Urfahr-Linz an der Donau, Schuljahr 1974/75, 123–142, ebd. 130f.

49 LDBl 89 (1943) Beilage.

50 Der Brief selbst konnte leider nicht eruiert werden.

51 LDBl 89 (1943) Beilage.

ligen und verstümmelten Ämter richten wollte, nicht aber gegen würdige Ämter an sich, die eine erstrebenswerte Steigerung mit sich bringen. *Fließer* wehrt sich auch energisch, die Angelegenheit zu einer Frage von ,,Jung – Alt" zu verschärfen. Er schrieb: ,,Ich habe weder Veranlassung noch Lust, mich einseitig auf die Seite der ,Jungen' oder der ,Alten' zu stellen oder abdrängen zu lassen, solange im weitaus größten Teil des Klerus der Ausgleich harmonisch gefunden wird und im übrigen die Zahl der über Gebühr vordrängenden ,Jugend' mit der Zahl der absolut allem Neuen verschlossenen ,Alten' sich ungefähr die Waagschale hält."
Das Jahr 1943 brachte für die Liturgische Bewegung in Deutschland (und damit auch für Österreich) eine entscheidende Wende. *Rom* griff in die Entwicklung ein und verlangte von den Bischöfen ins einzelne gehende Berichte über die Liturgische Bewegung, ihre Abirrungen und Gefahren, aber auch über das Gute, das durch sie heranwächst. Die Antwort des deutschen Episkopates führte zur Anerkennung der Liturgischen Bewegung durch Rom, die in einem Schreiben vom 24. November 1943 an Kardinal *Bertram* von Breslau als ,,an sich gut und lobenswert bezeichnet" wurde. Damit konnten die bisherigen Formen weiter gepflegt werden, den Bischöfen wurde aber aufgetragen, über die Entwicklung zu wachen. Bischof *Fließer* teilte dem Klerus im April 1944 die Entscheidung mit und stellte die Errichtung eines eigenen Referates für Liturgie im Seelsorgeamt sowie Durchführungsbestimmungen in Aussicht. Damit zog Bischof Fließer die Folgerungen aus der Diskussion, ,,die in Deutschland über die Liturgische Bewegung leider nicht immer mit der geziemenden Objektivität, Mäßigung und Disziplin in der Öffentlichkeit ausgetragen wurde", und damit wollte er dem Auftrag Roms nachkommen, die Entwicklung zu überwachen und zu lenken[52].
Von der Arbeit des ,,Liturgischen Diözesanreferats", für das mit Schreiben vom 24. März 1944 die einzelnen Mitglieder bestellt wurden, erwartete sich Bischof Fließer ,,eine einheitliche, ruhige und zielsichere Führung der Liturgischen Bewegung in unserer Diözese und einen sachlichen Ausgleich der verschiedenen Auffassungen, Wünsche und Pläne, Erwartungen und Befürchtungen in theoretischer und praktischer Hinsicht[53]."

52 Ebd. 90 (1944) 11 f. Die ganze Frage wird ausführlich behandelt in dem in Kürze erscheinenden Buch: *Th. Maas-Ewerd,* Die Krise der Liturgischen Bewegung in Deutschland und Österreich. Studien zu den Auseinandersetzungen um die ,,liturgische Frage" in den Jahren 1939–1944 (Studien zur Pastoralliturgie 3), Regensburg 1979.

53 Das Schreiben ist im Ordner ,,Aussendungen" des Seelsorgeamtes enthalten.

In der „*Epistola de actione liturgica*" vom Pfingstfest 1944 faßte er in einer für die damalige Zeit einmaligen Art seine Auffassung über die Liturgische Bewegung und seine Grundsätze für ihre Durchführung in der Praxis zusammen[54]. Er geht von der römischen Entscheidung aus, gibt die Namen der Mitglieder des Liturgischen Diözesanreferates bekannt und begründet die Lenkung der Liturgischen Bewegung durch den Ortsordinarius. Für die Meßfeier gibt er zuerst die Leitlinien an, stellt eine Wertung der einzelnen Formen auf und geht ausführlich auf die einzelnen Formen der Meßfeier ein. Er wünscht eine abwechslungsreiche Verwendung der verschiedenen Möglichkeiten, stellt die äußere Feier in den Dienst der inneren Anteilnahme und bietet konkrete Maßstäbe für die praktische Arbeit. Dann beschäftigt sich der Bischof mit dem öffentlichen Gottesdienst außerhalb der Messe, vor allem den Andachten, er gibt klare Weisungen, wie er sich das Beten wünscht und klärt schließlich ab, was er als verpflichtend und was er als bloß wünschenswert ansieht. Für die Zukunft erwartete er sich „eine gewisse allgemeine Beruhigung und eine noch größere Zielsicherheit in der Liturgischen Bewegung unserer Diözese, die ja in der praktischen Arbeit und in der disziplinierten Haltung schon immer vorbildlich war."
In seiner „Epistola de actione liturgica" hat Bischof Fließer die Bestrebungen in der Diözese zusammengefaßt, ihnen eine klare Richtung gegeben und den Anspruch auf Führung eindeutig kundgetan. Er hat damit Übertreibungen und Irrwege abgewehrt und die Bemühungen der Seelsorge dienstbar gemacht. Vier Jahre später konnte er in der „Epistola de actione liturgica II" feststellen: „Meine Epistel vom Jahre 1944 hat die beabsichtigte Wirkung gefunden. Die Liturgische Bewegung in unserer Diözese nahm eine ruhige, gradlinige Entwicklung." Er hat damit die Liturgische Bewegung in unserer Diözese zu einer Reife und zu einer allgemeinen Anerkennung geführt, wie sie im deutschen Sprachraum um diese Zeit kaum anzutreffen ist.

Man fragt sich heute, wieso es möglich war, einen so entscheidenden Konflikt innerhalb der Kirche durchzustehen und zu einer solchen Klärung zu führen. Es war zunächst das Wachsen der Bewegung von unten, das ihr diese Durchschlagskraft gegeben hat. Dabei ging es den Befür-

54 LDBl 90 (1944) Pfingstbeilage. Ausführlicher in meinem Artikel: Erneuerung in Einheit. Bischof Fließers „Epistola de actione liturgica" in: ThPQ 125 (1977) 84–91.

wortern und Gegnern keineswegs bloß um neue Formen des Gottesdienstes, vielmehr war es das neue Kirchenbewußtsein, das erwacht ist und sich erfahrbar machen wollte. Das Erleben der Gemeinschaft im Gottesdienst war die Kraft in dieser schweren Zeit der äußeren Bedrängnis. Der äußere Druck hat ohne Zweifel den Wachstumsprozeß gefördert und damit zu einer rascheren Abklärung geführt. Dennoch ist es staunenswert, wie doch unabhängig von der äußeren Situation und unter schwierigen Bedingungen dieser Klärungsprozeß vor sich ging.
Der gute Kern der Liturgischen Bewegung und ihre providentielle Bestimmung wandelten in einer schweren Zeit das Bild der Kirche und führten sie näher hin zur Quelle der Kraft und zum Gipfel ihres ganzen Wirkens. Die Seelsorgsarbeit ging vom Altar aus und hat zum Altar hingeführt. Das haben alle, die sich in der NS-Zeit um den Altar versammelten, deutlich gespürt.

Nachwort

Die bei der Durchführung der Korrekturen abermals notwendige Lektüre aller Artikel dieses Buches machte mir einige Überschneidungen und Wiederholungen bewußt, die aufgrund der vielen unabhängig voneinander arbeitenden Autoren zu erklären sind. Im Sinne einer Verzahnung hat aber auch das seinen Wert.
Bewußt wurde mir auch der fragmentarische Charakter des Werkes, der trotz des beachtlichen Umfangs festzustellen ist. Daher ergeht die herzliche Bitte an die Leser, dem Herausgeber weiterführende Nachrichten, Korrekturen sowie Bild- und Textdokumente zur Verfügung zu stellen. Sie könnten im Rahmen einer für das Diözesanjubiläum zu erarbeitenden Bistumsgeschichte ausgewertet werden.

Univ.-Prof. Dr. Rudolf Zinnhobler
A-4020 Linz, Harrachstraße 7

Literaturverzeichnis

Das Verzeichnis ist als Ergänzung zu dem vorliegenden Band gedacht. An nicht veröffentlichten Arbeiten werden nur Dissertationen und Diplomarbeiten verzeichnet. Allgemeine Literatur findet nur Erwähnung, wenn darin Belange aus der Diözese Linz ausführlicher behandelt sind. Von der Aufnahme von KZ-Literatur wurde Abstand genommen, da die den Klerus betreffenden Angaben bereits in der Arbeit von *J. Mittendorfer* ausgewertet wurden.

[*R. Bruderhofer*], Der Gmundner Karmel in der NS-Zeit, in: 150 Jahre Karmelitinnen in der Stadt Gmunden, hg. von *S. Huttner*, Gmunden [1978], S. 56–66.

J. Fried, Nationalsozialismus und katholische Kirche in Österreich, Wien [1947].

A. Hochreiter, Stift St. Florian 1941–1945, in: In Unum Congregati 22 (1975) 117–130.

J. Hofer, Weggefährten, Wien [1946]. (Auf S. 65–70 wird der Koop. von Grieskirchen Michael Hochrainer behandelt.)

H. Hofmann, Die Schicksale des Trappistenklosters Engelszell während der Zeit des Nationalsozialismus 1938–1945, ungedr. kirchengeschichtliche Diplomarbeit, Linz 1975.

J. Honeder, Die Schicksale des Kollegium Petrinum während der Zeit des Nationalsozialismus (1938–1945), in: Jb. Kollegium Petrinum 71 (1974/75) 3–90. Vgl. die Kurzfassung in diesem Band.

J. Hüttl, Das Generalvikariat Hohenfurth als Verwaltungsbereich der Diözese Linz (1940–1946), in: Jb. Kollegium Petrinum 71 (1976/77) 3–38.

R. Hundstorfer, Das Stift [Kremsmünster] unterm Hakenkreuz, in: Jb. Gymn. Kremsmünster 104 (1961) 7–93.

H. Kronsteiner, Bericht über den Orgelwettbewerb 1941 in St. Florian, in: Jb. Kollegium Petrinum 74 (1977/78) 3–54.

R. Kutschera, Johannes Maria Gföllner – Bischof dreier Zeitenwenden, Linz 1972.

J. Mittendorfer, Oberösterreichische Priester in Gefängnissen und Konzentrationslagern zur Zeit des Nationalsozialismus (1938–1945), in: Jb. Kollegium Petrinum 72 (1975/76) 77–102; 73 (1976/77) 39–104.

A. Naderer, Dr. Josef Cal. Fließer, Bischof von Linz, ungedr. kirchengeschichtl. Dissertation, Wien 1972. Vgl. auch den Aufsatz im vorliegenden Band.

P. Nimmervoll, Die Schicksale des Zisterzienserstiftes Wilhering während der Zeit des Nationalsozialismus, kirchengeschichtl. Diplomarbeit, Linz 1970. Druck unter dem Titel: Das Zisterzienserstift Wilhering zur Zeit des Nationalsozialismus (1938–1945), in: Jb. Gymn. Wilhering 60 (1969/70) 18–73.

R. Rankl, Stift und Gymnasium [Kremsmünster], in: Jb. Gymn. Kremsmünster 89 [1946] 49–79.

W. G. Schauber, Das Chorherrenstift Reichersberg in der Zeit des Nationalsozialismus, kirchengeschichtl. Diplomarbeit, Linz 1975. Druck in: In Unum Congregati 22 (1975) 47–111.

H. Slapnicka, Oberösterreich als es „Oberdonau" hieß (1938–1945) (Beiträge zur Zeitgeschichte Oberösterreichs, Bd. 5), Linz 1978, bes. S. 194–224.

H. Wenninger, Die heimliche Fahne, Linz 1957. (Romanhaft verfremdete Darstellung der Jugendarbeit in Linz-Alter Dom.)

K. Wurm, Die Liturgische Bewegung der Diözese Linz bis zum Zweiten Vatikanischen Konzil, ungedr. Diplomarbeit aus Liturgiewissenschaft, Linz 1975.

F. Zauner, Die Kirche Oberösterreichs in der Zeit des Nationalsozialismus, in: Jahrbuch der Diözese Linz 1979, S. 59–65.

R. Zinnhobler, Die Jugendwallfahrt nach Maria Scharten am 14. Mai 1939, in: *ders.*, Beiträge zur Geschichte des Bistums Linz (Linzer Phil.-theol. Reihe, Bd. 8), Linz [2]1978, S. 157–165.

Ders., Die Religiöse Woche in der Vorstadtpfarre Wels im Jahre 1942, ebd. 166–176.

Ders., Sie starben für ihre Überzeugung. Oberösterreichische Priester als Opfer des Nationalsozialismus, in: Jahrbuch der Diözese Linz 1980; in Vorbereitung.

Ders. (Hg.), Verfolgung und Widerstand der Kirche. Dokumentation, in: Widerstand und Verfolgung in Oberösterreich 1934–1945, hg. vom Dokumentationsarchiv des österreichischen Widerstandes; in Vorbereitung.

Abkürzungsverzeichnis

Abkürzungen, die in den einzelnen Beiträgen hinlänglich erklärt sind, werden nicht verzeichnet. Da die Autoren unabhängig voneinander arbeiteten, ergaben sich teilweise geringe Abweichungen in der Verwendung der Abkürzungen. Wir bitten dafür um Verständnis.

A. B.	= Augsburger Bekenntnis
ABGB	= Allgemeines Bürgerliches Gesetzbuch
ALZ	= Amtliche Linzer Zeitung
An.	= annum
BdM	= Bund deutscher Mädel
BMV	= Beata Maria Virgo
BO	= Bischöfliches Ordinariat
BOL	= Bischöfliches Ordinariat Linz
c.	= canon
CIC	= Codex juris canonici
DAL	= Diözesanarchiv Linz (= OAL)
DFK	= Diözesanfinanzkammer
Diöz.A	= Diözesanarchiv (= OAL)
DJ	= Deutsches Jungvolk
DRGBl.	= Deutsches Reichsgesetzblatt
GBl.	= Gesetzblatt
Gestapo	= Geheime Staatspolizei
GMD	= Generalmusikdirektor
GP.	= Gedächtnisprotokoll
H. B.	= Helvetisches Bekenntnis
HJ	= Hitlerjugend
Jb.	= Jahrbuch bzw. Jahresbericht
KJ	= Katholische Jugend
k. k.	= kaiserlich-königlich
Koop.-Exp.	= Kooperatorexpositur
KP	= Kommunistische Partei
KZ	= Konzentrationslager
LDB bzw. LDBl.	= Linzer Diözesanblatt
LDiözBl.	= Linzer Diözesanblatt
LKbl	= Linzer Kirchenblatt
MG	= Maschinengewehr

MK	=	Marianische Kongregation
Mn	=	München
NS	=	Nationalsozialismus
ns	=	nationalsozialistisch
NSDAP	=	Nationalsozialistische Deutsche Arbeiterpartei
NSV	=	Nationalsozialistische Volkswohlfahrt
OAL	=	Ordinariatsarchiv Linz
ÖBK	=	Österreichische Bischofskonferenz
OKW	=	Oberkommando der Wehrmacht
OÖLA	=	Oberösterreichisches Landesarchiv
OStR	=	Oberstudienrat
PA	=	Pastoralamt
Pf.	=	Pfarre, Pfarrer
RAD	=	Reichsarbeitsdienst
RGBl	=	Reichsgesetzblatt
RM	=	Reichsmark
RMdI	=	Reichsministerium des Inneren
ROB	=	Reserveoffiziersbewerber
RR	=	Reichsrundfunk
RRG	=	Reichsrundfunkgesellschaft
SA	=	Sturmabteilung
Schem.	=	Schematismus
Schupo	=	Schutzpolizei
SD	=	Sicherheitsdienst
Ser.	=	series
S. J.	=	Societas Jesu
SP	=	Sozialdemokratische bzw. Sozialistische Partei
SS	=	Schutzstaffel
STA STFL	=	Stiftsarchiv St. Florian
Uffz.	=	Unteroffizier
Vik.subst.	=	Vicarius substitutus
V. F.	=	Vaterländische Front
VO u. ABl.OD	=	Verordnungs- und Amtsblatt Oberdonau
W	=	Wien
WS/SS	=	Wintersemester/Sommersemester

Verzeichnis der Mitarbeiter

Raimund Bruderhofer, Mag. theol., Provinzial der Unbeschuhten Karmeliten, Wien.

Victor Conzemius, Dr. phil., Univ.-Prof., Ordinarius für Kirchengeschichte an der Theologischen Fakultät Luzern.

Josef Honeder, Mag. theol., Dr. phil., Professor für Geschichte und Geographie am Kollegium Petrinum Linz.

Hans Hollerweger, Dr. theol., Univ.-Doz., Ordinarius für Liturgiewissenschaft an der Kath.-theol. Hochschule Linz.

Ferdinand Klostermann, Dr. theol., Univ.-Prof., em. Ordinarius für Pastoraltheologie an der Kath.-theol. Fakultät Wien.

Franz Loidl, Dr. theol., Univ.-Prof., em. Ordinarius für Kirchengeschichte an der Kath.-theol. Fakultät Wien.

Anton Naderer, Dr. theol., Geschäftsführer des Kath. Bildungswerkes der Erzdiözese Wien.

Florentin Nothegger, Dr. theol., Provinzarchivar der Franziskaner, Hall in Tirol.

Karl Rehberger, Dr. phil. et theol., Ordinarius für Kirchengeschichte an der Kath.-theol. Hochschule Linz.

Hans Rödhammer, Angestellter, Linz.

Harry Slapnicka, Dr. jur., Leiter des Instituts für Zeitgeschichte am OÖ. Landesarchiv, Linz.

Erich Widder, Dr. phil., Diözesankonservator, Linz.

Rudolf Zinnhobler, Mag. phil., Dr. theol., Univ.-Prof., Ordinarius für Kirchengeschichte an der Kath.-theol. Hochschule Linz.

Nachweise

Beiträge

Die nachfolgend angeführten Abhandlungen sind früher schon an anderer Stelle erschienen. Alle übrigen Aufsätze des Buches sind Originalbeiträge.

Victor Conzemius, Franz Jägerstätter – Der Aufstand des Gewissens. Durchgesehener Wiederabdruck aus: *ders.,* Propheten und Vorläufer. Wegbereiter des neuzeitlichen Katholizismus, Zürich – Einsiedeln – Köln 1972.

Josef Honeder, Die Schicksale des Kollegium Petrinum 1938–1945. Gekürzte Fassung aus: Jb. Koll. Petrinum 71 (1974/75) 3–90.

Anton Naderer, Bischof Fließer und der Nationalsozialismus. Leicht überarbeitete Fassung aus: Jb. Koll. Petrinum 71 (1974/75) 91–122.

Hans Rödhammer, Das Generalvikariat Hohenfurth: durchgesehener Wiederabdruck: OÖ. Heimatbl. 28 (1974, Heft 1/2) 37–74.

Rudolf Zinnhobler (Hg.), Zwei Predigten des Linzer Bischofs J. C. Fließer aus dem Jahre 1943. Durchgesehener Wiederabdruck aus Jb. Koll. Petrinum 71 (1974/75) 123–142.

Abbildungen

Bildautoren bzw. Quelle:
P. Raimund Bruderhofer (Wien): 15.
Prof. Dr. Josef Hörmandinger (Linz): 24, 25.
Heinrich Hoffmann, Hitler in seiner Heimat, Berlin 1938: 1, 3.
„Österreichischer Beobachter": 33, 37, 38, 39.
W. Pflanz (Linz): 9.
Dr. Ferdinand Rochart (Wels): 45.
Helmut Rochart (Wels): 68.
„Signal" (Illustrierte): 34.
Unbekannt: 6, 12, 13, 14, 16, 17, 21, 22, 23, 27, 28, 29, 30, 31, 32, 35, 41, 42, 43, 46, 53, 54, 55, 56, 57, 58, 59, 60, 66, 73.
Prof. Dr. Erich Widder (Linz): 2, 5, 10, 11, 18, 19, 20, 36, 44, 47–48, 61, 67, 71, 72, 74, 75, 76.

Archive:
Dr. Franz Braumann (Linz): 6, 41, 42.
Univ.-Doz. Dr. Peter Gradauer (Linz): 16.
Heinrich Hirscher (Wels): 49, 50, 51, 52.
Univ.-Prof. Dr. Ferdinand Klostermann (Wien): 13.
Prof. Hermann Kronsteiner (Linz): 35.
Mag. Johann Mittendorfer (Linz/Gallspach): 18, 53, 54, 73.
Ordinariatsarchiv Linz: 7, 8, 40, 43.
Stiftsarchiv St. Florian: 21, 22, 23.
Gertrud Scharmüller (Wels): 46, 55, 56, 57, 58, 59, 60, 66.
Provinzarchiv der Unbeschuhten Karmeliten (Wien): 17, 24–25, 26.
Prof. Dr. Erich Widder (Linz): 4, 9–10, 36, 62, 63, 64, 65, 69, 70.

Reproduktionen:
Diözesanbildstelle Linz.
Prof. Dr. Josef Hörmandinger (Linz).
Alfred Mayrhofer (Linz).

1 *Der 12. März 1938 in Linz. Die Dreifaltigkeitssäule am Hauptplatz wird zum Podest für die Schaulustigen, die den Führer sehen wollen.*

2 Briefmarke mit Hitlerbild und Braunauer Stadtpfarrkirchenturm.

3 Adolf Hitler passiert sein Geburtshaus in Braunau. Die Aufnahme von H. Hoffmann diente als Vorlage für eine 12-Pfennig-Marke (Abb. 2).

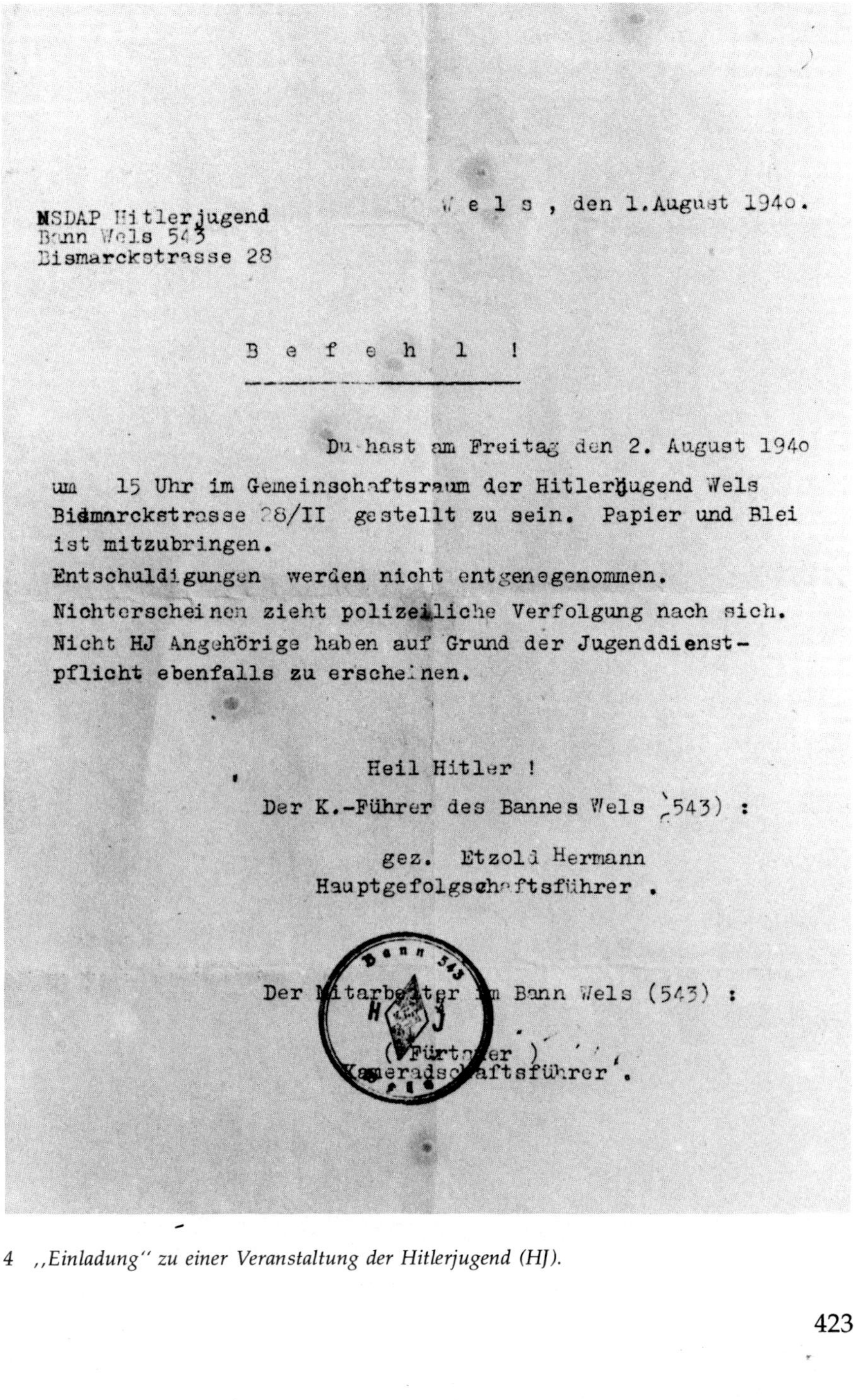

Wels, den 1. August 1940.

NSDAP Hitlerjugend
Bann Wels 543
Bismarckstrasse 28

B e f e h l !

Du hast am Freitag den 2. August 1940 um 15 Uhr im Gemeinschaftsraum der Hitlerjugend Wels Bismarckstrasse 28/II gestellt zu sein. Papier und Blei ist mitzubringen.
Entschuldigungen werden nicht entgenegenommen.
Nichterscheinen zieht polizeiliche Verfolgung nach sich.
Nicht HJ Angehörige haben auf Grund der Jugenddienstpflicht ebenfalls zu erscheinen.

Heil Hitler !
Der K.-Führer des Bannes Wels (543) :

gez. Etzold Hermann
Hauptgefolgschaftsführer .

Der Mitarbeiter im Bann Wels (543) :

(Fürtauer)
Kameradschaftsführer .

4 „Einladung“ zu einer Veranstaltung der Hitlerjugend (HJ).

5

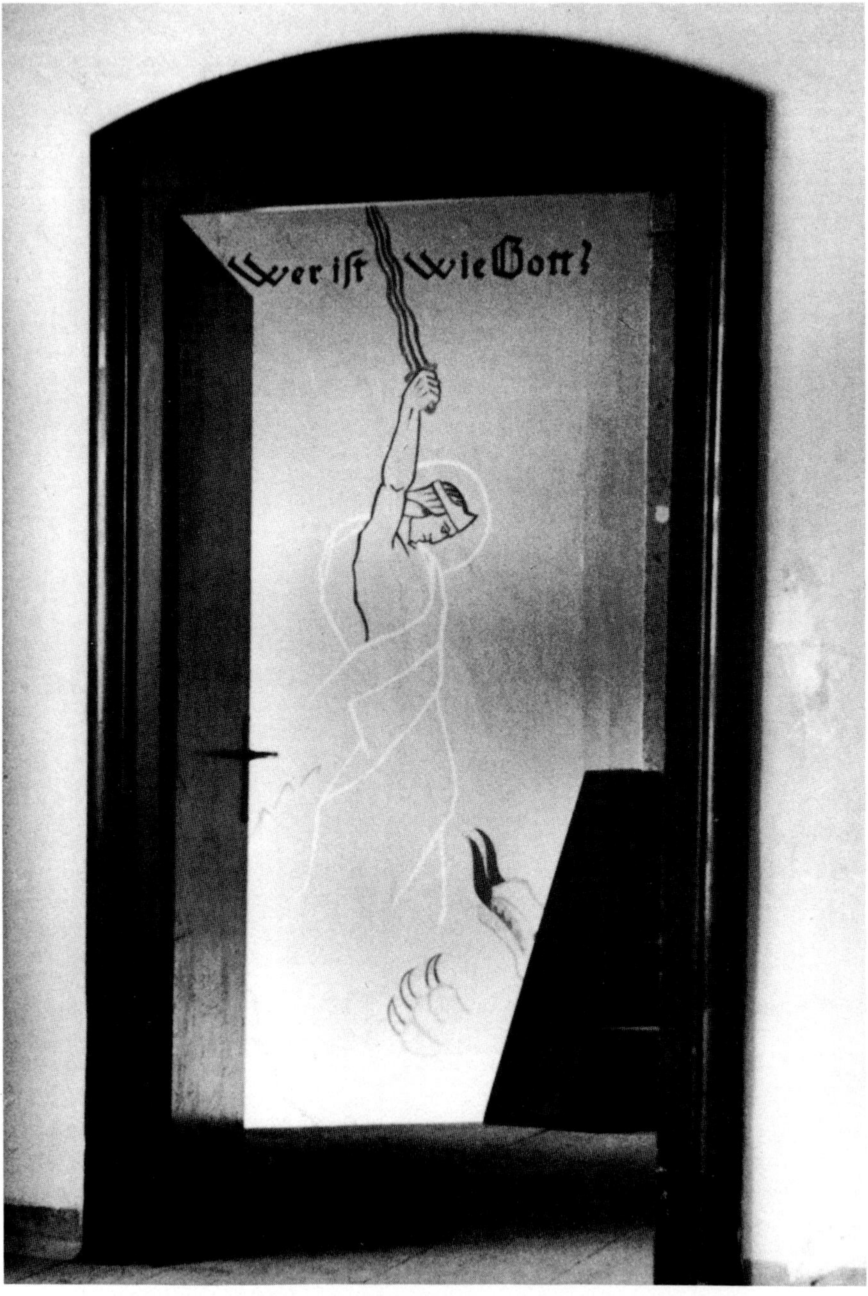

5 *Symbol des Widerstands: St. Michael, der Drachentöter. Wandbild von P. Petrus Mayrhofer (Kremsmünster) im Vorraum des Oratoriums der Vorstadtpfarre Wels.*

6 *Symbol des Umbruchs: Das ,,Katholische Vereinsheim'' Leonfelden, dekoriert mit einem NS-Spruchband. Im Vordergrund RAD-Männer.*

7 *Der betagte Linzer Bischof Johannes Maria Gföllner († 3. Juni 1941). Zu ihm vgl. bes. S. 61–73.*

8 *Der bereits von der Todeskrankheit gezeichnete Bischof Johannes Maria Gföllner (links) und sein Weihbischof und Nachfolger Josephus C. Fließer. Zu ihnen vgl. S. 61–137 u. ö.*

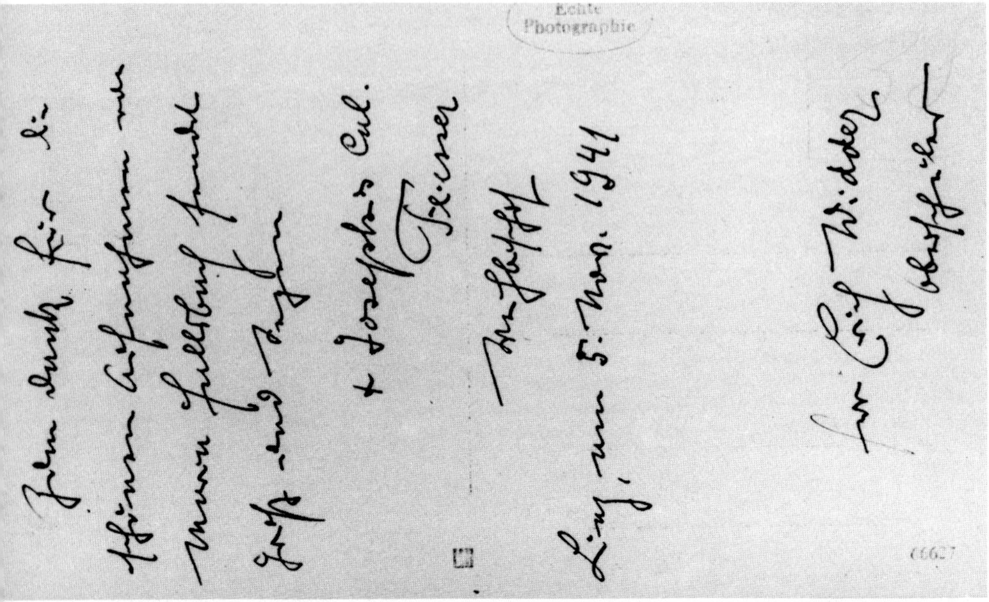

9–10 *Kapitelvikar Weihbischof Josephus C. Fließer. Bildwidmung an Erich Widder zum Dank für photographische Aufnahmen in Fallsbach. Vgl. auch Abb. 11.*

11 *Bischof Fließer besteigt das Auto zur Heimfahrt nach seiner mutigen Predigt in Maria Fallsbach bei Gunskirchen am 5. Oktober 1941. Vgl. S. 83, Anm. 58.*

12

13

14

15

12 *Dominik Kaindl († 1973), Generalvikar des dem Bistum Linz anektierten ,,Generalvikariates Hohenfurth''. Vgl. S. 31.*

13 *Jugendseelsorger Dr. Ferdinand Klostermann in den Bergen. Vgl. S. 143ff.*

14 *Pfarrer Matthias Spanlang, im KZ Buchenwald am 5. Juni 1940 mit dem Kopf nach unten gekreuzigt. Vgl. S. XI.*

15 *Pfarrer Anton Scholz, Zuchthausseelsorger in Brandenburg. Er begleitete P. Paulus Wörndl am 26. Juni 1944 zur Hinrichtung. Vgl. S. 299–301, 321f.*

16 *Die Kremsmünsterer Patres Willibald Bammer (rechts) und Dr. Willibrord Neumüller, beide 1978 gestorben. Zu ihnen vgl. S. XIIf., 194, 197.*

16

17 *Der Passauer Jugendseelsorger Dr. Hermann Gantenberg (links) und sein Freund P. Paulus Wörndl. Vgl. S. 230–236 und 295–324.*

18 *Bischof Fließer (links) und Dr. Hermann Gantenberg. Zu diesem vgl. bes. S. 230–236.*

19 *Der Passauer Jugendseelsorger Dr. Hermann Gantenberg, dessen Tätigkeit in ,,Oberdonau" besondere Resonanz bei der Jugend fand. Vgl. S. 230–236.*

20 *Jungen der Vorstadtpfarre Wels (Franz Mittendorfer und Rudolf Zöpfl) im Zug nach Linz zu einer Predigt von Dr. Hermann Gantenberg. Vgl. S. 382f.*

21

22

23

21 *Stift St. Florian, 22. Jänner 1941, am Tag nach dem „Überfall". Propst Hartl (Bildmitte), rechts von ihm Gauleiter Eigruber und dessen Adjutant Karl Menzl (3). Vgl. S. 256ff.*

22 *Vor dem Stift St. Florian. Reichsrundfunkintendant Dr. Glasmeier als „Hausherr" reicht dem italienischen Außenminister Ciano einen Willkommtrunk in einem Becher des 17. Jahrhunderts (Stiftssammlungen). Vgl. S. 291ff.*

23 *Dr. Johannes Hollnsteiner (rechts von Hitler) führt Adolf Hitler durch die St. Florianer Stiftsbibliothek am 4. April 1943. Vgl. S. 293f.*

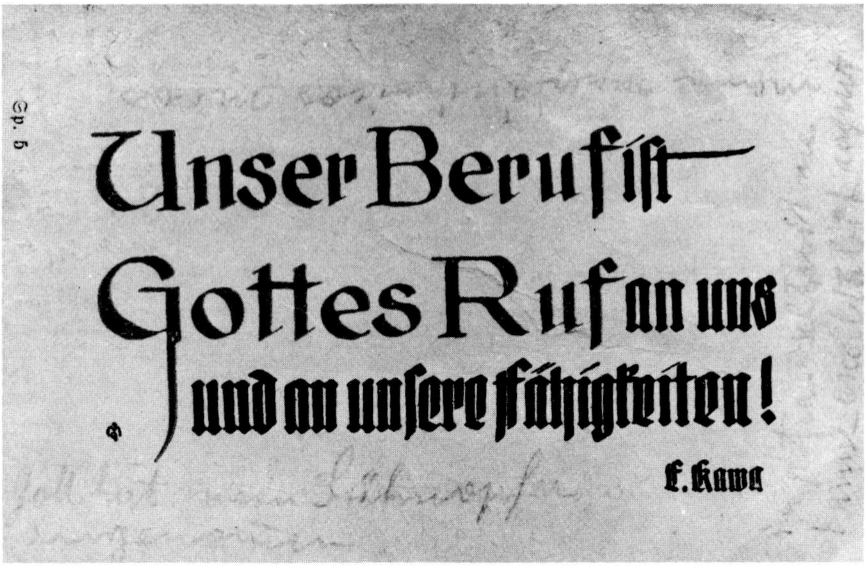

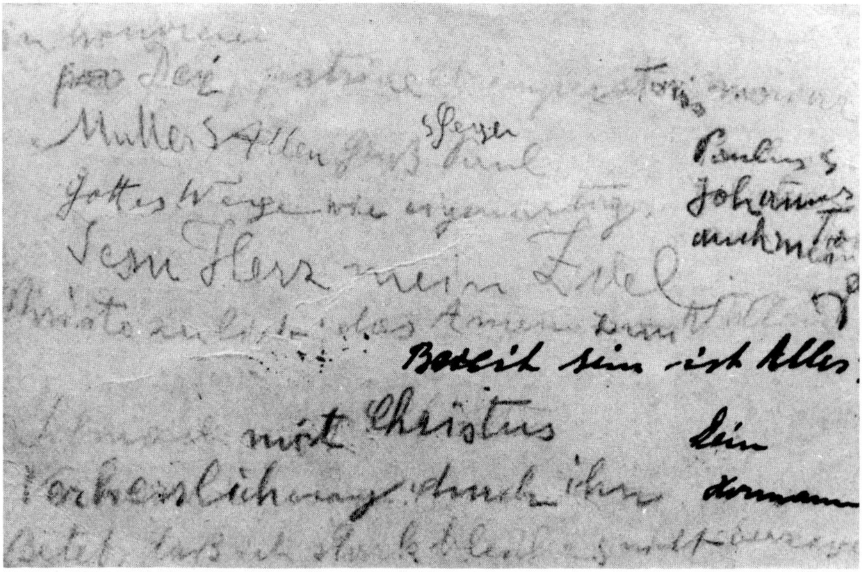

24–25 *Spruchbild mit eigenhändigen Eintragungen P. Paulus Wörndls unmittelbar vor seiner Hinrichtung. Vgl. S. 320f.*

26 *P. Paulus Wörndl, enthauptet in Brandenburg am 26. Juni 1944 wegen angeblichen Hochverrats. Vgl. S. 316ff.*

26

P. Paulus Wörndle
Pfarrkurat

27

27 *Franz Jägerstätter, enthauptet wegen Wehrdienstverweigerung am 9. August 1943. Vgl. S. 336–347.*

28 *Pfarrer Gregor Weeser-Krell († 1967), ein nationalsozialistisch gesinnter Idealist. Vgl. S. 325–335.*

28

1936 Gregor Weeser-Krell

29 *DDr. Franz S. Zauner im Alter von 37 Jahren, damals Verwalter des Kollegium Petrinum. Vgl. S. 361ff.*

30 *Rechtsanwalt Dr. Josef Stampfl, ein mutiger Verteidiger der Rechte des Diözesanhilfsfonds. Vgl. S. 361 ff.*

31 *Nach der Zwangsräumung des Kollegium Petrinum diente die Studentenkapelle als Magazin. Vgl. S. 353.*

32 *Das 1941 von Professor Wilhelm Jost entworfene Modell einer Technischen Hochschule am Gelände des Kollegium Petrinum. Vgl. S. 355f.*

33 *Gauleiter August Eigruber zur Zeit des Anschlusses im Alter von 31 Jahren. Hingerichtet in Landsberg am Lech am 28. Mai 1946. Zu ihm vgl. S. XVf., 14f., 24, 27.*

34 *Prof. Joseph Haas (links) beglückwünscht Hermann Kronsteiner als Gausieger beim St. Florianer Orgelwettbewerb 1941. Dazu vgl. S. XIII.*

35 *Gauleiter Eigruber im „Spiegelsaal" (Redoutensaal) anläßlich der Ehrung für die Sieger beim St. Florianer Orgelwettbewerb 1941. Der Sessel des Gausiegers, der etwas verspätet eintraf, steht leer. Vgl. S. XIII.*

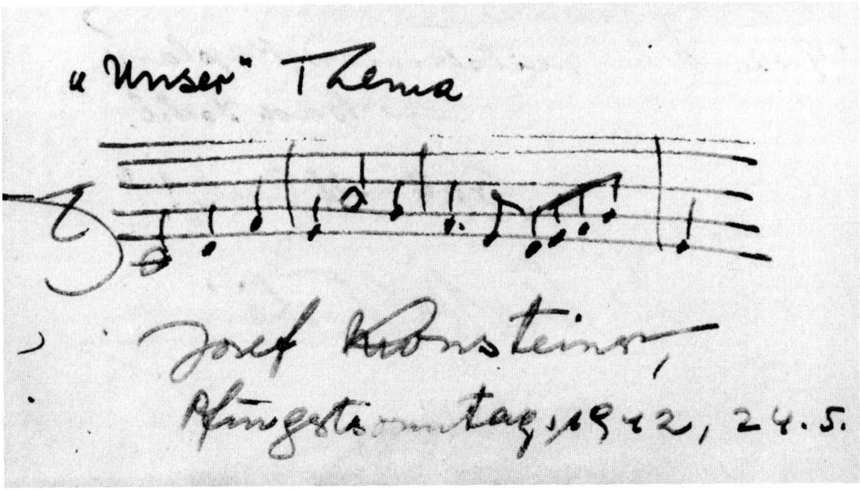

36 *„Thema" für den Orgelwettbewerb in St. Florian. Eintragung Josef Kronsteiners im Gästebuch der Frau Martha Czischek († 1978), damals Haushälterin in Wels-Vorstadtpfarre. Vgl. S. XIII.*

37 *Kampf der Presse gegen den Klerus: Koop. Jelinek von Attnang-Puchheim und Kan. Großmann. Österr. Beobachter 5 (1940, 1. Februarfolge) 11. Vgl. S. XI.*

38 *Karikatur über ein Primizmahl in Sarleinsbach. Vgl. Österr. Beobachter 5 (1940, 2. Aprilfolge) 20. Vgl. S. XI.*

39 *Kampf der Presse gegen den Klerus: Karikatur auf Pfarrer Michael Grabner († 1960) von Engelhartszell, dem von den Frauen anläßlich der Übernahme der Pfarre eine Torte überreicht wurde. Österr. Beobachter 3 (1938, 1. Novemberfolge) 9. Vgl. S. XI.*

Stand der Hörer der Lehranstalt.

(Stichtag 1. Oktober 1940.)

		Als Hörer matrikuliert	Davon waren am Stichtage		
			im aktiven Wehrdienst	im Reich-arbeitsdienst	zum Studium anwesend
Aus dem Linzer Priesterseminar	VI. Jahrgang	26	21	—	5
	V. Jahrgang	29	27	—	2
	IV. Jahrgang	20	20	—	—
	III. Jahrgang	34	27	2	5
	II. Jahrgang	28	16	3	9
	I. Jahrgang	5	1	—	4
	Insgesamt	142	112	5	25
Auswärtige Hörer		13	10	—	3
Gesamtzahl d. Hörer		155	122	5	28

40 *Übersicht über den Hörerstand der Philosophisch-theologischen Lehranstalt 1940/41. Von 155 immatrikulierten Theologiestudenten konnten nur 28 anwesend sein. (Vgl. S. 96 mit anderen Zahlenangaben.)*

41–42 *„Reichskristallnacht" in Linz vom 9. auf den 10. November 1938; Brand der Synagoge. In dem hellerleuchteten Gebäude dahinter (Fadingerschule) besuchte Hitler die Realschule. Vgl. S. IX.*

43 *Altarraum der Seminarkapelle, Linz, Harrachstraße 7. Von hier nahm die Liturgische Bewegung, die in der NS-Zeit eine große Rolle spielte, ihren Weg. Vgl. S. 393–414.*

44 *Kaplan Josef Zauner in der „Liturgischen Requisitenkammer" der Vorstadtpfarre Wels.*

44

45 *Die Vorstadtpfarre Wels (ca. 1935), ein Zentrum katholischer Jugendarbeit. Vgl. S. 371–392.*

46 *Die Welser Jugendkapläne Josef Zauner (links) und Erich Nürnberger. Vgl. S. 371–392.*

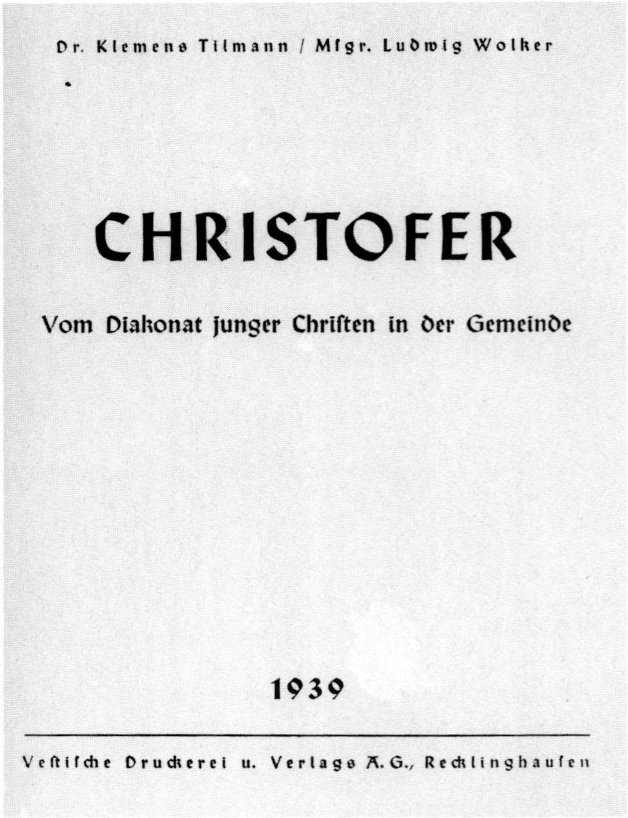

Dr. Klemens Tilmann / Msgr. Ludwig Wolker

CHRISTOFER

Vom Diakonat junger Christen in der Gemeinde

1939

Vestische Druckerei u. Verlags A.G., Recklinghausen

47–48 „Christofer" – Das Schulungsbuch für katholische Jugendführung. Vgl. S. 379.

49

50

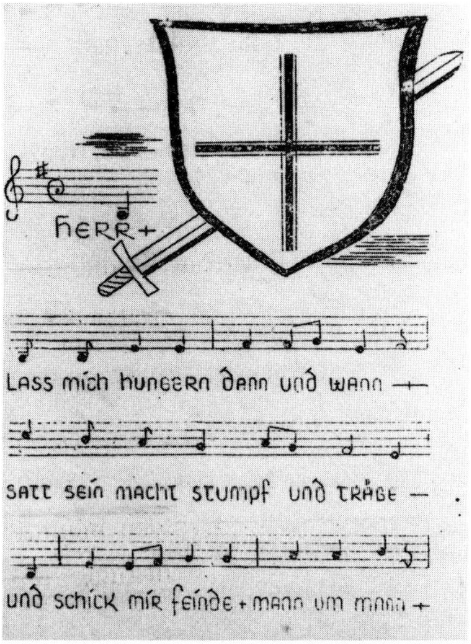

51

52

49–52 Liedertexte in Verwendung an der Vorstadtpfarre Wels. Gestaltung Gertrud Scharmüller.
49 „Du Christusherz". Druck und Inhalt: Erich Nürnberger, Wels.
50 „Herr, laß mich hungern". Vertonung: Erich Nürnberger, Wels, Straße der SA.
51 „Seid wachsam". Druck und Inhalt: Josef Zauner, Wels.
52 „Ihr seid jetzt Fackel". Vertonung: Josef Kronsteiner. Druck: B. O. Linz.

53

54

53 *Vor der Kirche in Maria Scharten anläßlich der Jugendwallfahrt am 14. Mai 1939. Vgl. S. 196f.*

54 *Die katholischen Jugendlichen trafen sich auch in den Familien. Silvesterfeier der Mädchen (1938) im Hause Luftensteiner (Wels/Bernhardin).*

55 *Fronleichnamsprozession in Wels 1940.*

56 *Fronleichnamsprozession in Wels. Begleiterinnen: Martha Frischauf (links) und Gertrud Scharmüller (Bildmitte).*

55

56

57

58

57 *Führerinnenschulung in Passau mit Kaplan Josef Zauner und Ottilie Moßhamer (rechts von Zauner).*

58 *„Exerzitien" (= Mädchenschulung) in Schweiklberg bei Passau.*

59
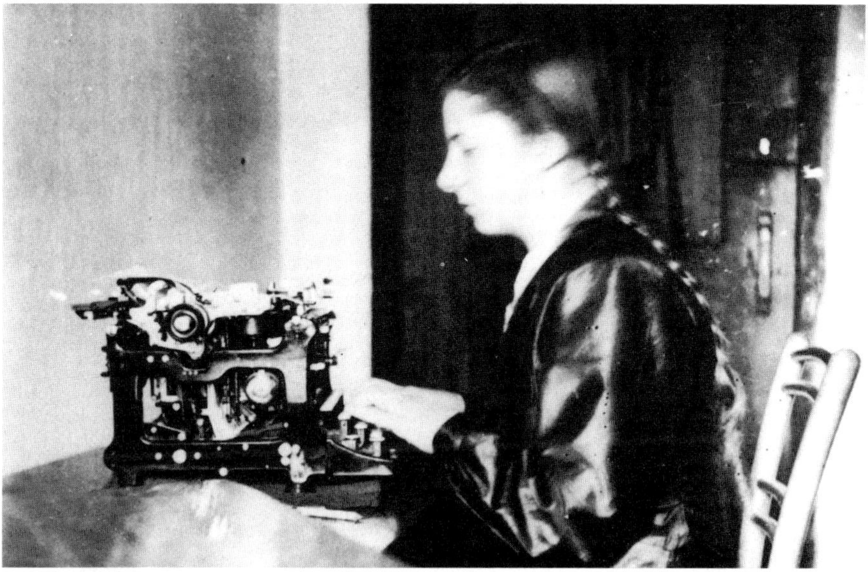

60

59 Gertrud Scharmüller (Wels) beim Schreiben liturgischer Texte.

60 Beim Krippenbauen in der Vorstadtpfarre Wels. (Anna Reitmair und Alois Wimmer, gefallen 1942.)

61 *Liturgieausstellung in Wels/Vorstadtpfarre, Juli 1944.*
Vgl. S. 386.

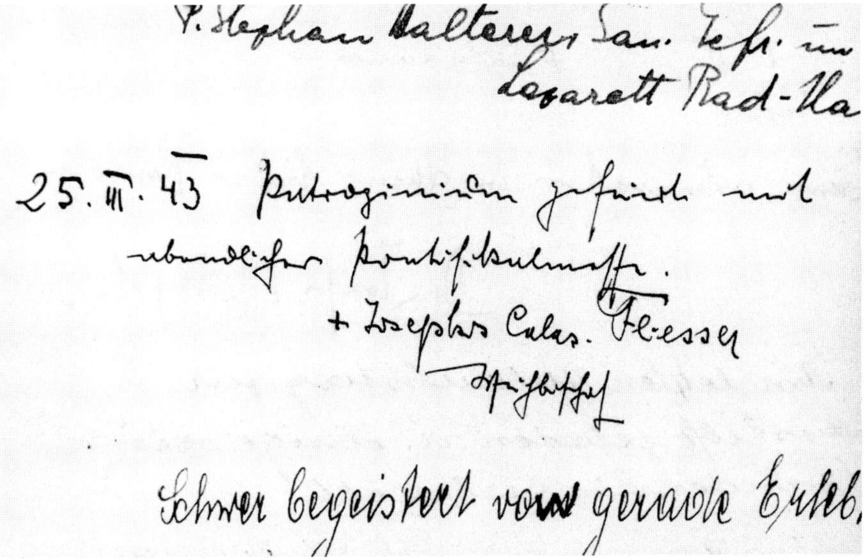
P. Stephan ... San. Gefr. im
Lazarett Rad-...

25. III. 43 Patrozinium gefeiert mit
erhebender Pontifikalmesse.
+ Josephus Calas. Fliesser
Weihbischof

Schwer begeistert vom gerade Erleb...

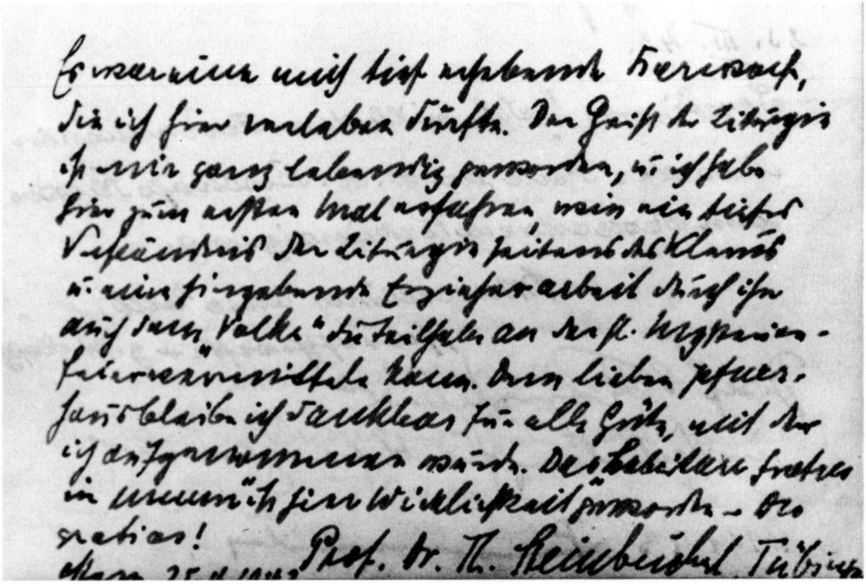
Es war mir ein tief erhebendes Erlebnis,
daß ich hier verleben durfte. Der Geist der Liturgie
ist mir ganz lebendig geworden, weil ich selbst
hier zum ersten Mal erfahren ...
... der Liturgie seitens des Klerus
u. seine hingebende Erziehungsarbeit durch ihn
auch dem „Volke" die Teilhabe an der hl. Mysterien-
feier vermittelt haben. Dem lieben Pfarr-
herrn bleibe ich dankbar für alle Güte, mit der
ich aufgenommen wurde. ...
... Wirklichkeit geworden – Deo
gratias!
Prof. Dr. M. Reichenberger Tübingen

62–63 *Zeugnisse für den „Sitz im Leben" der Liturgie. Aus dem Gästebuch der Frau Martha Czischek († 1978), damals Haushälterin in Wels/Vorstadtpfarre.*

WEIT SIND DIE WEGE,
weit ist die Fahrt,
Mühsal und Kampf sind uns nimmer erspart.
Über die Erde wir zieh'n ohne Ruh,
Aber das Ziel aller Fahrten, Herr, bist Du!

Wir grüßen Dich aus der Heimat! Und in unserem Gotteshaus tragen wir Dich mit vor den Herrn, daß die Straßen und Wege Deines Wandern gesegnet seien.......

Advent ist!

Haben wir nicht immer Advent? Weg zu Gott! Du auf den Fahrten durch arbeitsvolle Tage, tief drinnen die Sehnsucht nach Heimat, Stille, Besinnung und nach den Lieben? Wir wissen es alle: Wir sind auf dem Weg zum Ewigen, denn die Gestalt dieser Welt vergeht. -Du bist hin-und hergeworfen. Tage und Nächte durchrasen die Züge das Land und Du fühlst, wie das Rattern der Räder Dich müde macht im Großen, Tiefen. -Laß Deine Fahrt ein Flug zum Herrn sein und einen Weg zu den Herzen der Menschen.

Advent ist!

Du stehst an den Gräben und an den Geschützen und vor Dir liegt die weite Ferne voll Grauen des Feindes. Weit im Rücken die Heimat! Du bist hinausgehalten in die letzte Daseinsnot. Deine tiefste Heimat aber mußt Du in Dir tragen: Gott! Advent ist überall da, wo sich ein Herz nach Gott sehnt aus der Kälte der Welt, aus der Sünde.

Und Du im Betrieb!

Wie schleichen da manchmal die Stunden! Bleiernde Müdigkeit ist in Dir und um Dich siehst du verdrossene Gesichter. Du bist aber berufen zur Freude und aus Dir muß hervorbrechen das Licht, die Liebe und Dein Frohsein für die Anderen. Du selbst mußt Advent sein für die vielen.

Sieh, der Herr kommt in Herrlichkeit!- Das ist ein Lied für uns alle. Und willst Du nicht mittun, wenn wir Dir sagen, daß wir daheim uns dies Große als Aufgabe gestellt haben: Einmal im Tag bin ich stille: 10 Minuten lang!

Da laß ich die Hände von jeder Arbeit und will Raum schaffen für den Herrn.

2 Gestalten gehen durch den Advent: Eine stille, tiefe, reife und eine männlich rauhe, bewegte: Maria-Johannes. Du kennst Johannes, dem nichts an Härte und Glaubenskraft erspart blieb. Von ihm steht in der Schrift : Wegbereiter des Herrn ! Jedes Tal soll ausgefüllt werden und jeder Hügel abgetragen !-Nimm doch auch die Bibel täglich her!

Und wirf dann die zündende Fackel des Gotteswortes inn die Menge, so Du es kannst !- Oder gleiche Maria! Wie echt und fraulich alles an ihr war. Gelt, wir sind oft so verworren und unreif . Aber wir ringen um klare H a l t u n g , und Du weißt, wir alle stehen zusammen, daß keiner falle....daß wieder finde der Schwache den Sieg !

Wir wollen zusammen im Geist durch diesen Advent gehen und uns im Opfer finden, wo immer Du bist !

Die Brüder und Schwestern in der Heimat grüßen Dich !

Wels, Vorstadt, Advent 1943.

64 *Adventbrief der Welser Vorstadtpfarrjugend 1943 an die Freunde beim Militär. Geschrieben von Anna Reitmair (Wels).*